MARCONI
THE MAN WHO NETWORKED THE WORLD

古列尔莫·马可尼传

联 络 世 界 的 人

〔加拿大〕马克·拉伯伊 著 蔡留琴 殷倩 译

湖南科学技术出版社

图书在版编目(CIP)数据

古列尔莫·马可尼传:联络世界的人/(加拿大)马克·拉伯伊著;
蔡留琴,殷倩译.—长沙:湖南科学技术出版社,2022.3
(科学家传记系列)书名原文:Marconi The Man Who Networked the World
ISBN 978 - 7 - 5710 - 1054 - 6

Ⅰ.①古…　Ⅱ.①马…②蔡…③殷…　Ⅲ.①马可尼
(Marconi,Guglielmo 1874—1937)—传记　Ⅳ.①K835.466.11

中国版本图书馆 CIP 数据核字(2021)第 124904 号

Marconi The Man Who Networked the World
Copyright © Marc Raboy 2016
All Rights Reserved
湖南科学技术出版社独家获得本书简体中文版出版发行权
著作权合同登记号　18 - 2021 - 136

科学家传记系列
GULIEERMO · MAKENI ZHUAN:LIANLUO SHIJIE DE REN

古列尔莫·马可尼传:联络世界的人

著　　者:〔加拿大〕马克·拉伯伊
译　　者:蔡留琴　殷　倩
出 版 人:潘晓山
策划编辑:孙桂均　吴　炜　李　蓓
责任编辑:孙桂均　吴　炜
营销编辑:吴　诗
出版发行:湖南科学技术出版社
社　　址:长沙市芙蓉中路 416 号泊富国际金融中心 40 楼
网　　址:http://www.hnstp.com
湖南科学技术出版社天猫旗舰店网址:http://hnkjcbs.tmall.com
印　　刷:长沙超峰印刷有限公司
厂　　址:宁乡市金州新区泉洲北路100号
邮　　编:410600
版　　次:2022 年 3 月第 1 版
印　　次:2022 年 3 月第 1 次印刷
开　　本:880mm×1230mm　1/16
印　　张:39.25
字　　数:746 千字
书　　号:ISBN 978 - 7 - 5710 - 1054 - 6
定　　价:128.00 元

左上：朱塞佩·马可尼，约1869年（古列
尔莫·马可尼基金会）

右上：古列尔莫·马可尼，约1889年（古
列尔莫·马可尼基金会）

下图（从左至右）：古列尔莫、安妮和阿
方索·马可尼，约1877年拍摄于博洛尼
亚（图片版权归属于英国的历史图片画廊
Hulton-Deutsch Collection/CORBIS）。

从左至右：朱塞佩、古列尔莫、阿方索（站立者）和安妮·马可尼1897年在格里夫尼庄园（古列尔莫·马可尼基金会）。

左上：马可尼的表兄亨利·詹姆森·戴维斯，无线电报和信号有限公司首任总经理，1898 年，英国伦敦（牛津大学伯德雷恩图书馆）。右上：马可尼无线电公司总经理 H. 古德博迪·霍尔，1906 年（牛津大学伯德雷恩图书馆）。下图：英格兰康沃尔郡宝窦信号站，约 1901 年（牛津大学伯德雷恩图书馆）。

THE LATEST MODERN MIRACLE.
Signalling through Space without Wire.
MARCONI'S GREAT DISCOVERY.

LECTURE & PRACTICAL DEMONSTRATION
BY
MR. WILLIAM LYND,

Late Principal of the West London College of Electrical Engineering, Author of "The Practical Telegraphist," "Ancient Musical Instruments," Editor of "The Telegraphist," "The Phonogram," "The Family Circle of Science," &c., &c.

Who has delivered 1,100 Popular Science Lectures, and visited over 600 towns in Great Britain and Ireland since March, 1889.

(By Permission of the Proprietors of the "Strand Magazine.")

MARCONI AND HIS WONDERFUL APPARATUS.

约 1900 年，伦敦对"马可尼的伟大发明"的宣传。照片来自 1897 年 3 月马可尼接受《斯特兰德杂志》(*Strand Magazine*)杂志的首次采访(牛津大学伯德雷恩图书馆)。

1902年1月13日，在纽约华尔道夫酒店为马可尼举办的专场晚宴节目单和菜单，有亚历山大·格雷厄姆·贝尔的亲笔签名(牛津大学伯德雷恩图书馆)。

左上：马可尼，约 1900 年，与约瑟芬·霍尔曼订婚时期（摄影 ullstein bild/ull-stein bild，图片来源：Getty Images）。右上：马可尼的未婚妻约瑟芬·霍尔曼，1902 年 1 月（1902 年 1 月 11 日，*The Courier*，内布拉斯加州林肯市，美国编年史：美国历史报纸。美国国会图书馆）。

下图：1901 年 12 月 17 日，马可尼（左）和助手们在纽芬兰圣约翰的信号山上举起风筝天线，重新制定首次跨大西洋信号传输实验（图片版权归属于英国的历史图片画廊 Hulton-Deutsch Collection/CORBIS）。

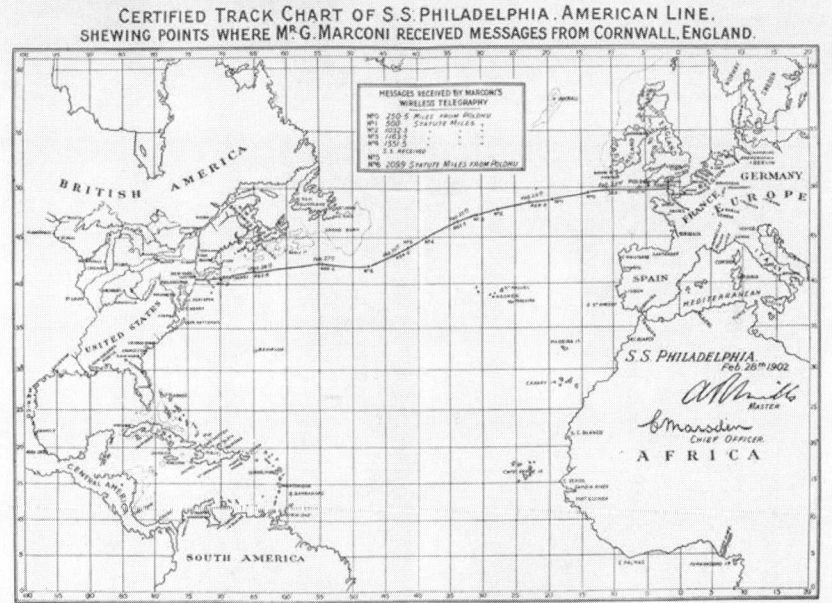

CERTIFIED TRACK CHART OF S.S. PHILADELPHIA, AMERICAN LINE,
SHEWING POINTS WHERE MR G. MARCONI RECEIVED MESSAGES FROM CORNWALL, ENGLAND.

左上：1902年，马可尼和路易吉·索拉里在英格兰普尔市黑文镇（牛津大学伯德雷恩图书馆）。右上：1902年12月，马可尼（左数第三位）和公司员工在新斯科舍的格雷斯湾。信号站的主管理查德·维维安站在马可尼的右侧（牛津大学伯德雷恩图书馆）。下图：1902年2月，马可尼乘坐SS费城号轮船横渡大西洋时接收到的来自英格兰的信号的航迹图（牛津大学伯德雷恩图书馆）。

上图：1912年3月，泰坦尼克沉没后，马可尼和戈弗雷·查尔斯·艾萨克斯总经理刚出席完公司董事会(牛津大学伯德雷恩图书馆)。下图(从左至右)：戴格娜、朱利奥(后排站立者)、比阿特丽斯、乔娅和古列尔莫·马可尼，约1918年于Eaglehurst(戴格娜·马可尼·帕雷森基金会)。

上图：1918 年 10 月 27 日，奥利地停战协议磋商期间，身着制服的马可尼和意大利总理维托利奥·埃马努埃莱·奥兰多在比安卡阿班诺庄园（意大利在奥地利前线总部所在地）前合影（牛津大学伯德雷恩图书馆）。下图：1915 年 5 月 23 日，《纽约论坛报》头版上的马可尼和伊内兹·米霍兰德（《纽约论坛报》，1915 年 5 月 23 日，美国编年史：美国历史报纸。美国国会图书馆）。

左上：加布里埃尔·邓南遮，诗人、革命家，他将马可尼描述为"魔法英雄"（美国国会图书馆印刷品和照片部，编号 LC-B₂-1272-14）。右上：弗朗西斯卡·贝尔蒂尼，"对马可尼说不的女演员"。下图：马可尼的女门徒、记者丽莎·塞尔吉奥（美国国会图书馆印刷品和照片部，NYWT&S藏品，编号 LC-USZ6 2-132346）。

Partito Nazionale Fascista

FASCIO DI MILANO

1923   8

Il sottoscritto GUGLIELMO MARCONI

nato a Bologna   il   1874

figlio di

indirizzo Regio Senato ROMA = (Marconi House Londra)

presa visione del programma fascista, dichiarando di accettarlo, **Senza Riserve** chiede di essere iscritto al Partito Nazionale Fascista, Fascio di Milano.

Si quota in £.   per spese di propaganda e si impegna di versare regolarmente i contributi stabiliti.

In relazione a quanto fu disposto dai dirigenti il P. N. F. dichiaro io qui sottoscritto di non appartenere ad altro Partito politico.

Milano,   192

(Firma leggibile dei soci proponenti)   (Firma del richiedente)

Lamperio (11583)

Visto per l'ammissione

IL DIRETTORIO

Le domande non saranno prese in considerazione se non saranno corredate della firma di almeno **DUE** soci proponenti. — Il richiedente deve rispondere esattamente alle seguenti domande:

Se ha prestato servizio militare

Grado Capit. di Fregata   Corpo Regia Marina.

Durata di servizio Complessivamente 6 anni.

Tempo trascorso al fronte *2 anni*

Ferite   Decorazioni

Su richiesta tutte queste risposte dovranno essere comprovate da documenti.

Siete elettore politico? SI   Amministrativo? SI

Professione Scienze Elettriche

Impiegato presso

COMPETENZA SPECIFICA   RADIOTELEGRAFIA.

Volete far parte delle squadre di principî? NO   o di triarî? SI

Siete ciclista? SI   Automobilista? SI

Motociclista? NO   Aviatore? NO

Possedete qualche veicolo di locomozione? SI

Appartenete ad Associazioni sindacali od altre? NO

Ad Associazioni sportive? NO

Siete mai stato in nessun partito? NO

Quale?

NB. - La domanda dovrà essere corredata dal certificato penale su richiesta.

马可尼的意大利国家法西斯党入党申请书，1923 年 6 月 15 日（牛津大学伯德雷恩图书馆）。

上图：1931年2月12日，马可尼和皮乌斯十一世教皇在梵蒂冈就职仪式上（Vatican Pool 拍摄，Getty Image 提供）。下图：1931年10月，马可尼和尼尔斯·玻尔出席国际核物理大会（Fot. Comm. A. Petitti, Lawrence Berkeley National Laboratory, AIP Emilio Segrè Visual Archives, Fermi Film Collection, Segrè Collection）

上图：1933 年 10 月，马可尼和富兰克林、埃莉诺·罗斯福夫妇在芝加哥世界博览会（加利福尼亚摄影博物馆）。下图（从左至右）：马可尼、墨索里尼和克里斯蒂娜·马可尼在艾莱特拉号上，意大利费米奇诺，1930年 6 月 7 日（联合通讯社）。

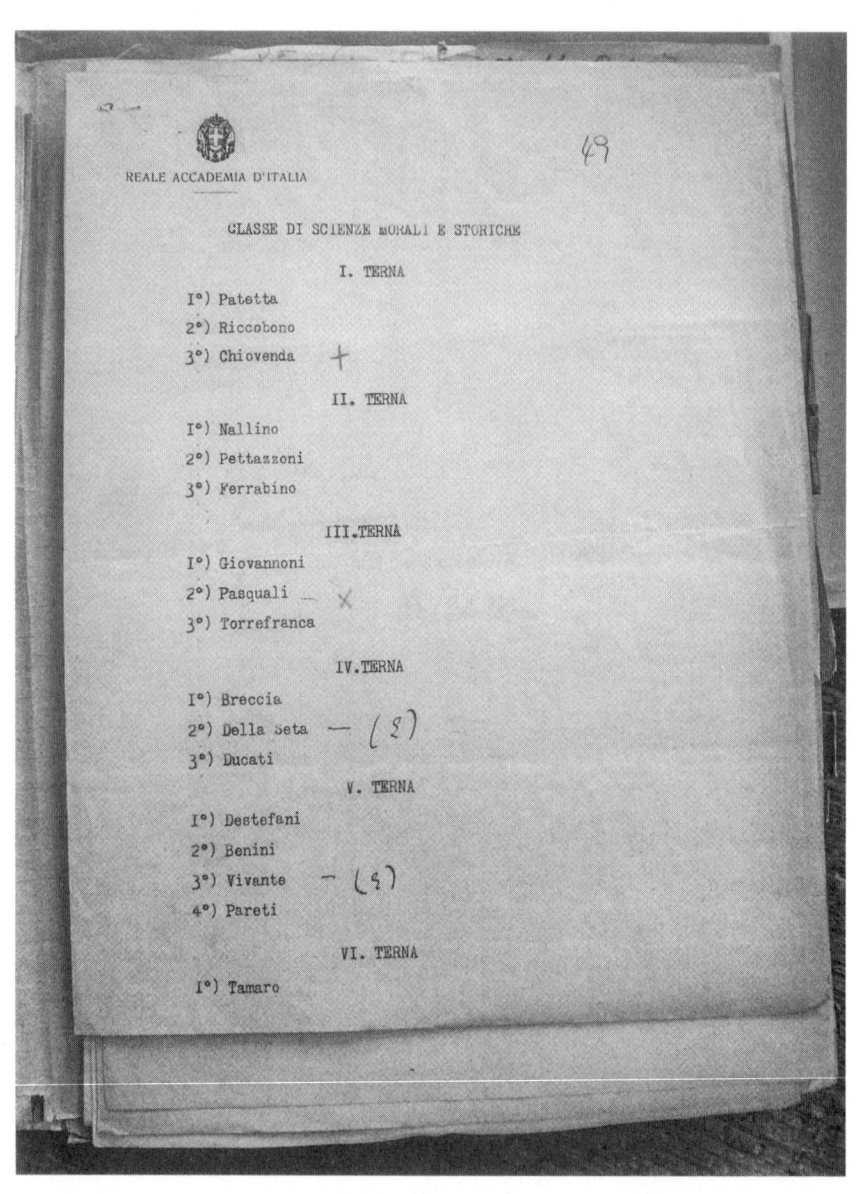

REALE ACCADEMIA D'ITALIA

CLASSE DI SCIENZE MORALI E STORICHE

I. TERNA

I°) Patetta
2°) Riccobono
3°) Chiovenda ✝

II. TERNA

I°) Nallino
2°) Pettazzoni
3°) Ferrabino

III. TERNA

I°) Giovannoni
2°) Pasquali — ✗
3°) Torrefranca

IV. TERNA

I°) Breccia
2°) Della Seta — (?)
3°) Ducati

V. TERNA

I°) Destefani
2°) Benini
3°) Vivante — (?)
4°) Pareti

VI. TERNA

I°) Tamaro

马可尼那份加了注解的意大利皇家学院候选名单，1912 年（皇家学院档案，林赛国家学会）。

 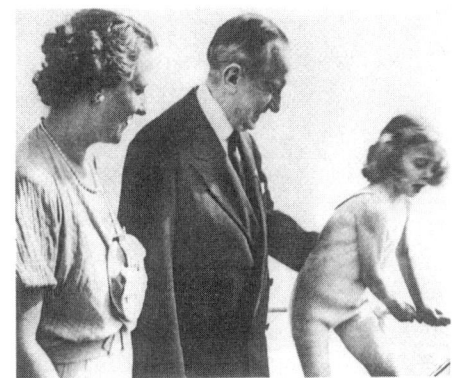

左上：1936 年 4 月 4 日，马可尼（左数第二位）在罗马法内仙纳庄园的皇家学院接待纳粹部长汉斯·弗兰克（Archivio storico Istituto Luce）。右上：1937 年 3 月，克里斯蒂娜、马可尼和他们的女儿艾莱特拉在艾莱特拉号游艇上（联合通讯社）。下图：1932 年，艾莱特拉号驶离维亚雷焦（Mondadori Portfolio 拍摄，Getty Image 提供）。

上图：1937 年 7 月 21 日，在意大利共和国广场的天使圣玛丽亚教堂，墨索里尼向抵达葬礼现场的马可尼的棺椁致敬（联合通讯社）。下图：位于蓬切西奥的格里夫尼庄园和马可尼博物馆，2009 年。

目　录

"Wires without wires"

John Junior

前　言

马可尼的有生之年与今天的马可尼

　　到博洛尼亚的旅客会在古列尔莫-马可尼机场下飞机，从那里到位于市中心的马可尼家很近。观光的游客们如果有兴趣，可以跟随马可尼一日游线路看到这位传奇发明家早年生活中的一些重要场所。2009年7月，盛夏如火的一天，我乘坐的城市大巴沿着古列尔莫-马可尼大街驶离市中心，在到达临近萨索-马可尼卫星城，位于格里夫尼庄园的古列尔莫-马可尼基金会总部之前，已经穿越了博洛尼亚的大片郊区。

　　与青年马可尼有关的实物物品大多由这个基金会保存，这里还有一个小型博物馆、一大批研究资料以及曾经属于马可尼家族的电子藏书库。基金会图书馆所在地是马可尼成长的地方，他在这里完成首个开创性试验，去世后也被安葬在这里，这里仍保存着马可尼小时候阅读的大量图书，包括本杰明·富兰克林的早期传记。

我到这里时已人头攒动、熙熙攘攘。一个意大利电视摄制组正在为即将到来的马可尼 1909 年获得诺贝尔奖 100 周年纪录片拍摄采访。一群来自意大利电信公司的工程师正在仔细观察马可尼 1895 年自制的一个信号发射机的复制品，当年马可尼用它从格里夫尼庄园向附近的山坡发出信号。由历史学家芭芭拉·瓦罗蒂带领的工作人员正在接听电话，监督来实习的学生，应对往来的游客。

　　我来这里，走进马可尼童年居住的地方，是寻找吸引我来博洛尼亚的一个问题的答案——为什么至今还没有一部真正属于马可尼的传记？我无意间发现了博洛尼亚大学比较文学学者艾琳娜·兰贝蒂，利用她等待接受纪录片摄制组采访的间隙问了她这个问题。"马可尼是一个神话——马可尼是无线电巫师"，她毫不迟疑地答道，"他有自己的工作，他沉溺于女色，他有两个家但是他的生活并不那么有趣。注意看这扇窗"，她边说边指向窗外那尊马可尼的半身像的背面，"你看过他的墓志铭吗？铭文是这样写的'*Diede con la sua scoperta il sigillo a un'epoca della storia umana*（他的发现标记了人类历史新纪元）'，署名是'墨索里尼'。"兰贝蒂继续指出，尽管第二次世界大战即将结束，地区党派之争明显恶化，但是马可尼的墓地并未受波及。"马可尼在意大利人心中拥有特殊的地位。人们对了解他与法西斯主义之间诡异的关系还没有做好思想准备。马可尼是现代意大利神话的一部分"。早在几天前，西尔维奥·贝卢斯科尼党派横扫地方选举，达到其权力顶峰。"我们还没做好应对过去的准备，而过去是和现在捆绑在一起的。"

　　在众多促使我写这本《古列尔莫·马可尼传》的原因中，兰贝蒂提出的"他与法西斯主义之间诡异的关系"是最能激发我的兴趣的。即便他们之间的关系是公开、确认的，但人们并不十分在意。马可尼自己用魅力和诡计美化了它，刻意培养出天真的政治中立的形象，其实他既不天真，也不中立。然而，在即将走完自己生命旅程的那段时间里，马可尼对法西斯主义，尤其是对墨索里尼这个人的堕落愈发感到矛盾、为难。大部分意大利人都知道墨索里尼的政治警察从 1927 年起就跟踪监视马可尼的一举一动、一言一行，直至其去世以后一段时间也是如此。他们也清楚马可尼的矛盾心理，并将这些备案文件归档。没有证据证明马可尼曾经知晓这些文档的存在——尽管只要向意大利国家档案部门申请，就能轻松地获取这些文档，但至今仍没有研究学者进行此项研究。

马可尼与法西斯的关系并不是其一生中仅有的复杂关系，还有他与天主教派、英国政府、美国电信行业、德国科学界、欧洲殖民主义、世界现代主义神话、国际新闻媒体，当然还有与其生命中出现的那些人之间的复杂关系。这些都值得研究，它们都刻画、渲染出了马可尼的生活，就算兰贝蒂有那样的评价，也无法否认这些关系的研究价值。以我们今天所处的先进时代来看，特别能引起我们兴趣的是早在 100 年前没有互联网的时代，马可尼生活在一个由他自己创建的无线地球村中。20 世纪开启之前，马可尼预见了一个沟通无界限的世界，并且开始行动，用所有他能集结可用的一切去创造这个世界。他出生于意大利，植根于意大利和爱尔兰，在英国、美国、加拿大培育出自己的事业主体，将分枝拓展至葡萄牙、日本、德国、阿根廷、南非、俄罗斯、土耳其和印度，并在其事业帝国的边缘，如黑山共和国和刚果留下种子。

马可尼的故事和传奇之处不独属于意大利。从信号山、纽芬兰到布宜诺斯艾利斯，从墨尔本到圣彼得堡，都会有属于马可尼的发现。墨西哥城、蒙特利尔和香港，在许多其他城市都有以他名字命名的街道。在位于夏威夷欧胡岛北海岸的卡胡库，一个保留和还原马可尼无线电台，即早期前哨站所在地的运动正在进行。葡萄牙电信公司，即该国最大的通信服务提供商有一个网站，致力于继续发挥马可尼似的作用，以促进葡萄牙与原葡属非洲殖民地国家和地区之间的通信发展。在爱尔兰西海岸康尼马拉的一个美丽的海滨小镇克利夫登，马可尼作为为这里带来第一个现代产业的人而被铭记（但 1922 年，爱尔兰共和军曾查封电站，迫使其很快关闭停运）。

尽管人们用尽所有的努力，但至今仍没有人能真正全面获知关于马可尼的故事，原因有很多。他不仅出现在不同国家、时代和文化之间，还涉及创意和技术以及政治潮流。马可尼还没有令人满意的个人传记，因为他在不停地自我推销，塑造新的自己，他的生活难以捉摸以致令人抓狂，活动的轨迹既零散混乱，又毫无章法。同时，马可尼在任何地方都不会安稳停留，也不会有任何牵连——有人可能会说，他就像无线电。[①]

马可尼去世近 80 年后，他的踪迹出现在我们最难想象到的地方。一个名为

[①]现在有关于马可尼的最中肯的个人简介会在文中论述，并且会在参考书目中完整引用。

"马可尼实验"的博客提供了关于"音乐、政治、流行文化和任何想到的东西"的生动评论。从都柏林到开普敦的拍卖行都有马可尼收藏品的身影。(曾授予马可尼荣誉学位的)牛津大学的一场展览展示了马可尼在爱德华七世加冕典礼上所穿的制服,上面配有佩剑。在蒙特利尔的小意大利区有一座教堂是一个世纪前由意大利移民修建的,在20世纪30年代被翻修。教堂的壁画描绘的是墨索里尼在骑马,其旁边步行的正是马可尼。

所有这些表明马可尼也许是现代通信领域首位真正的世界级人物,不仅仅因为他是第一位进行全球通信的人,还因为他是第一个对通信进行全球化思考的人。当然,他不是其所在时代最伟大的发明家,但是他从根本上转变了我们的通信方式,带来的是根本性的范式转换。在比尔·盖茨、史蒂夫·乔布斯这样的标志性人物全面影响我们的生活之前的一个世纪,比马歇尔·麦克卢汉公开宣称媒体是"人的延展"早60年,马可尼就已经做出开创性的贡献。今天的信息大爆炸不可能没有他的存在。

我们所认为的全球网络化媒体和通信系统起源于19世纪中期到20世纪早期,当时,也是首次,信息穿越遥远的距离以电子信号的形式传递。电报、电话和广播是互联网、ipod和手机的先驱,尽管早期电子通信的诸多领域及其对我们生活方式的影响还未被人们探索、思考。技术创新与当代资本主义企业经营模式之间的联系就是其中一个方面,政府管理作为社会互动综合性技术调解媒介的作用是另一个方面,国家主权、殖民主义、帝国主义和跨国管理机制之间的关系则是另一个思考角度。

所有这些都可以回溯到马可尼那里,而他的故事成为我们思考的切入点。从1896年,22岁的马可尼在英格兰申请他人生中第一个专利权到1937年卒于意大利,这期间的每一个电子通信技术的主要创新都是以马可尼为核心的。尽管在大众的心中,马可尼是"无线电的发明者",但他作为一名发明者所做出的贡献相较于普遍看法更有限,并且一直备受争议。马可尼确实推动了一些最具意义的无线电通信技术的进步,但他同时也是一个有能力又世故的组织者,这一点和他的竞争对手们不同。作为一名企业家、创新者,他精通公司策略、媒体关系、政府游说、国际外交、专利和诉讼,他在这些方面的能力无可争议地胜于其竞争对手。

马可尼真正感兴趣的只有一件事：将移动通信、个人通信和远距离通信扩展到天涯海角（并且超越地球，如果我们相信一些报告所说的）。有人喜欢称马可尼是天才，但如果说马可尼有什么天赋的话，那就是他的远见卓识。1895 年，他开始尝试越过山丘发送信号，就是在这里，格里夫尼庄园。有人会说那是天才所为。1901 年，尽管科学家们声称不可能做到，但他还是成功地让信号穿越大西洋，从康沃尔向纽芬兰传输了信号消息。如果这不算天赋，那至少还有很多肆无忌惮的勇气和想象力。1924 年，他说服英国政府废弃一项用一连串无线电站包围整个世界的计划，取而代之的是他最新设计的技术，即短波无线电通信。教皇是马可尼的朋友，但他不相信马可尼的另一个捐助者墨索里尼。于是在 1931 年，马可尼为教皇创造了世界上第一个国际广播服务，教皇从梵蒂冈可以向众信徒们传递未经过滤的信息。有人说，在商业广播发展过程中，马可尼丧失了自己的底线，他没能看到无线电广播可能或者一定会走向轻佻、无聊的极端。1937 年 3 月，马可尼通过无线电广播向美国民众发表公开演讲，他谴责说广播已经成为单向的交流方式，并预见性地认为广播会转向另一个方向，即通信会成为交流的手段。真是个有预见性的天才！

马可尼的职业生涯特点——正如马尔科姆·格拉德威尔 2011 年刊登在《纽约时报》上的那篇关于计算机鼠标的文章中所说——是"思想观念的演变"。马可尼的想法是远距离的、点对点的无线电通信，而他的事业是致力于让这样的通信低成本、高效率、平稳地运行，并且如果你愿意，它还能展现出优雅、从容，因为这样的通信对使用者来说是直观的、不复杂的，对，就是用户友好。马可尼和今天的社会媒体之间有一个直接联系，即搜索引擎，节目码流领域有一个公认的具有煽动性的总结用语：20 世纪不存在。就某种意义来说，马可尼的想象力和眼界越过了他所处的时代，直接看到了我们所处的现在。

对于本书，我还有一个非写不可的原因。我 5 岁那年，举家搬到了蒙特利尔的一处新居，透过我家厨房的窗子可以看到一个挂着闪光霓虹灯招牌"马可尼"的砖厂。尽管我那时从未见过工厂，但是我对他们是做什么的有着模糊的认识。我家餐厅有一个黄色塑料收音机，正面也铸印着"马可尼"。后来，我知道我们家常听的电台 CFCF（声称自己是加拿大最古老的电台）归属于加拿大马可尼公司。加拿大的马可尼公司是英国马可尼公司的全资子公司，而特鲁多政府于

1969年收购了外资拥有的控制权，马可尼公司被迫出让。那个时候，我已经对媒体和政治有了些强烈的认知和观点，我认为这是件好事（我至今仍这样想）。但是我那时还没有将这些企业、政治和媒体现象与那个将名字印在工厂、设备和公司名称中的人联系在一起。

到了20世纪90年代末，在没有确定成为一名媒体政治学者之前，我从事过很多种职业，还对无线电广播管理的起源做过研究。在这段历史中有很多关键人物以及各国政府通过一系列国际会议协商讨论无线电频谱使用的基本框架。我在查阅相关文件时注意到，越是往回追溯这段历史，就越来越多地碰到一个名字——马可尼，直至1903年第一届国际无线电大会，这个人本身已经成为会议讨论的核心。在20世纪之初，马可尼的名字实际上已经等同于无线电。

同绝大多数至少听说过马可尼的人一样，我和他之间是通过广播、收音机联系起来的（那些无处不在的家用小盒子当然和他有关系——甚至到了今天，英国年长的人仍然愿意将美国人所说的"收音机"称为"无线电"）。但是这并不完全正确。马可尼发明创造的是全球通信的理念——或者更直白一点说，是全球联网、移动、无线电通信。在马可尼最初的愿景中，是对无线电莫尔斯电码电报，是对其所处时代主要通信技术的一种改进。无线电报在马可尼之前就已经存在，但是马可尼是第一个用当时新发明的电磁射频频谱技术开发一种实用方法用于发电报的人。一方面，他必定从很多来源借鉴运用了一些技术细节，但是对通信技术模式转变力量的自信、无畏的预见性使他脱颖而出，而另一方面，是他巩固自己在这一领域中的游戏者、操纵者地位必须一步一步走完的历程。当然，这一领域还有其他重要人物，但是马可尼在触及的广度、力度和影响力以及他对当时大众想象力的把握方面更胜一筹。马可尼恰恰是人们对通信的现代化认知刚刚浮现时的核心人物。

马可尼预见了电视和传真机、GPS、雷达和便携式手提电话的发展。在他去世前两个月，报纸报道说他正在研究一种"死亡射线""用一个复杂的设备在3英尺（约0.91米）外杀死一只老鼠"。这看起来像是泰瑟枪（译注：电击枪，一种武器）。"从那以后我放弃了这个实验"，他说，"如果你必须匍匐在某个目标周围3英尺以内，用制作工艺精细复杂、耗资巨大又笨重的装置，并且还需要通过精确的调整才能杀死它，那还不如直接用一把枪的成本低。"这样的轶事很有马可尼特色。这个故事来自那位马可尼独家授权采访的年轻记者。标题就够耸人听闻的，更别说内容了。故事的真相是马可尼否认说自己最新的发明根本没什么伟大之处。但是到了 1937 年，马可尼所说的和所做的任何事情都有报道价值，并且这样的情形已经持续了 40 年。股票价格会因为他的公开声明而有涨有跌。如果马可尼说可能会下雨，那很有可能会有一场关于雨伞的竞争。

马可尼传记也是关于选择及其背后动机的故事。一方面，马可尼极其自主、独立、自律，对自己的社会地位有规划。他深谙如何利用协会联盟的力量，精通搁置争议的艺术。从另一方面讲，他永远是个局外人——有人可能会说他是局内人最喜欢的局外人。无论他走到哪里，他从不"属于"某个团体，他总是"其他类"。在英国他是被尊重的外国人，在意大利他是从英国来的，而在美国他是"非美洲人"。为了获得人际关系中每一个人的认可接纳，有时他做出的事会成为其人生的污点而让他遭受巨大的痛苦。

所以写马可尼的传记有很多原因，其一就是要解开至今仍存在的关于这个人的神奇真相。需要明确的是，这不是一本关于技术或科学的书。它讲的是一个人的生活和事业给我们的生活方式打上了不可磨灭的印记。马可尼不仅"让世界网络化"，他自己也是一个完美的沟通者。我们需要全面了解那个时代的马可尼，因为他的故事会让我们反思，也因为马可尼的开创性工作和今天的技术环境之间有直接的联系。法语 fil conducteur 大致可以翻译为"连接线"。放到马可尼的故事里来看，这些线有时是不可见的，连接是无线的。

我在着手写这本书时想，这本书可能会像 A. J. A. 西蒙斯 1934 年出版的经典作品《寻找科尔沃岛》（副标题"传记实验"），但是我很快意识到，我能有的任何野心与马可尼终其一生对自己个人传记的严加管理相比都会黯然失色。发明家马可尼永远都在重塑自己——在书信中，在采访中，在公开演讲中，在议会官员证言中，在专利诉讼听证会中。这种重新创造的能力是他最大的资产之一，也是那些自认为了解他的人不安和疏远的来源。马可尼最伟大的发明是他自己。

想要了解马可尼，就必须投入其中——就像他那样——研究几种文化和历史背景。与其他伟人不同，例如俾斯麦，或者丘吉尔，以单一的地点和时间作为切入点是不够的。但是故事总要从某处开始，而就这个故事而言，19 世纪中期的意大利中部地区是一个好的起点。事实上，这里离博洛尼亚不远。

第一部　奇才奇事

第 1 章　博洛尼亚：初始

意大利中北部有一处重要的罗马温泉浴场——温泉小镇波雷塔，小镇外有一条省道，蜿蜒而入苍翠繁茂的亚平宁山脉。沿这条省道而建的一个个小村庄组成了卡普纳诺[①]。距博洛尼亚高速公路 1 英里（约 1.61 千米）的圣米歇尔教堂建于 17 世纪，在公路边的一片空地上崛然而起。一块注明日期为 1930 年的牌匾上介绍，这座教堂是著名的发明家古列尔莫·马可尼的父亲，朱塞佩·马可尼的受洗之地。另一块 1915 年至 1918 年战争士兵牌匾纪念了三位逝去的马可尼，他们是众多阵亡士兵中的成员。

[①]直到 1931 年，这个小镇的官方名称一直是巴格尼·德拉·波雷塔，但当地人称它为巴格尼·迪·波雷塔，或者波雷塔这一经常出现在马可尼家族往来通信中的简称。若历史上的地名和现在不同，我一般会选用适合文章语境的那一个。

沿公路向前约 1 英里(约 1.61 千米)就是十字镇，它是由 18 世纪和 19 世纪的农舍建筑群组成的，当地人称其为波伽塔，或者小镇。如今多梅尼科·马可尼和特蕾莎·达利，即马可尼父亲的祖父母的旧居被修葺一新。尽管已经被分成 4 个独立的公寓，但这个建筑仍保留着大致原貌，尤其是房子后面的储藏间那扇风化了的木门，而那里可能曾是马可尼家接待访客的地方。从这座房子可以看到壮丽的自然风光，向南可以眺望托斯卡纳地区壮阔的亚平宁山景。

马可尼家族祖先的足迹可以追溯到 16 世纪，但在多梅尼科之前，他们大部分是蒙塔纳里人，即山区民族。几个世纪以来，他们在马可尼家族姓氏发源地格拉纳廖内和波雷塔腹地的卡普纳诺之间往来迁徙。早几代马可尼家族的人住在格拉纳廖内一栋 16 世纪的住宅里，后来，他们迁移到其他地方。1700 年卡普纳诺的一次人口普查记录中出现了一位姓马可尼的寡妇和她的 3 个儿子，这是这一地区出现的马可尼族裔的最早记录。1788 年多梅尼科就出生在这里，并最终在此地定居。

1817 年 8 月 28 日，29 岁的多梅尼科返回卡普纳诺，与卡斯泰卢乔附近一个村庄里实力雄厚的地主家的女儿，19 岁的特蕾莎·达利达成婚约，成为这里的新居民。从此，马可尼的父系一族的社会经济地位一路攀升。这对夫妇很快就有了 5 个孩子，他们都出生在卡普纳诺十字镇，并在圣米歇尔教堂受洗：焦万·巴蒂斯塔、卡洛莉娜、朱塞佩(生于 1823 年 7 月 5 日)、阿尔坎杰罗和路易嘉。

多梅尼科设法在十字镇买了房子和附近的一些地。婚后不久，可能在达利的帮助下(或者至少是因为特蕾莎带来的丰厚的嫁妆)，他的土地、资产开始扩增，同时他也开始按照当地古老的传统工艺制作麻布。他就在屋门外的空地上收集整理原材料，并率先在波雷塔周六集市上出售他的产品，之后还在托斯卡纳附近出售，后来他的产品被大范围配送到欧洲的批发商店和市场，直到里窝那的港口。在欧洲的大城市，波伦亚的帆布是很受欢迎的产品，按照今天的标准衡量，多梅尼科·马可尼很快就跻身富豪之列。

多梅尼科还有一个明显的优势就是会读和写。1820—1830 年，因为想扩大经营，在当地获取大量的资产，他在大部分是文盲的当地人中越来越活跃，逐渐成为当地名人。那时在各种交易往来事务中被视为贵宾的多梅尼科，已经做好准备，要真正成为波雷塔地区资产阶级中的一员。

1831 年 11 月，多梅尼科买下波雷塔最漂亮的住宅。这是位于镇内主广场马焦雷湖广场的一栋 4 层的有 18 个房间的住宅。他愿意为此付出天价，但是卖房人身处困境，同意他将自己在镇内拥有的一处马厩作为此处房产的一部分一起卖出。大致是在这段时期，他还在普拉多萨索（现被称为萨索马可尼）公社的蒙泰基亚罗买了一处产业。他那时就已成为附近 3 个地区：卡普纳诺、波雷塔和蒙泰基亚罗的富人。

多梅尼科两个稍大点的儿子焦万·巴蒂斯塔和朱塞佩在十几岁时就去博洛尼亚读书了，而稍小点的阿尔坎杰罗则入读神学院。身为马可尼这样的新兴富裕家庭的儿子，除了家族生意外，他们也只有两种职业出路：法律人士和神职人员。焦万·巴蒂斯塔成了一名律师，阿尔坎杰罗则成为牧师，但是朱塞佩从未停止学习。1848 年的人口普查中，因为管理着家中的资产，朱塞佩的职业被列为地主，以收租营生。至于朱塞佩的两个女儿，卡洛莉娜和路易嘉的命运如何则无迹可寻，但就那个时代和环境而言，这没什么可奇怪的。

博洛尼亚周围地区现在日益成为重要的商业交通区域中心，波雷塔的附属城镇以及像格拉纳廖内和卡普纳诺这样的村落也开始转变。19 世纪 30 至 40 年代，传统的权力架构受到新兴群体，即从前的蒙塔纳里人，例如多梅尼科·马可尼的挑战。随着马可尼家族财富的持续增加，多梅尼科将自己的大本营转移到蒙泰基亚罗，开始在家中养蚕。1848 年博洛尼亚教宗国独立战争和民主共和暴乱爆发时，马可尼家族敏锐地追随大势之趋，支持共和派。他们趁着局势动荡，在博洛尼亚以南 9 英里（约 14.5 千米）的蓬切西奥获得了贵族格里夫尼家族的大量房产。格里夫尼庄园具有重要意义，加上他们的其他资产，马可尼家族在这一地区变得举足轻重。

多梅尼科于 1848 年，即获得格里夫尼庄园不久后去世，他的 3 个儿子共同拥有这处房产。那时波雷塔的住宅一年中只有夏季温泉季才有人小住几月。其间，朱塞佩大部分时间在博洛尼亚，参与各种生意投资。他有一位熟人是银行家乔瓦尼·巴蒂斯塔德·雷诺利，没多久朱塞佩就向雷诺利的小女儿裘丽娅求婚了。朱塞佩和裘丽娅·雷诺利于 1855 年 1 月结婚，同年 10 月他们的儿子路易吉出生了。1858 年，年仅 24 岁的裘丽娅去世，留给她丈夫的不仅仅是丧妻之痛，还有抚养年幼孩子的重担。朱塞佩和妻子的家族亲友保持密切的联系，他事业的发展也得益于这个家族的人脉关系。几年后，朱塞佩在雷诺利家遇到了年轻的爱尔兰女子安妮·詹姆森。安妮家族主要从韦克斯福德出口烧酒，与意大利银行家雷诺利有往来。安妮在博洛尼亚音乐学校学习美声唱法期间，拜托雷诺利多加关照。朱塞佩和安妮很快相爱，并且秘密筹备结婚。

19世纪50年代末，博洛尼亚是意大利复兴运动革命巨变的中心，复兴运动确立了现代意大利城邦。从中世纪时期开始的博洛尼亚的教宗势力在19世纪更迭频繁。1796年，拿破仑带领法国军队占领了博洛尼亚，其后的18年里，博洛尼亚这座城市在社会、文化和经济方面经历了巨变。1796年至1799年，超过40个宗教体系消失，他们的资产和土地被重新分配，受益的是新中产阶级（资产阶级）。然而，1815年7月，拿破仑滑铁卢战败后，博洛尼亚重新成为教宗势力的领地，并且很快成为政治运动和阴谋的大熔炉，这样的环境滋养了大量反对派秘密社团，吸引了城中许多大学生参与。博洛尼亚成为1831年和1848年欧洲政治动荡的一部分。1859年6月12日，教宗比约九世最终放弃对博洛尼亚的临时控权。其后不满一年，即1860年3月，博洛尼亚（实际上是艾米利亚·罗马涅的所有省份）加入维托里奥·努埃莱二世的自由君主立宪国王政体中。 ²

没有任何迹象表明朱塞佩·马可尼参与了政治活动，尽管他肯定受到了影响（他的大哥焦万·巴蒂斯塔为政府跑腿办事）。朱塞佩不属于城市自由主义精英，他更倾向于保守，对旧秩序更亲近，但是像他所在社会阶层的其他人那样，如果不能完全包容，那就务实地接受。在他遇到安妮·詹姆森时，博洛尼亚和意大利从很多方面对他而言已经面目全非。朱塞佩名义上是天主教徒，但身处意大利复兴运动氛围中，如果不是彻头彻尾的反教权主义者，充其量是对宗教漠不关心。这对他和安妮的恋爱来说是件好事，因为詹姆森家族是虔诚的新教徒，并且安妮决定不让自己的孩子接受神父的教导。在安妮返回爱尔兰期间，两人开始秘密通信，到了1864年春，他们在法国波格格内见面，并于当年4月16日结婚。朱塞佩当年40岁，安妮24岁或25岁①。

他们的儿子将会在一个非常不同的社会中成长，那是一个启蒙思想成为主

①围绕安妮出生日期的更多不确定信息将在第14页继续讨论。

流，科学和工业开始发展并小心翼翼地取代农业和优雅艺术。1865 年 11 月 22 日，朱塞佩和安妮的第一个孩子阿方索在蓬切西奥出生。次年，马可尼一家搬回博洛尼亚，在接下来几年里，他们多次搬家，因为朱塞佩的多项生意投资都成功了，社会地位也日益提升。到了 1871 年，他们住在帕拉佐·阿尔伯盖蒂一处宫殿般的房子里（根据当地政府的人口普查记录，他们只是临时居住在那儿），并拥有 3 个随侍仆人：一名负责打扫卫生、一名厨师和一名养马饲养员。他们在博洛尼亚城中心附近频繁搬家，这在当时的城市资产阶级中是不多见的，因为他们的大部分财产都在蓬切西奥。有人推测，朱塞佩一直因为觉得城市生活很不舒服而躁动不安，而安妮也喜爱乡村生活。有趣的是，夫妻两人似乎都对频繁的搬家毫不在意——他们的第二个儿子，古列尔莫继承了他们这一特点。

在关于马可尼的正规文献著作里，朱塞佩被描述成一个沉默冷酷、严厉顽固的专制者，但是没有文献证据或者马可尼自己的证言证实这一点。马可尼的朋友，传记作者路易吉·索拉里引用马可尼的话说："我的父亲表面上看起来脾气很坏，但实际上他是一个生性快活的博洛尼亚人。"1897 年，古列尔莫首次从英格兰凯旋回家，一家人一起拍了照片。其中一张照片里的朱塞佩看起来像一名乡绅，悠闲地向后靠着，穿着一件深色外套和浅色高腰长裤，膝盖上放着一顶白毛毡帽。但是，古列尔莫看起来很糟，闷闷不乐，皱着眉头，像莫迪利亚尼人一样瘦长的脸上留着一小撮胡子，双手有意交叉叠放在身前，以显庄重。尽管儿子像一颗冉冉升起的新星，父亲的生活趋于平静，但是家族权威脉络仍旧清晰。

马可尼后来渐渐对父亲数目可观的财富不屑一顾，对外更愿只说朱塞佩是"独立谋生"的人。格里夫尼庄园周围的土地广袤而多产，朱塞佩对此投入很多时间和精力，辛勤经营。他还有很多其他生意收益，涉足的范围宽得惊人，最远拓展到伦敦。据一本账目记录（尽管他实际上不说英语），在 19 世纪 60 年代，查令十字街有一家餐厅兼音乐厅是由外来移民卡洛和乔瓦尼·加蒂兄弟俩经营的，而朱塞佩是他们的秘密合伙人。1869 年，他到埃及参加苏伊士运河的开航仪式。朱塞佩被描绘成一个吝啬的人，但是他对任何预期要花的钱坚持要做精准的判断，如果他确信是个好投资，他是乐于投钱的。尽管马可尼对金钱的态度更功利，对钱财的数字积累不感兴趣，但他还是继承了父亲做生意的方法和理财方式。"你很看重钱财吗?"索拉里曾经问过他,他果断地回答"是!""钱是一种计量单位,如果你不付出,你就不能衡量出你的工作成果有多大。"

安妮·芬威克·詹姆森比朱塞佩年轻许多,两人相差至少 15 岁或 16 岁。他们两人的背景有颇多相似之处,但是安妮出身于一个更保守、稳定难变的家庭。她的祖父祖母双方家族都是苏格兰长老会的威士忌制造商。安德鲁·詹姆森 1783 年生于克拉克曼南,是克拉克曼南郡治安长约翰·詹姆森的第五个儿子。玛格丽特·海格是苏格兰最杰出的威士忌生产商约翰·海格的长女。詹姆森家有 16 个孩子,其中 10 个死里逃生长大成人。

在安德鲁·詹姆森还是个婴儿时,随家人搬到了都柏林,那时他的父亲对鲍大街一家新开的酒厂产生了兴趣。1805 年,詹姆森一家接手了这家酒厂,并改了名字。最终,约翰·詹姆森父子每年生产的威士忌达到 100 万加仑(约454.61 万升),存放在这个城市很多街道下方的大型地窖中。见证或是参与了詹姆森在都柏林传奇故事的人给他起了个绰号——"荣耀约翰",而詹姆森理所应当地成为世界最著名、最畅销的爱尔兰威士忌品牌富商。詹姆森的家训是 Sine Metu(无所畏惧),据说起源于 16 世纪公海上的一段海盗大战史。直到今天,这个家训仍然印在每一瓶詹姆森威士忌酒的标签上。

约翰·詹姆森几个稍大点的儿子——小约翰、威廉姆和詹姆斯——在商业领域表现卓越,但是安德鲁的情况鲜为人知。他的名字未曾出现在任何公司传记中。就目前所知,大约在 1815 年前后,他在韦克斯福德郡定居,住在一个名叫达芙妮堡的庄园主宅邸中。1818 年,在恩尼斯科西镇附近的费尔菲尔德一处锻造厂旧址上开了一家酒厂。

恩尼斯科西的斯莱尼河(或称"岩石群岛")上有约 1 万居民,最早的居住历史可以回溯到 6 世纪,是爱尔兰国内连续有人居住的地区中历史最悠久的。2010年,该地区官方举办了 1 500 周年纪念日。维尼格山俯瞰着整座城镇,它是 1798年民族主义叛乱期间叛军的总部,他们曾建立短暂的韦克斯福德共和国。虽然恩尼斯科西只是 1916 年(爱尔兰共和派举行的反英)复活节起义中的一小部分,但意义重大。恩尼斯科西的居民大部分是天主教徒。19 世纪和 20 世纪初,爱尔兰教派(英国国教徒)中一支有地位的少数教派控制着当地工业——至少有一个贵格会教徒家族,例如戴维斯家族通过合伙生意和联姻与詹姆森家族团结在一起，并在马可尼的故事中扮演重要角色。

　　1827 年之前安德鲁的家庭状况也是模糊不清的。有记录显示，1810 年在都柏林有一个名叫安德鲁的人和凯瑟琳·詹姆森结婚，并于 1811 年至 1819 年生育了 6 个孩子，但是并不清楚是否为同一个安德鲁·詹姆森，而且这些居住在韦克斯福德的姓詹姆森的人也无资料可查。（虽然达芙妮堡肯定足够大，住得下这些人，但为什么单身的安德鲁会在 1815 年买下这么大的房子？）然而，可以确定的是，1827 年，来自"恩尼斯科西附近的莫纳特教区"的安德鲁·詹姆森与来自苏格兰珀斯的玛格丽特·米勒结婚。据他们的外孙女黛西·普莱斯考特说，安德鲁和玛格丽特是表亲。他们共育有 4 个女儿，最小的女儿安妮据说拥有非凡的音乐天赋。

　　除了家族故事和当地人的回忆外，我们对安妮早年生活的确切情况知之甚少。她或者她的 3 个姐姐何时出生或者受洗都没有记录——这可能是因为 1922 年爱尔兰内战期间，爱尔兰教派莫纳特郊区（费尔菲尔德所在地）的注册记录被毁掉了。抑或是因为当时的习俗，玛格丽特可能返回苏格兰的娘家生孩子去了。参考文献中安妮的出生日期从 1837 到 1843 年都有。最接近可靠的来源是伦敦海格特公墓的葬礼登记，上面记录说她于 1920 年 6 月去世时已经 81 岁，所以她出生于 1839 年或 1840 年。因为 19 世纪爱尔兰人对祖先的历史有浓厚的兴趣并保留了大量的宗族信息资料，所以关于安德鲁和安妮·詹姆森的真实信息与记录之间的差距之大多少让人惊讶。

　　安德鲁在费尔菲尔德的酒厂一直经营到 1840 年，因为那一年戒酒改革运动领袖西奥博尔德·马修神父的到来而被迫停业。他后来从当地商人亚伯拉罕·格拉布·戴维斯那里租了一处房产。1850 年，亚伯拉罕和安德鲁的大女儿结婚（他们的次子，亨利·詹姆森·戴维斯生于 1854 年，是 19 世纪 90 年代将马可尼引荐给伦敦金融和工程圈内人士的人）。19 世纪 50 年代间，安德鲁将家搬到都柏林，并于 1859 年之前在那里离世。（1859 年 3 月，伊莎贝拉·詹姆森嫁给他父亲住在费尔菲尔德时的邻居的儿子爱德华·库克曼时，《韦克斯福德独立报》上的结婚公告里称安德鲁已故。）安德鲁的第三个女儿，伊丽莎白（莉齐）嫁给一个名叫普莱斯考特的英国印度裔军官，而她一生中的大部分时间是在意大利度过的，在意大利，普莱斯考特和马可尼家族来往密切。

虽然我们对安妮·詹姆森如何被抚育长大了解很少，但据描述，她是一个清秀标致的女孩，"有着极好的歌喉，很有主见"。安妮的父母曾替她拒绝来自伦敦科芬园的一份演出邀约，在她年满 19 岁不久就将她送到博洛尼亚——一个离恩尼斯科西很远的地方——的音乐学校学习。

安妮在博洛尼亚遇到了朱塞佩·马可尼，一个带着年幼孩子的鳏夫，"一个总而言之十恶不赦的，外国人"。家族传闻说这一对情侣沉溺于爱河之中，当安妮回家请求父母同意她嫁给朱塞佩时，却当场遭到反对。然而，两人坚持不放弃，私下通信往来使爱恋热度不减，直到他们有能力私奔。据历史学家芭芭拉·瓦罗蒂说，"固执是夫妇二人的共同特点，这一特征无疑传给了他们的次子，古列尔莫。"古列尔莫的长女戴格娜 1962 年曾出版了一本献给她父亲的饱含细腻情感的回忆录，书中评论道，她祖父母的爱情故事具有维多利亚时代小说的全部写作元素。

安妮·詹姆森生于恩尼斯科西、珀斯还是都柏林？是生于 1839 年、1840 年或者 1843 年？她遇到朱塞佩·马可尼时有多大？那时她的父亲还在世吗？到底她的父亲有多反对两人的结合？家谱学者、历史学家和家族后人都不能回答这些问题，而恩尼斯科西已没有詹姆森家族的人在了（尽管那里不缺库克曼和戴维西斯家族的人）。无论事实如何，这个故事多年来都被一讲再讲，并设定了一个浪漫、热情、果断的背景，成为他们的儿子古列尔莫非传统、非常规生活和职业生涯的前奏。这个故事中能确定的是：意大利波雷塔的马可尼家族和爱尔兰韦克斯福德的詹姆森家族联合产生的这种合伙人关系是一种非常成功的关系，它最显著的特点是家族团结一致，这是古列尔莫·马可尼取得非凡成就的众多原因中的关键之一。

* * *

直到 20 世纪 90 年代，我们所知道的马可尼的早年生活都来自他自己的记录以及事件亲历者的回忆。到了 1993 年，一位意大利档案保管员吉奥瓦尼·帕奥里尼有了惊人的发现。他在罗马法尔内西纳庄园地下室里偶然发现 8 个放在一起的、发了霉的文件盒，而 20 世纪 30 年代，法尔内西纳庄园是皇家学院(Reale Accademiad' Italia)在马可尼任校长时的总部所在地。这些盒子里装了几十封家信、家庭日常账目记录、剪报、照片以及马可尼童年时的成绩单和青少年时期的笔记本。这些文件和各色家具、画作以及法尔内西纳庄园的其他物品被一起放在雷诺河畔卡萨莱基奥附近小镇的一家古董商店中挂牌销售。1940年，新成立的古列尔莫·马可尼基金会得到了这些文件。第二次世界大战期间，这些文件被人遗放在法尔内西纳的地下室，直到帕奥里尼在50多年后寻找别的东西时被它们绊倒。

这些遗物以及其他一些文件资料显示，关于马可尼早年生活的大部分故事有两个版本：一个是史诗似的版本，说的是一个非同寻常、天赋异禀的天才克服了巨大困难；另一个是更乏味的版本，在这里有才智、决心，有对明智建议的关注，阶级特权和朴实无华相结合，福星高照的他取得了成功。马可尼本人甚至是助长这种模棱两可的两个版本个人传记的鼻祖，而这种模棱两可是为其利益服务的。

但是他的人生起点是确定的，没有多个版本。古列尔莫·马可尼于1874年4月25日在马雷斯卡尔基宫他父母家中出生。马雷斯卡尔基宫是17世纪巴洛克式宫殿，以华丽的壁画和贵重的艺术品装饰点缀，距博洛尼亚市中心的市政厅仅几步之遥。而朱塞佩到这时为止，仍然更喜欢格里夫尼庄园乡村式的典雅。在古列尔莫出生前几个月，他曾在马雷斯卡尔基租了一套设施完善的公寓，可能是为了安妮的孕期生活更安逸、放松。古列尔莫是在附近的圣彼得大教堂受洗的。

古列尔莫18个月大的时候，他们一家又回到格里夫尼庄园居住。格里夫尼庄园也是建于17世纪，坐落在蓬切西奥一个被波雷塔那公路环绕的小山顶上。1926年，一位意大利记者这样描述这个庄园，"它被当地其他民居环绕，空气清新、平静安详，有大家长管理着一家子，空间开阔有回声，绝对的宜居之地。花园里到处种着法国梧桐和榆树，庇荫着庄园的入口；相对的一侧有郁郁葱葱的松树守护着这一切，松林下方是开阔的谷地，火车在松林间的道路上鸣着汽笛欢快地驶过。"在马可尼青少年时期，这处产业包括一个马厩、一个谷仓、一座小教堂和一个大的乡间宅邸，楼上有一个大房间曾经用来养蚕。马可尼在这个房间里做试验，如今已参照 1895 年的原貌进行了重建①。

尽管朱塞佩自此以后的 30 年一直以格里夫尼庄园为家，但是安妮和她的两个儿子只是断断续续地在那小住，大多是在夏季。当古列尔莫 2～3 岁大时，安妮和儿子们搬到了英格兰东部的贝德福德。至今无人知晓她为何选择贝德福德（《天路历程》的作者约翰·班杨的出生地），尽管教育可能是其因素之一——阿方索当时 11 岁，人们认为贝德福德的教育体系很好。1876 年至 1880 年，阿方索在贝德福德学校学习，马可尼后来曾写过自己在贝德福德一所私立学校接受 2 年初级教育的经历，当时他有 5～6 岁大。学校登记记录显示马可尼是 1880 年春季离开贝德福德返回意大利的。

朱塞佩显然打算随安妮和孩子们一起到英格兰去，至少有一部分时间陪伴左右。1877 年，他第一次拜访爱尔兰的姻亲，宣布放弃自己的意大利公民身份，开始着手获得英国国籍。他如此执着地放弃意大利国籍的确切动机尚不明确，但是据说他对意大利政治日益自由化感到不安，并且长时间与家人分离也是件痛苦的事。孩子们的教育也一直是一个问题。安妮坚决不让自己的孩子去天主教会开办的学校上学，但古列尔莫出生后受洗成为一名天主教徒，孩子们也像新教徒那样被抚养长大，因此没有证据证明朱塞佩完全反对意大利。

1880 年 4 月朱塞佩提交了加入英国国籍的申请，但是因为不符合规定而被拒。贝德福德一位律师威廉姆·斯廷森受雇于朱塞佩一家，他的记录上说这次申请没能成功是因为英国内政部移民法则有一处变化。1881 年 4 月，斯廷森在给安妮的信中写道："我认为 1880 年 4 月申请肯定很困难，应该等 2 个月后，而不是遵照现有的法规先申请。""如果马可尼先生经深思熟虑后想要重新申请，我很乐意静候通知为你们准备必要的文件。"那时，安妮和儿子们已经回到意大利，一家人的计划有变。

在黛西·普莱斯考特（安妮姐姐莉齐的女儿）珍贵的、又充满深情的回忆录中，她将马可尼描述成一个孩子。黛西稍长几岁，回忆起她的表弟古列尔莫 5

①第二次世界大战期间，这栋房子被纳粹占用，在那之后就面目全非了。房子前面马可尼的半身像被一个个弹孔弄得伤痕累累，显然意外造成的。战后，马可尼基金会收到了一封德国学者的来信。这位学者曾在这里任职，他写信来为当年的破坏行为道歉（2009 年 7 月 1 日采访芭芭拉·瓦罗蒂）。

岁时的模样，说他是"一个穿着蓝色水手服的小男孩……引人注目的漂亮小男孩……额头上顶着淡棕色刘海，而那下面是一双睁得大大的，透着一股聪明机灵劲儿的深蓝色眼睛，充满疑惑地看着周围关于他的一切。他总会让我觉得，他就像艺术家挑选喜爱的模特，或者雕刻家为自己选凿子那样，他的个性就是要求每一个细节都很完美"。后来，一些记录间接从不同方面将小古列尔莫描述成机智灵敏、意志坚强、内省、孤独、沉默寡言的人，但是大多数、也是最常见的对他性格的描述是专注、遵守纪律和坚定。19世纪80年代中期，玛格丽塔·萨尔法季一家和马可尼一家在波雷塔度假，从此她成为马可尼一生的挚友（众所周知，20世纪20年代，她还是本尼托·墨索里尼的情妇）。她比马可尼小几岁，她回忆说，11岁大的古列尔莫将她放在自己的肩膀上，教她星座的名字。

马可尼成名后，尽管经常被人问及童年时光，但他很少愿意在公共场合谈论自己的童年。在他去世前几个月发表的采访报道是一个例外："童年于我最鲜活的记忆是我小心谨慎地不让任何人察觉我那无法抑制的、终有一天我会做出一些新鲜又伟大的事情的感觉。到了8岁或者10岁的时候，我更加确定自己的感觉，有些课程我不感兴趣，老师因为我不努力对我漠不关心时，我就拿这来安慰自己。"他最初的，也是最独具慧眼的传记作家，朱塞佩·佩西翁（也认识他本人）曾写道，儿童时期的马可尼表现出"一些神秘事物好像正在他头脑中涌动"的样子。

阿方索和古列尔莫都精通英语和意大利语，也会说博洛尼亚农村的当地土话。像很多幼时就在双语环境下长大，有两种母语的孩子们一样，古列尔莫逐渐可以流利地说两种语言，但有些轻微的、可察觉的缺陷。在英格兰，他的意大利裔仆人会和他说意大利语，尽管他的嗜好和特殊习惯已经很英国化，以至于在意大利，小马可尼会被嘲笑为 I'inglesino（小英国佬）。19世纪90年代，马可尼已成为公众人物，英美媒体常常惊讶于他流利的英语，只是隐隐约约有一点"外国"口音（有时是爱尔兰口音）。马可尼与母亲和兄弟阿方索对话时既说英语也说意大利语，与詹姆森家族亲友们交流时用英语，和父亲以及意大利宗族亲友交谈时则用意大利语。

马可尼早年生活的方方面面会有零星的缺口，并不完整，但我们清楚地知道作为一个年轻人，他无法专心投入到正统学校的学习中，并为此度过了一段颇为难熬的时光。马可尼对自己感兴趣的事物的热情和创新力给后来教过他的每一位家庭教师都留下了深刻印象。格里夫尼庄园图书室藏书丰富（至今依然如此），马可尼广泛阅读各类图书，从异教神话到库克船长南太平洋航行记，再到本杰明·富兰克林个人传记，这让人感觉他在"自学"，或者用历史学家芭芭拉·瓦罗蒂的词更精准——他在"自我引导"。当然，他所受的教育是超常规的。最主要的是，他的性情和专注力非同寻常，但又真挚、热切。到了 10 岁或 11 岁，他已经开始自己做试验，并且这件事几乎占用了他所有的时间。

从 1882 年起，大约 10 年间，安妮和她的儿子们每年大部分时间首先是在佛罗伦萨，之后到里窝那，而那时朱塞佩则留在格里夫尼庄园。安妮觉得博洛尼亚的冬天很难熬。罗马林琴科学院的马可尼档案馆收藏了安妮写给朱塞佩的 40 多封信——信发自佛罗伦萨、里窝那和波雷塔——是目前关于整个家庭那些年情况的最完整的信息来源，包括他们多次搬家、经济问题以及孩子们的健康和教育。

这些信中最常出现的话题是小古列尔莫不堪一击的健康状况，到他十几岁的时候，安妮在信中仍称呼他为 il Bimbo（小宝贝）。古列尔莫小病不断（大多是感冒和胃病）。这些信也侧面反映出母亲对孩子过度溺爱。她一生都在宠爱着自己的孩子，即使马可尼成了世界知名的大人物，结婚为人父。古列尔莫成年后与家人以及生意伙伴的通信也会不时地帮我们了解他的健康状况。路易吉·索拉里与他相识 35 年，彼此熟悉，他称马可尼是"健康的恶魔"。我们不能完全确认这些健康之忧有多少是真的，有多少只是轻度的抑郁症或者更像是沮丧情绪的爆发，但是古列尔莫微妙脆弱的本性一定会使他的父母以及他本人产生很多焦虑感。

在佛罗伦萨时，马可尼主要在卡瓦列罗学院学习，这是一所私立学校，坐落于一条狭窄的中世纪街道得勒泰尔梅路上，距离圣三一桥很近。起初，马可尼一家频繁搬家，最终在斯卡拉大街 8 号定居，这里离学校不远，靠近圣塔玛莉亚诺维拉火车站。索拉里比马可尼大 1 岁，碰巧在马可尼之前进入卡瓦列罗学院。他讲述了那天碰见马可尼和他的母亲一起到学校的情景。索拉里写道："马可尼身材细长，柔弱，但是看起来严肃苛刻，不好相处，不像他这个年龄该

41 有的样子。"

另一个在马可尼家信中经常提及的是家庭经济状况。安妮每一项意料之外的花销都要去找朱塞佩,从小宝贝需要一把丝绸阳伞到他的脚长得太快,鞋子小了。19世纪80年代的佛罗伦萨对来自英国和美洲的外国移民来说是一个很受欢迎的目的地,当然物价不低。(1892年,马克·吐温和家人住在佛罗伦萨郊区
42 塞蒂尼亚诺一个庄园里,他体会到了居住在佛罗伦萨的快乐。)1885年年中,马可尼一家从佛罗伦萨搬到里窝那,一部分是因为钱,很明显朱塞佩考虑到维持两个家庭的花销不小。(尽管那年他肯定很高兴自己的长子路易吉和一个富有的
43 博洛尼亚家庭的女儿莱蒂齐亚·迈阿尼结婚了。)

1885年的某一天,安妮和孩子们搬到里窝那,这里距离佛罗伦萨只有60英里(约96.6千米),但是在政治、经济和文化方面与佛罗伦萨是相距甚远的两个
44 世界。里窝那是个相对年轻的城市,16世纪末建城,(至今仍)是第勒尼安海的一个主要港口。表面上看,这座城市与其周围的城市,例如庄严壮丽的比萨、卢卡以及佛罗伦萨相比平凡又无趣。但这是个离奇的地方,是一些有趣的历史轶事的起源地。正如我们所知,在中世纪末,这里成为包容的中心,对犹太人、新教徒和东正教希腊人及来自欧洲其他国家逃离宗教迫害的人来说是天堂。这里最有辨识度的地标是老港口一个17世纪的大理石雕像,名为"4个摩尔人",描述的是斐迪南一世大公美第齐俯视着4个努力挣脱锁链的黑人。里窝那也是现代艺术家阿梅代奥·莫迪利亚尼的出生地(1884年),意大利共产党也诞生在此地(1921年)。

英语称里窝那为"莱格霍恩"。里窝那在马可尼所处的时代是英国中上阶层人夏季的度假胜地。安妮的姐姐莉齐·普莱斯考特会带着她的4个女儿到里窝那过冬,那时她的军官丈夫驻扎在印度。里窝那也是意大利海军学院的所在地。这所学院由当地议会成员,海军上将贝内德托·布林于1881年成立,他后来很快成为海军部长。里窝那是墨索里尼统治时期意大利通信部部长科斯坦佐·齐亚诺的出生地。这两位重要的政治人物在马可尼与意大利军政的关联中起到一定的作用。马可尼在里窝那度过的两段时光,即11岁到15岁(1885—1889年)和18岁到19岁(1892—1893年),从各方面讲对他人格的形成起到至关重要的作用。

安妮和她的儿子们去了位于里窝那市中心的瓦勒度教堂(Chiesa Valdese di Livorno)，这很可能是图方便，因为安妮是英国国教教徒，而瓦勒度教堂在当地人看来是"英国教堂"。然而，这给马可尼留下了一生难忘的记忆。马可尼兄弟们的名字都出现在这个教堂的登记簿上。登记簿上记录着1892年古列尔莫通过考试，证明他有足够的知识和宗教信念，被接纳成为教派一员。他被确认为瓦勒度派教徒，尽管很少去教堂做礼拜，但他与教派之间的联系足以一直延续。他的儿子朱利奥生于1910年，由瓦勒度派牧师施洗礼。

在里窝那，马可尼第一次结交到非婚无血缘关系的朋友，意义重大，也是他发展的标志。1885年至1889年，他进入国家学院(Istituto Nazionale)学习。学校位于凯罗利大街，面对着加富尔广场。早期的学习逐渐激起他对物理和化学的浓厚兴趣，特别是一切与电有关的事物。尽管校主任真心觉得他是个好学生、安静、恪守学生本分，并且与同学相处融洽，但是马可尼还是没能完成学业。到夏季，一家人会回到格里夫尼庄园。马可尼回忆说"因为我似乎对机械、物理和化学有一种特殊的感觉，或者说能力"，父亲聘请了一位年轻的博洛尼亚大学工程学毕业生来教他"那些通常在冬季上学的学校里学不到的物理学原理"。他的表妹黛西·普莱斯考特曾写道，马可尼总是搞些发明然后告诉她。"黛西，你要知道我脑子里有那么多点子"，但是，她补充说道，"他从不会谈论自己想发明什么"。

1891年，在意识到自己的儿子对科学有浓厚兴趣后，安妮安排马可尼去上一位高中物理老师温琴佐·罗萨的课。这位老师在里窝那尼科利尼高中有一个设备精良的实验室。据罗萨后来回忆，有一天早上，马可尼夫人带着她那个想学物理课程的儿子来了。"你想参加考试吗？你有不得不参加的竞赛吗？"罗萨问马可尼。"不"，年轻人这样回答："我想学习科学。"罗萨愣住了，他从没见过发自内心主动想学习科学的人。他记忆中的古列尔莫是一个严肃、忧郁、不合群的人。马可尼后来在讲座、回忆录和采访中曾深情地提及并感谢罗萨对自己的影响。

古列尔莫也跟随一位青年家庭教师乔托·比扎瑞尼学习数学。乔托是他哥哥阿方索的同学，也是由阿方索引荐的。他们每天在比扎瑞尼的午餐时间见面。据比扎瑞尼回忆，马可尼对电气应用展现出一种"与生俱来的热情"，对科学专

45

46

47

48

49

50

51

业化格外用心。

马可尼很快全身心投入到非正式学习中，在罗萨的鼓励下，他开始自己做各种实验。他在马可尼一家位于帕瑟吉奥大街的住宅屋顶架起了一个精巧的装置，将它钩挂在接收器里面，使它成为一个可用的电铃。后来成为海军候补军官的索拉里曾经讲过一个可能是编造的故事，但是确实生动有趣："有一天我和同学从学院回来路过里窝那，我看到屋顶上垂下一些金属线，'他们在屋顶上干什么呢？'，我问当地的朋友，他笑着回答说，'那间屋子里住的古列尔莫·马可尼用空气中的电流让门铃响了起来'。"尽管这个故事将马可尼神化了，但是并没有改变一个事实，那就是马可尼当时正在做的事情一定仅有极少数密友知道。当马可尼 18 岁时，他告诉自己的好友和家人他想发明一种改变世界的、革命性的东西。

* * *

马可尼在里窝那对电气实验养成了一种专注的，近乎执迷不悟的兴趣（或者说得豪迈一点，"热情"），这几乎占用了他所有的时间，那些青春期少年通常会做的事情他几乎都没参与过。唯一的例外是钢琴，他妈妈教他弹钢琴（而他一生中每到压力大、感觉紧张的时候都会弹钢琴放松）。另一个让他产生极大热情的是大海。意大利马可尼档案室里最早的往来通信档案中有一个是安妮写的英文便笺，寥寥数语："亲爱的宝贝，和阿方索 4 点钟回家前不要去洗澡，也不要在海水里待太久，因为 5 点钟你要上课。爱你的妈妈①。"古列尔莫经常和哥哥以及一些朋友驾驶小帆船从里窝那港口出海。他很喜欢大海，因为大海可以让他全神贯注地思考他的研究，远离城市的喧闹和其他人莽撞的好奇心。

1892 年，18 岁的古列尔莫告诉黛西·普莱斯考特，他已经在思考如何在"我的电学"中继续满足自己的兴趣。他订阅了一份意大利语期刊《电流》——一本致力于普及电学领域科学知识的周刊，但是他对自己想做什么仍没有清晰的想法。有记录显示他经常订购一些专业设备，对杂志中描述的实验进行复制或者提升。他那时打算参加一个旨在开发新型蓄电池的国际竞赛。他还用电动发

---

①安妮经常用英文给她的儿子们写信，但儿子们之间，或者他们 3 人给朱塞佩写信时用意大利语。

动机(当时也是一个很新的发明)做过实验。他的父亲为他提供资金上的帮助。

事实上，马可尼大家族的成员们为他提供了直接的、坚定的支持和鼓励——包括他的父亲。他父亲最初关心的是他的小儿子不接受正统教育会如何，或者谋一个更可靠的职业，例如海军，而不是不顾一切地抵押他的未来，但到最后他也想明白了。黛西·普莱斯考特是这样描写马可尼的父亲的："因为实在无法知晓他的儿子到底要做什么，他对儿子取得的发明进步是极力反对的；但是一旦他清楚地看到发明出来的实物，他就很高兴，并且尽最大的可能去帮助他。"同时，安妮"总是这男孩的得力助手"，从童年到成年，始终将心思放在他
身上。马可尼去世前曾写道："我所取得的成就比不上母亲给予我的鼓励和灵感。"因此，安妮的支持是基础，她在英格兰和爱尔兰的生意人脉对她儿子的成
功至关重要。文件记录显示，朱塞佩也以多种方式为古列尔莫的野心提供了大量的财政支持，为他在博洛尼亚的人脉圈中寻找帮助。马可尼曾因外界对父亲的错误揣测而愤怒，1903 年他告诉《意大利新闻报》："（父亲）他不仅没有反对我继续努力，相反他鼓励我，为我的实验付出了那么多……他是不由自主地用各种途径对我进行鼓励。"他总是觉得那些说他父亲对自己工作有所妨碍的人"不知
为何这样……作为一个小心谨慎的商人，他最初并没有那么大的热情，我母亲也一样，但是他没做任何不利于我工作的事情。"1937 年，在他去世前几个月，他在给一位自称传记作家的信中这样写道。

在一封大概那个时候（1892 年，译注）写给哥哥阿方索的信中，马可尼说他自己正在查询如何才能获得物理学大学文凭，但是不确定自己在没有进一步接受私人课程指导的情况下能否通过入学考试。"今年夏天（1892 年）我需要请一个有能力的老师到格里夫尼教我，为这些考试做准备。找这么一个大学生可能不难。"他在信中也向阿方索报告了自己最新成功的实验——"我敢肯定我最后组装的机器具有工业化优势"——这说明马可尼很早就确信追求研究成果的商业价值的重要性。

信中还提及另一位对马可尼最初这些年快速成长发展起到重要作用的人，博洛尼亚大学教授奥古斯托·里吉。他是一位国际知名的物理学家，当年碰巧到马可尼所在的地区避暑，是由一些普通朋友引荐给马可尼一家的。里吉住在
萨比由诺，直线距离格里夫尼庄园 1 英里多点，但是要穿过里诺河，所以绕行

走弯曲的山路需要几小时才能到达。马可尼可能骑着由格里夫尼庄园的园丁安东尼奥·马尔基牵着的驴专程到里吉的别墅看他，大字不识的安东尼奥会在途中讲故事打发时间。

马可尼骑驴拜师的故事可以与亚伯拉罕·林肯秉烛学习的故事相媲美，马可尼后来自称这"只是虚构的"。但里吉的重要性毋庸置疑，即便他对马可尼的教育起到多大作用只是围绕马可尼发展之路的一个小小的争议之一。里吉更像是一位偶遇的良师益友，为马可尼提供一些基本的职业发展建议，让他在博洛尼亚大学更便利地使用实验室，争取图书馆借阅特权。是里吉建议马可尼关注一下正规大学的学位课程，里吉也会聆听马可尼向自己描述正在做的实验，并且确信这些实验可以实现商业应用。此外，里吉允许马可尼旁听自己的几堂课，观察与他自己的研究相关的示范实验。1892 年至 1895 年，马可尼和他在这段重要的事业形成期所做的工作在里吉面前一定是没有秘密的。

1893 年，马可尼回到格里夫尼常住，大概在此期间他阅读了德国物理学家海因里希·赫兹的电磁波生成与传播的实验报告。1888 年，当赫兹公开发表实验结果时，他的突破性发现令全世界兴奋不已，但是那时还没有人想到将此发现进行实际应用。里吉曾亲自用所谓的赫兹波做过试验，他可能是将此物理现象介绍给马可尼的人，并且马可尼在现场见证了里吉的试验。然而，里吉主要是理论家，也从未宣称自己是马可尼的导师——虽然外界经常如此刻画他。

意大利研究学者默里奇奥·毕加齐在研究了林赛档案中的购物收据后猜测，马可尼在 1893 年 11 月，即他们一家从里窝那返回博洛尼亚不久后就已经开始他的电磁波初次实验。马可尼笔记本上的符号表明他已经熟练掌握了莫尔斯电码①。十有八九是因为他很快从《电流》杂志中读到了赫兹以及那些与自己想法相关的文章（包括里吉和英国物理学家奥利弗·洛奇），因为大概就在那段时间，这本杂志开始刊登电磁波的研究报告。历史学家芭芭拉·瓦罗蒂指出，1893 年 10 月那一期杂志中有一篇未署名的文章说："天空中的缓慢振动使我们想象在我们所处的时代，在没有水下电缆，也没有任何造价高昂的装置的情况下可以实

---

①据家族传说，马可尼是在里窝那跟一位退休的名叫马尔切蒂的发报员学习的莫尔斯电码。关于这件事不同版本的故事中，有一些说马尔切蒂是一个盲人。

现无线电报通信。"马可尼的曾孙弗朗西斯科·帕尔斯科本人也是一名杰出的物
理学研究者，他提出这可能是马可尼第一次"碰到独特的无线电通信概
念"——一个他一直否定的概念。其实，那段时间里没有任何公开发表的文章和
言论中以任何方式提议将赫兹的研究成果与可识别信号通信联系在一起。正如
里吉后来意识到的(见第 3 章)，这是马可尼的创意，并且他是第一个将想法付
诸实践的人。

看到赫兹实验的相关报道后不久，马可尼就一直在思考进一步利用这个经
赫兹证明的原理的可能性，特别是电磁波可以用作通信媒介的可能性。马可尼
当时思考的是"无线电报"——莫尔斯电码不经过电线发报可以扩展目前电报信
号的实际应用范围。电报的实际应用价值毋庸置疑，马可尼最初的贡献是联想
到用赫兹波可以消除对架线基础设施建造的需求。这不仅极大地降低了电子通
信的成本，还可以在无法架设电线、电线被切断或者仅仅是没有连接电线可能
的地区(例如海上船只)之间实现电子通信。马可尼不是第一个用赫兹电磁波做
试验的人，也不是第一个尝试不通过电线发送电报信号的人，但是通过将两者
有机地结合，他成为第一个有效利用现在称之为通信用无线电频谱的人。

1894 年或 1895 年夏季——马可尼后来几乎交替使用这两个时间——他与比
自己大很多的半个兄长路易吉(又称吉基诺)一起出发前往意大利阿尔卑斯山中
名叫安多尔诺的地方，与那里的其他家族成员会合。正如他给黛西·普莱斯考
特的信中所写，他计划在那里停留 1 周后返回博洛尼亚，中途停留在米兰时"买
一些我做实验需要用的电气设备"。马可尼始终认为正是这次旅行让他瞬间洞悉
了自己的内心，并开始了自己的毕生事业。1894 年对我们这个故事至关重要，
因为这一年洛奇公开操作了证据充分的实验(见第 3 章)。然而，关于马可尼顿
悟的确切时间仍存在悬而未决的争论。马可尼自己后来以不同的方式对当时的
情形进行了描述，其中一个充满诗意：

> 1894 年夏，从欧罗巴高山凝视比耶拉周围的田园风光，一个想法
> 突然闯进我的脑海，人类可以从太空中获取能量、新的资源和新的通
> 信方式。用毫无阻碍的太空之路传播人类所思所想，从那以后便深深
> 迷住了我。它们是永不枯竭的灵感源泉，会成为新的成就造福人类。

这段话出现在具有权威性的 1974 年《马可尼家族史传》的意大利文原版及英文译

文版中。然而，这段话原引的文件，即一封手写的信中重复了 1918 年《海空航线》期刊中出现的问题，马可尼准确无误地写道"Nell' estate del 1895（1895 年夏）……"这一时间也是 1896 年 12 月 27 日马可尼首次接受媒体采访时向罗马日报《论坛报》提供的时间，那时他对这件事大概还记忆犹新。

这是马可尼神话的核心元素之一——"这个想法闯入我的脑海……"——要验证这个日期是不可能的，我们不得不利用它的表面价值，或者忽略它。这段时间里马可尼到底读到了什么无法确认。但正如我们所看到的，马可尼通过阅读《电流》杂志上的实验描述了解了赫兹。马可尼自己也说过，他是在"意大利和法国的出版物中"读到了赫兹的实验报告。然而，他可能也看过洛奇的讲座报告，还有 1894 年 6 月 1 日在伦敦皇家学院的赫兹波演示，两家英语期刊《自然》和《电气技师》都对此进行了报道。当然，马可尼读得懂英文。他也有可能，甚至极有可能在博洛尼亚大学图书馆曾看到过关于那些与自己的结论非常相近的学者，例如洛奇、俄罗斯物理学家亚历山大·波波夫的出版物。

无论马可尼什么时候开始有了对未来影响重大的"想法"，我们也无法确认这些有名望的学者中有谁与他有相同的想法，并且已经采取行动推进这个想法的实现。1937 年马可尼去世前不久，在给他的第一位美国传记作家奥林·邓拉普的备忘录中最后一次相当详尽地记录了自己获得灵感启示之后所做的事：

> 1894 年，我 20 岁。我和我的家人在阿尔卑斯山区度假……从阿尔卑斯返回后我将自己锁在阁楼实验室里，开始我的新理论研究。那几个月我活得像个隐士……我在当地找了两个随时准备帮我的年轻人……他们不是无论何时都能理解我在做什么，但是他们被我的激情打动，在周围其他年轻人的怀疑中坚决维护我……来年的春天，我完成了自己第一个伟大实验……我在顶楼窗边放了一台发报机，在几百码（100 码等于 91.44 米）之外的小山丘上放了一台接收器。我坐在发报机前，而我的助理米格纳尼在山那边守着接收器。我敲出字母 S，如果接收器那边有任何反应，米格纳尼就会挥舞一块白色手帕……电波能越过类似山丘这样的障碍物吗？只有一种方式能解决这个问题，但是需要经过试验验证。我指导米格纳尼将接收器放到山丘的另一侧，在房子所及视线之外，看不到任何标志信号。我告诉他拿一把枪。我会

敲击 3 次，如果接收器发出 3 次嘀嗒声就开枪。米格纳尼带着枪出发了，我请妈妈进屋观看这个重大试验。一切就这样发生了。我给米格纳尼一些时间到达指定位置，等了一阵子后，我屏住呼吸敲键 3 次。似乎等待了极其漫长的时间，终于从山丘的另一侧传来了一声枪响……这就是无线电诞生的时刻。 82

注意，在这段文字里，马可尼说他的阿尔卑斯突发奇想发生在 1894 年，而枪声实验则在 1895 年春。其他一些原始资料，包括博洛尼亚马可尼基金会的研究员们说这次实验可能是在 1895 年 11 月或 12 月底完成的。马可尼在这份 1937 年备忘录中也写道："我在阿尔卑斯山区期间有了一个想法，即使没有电线，不是只有信号，真实的文字和人的声音也能从一个地方传到另一个地方。"这是他唯一 83
一次就此发出声明——在自己的生命即将走到尽头的时刻，他正努力确立他作为"无线电信息发送接收"发明者的地位，而不仅仅是"无线电"。格里夫尼实验一个更可信的版本来自马可尼的法庭证言，那是 1913 年一起发生在美国的专利诉讼，在宣誓后他作了如下陈述：

在我父亲的庄园……1894 年秋季或 1895 年初我有一个构想，发明能发出和接收赫兹波的高效电报传送器和接收器，这将有可能在非常远的距离间传递和接收消息，而不必在传送器和接收器连接导线。1895 年初夏，我以此为课题在之前提到的乡间住宅里开始实验……我弄清并测试了我的这项发明的可行性，还确信通过进一步调整细节会实现更远距离的通信……我描述了这项发明的一些商业用途。 84

但这是在 1895 年夏季，而非 1894 年。

无论这个科学发现发生在 1894 年还是 1895 年，接下来发生的事情是几乎所有马可尼的传记作家们都重复过的标准讲述：马可尼一家写信给意大利邮政与电报部，要将这项发明提供给政府，在未收到任何回应后，他们决定带着这项发明去英格兰。但是，没有文献证据证明马可尼一家在安妮和古列尔莫 1896 年 2 月出发去英格兰之前确实联系了意大利政府，尽管他们都认为确实这么做了。 85
1903 年，一位记者曾问过马可尼是否意大利政府真的从一开始就拒绝支持他，马可尼的回应原话为："不对，我什么也没问，他们也没拒绝我。"研究表明，马可尼本人的这个公开声明仅有这一次，1923 年写给墨索里尼的信中那次当然是 86

— 27 —

出于政治目的。① 这个故事成为法西斯夸大其词的一部分，马可尼和墨索里尼专制政府都曾以此作为指责 19 世纪 90 年代至 20 世纪最初 10 年间意大利自由政府不称职，缺乏爱国心的证据。

另一方面，似乎家庭内部经过多次讨论，并咨询了他们在英国的亲友后决定由安妮和古列尔莫去英格兰碰碰运气，在那里与詹姆森在生意上有来往的人正好可以帮助他们。马可尼 1913 年曾记述了这次英国之行的由来，这是他本人对此最清晰的解释："我母亲在英格兰的亲属建议我来英格兰，因为在欧洲国家中，英国拥有超大舰队、辽阔的海岸线以及巨型轮船带来的商业利益，所以我的发明更容易在那里找到买主。"但是，他还补充说，自己通过马可尼家族一位"特别的朋友"安尼巴莱·费列罗上将（此人后来成为意大利驻伦敦大使）向意大利政府告知过自己的发明。

马可尼 1913 年的证词表明，在决定去英国之前，马可尼家族并未联系过任何政府官员，而且联系政府官员的目的只是为了通知政府，并不是要将这项发明有偿提供给他们。无独有偶，费列罗 1895 年 2 月被派往英国之前，单就职业来讲他是一名测量技师，曾经在博洛尼亚地区的军事部门担任指挥官，在当地很有名。马可尼家的另一个朋友，他们的医师加尔迪尼代表他们秘密地给费列罗写信。据说费列罗回信告诉年轻的马可尼应该利用意大利政府赋予的"自由行动的权利"，在每个地方都申请专利，而且要在他的重要发明秘密被公布之前就这样做。

这才是马可尼真正做的，费列罗后来的建议进一步劝阻马可尼不要对意大利政府抱有太多信任。这个故事的标准版本后来赚了很多钱，原因之一是它与统治者的意见相符（也是由马可尼本人推进的），20 世纪 30 年代在意大利广泛流传，它描述的是在法西斯主义掌权之前的意大利政府没有足够的活力去利用一些机遇，例如马可尼向他们提供的这个。这一观点与马可尼本人与意大利政府打交道时的很多体会都一致——而我们会一次又一次地看到，他非常擅于确定自己的身份和立场，只要他觉得对自身有利——在他自己对事件的解释中，他

---

①在这封信里，马可尼谢绝出任新成立的意大利无线电公司总裁一职，反对意大利政府在特许权授予中将他的法国和德国竞争对手包括在内，见第 26 章。

总是谨慎留意不去触怒任何潜在的支持力量或有用的、可以促进自己成长的一切。

戴格娜·马可尼曾在文章中说，她的父亲对发明之外的事情仍是"想法简单的"，但是到英格兰申请专利标志着他已走出童年。还有几个月就到 22 岁生日时，马可尼开始的这次行动就是想法简单的，他要到世界上最国际化的城市，集结一整套法律、金融、企业经营和政治工具推进自己的目标。在伦敦，"每一个见到他的人无一例外地惊讶于他的年轻，但没有人小瞧他"。

当马可尼前往英格兰时，他很清楚自己正在努力创造历史。他对技术、历史了解颇多，也明白在过去技术是如何被庞大势力控制、培养以及利用的。在继续讲述他个人故事之前理清这段历史很重要。而且，也因为马可尼正要投入到一个竞争的环境中，试图接近权势，因此去看看那些在马可尼所处的科学领域取得或者正在取得巨大进步的人也是很重要的。要了解马可尼的影响和力量，必须着眼于其所处的历史环境，而这个环境在他 1896 年前往英格兰时已经完全清晰明了。

第2章　优先权与批评者

通信与帝国权力之间存在悠久的历史渊源，回头看看埃及法老们，他们已会用一片片纸莎草纸刻画记录赋税情况，这是 5 000 年前权力与统治的源头。甚至回到更久远的过去，看看山洞墙壁上或者岩石画和雕刻品中那些最早的对现实与想象的事物的呈现，看他们是如何在稳固的部落等级生活中维护自己的地位的。历史学家们使用的工具之一是编年类型学——参考这个或那个"时代"或"历史时期"——我们可以通过新的或明显的特点区分时间段。在绵延的历史长河中，研究通信的学者们在表述事物时会向其所处时代的道德标准靠拢，写作创作和机器的介绍也是如此。

古登堡在 15 世纪中叶发明活版印刷，就其对人类争取无障碍表达与沟通，对社会与政治操控产生的影响而言，是过去千百年来具有争议的、最重要的独创性通信技术进步。伴随读写能力的普及，印刷机使宗教改革得以实现，成为近、现代早期众多改革中的一个。但是，英国文化理论学家雷蒙德·威廉姆斯曾撰文说读写能力就是你不能教别人读《圣经》，也不能同时有意识地给他们力量和信心去读不那么圣洁的传单、小册子。

自 16 世纪以来，印刷机就成为各种政治斗争的焦点，但是它不是，至少不是从一开始就是一种用来传播帝国或资本主义的器具。交通工具倒是一种至关重要的设计，特别是随着欧洲人"发现"西方和南方的新世界，与东方古老的贸易通道进行竞争，以及打开新的市场和未被纳入地图标记的广袤疆域。"新闻界（press）"，即来源于印刷技术的媒体，其实质是对立又有组织化的，奋进又自由解放的个体，而它们的出版者，行事更像是政治公民。政府陷入一种认知，觉得他们需要控制新闻界，而 1788 年《美国宪法》（第一次修订）中就声明国会不得立法干涉新闻自由。新闻界的运作费时、敏锐，传播的思想和意见范围从宗教巩固到政治颠覆——意识形态开始与利益和信仰绑在了一起。到了 19 世纪初，新闻界不仅为民主主义发声，也成为各种政治观点的喉舌。

后者有代表性的例子可能是 1828 年出现在伦敦的一个匿名小册子，题目是《大英帝国及世界其他地方的民意之崛起、进步与现状》。后来发现作者是一个名叫威廉姆·亚历山大·麦克金农的人，他是曾在剑桥学习的苏格兰人，1819 年到 1865 年间，曾几进几出议会。这是最早关于民意作为统治方式与权力试金石的重要性的专题论文之一。麦克金农对民意的看法建立在等级观念与种族优良论的基础上，意义深远（英国奴隶制度废除还是几年后的事）。小册子颂扬了英国社会道德与政治的优秀，阐明英国作为世界权力代表的地位归因于 4 个因素：信息、适当的宗教感、顺畅的通信交流以及构成社会团体的个体拥有丰富的物质。因为这 4 个因素充分存在——在这方面英格兰在众多国家中的表现更胜一筹——英国当时得以利用其对世界的支配地位，尽管也伴随着争议，但无需多言，这位作者认为这是一件非常好的事情。 4

这可能是第一次将通信与全球化之间的联系理论化的尝试，但仅是初级的。小册子出现的时间是 1828 年，这是有好处的，因为自古登堡发明印刷机起，它仅仅比引进最重要的新通信技术——电子有线电报早了几年。到了 19 世纪 30 年代，大型商业媒体股权、新型公司以及国家新闻机构开始出现。印刷出版技术的运作规模可大可小。获取一个小型印刷机，并将其运用到生意和政治中去仍在企业家或活跃分子可触及的范围内。但电报是另外一码事。电报是一种复杂技术，需要大量资本投入，因此电报的使用权限由公司或政府管理，或者更典型的是由两者共同管理。有了电报，沟通手段与信息第一次分开，并且出现一种看法认为电报的拥有者会因为所有权被赋予巨大的权力，对通信手段的控制却不得不被责任抵消。

电报的另一个新特点是信息沿着电报线传递时没有对国界线进行识别（信鸽也不会受国界线限制，这也是电报经历了一段时间后才开始流行的原因）。各国 5 政府纷纷实施管理办法处理国际邮政事务和海关关税。讨论国际邮政问题的第一次会议于 1863 年在巴黎召开，但是 11 年后才达成一个协议——《伯尔尼公约》——确定跨边界邮政递送规则，而邮政总联盟到了 1875 年才成立（1878 年变成万国邮政联盟）。《伯尔尼公约》在签约国家中确定了"一个独立的邮政领域"；预付邮资成为国际标准；"过境权"使两地中间的国家不得不允许在其境内过境

6 的邮件享有本国邮件的同等待遇。

　　邮件自身需要穿越边界，是有形的。电报不是这样。一旦电线架设完成，唯一能做的事情是阻止电报进入或离开某个独立主权国家时不被切断。因此人们很快意识到必须要有某种国际（也就是说政府之间的）管理办法。令人诧异的是，事实上直到 1865 年，跨境电报开始出现约 20 年后才有相关办法出台，也就是首个多边公约组织，国际电报联盟（ITU）诞生了。ITU 于 2015 年庆祝诞生150 周年，据报道，自 1932 年更名为国际电信联盟，直至今日该组织仍十分活跃。事实上，19 世纪 60 年代的问题预示了一些我们今天仍在面临的问题，例如
7 "网络中立"，而 ITU 已经在努力说服各国政府承担制定国际规则，管理互联网的责任。

　　在马可尼时代的国际管理体系中，首个大国垄断的体系成为邮政体系的样
8 板，但是电报管理真正开始成形也是从这个大国开始的。因为电报，对国际管理办法的需求就变得迫切得多。问题越大，壁垒越高。因此，ITU 的首个目标就是为国际电报通信建立一个标准化系统。与邮政不同，电报不单是信息递送的问题，还有涉及通信的整个技术系统。（任何人都可以写信，密封，安排递送，但是发电报意味着你要把自己的信息交到一个公司机构手中，从信息写作到接收完全受控于他人。）

　　而有线电报有些明显的局限性。它不能触及所有地方，经常需要与另一种通常更原始的通信形式相结合。要给某人发"电报"，你首先需要将消息带到当地发报处，然后，在另一端，必须有人将其亲手送给目标收件人。这存在安全和保密的问题。然而，这项新技术总体而言非常吸引人，也有很多应用的潜力，以至于到了 19 世纪 50 年代，人们很难想象没有电报的生活该怎么办，这当中就涉及战争、银行业以及新闻业，它们变得大不一样。

　　如铁路建设一样，18 世纪中期电报基础设施建设带来无法想象的财富。在英国，一位曼彻斯特纺织品生产商约翰·潘德尔成为不列颠及爱尔兰磁力电报公司的总经理，他是那个时代处领先地位的电缆巨头。德国电子业企业家卡尔·威尔海姆·西门子凭借其在波斯建立的一个网络，进而将他的商业线拓展至全世界，创立了一个世界企业巨头。在美国，纽约的纸业大亨塞鲁斯·菲尔德获得了垄断权，操控大西洋海岸沿线，横跨大西洋电缆系统西部着陆点，使

美国国内和加拿大电报市场与另一个迅速发展的企业巨人西联结合在一起。〔1851 年在纽约成立,名为纽约和密西西比峡谷印刷电报公司。1856 年公司改名为西联,以展现其跨越大洲的扩张实力。到了 1900 年,西联拥有的电报线缆超过 100 万英里(约 161 万千米)。直到 2006 年才停止电报业务,现在是大型金融服务公司。〕

1850 年,第一条国际水下电缆在英国丹佛和法国加来铺设完成之后,跨大西洋电缆铺设的想法成形了。1854 年,一个名叫福瑞德里克·吉斯伯恩的英裔加拿大工程师充分利用在纽芬兰工作的一次机遇,成立了纽约纽芬兰和伦敦电报公司,被授予往返纽芬兰(离欧洲最近的着陆点)的 50 年电报通信特许权。9 1856 年,菲尔德和某联合企业的英国投资人共同成立了大西洋电报公司。他们最开始要做的事就是尝试铺设越洋电缆,但他们失败了。在英格兰,一个由英国五大领先电缆供应商于 1864 年合并创立的企业带头进行了第二次跨大西洋电缆铺设尝试。但是由约翰·潘德尔主管的电报通信建设与维护公司也没有成功。另一家新公司英美电报公司成立了,并在 1866 年进行了第 4 次尝试,一条横跨大西洋的电缆成功地从爱尔兰瓦伦提亚铺设到纽芬兰哈茨康坦特。电缆生产业当时是资本集中的高科技产业。海底电缆构造复杂:它们又粗又重,必须无瑕疵地发挥作用。每半英里(约 0.81 千米)价值 200 英镑(1 000 美元),所以电缆不是任何人都可以利用的,除了那些非常大的公司和有钱的政府。

10

11

12

1868 年,英国政府将国内所有电报通信公司国有化——提升了英国电缆生产商的价值(潘德尔的公司是主要受益方),并将他们的商业兴趣转向国外。国际电缆数量在两年内增加数倍。1872 年,4 家公司合并成立了东部电报通信公司。合并和收购交错循环仍在持续,令人眼花缭乱,辨识不清。到了 1875 年,一个由英国和美国资本控制的公司拥有、操控着英格兰、美国、印度、澳大利亚和远东之间的电报电缆网。至 1904 年,世界上 2/3 的“电缆船”(41 艘中的 28 艘,设计用于电缆运输和铺设的船)属于英国。

13

1870 年至 1900 年间,以电缆为基础的世界通信基础设施扩大了 10 倍,其后 10 年又增加了两倍。这一系统为世界政治、经济和文化格局的形成提供了平台——简而言之,它使我们如今所说的全球化的一个新的阶段得以出现。电线连接了世界大部分地区,穿过大陆和海底是这一过程的关键部分,也是全球资

本主义(或者是通过资本投资实现的全球化)一个巨大的技术与经济成就。新的
国际通信系统使大殖民力量之间的对立竞争变得尖锐。这个事例预示着在这个
时期内，保护国际电缆不受战时对抗损害的问题会频繁出现。电缆公司为自己
的资产在战争期间受到攻击的可能性忧心忡忡。美国提议发表一个战时电缆中
立的国际声明，但英国、法国和德国对这个想法不感兴趣。

同时，《电信管理核心准则》在 1865 年巴黎的一个国际会议上经参会成员签
字表示拥护、遵守(即成立 ITU 的那次会议)。准则中有一条是通信历史上的一
个里程碑："缔约方承认所有人利用国际电报手段进行通信的权利。"正如研究学
者泰德·麦格德曾经指出的，这是首次写入国际法律文件中的与"信息交流权"
思想接近的观点。1875 年《国际电报公约》在圣彼得堡进行修订时，那条里程碑
式的条款被从第 4 条提升至第 1 条，这次提升突出强调了信息交流权在国际法规
架构中的重要性。

《圣彼得堡公约》也设定了通信隐私的相关约定，按照我们今天致力于解决
的问题标准来看是有前瞻性的。公约的第 2 条，缔约方同意"采用必要的措施确
保电报的保密性和快速处理递送"。但是第 7 条中，缔约方有权介入处理已被认
定对安全性有威胁的信息。换句话说，第 7 条对第 2 条详细说明的对隐私的法律
承诺及保护义务进行了限制。在通信沟通网络化和国家安全之间，各国的取舍
敏感而紧张。

这就是 1896 年马可尼投身通信行业时的商业与政治环境，也是他逐渐站稳
脚跟、巩固自己地位时的环境。马可尼其实相信通过摆脱对电线的需求，推广
相对新的即时通信能力——换言之，就是给通信"自由"——会创造更多世界和
平与社会和谐的机遇。他也清楚单纯解释无线通信如何实现并不够，他需要一
个根基，并由此扩展他所能触及的范围。鉴于他的家庭环境，并且在 19 世纪末
英国实际上已经成为世界通信中心，伦敦顺理成章地成为马可尼为自己的发明
申请专利，即成立公司的地方。讽刺的是，这意味着他必须不止一次地将自己
的命运轨迹与一个帝国系统系在一起。

* * *

19 世纪 90 年代末，随着个人名气和影响力的提升，马可尼开始讲述全球通
信历史，这意味着他将在技术思想进步中占据一席之地。在写于 1899 年的几份

早期历史资料中，他标记出自己生活中的几个不同节点。那时他仍在努力使自己的声名日盛更合法化。他从古埃及开始讲起，将古埃及人用火箭一样的烟火发送信号称为"无线电报，你可以这样称呼它"。希腊人重拾这一想法，并进一步发挥，发明"一种观察玻璃反射的太阳光，在山顶之间通过反射光读取信息的方法"。这个方法也被用于宣告特洛伊的沦陷。"这是无线通信在 3 000 年前的战争中的一次实际应用"。从这些早期尝试开始，发送信号的方法得到的提升很少："公元前与近现代——按照我们计算历史时间的方式来说——在实际应用方式上没有任何提升"。   20

　　马可尼其实在其职业生涯初始时就清醒地意识到他需要用自己的语言讲述自己的故事。在这个相对简短的历史背景介绍之后，这份未公开发表的 147 页手稿用去大部分篇幅描述马可尼的早期实验成果，大致与我们在前一篇章中读到的相同。这里比较有趣的是在马可尼眼里，无线电报是一种通信方法，而不   21
是电子传播手段，因为历史学家将其视为典型的科学和技术。尽管这个理念在马可尼之前已经出现一段时间了，但是无线电报具体的可行性仅仅出现在 19 世纪末，一同而来的是人们对三大自然现象有了新的认识：电、磁力和光。   22

　　人类到底是在几千年前注意到磁力的不得而知，因为它在矿物磁铁矿中天然存在着。岩石中含有磁铁，就是我们所知的天然磁石，中国古代航海家们曾用它创造出第一个磁罗盘。有人称磁罗盘早在公元前 2 700 年就被中国的"黄帝"用于战争（他被描绘为中原始祖）。因为黄帝在历史上是否真实存在本身就是个有争议的话题，所以我们很难说这是传说还是史实。

　　大约在公元前 600 年，古希腊哲学家米利都的泰勒斯发现了电子的属性，一种在摩擦猫毛时会神秘地产生我们今天所说的静电电荷（或者火花）的物质。泰利斯的发现被口口相传，过了几个世纪之后才被亚里士多德记载下来。因此，泰利斯是自己实践发现，还是云游四方时在埃及目睹这一现象已无从考证。

　　直到 1600 年，科学界才对此有关注，当时英国科学家、自然哲学家，同时也是女王伊丽莎白一世的医师威廉·吉尔伯特出版了一部作品《论磁石》，将天然磁石从各种产生静电的物品中区分出来。吉尔伯特用拉丁语 electricus ——类似电子——来描述这种现象，也就是后来英语中的"electricity（电）"。

　　对电的普及认识源自 18 世纪 50 年代本杰明·富兰克林的一个著名的实验。

他证明强有力的电荷可以从电的来源（这里说的是闪电）沿着一条两端连接了金属物体（在这个实验里指的是一个风筝和一把钥匙）的线行进。最有趣的——也是最危险的——是富兰克林发现即使他用不导电的丝绸线牵住风筝，火花也还是会从钥匙那里跳跃到自己的手上。1756 年，富兰克林成为英国皇家学会成员，也是少数几位获此荣誉的美国人，但实际上第 1 份有记载的实地演示电线导电现象的是一位天文爱好者斯蒂芬·格雷，于 1729 年 7 月 2 日在伦敦记录的。就在富兰克林重新发现电传导的几年前，穷困而又默默无闻的格雷离开了人世。

马可尼对富兰克林实验的原创性提出质疑。在其 1899 年的手稿中，马可尼记录了一位"可怜的波西米亚修道士"在富兰克林实验几年前就制作出了一种避雷针，而事实是"某人或者一些人向大家展示了特定事物可以用特定的器具制造，这证明不了什么"。显然，此处也是他的自我反思，因为他在同一段落里还写下了这样的话："科学里充斥着功劳归属错位的范例，对错误的纠正几乎是做无用功……对无线电报原创者以及对实质性发展有功者的质疑是很难有答案的。"

通过电线传递信息的想法大概是在富兰克林著名实验实施的时候被提出来的，而就此问题进行的各种实验是从 18 世纪 70 年代开始的。1795 年，加泰罗尼亚一位医师弗朗西斯科·萨尔瓦·坎皮略可能是第一个提出将电应用于电报传送的人。在一篇学术论文中，他可能是随口提出也许可以用电线或不用电线就能实现信息传递。但萨尔瓦被后人纪念主要是因为他留给巴塞罗那皇家医学院那个庞大的医学图书馆。

1789 年，为博洛尼亚医生路易吉·伽尔伐尼实验室工作的一个助理偶然发现，切开的青蛙腿上的神经被金属解剖刀碰到时会痉挛。伽尔伐尼推断是静电使青蛙腿抽搐。他如果沿着这一推论继续研究下去的话，可能会成为无线电的发明者，但是作为一名医师和解剖学家，相比火花，他仅对青蛙腿怎么样了更有兴趣。马可尼的成功事迹公之于众后，一位名叫勒弗夫尔的法国生理学家重现了伽尔伐尼的实验。他在埃菲尔铁塔上装了一个火花发送器，并向 200 英里（约 321.9 千米）外雷恩的一只青蛙身上连着的接收器发送信号。青蛙腿上系着一根针，以在覆盖着煤灰的旋转圆柱体上记录信号。

在意大利，另一个物理学家，也是帕维亚大学自然哲学教授亚历桑德罗·

伏特在研究了伽尔伐尼的发现成果后认为，在当时的情况下电流在解剖刀和金属盘间传递，放在金属盘上的青蛙腿就成了电流的探测器。这促使他开始寻找电的化学源，并使其发展成为后来在 1800 年公布于众的"伏打电堆"，或者我们称其为电池。更早的，在两千多年前，中东地区的人已经知道了这种装置。 25
1938 年，德国考古学家，后来成为伊拉克国家博物馆主管的威廉·考尼格，在巴格达发掘出一种来自公元前 250 年的电化电池，它是由浸泡在酒醋中的铜和铁组成的。 26

这并不是什么超乎寻常的事。早在 19 世纪初，大西洋两岸的研究人员就在同时思考、研究类似的问题。但是通常只有一位会成为领军人物。美国纽约州奥尔巴尼的物理学家约瑟夫·亨利（后来成为史密森学会的首任秘书长）当时正在寻找一种将磁力转换成电的方法。与此同时，即 1831 年，英国科学家迈克尔·法拉第对电、磁和光之间的关系进行了描述。结果，法拉第被认为是电磁学研究领域的奠基人。

法拉第其实预料到了赫兹、里希、洛奇和马可尼等人的实验结果，而他们都承认法拉第是有影响力的先驱者。法拉第在 1832 年写道："我只是想到电与磁的作用力是通过某种形式的振动在空间中传播的。"法拉第那封写有这些文字的信在英国皇家学会的监护下被封存了一个多世纪，其内容直到 1937 年马可尼去世后几个月的一个纪念活动上才被公开。 27

对马可尼来说，法拉第的发现——"由此真的可以说无线电是会跳跃的"——说明"要实现两个间距不大的电路之间的电流穿行，不必让它们有实质的接触和连接。"马可尼在写于 1931 年的一篇文章中说，法拉第的注意力被吸引 28
到分离两个电路的"媒介"上去了，而这正是通信产生的关键。间距空间被称为 29
"火花隙"，因为"传送"电路产生的电流比特在其越过空间到达"接收"电路那里时会产生火花。然而，还没有人了解产生火花的媒介的性质。

19 世纪 30 年代的辩论和发现为里程碑式的发明——电子电报，首个远距离电子通信技术手段，或者我们称其为无线电远程通信——铺平了道路。实用原型几乎同时出现在美国和英国。1837 年，在英格兰，威廉·库克和查尔斯·惠特斯通获得专利，并且成功演示了一种利用磁针的电报系统是如何工作的。1839 年，他们的系统伴随着伦敦帕丁顿车站与西德雷顿镇之间 13 英里（约 20.92

千米)长的大西铁路线的全新开通而投入商业服务。

　　也是在 1837 年，塞缪尔·莫尔斯获得专利，并在纽约大学公开演示了一种电子电报系统，在 0.25 英里(约 0.4 千米)之间发送记录信号。在 1844 年前，莫尔斯的电子电报就将相距约 40 英里(约 64.4 千米)的华盛顿和巴尔的摩连接起来。莫尔斯的电报相较于之前的那些装置有自己的距离优势：传输信息有一个独一无二的编码，这是他和同伴阿尔弗雷德·韦尔一起开发出来的。这种编码是由点和横杠组成的，代表了字母表中的字母，因此使莫尔斯的电报特别适合发送文字信息。由于莫尔斯电码讲究简单，以二进制为基础，有人辩称电报应

30　当被视为数位传输的先驱。莫尔斯的断言受到质疑——马可尼后来也遭到了质疑。他的专利申请在英国被拒，而在美国，几年间也不断申请过至少 15 次。然而，由于企业推动和背后的美国国会支持，莫尔斯被普遍认为是电报的发明者。

　　大量与莫尔斯电码相关的通信设备很快应运而生。1894 年，美国一位意大利移民安东尼奥·穆齐在古巴哈瓦那演示了第一部电话机。他不能操纵美国的专利体制，没能宣称自己为这项发明专利的拥有者，并从以后的发展中受益。穆齐的经历对马可尼是具有启发作用的，他不断抗争，直到 20 世纪 30 年代也没

31　能恢复穆齐的国际名誉。但是至少同时期的大众文化对穆齐是有所肯定和怀有敬意的。1990 年上映的好莱坞电影《教父 3》中黑帮分子乔伊·扎萨将意大利裔美国社团穆齐奖授予麦克·柯里昂。麦克问："穆齐是谁?"扎萨对此难以置信："他可是发明电话的人！"

　　1876 年，世界上第一部电话的发明专利确实是授予了一位教朗诵的老师——亚历山大·格雷厄姆·贝尔，因为他发明了一种电磁声音发射器。一位名叫以利沙·格雷的物理学家带着类似的申请比贝尔晚 2 小时抵达专利局，而他的迟到对解决贝尔的问题足够有利。有趣的是，贝尔的专利是以"改进电报技术"为由申请的。这使其成为历史上非常有利可图的——也是最具争议的专利，

32　但同时也迎来了 600 多个诉讼官司。成立于 1877 年的贝尔电话公司赢了每一场专利诉讼官司。1880 年，国际贝尔电话公司在布鲁塞尔成立，通过与其他国家签署一系列协议而成为实力雄厚的全球化公司。到了 1886 年，仅美国就有 15 万部电话在运转。贝尔本人很快从公司辞职，因为需要不断地出庭捍卫自己的专利已经使他疲惫不堪，并且他的兴趣追求是新的发明创造。

33

莫尔斯的电报削弱了距离的影响，贝尔的发明则增添了更多的自由和影响——使用了人声。电话制造其实是一种变形技术，贝尔有整体网络化的设想，会触及千家万户和每一个工作场所。马可尼在几十年后拓展贝尔的设想，覆盖了那些电线无法到达的地方，同时增加了一个新的维度（方面）：移动性。

34

* * *

马克·吐温曾经察觉"真相比虚幻小说更奇怪，因为小说不得不依附于可能性，但真相不"。世界在无线通信技术中的发展让我们得以体会这句评语有多么精确。马可尼在其 1899 年的历史性考察中提到了朱尔斯·阿利克斯。这位巴黎公社成员、记者逝于 1897 年。我们知道阿利克斯在世时的身份有女权主义者、社会主义者以及古怪的发明家。他与被称为"蜗牛电报机"的东西有关。蜗牛电报机是一种奇妙的装置，利用的是两只互相联系的蜗牛之间的"共鸣纽带"。阿利克斯声称为蜗牛电报机的发明人雅克·图森特·贝努瓦作证，他在 1851 年用这个装置越过巴黎发送消息。阿利克斯还告诉公众贝努瓦断言蜗牛电报机可以用于任何距离之间的通信。就在贝努瓦神秘消失时，他还在尝试与美洲大陆建立一个"蜗牛连接"。马可尼（他是一个对信息来源马虎大意的人）在文章中说贝努瓦发疯了。尽管这其实是一个谣传，但蜗牛电报机在当时被认为是心灵感应的一种形式。

35

马可尼在其 1899 年撰写的文章中所表达出的历史观有明显的东方学者的性情。他喜欢引用奇怪的"原因不明"的直觉沟通实例，例如当时印度叛乱期间"英国军官困惑不已，因为恰恰就在他们准备通知自己人之前，他们的行动计划已被千里之外的印度人知道了"。如今，那些到位于海得拉巴的戈尔康达要塞游览的游客会看到这一切是如何发生的。显然，这是一种声学效应。一人站在要塞的防御土墙上拍手，就能向近 1 英里（约 1.61 千米）以外的任何人传递消息。当然，马可尼还引用了其他一些外来的、类似的、不那么神秘的解释，例如当一名英国军官讲出喀土穆的戈登将军被杀这个消息的当天，一千多英里之外的开罗街头的人们就听说这一消息了——"真正值得注意的事件"；或者，加尔各答的"当地人"在带来消息的船只抵达前数小时，就已经知道安达曼群岛发生了政治暗杀事件。马可尼提醒我们注意北美洲的印第安人用烟雾作信号，中部非洲的部落会用鼓传递消息。马可尼注意到所有这些方法经检验都是有用

的，直到 19 世纪电流的到来才将它们取代。马可尼的壮举也常常被认为很
神奇。

　　"19 世纪中期对那些有着敏捷的思考、无尽的好奇心的年轻人来说是充满生
机的美好时代，"夏洛特·格雷在其所写的《亚历山大·格雷厄姆·贝尔传记》中
说道，"很快地，好像每一个年轻而又积极进取的人衣兜里都有一个新玩意的计
划图。"当然，不仅仅是那些积极向上的年轻人才这样。牛津的马可尼档案馆里
有厚厚一摞报纸和杂志剪报，各种关于谁是第一个实现无线电报壮举的主张和
声明，众说纷纭。对无章可循的发现成果，找到一条整齐的记录线毫无疑问可
以证明"优先权"的断言是否足够清楚明白。无线通信的族谱被嵌入一个乱成一
团的系谱图中。19 世纪 50 年代，美国一个名叫马伦·卢米斯的牙科医师开始尝
试不用电线进行通信，并于 1872 年收到了被认为是世界首个无线电报的专利认
证。卢米斯利用系线风筝，通过"空中电报"跨越大约 13 英里（约 20.92 千米）成
功发出信号。卢米斯的专利需要利用一种空中"辐射或者接收那些通过干扰空气
中的电平衡产生的绝热脉动"。在其 1872 年填写的专利申请中，他写道，这种干
扰"会引发经过大气和土地的电波"。尽管 1869 年美国国会投票决议投入在当时
已是巨资的 5 万美金用于开发这种通信系统，但是卢米斯没能拿到一丁点开发
经费，他的方法也没再有所发展。令他感到更开心的是因为成功发明了第一颗
瓷制假牙而青史留名，因为这项发明，他在美国、英格兰和法国都获得了专
利权。

　　卢米斯可以光明正大地宣称自己是第一发明人，但是另外还有很多人在为
实现无线而奋斗着，他们因为这样或者那样的原因，没能将自己的研究转变成
可实行的通信系统。在英格兰，这份功劳通常归属于大卫·爱德华·休斯。他
发明了一种能放大声音的装置，并称其为"麦克风"。休斯的发明——他在 1878
年 5 月 8 日向英国皇家学会报告此发明，但是不切实际地选择不申报专利——很
快被并入贝尔的新电话中，极大地提升了电话的声音传输质量。（休斯因为一项
1855 年的专利，即一种字母输出收报机，或称"电传打印机"而赚了些钱。）休斯
发现他的麦克风足够灵敏，可以抓住他所说的"空中电波"。他继续此项研究，
并制作出一种无线手持接收器，能捕捉到几英尺（1 英尺约等于 0.31 米，全书
同）之外的声音。然而，休斯本人显然比他的麦克风更敏感，害怕来自英国科学

机构的嘲笑（准确地说是似乎害怕这样）。他从未公开发表自己的成果，甚至最后抛弃了它。几十年来，只有一小部分圈内人知道，其中的一位就是工程师 A. A. 坎贝尔·斯温顿。他在文章中说，1879 年休斯沿着街道走下去，口袋里有一部正在工作的电话机。然而，"休斯似乎没有想到自己所应对的是电磁波"。

另一位值得一提的发明家是南森·B. 斯塔布菲尔德，来自肯塔基州默里的一个瓜农。其成就的真相被民间传说掩盖、混淆，但据说在 19 世纪 80 年代斯塔布菲尔德就开始进行声学实验，并在 1892 年示范了一种类似于无线电话的装置。他后来在默里当着上千人的面进行了演示：通话是通过两部相距 250 英尺（约 76.2 米），没有电线连接的电话进行的。斯塔布菲尔德在 1907 年为自己的发明拿到了专利权，但是当有出资人找到他想要继续研发时他却躲开了，因为害怕自己的专利被他们偷走。斯塔布菲尔德是一个古怪的人，据说他的家被一些从树木和电线杆上吊着的无线照明设备包围着。斯塔布菲尔德成了一名隐居者，直到 1928 年饿死。他的墓志铭是"无线电广播之父"，成为众多同样做此声明的人中的一位，而默里曾经一度宣称自己是"无线电广播的诞生地"①。

* * *

马可尼成名并且变得举足轻重之后，在数不清的演讲以及其他公开发言中总是会提及并承认科学家和历史学家普遍认同的观点：最接近无线电历史起点的是 1864 年，剑桥大学物理学家詹姆斯·克拉克·麦克斯韦论证了光的电磁理论，预测了——但关键是没有进行演示——我们如今称为无线电波的存在。麦克斯韦为电磁理论奠定了基础，这是早期无线电研究的基础。在法拉第的基础上，麦克斯韦将原有的关于磁学、电学和光学理论合并，研究出一系列数学公式，由此他能通过数学精密度对电气科学现象进行预测。这些公式表明除了光（当时已知是以空气中的电流为基础）以外，还有其他当时还未知的、各种类型的波正以更低的频率运动着。如今的物理学家们认为麦克斯韦的原始理论仍然有效。

---

① 无线电话这个词是在 20 世纪初流行起来的，当时研究者们开始寻找延伸马可尼方法的各种途径，试图将人声和声音传输纳入他的方法中。这个词后来随着我们现在所知的无线电话的研发取得进展而在 20 世纪 20 年代被无线电广播代替后开始名副其实。

麦克斯韦的理论恰如其分地唤醒了欧洲理论物理学家的灵感，他的追随者们被冠以"麦克斯韦们"的称谓。这个理论的很多方面如此晦涩，以至于即使最勤奋的麦克斯韦们也会觉得难以应对，而像英国物理学家奥利弗·海维赛德这样的人会把澄清、解读这个理论当成自己的事业。最杰出的麦克斯韦们中有一位是奥利弗·洛奇，他是利物浦大学的物理学家。1879 年，麦克斯韦去世前不久，洛奇开始在自己的实验室查找制造电磁波的可能性。按照麦克斯韦的理论，洛奇推测出了电磁波的存在，但是他对如何产生或者探测电磁波毫无头绪，是海因里希·赫兹，德国卡尔斯鲁厄大学一位年轻的物理学教授完成了这个课题。

　　赫兹的导师，柏林大学著名教授赫尔曼·冯·亥姆霍兹鼓励他对麦克斯韦理论进行验证。赫兹后来撰文说，自己并不十分确定是否完全掌握了这个理论，但是 1886 年和 1887 年，在卡尔斯鲁厄他的实验室里做研究时，他观察到"莱顿瓶或者感应线圈的振荡放电是通过金属圈产生火花跳过短距离外的另一个相似金属圈完成的"。这是发表于 1888 年对低频电磁波的第一个物理描述——振荡电流使火花越过一定的间距。现在从了解理论到实际演示——从法拉第到麦克斯韦再到赫兹——赫兹无可争辩地被认为是我们如今普遍所知用其名字命名的那些波的发现者。（此外，频率单位描述的是电磁波振荡的"每秒周数"，即我们所知的赫兹/Hz）。

　　其他在赫兹之前的人，包括托马斯·阿尔瓦·爱迪生也观察到了电磁波，但是没有意识到它们就是电磁波，因为他们没有意识到这与麦克斯韦理论的关联。赫兹是第一个有意识地生成、传输和接收（或者用专门术语来说是"放射与探测"）电磁波的人。赫兹的研究结果发表后被麦克斯韦研究者们所接纳，并开始在他们各自的实验室里复制、进一步研发自己的实验。赫兹一直继续着自己的研究，但他英年早逝，1894 年离世时年仅 36 岁。当然，1894 年（或者是两个已知可能的年份中的一个）也是马可尼声称自己已有启迪性"思想"的一年。在马可尼之前没有人成功利用赫兹电波发出过可识别的信号——用于通信交流（在早期使用的是莫尔斯电报电码）——越过一定的距离进行传递。马可尼的反对者们，包括洛奇，指出他并不是无线化通信的第一人，但起决定性作用的距离问题其实是马可尼利用赫兹电波解决的。因为运用赫兹电波，使他后来能越过越来越远的距离进行信号传输和接收，最终完全排除距离问题，同时也减少了必

48

49

50

要的电源，降低成本使其成为一种实用的方法。简单地说，马可尼发现并且开发出了电磁频谱的实际用途。这至少比其他实验者知道如何运用无线传输声音早 10 年——并且他们也发现要将自己的成果商业化，不得不先解决马可尼无法侵犯的专利权问题。

我们暂时说点题外话：我们通常所说的电报有 3 种形式，物理学家们是这样进行区分的：传导、感应和电磁。51

成为后来的"传导电报"——或简单地说电报——的突破性进展是从 19 世纪 40 年代莫尔斯开发的有线系统开始的。事实上，这个有线系统经验证是那时在各方面超越所有的、更快捷、更实用的系统。莫尔斯也曾用水作为导体进行实验，但是这个方法难以实施，被认为不具有实用性。人们尝试的其他无线传导方法也都未能成功，直到马可尼的方法将这类想法淘汰。

"感应电报"似乎给那些电线无法到达的地方带来了更大的希望。马可尼在其 1899 年的手稿中承认了卡尔·冯·施泰因海尔起到的作用，称他是"慕尼黑著名的电学家"。施泰因海尔在 1838 年通过实验演示证明土地或水也能成为导电介质，这为无线电的发展开辟了新的阶段①。塔夫斯大学一位名叫亚摩斯·E. 52多拜耳的教授曾在 1880 年用这个方法发明一种静电电话话筒，和贝尔的电话不同，甚至能在断线时工作。多拜耳随后进行了无线电报实验，并在 1882 年为一个装置申请到了专利（这导致了后来那个涉及马可尼的著名的诉讼）。多拜耳的装置与马可尼 1896 年申请的专利类似，不同之处在于马可尼的装置以电磁波为基础的，而这正是多拜耳申请登记自己的专利时不知道的内容。

1885 年，爱迪生也对无线传输信号进行了专利申请，但是他的申请是以感应为基础的，而不是电磁波。除了警告性文字，爱迪生在专利申请中对其发现成果的描述明显与马可尼 10 年后的发现相似："我已经发现如果能达到的海拔足够高，克服了地球曲率，将地球的吸收降至最少，远距离两点之间的电报或发信号可以通过传导实现，并且不需要在这样的远距离两点之间以电线进行连接"。这份几经人手、卷边的专利副本已经支离破碎，是用胶带连在一起的，是53

---

①马可尼时代所说的电学家在我们如今来看可能指的是电气工程师。马可尼经常将自己的职业描述成"电学家"。

牛津大学图书馆马可尼档案室里最古老的一份文件。

爱迪生从 19 世纪 70 年代起就尝试不用电线发送消息（甚至在他获得留声机的专利权之前；他的前两个孩子小名叫"Dot（点）"和"Dash（破折号）"，但他并没有意识到这与电磁波已经非常接近了。他已经观察到火花穿过两个远距离传导物体之间的间隔，因为这与自己所熟悉的任何现象都不同而迷惑不解。他推断是"由于一种辐射力，一种在光和热与另一边的磁和电之间的某个地方的力导致火花产生"，他称这种力为"以太力"，并造了一台"以太镜"用于探测火花隙。因54 为忙于应对太多事情，爱迪生很快放弃了这条研究线。

爱迪生的这项发明——通俗点被称为"蚱蜢电报"——只是在 1891 年获得专利，但是到那时为止爱迪生已经转移注意力，没再用过它。（爱迪生一生中共拥有 1 000 多个专利，并且总是关注那些当时他觉得有利可图的研究。）爱迪生也成为马可尼在美国事业的早期助推者，并在 1903 年将自己的无线电专利卖给美国马可尼公司，同时以技术顾问的身份进入公司董事会。公告是在华尔街上公55 布的。

电报已在英格兰投入商用，并兼有军事战略重要性。1892 年，皇家电气通56 信及灯塔、灯船委员会受命成立。英国邮政局（官方称为邮政总局或 GPO）主工程师威廉·H. 泼里斯负责为离岸灯塔和在英国领海内航行的船只开发一个通信系统。泼里斯开始用电线圈进行感应实验，跨越布里斯托尔海峡传送信号，但是经验证这个方法非常靠不住也难以实行。海峡两岸跨越相对窄的距离发送信号所需的电线必须有几英里长。当 1896 年泼里斯遇见马可尼，正如我们预见的那样，他马上意识到马可尼的想法更有希望实现应用，因为这个方法证明用赫兹电波连接信号传送器和接收器更容易。

泼里斯支持马可尼还有另一个更世俗的动机。他陷入与麦克斯韦们的激烈论战多年，麦克斯韦的拥戴者对麦克斯韦理论的执念在他看来已经阻碍了无线电报可行性办法的寻找。在泼里斯看来，这些麦克斯韦们除了纯粹的实验意义外，对通信根本没兴趣。同时，麦克斯韦们也视泼里斯为低俗的"实践者"，对理论物理知之甚少，只是一味地要解决一个平庸的行政管理问题——如何向没有电线连接的地方发电报。（他们很快也会这样看待马可尼）关于"实践对阵理论"的辩论不仅限于学术领域，大众以及伦敦的科技类媒体也会跟踪报告相关情况。赫兹新发现的消息传来，给麦克斯韦们带来了新的动力，而泼里斯似乎与此隔绝，他有一项非常具体的工作要做，因为作为英国的主要公仆他有责任提升英国国内的通信能力。但是麦克斯韦们对开发一种实用技术并不是真的有兴趣，尽管洛奇的工作与此关联最大。将广泛的思想和实验联系在一起的关键是电磁波这个概念远非一个抽象的理论兴趣而已，它实际上构成了一种通信媒介。对磁性的认知是从法拉第开始的，尽管在麦克斯韦之前没有简单的定理能够解释磁的属性（而麦克斯韦定理并不简单①）。

1864 年，麦克斯韦预测了电磁波的存在，而赫兹在 1887 年制造并探测到了电磁波。赫兹证明除了波长不同，电磁波与光相似，麦克斯韦们主要就是基于这个重要判识而对光的研究发生兴趣的。爱迪生、赫兹等人用火花隙探测麦克斯韦所说的电磁波，但麦克斯韦自己完全没有思考过电报。第一个提出，甚至假设赫兹电波能被用于电报传送的是英国最有想象力的物理学家之一威廉·克鲁克斯，他是在 1892 年发表的《双周评论》中的一篇文章中提到的。4 年后马可尼强势出现在公众视野中时，那些批评他的人拿出克鲁克斯的文章作为反驳马可尼宣称自己是无线电报第一人的证据。科技史学家 Sungook Hong 在文章中 57
说："在马可尼的发明出现之前，克鲁克斯被嘲笑或否定；之后，克鲁克斯就被视为有眼光和远见的人。"（克鲁克斯之于赫兹电波的远见性就像"提升农作物产 58
量、杀灭寄生虫、净化污水、消灭疾病和控制天气这样的科技进步一样重要"。） 59
马可尼本人一直坚称在 1896 年递交专利申请之前从未读过克鲁克斯这篇文章。 60

马可尼与众不同之处在于，在他的思想里无线电通信就是字面理解的不用电线的电报。因此，他在实验里打算尽可能还原复制电报的物理条件，用它们实现相同的结果。马可尼试图用在有线和无线之间创造出的"同源体"与一个事 61
实相结合，即理论物理学和相关领域内无处不在的学术争议并没有成为他的思想包袱和负担，反而极大地发挥了他的优势。受麦克斯韦理论影响的实验学者们因为将电磁波理解为光而受到牵制，而像泼里斯和爱迪生这样的实践者寻找

①赫兹本人用很简单的形式对麦克斯韦的数学方程式进行重新阐释，而后来的一些学者，包括阿尔伯特·爱因斯坦喜欢称它们为赫兹-麦克斯韦方程。（萨卡尔等人，2006，544）

的完全是打开无线通信的钥匙。是马可尼用电磁波作通信介质，完成了从赫兹实验室实验到实用无线电报之间的飞跃。这是他最初的贡献，也是他在英雄版个人传记中被贴上天才标签的原因。

马可尼的整个职业生涯都建立在这样一个想法上。他凭直觉认为利用无线电波谱发展无线电报技术将会把通信从电线的限制中解脱出来——不只是实质上的限制，还能摆脱需要大企业、资金和实体基础设施的建造和维护这些方面的限制。电线也是束缚的象征，束缚的恰恰是移动通信这个概念的自由本质，限制了创意。这也符合马可尼的想象——将人类自由使用技术进行通信的能力最大化——他以自己的理解，认为通信就是要跨越越来越远的距离，以越来越低的成本实现（重要的是，不是无偿的）。从 1895 年起，马可尼所做的一切都必须要为这个愿景服务，他的职业生涯朝着这个方向前进，并且在其生命走到尽头时，他为此而感到自豪，可以去任何想去的地方，感受到平静；他也喜欢不分时间、不分地点地与任何人通信。马可尼不仅发明了移动通信，还以此塑造、界定了他的世界。

* * *

赫兹在 1887 年的发现是马可尼 1896 年专利的基础，在这期间，俄罗斯、德国、意大利、英格兰和法国以及美国、遥远的印度都取得了一系列令人眼花缭乱的实验进展。这段时期中一些最有成就的物理学家，例如后来成为诺贝尔奖得主的欧内斯特·卢瑟福马上开始研究改善赫兹使用过的器械。这些著名的科学家们很快会反对马可尼所宣称的原创性，认为他在作假或者虚构。

在这 10 年里非常关键的、最重要的新发明之一是检波器迅速取代了赫兹用来作接收器的共鸣器。1890 年，英格兰的洛奇和法国的爱德华·布朗利分别发明了新型接收器。布朗利的接收器由装载在一个玻璃管中的纯铜构成。当附近有火花产生时，纯铜的导电性会以指数方式提升，布朗利的接收器成为实验中电磁波交流的标准。然而，洛奇的新发明有个专有名词"粉末检波器"，他也因此成为此项技术发展的有功之臣。马可尼总是得体地说他在研究初期用过"布朗利粉末检波器"。这激怒了洛奇，他直接断言他本人以前没做到的，马可尼也没做到。

马可尼在博洛尼亚的邻居奥古斯托·里吉在同一时期设计出一种新型信号

发射机，他称之为"火花振荡器"。里吉早在 1889 年就开始对赫兹电波进行研究。 62
他对马可尼有着重要的影响，即使是间接的，不为人知的。但是马可尼承认，
在他那些突破性实验中用到的信号发射机就是"里吉振荡器"。 63

　　赫兹去世后的那几年里，另一位个人研究成果引起国际关注的学者是印度
物理学家贾格迪什·琼德尔·博斯。博斯是第一批使用后来被称为"微波"进行
实验的研究者之一，生成并探测到波长为 6 毫米的无线信号。1895 年——马可
尼申请专利整整一年前——博斯在加尔各答市政厅的一次公开演示中用微波引
爆一手枪的火药，弄响了铃声。但博斯和洛奇一样，当时没有做通信方面的尝
试。博斯的研究成果在英国很有名。实际上，他在 1896 年伦敦的一次讲座中见
过马可尼，可能是通过泼里斯引见的。谦逊又理想主义的博斯对将自己的科学
发现商业化并不感兴趣，觉得其他人只要自由地使用就好。实际上，他对科学
商业化十分厌恶，以至于 1915 年，当他在印度成立自己的研究机构时，禁止机
构成员申请专利。博斯被认为是微波光学的先驱者之一——同时也是孟加拉科
幻文学之父。 64

　　马可尼无线电通信第一人最强有力的挑战者之一是俄罗斯物理学家亚历山
大·斯塔帕诺维奇·波波夫。1895 年 5 月 7 日，波波夫在圣彼得堡召开的俄罗
斯物理与化学协会会议上展示了一种用赫兹电波进行通信的无线通信系统，并
于同年 12 月在协会期刊上发表了论文。考虑到马可尼 1896 年在专利申请说明书 65
中的声明内容，这几个日期和地点显得尤为重要。波波夫本人从未直接质疑马
可尼，但是他在 1895 年所做的实验及出版物经常被别人引用作为使马可尼丧失
原创者优先权的法律依据。1899 年在准备一次专利辩护的过程中，马可尼的科
学顾问詹姆斯·安布罗斯·弗莱明确定波波夫发表的文章是在 1896 年 3 月在伦
敦化学协会图书馆上架陈列的。然而，还有，文章用俄语写着未在英格兰"事先
发表"。美国波士顿的美国科学院图书馆收到波波夫这篇论文的时间是 1896 年 4 66
月 4 日，即马可尼在美国申请专利的 8 个月前。但是马可尼能成功辩称自己在
1895 年 12 月论文发表之前就已经构思并实施了波波夫在文章中预测的所有要
点。那么，马可尼是第一个用赫兹电波开发无线电报的人，还是第一个申请此 67
项专利的人呢？

　　当马可尼第一次受到公众关注时，那些在这个研究领域里已经确立地位的

人认为他是一个闯入者，波波夫虽然比其他人温和，但也会质疑马可尼的优先权。在一封 1897 年 12 月写给英国期刊《电气技师》的信中，波波夫像洛奇那样宣称马可尼的接收器是自己那个的"复制品"。随后数年里，随着马可尼在这一领域领导者(如果不是原创者)地位的确立，波波夫从某种程度上看是他最友好的竞争对手。1902 年，波波夫称马可尼为"无线电之父"，而且 1905 年马可尼结婚时，波波夫还寄给他一块海豹皮和一个银制俄式茶炊作贺礼。马可尼本人总是公开大方地承认、感谢波波夫的研究成果，他只是宣称自己在申请专利前并不知道波波夫的成果。波波夫远离原创权斗争的核心，对马可尼并不构成威胁。即便如此，在俄罗斯——沙皇统治时期、苏维埃时期直到现在——波波夫都被

68   视为无线电的真正发明者。

马可尼的反对者中最引人注目的，可能也是在实用层面上对马可尼构成真正挑战的唯一一人是尼古拉·特斯拉，一个才华横溢、脾气暴躁的人。他可能就是新闻界所说的古怪发明家的原型。特斯拉，移民到美国的塞尔维亚人，因此也像马可尼那样，作为一个外人在寄生环境里工作并不总是受到欢迎(马可尼是在英格兰)。特斯拉因为被动地与他人比较而心生怨恨、不满——特别是对马可

69   尼，将他视为自己的主要对手。这个年长、喜好独处的人也是最接近马可尼全球愿景的人。

特斯拉出生在斯米利安(后来成为奥地利的一部分，现在属于克罗地亚)，后在布达佩斯生活。1884 年移民美国之前在巴黎的爱迪生公司工作。到了 1889年，他已经在纽约市成立了实验室，并且很快因为一系列奇怪的发明、夺人眼球的炫技和离谱的断言而成名。1892 年他到伦敦拜访了英国皇家学会，并挑战自己现有的研究成果取得了成功。他点燃了一个大线圈爆发出雷电、霹雳；他像一个能言善辩的巫师，推测跨越大西洋的电话很快就将成为可能，这些给泼

70   里斯、海维赛德、弗莱明、洛奇和克鲁克斯这样的杰出人物留下了深刻的印象。特斯拉 1893 年 2 月在费城安排的无线电通信演示，是在人们熟悉的亨利、卢米

71   斯和爱迪生所做的那些实验之前。当年稍晚此项计划被申请了专利。

尽管特斯拉是一个真诚的发明者，有很多实用专利归功于他，但是他被视为一个术士、一个抨击传统习俗和价值观的人，是一个狂人，踏线游走在隐士和玩杂耍之间的人。特斯拉 1893 年的专利是一个宏大华丽的无线通信系统，有

效地提出利用大气层作为信号发射机，整个地球作为接收器（从技术上看远不如听上去那么难以实现，尽管不可能着手实现）。到1895年初，他已经获得华尔街的支持，成立了一家公司，开始搭建一台昂贵的信号发射机。但是特斯拉有一颗永远无法满足的自尊心，他不愿意专注于一个清晰的目标，让自己忙于处理一大批种类繁多的高风险企业业务，例如1893年在芝加哥世界游乐场建一个大型电力工厂。因为没能将自己的诸多想法付诸实践应用，所以当马可尼带着做法相同却耗资更低，似乎更容易成功的实施计划出现时，他最终失去了资金支持，没能再继续利用自己的无线电专利。

1896年，已经成名的特斯拉第一次听说马可尼这个人。他那时要和一个新来的对手展开竞赛。马可尼也得到特斯拉另一个竞争对手爱迪生的战略性支持（特斯拉的交流电实验使爱迪生感受到威胁）。1897年到1902年这期间，新闻媒体使特斯拉和马可尼像暴怒的拳击手那样相互攻击，报道他们各自的行动，猜测他们的一言一行。新闻媒体认为特斯拉是令人厌恶的且臭脾气的家伙，而马可尼谦虚又具魅力。马可尼的实验相对而言更容易被新闻记者们理解——马可尼经常为记者们进行现场演示说明，而特斯拉只倾向于谈论。马可尼的支持者们意识到特斯拉才华横溢，同时也很忌惮这份才华。从1900年到1901年间往来的信件中可以看出，马可尼在准备自己首个跨大西洋通信连接项目时，公司的管理者们和马可尼本人都在担心，甚至害怕特斯拉来搅局。

最后，我们再来说说奥利弗·洛奇，批评、贬低马可尼的人当中最顽固的一位。正如我们前文所说，洛奇是英国最著名的麦克斯韦派研究学者，也是很早就进行赫兹电波实验的人。马可尼无意侵犯洛奇的研究领地英格兰，并且被洛奇的竞争对手，即英国邮政总局的泼里斯塑造成海报男孩（poster boy），就像《哈姆雷特》里的王后，这可能是因为洛奇过多的反对，但随着马可尼日益强大，洛奇的光芒逐渐黯淡。

洛奇对无线电波的公开声明是以1894年自己的两次讲座为基础的，其中一次是6月在伦敦，另一次是8月在剑桥，因此至少在马可尼公开宣称有相关研究成果整整一年之前。但问题是，即使在当时也很难清楚地查明洛奇要达成的目标是什么。海因里希·赫兹于1894年1月1日去世。皇家科学院请洛奇在6月1日科学院周五讲座活动中对赫兹的成就进行纪念。这次讲座没有现成的文字记录或者手稿，也没有新闻报道或者后续报道中提到将赫兹电波用于电报。甚至洛奇在8月14日牛津的讲座中对英国主要学术团体，英国科学进步协会说了什么也不是很清楚。这次的活动仍然没有确切的记录。洛奇后来宣称他在牛津使用莫尔斯发报电键首次公开演示了如何利用赫兹电波发送和接收信号。马可尼的支持者们一直坚称这根本不是洛奇做的，即便他的演示是成功的——是关于别的什么——也与无线电报没有任何关系。有意思的是，洛奇在第一版《赫兹的研究成果》中没有提及这次演示。这本书是在他所说的公开演示几个月后出版的，但是他在后续的版本中加入了自己的相关声明。他也曾多次提到一个广为人知的声明，即赫兹电波发射所能覆盖的最远距离为70码(约64米)。

马可尼本人以其典型的反判风格，在自己1899年的手稿中写道：

> 一开始整个科学世界都在反对我，说着、做着那些可能使我心烦的话和事。但是我想说的是我非常感谢他们的反对。我特别想感谢洛奇持续、频繁地反对我……事实是像洛奇教授这样伟大的人物能在一个无名小卒什么都没说，只是在做研究的时候就注意到他，真是件令人回味无穷的事……他们的批评影响着我，让我努力达成目标，期待将来有一天能有权证明他们是错的。

关于谁才是合法的海因里希·赫兹的继承者，尤其是洛奇和马可尼谁才是先行者的争论已经持续了一个世纪，并且仍旧是技术史专家们一个重要的辩题。洛奇很可能演示的是用赫兹电波发送信号，但从另一方面讲，他对此技术的实际应用并没有什么想法。可以肯定的是，洛奇实际上没有为自己的发现申请专利。如果这是事实真相，就要有证据支持这个观点。在洛奇的牛津讲座之后，尽管有同事们的鼓励，洛奇还是没有继续从事赫兹电波的研究，只是后来，在马可尼提出新课题之后，又重新燃起对无线电的兴趣。

无论如何，洛奇都不是一个局外人。英国科学机构的其他成员也会引用他对马可尼的评论，认为马可尼是个营利主义者。他们敏锐地审视着马可尼的每一步行动，不放过其专利申请声明中的任何瑕疵，以便占得先机。但是经过对法律诉讼的认真考量，洛奇放弃站在马可尼的对立面。1897年，他就一种同步信号传送和接收方法申请了专利，这成为无线电"调谐"的基本方法。他立即将其卖给马可尼公司。洛奇最终还是对马可尼表示了尊重，此后二人一直维系着亲切友好的关系，直至去世。

总之，马可尼那些有声望的对手们——例如波波夫、特斯拉和洛奇——都以他们各自的方式，在马可尼势不可挡地激起争论之时，与他团结在一起。马可尼年轻，缺乏理论沉淀和积累，他的愿景，还有他局外人的身份处境都是他的资本。其余的，包括他们的朋友、对手以及理论，在思想和行动上并不能发挥想象力。麦克斯韦理论研究者们考虑的是电磁波，看到的是光学应用，而不是通信技术。理论物理学家，例如洛奇着眼于电磁波，将光源和人眼分别看成是传送器和接收器。马可尼着眼于相同的电磁波，但是看到的是不需电线的电信技术。

Sungook Hong 是这样撰文总结马可尼的成就的：1895 年，经历数月的反复实验和不断摸索，马可尼完善了粉末检波器，发明了一种稳定的电报键，提升了感应线圈的性能，将莫尔斯电报打字机和电报继电器与发报机和接收器连接在一起，并且控制了电火花的生成。"尽管绝大多数组件是由别人发明的，但是它们是不稳定的，或者在马可尼之前它们之间没有相互联系。"所有的一切都被纳入一个小小的黑色盒子里。"当 1897 年，马可尼公开'开启'这个'黑盒子'时，人们因它的简易性而感到惊讶和好奇。这样的解决方案看起来如此简单明了，以至于很多人开始好奇为什么没有其他人能想得出来。"

然而，其他人说他们想到过，围绕着各种声明和反诉的吵吵嚷嚷一直持续到 20 世纪。但这无关紧要。一旦有自己的专利在手，马可尼所要的全部只是一个用于辩护的论证，而在他的顾问们的帮助下，他很快就会找到。1904 年，弗莱明在准备一场关键的美国诉讼官司时，在一份内部备忘录中漂亮地表述了证词："马可尼的发明不是任何一个特定的元件，而是一个新旧元件的结合体。它让利用赫兹电波发报成为可能……在 1896 年之前没有无线电报，在 1897 年之后除了马可尼的开创性发明以外，也没有无线电报。"

第 3 章　伦敦：启程

　　1896 年 2 月，马可尼和安妮带着一个外观可疑的电气设备盒离开意大利前往英格兰。他们背后留下的是一个陷入埃塞俄比亚殖民战争、国内被猛烈的政治动乱破坏的国家。第一次意大利-埃塞俄比亚战争勉强持续了 1 年，以埃塞俄比亚军队战胜意大利而告终。根据 1896 年 10 月《亚的斯亚贝巴条约》，意大利承认埃塞俄比亚是一个独立的国家，从而成为第一个在非洲殖民战争中被打败的欧洲国家。

　　与意大利相比，那时的英格兰正享受着繁荣的经济与和平的社会。伦敦正在蓬勃发展，在 19 世纪 90 年代人口增加了 90 万。大英帝国处在巅峰时期，维多利亚女王正准备庆祝自己的钻石婚纪念日庆典，并且她有两位曾孙坐上了至高无上的欧洲王座（德意志君主威廉二世和俄国沙皇的妻子，亚历桑德拉皇后）①。迎接马可尼的英国是当时世界的政治经济中心。然而，19 世纪末的平静将会被国际竞争与相互怀疑的氛围所取代。通信在权力之争的脚本中将扮演重要的角色。

　　在英格兰，维多利亚时代是新时代的先导。据说在那里一个靠自己力量成功的人可以用一代人的时间奋斗到社会的最上层。英格兰成为都市人聚居地和积累财富的根据地，最终从土地所有者转变成产业主。维多利亚时代和爱德华七世时代之间的过渡时期是以一系列的革新为标志的。这些革新对英国社会和经济生活产生了深远的影响，比后来那些工业革命早几十年。

　　大众文化的一场变革也正在进行，剧院就是一个例证。赫伯特・比尔博

---

　　①因为沙皇尼古拉斯二世也是维多利亚女王继承者爱德华七世（其王后是尼古拉斯母亲的一位姐妹）联姻而得的外甥，德意志的威廉，俄国的尼古拉斯和维多利亚的孙子，国王乔治五世是嫡亲表兄妹。威廉和尼古拉斯后来都成为最后一代世袭王权统治者。

姆·特里当时打算搬入女王大戏院演出，此举改变了帝国演出舞台的基础。根据历史学家罗伯特·塞西尔所说，乔治·爱德华兹在斯特兰德大街上（就在1912年马可尼成立的公司总部的隔壁）的欢乐戏院是一个"令很多年轻的世袭贵族迷失的地方，在他们的父母眼里，这里是贬低他们的闪光头衔的地方"，因为音乐剧已成为流行娱乐的中心。德奥利·卡特在萨沃伊（后来成为马可尼比较喜欢的伦敦酒店之一）上演吉尔伯特和沙利文的轻歌剧，在那里酒成为不同类型约会的助兴润滑剂。马可尼抵达伦敦两周后，卢米埃尔兄弟开始筹划在莱斯特广场上的帝国大剧院上映他们的移动影像作品。 ³

我们如今称之为"媒介融合"的第一次浪潮也是在这一时期出现的。这一时代的新媒体——新闻界、大众娱乐新形式与电子通信的诞生之间的连接——即将产生惊人的影响。整个帝国藉由电报（正如前文所说，英国控制着世界的电报电缆）被聚合在一起。电报将世界新闻带到伦敦精英们的早餐桌上，有时甚至比"官方证实"更早。马可尼是最早意识到不久以后无线电将带来另一次飞跃发展 ⁴
的人之一，直觉告诉他通信技术的力量将得到释放。

马可尼和他的母亲在赫里福德路71号一处公寓住下。从这里去贝斯沃特地铁站步行即达。不久，他们就近搬到了西邦尔公园（Westbourne Park）塔尔博特路67号档次稍高的住所。这片住宅区当时是由精致的乔治王时代风格的行列式房屋组成的（至今仍是）。伦敦郡议会的一块牌匾上标记了马可尼在赫里福德路的住所，如今已是在售的破旧房屋。塔尔博特路67号不再作为一个独立的地址存在，不久前被合并到隔壁69号了，成为临近宜人的公园、经过修缮取名什鲁斯伯里花园的建筑物。这里距圣斯蒂芬圣公会教堂很近，这可能是虔诚的教徒 ⁵
安妮选择住在这里的重要因素之一。

安妮的外甥亨利·詹姆森·戴维斯，出身名门的爱尔兰铣床工程师，当时正在伦敦学习。他帮助马可尼母子在伦敦寻找合适的住处，并将年轻的表弟（还未满22岁）纳入自己的羽翼保护之下。戴维斯的父亲是亚伯拉罕·格拉布·戴维斯，一位杰出的商人、实业家。他的母亲是安妮的姐姐海伦·詹姆森。1898年，与表妹艾玛结婚后，戴维斯正式在韦克斯福德郡恩尼斯科西外围的Killabeg安家。但是，他大部分时间是在伦敦度过的，在挨着伦敦金融区谷物交易所的马克巷82号打理自己的事业。戴维斯比他的这位新保护对象大20岁，在金融，重要的是在专利权方面有些经验。他已经有两项属于自己的、成功的专利。戴维斯听从意大利大使安尼巴莱·费列罗的建议，劝说马可尼尽快递交专利申请以保护自己的发明。同时，他承担了马可尼的全部花销，并将自己的公寓改成展示室，马可尼可以在那里将自己外形奇怪的装置向潜在的有影响力的人进行展示。

马可尼一到伦敦，戴维斯就安排他与伦敦顶尖专利代理之一卡普梅尔公司（Carpmael & Company）的代表会面，开始确立和保护他的权利。马可尼后来写道，没有稳妥无忧的专利权"最起码没法使商业或者政府使用者注意到'这个发明'，这是非常失策的"。但是，在继续推进自己的计划之前，马可尼进行了最后一搏，想证实意大利政府是否对自己的发明有兴趣。1896年2月29日，马可尼与费列罗会面，告诉他自己目前的想法，"我的发现对意大利政府而言有巨大的作用，尽管他以朋友的身份建议我在收到专利权之前不要公开任何秘密"。这位大使警告年轻的发明家，意大利政府是"愚蠢的"，充斥着那类可能会盗取他的发明的寡廉鲜耻的人。费列罗对祖国的评论让马可尼吓了一跳。

可以确认的是，马可尼是在1896年3月2日那天与爱德华·卡普梅尔见面的。卡普梅尔劝他递交专利申请，试试自己的发明到底能引起人们多大的兴趣。两天后写给父亲的信显示出马可尼在急迫情况下快速学习的能力，他系统地收集了自己需要的、用来保护自己利益的信息，并且果断地采取行动。他也尝试打动自己父亲朱塞佩说自己是唯一的负责人，"昨天律师（卡普梅尔）根据我的说明写好了我的这项发明的说明书"——根据19世纪90年代伦敦专利代理人的普遍习惯，这是非常不寻常的，可能马可尼对此浑然不觉。

19世纪末，英国的专利代理人已经确立了自己的地位，作为一种职业已经获得制度上的认可，成为法律和技术领域之间的桥梁。这些代理人与律师、专门从事专利诉讼和工业所有权咨询的工程师们密切合作。专利代理人的角色是判断客户就某一项发明可能拥有的权利，并在专利权申请过程中全程陪同发明者，发挥的作用可能会包括帮忙写专利申请书。

马可尼在到达伦敦仅一个月，即1896年3月5日就递交了一份临时专利说明书。他用在伦敦买的一个学生练习本写了12页的草稿，并用意大利语以普通写法注明日期"1896年2月（Febbraio 1896）"——这可能是他的第一份英语习得。

用于申请的说明书粗略地描述了他的发明装置，以及他做过什么，但很难为完善的申请打好基础——这很快就被卡普梅尔这样有经验的人察觉。尽管如此，马可尼仍然义无反顾地决定继续自己的计划。 13

据英国专利法规定，临时说明书其实是占位符，一种在完善全部说明细节的同时主张权利的方式。这样的文件也是保密的，申请者有 9 个月的时间对自己的发明物进行完善。与美国和德国当时的专利法不同，英国的法律将权利主张的声明，而不是实实在在的发明物作为所有权进行保护。换句话说，为了得到专利权，成为第一个进行权利主张声明的人没有必要发明出无线电技术——也就是说不用摆出装置，产生并能检测出电磁波。如果有其他相同的声明参与专利竞争，则首次填写申请的日期至关重要。因此，在这两个阶段之间，发明所处的范围是不能有变化的。 14

马可尼意识到（或者被告知）他的这份临时说明书是站不住脚的，于是在 1896 年 6 月 2 日，他用新的一份做了替换。这份新的说明书结合了更多新实验的结果。随后，他花了 9 个月的时间——他能有的最长的准备期限——修正、调整专利文件，广泛咨询，聘用英国顶尖的专利权专家。最终，一份 10 页的、精确的、从技术角度解释透彻的说明书完成了。其开篇的文字确立了发明的特色："我的发明是以高频率点振荡为手段完成信号的发射传递……"以这种发射传递方法为基础的专利声明陆续出现了 19 个。当代一位学者曾写道，这项专利说明"惊人的完整"。然而，最终草案的起草工作马可尼所做的很少。 15 16 17

马可尼一生都在执行一种工作方法，这次专利申请书的起草过程就是第一个例证。这个方法涉及协作，由马可尼的眼光引导和驱动，包括那些可提供帮助的最好的专业人士的支持。马可尼在专利上的努力可能是 19 世纪末对技术革新专利权的新授权条件的最著名的范例。整个行业都围绕着知识产权保护向前发展，涉及律师、技术顾问和与专利相关的非常专业的实践专家。尽管马可尼察觉整个申请过程"劳心费力，艰苦异常"，但他还是成为专利权最精明、高效的使用者之一。 18

最初的专利申请曾经偏离了正道，戴维斯开始把马可尼引荐给英国工程圈里的人。1896 年 3 月 30 日，伦敦最杰出的电气工程师之一 A. A. 坎贝尔·斯温顿（曾在第 2 章中简要提及）代表马可尼给威廉·泼里斯写信。这位 62 岁的英国邮政总局总工程师是位可敬的著名公众人物，也是全英国公众通信发展方面的资深权威人士。泼里斯自己的实验研究是尝试在船只和海岸之间建立无线电通信，英国新闻界已经对此进行了广泛报道，但是他从未想过用赫兹电波实现这一目标。到了1896年，他的研究无法再进行下去了。

斯温顿的信以"亲爱的泼里斯先生"开始："请恕我冒昧因这位名叫马可尼的意大利年轻人而写信给您，他到英国了，并带来了用新电报系统实现无线电发报的点子，他已经在这方面做过研究了……"马可尼显然随即就和泼里斯见面了，因为他在1896年4月1日写给父亲的信中已经提到了这次会面。泼里斯大方又热情，他在位于伦敦的英国邮政总局的总部热情地接待了马可尼。泼里斯已经做好准备吞下自傲之心，在马可尼出现时斩断自己失落的情绪。可能对他来说拥抱这位对自己没什么威胁的新外来者要比向自己的对手承认失败更适合他。

大约45年后，泼里斯办公室里当年一个名叫P. R. 穆利斯的年轻助手记录了两人初次会面的细节。马可尼（"一个年轻的深肤色外国人"）带着两个大皮包来了。泼里斯擦拭自己的金边眼镜时，袋子里的东西已经被摆到了桌子上。看上去有几个安装在木杆上的黄铜旋钮，一个大电火花线圈，一些奇怪的接线端子以及"在这些东西里最引人注目的是伸出两根杆子的大号管状瓶子，而就当时来看，这两根杆子的末端就在瓶子里面，安装在两个发亮的、距离很近的垫子上。两个垫子中间可以看出是一些明亮的填充物，或者金属微颗粒"。这就是马可尼版，著名的由布朗利发明、洛奇完善的"粉末检波器"。马可尼认为它是用赫兹电波传递可识别信号的关键。

根据穆利斯的记载，这个装置"立刻抓住了总工的眼球"。泼里斯让穆利斯去取来一个发报电键和一定长度的电线。"还取了一些电池，带着这些回到总工的办公室，随后这个装置的组件被仔细连接起来……这个奇怪的玻璃管或者说瓶子被放在一张小桌子上……"这时候，泼里斯看着自己的手表，正是午时，因此他告诉自己的助手带马可尼外出吃午饭，下午两点钟的时候回来。"我已经喜欢上这个说着奇怪英语的、非常年轻的外国人，他在进行装置组装时敏捷灵活，"穆利斯回忆道，"电线在他需要的地方这样或那样地弯曲。"午餐结束后，马可尼给穆利斯讲了讲意大利，之后在附近闲逛。其间马可尼仔细看过路边的小摊和他们摆的水果、旧货和旧书。两点整他们返回泼里斯的办公室。

一切和他们离开时一样，马可尼做了几处调整后按下了发报电键，并且"临近桌子上的铃立即开始连续发声"。马可尼随后检查并骤然拔出粉末检波器，使铃声停止。穆利斯说，马可尼重复这一步骤几次后，"我熟悉总工的言行举止，他的笑容意味着发生了不同寻常的事情"。穆利斯对马可尼的谦逊态度印象尤为深刻。"马可尼总是说'我们'将对此、对各种各样的东西进行实验，或者说我们必须如此这般做……从不说'我'。他以一种非常友好的方式将我们联系在一起。"那一周接下来的几天都在进行实验。

泼里斯很快也就经济问题向马可尼提出建议。马可尼收到一个来自两个潜在投资人弗兰克·维恩和大卫·厄克特的提案，他们提议成立一家公司并购买马可尼的发明，作为交换，马可尼将拥有公司 40% 的股份。1896 年 4 月 1 日，25
马可尼写给父亲的信表明，如果维恩和厄克特可以增加他的配股，他倾向于接受这个建议。然而，与泼里斯的会面使他想知道这个发明是不是比自己想象的更重要。他对该做什么困惑不已，并且没有得出什么结论。1896 年 4 月 8 日，他写信告诉父亲说维恩和厄尼特愿意再给他一周时间考虑，"我认为拒绝他们的提议是不明智的"。他设法使他们又等了一个月，后来——采纳泼里斯的建 26
议——他让出价人彻底没了耐心，提案无效。

在那一个月里，泼里斯给马可尼提供了实验场地和人手，但并没有资金支持。这意味着马可尼必须继续向自己的父亲要钱购买设备，支付昂贵的专利申请材料成本。朱塞佩提出"借给"他必要的经费，但是马可尼对此很恼火：您说的"借给"我是什么意思？他问道，"您肯定明白假定情形下的失败是怎么一回事，我无法承担损失金钱的责任。"不过，朱塞佩还是把钱给了他，他向父亲表示了感谢。1896 年 5 月，古列尔莫从父亲那里得到了 100 英镑，他回信说"我会尽力将这笔钱用在最有把握的事情上，谨慎小心，避免不必要的花销"。朱塞佩 27
为自己儿子提供的资金资助成指数倍增长，从 1892 年到 1893 年间的几十到数百里拉，再到古列尔莫搬到英格兰后的几千里拉。根据家族档案中朱塞佩的账目记录，1896 年到 1897 年间马可尼到达英国的第一年就已经从父亲那里得到了大 28
约 45 000 里拉，约合 1 800 英镑或者 9 000 美元。相比之下，泼里斯当年的年薪只有 1 500 英镑①。

泼里斯竭力劝说马可尼公开演示自己的发明，但马可尼的爱尔兰亲戚却提醒他在专利获得认证前要多加小心，保守秘密。6 月 2 日，马可尼用新的说明书换下了自己最开始交的那份临时说明书，再次开始紧锣密鼓地工作。同时，他开始避开明确的立场表达，保持中立。1896 年 5 月 30 日，他写信给军事办公室，告诉他们自己已经发现了"一些电气设备，能让我在岸上或轮船上指引、操纵自驱动船只或鱼雷，而不需要有人待在那只小船或者轮船上"。这不仅仅是无线电技术。马可尼现在谈论的是远程控制。他开始想一些复杂的应用，与军事有关的。两周以后，军备总检察长回信约他见面。

马可尼在科研方面的协作性从乔治·S. 坎普保留的一本"实验室笔记"中可以找到例证。乔治是在马可尼背着两个皮包到邮政总局那时成为泼里斯的员工，是个年纪较大的技术员。当时年近 40 的坎普（他生于 1857 年）曾在皇家海军服役 25 年，后来成为一名电气和鱼雷教导员。坎普在 1896 年 7 月 27 日见到马可尼。当时马可尼正在向邮政总局的官员演示他的装置，他要在位于伦敦中部的两栋邮政总局大楼楼顶间进行电子信号传送。

坎普的笔记记录了邮政总局对马可尼的喜爱和欣赏，也证明了在试验的初级阶段就已经体现出这个项目具有的协作性：

　　7 月 27 日，星期一，用新设备进行跨空间的通信试验，设备发明人 G. 马可尼。

　　7 月 28 日，星期二，用新设备进行跨空间的通信试验。

　　7 月 29 日……正在用马可尼先生的电报装置进行试验……结果发现使用莫尔斯电码时必须转动触点，否则信号会中断……

　　7 月 30 日，准备响铃发动机试验，我们注意到这次的结果不如之前的试验……

试验在 1896 年 8 月间持续进行，因为马可尼和邮政总局的技术员们一直在对这个装置进行修改完善，将其与其他设备组合在一起，尽力提升信号传送的

①以 25 里拉兑换 1 英镑，5 里拉兑换 1 美元计算。安娜·古阿妮妮（2006 年）统计得出朱塞佩 1896 年到 1897 年一共资助了 888 英镑加 23 100 里拉。

距离和质量。8 月 11 日,他们开始对一个被称为特斯拉氏感应圈的电子变压器进行试验。这个变压器是 1890 年由尼古拉-特斯拉发明的,用于火花隙发电机产生高频电流。 34

9 月 1 日,星期二,马可尼和邮政总局的团队秘密离开伦敦,前往西南方 80 英里(约 128.7 千米)以外的索尔兹伯里平原(Salisbury Plain)的一处军事训练场。他们要在那里进行为期数天的试验和演示,而一些陆军和海军军官也会在现场观看。他们可以发送信号的距离已经达到 0.75 英里(约 1.21 千米),是当时可实现的最远距离。马可尼此时的研究项目已经引起了皇家海军上校亨利·B. 杰克逊的注意。杰克逊正凭个人努力进行无线电试验。在他逐级升任舰队司令的同时,也成为马可尼的另一位强有力的助力者。9 月 15 日,在收到马可尼索尔兹伯里的试验情况通报后,杰克逊从自己的指挥船"HMS 挑战号"写信给马可尼说如果这个装置产生信号的距离可以达到 3 英里(约 4.82 千米)就能派上用场了。两天后,军事办公室请马可尼告知如果请他"将两个封在相同的钢铁盒里的独立的接收器放在海底,并在 1 英里(约 1.61 千米)以外的岸上安装信号发射器,测试任意一个接收器运转工作的可能性"需要花费多少钱。很快,马可尼收到了多 35 家代理公司的咨询,他们代表不同公司和外国政府,想要知道他的这个装置是否可以公开销售。

泼里斯被这些突如其来的各方关注逗乐了。他在威尔士的乡村建了一个隐居式的小屋。在小屋建好后他写信给一位同事说经历了这么久,"作战部现在才意识到无线信号系统的重要性,我们可是为此工作了近 10 年!"在这封信里,泼 36 里斯也表达了自己对索尔兹伯里试验成功的些许疑虑。"试验非常有趣,但并不鼓舞人心。我认为我们采用电磁波的设想更省钱,也更实用。现在,我不打算再继续了……"但是,他的所做并非所想,相反,他对马可尼更加支持了。

坎普很快再一次专门为马可尼工作。最终他于 1897 年 11 月离开邮政总局,成为马可尼的主要助手。从 1897 年到 1932 年,坎普坚持用日记记录他与马可尼 37 共事的情况。他的日记是了解马可尼早期研究成果的宝贵资料。当时他和马可尼一起完成了最重要的几次试验。马可尼视坎普为人生中第一个合作伙伴和值得珍惜的朋友——从某种程度上讲这是他能拥有的最亲密的一种关系,也是令他最放松和最喜欢的关系。马可尼对那些可以和他聊技术的人总是最有亲切感,这样的谈话不会充塞情绪问题——这些人在他面前始终表现得谦逊。坎普——被形容成一个看起来像"典型的海员，红脸膛，极短的灰白色头发和浓密的胡子"，嗓音洪亮——就是这样的一个人。虽然两人的关系完全以工作和等级维系，但是坎普是少数几个可以随时见马可尼并且可以向他表达自己想法的人。1933 年 1 月 2 日，75 岁的坎普去世时仍是马可尼公司的雇员。马可尼是他遗嘱的见证人之一。

* * *

1896 年马可尼初到英格兰时看起来毫不出众，但引起了威廉·泼里斯的注意。他很谦逊不招摇，甚至像穆利斯这样年轻的男员工也乐意带他去吃午餐，职场经验丰富的坎普很快就追随他一起工作。久经沙场的军人，如杰克逊也想和他一起共事，而马可尼实验的消息常常成为伦敦科学圈内人士热议的话题。"我的生活从此不再平静"，马可尼后来这样告诉朋友路易吉·索拉里。

1896 年 9 月 22 日，在利物浦召开的英国科学进步协会年会上泼里斯介绍了马可尼的新发现。隔天《泰晤士报》上一篇长而枯燥的文章对大会进行了报道，而这条消息被掩埋于其他 25 个新闻事件中，除了科学家圈子外，几乎无人注意。但局面很快转变。泼里斯计划在 12 月 12 日，星期六那天在托因比会堂（Toynbee Hall），即东部伦敦多所大学社区中心举办公开讲座。他决定利用马可尼的装置系统进行演示说明。马可尼同意搭建一个可以在报告厅里传送信号的装置，但正如他对泼里斯所说，"直到我的全部研究在科学界展示前"，他不准备透露工作原理和方法。但他也担心设备的运行环境会受到场地的限制。

这次会议给人留下魔术师表演一般的印象——笨手笨脚的年轻人穿着廉价的西装为了响铃满屋跑——仅靠泼里斯严谨认真的声望挽回一点局面。新闻界对马可尼首次亮相的报道令人印象深刻：

邮政总局的 W. H. 泼里斯先生周六晚在托因比会堂进行的题为《无线电报》的讲座为观众们准备了一个惊喜。当然，无需电线就能进行通信其实不是什么新鲜事，但是讲座接近尾声时，泼里斯先生宣布意大利年轻的电气工程师马可尼先生带着一套不用电线就能发报的电报系统找到了他……马可尼当晚也出席了讲座，并且这是该装置首次在公开场合亮相，而之前只有政府官员得以一见……

装置随后向公众展示。看起来只是两个普通的、安装在房间两端的盒子。其中一个发动起来，另一个盒子里的铃铛立即响了起来。为了证明没有作弊，马可尼先生拿着接收器到处走，无论另一个盒子什么时候振动，铃声都响起来…… 43

尽管索尔兹伯里试验后泼里斯仍持怀疑态度，但是他现在宣布邮政总局已经决定"不惜一切代价对设备进行试验研究"。他还补充说自己有"最强的信心"。 44 泼里斯暗自高兴，因为能向自己的对手奥利弗·洛奇和麦克斯韦理论家们证明自己是对的。他对马可尼事业的支持并不是无私的，他不得不关心能改变一切的新技术的出现。对他来说，对马可尼进行较为松弛的控制要比让他公开出售自己的发明给那些私人公司要好得多。

托因比演示后第二天，马可尼写信给泼里斯，感谢他对自己工作的帮助和指导，并请他推荐一位专利权专家。因为他仍然担心"专利说明书和权利声明还不够充分，不足以应对各种问题"。他担心在申请中犯下严重的错误。 45

尽管如此，到了 1897 年 1 月初，马可尼似乎已经确信自己的申请经得起详细审查，因为他已经在俄国、法国、德国、奥地利、匈牙利、西班牙、印度和美国，当然还有英国申请了专利。他已经在公众面前公开亮相，并且开始有重要人物注意到他——从费列罗大使邀请他到意大利大使馆赴宴开始。他给父亲的信中说他遭遇到另一种对无望的意大利政府的抨击。马可尼还学会了自我推 46 销。1896 年 12 月 20 日，他写信给费列罗，向他报告自己最新的实验进展，并且反复重申自己的观点，"这个系统对意大利军队来说有极大的用处"。奥匈帝 47 国大使馆也请他进行设备演示。

尽管有了专利权，但马可尼在给父亲的信中仍预料自己会被起诉。他正想着逐渐卖掉专利权，让自己远离这些纷扰。他告诉父亲，有"两位美国绅士"出价 1 万英镑购买他的美国专利权。他仍然没有忘记维恩和厄克特，一直向他们通报自己的进展。"我相信早一点接受这些报价可能是有好处的，因为我可以获得实实在在的金钱，并且以后还能从比利时、瑞士、葡萄牙、丹麦、巴西等国家获得专利权，这些地方我暂时还没有申请专利。"如果他达成一笔交易，至少能将专利投入市场进行交易。他请父亲代他进行相关的法律咨询。 48

接下来的这一周，马可尼去见了泼里斯推荐的"最好的律师之一"。泼里斯已经提醒马可尼"专利权交易处理可能有些危险",尤其是在美国。马可尼急于采取行动,但在获得专利权之前没有进行任何商业交易。他还是担心专利申请体系变幻无常,他告诉朱塞佩:"真想不到在这里授予的大约90%的专利权从发证之日起10年内就无效了。"他还说自己对英国政府是否会为这项专利权买单并及时回复他并不抱多大希望,而且即使他们同意付钱,他也无法预料他们是否会为此开个好价。"请您仔细全盘考虑,并告诉我您的观点。"朱塞佩的回答无据可查,但是几天后马可尼和戴维斯让他们的律师起草了一份合同意向书,交给了一些匿名的购买者。牛津马可尼档案室一份文件值得我们注意。这是一份来自伦敦法律公司莫腾-卡特勒公司(Morten, Cutler & Co)一份26页的明细账,结合马可尼家族通信记录一起看,可以还原接下来6个月里他们秘密谋划的场景,以及公司最终于1897年成立。这一摞装订好的手写分类账目是从1897年1月25日的一次会议开始记录的:"主要负责人戴维斯先生召集,指示我们就此事件代表马可尼先生准备必要的合约书,以便使专利权出售得以达成。"其后整整5天,法律顾问们与马可尼和戴维斯进行了数次会面,敲定了要发给买家律师的合同草案。

莫腾律师团建议马可尼耐心等待,见到钱再公开其发明的"细节"。其间,买家要求在律师J. 弗莱彻·莫腾面前进行一次演示,"这样他才能看到能达成的结果"。然而,马可尼的法律顾问建议买家们保持必要的耐心。莫腾终于预定了一次演示时间。但是,在他3次爽约后,律师写信给买家说除非回复同意合同条款,并在24小时内签字,否则"不再谈下去了"。马可尼指示他们采取不那么咄咄逼人的方式,并撤回最后通牒,但是这桩买卖还是未能实现。2月13日,买家"拒绝了这桩生意,并退回了合同草案"。律师团建议马可尼和戴维斯"继续进行专利注册,并且马上通过其他可能的渠道出售专利"。他们同时提醒马可尼在专利申请获批之前谨慎公开发明的细节。2月19日,他们接到马可尼和戴维斯的通知,"起草一份公司创办计划书"——这是他们那时能想到的完全不同的方法。在他们起草创办计划书时收到了泼里斯以顾问报告的形式提供的帮助。报告说马可尼的设备不仅仅是"全新的",还是"无线电报第一次真正意义上的成功应用"。这个发明"非常简单、可靠",而且"能立即投入行业应用"。

律师团随后与泼里斯推荐的律师约翰·卡梅隆·格雷汉姆见面——泼里斯

建议他们留用莫腾。卡普梅尔、格雷汉姆和莫腾都表达了各自的观点，认为马可尼的专利权在被授予时即可生效。马可尼于1897年3月2日——在递交临时说明书后9个月期限内的最后日期递交了完整的说明书。最终稿是莫腾起草的。马可尼的发明现在正式登场了。 53

　　19世纪末伦敦的专利律师、产业投机者、风险投资家和技术专家很少，有两位新人物进入了我们的视线。2月27日，莫腾律师团报告说一位"弗莱明先生"来到他们办公室洽谈马可尼的发明。詹姆斯·安布罗斯·弗莱明是一名物理学教授，同时还有一份做顾问和试验专家的副业。他是陆军上校亨利·赫齐尔 54 爵士的代理人，劳埃德保险公司的秘书。1897年3月1日，马可尼的事务律师与弗莱明和赫齐尔见面，对马可尼的发明进行解释说明，并且同意为劳埃德公司进行一次演示。 55

　　3月3日，莫腾律师团与马可尼会面，向他汇报最新进展。马可尼告诉他们暂停成立公司的计划。隔天，事务律师与戴维斯见面告知最新消息。马可尼仍对邮政总局可能会为自己的专利拿出一份可接受的报价抱有希望（他察觉到最近泼里斯在顾问报告时表现出的热情）。到了3月9日，事务律师和戴维斯认为他们已经说服马可尼继续着手成立公司，但是两天后马可尼单独约见律师，通知他们"他希望戴维斯先生现在不再继续处理这件事"。

　　尽管大部分的马可尼文献资料都宣称亨利·詹姆森·戴维斯是一个充满智慧又值得信赖的导师，引导马可尼在公司经营上取得了成功，但是正如我们所见，这些档案讲述的是一个存在诸多细节差别的故事。1897年3月13日，莫腾律师团写信给戴维斯说"马可尼先生在完成全部实验前不能出售他的发明"。是不能还是不愿意？戴维斯对此作何反应没有记录可查。3天后律师团再次写信给他，通知他说"马可尼先生本无意背弃他，但自己的父亲不希望他在实验完成之前受到任何妨碍和束缚"。 56

　　这就是最典型的马可尼——坚决且毫不含糊，但不会彻底关上任何一扇门。这些天里马可尼家人之间讨论的幕后故事并没有出现在律师的记录里。安妮3月20日写信给儿子，当时他刚结束在索尔兹伯里平原的又一轮测试。安妮告诫他"在回家之前不要给H.戴维斯（原文如此）写信或者和他多说什么……你在任何情况下都不要写信给他或者承诺任何事。他是个危险人物，不要和他有什么关系"。

显然，马可尼和表兄之间的关系并不像表面上那么真诚无间。事实上，马可尼一家和他们的参谋几乎决裂。3月29日，莫腾律师团与马可尼见面，"根据他本人与戴维斯先生的通信，建议他不要和戴维斯先生断交，而是提议见面谈"。会面的日子是3月31日，戴维斯本来已经提出将一部分资助款用于未来的公司，而马可尼"表达了自己的意愿，认为捐赠的资金可以仍由戴维斯保管，但是他可以自行决定如何使用"。隔天他们又见面了，律师作为中间人说和，两人都做出了让步，马可尼仍然不承诺出售专利，但戴维斯有优先出价权。

事务律师继续和表兄弟俩分别会面，和戴维斯讨论未来公司的财务预期，将戴维斯提议的有诚意的投资人告知给马可尼。到了4月8日，马可尼似乎已经同意戴维斯的计划，尽管他和戴维斯仍然分别会见律师。马可尼对自行创业这条路依然感到不安，宁愿与像邮政总局这样的公众机构合作。一家新的公司正出价15000英镑现金及一大部分股份给马可尼，但是他犹豫不决，唯恐别人说他对泼里斯忘恩负义。J.C.格雷汉姆写信给泼里斯说："站在他的角度，我能理解他不仅视您为一个值得尊敬的人，更是他欠了巨大人情债的人，麻烦的是这显然已经成为他沉重的思想负担。"他似乎眼里只有一件事，也就是去做他认为对

的事。"4月10日，马可尼亲自给泼里斯写信。公司的出资人急于知道马可尼是否有意接受他们的报价。"请允许我解释，我从没找人出价，也没有给那些推销

的人任何积极的回应。"

马可尼正在进行的是一场高风险的游戏，力求面面俱到，而对他本人而言，首先，也是最重要的是找出自己的兴趣点究竟在哪——成为一个私有企业主还是主要公共机构的合伙人。邮政总局未能迅速采取行动使马可尼摆脱这样的困境。戴维斯施加的压力最终帮助马可尼做出了决定，但更令他紧张不安。

4月14日，戴维斯和马可尼见面后写信给律师称毫无疑问，没什么比马可尼和"公司更重要的了"。资金已经到位，但马可尼"没有头绪，效率不高"，因此不能相信他会基于自己的最大利益做出判断。"我现在要去见马可尼先生，如果可能我们稍晚会一起去见你，但是从公司的立场看不用再做别的提议了，没

有用的。"

马可尼可能确实"无头绪、效率低"，但是对邮政总局他要努力做到光明磊

落，而且更重要的是，他正苦于确定究竟什么才是对自己最好的。正如我们前文提到的，最初他更倾向于与公共机构或者政府建立合作关系，先是在意大利，现在是在英格兰，而且是戴维斯逼迫他选择私营企业这个方案的。然而，戴维斯出于保护，由衷地相信成立商业机构会给马可尼带来最大的利益。

4月19日，格雷汉姆写信给马可尼，告诉他无论怎么看他对泼里斯或者政府都无需负任何法律义务，"除了在科学调查研究过程中得到了他们的帮助"。他建议马可尼写一封正式的信给泼里斯，告诉他自己已经收到一份购买专利的报价，询问英国政府是否有异议（由此通知他们，就像他之前对意大利政府做的那样）。格雷汉姆的法律意见的核心涉及金钱问题。"在我看来主要问题是要弄清楚15 000英镑是否为已经存在银行里的现金，且随时可以转出来。承诺付款不如白纸黑字写下来。" 61

就在马可尼与戴维斯在律师事务所讨价还价的时候，戴维斯的投资者们逐渐没了耐心。其中一位于4月26日写信说除非马可尼立即签合同，否则他会要回自己的1 500英镑。"如果您能从马可尼先生那里拿来书面合同，我愿意再等等，但也应该有个期限，这样一切才能有个了结。" 62

马可尼实际上是在拖延时间。在完成测试之前他不想有任何定论。他正要在威尔士布里斯托尔海峡上的珀纳斯进行新的实验。他也在等父亲那边同意这个计划，现在父亲已经成为他的密友和总顾问。朱塞佩的建议始终如一，也很明智。他坚持让马可尼保住自己专利的全部权利，尤其要为了意大利。他也强烈建议马可尼在公司名称里加上自己的名字。马可尼承受着来自各方面的压力，但始终保持清醒。4月27日，戴维斯写信给马可尼说到了做决定的时候了，无限期的等待会使他再也留不住投资者或者他们的钱。"亲爱的古列尔莫，我在银行和这办公室里有几千英镑。我已经完全准备好付定金，正式签合同了，而且我们在几天之内就可以轻松筹足需要的尾款。"他在信末签名"爱你的表哥，亨利"。 63

64

1897年4月29日，戴维斯写信给律师，要求归还预付定金或者让公司正式成立。马可尼授意他们通知戴维斯说自己同意立即筹备成立公司。4月30日，马可尼同意戴维斯提出的条件，交易达成。珀纳斯实验结果得出后30天内成立公司。马可尼将自己的专利权过户给公司，并得到15 000英镑的现金及60%的

股份(共 10 万股,马可尼拥有 6 万股,每股面值 1 英镑)。他将要给戴维斯 1 万
股(5 000 股作为"辛苦费",5 000 股用作"支付与成立公司有关的费用")。公司
将有 25 000 英镑的运营资本,并且马可尼在未来 3 年可以领到每年 500 英镑的
薪水。附在马可尼信后的是"同时拿出的"18 项专利权,还有 8 项专利权"稍后"
拿出。随着律师不断起草或重新起草协议草案,越来越多的会议随即召开。戴
维斯的个人文档中有一份未署名的记录,显然是备忘录,1897 年 5 月 4 日由戴
维斯签字,记录了马可尼的口头协议。这是在与格雷汉姆会面时写下的,说的
是"他绝不会通过泼里斯先生或任何一个为专利权而来的人,接受来自政府的报
价"。(戴维斯和他的投资者们的紧张心理是可以理解的,因为马可尼仍然与其
他有意收购者——公开地——保持联系)。

　　虽然结果本质上是交易达成,但是对细节的商讨总是在马可尼进行研究工
作时被拖延。布里斯托尔海峡测试是他的头等大事。这是马可尼首次进行跨海
实验,坎普的日记告诉我们当时他们的忐忑和脆弱:

　　　　马可尼先生的设备被安装在 Lavernock Point 的一处悬崖上,距离
　　海平面大约 20 码(约 18.23 米)高……(1897 年 5 月)11 日和 12 日他的
　　实验结果不尽如人意——更糟糕的是,都失败了——他的这个新系统
　　的命运悬而未决,处在最紧要的关头。一个灵感拯救了它。5 月 13 日,
　　设备被运到悬崖下边的海滩上,电极上方又加了 20 码(约 18.23 米)长
　　的电线与设备连接在一起,因此总体空中高度为 50 码(约 45.72 米)。
　　试验结果:仪器从两天前的失败到现在可以记录任何可识别的信号。
　　现在发出去的信号清晰、无误差,所有这些只是增加了几码(1 码=
　　0.914 4 米)长的电线就实现了!

　　这次传输是从 Lavernock 到海峡上 3 英里(约 4.83 千米)以外的名叫 Flat
Holm 的小岛,接收器则被重新定位于 Brean Down——距离 Lavernock 超过 9 英
里(约 14.49 千米)。这次通信尝试再次成功。这段越过海面的距离是目前所能实
现的最远距离,远比在陆地上的任何一次成功测试的距离都远[最远的记录仍是
索尔兹伯里平原实验的 0.75 英里(约 1.21 千米)]。马可尼后来称 Lavernock 为
"世界上首个海边无线电实验室"。

　　布里斯托尔海峡测试进行时有一位重要的见证人在场:阿道夫·斯拉比博

士，德国皇帝的科学顾问，夏洛滕堡技术学院著名的研究员。斯拉比在柏林听说了马可尼的研究，曾问过泼里斯是否可以前往现场观摩这次测试。泼里斯凭借着对马可尼的熟悉，向斯拉比发出了邀请。同时，泼里斯继续在伦敦一些著名场所举办的高规格的讲座上公开宣传马可尼的研究成果，例如皇家科学院（Royalty Institute，1897 年 6 月 4 日）和皇家学会（Royal Society，1897 年 6 月 16 日）。有时马可尼也会出现在讲台上，站在泼里斯旁边。71

马可尼也在那时计划去意大利。意大利驻伦敦海军专员写信给海军大臣贝内托德·布林，通报了马可尼的实验情况，布林立即发电报给马可尼，邀请他去意大利给意大利海军部门演示他的发明。在伦敦，公司里那些交易派希望马72可尼在出发前签署一份协议，然而，他们之间还是有很多症结未解。马可尼被委任为公司的"工程师"，也会是一名董事，有权在 7 席董事会中任命另外两名董事。投资者想留他在英格兰定居 3 年，但他没有同意。每个人都因一个事实而焦虑，那就是英国还没有批准马可尼的专利权。他们也需要考虑这项发明的最终法律地位。他们向莫尔顿征求法律意见，而莫尔顿说根据《1869 年电信法》，它只是像是要使用电线。因此，正如马可尼一直坚称的，他的发明恰恰是常规73电报的拓展——不用电线的电报。

1897 年 6 月 23 日，马可尼告诉律师们他正准备前往意大利，要求他们马上解决那些悬而未决的问题。但这是不可能的，因此马可尼的另一位律师成为他的代理人。代理委托书描述了即将发生的事情——这是一份向新公司出售"我的这项为提升电脉冲传动和信号的发明……以及我的专利和附带的专利权"的委托书，不包括意大利王国及其殖民地、附属领地相关的专利。74

马可尼将新的商业实体描述成"我的亲戚 H. 詹姆森·戴维斯为购买我的专利而一力促成的公司"，这些措辞原本在 1897 年 4 月 30 日的照会上说得很清楚。75在最初的专利说明书草案中，公司的名称为马可尼专利电报有限公司（Marconi's Patent Telegraphs Limited）——这一名称是马可尼亲自重写的，其他人则将名字定为无线电报和信号有限公司（Wireless Telegraph & Signal Company Limited，WTSC）。朱塞佩·马可尼对此尤为不满，因为他觉得家族姓氏出现在公司名称中是很重要的事，但马可尼同意了，签了字他就可以收到现金付款。

正当马可尼筹备前往意大利时，他的宿敌奥利弗·洛奇因马可尼受到全部

关注而倍感失落。他在《泰晤士报》上发表了一封公开信，重申在他看来，马可
尼所做的真的没什么新意。洛奇也与奥古斯托·里吉通信。里吉对自己在马可
尼声明中的角色持矛盾心理，他正卷入一场公开论战中。里吉最近接受博洛尼
亚一家报纸的采访，提到他(对洛奇说)"所谓的年轻的 G. 马可尼的发明。这个
年轻人非常聪明，但是受到的物理学方面的教育很少。我建议他去听听大学里
的一些课程。我非常好奇，想多了解他发明的设备，但是那似乎是将我的振荡
器和你的粉末检波器组装在一起"。洛奇立即回复(同时挖苦了泼里斯)："我必
须告诉你，你的门徒马可尼已经牵制住英国邮政总局的官员了，这当中的某人
就像他一样，对物理根本不精通的。"然而里吉远没有洛奇那么激动。尽管还有
些怀疑，但也准备承认马可尼的贡献。"我已经 2 年没见过他了，而恰恰是在这
段时间，没有我的知识帮助，他也完成了这个发明……我相信，他是第一个想
到用电磁波进行远程信号发送的人。"

6 月 28 日马可尼抵达罗马。次日上午布林接见了他。马可尼在信中告诉父
亲"他对我的发明很有兴趣"。尽管天气闷热无比，在英格兰度过 16 个月后，马
可尼仍继续和许多海军上将、指挥官以及战事、邮政部门的官员会面。他告诉
朱塞佩每一个人都待他周到友好。旅途中有些设备损坏，他花了几天时间维修，
但是到了 7 月 2 日——正是他获得英国专利权的日子——他成功地在戴拉斯克罗
法大街(via Della scrofa)的两层海军部办公楼之间完成了信号传递和接收(其实这
比他在英格兰做的简单，但足以给意大利的东道主们留下更深的印象)。海军大
臣在下院议会上对结果进行了报告。接下来的几天马可尼成为各种宴会的客人，
向政府成员和新闻媒体进行更多的展示介绍，直到 7 月 6 日在奎里纳尔宫
(Quirinal Palace)，在翁贝托国王和玛格丽塔王后面前演示自己的发明。马可尼
掌控局面式的表现在英格兰成为头条新闻，而他那些日益丧失耐心的支持者们
也都对他的动向有所留意。

有了正式获得的专利权，马可尼就可以独家使用我们今天称之为全球公众
资源的电磁或无线电波段。至少这是初创时的马可尼公司声称其所拥有的，等
所有人都意识到马可尼的专利意味着有效的波段使用垄断时，已经过去了几
年，随后它将面临竞争利益方强有力的挑战，包括强大的政府。令人惊叹的胜
利暂且搁置一边，形形色色的参与合并讨论的律师们之间暗涌的争斗与争吵

导致一再的拖延，而此时的马可尼正带着胜利的欢欣继续自己的意大利之旅。 81

但戴维斯步步紧逼，不断催促马可尼尽快回伦敦。"在这个还无定论的情况下，公司的事情已经被搁置太久了……（认股人）非常不满，觉得自己被怠慢了。"一两天后，他又写信给马可尼说："如果你能在两三天内安排一下，回到伦敦，这麻烦还可以解决，但我认为在目前这种情形下外出是极不明智的。"戴维斯提醒自己的表弟，他，马可尼将管理一个新公司。按照协议的条款，他在 7 人董事会里有一席之地，并且要任命其他两位董事，而且，戴维斯状似无意地补充说"当然我的选票也是作数的。"后来他再次催促马可尼回来："现在还有时间……如果我能抓住这次机会，就不会再让任何事阻止我达成目标，我会马上解决一切。" 82

马可尼奠定了自己与意大利官方之间毕生的联系，并不急着返回英格兰。7月 10 日，他前往拉斯佩齐亚的海军基地（位于比萨和热那亚之间的利古里亚海上），在那用一周的时间做了更复杂的试验。在拉斯佩齐亚，马可尼的年轻和认真诚恳的行为举止再一次令那里的官员们感到吃惊。他的测试取得了巨大的成功。在圣马尔蒂诺战舰上搭建了后来被他描述为"第一个流动的无线电实验室"，马可尼实现了 10 英里（约 16.1 千米）范围内信号的清晰发送。 83

在拉斯佩齐亚工作期间，格里夫尼庄园密切关注着马可尼的名声问题，安妮和朱塞佩在那里汇合了。安妮一直不断地给在罗马的古列尔莫写信，祝贺他取得的成功，但是对他的名字没有在新闻媒体中更频繁地出现深感遗憾（尽管很难想象到底怎样才算更频繁），同时朱塞佩对英格兰那边的公司事务也十分挂念。7 月 7 日他们都写信给马可尼，说他们读到他到访奎里纳尔宫的报道，为他骄傲。更重要的是，他们支持马可尼在与戴维斯的谈话中努力坚持自己的想法。他们也提到了公司名称的问题。"意大利政府将会非常乐见你的发明保留了你的名字"，朱塞佩在信中说，并建议古列尔莫通知其伦敦的律师在合同方面暂且等一等，直到他们有机会亲自讨论这个问题。"不要太在意那些说一个签名就耗掉他们耐心，不愿意再等的人。这些是他们为了促使你接受对他们大大有利的条件而使用的伎俩。"朱塞佩接着称赞儿子将专利"作为礼物"送给意大利政府，这会带给古列尔莫更大的荣耀。朱塞佩作为父亲的骄傲感显而易见。 84

与此同时，另一个问题出现了：马可尼的护照是在 1896 年 2 月签发的，有
效期只有一年，在这之后，他应该返回意大利服兵役。他现在有 3 个选择：暂停
他的试验研究；入英国国籍；或者努力与意大利官方商量，达成一个交易。头
两个选择不被认可，显然第三个是正确选择。费列罗大使敦促海军大臣布林介
入调停。马可尼作为意大利皇家海军的一名新兵正式入伍，并被立即指派给意
大利驻伦敦大使馆作为海军专员服役 3 年。这是一个大家都心照不宣的行政安
排。他将在他的公司的支持下继续从事之前的研究和履行其职责，而他在大使
馆的职责是有名无实的。他甚至还有津贴可拿。马可尼又一次形成一种处世模
式，学会了重要的一点：有了对的关系圈，一切皆有可能。

7 月 20 日，马可尼与家人在蓬切西奥会面——那一天也是他的公司在伦敦
成立的日子。他发电报给戴维斯说自己会在下周到达英格兰。电报传递的是乐
观，因为马可尼说"试验结果极好，小设备能达 12 英里（约 19.31 千米）。因为
有家大型法国公司想要购买专利，必须做决定了"。12 英里（约 19.31 千米）是
当时所能做到的最远距离，戴维斯回信说他非常高兴，"能毫不迟疑地开展工
作，努力赚钱是最令人期待的"。由此看来，压力将会转变成收入，进而创造
税收。

马可尼再也不能安静地留在意大利了，他用了几天时间和老朋友以及合伙
人见面（新闻媒体报告说他与奥古斯托·里吉进行了"长时间的学术方面"的会
谈），渐渐习惯于沉浸在自己所受到的关注中。在他离开博洛尼亚前，他的父亲
请许多家族成员、朋友和政商界人士在当地最好的酒店餐厅——意大利酒店共
享一顿奢华的午餐。当地议会议员，恩里科·皮尼的演讲令人感动，马可尼也
深受触动。这样的事对马可尼来说将成为日常惯例，是常态。两天后，在母亲
的陪同下，马可尼离开博洛尼亚乘火车前往英格兰。

1897 年 7 月 20 日无线电报和信号公司组成，董事会在两天后召开第一次会
议，马可尼出席。7 月 24 日，马可尼接到电报通知，总计 15 000 英镑的现金已经
存入其伦敦威斯特敏斯特银行的账户中。他也收到了公司 60% 的股权，实质上控

制着董事会。23 岁生日刚刚过去几个月，马可尼成了一个富有的、强大的人①。莫腾-卡特勒公司的佣金账单共计 95 英镑或者 475 美元，相对于他们付出的努力，真是相当便宜的。

＊＊＊

马可尼在自己的公司即将成立的关键时刻离开英格兰一定是极其自信的。他的下一个挑战是说服他在新生意上的那些同仁们继续为他的试验研究出资，而他们已经经历数月财务停滞，恨不得现在就开始看到投资产生回报。戴维斯在照会中通知他们合同已经签字，并将马可尼在意大利取得的成功进展告诉了他们，同时提醒他们，公司现在"可以进行合适的专利权交易了"。

然而，马可尼首先想到的是赶紧告诉泼里斯这个消息。7 月 27 日，就在要离开意大利时，马可尼从格里夫尼庄园写信给泼里斯，详细陈述了自己做这些决定的动机。第一是这事"对我一个人来说太过庞大，因为欧洲所有国家的政府机构都想要试验继续进行下去"。设备还是那么笨重，需要让它更实用，这也需要进行许多新的测试。其次，专利申报的费用他一个人无力承担。除了要到处保护自己的发明，他还需要为设备的改进申请专利保护。马可尼随后表达了一个愿望，并发誓："盼再蒙您之抬爱……我亦倾尽所能维护公司与英政府的友好关系。"

不知是因为马可尼不够真诚或者只是缺乏经验，泼里斯的回复含糊不清。在 1897 年 8 月 6 日的手写便笺上泼里斯写道："收到你的信后我深感遗憾。你已经踏出这一步，我怕是极难认同你的个人想法。我很遗憾地说我必须停下所有试验和行动，直到我确认贵公司和给予你如此多鼓励和帮助的英国政府部门之

91

92

93

---

①1897 年，15 000 英镑等于 75 000 美元。根据英国零售价格指数，这笔钱相当于 2014 年的 150 万英镑，或者根据美国的消费者物价指数，大约是 220 万美元。然而，根据国内生产总值的相对份额(一种经济实力的衡量手段，或者某人相对于整个经济而言的富裕程度)，从这个指数看马可尼更为富有。他的生意使他相当于是 2014 年在英国身价为 1 670 万英镑，或者在美国身价为 8 350 万美元的人。马可尼持有的每股估价 1 英镑的 6 000 股，使其"经济实力"在公司成立时相当于拥有超过 4 亿美元。相比之下，在相同的职业发展阶段，马克·扎克伯格在 2012 年从 Facebook 首次公开上市收入的估值 170 亿美元的股份，使他的"财富实力"是马可尼的 40 倍。(据 www.measuringworth.com)

94　间的关系。"无论如何，这不是马可尼与邮政总局或者英国政府之间关系的终点——远非如此——但是他再也无法得到来自自己最有实力、最慷慨大方的恩人之一的明确支持了。马可尼可能恰好觉得自己不再需要那样的支持了。

第 4 章　魔术师

　　欧洲新闻界没用多久就知道了马可尼取得的成功。他的发明首次公开介绍利用的是泼里斯提供的平台，1896 年 12 月 17 日则是经由维也纳一家报社《新自由报》(*Neue Freie Presse*)报道。12 月 22 日，这篇报道被博洛尼亚的媒体 *Il Resto del Carlino* 带着自家人成功的骄傲，添油加醋地转述了。它说蓬切西奥的名门，马可尼家族的儿子在伦敦公开了其无线电报的发明情况，赢得热烈欢呼。马可尼首个新闻专访出现在罗马一家最有权威的报纸 *La Tribuna* 上。这次专访最值得注意的是马可尼在解释自己发明的时候非常低调，他告诉报纸驻伦敦的记者："我的发现没有任何新的原理，只是已知原理的应用和延伸。"

　　短短几周内，美国几大报社开始探究马可尼的发明产生的影响，并很快将他与爱因斯坦和特斯拉这样已经确立自己地位的名人相提并论。为马可尼早期成名创造光环的美国主导者之一，《芝加哥每日论坛报》形容马可尼的设备"充满科学家们正在潜心研究的无限的可能"。1897 年 3 月，马可尼在媒体上公开亮相仅仅 3 个月后，H. J. W. 戴姆就在伦敦的杂志《斯特兰德》(*Strand Magazine*)上发表了对马可尼的长篇报道。曝光率很高的那张马可尼坐在自己的设备前的标志性照片，是在马可尼位于西邦尔公园的家中拍摄的，摄影师来自斯特兰德杂志社，并且这张照片首次在这篇文章中发表。随后这张照片在英语、意大利语和法语版本的报道中广泛流传。

　　戴姆的文章将马可尼的发现与德国物理学家威廉·伦琴的 X 射线相比较，并对马可尼大加颂扬，认为他的发明"更精妙、更重要和更有革命性"。(1895 年，伦琴发现了一种"不可见的辐射能形式"，他称之为 X 射线，也凭此发现于 1901 年获得了第一个诺贝尔物理学奖。)戴姆写道，奇怪的是，想想所有杰出的科学家都在研究(无线通信)这个问题，"轮到这个年轻的意大利人，古列尔莫·马可尼时就能想到电波可能做得到，并且发明了仪器去实现"。马可尼的故事

"听起来像个童话"，然而他"并没有像科学家那样做出什么声明，只是简单地告诉人们他注意到某些事实，并且发明了仪器去印证"。

戴姆称赞泼里斯将马可尼带到公众面前这一举动"有大爱且睿智有远见"，反复提到泼里斯的托因比会堂讲座，让人们认为英国政府不仅支持，还监督着马可尼的研究。马可尼的语调随和又谦逊。戴姆问了很多技术上的问题，马可尼经常回答他说自己不是一个科学家，不知道答案是什么。其实，有系统科学知识的读者会注意到马可尼对戴姆所提出的一些技术问题的尝试性回答中有一些令人尴尬的错误，或者说至少答案是不完整的。苛刻的人（比如奥利弗·洛奇）可能会说马可尼自己都不知道自己在说什么。

这次采访透露出马可尼后来对自己的早期试验进行改造而产生的观点。他仍然认为他使用的电波不是赫兹电波，而是他不能确切形容的另外某种类型的电波。"我的接收器无法接收赫兹发射机的电波，而我的信号发射机也无法传递信号给赫兹接收器。这是全新的设备。"马可尼正努力表明自己的独创性。尽管他很入戏，但正如泼里斯已经意识到的，马可尼的仪器是可以用赫兹电波的。戴姆问："坐在这个房间，你觉得你能穿过伦敦城给邮政总局发一个急件吗[4.5英里（约 7.24 千米）之外]?"尽管那时还没有实现超过 0.75 英里（约 1.21 千米）的传送距离，但是马可尼回答说："只要有合适的大小和功率，我确定无疑，能。"马可尼相信他的设备和方法最终会用于灯塔和灯塔船，实现 20 英里（约 32.19 千米）的应用范围。戴姆问为什么他不能给纽约发信息，马可尼回答说："我没有说做不到。"随后，尽管话已出口，但马可尼说："我不希望你把我说的话转达成即使超越能力所及也能真的实现。"后来，这种情况有所改变，马可尼会经常做些预测，有的是商业策略，有些是他觉得他的成就使他对未来充满信心。

斯特兰德这篇文章及其衍生品被纽约的杂志《麦克卢尔》(Mc Clure's Maga-zine)转载，并成为全美国报纸补充报道的基础——这正是 19 世纪末英国和美国新闻界对大众科学和技术领域事件进行报道的例证，这类报道侧重赞扬发明英雄起到的作用，例如莫尔斯、爱迪生、贝尔和现在的马可尼。这些报道总是聚焦在挑选胜利者上。他们避开了休斯、缪西斯、斯塔布菲尔德这样的人，除了对他们的不足之处深表遗憾以外，甚至总是将特斯拉或者洛奇这些"成功者"的对手们刻画成善妒、自我毁灭或者心胸狭隘的人。新闻界也设计出技术经纪人这样的新类别，例如泼里斯，这些人有学识，具有发掘有价值新商品的智慧，也有能力去公正无私地推动新事物。

新闻界对马可尼迅速、全面深入、零差评地报道，显然证明了新闻界对马可尼的包容态度。如果有什么区别的话，那就是马可尼自己的表现比新闻中所说的更谨慎、更谦逊，也更慎重周到。戴姆塑造了一个值得信赖的年轻人形象。马可尼很少惹起争议，他确实没有声称自己知道全部答案，他的自省很为自己加分。同时，马可尼迅速成为一个内行高手，一生都懂得控制好形象。罗马的林琴档案馆(Lincei Archives)中有一份戴姆的文章显示，马可尼亲自对文章样张进行了校正。

1897 年 7 月马可尼在意大利期间，英国新闻界对他的热捧达到新的高度。《电气评论》(*Electrical Review*)对马可尼的设备进行了全面的描述。伦敦的《每日纪事报》注意到"马可尼的崛起是充满士气的，他是多才多艺的"。《环球报》(*The Globe*)认为他的研究和 H. G. 威尔斯最新的科幻小说《世界之战》(*War of the Worlds*)是同一水准的。《早报》(*The Morning*)报道说："马可尼先生，年轻有为的意大利电气工程师的名字与不需要电线作为工具的发报设备联系在一起，烙印在大众的脑海中，这在某种程度上是真正美国式的成功"。《每日邮报》(*The Daily Mail*)问了一个每个人都话在嘴边而没说出的问题："马可尼先生的无线电报是一项新的发现，还是只是通过独创性的方法改良了科学家在他之前就发现的那些结果?"有些文章注意到马可尼本人的声明明显比他的那些支持者们说的

更内敛、自制。

美国的主要报纸也一股脑地参与了这次马可尼热。泼里斯最初的报告就已经吸引了大西洋彼岸一些媒体的注意。1897 年 5 月《纽约时报》对马可尼的设备进行了冷静理智的报道。到 1897 年 7 月，马可尼已经成为一个新闻现象。《先驱报》(*The Herald*)将马可尼塑造成青年才俊，《纽约世界报》赞颂他是一个"新的奇才"。在费城，新闻报道说"唱机"的发明者埃米尔·贝利纳认为马可尼的无线电报机是"年度最佳发明"。(贝利纳的唱机在 1878 年获得专利，即将成为标准的电唱机，取代托马斯·爱迪生发明的更为笨重的"留声机"。)纽约《先驱报》引用门洛帕克的奇才——爱迪生本人的话，赞许马可尼"是个聪明的小伙子"。难得的是，有些新闻报道更具有怀疑精神。《纽约太阳报》写道："几乎不可能从报纸

9　和杂志中找到不吹捧的言论……造成马可尼热的人并不是那种不劳而获的人。"

　　马可尼并不是那个年代的第一个，也不是唯一一个被誉为奇才的技术人物
10（还有更著名的爱迪生、尼古拉·特斯拉更称得上奇才的标签）。随着声望渐长，
新闻界对其成就的重视使他很快就被称为魔术师。不久以后，马可尼的名字与
一位著名的魔术表演大师哈里·胡迪尼相提并论。

　　胡迪尼本名埃利希·韦斯，是一位来自纽约的表演艺术家，1874 年 3 月出
生在布达佩斯一个信奉东正教的犹太人家庭（他的父亲是一位拉比——教士），
他刚好比马可尼大 1 个月。1878 年他与父母一起移民美国。19 世纪 90 年代，马
可尼开始吸引媒体关注的时候，胡迪尼就已经成为大明星，深谙如何利用大众
11　媒体塑造个人形象。没有证据表明马可尼有意借鉴了胡迪尼的策略，但是他不
可能不注意到胡迪尼还有他的成功。马可尼和胡迪尼都养成了挑选、邀请新闻
媒体前来见证自己的专长和表演的习惯。到了 1897 年，两人均已成为国际明星，
持续曝光，走到哪里都有人认出他们。

　　当时，马可尼和胡迪尼在大众印象中也有共同之处。他们都被视为魔术师，
甚至被有些人视为江湖骗子。"魔法"这个标签似乎已经被贴上了。当马可尼第
一次演示他的机器时，人们会尝试寻找隐藏起来的电线。当真相大白，马可尼
只是穿过房间弄响铃声或者发出信号而没有连接任何电线时，在一些人的头脑
12　里会联想到"心灵感应"。发现"通过电波进行通信"时，即使像 H. J. W. 戴姆这
样严谨的记者也会将马可尼的研究与超自然现象联系在一起，就像那些神秘集
会的真相其实就是"神秘的乙醚"引起"思想电波"的关联，从一个人的大脑中传
13　出，影响远处其他人那样。

　　这是 19 世纪 90 年代被较多人认可的概念。"读心术"的可能性令形形色色的
名人着迷，例如亚历山大·格雷厄姆·贝尔、马克·吐温和阿瑟·柯南·道
尔——更不必说已成名的学术科学家，例如威廉·克鲁克斯爵士和奥利弗·洛
奇——但是没人想到过电子脉冲，继续认为乙醚里的"波"可以与人的思想相连
接，心灵感应、电报和招魂说（认为人可以和死去的人沟通）之间产生了联系。
14　据说 1897 年的欧洲和美洲大陆有 800 万巫师神灵的信众。

　　"无线电波奇才"马可尼从不相信这个。尽管不断面临极其古怪的臆测，但
马可尼总是保持怀疑的理性主义者的态度。马可尼再一次发现胡迪尼与自己极

其相似的地方。抛开表演技巧不说，胡迪尼知道自己营造的是错觉，并不是超自然现象。那些招魂说的信众里有很多人也很仰慕他们两人，尤其是道尔，这位夏洛克·福尔摩斯的创造者在英国是唯心论的主要支持者。 15

马可尼的研究也引起了超自然研究协会（the Society for Psychical Research）的兴趣。这个协会 1882 年在英格兰成立，1885 年在美国建立分会。协会的目标是"以科学精神检验那些人类真实存在或者假定的能力"。超自然研究（或者是我 16 们现在称之为超心理学）惹人关注的原因之一是它为那些用宗教解释的，而无法用科学进行说明的现象提供了一个现实、世俗的选择。当马可尼说自己无法说清他的无线波产生作用到底有什么科学依据时，超自然研究给出了答案：心灵感应。

超自然研究协会远非一个神秘人集会的场所，它吸引了社会主流人群中的杰出成员（甚至是先驱人物），例如未来成为英国首相的阿瑟·贝尔福、美国心理学家威廉·詹姆斯和法国哲学家亨利·柏格森。尤其值得注意的是，协会成员队伍中还包括最早进行无线通信研究的领军人物。从 1896 年到 1899 年，恰巧是马可尼确立自己声望的时期，这个协会的主席不是别人，正是威廉·克鲁克斯爵士，他就是我们前文说到的，在 1892 年第一个提出用赫兹电波进行无线通信可行性设想的人。1898 年，当时克鲁克斯还是不列颠联盟主席（the British Association，这使他成为英国最具权威的学者），伦敦的《泰晤士报》发表社论说两个协会的主席公开宣称相信"思维和想象可以从一个人的头脑中转移到另一个人那里而不需要任何已知感觉器官作为媒介这一基本定律"是时代的标志。 17

同年，克鲁克斯作为主席在写给不列颠联盟的信中已经意识到马可尼在以洛奇的实验研究为基础，实现无线电报现实应用中起到的作用。在一个涉及很多议题的漫长演讲结束时，他提到了目前超心理学的几个问题，提出心灵感应的某些方面应当属于自然科学。当克鲁克斯提出应当以"脑电波"的问题看待、 18 思考心灵感应时，一直参与会议的一个撰稿人将无线电报和心理传感术联系起来，提出人类大脑可以建立一种像马可尼的发报机那样的运转机制。 19

几年后，从 1901 年到 1903 年，超自然研究协会的主席是奥利弗·洛奇。

* * *

马可尼现在利用 1897 年余下的时间和 1898 年与自己生意上的同仁们建立的

新的工作关系，在英格兰南部建起了试验站，并经营着自己刚刚获得的声望和财富。

抛开威廉·泼里斯最初对马可尼成立自己的私有实体公司作何反应不说，马可尼的公司和邮政总局之间很快就英国政府使用马可尼的专利的具体执行方案进行了商讨。回到英格兰不久，马可尼写信给父亲说"（泼里斯）似乎很可能还会是我的朋友，即使我已经卖了专利权"。几天后，马可尼与泼里斯见面。泼里斯向他保证英国政府会和公司达成一个协议。泼里斯与马可尼维持友好的关系有其私人原因，他在写给同事的关于马可尼即将进行的测试的便笺中写道："抓牢他，知道他到底在做什么对我们是有好处的。"从现在开始，公司与邮政总局的关系，尤其是马可尼与泼里斯的关系会变得忽冷忽热。

1897 年 8 月，无线电报和信号公司（WTSC）四处奔波设立经销点。亨利·詹姆森·戴维斯被任命为常务董事，任期 2 年（这是在他的坚持下做的决定，因为他急于回归自己的本职工作），并且做了一个重要任命：亨利·W. 艾伦，戴维斯的前职员被任命为公司的秘书，他的任期持续到 1930 年，成为马可尼最亲密的工作伙伴。公司租赁了戴维斯在马克巷 82 号的一部分私有房产。

马可尼现在有了一个低调但有效运转的企业机器等待他处理。戴维斯首先处理的几件事中有一件就是下令组织人员为马可尼的仪器绘制一个精确的技术图。公司合并后进行的第一次工作会议上，董事会成员同意 19 项新的专利申请，并通知其代理人在英属北婆罗洲、英属海峡属地、香港、直布罗陀、（澳大利亚）维多利亚、锡兰和加拿大申请专利。董事会还考虑了马可尼从众多外国政府那里直接收到的各种合作提案，并确定"马可尼先生尽早在俄罗斯和奥地利进行试验对公司有利"。据说德国舰队在基尔和喀琅施塔得之间的海上对马可尼的设备进行了测试。

同时，意大利海军宣布正式接收马可尼的设备，董事会"决定接受意大利政府作为客户，以合理的利润出售他们的机器"。马可尼可能已经给意大利政府一些免费的专利使用权，但是为了有效开发利用专利权，他们之间还是需要进行买卖交易。于是，另一种合作模式建立起来：公司的客户将会陷入长期的、涉及多方面的收益流中。除了和意大利政府的交易之外，公司将会保持对技术工艺的控制。意大利由此成为第一个采纳马可尼设备的国家，也成为公司的第一个客户，第一个把自己交托给远距离无线通信的国家。

所有这些收益鼓舞 WTSC 公司继续维系与英国政府的关系。公司董事会率先采取的行动之一就是发消息给泼里斯，对泼里斯"在马可尼设备试验期间提供的友好帮助"表示感谢，表明了继续合作的愿望。显然，出于就近选择的原因，英格兰将成为马可尼的主要试验场，因此董事会决定应在索尔兹伯里进行试验，之后是多佛和加来之间的信号传递试验，"因为已经请求政府援助了"。与此同时，泼里斯将 WTSC 公司视为邮政总局在通信垄断地位上潜在的竞争者，甚至是挑战者。泼里斯打算继续密切关注，但是马可尼仍然有办法走在前面，他可以和女王陛下的政府做具体的交易。

WTSC 公司也开始着手与私人公司建立生意关系。目前被认为具有合作前景的公司是世界主要的海事保险提供商，即后来成为航运信息商的劳埃德公司。1897 年 8 月 20 日，劳埃德公司的秘书亨利·赫齐尔爵士（最先对马可尼的发明产生兴趣的商人之一，见第 3 章）写信给马可尼，说他认为无线电能给劳埃德公司提供相当大的帮助，因为无线电会使他们与电缆无法触及的通信点之间实现通信连接。劳埃德公司因此成为第一个意识到无线电价值的私人公司，也成为马可尼公司的第一个商业客户。同样，邮政总局是公司第一个来自政府的支持者，很快，海军部又成为它第一个军事订约人。

马可尼的公司继续收到来自四面八方的咨询。9 月董事会听说"收到了来自欧洲多家公司的各种合作提案"，但是决定等到在索尔兹伯里的下一轮试验后再做处理。然而，麻烦出现了。邮政总局正在多佛自行筹划试验，但是马可尼不在受邀人之列。董事会要求马可尼向泼里斯打探政府的意图。马可尼适时地写信给泼里斯，对邮政总局没能采用"一些在意大利我认为非常重要的细节改良"表示遗憾，尽管意大利海军现在正在每天对设备进行试用。他也提及了两个重要的名字：陆军上尉巴登，巴登·鲍威尔借给公司 5 艘轻帆船，归根结底是为了在索尔兹伯里观看试验；皇家海军上校亨利·杰克逊已经接到指示要代表海军部在多佛出席"我的试验"。（皇家海军是英国武装力量的海军分支，受海军部监管。）

马可尼的公司似乎运气很好，尽管到现在为止没赚一分钱。几个月后公司换了更大的办公室，还是在马克巷，并雇用了一群愿意长时间工作的助理。他

们绝大多数——像马可尼那样——年龄都不到 30 岁，43 岁的戴维斯倒成了公司

30 里最年长的人。艾伦多年以后说"可能因为我们年轻，所以进步飞快"。在马可尼对必胜的狂热自信以及戴维斯的经商能力推动下，公司发展确实惊人地迅速。

董事会这一时期的会议记录显示，马可尼本人很快以该有的状态参与到公司的经营活动中，并且作为公司最宝贵的资产在公司具有独特的地位。在公司一些资金支持者的坚持下，防止马可尼权力过大已作为条例写进公司的管理章程中。公司章程对所有个人股东投票权的占股比进行封顶限制，即发行总数的40％，不管个人股东实际持有股权的数量。这不是假定性的控制。马可尼在公司成立之初就拥有 60％的股份（尽管一旦他兑现给戴维斯承诺的配额，就会立即减少到 50％），公司第一年的运营中他持续增股，而他的家人们也是如此。马可尼在家信中报告股价的波动，建议父亲持续购买。安妮和阿方索也拥有股份。朱塞佩敦促他占据每一寸可用空间，马可尼自己也能做到更谨慎、精明。马可尼一直让自己的名字远离公司的名称，1897 年 9 月当董事会决定从股权证明中

31 省略"马可尼的设备"这样的字眼时，马可尼是明确同意的。

公司现在收到的咨询和合作提案来自世界各地，投资市场方面却小心谨慎。《投资人评论》的一篇文章提醒读者，马可尼公司最初发出的 75％的股份所得都用来申请专利权了（6 000 股加上 15 000 英镑都给了马可尼），并且现在公司还没有收入所得，文章写道：在等待马可尼先生新颖独特的发明带来切实的商业成

32 果之际，"建议民众对此保持清醒的认知"。

尽管报告说会有来自多家政府机构，像美国海军和英国灯塔管理部门（主管英国沿海领航等工作的）领港公会的帮助，但是公司的财务前景还是要看新技术的实现情况。邮政总局对在根西群岛和萨克群岛之间建立无线通信连接很感兴趣。1897 年 10 月，马可尼的美国专利申请获批——美国新闻界对此讽刺颇多，他们推测这项专利的命运将和电话机、电灯泡以及其他类似的大众普遍使用的

33 发明一样，以遭遇法庭审判告终。

首次走进大众视野不到一年，马可尼已经成为大众共同的参考点。感觉到有太多"关于他和他的研究的各种野史秘闻、小道消息"，及出于对公司前景的审视（还有媒体对其发明的神秘或者心灵感应方面的特性进行的挖掘），马可尼决定接受《每日纪事报》的"授权专访"。马可尼在专访中宣称在他之前，没有人

尝试用赫兹电波发出信号——既不是洛奇也不是其他人。（几个月前在接受 H. J. W. 戴姆的专访时，他说过自己没有用过赫兹电波。）他打算就自己已经做到的[12英里（约 19.31 千米）无线信号传递记录]和没有做过的（在远洋船上冲杂志记者发脾气）；能做的（用垂直导体发送和接收信息）和做不到的（控制人们口袋里的手表）亲自记录。尽管那些人认为他没有权利这么做，但是他有专利权，而"这才是大事"。

34

* * *

马可尼现在先要做的是为试验站找到合适的场地。他选定了多塞特，那里有火车通往伦敦，基础设施和社群网络都很好，有一些海港、水湾和海岸可以用作不同距离的试验场地。那里离海上交通通道很近，当时机成熟（他预期很快）时可以在英国和欧洲大陆之间建立第一个通信连接。

11 月，马可尼和戴维斯告诉其他董事，他们实地探访后在阿鲁姆湾（Alum Bay）找到一个适合用作试验站的地方，就在怀特岛的最西端。环抱在极美的白垩纪悬崖间，俯瞰着维多利亚时代画家们最爱的多彩海滩，马可尼就在这里，皇家尼尔德斯酒店（the Royal Needles Hotel）建起了他所说的世界上第一个固定的无线电站。1897 年 12 月 6 日，无线电站正式启用。马可尼后来写道："无线电室在酒店一层的一间私人会客厅，地板上铺着地毯，从一个大飘窗可以看到外面的草地。有一扇窗玻璃上钻了一个洞，天线由此穿出一直连到户外的桅杆。"在这里做的第一次试验是检验不同种类的天线，马可尼现在的目标是与海上的船只建立通信联系。很快，他成功向阿鲁姆湾里的一支拖船发出了可读取信号，之后是伯恩茅斯（14 英里，约 22.53 千米）、普尔（18 英里，约 28.97 千米），最后信号成功发送到了怀特岛临海一侧往来经过的船只上。

35
36
37

稍晚后，记者克利夫兰·莫非特在《麦克卢尔》杂志上撰文讲述尼尔德斯试验站取得的"令人惊讶的业绩"：

> 从高处俯瞰下去，距离最后一个火车站 1 弗隆（英国长度单位，等于 660 英尺），我看到自己脚下的阿鲁姆湾马蹄形的岩洞，它是个陡峭的半圆形，像把白垩纪的悬崖咬了一口，你可以想象那是某个凶猛的海兽干的，它龇着牙努力撕咬，在尼尔德斯留下一排齿印……右侧是低洼的红色堡垒，正等着敌人试试他们的枪炮。左侧最高峰子予独立，

上面竖立着阿尔弗雷德·丁尼生（英国桂冠诗人，在怀特岛居住直至

38　　1892年去世）的花岗岩十字架……

接下来，马可尼在Madeira House（伯恩茅斯滨海区维多利亚时代的酒店，后来成为中产阶级热门的周末和度假胜地）设立了大陆无线电站。站里115英尺高的桅杆是那些来自英国各地，手臂上架着遮阳伞在伯恩茅斯码头漫步的上流社会的夫妻们的路标参照物。马可尼认为他在这里的研究对其设备的早期发展起了至关重要的作用，即使这里食宿条件有限、设备简陋。无线电室只有8英尺见方，位于地下室，只有一扇小窗提供光照。和尼尔德斯站一样，天线穿过

39　窗玻璃与户外一张小桌子上立起来的火花线圈连在一起。其他就是一些架子。

通过在两个站点之间发送消息，与路过的船只进行通信工作，马可尼和他

40　的员工一直在对设备进行改进。1897年圣诞节前夜他向朱塞佩汇报说工作进展非常顺利，甚至超出预期。那段时间天气恶劣，在轮船上度过两周后，马可尼发出的信号成功穿越大雾和云层，实现了16海里（约29.6千米）的通信记录。他

41　在给父亲的信中写道："在上帝的帮助下，一切进展顺利。"

尽管忙得不可开交，马可尼还是始终坚持与父亲朱塞佩通信。朱塞佩在公司成立过程中，在关键议题上为儿子提供建议，而且马可尼在英格兰最开始进行的研究也得到了他提供的至关重要的资金支持。朱塞佩现在日益成为马可尼

42　的生意伙伴。朱塞佩继续从事投资，大部分是在博洛尼亚地区购买土地。他似乎还没有意识到儿子的未来已与积极经营英国的公司系在一起（马可尼直到1902年9月才再次回到意大利）。朱塞佩建议古列尔莫用新赚得的钱在意大利买座庄

43　园，但是古列尔莫对投资自己的研究更有兴趣。

马可尼自豪地告诉父亲自己事业成功，开始收获更多的荣誉。公司现在需要尽快完成与劳埃德公司的交易合作，股票价格随着更远距离测试的成功而不断提升。不到24岁的马可尼已经在意大利获得两项荣誉：Croce da Ufficiale（官方十字勋章）和Commendatore（指挥官）头衔。他还听说德国皇帝正考虑授予他封号。马可尼很重视荣誉，一生中都在不断地积累荣誉。公众辨识度对他来说

44　比媒体关注或金钱更重要。

马可尼的收益仍由他的表兄亨利·詹姆森·戴维斯照看。戴维斯在马可尼到处奔跑的时候坐镇应对最紧急的情况。马可尼没有利用公司成立文件中赋予

他的在 1898 年 2 月 1 日前提名董事会成员的权利。时间逐渐流逝，就在权利截止日期前几天，戴维斯找到他，向他举荐威廉·古德博迪。 45

古德博迪家族是著名的爱尔兰贵格教派家族（和戴维斯家族一样），经营着爱尔兰最古老的经纪行。公司成立时的原始股东之一是玉米代理商马库斯·T. 古德博迪，另一位罗伯特·古德博迪，代表家族（和马可尼公司）在纽约负责管理。马可尼采纳了戴维斯的建议，提名都柏林的银行家伍德科克·古德博迪为公司董事。这是明智的一步。当 1901 年 8 月公司需要进行财务重组时，15 位出46借方中有不少于 9 位成员来自古德博迪家族，他们组成了新的财务辛迪加（财团）。 47

* * *

1898 年 1 月，一次意外事件证明了马可尼利用机会的天赋和能力。身体不适的前首相威廉·格莱斯顿前往伯恩茅斯治病，一群报社记者追随前往。一场暴雪压垮了电报线路，情况变得更糟。马可尼临时从伯恩茅斯到尼尔德斯做了发报设备连接，再从那里连到最近的电报线路控制站。有了这个，记者关于格莱斯顿健康的报道得以转播到伦敦。此次事件是对马可尼的正面宣传，也使他结交了一些报社的朋友——这是他开发并毕生利用的另一种模式。 48

4 月，阿方索在伯恩茅斯与弟弟见面后很快就告诉朱塞佩："为了让古列尔莫的事情井然有序地进行，我有很多事要做。"现在阿方索接手负责向他们的父49亲报告马可尼的日常事务。当时最大的新闻是马可尼正在考虑成立一家新的公司。安妮在爱尔兰的另一个生意上的亲友，约翰·尤斯塔斯·詹姆森找过WTSC，提出建立一个与英国最著名的科学家威廉·汤姆森爵士（开尔文男爵）以及马可尼的老对手奥利弗·洛奇有关的新风险企业的想法。开尔文是"镜式电流计"（有线信号接收的重要部件）的发明者，也是跨大西洋电缆工程的总工程师。 50他也是最早对马可尼持怀疑态度者之一。他曾经对马可尼所说的无线电嗤之以鼻："无线电是好，但是我宁愿让骑着矮脚马的小男孩给我送信。"然而，现在他51成了无线电迷。詹姆森觉得通过马可尼、开尔文和洛奇强强联合，他们这家公司最多可以筹集 100 万英镑。阿方索向朱塞佩保证，这一次马可尼可以让自己的名字成为公司名称中必不可少的部分。马可尼将成为这家新公司的头儿，他的固定薪金将翻 4 倍，每年达到 2 000 英镑。但是他现在想知道他是否会少拿一点，为公司的成功创造更好的条件。阿方索问父亲对这一切有什么想法，但是，这个企业永远也无法成立了。

马可尼现在在伯恩茅斯和伦敦之间频繁往来，接待一波重要的来访者：记者、政客、商人和科学家。6 月初，开尔文男爵在已故桂冠诗人的儿子哈勒姆·丁尼生的陪同下亲自到访尼尔德斯。开尔文经由伯恩茅斯可以向格拉斯哥的同事送去问候。他对此深受触动，坚持要为这项服务象征性地付费——由此，正如泼里斯所担心的，这一事件羞辱了邮政总局在内陆电报上的垄断地位，并且使马可尼得以一直对外宣称：1898 年 6 月 3 日，他从尼尔德斯酒店向伯恩茅斯

发出了世界上第一条付费无线电消息。费列罗大使和一名随从大概在同一时间也在尼尔德斯度过了心满意足的两天，并且向罗马发出了一份电报。

这些是比什么都重要的作秀。马可尼做的一切其实是短距离发送无线电消息，然后由传统的有线电报机中继到最终目的地。商用无线电服务前景还不明朗，并且附加值极少。但是公共宣传是无价的。在马可尼看来革新性的想法已经有了雏形。如果他能切实战胜距离的阻碍——他深信自己能做到——他就能够连电缆也不需要用。如果无线电能连接大西洋两岸，它将成为有线电报公司最紧要、也有可能是毁灭性的竞争对手。（有线电报公司的股东们也想到了这一

点。1899 年 7 月，东部电报公司的股价因为马可尼试验的新闻而下跌。）在目标达成之前他的表态会注意措辞，避免太直白，但是现在直截了当反倒成为他的目标。

马可尼与意大利、英国（很快还有美国）海军当局的合同对这一计划至关重要。马可尼自己梦想见到海上无线通信的美景，而他的公司看的是商业上的可能性，是不是要与航运业，像劳埃德这样的公司接洽。但是所有人对发展世界级的强大海军，而不是暂无发展的无线电更有兴趣。1898 年 5 月，戴维斯写信

给英国海军大臣建议他们在战舰上试用一下设备。到了 12 月，海军部提出将采用这套设备，与公司的商讨也正在进行。商讨的问题之一是关于谁有权使用马可尼的专利。另一个需要考虑的是设备的归属，因为设备需要为海军定制。设备调试和讨论在 1899 年继续进行，海军部的合同于 1900 年 7 月达成，这将成为公司与英国政府武装部门达成的第一项具体的交易。

* * *

还是距离最初进入公众视野不到两年的时间，马可尼活跃在各大媒体关注的各种公开场合。1898年7月，他接到一个颇受关注的邀请——为两家同类型的都柏林报社《每日快讯》和《晚间邮报》报道爱尔兰金斯敦快艇赛（在时髦的Dún Laoghaire）。马可尼将亲自监管设备的运行，他这一次要向新闻界演示无线电的另一个用途。世界各大主要报纸再一次对此进行了热情的报道。这也是公司第一个收费的应约演示。

1898年7月20日、21日，试验在都柏林海湾进行。马可尼和他的设备被安置在一艘蒸汽船——飞行女猎人号上，雇船的费用由报社承担。这是马可尼在爱尔兰第一次公开亮相，新闻界对他的态度很苛刻。一篇报道这样描述他："高个子，像个运动员，深色头发，一双灰蓝色的眼睛透着沉着。他的嘴巴和裸露的额头透着坚毅"，他的行为举止"非常谦逊，但是很有自信"。当他操作发报机时，脸上浮现出"克制的热情……他带着一种纯真的高贵感站在那，又有掌控着强大力量的自豪感"。另一个记者在文章中说自己觉得好像在看魔术师的表演——再一次归结于马可尼魔术师般的才能。"到底是怎么做到的？马可尼能做的和猜测的差不多吧。"这篇报道称马可尼的发明是"一种创造"。 57

金斯敦快艇赛也是马可尼又一个诞生第一次的地方，当时公司董事威廉·古德博迪在都柏林交易所下了证券购买订单——史无前例的第一单无线电金融交易。订单执行并回报到船上，消息是在海上收到的，奇迹般地避开了海岸电台。 58

马可尼在金斯敦期间，威尔士亲王在怀特岛考兹湾的皇家游艇奥斯本号上航行时膝盖意外受伤。亲王本人之前已经对无线电报有些兴趣，这一次询问马可尼他是否可以在游艇和奥斯本宫（Osborne House），及维多利亚女王在怀特岛上的夏季居所之间建立通信连接，这样他就可以在养伤期间与自己的母亲保持联系。马可尼很高兴能有这样的机会，并轻松地做好了通信设备的连接。他在游艇上住了16天，每天向女王发送简报——因为这一个难得的机会，同时尽情享受独处的时光。目睹这一切的人——尤其是皇室成员——对如此顺畅的通信 59
方式留下了深刻印象。尤其是亲王，对马可尼"一直和颜悦色地"款待。马可尼 60
骄傲地告诉自己的父亲，亲王主动送给他"一个非常漂亮、贵重的领结别针"作为礼物。 61

9 月在与 Madeira House 的经理一番争论(很可能是关于钱)后,马可尼不得不为大陆操作站另寻新址。他搬到了沙滩边上的黑文酒店(Haven Hotel)。酒店距伯恩茅斯西边 7 英里(约 11.27 千米),位于普尔海港的入口处——这里吸引他的原因之一是他可以骑自行车往返。黑文离尼尔德斯有点远,但是还在 18 海里(约 33.34 千米)内,即确定可实现的发报范围内。黑文成为马可尼在英格兰境内主要的研究站,在接下来的 27 年,也时常成为他留宿的居所。每次在黑文度过的那几周对他来说是件高兴的事,因为经营黑文酒店的、来自法国的普兰夫妇不仅将酒店发展成受欢迎的度假胜地,还将马可尼、他的员工和到访的客人们照顾得很好。最初的几年,安妮或者阿方索会经常陪在马可尼身边,从伦敦的
62 滑铁卢车站出发只需要 4 小时就能到这里。在伦敦完成一天的工作,搭乘下午 4:10 分的火车到达伯恩茅斯,还能赶得上普兰夫人准备的晚餐。

然而 19 世纪初,普尔港的沙滩因为成为走私犯的活动场所而声名狼藉(因此,最终成为"天堂")。南部一家旅馆早在 1813 年就投入运营,到了 1838 年,北黑文旅馆(North Haven Inn)在原地建起,直到今天那里仍是一家酒店,并且马可尼曾经在那里住过。马可尼来的时候,这一地区开始发展成旅游胜地:一个新的轮船码头在建,沙滩区已经按照高端住宅房地产进行了细分。直到今天,这里仍是英格兰南部必到景点之一,特别受游艇一族和富裕的退休人员喜爱。20 世纪 20 年代,普兰夫妇卖掉了黑文酒店,即在 1926 年马可尼关掉研究站之前几年。这里经历了完全重建,现在是一家四星级酒店,由区域性小型奢华连
63 锁酒店 FJB 运营。

马可尼认为在黑文酒店的住处是他那段时间经历过的最舒适的地方。主要操作室面积是 Madeira House 的两倍多,有两扇窗,其中一扇钻洞供天线穿出,
64 就像在尼尔德斯和伯恩茅斯那里一样。1898 年到 1900 年的关键时期,黑文成为重要的、配有半留守员工居住的试验研究站。马可尼尽可能待在那里,严肃认真地敦促他的员工们。酒店一层的一个大房间被用作主实验室,其他工作在周围建筑物、临时小屋,甚至直接在海滩上进行。整个团队长时间地工作,但氛围非常友好,大家同桌就餐,餐后经常会有家庭式音乐表演作消遣(仅此而已)。马可尼的一个同事会拉大提琴,阿方索在的时候,会表演小提琴,安妮可能会
65 唱歌,而马可尼总是会弹钢琴。

在黑文工作是对即兴创作的一种训练——历史学家休·艾特肯称之为马可尼的"坚决的经验主义"。马可尼和他的助手们不断对他原来的设备进行改善，例如，他们称之为"小玩意"的新型变压器其实就是绕在纸卷上的线盘。每一个创新都极大地提升了无线电传送和接收的质量。在这样的情况下使用"小玩意"促进了调谐电路的发展，这是完善无线技术的决定性阶段。

距离是马可尼高于一切的目标，找到提升距离的方法仍然是他思考的主要内容。他坚信无线电传输从理论上讲是没有距离限制的。问题的关键在于找到技术设备、电源和固有波长正确的组合方式。经过反复试验和不断摸索，他发现用低端频谱中的较长波长，并且提升天线高度可以实现较远的通信距离。他现在使用的是比以往都大型的天线系统，并且也没有完全摒弃使用高端频谱中较短波长的可能性（赫兹最初的试验范围，也是像里吉和洛奇这样的研究者采用过的，马可尼自己也尝试过）。在黑文他也再次用短波进行试验，就像他最初从事研究的那样——"使用从地面抬高连着天线的金属罐"。20世纪20年代，他还会回到短波研究，而现在，他关注的是更高、更有力、更长的波长。

* * *

马可尼与父母之间的通信告诉我们他的个性特点在其人生中最疯狂的阶段里是如何变化的。

朱塞佩最近问儿子公司股票的行情，马可尼回复说股价略跌，现在售价大约在4英镑（还是在一年内翻4番）。他劝父亲不要卖，因为会引起股价进一步下跌，反而要继续买新发行的股票，他们会立即补仓筹集资金。他们的角色互换了。现在马可尼在就理财问题向父亲提供建议。他也委婉地拒绝了父亲的建议："关于您告诉我的那些投资我并不怀疑，但现在我的资金不能动，等积累到合理的数额时再进行投资会更好，尤其是现在我会赚2%的利息。"此外，甚至还会有更大的收益即将到来，因为他们极有可能很快将马可尼在美国的发明专利权售出。马可尼热情地邀请父亲在安妮下一次来英格兰看他时一起过来。显然现在他主导着他们之间的关系。

在同一时期写给母亲的信中，相对于与父亲沟通时的拘谨、正式，马可尼面对母亲就没那么拘束了。（马可尼会经常在信中写下父亲的全名。）他给安妮的信更像是对话和闲聊，他会谈及家人以及生意和财务上的事情。举个例子，他

力劝母亲如果朱塞佩一起来英格兰，一定要让他"穿体面的衣服""要知道一些大
人物会来看我，如果他没有像样的衣服那就不好了"。最重要的是，马可尼在给
父母的信中都展现了恭敬以及不可动摇的信心。

安妮写给古列尔莫的信也揭示出她对儿子的影响，及家庭内部不间断的紧
张。她传达信息有一种有趣但不精妙的方式，在声称自己不偏袒时反倒会选择
袒护一边。1898 年 10 月到访意大利期间她写过 3 次信。第一封信里在惯常地表
达友善后，她开始说主要的，古列尔莫要降价卖给父亲 2 000 股股票，这令她感
到惊讶。她提议做财产规划，将股票卖给阿方索，因为"你爸爸经常改变主意，
没人知道他要做什么。他对你公司事务的安排不满意"。安妮自己也玩起股票，
买进卖出，阿方索曾经告诉她股价下降，她说她愿意再买 35 股。一周后，她想
知道古列尔莫是否能让她"以每股 1 英镑的价格买 70 或 80 股你最近配得的股
权"。

安妮和阿方索也保持固定的通风报信，1898 年到 1899 年初，阿方索会从伯
恩茅斯给朱塞佩发些有趣的消息。阿方索的信满是生意的细节，安妮的信多是
闲话消息，但是也有慈母般的唠叨。她担心古列尔莫太忙没时间吃饭。她打算
复活节的时候与戴维斯一起去恩尼斯科西（显然她现在和外甥和解了），希望古
列尔莫能和他们一起去。她说，古列尔莫非常需要她的帮助，让他的生活步入
正轨。

大部分时候马可尼忙到没时间写信，这些信成为我们了解他在这关键的一
年里都做了些什么的最佳来源，因为当他不在索尔兹伯里、多佛、爱尔兰或者
法国时，他几乎经常在多赛特、尼尔德斯、伦敦之间往返奔波。

* * *

1898 年 10 月 7 日，公司在伦敦召开了羽翼丰满后的第一次股东年会。利物
浦的《商业周刊》（*Journal of Commerce*）将这次会议形容为"本年度在许多方面都
很引人关注的公司会议"。会议全票通过决议，增加股权资本至 20 万英镑，确定
另一项公司章程，即无论持股数，公司任何个人的投票权比为 40%。马可尼从
公司成立起一直在定期购买公司股票，现在持有的股票相当于发行资本额的
50%，是唯一适用于这项措施的股东。方案执行是征得他同意的。

亨利·詹姆森·戴维斯作为会议的主席报告说，马可尼现在已经实现的陆

上信号传送和接收距离为 24 英里（约 38.62 千米）（从索尔兹伯里到巴斯），海上航船到海岸则达到 25 英里（约 40.23 千米）——两个移动目标之间能保持通信的唯一手段是无线电。戴维斯提醒大家说其重要性对海军和商业海洋作业来说是不可估量的。公司现在拥有 22 个国外专利，还有 7 个在等待申请结果。公司有 10 名电气方面的助理，他们当中的几个已经被派往国外，因为那里要求有实体存在才能保住专利权（例如马耳他）。戴维斯说公司成本正在增长，而现在还没有真正意义上的收益流。但是与劳埃德公司的商务交易正在持续拓展，这将有助于商用船只购买使用公司的设备。 74

有一件事戴维斯没有提到。公司拒绝了奥利弗·洛奇 1897 年同步技术（或者称之为无线电发射和接收器的"调频器"）的专利权报价。1898 年 7 月，在放弃 75 以法律行动对抗马可尼的想法后（见第 3 章），洛奇就自己的专利向马可尼公司提出总额 3 万英镑的巨额报价（是马可尼专利售价的 2 倍）。报价在洛奇拒绝演示自己的发明以满足公司的要求后被拒绝。洛奇随后成立了自己的公司，亚历山 76 大·缪尔黑德是他的合伙人。1911 年，洛奇-缪尔黑德联合企业将调频专利卖给马可尼，洛奇则成为马可尼公司的科学顾问。 77

此时马可尼全球规划的所有国家中最不确定的是德国。德国将无线电看作是挑战英国海军霸主地位的重要工具。马可尼的公司仍在等待在德国的专利申请结果，这是 7 项待决海外专利申请中最重要的一个。德国是唯一一个有资源，也有兴趣开发出一整套系统的欧洲政权，马可尼对其意图深感担忧。解决德国谜题的钥匙似乎握在阿道夫·斯拉比手里。这位风度翩翩的柏林教授曾在 1897 年 5 月到威尔士探访马可尼，观看了他在布里斯托尔海峡 Lavernock 的试验（见第 3 章）。斯拉比是马可尼在德国和国际上的竞争对手，但有时也是他的支持者。 78

1897 年秋，来自柏林的报道已经开始称呼斯拉比为"新马可尼"。一些德国学者宣称斯拉比是无线电的发明者。斯拉比为研发无线电系统已经努力多年， 79 几乎就要成功，而马可尼因为自己的成就而得到了全部的荣誉。在观看了马可尼在 Lavernock 的测试后，斯拉比写道："我所看到的是全新的，马可尼做到了。" 80

斯拉比显然对如何对待马可尼感到矛盾。1898 年 4 月，他在《世纪》杂志上发表了一篇重要文章，赞扬马可尼的创新性发现，同时确立自己的独特地位。他写道，马可尼是第一个用电磁波实现"空间传输力"的人，并且是以可能实现实际应用的形式实现的。马可尼的"电眼"（粉末检波器/接收器的通用术语）是对赫兹共鸣器进行的"聪明的改进"。斯拉比仍然辩称，洛奇似乎先于马可尼用这样的设备进行赫兹电波的研究，洛奇应当被公平地视为"电磁波发报创意之父"。但是洛奇曾说大约 0.5 英里（约 0.81 千米）就是极限，也"没有为这一理论提供任何实际证据"。马可尼一直坚称只要设备能持续改善，就不会有什么绝对的距离界限。马可尼在某种意义上主张"天空就是界限"。

1897 年 1 月，在听闻马可尼的首个试验成功后，斯拉比自己也进行了试验，但是发报没能突破几百英尺。"这立刻让我明白马可尼一定是加了别的什么——新的东西——已知的东西，他凭此能够实现以公里（千米）计量的发报距离。"从英格兰回到家后，斯拉比重复了自己之前的试验，根据自己在英国的观察所得略微调整了设备。"立刻成功了"，斯拉比以此为基础宣称自己首先实现了设备改进。

与此同时，马可尼也与斯拉比保持通信。斯拉比成为他在柏林的联络点。斯拉比帮马可尼打开了进入德国的大门——德国最高权力机构曾决定关闭的大门，他们担心英国会利用马可尼确立他们在无线电方面的霸主地位，就像他们垄断有线电报那样。1898 年 5 月，斯拉比写信告诉马可尼，他非常遗憾马可尼的德国专利申请遇到了困难，提出要帮助马可尼——他说，作为德国专利局前成员，他非常清楚如何克服这类困难。他邀请马可尼来德国。

显然，斯拉比一直密切关注马可尼的试验进展。1898 年 8 月，马可尼在阿鲁姆湾和伯恩茅斯之间建立通信联系时，他向他表示了祝贺，还提到了开尔文男爵的到访，他补充说道："我希望在英国的你的那些敌对者们保持沉默，大方地承认，你做到的比洛奇先生要多，你的发明值得大家赞赏。"随后他说到了主要问题：德国皇帝现在对马可尼的发明"大有兴趣"。斯拉比向马可尼询问"一些细节"。因为他几乎每个月都会见到皇帝，斯拉比保证他会"在合适的场合，加深他的兴趣"。

斯拉比也知道马可尼正与德国公司西门子 & 哈尔斯克（S&H）接洽，他们都有一起做生意的想法。在 1898 年一封没有写日期的信中，马可尼向母亲提及此事，他说起自己现在和"德国一家大公司"商讨合作的事，他给自己的专利开价 20 万英镑。S&H(斯拉比是这么称呼这家公司的)将会是马可尼在海军和军事事务上"非常强大的合作伙伴"。斯拉比写道自己的研究成果没有马可尼的多，反复提出想知道马可尼最近的一些实际"应用"的细节——斯拉比是另有隐瞒还是情况确实如此？国际政治、商业和军事研究被系在一起，实在引人一探究竟，而斯拉比所扮演的角色也让人捉摸不透，因为他现在是马可尼及其发明进入德国的桥梁。

如果有谁倾向于以间谍比喻(至少是商业间谍)，他可能会说斯拉比正试图"征用"马可尼——或者至少是他的发明——到德国进行商业和政治服务。斯拉比似乎正在扮演西门子公司以及德国海军的代理人，同时还有德国皇帝的眷顾和催促。他也有科学和金融方面的利益要去推动。他到底在做什么从未完全知晓，我们不知道马可尼方面是如何回应的，但是从斯拉比的信中我们可以确定马可尼上钩了。

马可尼的公司抓牢了斯拉比提供的"诱饵"。11 月，斯拉比写信说马可尼的要价"过高"，S&H 公司不能接受这桩生意。S&H 公司准备支付"你们公司想要的专利使用税"。然而马可尼坚持预先支付现金，并且这还是不能通融的条件。斯拉比警告说马可尼的固执将会耽误设备在德国的专利申请，并且"你的公司不会在德国做成一毛钱的生意"。

斯拉比此时提到了一个新人物，斯特拉斯堡(后来成为德国的一部分)的费迪南·布劳恩教授，他是反对马可尼申报德国专利的人。虽然斯拉比对布劳恩不屑一顾，但是他担心马可尼的申请主述部分太过单薄难以抵挡布劳恩必然的反对。"专利申请保护的只是一个发射机加几个勉强算是接收器的组合体。如果有任何人改变其中之一，你的专利就不会被侵犯。"斯拉比辩称马可尼应当做一个更大范围的专利主张。斯拉比听过但未见过的波波夫 1895 年的一篇文章也将会成为麻烦。如果德国专利机构觉得波波夫已经宣称过自己的设备可以用来发送信号，那么马可尼的专利就不会在德国站住脚。

到了 1899 年 1 月，马可尼在德国的事务状况越来越糟。西门子 & 哈尔斯克公司正等着德国的专利裁定结果，在那之后，他们打算越过他做生意。军事部门正在进行研究，且保密工作做得很好，甚至德国皇帝也只在他们研究完成，一切落定之后才听说。斯拉比开始给自己开脱："我自己和海军部门根本没有联系，必须停止向您提供服务，以便保持中立……据我所知，外国人不得入境进行试验工作。你要开展业务的唯一途径是通过德国的公司。"

马可尼收到这封信时，立刻回信给斯拉比，暗示自己有直接渠道联系西门子 & 哈尔斯克公司，斯拉比一定是听到了错误的消息。然而，他错了，马可尼的公司还没有在德国建立据点。（除了为一些德国主要海运公司提供服务外——事实上，北德意志劳埃德公司是第一个采用马可尼设备的商用航运公司。它的 SS Kaiser Wilhelm der Grosse 号船于 1900 年 2 月装备了马可尼的无线电设备，就在马可尼公司在博尔库姆岛开启第一个德国无线电站几天之后。①）

在德国皇帝的保护下，德国很快就有了自己的独立设备。马可尼没能和 S&H 公司达成商业合作后，S&H 开始和费迪南·布劳恩合作，其间斯拉比和合伙人康特·乔格·冯·阿尔克也协助他们一起在马可尼的设备基础上研发新设备，德国电气公司德国通用电机公司（Allgemeine Elektricitäts Gesellschaft）为他们提供支持。在德国皇帝的催促下，斯拉比、阿尔克和布劳恩于 1903 年结成利益同盟，成立无线电报联合公司（Gesellschaft für drahtlose Telegraphie）——就是今天的德律风根公司。德律风根公司很快成为马可尼公司在国际上强有力的不二对手。两者之间的竞争与大国强权政治联系在一起，将导致 20 世纪最初 10 年在德国的坚决主张下引入全球无线电管理制度。

* * *

马可尼的国际计划几乎在其公司成立之时就开始成形。在 1897 年 9 月 30 日最早的一次董事会议上，董事会成员威廉·史密斯发表意见，认为他们应当为马可尼的发明设定"实际价值"。他认为他们会在大国得到 10 万英镑和一点专利税。意见迅速发展成创建国家级子公司，保留对发明的控制权。

合作意向书来自各个方面。1898 年 3 月，戴维斯通知董事会他已经接待了到访的奥地利海军专员，并且安排马可尼在他们的船上亲自进行演示。马可尼此行费用由对方承担，还会有每周 15 英镑的报酬，并且他们还会承担一名助理

---

①德国船东——北德意志劳埃德公司与劳埃德保险公司没有关联，后者在海上保险领域表现卓越，以至于"劳埃德"在 19 世纪对船运公司来说是一个通用的名词。

的费用。但是这次演示没有实施。不管怎么说，到这个时候了，他真的非常非常忙。多国政府部门都在密切监视马可尼的研究，其中之一的葡萄牙海军部队俱乐部早在1898年就公布了他的测试结果，并且葡萄牙媒体也在密切关注他的动向。

到了1898年12月，公司已经运转顺畅。当月在埃塞克斯的切姆斯福德建立了世界上第一家无线电工厂，进行设备生产，尽管预期的订购合同还没有。似乎没有人知道他们为什么在切姆斯福德建厂，牛津档案馆唯一能让我们一探究竟的是一张20世纪60年代的笔记，道出原因可能是"陆军上校克朗普顿（科罗内尔·克朗普顿)认识马可尼"。还是在1898年12月，圣诞节前几天，马可尼公司在一艘灯塔船上组装了第一台无线电收发机，就在东古德温（多佛以外，南弗里兰灯塔海滨）建了无线电站。马可尼现在确定他已经准备好跨越英吉利海峡收发消息。

1899年3月2日，马可尼的公信力达到新的高度，可以这么说，他毕业了。在伦敦，在电气工程师协会他像学者那样作了论文报告。会场挤满了听众，虽然马可尼的论文讲的都是技术细节，但是行文用词朴实无华。有人请他为那些没能进入会场的人再作一次报告——这对学术讲座来说真的很罕见。讲座因为"颇具戏剧性的小意外"而结束，因为马可尼在讲台上时，有人递给他一份电报，通知他法国政府已经允许他跨越英吉利海峡，进行从法国向英国发送无线电消息的第一次尝试。

马可尼立即投入工作，在滨海布洛涅（1864年他的父母在这里成婚）附近一个临海村庄沃姆卢克斯（Wimereux）建造一个配有150英尺（约45.72米）高天线杆的无线电站。1899年3月27日，一条消息越过32英里（约51.5千米）的海峡到达福克斯顿，马可尼和伦敦《泰晤士报》一位记者在发报现场。民众对此次事件抱有极大兴趣，新闻界对此高度赞扬。《纽约时报》报道说无线信道横渡海峡"震惊了世界"，现在马可尼被历史选择成为无线电的发明者，尽管公认度受到像特斯拉、里吉和洛奇这样的先驱者影响。《泰晤士报》理性地认为做实事的人通常是那些最终赢得荣誉的人。

无线电波跨越英吉利海峡具有巨大的象征性价值，马可尼的支持者们也欣喜若狂。"尽管有些法国人怀疑，但它终究是一次非凡的胜利，"阿格尼斯·巴登

－鲍威尔写道，她的兄弟1897年拜访索尔兹伯里后，她和马可尼也成了朋友。在所有奖励中最令马可尼高兴的一定是威廉·泼里斯的来信，当时他在巴黎。泼里斯写道："我亲爱的马可尼，祝贺你在福克斯顿和布伦取得的成功。我对此从

102 未怀疑过。"泼里斯在信中说现在他很有信心，最近向直布罗陀的领导者承诺马可尼会在某一天，在相隔34英里（约54.7千米）的洛克和丹吉尔之间建立通信联系。一个月后，一艘法国政府的船只装配了马可尼的设备，并报告说他们实现

103 的无线电通信的距离为42英里（约67.6千米）。无线电通信距离正在以每个月2倍的速度越变越长。自从奥利弗·洛奇宣布最大极限距离是0.5英里（约0.81千米）后，无线电通信发展已经取得巨大的进步。世界正在日益变小。

　　几个月后，即1899年7月，马可尼参与制定英国海军部年度策略部署，要在3艘海军船舶上运行他的设备，包括亨利·杰克逊上校指挥的朱诺号。演练以两艘军舰偶遇的形式进行，一艘装有无线电通信设备，而另一艘没有。马可尼通信系统的表现让所有人都很满意，消息越过80英里（约128.75千米）的距离——几乎是上次记录的2倍——持续发送，曾经有一次竟达到了126英里（约

104 202.78千米）。

　　那年夏天，马可尼经常到多佛，在被山体或其他障碍物阻隔的站点之间进行信号发射试验。8月，詹姆斯·安布罗斯·弗莱明写信给戴维斯，提出他（弗莱明）将利用多佛即将到来的不列颠联盟会议的讲坛演示马可尼的最新发现："这会是让那些说磁扣电报才是唯一能够穿过障碍物的人（例如洛奇）闭嘴的有效

105 方式。我觉得这个实验会激起人们极大的兴趣"。

　　虽然马可尼决定对计划保密，但他也在留心自己的曝光度。他认同弗莱明的想法，尤其是因为不列颠联盟会议在丹佛召开的时间与布伦的法国科学工作者协会会议、意大利科摩的学术代表大会，纪念伏特发明电池100周年的时间不谋而合。马可尼精心安排了3个组织之间的信息交流，来自3个国家的科学家

106 被打动。当然，新闻界对此事件极为重视。

＊　＊　＊

　　1899年6月，《麦克卢尔》杂志刊登了克利夫兰·墨菲特写的关于马可尼及

107 其发明的长篇文章。《麦克卢尔》是S.S.（塞缪尔·西德尼）麦克卢尔与约翰·桑伯恩·菲利普于1893年创办的月刊杂志，是美洲最受欢迎的畅销期刊之一。它

在 20 世纪初创造了新闻业的历史，以新的评论及调查报告的形式刊登文章，因西奥多·罗斯福总统 1905 年杜撰的一个名词"扒粪"而出名——随后曝光了美国城市与钢铁业等事件。它在新照相凸版印刷技术应用方面也是先驱，报道马可尼的文章配有颇具视觉冲击力的马可尼的肖像照，看上去兼有马克·吐温和草原政治家的气质形象——更像年轻的林肯而不是崭露头角的商人（马可尼其实在 1899 年 6 月见过马克·吐温，就在伦敦萨维奇俱乐部的晚宴上）。

19 世纪 90 年代末，《麦克卢尔》杂志还没有转向揭发丑闻、曝光黑幕，而是专门发表关于那些塑造了世界的人的文章，例如亚历山大·格雷厄姆·贝尔和托马斯·爱迪生这样的人。墨菲特和 1897 年到杂志社工作的同事雷·斯坦纳德·贝克尔是最早也是最重要的将马可尼介绍给美洲民众的文章的作者。墨菲特的文章是第一个没有被马可尼风范和非同寻常的人格特征搅乱的，而是关注他周围的事物、设备、员工和对未来的预期。他的文章对马可尼完全不加评判和宣扬，具有思索性，并深有远见。

墨菲特对马可尼当时的设备进行了最细致的描述："整洁的真空管中有继电器、电报键和两个银色插塞，马可尼的仪器的所有基本部分都是为了捕捉以太中敏捷的绝热脉动。管子是用玻璃做成的，大约和管式测温探头的厚度一样，大概 2 英寸（约 5.08 厘米）长。它是如此微小、简单，看上去荒诞可笑，却是船舶和军队的福音，会造福全人类；然而马可尼的发明的主要优点都体现在这个易碎的粉末检波器上。"

像其他那些新闻记者一样，墨菲特也注意到马可尼的实用方法以及他对自己所使用的电波特性几乎漠不关心。说它们起作用就已经够了，他更多地关注结果："我的设备可以使一辆运行中的火车向另一辆也在运行的火车或者轨道上的某一个固定点发送消息；从航行中的一艘船向另一艘船或者岸上传递消息，也能从灯塔或信号站向大雾或危难中的船只发出信号"，马可尼这样告诉墨菲特，描述着我们现在所说的移动通信。他重点强调了无线电的优势：在水上，成本比电缆低，且更易维护；在陆地上，它根本不需要以必须正确的方式架设电线和桅杆；在战争期间，它将提供"快捷的通信，敌人根本没机会切断你的线路"。这个系统甚至可能代替报纸："新闻可以每小时被标记列举在传输纸上，进而直接出现在订阅者的家中，他们只需要浏览传输纸便可以了解世界新闻"。

正如我们今天用电话和电脑看在线新闻一样。

马可尼现在是即将到来的新纪元的领头羊，不仅仅因为他用无线电塑造了未来，他还将成为新纪元的象征和符号。曾经红极一时的澳大利亚作家马克斯·里滕伯格几年后在其小说《每个人的价格》中曾以主人公回忆的形式提及此事。背景设定为世纪之交，故事从伦敦公寓里一位虚构的金融家威尔默·帕拉丁先生开始。他与几个友人晚餐后正与年轻的科学家希拉里·瓦尔德（勉强看作马可尼的替身）分享雪茄。瓦尔德谈到了自己所效力公司的前景，告诉年纪稍长的人："无线电话将用10年时间覆盖整个世界。眼下只处于发展初期。我们是先锋，我们正创造历史，我们握有核心机密……"①对话继续进行。

帕拉丁：你梦想世界大统，是吗？

瓦尔德：是的……我这么想不是为我自己或者公司，那样就是卑微的野心。我是为了英格兰。我想看到以太成为英格兰的情人！……全世界都在做试验，研究无线电话的实际问题。这极其复杂，我知道我们刚开始，还有很长一段路要走……

故事的叙述者总结说："（帕拉丁）很久以前就确定这位年轻的科学家是自己的金融计划中必不可少的一部分。他相信有高远目标的大脑——这样的人对他而言比只是聪明的人更有用。"

109　　这是虚构的小说，但是离马可尼所处的即将结束的维多利亚时代不远。他正逐步走入适合他生存、满足他野心的英国社交圈，当然他仍处在社会的主流之中，因为社会地位正在提升的人有些方面激进而另一些方面又是保守的。马可尼非常适合初始的英王爱德华时代。他与威尔士亲王的初识就是实实在在的预示。未来的爱德华七世与很多已经站稳脚跟又被视为新贵暴发户的人相处——例如，他的外甥德国皇帝听说自己的舅舅正在与自沏茶大亨托马斯·立

110　　顿先生一起出海时嗤之以鼻，说爱德华"正和杂货店主划船"。威廉二世皇帝同样看不起马可尼，但是马可尼和立顿相处得很好。马可尼并不藐视暴发户，毕

---

①在里滕伯格小说的时间框架里，主人公们实际上谈论的是无线电报（wireless telegraphy）。无线电话（wireless telephony）这一名词在几年后才开始使用，用以形容声音传送的早期实践，后来发展成无线电广播。

竟，他自己也是。

马可尼自 1897 年从意大利回到英格兰后，不间断地进行试验，仅两年多的时间里，他能达到的通信距离不断变长，每一次距离增加都会带来激动人心的进步，例如穿越英吉利海峡。随着信号发送能力取得国际性的进步，他的企业帝国也随之建立，二者齐头并进。他体会到一连串的成功带来的好处，然而，是时候关注公司的团结稳固了。

与美洲的沟通是马可尼下一个大目标。1899 年 8 月，弗莱明通知他："我不是怀疑我们能否立刻立起两根 300 英尺（约 91.44 米）高的桅杆，唯一的问题是向美洲发送信号项目的费用越来越高。"马可尼现在有足够的自信告诉新闻记者他"不是没有希望"能在某一天在英格兰和美国之间发送信号，但是首先他应该亲 111 自去那边。1899 年 9 月 13 日，马可尼与威廉·古德博迪以及 3 名助手，乘坐奥拉尼亚号汽轮从利物浦出发。8 天后，他们到达纽约。

第 5 章　纽约：新疆域

尽管工作日程已经排满，几乎毫无空闲，1899 年秋，当《纽约先驱报》邀请马可尼参与报道美洲杯长岛快艇赛时，他还在横渡大西洋，但人们非常期待他的到来。"9 月 21 日我历尽艰辛到达纽约，舷梯一降下很多记者和摄影师都在等我"，他人代笔的马可尼回忆录里这样写道①。美国新闻界对马可尼能说流利的英语感到意外，一篇文章这样形容，"他其实有'浓重的英国口音'"，而且一点也不像大家印象里的发明家，"就是不像那种顶着一头乱发，奇装异服的人"。

当时纽约正处于科技大繁荣时期。早在几年前，托马斯·爱迪生就已经在市中心核心位置安装了电器照明设备，还在自己位于布鲁克林大桥附近珍珠街上的试验站建起了美国第一个中心发电厂。爱迪生知道马可尼，也知道他即将到访美国。5 月，他写信给一位朋友说他已经了解到马可尼正往美国来，并且他"可能会在这里创造出可用的东西"。马可尼仅在几个月后就在下曼哈顿区的宽街上成立了美国分公司的总部。

纽约有很多新移民，但是不见得马可尼在横渡大西洋的时候遇到过很多统舱乘客。他的双眼更容易被娴雅的年轻女士所吸引。马可尼留着时髦俏皮的小胡子，在纽约喧闹的市中心大出风头。阿尔弗雷德·斯蒂格利茨 1900 年的摄影作品中很好地展现了纽约的街道、第五大道，展现了这座城市的高雅：一排四轮马车，赶车人都穿着斗篷，地上铺着一层薄薄的雪。

---

①1919 年，公司委任马可尼的私人秘书利昂·苏萨主要以可用档案文件为基础撰写马可尼的"自传"。虽然从未获准出版，但文字内容是在马可尼直接指导下写成的，公司认为"真实精确"（G. G. 霍普金斯，保险单与苏萨的手稿装订在一起，日期为 1959 年 1 月，于奥克斯 55 号）。随着苏萨有了更多权利接触手稿，真相经常与马可尼的愿望不一致，而这一处的摘录，尤其会唤起马可尼的激动之情，恰如他初到纽约，作为一个 25 岁的国际媒体名人。

马可尼和随从住在百老汇和第 24 大街上时髦的霍夫曼宫酒店（Hoffman House），就在麦迪逊广场对面。（几年后，1902 年，这一区域因建造百老汇大街和第 23 大街上的 22 层高的熨斗大厦而被永远改变。）霍夫曼宫酒店建于 1864 年，是曼哈顿区最有活力的酒店之一，主要接待政界、演艺界和商界人士；1892 年，格罗弗·克利夫兰总统在其第二次总统大选选战期间就住在这里。酒店的酒吧据《纽约时报》说是“纽约的一个景点，到纽约的人没有不来的”。酒吧吸引人的原因之一在于其墙上那些价值不菲的画，其中就有布格罗的《森林之神与仙女们》，在那陈列直到 1901 年①。作为镀金时代纽约氛围的代表，酒店于 1910 年破产，但是其债权人仍然让酒店开门营业，它的房间一直爆满，直到 1915 年被卖给开发商。1902 年，马可尼再一次入住这里，后来又住进往北几个街区，在第 13 大街第五大道上 8 层高的霍兰德豪斯（Holland House）。他更喜欢宏伟华丽的酒店，而不是那些小而局促的旅馆。

马可尼喜欢麦迪逊广场区，和不同的生意伙伴或者员工在酒店顶层（或者德尔莫尼克的闹市区）吃午餐，在 Muschenheim's Arena 附近吃晚餐，去科斯特和比亚尔音乐厅看歌舞杂要表演。3 个随行助理中威廉·邓山姆保持着写详细日记的习惯，这让我们多少知道这个团队的工作情况，也可以知道马可尼人生中第一次纽约之旅的行踪和活动内容。

他在纽约首先是要做一名新闻工作者——要在下纽约湾南部的桑迪岬报道快艇赛。因其在金斯敦快艇赛的报道成果，《纽约先驱报》的出版人，同时也是狂热的帆船运动员小詹姆斯·戈登·班尼特找到马可尼，出价 5000 美元，请他报道美洲杯的卫冕者、纽约游艇俱乐部的哥伦比亚与托马斯·立顿先生的挑战者、皇家阿尔斯特游艇俱乐部的山诺克之间的五局三胜赛。最初马可尼是反对的，因为他害怕这会转移自己对研究的关注。但是，1899 年 3 月，当他成功穿越英吉利海峡发送信号时，他对在美国开展工作，与强大的人挖掘出另一个马可尼商标的共生关系产生了更大的兴趣。班尼特因为制造新闻而声名鹊起。他已经派出亨利·M. 斯坦利传说中的远征探险队去寻找那位在中部非洲消失的苏

①这幅画 1901 年卖给了一位觉得受到画“冒犯”的人，这位买主坚持要把它移出公众视线。1943 年它重新露面，现在属于马萨诸塞州威廉斯敦的克拉克艺术学院。

格兰传教士大卫·利文斯通。班尼特的报纸最先报道电报和电灯泡的发明，而《先驱报》是利用跨大西洋海底电报发布新闻的先锋。班尼特也深知速度对交通、旅行和沟通距离的重要性。马可尼与他有同样的看法。

快艇赛 10 月 3 日周三就要开始，有很多准备工作要做——SS 庞塞号必须适合搭建 150 英尺(约 45.72 米)的桅杆用于发报。就在马可尼和助手们一起工作时，有消息传来说搭载着美西战争英雄、海军上将乔治·杜威凯旋而归的船即将驶入纽约港。马可尼被人劝着出门雇了一艘拖船，想登上杜威的船露个脸打个招呼，但是计划落空，因为船比预期时间早了 2 天到港。尽管如此，马可尼还是代表一名美国海军官员，在 1899 年 9 月 30 日杜威的海军阅兵进行过程中从船上向岸上发了一条消息，据说这是第一条付费的船到岸电报。他后来写道："路过的船纷纷向我们大声欢呼、祝贺。"《先驱报》是这样报道马可尼的美国首秀的：

昨天下午，庞塞的消息从轮船的海图室通过无线电报一闪而过，穿越城市，越过纽约港和海湾到达纳维欣克高地的无线电站……

(马可尼先生的)研究工作受到极大的阻碍，但是他从未抱怨。问题总会得到解决，女乘客们几乎都是在上岸后第一次被告知什么是无线电报，但她们难解的情绪其实是来自设备的发明者。她们中的很多人对这个人更感兴趣。她们见到的是一个体格健壮、高大挺拔的男青年，有着爱尔兰人的面容特征，言谈举止充满着英式风格。他的声音低沉适中，充满真诚……

马可尼先生对当天的工作很满意，但极少谈及，他对我说"你可以公布说今天在庞塞的测试如我预期的一样，非常成功"。

这次经历是美国海军对马可尼通信设备看法的转折点。一位海军观察家说："这不是试验。马可尼先生通过自己的每一次行动证明他已经度过不确定期……在不久的将来，无线电报将被世界各国海军普遍使用。它的价值无论怎样高估也不过分。"

快艇赛开始那天，邓山姆到霍夫曼宫找马可尼，两人一起出发前往码头。那天温暖宜人，纽约民众非常高兴，充满期待。两天前，200 万人挤满了百老汇为杜威欢呼。现在《纽约侦察者报》(le tout New York)注视着先驱广场的屏幕上分秒更新的山诺克和哥伦比亚首场大赛的消息。

《先驱报》记者撰写的全天大赛新闻简报是由马可尼和他的助手们从庞塞发往新泽西州纳维欣克的一个海岸终端站的，然后通过电报线传送到曼哈顿市中心的《先驱报》报社。《纽约时报》阴阳怪气地说"分程传递"浪费了不必要的时间，但是消息仍然在发出后一分钟之内被播出。一天之中，无线电传送出 2 500 个字。相较之下，"常规"有限电报系统每天会发出 25 000 个字，但是只有马可尼的设备做到了现场直接发送消息。除了比赛报道外，还有私人消息的发送和股票市场报价的接收。《纽约时报》将马可尼的报道界定在"测试"的范畴内，但是即使这样，他们也会说结果"令人非常满意"。 13

《先驱报》再一次从新的内容提供者竞争中胜出：马可尼的无线电报设备成功操作"无疑是与快艇赛相关的最伟大的成就"。有几位军官在庞塞，其中海军少校爱德华·F. 夸尔特罗"当场就成为狂热的无线电爱好者，在黄昏之前就宣布他相信美国政府会说服马可尼先生最先在菲律宾安装设备"。夸尔特罗说："如果我们去年（美西战争期间）就有这个，那该是个多么伟大的事。无线电公告就像魔术一样。" 14

当天晚上邓山姆和几位好友以纽约特色里脊肉庆祝成功。马可尼没有外出，15
他还有工作要做。

10 月 9 日，马可尼的团队拆掉了庞塞的站点，在嘉兰丹西斯号(La Grande Duchesse)游轮上装配新的站点。据邓山姆的日记记录，接下来的 10 天差不多都是测试、装配、测试、装配这样的工作。美国并不像英国那样刻板、遮遮掩掩，也比意大利更开放、时髦。马可尼发现自己在这里是完全曝光在公众视线下的，而他也第一次发现自己对竞争对手一无所知。有一次他的设备与附近一艘船上装配的不知名设备建立了整整 1 小时的通信连接。这是失误。公司很快就坚决 16
要求建立在不同技术系统上的发报器和接收器之间的"相互联系"必须禁止。这个简要的声明将会对公司在全球化垄断上的努力起到至关重要的作用。公司的对手(包括政府和商业机构)将会加大力度反对垄断。

马可尼得到的曝光度是无价之宝，也恰恰是他想要的。从被美国相关专家知晓到如今，他的名字已经家喻户晓。一个月来他几乎天天出现在媒体报道中，经常由像海军上将杜威这样的国家英雄人物陪同出现。他还受到大都会艺术博物馆主管的"午宴款待"。意大利商会设宴款待他时，发言人公开宣称马可尼是 17

意大利赠予世界的礼物，将他视为与米开朗基罗和哥伦布齐名的人物。面对这些他可能有些不知所措，但是又渐渐适应了这种夸张的评语，他表现得很谦卑，发表了我们今天看到的成为无线电技术历史的公开演说。

美国的《科学和贸易》期刊密切跟踪报道马可尼所做的工作，美国政府的 4 个机构——灯塔委员会、气象局、陆军和海军——正考虑是否要用无线电作为他们有线电报设施的延伸。每一个机构都有各自的日常工作安排，也要分别进行无线电使用调研。例如气象局就聘用了匹兹堡西部的宾夕法尼亚大学教授雷金纳德·费森登帮助他们研发自己的系统，他也很快就成为马可尼最顽固的对手。

然而，真正引起马可尼兴趣的是美国军事部门对他的突然关注。美国的陆军和海军曾在欧洲密切关注无线电的发展动向，现在宣称他们打算利用马可尼人在美国的优势，请他进行相关测试。在一份交给美国军事部长的重要报告中，军队首席信号官，准将 A. W. 格里利写道，"马可尼的发明天赋和执着的实践已经证明这个（无线电）系统对推动世界文明进步具有可行性。"格里利预见了无线电报将取代有线电报的使用，"对商业和我们的军队来说具有同样的优势"，因为它连接了港口防御工事，与岛屿之间建立通信联系，同时，无论在海上还是海岸，它都可以联系灯塔、船只和信号站。格里利的报告说马可尼已经安排时间对部队的一些无线电实验进行监察指导，但奇怪的是这些其实都没有发生。马可尼离开纽约前的几天，格里利告诉《纽约时报》，美国军方决定不使用他的设备。

与在英国和意大利一样，美国海军是对马可尼的研究成果最感兴趣的政府部门。1899 年 7 月在英国海军的鼓动下（见第 4 章）美国海军驻伦敦专员受命向马可尼公司打听在船上进行无线电设备演示需要花多少钱，还有购买 2 套设备的价格。1899 年 9 月 2 日公司的回复表明了自己的经营方针——演示是需要付费的，但是设备不出售。

1899 年 10 月 23 日，海军部长约翰·戴维斯·朗指派了一个专门委员会，旨在调查马可尼的系统设备。10 月 26 日，首次全天测试将一篇 1500 字的报纸文章传送到 500 码（约 457.2 米）外的地方。新闻界再次到场见证并对事件进行详细记录、报道。批评者指出传输距离短，速度、准确度问题也让人提不起兴趣，但马可尼指出这是由操作员的局限性引起的，而不是设备系统的原因。《纽约时报》评论说，当他说这话时"投资人的语气里应该是有些许嘲讽的"。麻烦难题很多，而马可尼有个万能的答案，但对他来说最好的答案是证明自己能做什么。11 月 2 日，他已成功在相距 30 英里（约 48.3 千米）的船只之间建立通信连接。这显然不及几个月前在英国的测试结果好（可能也是因为马可尼当时没什么耐心），但是美国官方部门需要亲自见证。事实上，马可尼公司的一份关于与潜在的美国投资人建立联系的通知上宣布无线电信息传递距离"确定无疑地"可以达到水上最远 100 英里（约 161 千米），陆地至少 50 英里（约 80.5 千米）。

尽管美国海军对马可尼这套设备潜在的价值很动心，但是马可尼在面对质疑时闪躲的言行和态度阻止了他们下订单。一位被指派对测试结果进行跟进并向其长官报告结果的海军专家与马可尼及其员工相处得"非常愉快，但是他们从不对设备进行更全面详细的描述，而你所能听到的解说都是那些已经在报纸上公开印刷出来的。面对提问，他们的回答也不会超出这个范围"。当他们不想回答某个问题时，他们会说他们必须保密，因为专利申请还悬而未决，但是"通常对方不同成员给出的答案是相互矛盾的，有时好像他们的答案是在有意误导"。

马可尼对保密性的坚持以及他对此行为给出的理由，就像一个用于掩盖其设备系统研发不完善现状的外壳。美国海军的官方历史学家林伍德·S. 霍维斯援引一封日期为 1899 年 10 月 29 日的马可尼的来信，信中他解释了为什么没能演示如何防干扰，或者对系统设备的仪器进行调谐与同步化。"我没能进行这类演示证明的原因有：（1）采用的方法还未完全获得专利和保护；（2）此地材料和仪器不足，我无法进行全面的演示；（3）在我离开英格兰之前，我的公司没有收到来自美国海军部门关于要求扩大演示范围的详细信息。"他带来的仪器只够履行他与《先驱报》的合同，并且这些仪器不足以满足美国海军想要的那种大规模测试。显然，马可尼不够诚实——公司在他启程之前已经和美国海军做过细致沟通——而这对双方之间最终达成合作不是什么好兆头。美国海军由此对马可尼产生了难以合作的长久印象。

尽管美国海军部门失望、不满，但是在美国海军无线电报委员会的推荐下，他们还是试用了马可尼的设备。在设备试用前马可尼突然离开，当时他表面上是因为南非迫在眉睫的英布战争被召回英国。至少，美国海军是这样被告知的，虽然没有文件证明这一说法，但这是马可尼所说的离开美国的理由。亚历山大·格雷汉姆·贝尔邀请马可尼前往其位于新斯科舍布列塔尼角的家中做客，马可尼以同样的理由拒绝了。贝尔在马可尼到美国不久就与他取得了联系，但是邀请函丢了，马可尼仅在离开美国的前一晚向贝尔表示感谢，并婉辞了他的邀请。他说他不得不回英国，因为英国政府决定在南非的战役中使用他的设备。

马可尼用了两年半的时间改进自己的设备，与极度敏锐的新闻界合作公开自己的发明，制造一系列媒体事件，从商业上巩固其专利权，并在几个军事势力中培养了合作兴趣。在美国期间，他曾说"我想在战争中试试我的设备"。他就快得到这样的机会了。

＊＊＊

因为 19 世纪即将结束，大不列颠帝国的扩张和野心似乎永无止境。英国在南非与来自两个独立共和政体，奥兰治自由邦和德兰士瓦共和国的移民，即荷兰裔南非白人（又称布尔人）进行了两次战争。这两次英布战争——或者布尔人所说的"自由战争"——是因为反对南非日益加剧的帝国敌对竞争，英国人（在开普殖民地、纳塔尔、罗德西亚和贝专纳有强大的据点）担心布尔人共和政体和德属东南非洲之间的联盟壮大。英布战争也具有南非本土居民反对欧洲殖民主义的性质。1834 年英国在开普彻底废除了奴隶制度，此举在很多布尔人看来是反常的。

第一次英布战争发生在 1880 年至 1881 年，因 1877 年英国吞并德兰士瓦而引起此次战争爆发。此战以德兰士瓦重新成立自治政府（即现在的南非共和国，或称 SAR）告终。第二次战争从 1899 年开始，持续到 1902 年，随之而来的是英国军队在海角的驻军人数日益壮大，在布尔人看来英国人明摆着要取代他们的共和国，现在这些是新行动的前奏。战争一定会将人拖入地狱，南非的战争留给他们的只有可怕的遗毒，最令人难忘的英国"焦土政策"摧毁了庄园，平民被拘禁在集中营里。这次战争随着布尔共和政体终止，被吸纳进英国殖民体系而告终。

马可尼公司走进第二次英布战争使我们知道，20 世纪之交殖民商业活动中爱国主义与利益动机是共存的。这是无线电通信第一次被运用到军事斗争中。

南非共和国政府（SAR）于 1898 年冬开始搜集关于无线电的信息。当时主管电报事务的总经理是一个名叫 C. K. 冯·图森伯格的人，这是一个消息灵通、值得我们纪念的人物。他写信给西门子兄弟公司（西门子 & 哈尔克斯公司的子公司）的伦敦分部，询问他们是否可以提供那种"不需要电线就收发电报"的仪器，以便在山谷中指定的点与周围山区不同的点之间建立通信联系。信中没有提到建立通信联系的目的是什么。值得注意的是冯·图森伯格写信给西门子在伦敦的公司，是因为他可能已经写过信给西门子德国公司在约翰内斯堡的代理机构。不管怎样，他都有理由先在英国仔细寻找。"当然，我们需要这类仪器中最有名的，有马可尼仪器里后来加入的所有改进技术"。当他等待西门子公司回复时，冯·图森伯格写信给自己的上级南非共和国国务秘书 L. W. J. 雷兹，提出在军营间实现电报通信的建议。冯·图森伯格赞成"架设空中线路的假设，使用普通电报或电话机，或者两者都用"，但是他补充说"没有电线的（原信中对此做特别强调）通信可以满足 6 英里（约 9.7 千米）左右的通信需要"。冯·图森伯格指出欧洲势力正在进行大规模无线电实验，不久前取得了重大进展。他在信中说"我提议由我与生产商联系，一旦收到满意的答复就订购一套仪器试用"。与有线通信设备相比，无线电的成本相当低。

与此同时，西门子伦敦公司的主管亚历山大·西门子于 1898 年 3 月 26 日回信说，在英国，马可尼设备的使用权掌握在一家拥有该项专利的公司手里，要在南非安装预购的设备将极其困难。西门子备注说马可尼公司完全拒绝出售设备，但提议以租代售，涉及首付款和年度费用。马可尼公司也坚持派自己的员工进行设备安装，费用由客户支付。正如我们看到的在美国的情况，这将成为马可尼公司首选的政府合同模式。西门子先生补充说马可尼公司急于知道是谁对设备有兴趣，"但因为您已经在信中写明'保密'，我们不能随意答复他们。马可尼公司愿意和任何人做生意，但是他们想知道自己到底在和谁做生意"。

雷兹在 4 月 20 日答复冯·图森伯格，要求他与欧洲的供应商联系。冯·图森伯格直接写信给柏林的西门子 & 哈尔克斯公司，问他们是否能为南非政府提供必要的设备。西门子 & 哈尔克斯公司将信交给他们的伦敦分公司。1898 年 6 月 11 日，伦敦西门子公司代表柏林公司回信了。他们再次与马可尼公司代表见面，但随后很遗憾地说"与他们的协商没有任何进展"。看起来非常容易达成合作，但是"除非完全了解仪器的使用目的，否则马可尼公司拒绝收取任何年度专利税"。西门子先生反复重申马可尼公司不出售设备，只出售使用权，他也指明这次交易不能按寻常规则处理，但是他们说他们只看到这一种能赚取丰厚利润的方式。马可尼公司固执地坚持他们的业务模式，这种模式可以让他们保留对其设备和潜在技术的完全所有人权利。西门子说这太离谱了。就像之前美国海军遭遇到的，西门子公司也因同样的原因被激怒：马可尼公司坚持保留对设备的控制权，似乎"与你们理所当然地获得的预期经费并随意使用不相配"。他们开始打听使用洛奇的设备，尽管它还没有投入商业运营，但是由此可见，他们
35 仍然将有缺陷的马可尼的设备视为这个新产业里的领跑者。

一年来此事没有什么实质性的进展。西门子 & 哈尔克斯公司将冯·图森伯格的信交给其南非约翰内斯堡的代理公司。1898 年 6 月 21 日，代理公司向南非政府提出销售要约。冯·图森伯格也联系了法国的电话工业公司(La Société in-
36 dustrielle des téléphones)，他们也对设备进行了报价。其后再无进一步交流，直到冯·图森伯格 1899 年到访伦敦、柏林和巴黎。

1899 年 6 月 30 日，冯·图森伯格与亨利·詹姆森·戴维斯在伦敦见面。隔天戴维斯写信给他，确认在收取专利税的前提下，"公司愿意向贵国政府提供一切，用于一个或多个无线电报设备的安装"。有意思的是马可尼公司是在英国和布尔共和政体之间大战在即的情况下出价提供设备。因此，与其说他们有任何
37 爱国之心，不如说他们被经营状况所迫更有说服力。

1899 年 8 月 24 日，冯·图森伯格写信给上级解释说他选择了德国制造的西门子设备。他看过法国公司的设备，运行太慢，似乎不能再有所改进。马可尼的设备"仍然是新事物"——指定的指令不一定能完成，有时候可以，有时候又不行。德国的设备可能是运行最好的。尽管站在他的角度这个判断可能是错的，但至少证明了当时世界军事圈对待马可尼设备的普遍矛盾心理。西门子公司开出的条件也更有利，一次性付清购买设备的钱与马可尼公司提出的一年专利税大致相当。南非政府向西门子公司下订单购买了 6 套设备，并特别强调了保密要求：仪器"不能直接运送给南非政府，而是先给在约翰内斯堡的西门子公司代理处。但是，一旦与英国的战争爆发，这些仪器被敌人没收或毁坏，代理处会
38 收到我们支付的合理退款"。这被认为是世界上第一个军方采购商用无线电设备的订单。

南非与英国之战即将打响。没有什么记录能告诉我们马可尼公司对败给西门子＆哈尔斯克公司，丢掉德兰士瓦的合同有什么样的情绪反应，他们可能已经释然了。无论如何，马可尼在纽约的言论已然给他的美国主顾们留下了这样的印象：他盼望着为英国提供战事服务。马可尼在新泽西的海岸边报道快艇赛时，南非发出了最后通牒，指责英国违反《1884年伦敦公约》（该公约结束了第一次英布战争），干涉了南非的内部事务，但英国对最后通牒置之不理。1899年10月11日，南非政府和橙色自由州对英国宣战。当时，冯·图森伯格订购的设备终于抵达开普敦，但被英国控制的海关没收。如果南非政府在稍晚宣战，它将成为世界上第一个在战时使用无线电的国家——而第一个被用于战争的无线电设备将是西门子公司的，而不是马可尼的设备。   39

结果是马可尼的公司抓住了机遇。在向南非政府提出报价3个月后，马可尼的公司得到第一份真正的来自政府机构，即英国作战部的合同。11月2日，6位马可尼公司的工程师带着5套便携式无线电设备登上运兵船从南安普顿出发（当时马可尼仍在美国），3周后即11月24日抵达开普敦。1899年11月16日，   40
马可尼从美国返回，据报道说他将亲自前往南非，正如我们之前所看到的，他对这样的行程并无兴趣，担心这些会使他分心，不能好好地做研究。   41

带去的设备是为船上使用而设计的，但是在皇家工兵部队（也称为"皇家工兵"）官兵以及马可尼的朋友巴登·鲍威尔提供的轻帆的辅助下，设备经过了改良，可以在陆地战场前线灵活机动地使用。皇家工兵部队上校 J. N. C. 肯尼迪曾经见过索尔兹伯里平原的那次测试，对马可尼的设备很熟悉，还拆用过布尔人购买的但被英国在开普敦没收了的西门子公司的设备配件。1899年12月4日，在他的监督下，仪器演示成功。但是很快经验证无法成功对设备进行配置部署。尽管可以遮没陆地，与50英里（约80.5千米）以外建立通信连接，但更进一步的尝试因尘土和雷雨而受阻，并且设备对作战方来说太过笨重。马可尼公司的总工程师乔治·L. 布洛克向伦敦汇报说操作者要在104华氏度（40摄氏度）的掩体下工作。6周后，作战部队认为设备没有什么实际用处。   42

马可尼继续对不利因素予以回击。1900年2月2日，在伦敦的英国科学研究所，在大量热情的观众面前，马可尼为他的设备和工程师们进行辩护，谴责军方导致了失败。他后来写道，演讲厅"简直被塞得水泄不通"，拥挤不堪，他   43

费了很大劲才找到门。马可尼处于亢奋状态。首先，他描述说作战部对其公司提出的协助要求"来得迟了"。接着他暗示说军方不知道怎样操作设备。他说自己亲自到南非的话会拒绝在没有巴登·鲍威尔的轻帆帮助下尝试操作系统。最后，他讥讽地评论了那些说被没收了的，准备提供给布尔人的设备是由他的公司供货的新闻报道，"我不得不再次强调我们没有给任何人提供设备，布尔人也不可能得到我们的任何仪器"。

马可尼此时可能还没像后来那样深谙外交策略；（他在美国海军演习中所作的一些评论也能说明）现在的他表现得莽撞无礼、强硬自大，并且没有耐心和经验。他也不够诚实——这是他另一个标志性人格特征：尽管陈述自己的公司没给南非供货是实话，但是他没有说出这不是出于自己的选择，而是南非政府自己决定向西门子 & 哈尔克斯公司采购设备。不管怎样，英国军事电报部门的领导还是被马可尼的言论激怒了，命令将他的设备撤出不再使用。马可尼预见性地认为陆军撤出设备对他来说是幸运的灾难，因为英国海军很快要求接管陆军拒收的设备。1900 年 3 月，马可尼在南非的 5 套设备被安装在奉命封锁德拉瓜湾（现在莫桑比克的马普托，之后更名为洛伦索马克斯）的巡洋舰上，在那样的环境条件下，这些设备的运行状态令人满意多了。

几个月后，随着战事进入新的阶段，不再需要海上封锁，马可尼的设备被撤出战场，放进仓库。但是英国在南非的作战经历毫无疑问地促使几个月后，即 1900 年 7 月海军部门决定为 28 艘战舰和 4 个陆地站点配备马可尼的设备。南非的战争一直持续到 1902 年，而西门子公司的设备最终被拍卖给一个收藏家，现在被放置在南非布隆方丹布尔共和战争博物馆里。

* * *

我们再回到美国。1899 年 12 月 1 日，美国海军设备处的主管向海军部长报告说马可尼的设备似乎成功改进，现在更适用于海军。它的主要缺陷是当第三方站点尝试在两个通信站点射程范围内发射信号时会产生"干扰冲突"。尽管这较为麻烦，但是设备处认为马可尼的设备"保证将会对海军大有用处"。意大利、法国和英国海军已经使用了马可尼的设备，英国陆军在南非、英国和法国的几处灯塔和海岸通信站也都使用了。没人能成功复制马可尼的设备，任何这样的尝试无疑是"会有麻烦的"，这样做的人也有被勒令禁止或者摊上专利诉讼官司

的风险。报告总结说："尽管马可尼的专利权有效性未经验证，但他是公认的无线电技术成功应用的发明人和从业者。" 48

尽管马可尼公司在 1899 年 9 月 2 日的信中概述的合作条件让美国海军无法接受，但他们还是提出要购买 20 套设备。马可尼公司坚持自己的设备不出售立场，反而以一份租赁/专利税协议反报价回复美国海军。美国方面对此不感兴趣，生意没有做成。林伍德·霍维斯相信马可尼确信自己有了美国专利权和新的美国公司后，美国海军或者美国其他政府部门很快就会找他谈生意，但是并没有这样。马可尼坚持只租不卖——这在其他情况下行得通（例如意大利，很快就有英国）——结果对美国政府来说倒是因祸得福。美国海军没有被马可尼公司的颇多限制妨碍，反而大手笔支持无线电研发，再后来，美国有了无线电广播。 49

那天过后，马可尼的美国初体验有了一个矛盾的结果：为马可尼的大众形象打下了基础。这位英雄发明家在美国人眼里一直是一个固执的人，虽然也会在讲述自己如何不易时真情流露。他在与美国政府的关系中给人的印象是既不非常融洽，也不愿意与那些对自己的设备显露购买兴趣的人进行适当的沟通。同时，尽管对他的设备是否具备第一发明权还有怀疑（美国法院会最终确定），但他的专利权认定缓和了与那些在无合法协议的前提下对其设备进行简单复制的人之间的对立矛盾。尽管马可尼在美国一直沉浸在奉承、追捧和高知名度中，但同时美国也是他遇到来自政府的阻力最大的国家（像在德国一样）。

* * *

不在船上工作时，马可尼在纽约的大部分时间里是和公司主管威廉·古德博迪在一起，或与投资人会面。古德博迪过来与马可尼一起处理美国和加拿大的专利权，他们打算全部卖掉（两个国家一起购买是 30 万英镑，美国单独购买为 20 万英镑，或者加拿大购买只要 15 万英镑）。 50

古德博迪准备的推销说辞一点也不谦虚。"水上或陆地，即使不是数千英里，你也不用对给数百英里以外传递消息产生任何怀疑。马可尼先生完全有望向大西洋彼岸传递消息。"有意向的买家会被提醒，在英国公司的股票经过短短两年时间就已经是发行价的 6 倍了。最后，马可尼公司决定在美国成立分公司。 51
马可尼的支持者开尔文写信推荐自己的外甥约翰·博顿利，纽约一位杰出的代理人给马可尼。博顿利和自己的法律合伙人爱德华·H. 莫立安成为美国马可

52　无线电报公司成立的关键人物。

　　1899 年 11 月 22 日，美国公司依照新泽西州法律组建成立，独家开发马可尼在美国和古巴的专利权、所有权(除了夏威夷，在那新建立的岛内系统由英国公司保留专利权)。这个市值 1000 万美元的公司(发行 200 万股，每股股价 5 美
53　元)成为马可尼在美国专利权的唯一所有者。就像 20 世纪 90 年代 dot.com 启动——就像它在英国的专利——美国马可尼公司并没有可预测的收益流。尽管如此，马可尼还是在为构建全球企业添砖加瓦。这次交易也大幅度地增加了他的财富。

　　1899 年 11 月初，马可尼和他的团队准备回家了。他们是在美国公司成立两周前乘船离开的。11 月 8 日他们登上当时最豪华的班轮之一——SS 圣保罗号，走横渡大西洋的航线。乘船横渡大西洋成为马可尼的最爱，另一个最爱是他那几个临时的家。

　　横渡对马可尼来说非常重要。1899 年 11 月 15 日，在船前往南安普顿的停靠岸，途经怀特岛 40 海里(约 74.1 千米)海域时，马可尼决定利用自己在尼尔德斯的站点缓和一下自己与美国的关系。收到南非最新战报和其他几条消息后，他出版了一个单版小报，并称其为《跨大西洋时报》，在航程的最后 4 小时里以 1 美元的价格卖给船上的乘客。唯恐乘客对小报有任何质疑，大肆宣传说："托 G. 马可尼先生的福，'圣保罗号'上的乘客享有最大特权，在靠岸登陆前几小时就
54　看到了新闻"。

　　亨利·詹姆森·戴维斯和公司的新常务董事塞缪尔·弗拉德-佩奇在南安普顿等候圣保罗号到港。他们有太多的事要和马可尼讨论，迫切地想要见到他。他们没有意识到——马可尼肯定也没有告诉他们——他在横渡大西洋时恋爱了。

第6章　爱情和帝国主义

约瑟芬·鲍恩·霍尔曼出身高贵的印第安纳波利斯家族。父亲约翰·A. 霍尔曼已故，家族亲属均是法官和政治家，而约瑟芬寡居的母亲海伦·鲍恩·霍尔曼是鲍恩-美林出版公司创始人、当地商会主席塞拉斯·T. 鲍恩的女儿，为人谦逊，活跃于社交圈。约瑟芬是印第安纳波利斯古典女子学校的学生(这所学校于 1882 年由女权主义教育家、妇女政权论者、和平活动家梅·赖特·塞沃创建)，后毕业于布林莫尔学院(1896 级)，并在那里涉足业余戏剧领域。根据 1909 年公开的一份家族史录："我们家族这位成员长相迷人又颇具人格魅力，据说所有和她相处过的人都会变得更好。"

霍尔曼第一次遇见古列尔莫·马可尼时只有二十四五岁(她到底出生于 1874 年还是 1875 年无法确定)。不管怎样，他们差不多同龄——他比她大 6 个月或 18 个月——尽管一些已经公开的资料说她年龄更小些。那时她随母亲和妹妹(也叫海伦)搬到纽约，新闻报道中对她的描述总是离不开"不同寻常的美丽、受欢迎、活泼、聪明、见多识广、对世界充满兴趣"这样的字眼。一份报纸发文宣布她于 1901 年春与马可尼订婚，文章说"可以称她是那种典型的、精明的美国女孩……作为一个对当代文学有辨识力的读者，她比大多数年轻女性更了解时事和国家问题"。这篇报道接着钦佩地说她读了杂志上一些文章后就对无线电报产生了兴趣。文章也指出她是一个有事业心的女性。

一个不太可能，有可能是编造的故事强调了他们的相遇是种天定的缘分。马可尼本来已经拟定好了去利物浦的行程，但是在最后一刻决定上另一艘更早出发的船，所以才有了这段故事。霍尔曼当时去码头送别几位也要搭乘 SS 圣保罗号去英国的朋友，这些朋友劝她留在船上和他们同行，而她也同意了，随后她的行李箱搭乘下一班船被送到。她是那艘船上不可忽视的、生动的存在，登船后第三天她遇到了马可尼，很快他们就形影不离了。

一位名叫哈里·麦克卢尔的记者、出版人当时也在圣保罗号上，他是《麦克卢尔》杂志创始人 S. S. 麦克卢尔的堂兄弟。麦克卢尔与霍尔曼是氏族朋友，可能是古列尔莫和约瑟芬的介绍人。霍尔曼了解所有关于无线电报的信息，她甚至知道莫尔斯电码，而马可尼对她的这份关注很受用。纵观他的一生，每当他在海上，他总是最开心、放松，并且还有一位他认为富有魅力的女性陪伴着她。马可尼在圣保罗号快到英格兰时出版的小报《跨大西洋时报》的报头中将麦克卢尔列为总编辑，约瑟芬为财务主管。

霍尔曼是马可尼第一个认真对待的爱慕对象。在里窝那时，作为一个处于青春期的少年他也留意过女孩（那时他喜欢过好友朱利奥·坎培里奥的姐姐西塔·坎培里奥）。他曾经在奥斯本皇家游艇上与威尔士王子聚会，而在 1899 年他可能算是世界最佳黄金单身汉。要不是路易吉·索拉里对他最初多情的涉猎——“或者更精确地说，最初的任性”对外爆料——大约是 1898 年在伯恩茅斯，我们还无法从他的书信、回忆录或者他身边的人的二手资料中知道他曾经忙于如此多的逢场作戏。现在他正沉溺于爱河中。

这之后整整两年，与霍尔曼相处占据了马可尼的一部分时间，而这两年也是马可尼一生中最忙碌的时期。霍尔曼给马可尼的 4 封长信（和一些只言片语）加上马可尼写给霍尔曼的 50 多封信都被保存下来，向我们讲述了这段故事。霍尔曼保存的两人恋爱时的日记和剪贴簿记录了两个处在大洲之巅、世纪之交和两个时代交汇处的雄心勃勃的年轻人之间梦幻般的浪漫故事。这段恋爱史让人想起安妮和朱塞佩的爱情：主要靠书信传情、远距离和谨言慎行。

到英国后，马可尼和霍尔曼在伦敦见过几次面，或是偶然或是有意，他们都会在皮卡迪利的大饭店见面。古列尔莫带约瑟芬去大英博物馆，将她介绍给自己的母亲，护送她们去德鲁里巷的戏剧院。那时，他若去工作，她就去拜访在利物浦的家人和朋友。马可尼写给霍尔曼的第一封信是在黑文无线电站写的，那时距圣保罗号到港靠岸仅 10 天。这封信为他们第一阶段的关系定下了基调——这也是他此后一直在书信中采用的行文风格——包含了轻松闲聊，蹩脚地想要表现得幽默风趣，对健康有点小抱怨，暗示自己多情却为相思苦，及自己的研究的重要细节。显然他对她已经很信赖，会向她吐露正在研究的“大事”，即跨越大西洋进行无线信号传递。这封信遵循着维多利亚时期的礼仪标准，话题多样，但是结尾是这样写的："若在你回美国之前不能再见你一面，我会非常伤心失望。你还会有机会再来英国吗？"

霍尔曼结束英国行程，于12月中旬回到美国时两人又互通了几次信。新世纪的第一个新年前夜，她给马可尼写了一封长信，描绘了对自己，对马可尼的希望和梦想，肆意抒发对人性的想法。这封信突显出霍尔曼遭遇的那些1900年束缚着美国受过教育的年轻女性们的常规、教条。这封信也是霍尔曼完整的自画像，显示出她强烈的、令马可尼着迷的个性特点。这是幸存下来的、霍尔曼写给马可尼的第一封信。

1899年12月31日

亲爱的马可尼先生：

今天是辞旧迎新的一天。这一年的流逝就像所有伟大的灵魂一样悄无声息。我们正处在新世纪的入口，没有人会不好奇我们的世界、我们的国家和我们自己到底蕴藏着什么。相反，当人在或高或低的层次上意识到灵魂是怎样的，无论是在1900年还是1800年，反映的都是他的国家，但最终反映的是这个世界。20世纪会像过去的那些世纪一样出现伟人，他们将创造历史，促进人类进步。宇宙的布局如此精妙——即使我们知之甚少，也还是会启发我们，并充满意义。偶尔不去思考也好——人几乎都希望一生中多经历几个世纪。新世纪让人渴望做到最好，要是我们能一直处在巅峰多好！但是那样我们可能会丧失同情的力量，这是我们人类在平原生活中学到的……

即使文才略逊，马可尼还是在回信中回应了霍尔曼关于"发展进步"的想法："过去的这一个世纪发生了很多伟大的事情，但是我们期盼新世纪带给我们什么呢？我们还年轻，所以还有可能一窥20世纪人类的进步。"他让她（以及我们）看到了他是如何工作的：她不应当全盘相信新闻报道中对他和他的研究的描述。他能说的只有他"正在为一些远距离任务做准备"。他和工作人员将会秘密地进行研究工作，远离媒体。

＊ ＊ ＊

到了1900年，即使仍然缺乏盈利能力这个完全必要的因素，马可尼和他的公司还是在飞速发展。马可尼将其他所有竞争对手远远甩在身后。他本人是当时世界上最知名的人，当然是在科技领域。他的专利获得认证，他的公司已经全面引起政府和企业的关注和兴趣，但还是算不上具有商业运转性。马可尼认为要突破最后一道难关只有一个办法：实现跨大西洋无线电连接。如果他能跨越大西洋实现通信联系，那些还在质疑他的人就会相信他，并且，更为重要的是，他有能力应对有线电报公司，在他们最具盈利性的地域——海洋获得利益。

1900 年 2 月 23 日召开的全体股东特别会议上，公司的股东们批准更改公司名称为马可尼无线电报公司（MWTC），他们认为马可尼是他们最具价值的财产。也许是过分谦让——或者是想让更多的人能看到——马可尼请求会议记录中要他对更名保持中立的表态。马可尼全家人——安妮、朱塞佩和阿方索当时正在英国，对此决定狂喜不已。从现在开始，马可尼的名字将出现在每一张公司信头纸、股票和每一个公司生产的零部件上，它将在每一份公司新闻通稿和股票报价中被提及。得益于 3 年来媒体的曝光，已经人尽皆知的马可尼现在成为世界上最具认知度的品牌。

马可尼的设备系统仍有些许障碍需要克服：距离、缺乏隐私性（任何人用一个接收器都可以收到所有传输的信号）以及干扰。马可尼确信这三大障碍中的第一个很快就可以通过不屈不挠的毅力克服，而另外两个障碍用他正在研究的创新型调谐电路（他的竞争对手奥利弗·洛奇称其为"谐振"）就可以解决。正如前文所述，洛奇在 1897 年拿到"谐振无线电"的专利权，马可尼随后于 1898 年 6 月获得首个调谐电路的专利，后来又分别在 1899 年和 1900 年获得第二、第三个专利权。"主专利权"的临时说明书有一个非常好记的编号 7777，于 1900 年 4 月 26 日提交。新的谐振电路将信号传送器和接收器的频率调整一致，这就能确保实现安全通信，为相近地区信号站之间的干扰控制提供调节办法。马可尼的同事宣称"四七"专利使无线电技术完全可以与有线电报竞争，马可尼对全世界专利领域的开发利用说明他在错综复杂的策略、保密和战术调整方面日益老练。马可尼认为这是他在该领域实现霸权过程中最重要的成就之一，而专利的有效性最终获得了英国、美国和法国法院的认可。

样品因为 1899 年 10 月美国的一场由阿摩司·多尔拜尔的代理人发起的专利诉讼官司耽搁了，但是到马可尼递交"四七"专利申请时，官司还没打完。多尔拜尔是第一个在法庭上向马可尼下战书的对手。他的专利时间可以追溯到 19 世纪 80 年代初，比马可尼的专利申请早整整 10 年——也比赫兹发表电磁波论文早几年。公司坚信马可尼 1896 年的原创专利有强有力的证据支持，断定最好的应诉辩护方式是让马可尼亲自出庭。公司总经理塞缪尔·弗拉德-佩奇写信给纽约的爱德华·莫立安说："没有人能像马可尼先生本人那样进行全面的解释。"马可尼亲自应诉将有效地识别竞争对手的发明，找出对策。

     15

弗莱明和卡普梅尔做了充分的准备，1900 年 6 月马可尼抵达纽约接受法院的检查。媒体对他的出现及时关注并进行了报道。弗拉德-佩奇是对的，马可尼的证词精彩极了。他承认自己有时会将电报信号发射器和接收器与土地连接，但又辩称这绝不是多尔拜尔的发明，早在 1795 年，弗朗西斯科·萨尔瓦就曾提出过这个建议，并且汉弗莱·戴维、詹姆斯·鲍曼·林赛和亚历山大·格雷厄姆·贝尔都曾用过这个方法。他叙述了自从在英格兰组装完自己发明的装置后，体会到了一连串的成功喜悦，讲述了自己在伯恩茅斯、普尔以及怀特岛之间往来工作的情景，提到了他在爱尔兰北部的巴里卡斯尔和拉斯林岛为劳埃德搭建的装置，金斯敦帆船赛以及那些开始使用他的设备的不同国家。马可尼对法庭盘问应对自如，他再一次成为自己最强有力的支持者。在专利诉讼、议会证词或者参议院听证会上，马可尼都是一个令人敬畏的存在，总是准备充分、无懈可击，自信而有说服力。多年来，马可尼的一些非常重要的自我评估和故事传播都是来自法庭的证人席。1901 年 3 月，多尔拜尔的起诉案被驳回。公司在公开声明中说起诉被驳回就是公开承认马可尼是"首位真正的实用无线电报的发明人"。

     16

     17

     18

马可尼对专利诉讼应对自如，令人敬畏，只有最顽固或者最幼稚的竞争者才敢于对抗他。一些标志性的诉讼案即将发生，但是通常，在多尔拜尔案之后，其他发明者力争将他们的发现，或者他们的服务提供给马可尼的公司——而当他们不这样做的话，他会让他们吃官司。举例来说，马可尼的"四七"专利事实上并非无懈可击，但是许多竞争者（包括奥利弗·洛奇）发现它更便利——而且更有利可图——最终会与他联手而不是与他对抗。

     19

* * *

因为名望和影响力不断提升，马可尼认识到并且欣然接受自己对欧洲殖民主义权力结构的利用价值。就在 1899 年圣诞节前，他与作家鲁德亚德·吉卜林在布莱顿度过了愉快的一天。吉卜林的兴趣之一在于技术，他告诉马可尼自己将写一首关于无线电的诗。直到 1902 年他才提出作品主题，但不是一首诗，而是斯克里布纳作品中的一个小故事，场景设定为英国南部的无线电研发。故事的开篇是"马可尼做的事情真有趣，不是吗?"

吉卜林新杜撰了一个词:"白人的担当"，并以此为名在 1899 年 2 月出版的《麦克卢尔》杂志上发表了一首颇有影响力的诗。吉卜林开始觉察到西美战争中美国对菲律宾的干预，因此开始普及"殖民主义担负着文明开化的使命"这一理念——这也成为马可尼个人政治哲学的中心思想。在 20 世纪，"白人的担当"这一理念成为西方帝国主义掩盖下的种族主义思想的象征。吉卜林发表此言论之后几年，最先曝光比利时在刚果暴行的人之一，英国记者爱德华·莫雷尔创造出反向理念"黑人的负担"。①

马可尼似乎对这些细枝末节的差异并不在意。1900 年 3 月，比利时国王利奥波德二世邀请马可尼去布鲁塞尔探讨其设备在比利时以及比利时刚果的商用和军用可能性时，他当时兴奋得像个孩子，一接到通知就前往布鲁塞尔向比利时国王演示自己的设备。一封发自布鲁塞尔寄给约瑟芬的信体现出马可尼面对国王的敬畏之情，1898 年两人曾在英格兰考兹，威尔士亲王的游艇上见过面。"今天 12 点我前往王宫。国王是一位亲切和蔼的老先生，英语说得很棒。王后也是很好的人……我明天必须专门给他们进行讲解。我相信国王陛下渴望能在刚果殖民地用上我的设备。"

马可尼对欧洲帝国统治者们的态度是恭顺的，这一点确定无疑。他到现在已经为意大利、英国和比利时王室进行了"表演"，并且引起了德国和俄罗斯皇帝的注意，他对设备的表现无丝毫的担忧。到了 1900 年，马可尼在布鲁塞尔见到的这位"亲切和蔼的老先生"已经是众人皆知的"刚果屠夫"了。利奥波德彼时已经建立了刚果自由州，将其视为自己的资产大肆剥削，肢解了至少 1 000 万刚

①马可尼和吉卜林在英格兰一些高层次公共集会中碰面。20 世纪 20 年代，吉卜林越来越右翼化，像马可尼那样，在墨索里尼与希特勒越走越近，被公然抨击成危险的独裁者之前，成为他早期的仰慕者。

果人的尸体，直到几年后迫于国际压力，刚果由比利时政府接管。

马可尼不知道利奥波德在刚果的所作所为，或者说他根本不在意，最有可能的是，这件事只是没有进入他的参照系中。他感兴趣的是利奥波德是国家元首，可以抬高他的身份。19世纪90年代中期，刚果的橡胶业开始繁荣。在利奥波德的统治管控下，比利时成功地掩盖了暴行推动下的长期掠夺扩张，这带给他巨大的财富收益。如今很多历史学家将其视为非洲最极端残忍的欧洲殖民者。利奥波德与那些有目击证词的关于殖民暴行的公开报道保持距离，通常他会对这些报道假装怀疑，并承诺调查。他能够凭借个人令人敬畏的魅力，使那些批评者保持中立，并鼓动他们相信自己，而不是为媒体爆料。但是这个方法很快失效了①。

当然，到了马可尼成为公众人物的时候，《泰晤士报》的读者们已经知道了刚果的情况——马可尼当然也是《泰晤士报》的读者。1897年5月的一篇文章报道了世界上第一个国际人权组织（成立于1837年）原住民保护协会在伦敦的会议情况：一位从刚果归来的传教士讲述了橡胶贸易中的劳工日常在强权下忍受何种残酷的虐待，从胡乱射击到被打致残，仅仅因为他们拒绝非人的工作。一个个村庄被彻底掠夺，完全毁掉。在一个案例中，目击者看到一个孩子被砍掉双手，躺在已经死去的母亲身上。奴隶贸易是由国家运作的，那些拒绝去工作的人会被射杀，他们的手会被砍下作为向当局展示邀功的证据。

马可尼可以借口说自己平常很忙，只能找个会议间歇，在昏暗的光线下粗粗浏览一下报纸，但是当他获邀与比利时国王共进午餐时，已经很难对刚果的情况忽视不见。约瑟夫·康拉德的《黑暗之心》是以刚果殖民暴行为原型写的虚构故事，于1899年在伦敦出版，轰动一时，备受赞誉②。到了1900年2月，来自刚果的令人惊恐的报告经常传到欧洲。马可尼去布鲁塞尔前仅仅两周，《泰晤

---

①马可尼不是唯一一个被利奥波德仁慈的外表——最初印象——俘获的人。非裔美国记者乔治·华盛顿·威廉姆斯在1889年的文章中将他描述成"一位和蔼可亲、幽默健谈的人"。但是，一年以后，威廉姆斯发表了第一篇，也是最重要的一篇严厉批评他的文章，认为刚果是"道德地狱"（*Hochschild* 1998，106）。

②《黑暗之心》最初以连载的形式在伦敦《布莱克伍德》杂志上发表，从1899年2月开始连载3个月。

士报》就报道了利奥波德统治之下的刚果官员对当地村庄进行制裁，雇佣兵制造了大屠杀一样的恐怖浪潮。据美国传教士所说："几乎每天都有奴隶被带到这里，由 Zappo Zaps 人公开进行买卖。他们残忍无人性，由国家豢养并配备武装……他们是掠夺者，收集献贡，是奴隶的攻击者……整个国家献贡制度邪风正盛，大量的橡胶和象牙被获取，这是这些犯罪行为的主要起因，也常常是犯罪的需求。"几天后，议会下院会议上，政府部门被问到是否收到关于这些暴行的陈述，即这些"发生在刚果自由州旗帜下，被所谓的州官们默许的暴行……"政府发言人回复说还没有上报。

显然，利奥波德很享受当时舆论的普遍关注。他有充分的理由让马可尼相信，他需要这样的设备向不守规矩的殖民地，或者那些还没出现什么问题的在殖民地的欧洲人灌输秩序的观念。马可尼认为自己成功的基准之一是他在帝国主义权力架构中扮演的角色和起到的作用。利奥波德面对那些针对自己的批评言论，提出的抗辩理由之一是说他正在做的还不算太恶劣，可能比那些大国列强几个世纪以来在非洲、亚洲和美洲的所作所为更温和。这一论辩与马可尼作为意大利"小"国公民的心态（相较之下意大利的殖民地蓝图就小得多）产生了共鸣。尽管他从未如此露骨地表达过，但他没有明白为什么像比利时和意大利这样较小的殖民国家要采取与英国或者法国这样较大的殖民国家不同的殖民地统治方式。令人惊讶的是即使是私人交流，他也如此的不自省，与比利时国王共进午餐时也没有表示出对暴行不满。

布鲁塞尔演示过后，利奥波德立即公开承诺为其军队配备马可尼的设备。比利时成为马可尼研究和业务活动的另一个支撑点。他很快证明了在多佛和奥斯坦德之间往返的比利时邮政船克莱蒙丁王子号使用这个设备的可能性，这艘船在海上发出的第一条消息是对国王陛下的问候。利奥波德成为马可尼在欧洲最强有力的支持者之一，并且马可尼公司将自己在欧洲大陆的基地——马可尼国际海洋通信公司（MIMCC）建在布鲁塞尔。新公司于1900年4月在布鲁塞尔成立，负责公司所有的海洋业务。

1901年6月，公司签署协议向利奥波德国王的刚果殖民地提供设备并培训操作人员。公司开始组建一个团队跟进执行。曾经代表公司去过南非的亨利·M. 多赛特从此接替负责，大家心照不宣地认为"他对前往热带国家无异议"。但是还需要更多人手。公司同时瞄准了在非洲的其他生意，苏丹就是其一。刚果项目从商业、试验和外交方面对马可尼，当然还有利奥波德来说是很重要的。 35

尽管设备研发工作强度很大，马可尼仍坚持对刚果协议中的每一个细节进行检查，尤其是与技术问题有关的一切。马可尼对协议的达成非常高兴，这对其欧洲发展蓝图来说至关重要。然而，"刚果问题"很快在英国成为舆论热点，无处不在。像马克·吐温这样的进步知识分子以及阿瑟·柯南道尔这样更保守的人物都开始行动起来。刚果是一个容易对付的目标，因为不涉及美国、英国或者德国这样的强权国家。到了1903年，一群大国以政府的任性、官员的贪婪腐败以及对奴隶的虐待为由，要求比利时终止在刚果的殖民与开发。利奥波德颇有攻击性地回应指责他们多管闲事。1904年，据说比利时国王被英国媒体有组织地连续报道他在刚果的暴行所激怒，取消订阅《泰晤士报》。正如亚当·霍赫希尔德在《利奥波德国王的幽灵》一书中所写："在刚果发生的实际上是大规模的大屠杀，但是可悲的真相是为利奥波德杀人的人并不是那些当时在非洲工作或者打仗的欧洲人中最残忍的。"马可尼可能不知不觉中嗅到了什么。 38

* * *

在世界的另一边，马可尼的公司遭遇到另一个有教化意味的殖民主义。公司在夏威夷与一个小公司签约，欲在新近成为美国领土的夏威夷（或称三明治）群岛之间建立通信联系。 39

弗雷德里克·J.克罗斯是来自纽约布法罗（又称水牛城）的电气工程师，到夏威夷寻找发展机会。他获得了群岛之间电报通信的特权。他需要铺设电缆，但是读到关于马可尼新设备的文章后，于1899年7月从火奴鲁鲁写信给马可尼："我想，就这里目前的情况看，非常适合在岛屿之间使用你的设备。" 40

此事很快就被公众知晓，《纽约时报》甚至在项目签约前就已经报道说马可尼的设备将被用到夏威夷不同的岛屿上。报道称组织机构已经成立了，资金已经确定，设备正在运输途中。值得注意的是，欧胡岛和考艾岛之间的海峡要比英吉利海峡窄，而马可尼的设备已经成功实现了跨越英吉利海峡通信。 41

几周后，公司秘书亨利·艾伦代表马可尼给克罗斯回信说没有问题。岛屿之间通信连接没有什么困难，而且无线电报比有线电报成本低。公司按照每年每10海里（约18.52千米）100英镑收取专利税，"并且无论您何时决定放弃使用我们的设备，我们都随时准备好收回出售给您的仪器，并允许有可接受的磨损和折旧"。眼下，他们仍然准备向非政府客户出售设备，几个月内已经拒绝了几笔政府采购生意，只售马可尼设备的使用权。

克罗斯回信订了两套设备进行测试。他想在当地雇佣操作人员，但是艾伦回复说直到"您找的聪明人"接受了仪器使用培训并且能够建立起通信站才有可能实现操作员本地化。他建议由伦敦派出一至两人"协助完成第一批设备安装，并指导你们的人照着操作"。马可尼公司将经营计划交给系统的操作员，由此保证更严密的管理。1899 年 10 月 31 日，双方协议签署，公司授权克罗斯使用马可尼的设备，同意提供 5 套设备和 3 名"专家"，余下的员工将从当地雇佣。克罗斯成立了内岛电报有限公司（Inter-Island Telegraph Company Limited），并对经营进行指导和管理。档案中的一份记录显示，马可尼公司认为克罗斯的冒险行为将面临严重的资金不足问题。

几个月后，派往夏威夷的马可尼的人汇报说通信站的选址非常好，更有意思的是一家拍卖行正在出售第一条无线电消息的发送权，出价 1000 美元以上，不菲的价格验证了无线电技术发展初期人们的狂热追捧。1900 年 6 月 17 日，第一条消息从 Kaimuki 岛发送到火奴鲁鲁，一大群人见证了这次巨大的成功。

但问题来了。9 月，公司决定派出最好的工程师安德鲁·格雷接管设备的操作。1900 年 9 月 20 日，格雷和马可尼在黑文见面，被告知：没有风险就没有机会。格雷在 9 月 22 日离开利物浦，6 周后，即 11 月 2 日抵达火奴鲁鲁。格雷一直坚持记录自己在夏威夷的活动。11 月 27 日，他出席了内岛电报有限公司的董事会，并将其记录为"暴风雨行动"。同一天他写信给克罗斯："我向您保证我和您一样渴望这次商用无线电能够成功……在马可尼看来，设备一定运转正常。"（原文着重强调。）

马可尼的国际声望处在紧要关头——夏威夷比其他地方更具有重要性，因为它地处偏远，又在海外，如果无线电可以在此发挥作用，那其他任何地方就都可以。但是这两家公司关系紧张，合作进展仍然不畅。在格雷看来，问题出在操作员的素质上。12 月 29 日，他再次写信给克罗斯："贵公司的联合主管们想要进行演示，但是他们至今没能派出必要的操作人员进行演示。仪器和站点就在那儿。"

格雷给伦敦发电报告知新进展，同时为克罗斯的操作员们安排了全天的课程，但是他发现他们无法胜任工作。他们无法集中注意力，工作散漫，不守纪律。当克罗斯提高了操作员们的薪酬后情况稍有改善，但是收效甚微。其中有些人是从日本来的打工者（格雷在他的日志中称他们为"小日本"），被他赶回家了，其他人也被弃之不理。格雷越来越泄气，1901 年 3 月 28 日写信给克罗斯，将设备试用失败原因总结为"一部分是因为你建造的通信桅杆经不起风吹雨打，一部分是因为你派出去的操作员能力太差"。

45

事态越来越糟。克罗斯违背合同没有按时支付第一年的另一半款项，并对自己的个人责任矢口否认，声称自己已经将责任转给内岛电报有限公司。1901 年 6 月 27 日，马可尼公司向夏威夷环岛法院提起诉讼，要求克罗斯付款，并且召回助理。格雷报告说公司已经履行合同，安装的 6 个通信站点都运行正常，并且他还对内岛电报有限公司 14 名操作员进行了设备调试、发送和接收方面的培训。

马可尼公司也考虑收回设备自己运行，但是这个选择令人难以安心。在一份未标明日期的备忘录中，格雷的副主管写道：大部分的操作员完全不具备管理仪器的能力，英语也说不好，他们不得不换人。现有的食宿设施也必须重建，"因为没有白人会住在棚屋里"，并且工资应该翻倍。即使只录用一个"白人操作员"，也会使每天的设备运行成本增加 10 英镑。

46

有一个有趣的方面没有在这些往来信件档案中被提及，但是新闻媒体注意到了。格雷团队培训的 14 名操作员都是女性——她们可能是世界上第一批女性无线电设备操作员。实际情况是《洛杉矶时报》的一名记者受邀参观培训项目时深受感动，看到女操作员们"似乎全都渴望学习新事物，并且非常迅速地掌握了她们的督导员给出的关于工作细节的指导。她们手中拿着铅笔站在那些看起来神秘的仪器旁边，将她们在线路上碰到的信息进行解读"。据这份报道说，其中一位女性被设备主操作员严厉地责骂了一通。

47

但是夏威夷项目运作没能进行下去，被商业圈内人士视为马可尼公司全球扩张计划的污点。这使马可尼坚信租赁设备要比销售设备更好，并且坚持合同中一定要求即使不能提供全部操作人员，也至少要对操作员进行培训。从更长远的角度看，这一结果带来的坏处更多。1902 年公司年度股东大会上，马可尼因这次"惨败"被追责，还发了一份令人震惊的声明，公开将失败归咎于"操作员低劣的水平——通常是那些愚蠢的混血杂种和黑人——这些人是夏威夷公司未经深思熟虑，出于非常错误的省钱理由而雇佣的"。

即使在当时的社会环境，这样的言论也是令人震惊的。正如我们之前看到的，马可尼早期的文字语调有着东方文明一样的温和，从他与约瑟芬的往来信件，及他与欧洲那些统治者，像比利时利奥波德国王的关系中我们可以看出他对殖民主义的理解最多算停留在表面的，肤浅的层面上。但是现在，在这里他就是世俗的种族主义者，厚颜无耻的利益至上主义者——并且在一份正式的公司声明中如此表现，即使是为了打动股东们，那也是很无耻的。这从另一方面说明了"白人的担当"的评判标准："混血儿和黑人"是靠不住的，是低等人群，不值得雇佣。马可尼对种族、性别和政治的观点和态度正好与他所处的时代、环境的主流一致，但是这将他推到了极端的一面。在同一个演说中，他继续预想着"通过布局新的通信方式，在可控范围内尽可能为社会和商业领域服务，不仅使大英帝国受益，还要造福世界文明"。但是，马可尼的世界文明只针对白人。

第 7 章　自命不凡的技术

1900 年 5 月 26 日，马可尼搭乘圣保罗号离开利物浦，于 6 月 2 日抵达纽约，并再次入住霍夫曼宫酒店。他这次停留的时间不长，主要是为多尔拜尔专利诉讼出庭作证。但是约瑟芬邀请他到霍尔曼家的乡间别墅做客（在哥拉斯莫尔，一个哈德逊谷里的小村庄里），见见她母亲和姐姐。马可尼也想见她。但是时间紧迫，他首先要处理工作上的事情。他告诉约瑟芬"我此次顺道来访"，有"重大试验"需要尽快完成，因为我的专利（新的改进）申请还没有完成，所以已经预先安排好了行程。面对公众讲话时，他变得更神秘了，告诉媒体"我来这完全是因为私人事务，资金方面的，我可能会在这做几个无线电报实验"。

他本来已经留出一些时间，但是约瑟芬因家中事务无暇赴约，马可尼便与朋友到城外爬山远足，等到他终于能去哥拉斯莫尔时，他也即将结束美国之行了。只有一两天的时间——但是两人的关系彻底转变，更浪漫甜蜜。18日——刚从哥拉斯莫尔返回即将启程回英国的前夜——他写信向约瑟芬道别："我在哥拉斯莫尔度过的快乐时光已成过去，我会更加想念它，就像回味一场非常幸福的美梦那样。我希望很快再梦到……"

1900 年 6 月 20 日，内心痛楚的（可能是他人生中的第一次）马可尼在开船那一刻写道，"轮船加速离港，它的背后是淹没在一团迷雾中的美洲大陆。我从未如此悲伤"。随后，在信的结尾，他用莫尔斯电码加了一句"我最亲爱的乔/我觉得再也写不下去了，太伤心了，但是又很幸福/我现在有比财富尊重荣誉或者其他任何这个世界能给予的更重要的事情要去做/"。

马可尼在横渡大西洋的航程中每天都会写信，随意书写，一封信写好几天，他只有在回到英国后才能邮寄。这封信保留了正式的信件外观形式，但是每到一次结尾都会有几行莫尔斯电码，这是马可尼敞开心扉的方式，是再多一点对内心的袒露："我发现出于一些你知晓的原因，写信其实挺难的，但是我希望很

1

2

3

4

5

6

快就会克服这些困难(以莫尔斯电码)。永远是你的古列尔莫。"这封信让人体会到哀愁,自怨自艾,因为马可尼在个人突然释放的情感和工作之间犹豫不定,像船舶搁浅,无法前行。

2.22①：回英国后我就要为订购出去的仪器拟定参数,这会让我比之前更忙了……(莫尔斯电码)上帝保佑你,乔;323^{d}：今天下雨,一切看起来都沉闷不已……我想知道你这几天都在做什么,想什么……我想你能猜到我大多时候在想什么,想谁……(莫尔斯电码)别忘了我,我希望永远都是你的。

24 日：在这船上写信真是难极了,能用的书桌太小了,好像所有人都想霸占它读书写字……(莫尔斯电码)你的古列尔莫。

25 日：我们现在快到爱尔兰了。昨晚我整夜未睡,看着繁星和船上灯光点缀的白色海浪,我在想这么多的浪花对我意味着什么。如果我的重大试验成功了,它们会帮我传递消息。它们隔开了我要去的和已经离开的两个伟大国家。我希望电波、希望上帝教会我们去理解和运用,也许将这些大国真正团结起来是一种途径,其他那些联合也会如此。(莫尔斯电码)你懂的。

26 日：天总是阴沉沉的,很多人问我要签名,或者问这问那的。我现在认识这船上每一个人……(莫尔斯电码)致可爱善良甜美的乔;深夜 11 点。

27 日：我们再次回到利物浦,船边灯火通明。今天上午我们在皇后镇停靠。一些记者上船采访我,依旧问相同的老问题……(莫尔斯电码)我很想你,但是我希望很快可以适应……有人爱和被爱是最幸福的事。愿上帝保佑你,古列尔莫。

马可尼在船上写的信反映了这次旅程的单调无趣。他有大把的时间,我们几乎可以想象到船在海浪中摇摆,伴随着乏味的聊天内容和棋牌游戏。莫尔斯电码消息也缺乏想象力,让人体会不到那种可以毫无拘束,尽情向情人表达激动兴奋的情感。

回到英格兰的马可尼找回了自己的动力,其后往来的信件更有活力——就像他对她的思念来得迫切一样。在一封寄自伦敦的信中,他的莫尔斯电码附言是这样写的："我的乔,我无时无刻不在想你。我希望你能离我更近。我希望尽快再次

---

①马可尼用的是自己的编码,"2 22"意思是系列中的第二封信,写于 22 日。

见到你。再见，我的真爱，我的完美爱人。你的古列尔莫。"他找到了灵魂伴侣。　　9

＊　＊　＊

1900年7月29日晚，马可尼的赞助人意大利翁贝托国王在其位于米兰北部蒙扎的王宫主持了运动员颁奖仪式。当国王回到自己的敞篷四轮马车上时，一个名叫盖塔诺·布雷西的丝绸织工冲出人群，朝国王的前胸开了3枪，令他当场身亡。布雷西最近刚从美国回来。他在美国参与了无政府主义者的活动，表示要刺杀翁贝托。经审讯，他被认定有罪，并被判处终身监禁。不到一年，他被发现死在自己的囚室中。

马可尼在伦敦给约瑟芬写信："你会听到意大利国王被杀害的可怕消息。很难弄明白这个可怕邪恶的世界。这让我非常非常难过。"他接着赞颂了这位最高统治者的功勋，说他让自己获得了一单"非常大的生意"。在设备试用初期，翁贝托将意大利皇家海军的战舰借给马可尼使用。他的政府"也是最早采用无线电通信，并为此付费的"。可能最重要的是，翁贝托曾批准派他担任驻伦敦的外交　10
专员，从而帮助他躲开了服兵役。

在意大利，马可尼对这次刺杀事件的反应混杂了愤怒和投机主义。安妮写信给古列尔莫："我可以肯定你对这个消息震惊不已，听到可怜的国王被可怕的无政府主义者杀害而难过。"整个家族都对翁贝托解决马可尼的兵役问题感激不尽。安妮写信告诉儿子说他的父亲认为如果古列尔莫能给王后发一封致哀思的电报，这就成了一件"好事"。"可能你已经这么做了……你的父亲说如果你现在给王后写一封吊唁信也无妨。"　11

这次刺杀事件让安妮抓住了评论教会政治和意大利局势的机会："我给你寄份报纸，你会看到教士和教皇卑劣虚伪的行径，他们不准王后身边那些为可怜的国王祷告的人进入教堂。"在这个国家和教会之间的冲突中，马可尼是站在国家这边的。后来，古列尔莫为了自己的利益在两边左右逢迎。安妮紧接着在下一句回归最平凡的母亲身份："听说你买了辆新自行车，我很高兴，但是下山的时候别骑太快，那太危险了。"　12

＊　＊　＊

接下来的几个月里，马可尼和霍尔曼之间的通信越来越频繁，但是，现存的约瑟芬写的信很少。我们的下一条线索来自1900年10月底，那时她写了一封

— 125 —

很长的信，闲聊了很多：

我亲爱的马可尼先生：

能再次收到你的来信，知道"W. T."和"重大试验"进展顺利真是太好了。我经常看到报纸上对无线电成功进行报道，前景看好——你知道的，我完全相信这一切。但我还是会热切地等待你告诉我第一次重大试验的结果——我在报纸上看不到相关报道。你一定有自己的妙招对付新闻媒体——在大家无法探听到什么消息的情况下，你还能取得成功……

我今天有点难过……有些恼人又让人难堪的事正困扰着我，恐怕，我既没办法躲开，也没办法改变。通常，生活对我来说是充满快乐的，只是有时候会有麻烦。我保证不再让你承受这种不快乐，下一次我会给你写一封让你开心的信。

13

霍尔曼用莫尔斯电码结尾，所说的话让马可尼如坐针毡："有一个男人，实在令人为难。"马可尼当然立即回信："那个男人怎么样（他强调说）我非常好奇，想要知道。"事实上，这句话是马可尼在黑文写的一封长信的结尾，他东扯西扯了很多话题才说到要点。马可尼第一次抛弃了他的莫尔斯电码，直接向她表露心意：

14

我亲爱的约瑟芬：

我想现在我可以用英语直接给你写信——事实上我的健康不是你想的那样，可能是因为工作劳累过度。我一直都希望自己的身体状况很好，但是我还是要说——我并不开心——我不确定自己缠着你是不是对的。你可以和在很多方面都比我优秀的人见面，虽然只是这样想想都会让我痛苦不堪。我还有可能一直和你在一起，排除掉你喜欢比我优秀的男人的可能性吗？……可能不会像我想象的那么糟糕，没有希望了，但是不得不说过去这两个月我越来越没勇气了。

我觉得非常幸福，能遇到像你这样聪明可爱的好女孩，你似乎提高了我看人的标准……

他的矛盾心理很常见但又令人意外，他想不想娶她为妻呢？霍尔曼的下一封信语气严肃，情况越发不妙。

亲爱的马可尼先生：

　　距上次写信过去很长时间了——我也有很多话要对你说。我看到很感兴趣的"无线电"信息会进行收集——哦，你为这世界做了这么多——而我却什么也没做……

　　我一直希望你能回答我上一封信里的问题。可能我是一个自私的朋友，但是我愿意时常收到你的来信——尽管我能想象出此刻你有多忙碌。我知道这几个月对你一生的研究有多重要。好朋友之间一方面应该互相帮助，另一方面——不要妨碍对方。朋友之间的付出和回报应该是对等的，对自己来说也是公平的。我从哥拉斯莫尔写信给你时，并不希望在这忙碌的时期收到什么信，我希望你不要推测我喜欢稀有的东西，我只是想为"无线电"做出点牺牲……

　　（莫尔斯电码）你长时间的沉默让我很不开心。

　　（英语）我告诉你这个是因为我觉得你喜欢听实话。

　　（莫尔斯电码）为你的成功祈祷。　　　　　　　　　　　　15

　　霍尔曼的信比马可尼的信更让人心灵悸动，马可尼的信通常语调轻松，以自我为中心，像青少年写的，充满孩子气。她的信显得成熟、体贴，平凡自然。霍尔曼对马可尼来说可能是一位过于坚强自信的女性。她谈自己的意见，直抒胸臆，她知道自己想要什么，如何去表达。她支持别人但同时又感到沮丧："哦，你为这世界做了这么多——而我却什么也没做"。除了一个日期不明的简短暗示外，"另一个男人"没再出现在两人任何一封信中，侥幸逃脱。很有可能 16 这位"另一个男人"是霍尔曼让马可尼直接体会自己心情的方式。尽管他正在用无线电缩短通信距离，但是他在感情的距离上却没有做什么努力。

　　马可尼被霍尔曼的坦诚和专注打动了，显然对她表达的崇拜之情感到高兴。但是他更执着于追求事业成功。新世纪的第一年里除了工作他几乎什么都没做。在接下来写给约瑟芬的几封信中会抱怨工作过度劳累，健康出现了小问题，有时为疏于情感联系而请求原谅，有时会掩盖自己日益忧郁的心理。这是他一生中最值得兴奋的时期，而他似乎郁闷沮丧。马可尼在这一时期的照片显示他看起来严肃刻板不苟言笑。他在给约瑟芬的信中说"我觉得我的生活和多数人不同"。　　　　　　　　　　　　17

他也为两人关系的发展增加了意义重大的新元素："我亲爱的妈妈从意大利过来了。她时常问起你。我没有把一切都告诉她，因为我担心她知道后会伤心难过。去年春天，她直接告诉我她认为我在身体好转前不应该考虑婚姻大事。我害怕让她知道我现在还没康复。"安妮是在 11 月到达英格兰的，在黑文和古列尔莫待在一起，事无巨细地照顾其生活起居，为他的健康问题担心。去年的圣诞节她原本计划在爱尔兰和亨利、艾玛一起过节，但因为自己着凉生病，古列尔莫也因不知名的小病没有康复而放弃。在她的敦促下，古列尔莫现在得以在圣诞节期间短暂休息，度过了愉快的几天。他和安妮一起去公司股东詹姆斯·菲茨杰拉德·班纳蒂尼在埃克塞特附近郊外的私宅小住。安妮在给朱塞佩的信中将其描述成"一个华丽的豪华宫殿"。马可尼还收到一些好消息：12 月初，意大利政府正式确定他可以不再服兵役，毕竟这很容易影响到他的工作和生活。他和安妮特别叮嘱朱塞佩不要在意大利谈论这件事，这是他的个性使然。

不管马可尼是不是在母亲面前刻意为之，安妮的观察表明古列尔莫并不完全如他在给约瑟芬的信里所说的那样想念她。除了他的研究、爱情，他还有生意、政治和专利方面的事要留心。

* * *

亨利·詹姆森·戴维斯作为 WTSC 公司总经理的合约于 1899 年 8 月到期。因为当初他接手这份工作时已经宣布渴望回到过去，打理自己的生意。尽管他不再负责公司的管理，但他告诉其他董事说自己会一直关注公司，对它的成功抱有最热切的期望——不仅仅是因为自己是仅次于马可尼的公司的最大股东。他仍是公司董事会成员。

戴维斯的总经理职位由塞缪尔·弗拉德-佩奇接任，他在商业管理方面经验丰富，同时身为工程师在电气创新监理方面有着令人赞叹的工作阅历。他曾作为伦敦水晶宫的经理，在 1882 年主办过一个重要展览，爱迪生的新型电灯泡就是在这次展览上被介绍给英国民众的。因为这次展览的成功，他受雇于爱迪生和斯旺联合电气照明公司，1883 年至 1892 年担任公司常务经理一职。在他的管理领导下，伦敦霍尔本高架桥、《纽约先驱报》办公室、开普敦的殖民立法议会和澳大利亚的办公楼都安装了电灯。马可尼的科学顾问詹姆斯·安布罗斯·弗莱明也曾与爱迪生和斯旺公司合作，他就是 1898 年在多佛介绍马可尼和弗拉德-佩奇相识的人。当时已经 65 岁的弗拉德-佩奇显然不适合管理公司的日常工作，但是他有很好的人脉网络，重要的是，他的性格很适合与马可尼共事。

弗拉德-佩奇于 1899 年 9 月 23 日入职，当时马可尼正在美国。他的首项工作是去柏林尽力理清公司在德国专利申请方面各种错综复杂的事情。10 月 6 日，在德国首都停留一周后，他写了一份长长的保密报告给还在纽约的马可尼。这份报告对马可尼渴望了解的国际产业、政治和金融局势以及阴谋之类的问题颇有见地。马可尼 1896 年 12 月就已经在德国申请专利，这是他最早向其他国家递交的专利申请，但仍然遭到强烈反对，问题还远没有解决。弗拉德写道，无论德国专利的内在价值如何，其重要性是毋庸置疑的，因为德国专利局将会对申请进行仔细的审查。事实上，德国在公司的国际化战略中具有绝对重要的影响，任何过来商谈海外权利的人都"一成不变地询问德国的专利权是否已经被批准"。这是马可尼真正有实力和有声望的标志。

马可尼的英国专利代理卡普梅尔公司觉得事情进展缓慢但还在正确的发展轨道上，但是弗莱明和其他人认为有必要找一位可靠的德国专家配合，对专利局进行游说。但问题是，顶尖的德国专家全都是马可尼潜在的对手。他们决定接近阿道夫·斯拉比，因为他曾对马可尼表示过同情，而实际上他已经提供过一些帮助了。斯拉比无疑是他们能在柏林找到的最有影响力的同盟者了，但是 1899 年 10 月 2 日，他们在德国雇佣的分代理通过卡普梅尔收到了来自斯拉比的便笺，他说很遗憾不能施以援手，因为他本人已经申请了一个无线电专利，还在审理中，"因此不再能保持公正"。公司决定查明斯拉比到底在做什么，他的申请是关于什么的，他们是否可以购买或者与他合作。

公司知道德国皇帝本人对无线电很感兴趣，想要尽快将其引进，用于帝国海军建设，并且德国海军官员正与斯拉比就此事保持密切联系。马可尼在柏林的代理前去探望斯拉比，知道德国海军决定采用无线电，或者按照斯拉比的叫法"电火花技术"。因为马可尼还没有在德国做任何准备，斯拉比用一种据他自己说不同于马可尼的方法申请了专利。其实，斯拉比已经在基尔的德国战舰上进行了实验。斯拉比告诉马可尼的代理人说自己与这件事没有直接的经济利益，因为他曾试图促成马可尼和西门子 & 哈尔克斯公司之间达成协议，但是因为马可尼过高的要求而失败了，他决定"找到一个替代品"代替马可尼的发明。斯拉比说如果自己的专利申请成功了他愿意和马可尼进一步商谈。弗拉德-佩奇觉得这样的结果很令人满意。

25

弗拉德-佩奇写信给马可尼说，公司必须立即采取强有力的积极的策略，建议他们与他眼中世界上顶尖的电气设备生产商西门子＆哈尔克斯公司达成协议。有了这样一个合作伙伴，弗拉德-佩奇觉得他们能第一个占领德国市场。弗拉德-佩奇写道，很显然，如果马可尼的公司不能立即实现向德国提供无线电技术的计划，其他人就会先入为主："必须认清现实，在德国，除了斯拉比博士外，还有其他人在走马可尼的路，在想方设法避开我们的专利权。"这些人当中就有费迪南德·布朗，他已经在德国专利局公开反对马可尼。

26

马可尼被告知，我们中的任何一个都能处理生意上的事，"但是只有你能做研发，你自己对哪些方面需要改进有深刻的洞察力"。然而他们依旧没有得到德国专利保护，弗拉德-佩奇提出的方法有违马可尼的基本策略。拿到德国专利后，1900年12月，弗拉德-佩奇提议公司尝试与自己的对手们合作。1901年1月3日，他在写给马可尼的信中说："我相信如果我们能组成一个集合了布朗和波波夫，可能还有法国研究员尤金·迪克勒泰的中枢性组织机构，那我们的业务就会覆盖全世界。"①但是公司没有采纳这个方法，而是设法以诉讼和更高级别的游说碾压竞争对手。有时，这个方法会奏效，但是当它不起作用时，会引来别的更强大可怕的对手。例如，布朗愿意向马可尼出售任何东西，但是公司错误地认为布朗对他们不构成威胁，没有什么好怕的。

27

28

29

30

等到马可尼获得德国专利时，世界上最强大的6个政府(英国、美国、德国、法国、俄罗斯和意大利)以及许多实力稍逊的国家都积极地，甚至是迫切地想要了解无线电通信在军事应用方面的潜力。就在他们各自尝试开发自己的设备系统时，马可尼的设备成为黄金准则，如此一来他在不同程度上参与了所有的研发。他现在同时在伦敦、纽约和柏林工作，这是20世纪之初世界上3个最重要的政治、技术和金融中心城市。对那些有全球志向的人来说，这3个城市有各

——————————

①迪克勒泰被认为是法国第一个通过无线电波，采用马可尼的方法传递信号的人。1898年11月5日，他从埃菲尔铁塔向巴黎的先贤祠发送了信号。

自的强项和弱点：伦敦的强项在于政治和金融，纽约强在金融和技术，柏林则强在技术和政治。马可尼在这些方面没有做什么必要的观察了解，他游走于它们各自的强项和弱点之中。在伦敦，他主要被视为一个技术专家，政治家和金融家们对他很有兴趣；到了纽约，他的国际政治关系让他备受关注；而柏林感兴趣的是他的商业活力。还未满 27 岁的马可尼，已在崛起中的全球政治经济中成为关键人物。

马可尼的公司认为生意维系下去靠的是为军队和商船组织提供设备、服务和专家，他们为英国海军部和英国驻南非海军部队提供无线电设备，每年收取专利税就是一个例证。布鲁塞尔新成立的马可尼国际海洋通信公司于 1900 年 4 月开张，率先采用商品出租的形式向一家轮船公司提供了全套系统——设备、操作员、马可尼的海岸电台的使用权——而由伦敦母公司负责生产设备，开发、建立与政府的合约关系。

马可尼国际海洋通信公司（MIMCC）的目的是利用马可尼专利的独家授权，面向全球"所有有海洋发展目标"的国家，除了那些已经有了专利权或者相关交易正在处理中的国家。这件事非同小可，因为不包括意大利、英国和美国，还有像智利和夏威夷这样的司法管辖区。（像夏威夷那样，智利是马可尼无线电报公司开发的第一个海外国家，早在 1899 年 7 月，公司就已经在瓦尔帕莱索完成了一单生意）。新的海洋通信公司与母公司的组织结构一样，由同一个总经理管理，有相同的技术顾问，马可尼。它的高规格为世界上的乘客和贸易轮船增加了安全和保障，人们预期海洋技术市场一定会很庞大。马可尼国际海洋通信公司将"与所有政府建立密切联系，它们的兴趣多半与公司的一致"。等沿海的子公司成立时，马可尼公司的业务触角已经远至葡萄牙、埃及、印度和澳大利亚。马可尼国际海洋通信公司的初营招股说明书里骄傲地宣布公司的董事会是国际化的，股东来自英国、德国、法国、西班牙、意大利，尤其要提的是比利时。马可尼的海洋设备系统可以用英语、法语、德语、意大利语、西班牙语、葡萄牙语、荷兰语和拉丁语操作，换句话说，欧洲所有主要语言都能使用。

尽管业务日益国际化，但马可尼最重要的资源关系仍在英国，而英国恰好被他视为自己的主要赞助者。在英国，公司能够规避政府在国内公众电报通信领域的垄断（始于 1868 年），但是不适用于公海或者来自领海以外的通信。英国

31

32

33

34

相关立法也只适用于商业电报。马可尼的生意以为其他私营公司提供服务为基础，因为它不收取信息费，自称在法律规定的范围之外。这是一个教科书式的范例，公共政策与新的通信科技的关联——英国的法律制定者显然有意将电报纳入公共领域，以不受专利权限制。马可尼公司成功地将最新的产品私有化。马可尼无线电报公司（MWTC）与英国政府之间的关系将是矛盾共生的，既固执地保持先法律一步，同时又用以为其实现通信方面的政治目标作诱饵，使英国政府尝到挫败的滋味。

35 1900年5月22日，英国下议院就电报通信问题进行了一场漫长、激烈的辩论。这场辩论处理的基本问题是电报从本质上是商业行为还是战略行为？应该将其留给私有还是公共领域？如果属于公共领域，那么私营公司能起到的恰当的作用是什么？应该设立子公司吗？管理呢？这场辩论是由改革派国会议员爱德华·沙逊爵士挑起的，他提倡"大英帝国各分支之间建立一个联合通信电缆系统"，成立一个委员会"查出我们大英帝国电报通信在商业和战略上的不足之处"。沙逊以自由统一党派成员身份于1899年3月，即这场辩论发生前一年多一点的时间被选入国会。他是推动降低电报价格，特别是海外通信价格的少数政

36 治家中的一员。

沙逊评估了有线电报公司在国内和殖民地通信上赚取的巨额利润，果断选择为公共服务的立场：这些私营公司为公众利益服务，必须要为公众考虑。沙逊请求制定全面的国家政策，"顾及大英帝国最广泛的公众利益"，规定制定收费表，尤其是"国家在认为正确的情况下可以征用电缆的制度"。

这场辩论提及了当时所有重大主题：帝国主义、资本主义和社会福利。英国议会中对人权最能仗义执言的议员查尔斯·迪尔克爵士提出了第二个重要议案。他强调全英电缆电路应对战时之需的重要性，一旦电缆被切断或者友邦翻脸，一定要有备用线路。国有化是最好的途径，要确保只有英国公民才能受雇于此行业。自由党议员悉尼·巴克斯顿（后来的邮政大臣）说是时候让有线电报公司回馈他们从民众那里获得的利益了，民众们曾经如此慷慨地资助过他们。

A. S. T. 格里菲斯议员指出国家到了重视"帝国不同成员国之间日益增强的共同体意识"的时候，可以通过确保英国与各殖民地之间低廉的通信成本实现。有线电报公司过高的收费伤害的不仅是商业和战略利益，还有帝国意识和责任

心。"政府应该尽全力打破这种垄断。"

作为政府的发言人，财政部财务长官罗伯特·威廉·汉伯里也认为"这些海底线路是帝国真正的神经系统"，但是他警告说任何调查都应由政府进行，而不是其他以国家全局观看问题反而夸大问题的公众委员会。第一财政大臣阿瑟·贝尔福赞同他的同僚，公开是最不明智的，认为要"以爱国为理由"进行劝说。爱德华·沙逊爵士收回自己的议案，辩论结束。 37

值得注意的是没有任何人提到无线电。但是一粒种子已经被种下。面对几年来不断被批评的有线电报公司，像爱德华·沙逊已经发现了可替代的选择。无线电，突然崛起的新技术，能够挑战有线电报公司的垄断联盟，提供价格更低廉的服务，即使没有太多的公共资源参与也能有效地发挥作用。马可尼几乎不需要凭借自己的努力，就已经开始和议会交上了朋友。

同时，马可尼对如何打败有线电报公司有自己的看法，特别是针对他们的远距离通信操作。由于易于操作、成本低加上最根本的盈利能力，无线电可以提供最大的附加值。无线电还有一个未经考证的巨大优势，那就是大众对它的关注和期待。他在与密友交谈过程中所指的"大事"——跨大西洋无线电通信，将成为他王冠上的宝石。他最先要做的是说服董事会相信这是值得投资的。他们到现在还没从马可尼那些规模空前庞大、复杂、费钱的超强通信电站中赚回一分钱。马可尼以自己的人格担保劝说董事会支持自己的计划。正如公司历史记录者W.J.贝克所说，"这就像要建造世界史上最宏伟，超出人们所见所闻的 38
大教堂一样"。

第 8 章 那件"大事"

马可尼现在是国际媒体名人，正在为自己所说的"大事"——尝试跨越大西洋发送信号——秘密工作着。理论物理学家说这是不可能实现的，因为（他们说）电波成直线向外辐射，不会按照地球的曲率运行。持这种观点的人包括法国数学家亨利·庞加莱，他确实明白赫兹电波的性能，但不了解地球的大气。

马可尼再一次确信理论学家们是错的。他相信电磁波倾向于按照地球曲率运行，他也确信跨大西洋无线电报是有利可图的，具有商业性，而现在他需要说服的不再只有朋友和家人。那些在经济上支持他的人给他带来巨大的压力，他必须向他们证明其可行性。新闻媒体紧盯着他的一举一动，科学界的很多人士对此也深表怀疑。

尽管远距离通信试验现在是他列在首位的头等大事，但是各种干扰都在妨碍他。他和约瑟芬恋爱期间几乎每封写给她的信中都会谈及准备工作和计划延误的事情。1900 年夏，公司开始在英格兰西部寻找合适的远距离实验场地：他们需要大约 1 英亩（约 0.41 公顷）的场地，要有持续的水源供应，在这里他们能建造一个单层的电厂，周围环绕着一大片桅杆和电线杆。8 月，公司总经理塞缪尔·弗拉德-佩奇在安格洛斯峰海岸警卫队瞭望点附近发现了一个合适的地方，在一个名叫宝窦谷的景区上面，邻近康沃尔利泽德半岛上的马林村。附近甚至还有一个小旅馆。弗拉德-佩奇写信给这处地产的主人怀康特·克利夫登，并签署了租约。一个月后工程开工。

弗拉德-佩奇莫名其妙地向克利夫登透露了很多非必要的信息，要知道公司为了保密已经花了不少钱。他在租金报价中这样写道："我们争取与菲尼斯特雷海角实现通信联系，也许还有亚速尔群岛、美国的纽芬兰。"公司还从克利夫登那里租了另外一块地，是 6 英里（约 9.66 千米）以外临近豪泽尔海湾酒店附近的一块麦地。他们要用来建一个稍小些的测试站，他们称其为"利泽德（蜥蜴）"。

这块地的周边区域比宝窦那边更宽大，这里的旅馆也更舒适，所以马可尼和随从们尽可能地待在这里。他希望不久就能开始试运行。

利泽德(蜥蜴)半岛位于英国大陆的最南端，宝窦大概是这里距美国最近的地方，并且仍属于英格兰——在地图的最底端。这里也可以远离那些好奇窥探的眼睛。马可尼《1919回忆录》的代笔作家这样写道，"如今无线电站周围有一个不错的旅馆以及一些建筑物，当初除了自然景物外几乎什么都没有。尽管条件艰苦，萧瑟凄凉，但是这里有令人难以形容的、令人着魔的魅力，因为柔和的空气，浓烈的海水的咸味儿将这些吹散，也因为直插入大海的黑色岩石被那些闪着耀眼白光的海水泡沫不断冲击"。①

1900年秋季宝窦站建设施工期间，马可尼时常在伦敦、多塞特郡和康沃尔几个地方奔波。这绝不是简单的旅程，尤其是马可尼，经常在去宝窦时，途径黑文停留并与那些技术员工们开短会，在第二天早上出发前往康沃尔。他要在距黑文2.5英里(约4.02千米)外的普尔站换乘3次长途列车，之后在距宝窦酒店7英里(约11.27千米)的赫尔斯顿站乘坐马车。或者他可能从黑文回伦敦，从 帕丁顿乘坐前往彭赞斯的火车。有时也会在怀特岛的小站上成功挤上前往目的地的火车。从伦敦到宝窦全程要花11个小时，但马可尼从未抱怨。

马可尼在黑文进行其他工作时，宝窦的新站筹备则由两个关键人物监管：公司的科学顾问詹姆斯·安布罗斯·弗莱明负责设计，而新聘用的工程师理查德·诺曼·维维安负责建造。弗莱明坚持与马可尼保持频繁的沟通，报告工作 进展的每一步，留心他做的大小决定。1900年12月1日，马可尼略施巧计，使 弗莱明被正式任命为公司的科学顾问，年薪500英镑(和马可尼的年薪一样，相当于今天的4万英镑)。1899年5月，弗莱明第一次被任命为科学顾问时年薪300英镑，但是他认为在宝窦的工作占用了他太多时间。弗莱明坚持加薪，马可 尼同意了，但是他必须说服非常具有成本意识的董事会。在马可尼赞同的情况下，董事会批准加薪，并由弗拉德-佩奇通知弗莱明——有一个重要的附加条

①马可尼和他的同伴们将宝窦作为研究站，直到1935年。1957年公司将这块悬崖地块作为礼物送给国民托管组织，1960年又赠送了它后面的区域(站点和桅杆所在地)。如今那里竖起一个纪念柱作为地标。

件："如果我们成功跨域大西洋，主要荣誉将会、并且必须永远属于马可尼先生"。

这个条件是典型的马可尼式的。他相信信号绝对有可能穿越大西洋，但是他不知道如何真正实现。弗莱明能找到实施的办法，但是只有像马可尼公司这样的组织才能支持这样的冒险行为（宝窦站的成本和跨大西洋的研究最终耗费 5 万英镑——是公司成立最初 4 年马可尼收到的专利费的 4 倍）。马可尼是公司最大的资产，事实上也是它的招牌，他想让弗莱明弄清楚这一点。历史学家几乎一致认为宝窦站能取得成功，弗莱明起到了决定性作用，然而，主要荣誉永远是马可尼的。

1900 年 12 月 10 日，马可尼写信给弗莱明，先发制人进行安抚。他赞扬了弗莱明的贡献，承诺"如果信号能够成功穿越大西洋"，除了公司给的固定薪水外，他本人将转让给弗莱明 500 股 MWTC 的股份。"过去的 4 年里，您已经取得巨大进展，即使没能立即实现，我也最大限度地相信您一定能够解决无线信号跨越大西洋的问题。我们可能面临极大的困难，但是在我看来并不是完全不可能实现的，而且这将改变一切。"

马可尼与弗莱明的关系很好地证明了他的用人天赋。弗莱明一直为公司效力直到 1931 年。根据协议，弗莱明将自己在提升无线电报技术方面的所有专利权送给公司，其中之一就是 1904 年发明的热离子管——或称真空电子管——奠定了广播无线电接收器的基础。之后那些年，随着马可尼名望和社会地位的提升，弗莱明偶尔会因马可尼对公司的操控感到愤恨。马可尼去世后，在一次皇家学会的讲座上，处在漫长人生末期的弗莱明改变了自己一直秉持的观点，即最先提出无线电概念的人应当是奥利弗·洛奇。但在同一个讲座里，他赞颂了马可尼的才能："首先他是一个特别突出的功利主义者……他有非凡的发明天赋，随时能洞察出失败的原因和解决的办法。他也是个沉稳的人，似乎从来没有不耐烦或者发火，但是他没办法耐着性子与蠢人相处，或者继续雇佣无法胜任工作的人。他对那些忠诚辅助他并做了有效工作的人心存感激。"

* * *

宝窦的测试于 1901 年 1 月正式开始。尽管并不在乎，但是马可尼还是对尼古拉·特斯拉在做相同的事这一传言感到担心。当时，特斯拉为自己的计划制造了更大的声势。马可尼在给约瑟芬的信中这样写道:"我想远距离实验会成功的,但是我担心特斯拉先生正幻想着从火星收到消息。我认为有必要先知道如何在我们这个小世界里传递消息,然后再去想穿越数百万英里向另外的星球传递消息。"他也在筹划即将到来的美国之行,他要选一个地方,进行美国那边的"伟大实验"。

1901 年 1 月 22 日,维多利亚时代随着女王在怀特岛奥斯本宫逝世而结束。尽管女王的死讯在过去几个月内传了多次,但是在君主制国家里一直在位且时间超过 60 年的女王逝世仍引起震动。维多利亚的长子威尔士亲王阿尔伯特(现在称其爱德华国王八世)和她的孙子威廉(德国皇帝)与其他家人一起陪在她的床边。"女王不幸去世,对英国来说是件悲痛的事。"马可尼写信对约瑟芬说,"我知道她是一个非常好的人,南非的战事令她非常伤心。"

2 月,马可尼大部分时间都在黑文,弗莱明和助手们则在宝窦充满激情地工作,推动远距离通信,尝试继续进行。2 月底,弗莱明催促马可尼尽快在美国建立接收站。他同时在信中加了一份剪报,是关于特斯拉在美国建立站点的报道。但是,他说"我并不相信这是真的"。弗莱明同时敦促要严守秘密。他在一份机密备忘录中写道:"显然,重要的是马可尼先生的名字不能出现在这件事中,否则我们中意的地方会被提价,这是对手们的手段之一。或许还要考虑特斯拉先生最近造的声势会给我们带来新的困难。"他建议公司即使购买设备也要通过中间人,同时 1901 年全年密切监视特斯拉的一举一动。

1901 年初,马可尼计划去美国,为美国站点探查、选址,但是因为各种原因行程推迟,主要是因为他的健康原因和工作需要。最终,1901 年 3 月 6 日,他乘坐白星航运公司的莫扎迪斯号从利物浦出港前往纽约。和他一起出行的还有维维安。照例,他有很多项工作要做。就在船要出港前,他收到公司董事詹姆斯·菲茨杰拉德·班纳蒂尼的电报,是关于海军部合约的几个问题。他在航程的最初几个小时里写了一份长长的、充满信心的备忘录给弗拉德-佩奇,精心措辞,向海军部证明问题已经在他的掌控之下。

他也希望能和自己的心上人重聚,两人已经 9 个月未见面。他在信中告诉她"我到的那天如果可能的话会去 92 大街 292 W(霍尔曼在纽约上西区的住址),希望再次见到你,我的爱人"。但是他的健康问题再次阻碍了两人见面。3 月 14

20

21

22
23

24

日，马可尼抵达斯塔顿岛检疫站时，"我亲爱的约瑟芬……我得了相当严重的感冒，我想是因为在闷热的轮船机舱和甲板之间频繁往返导致的……如果听医嘱，我恐怕不能今天去找你，但是希望明天可以。"

鉴别本次行程的目的，马可尼一直保持低调，但媒体知道马可尼已经到了美国。因为他与约瑟芬的关系，他的跨越大西洋工程的准备工作涉及的内容一直是高度机密。他这次到访美国的真正目的正如一位记者在新闻中说的，"隐藏在秘密中"。我们无法确定马可尼和霍尔曼最终在何时约会，又如何约会(他的《1901年行程日志》对此事只字未提，尽管一份未署名的日期为1901年3月20日的电报表明两人最终在当天晚上见面)，但是他的信清楚地证明两人的关系重新升温。

> 属于我的心爱的乔：
>
> 　我觉得如果不给心爱的你写点什么，我是没办法入睡的……我觉得太幸福了，知道你完全属于我，我是多么骄傲……
>
> 　对我来说，你处处完美——我梦寐以求，但从未奢求一见的天使一样的女孩……
>
> > 你的永远的、唯一的
> >
> > 古列尔莫

但是，他的头等大事无疑是事业。在维维安和他认为值得信赖的美国公司副总裁约翰·博顿利的陪同下，马可尼寻访了新英格兰沿海一带许多地方。除了一个地方，其他所有地点都有各种原因而不适合建站——缺少公路和水，离火车站或城镇远，不可能获得补给以及"有时候所谓的主人不能拿出令人信服的契约"证明他们是土地的所有人。这个例外就是马萨诸塞州科德角的南韦尔弗利特。这里距离纽约、纽黑文市和哈特福德火车站不到1英里，有8英亩(约3.24公顷)大，并且他们只用250美元就能获得永久产权。这里有充足的水。马可尼回去后向董事会报告说："3英里(约4.83千米)外有一个条件很差的客栈。但是我们可以以非常适中的价格租到的住宅就在站点选址的200码(约182.9米)范围内。"这已经是既成事实，所有必要的机器都已经订购完了。

马可尼从普罗温斯敦的波士顿乘船到达科德角顶端，在那里见到了爱德·

库克，当地一个商人，也是科德角通。库克对锯制板、海运、钓鱼、打捞遇难 30
船以及各种不动产感兴趣。他立即看出马可尼的计划对这个地区——也包括他
自己的重要性。他先带马可尼到巴恩斯特布，当时那里是科德角开发最充分的 31
地方，即有相对便利的铁路和食宿。尽管马可尼想要一个直接通向大海的地方，
而巴恩斯特布是离海较远的内陆。库克带他看了高地灯塔旁边的一块地，但是
灯塔看管员不会同意让马可尼在那建站(无线电站会渐渐削弱他们为到港船只提
供定位，向波士顿发送有线电报消息的主要功能)。最后库克向马可尼提供了自
己的一块地，在一处绝崖上可以俯瞰整个海滩，就在南韦尔弗利特。马可尼付
给库克 250 美元——在当地人看来一块毫无用处的地能卖出的天价。这个地方
能与宝窦之间建立畅通无阻的联系，到海洋和铁路供应线的距离也可以接受。
对马可尼来说，它是无价的。 32

　　亨利·大卫·梭罗曾描述说"马萨诸塞州伸展入海洋的这块土地，无遮无
挡，站在上面感觉整个美洲都在自己身后"，南韦尔弗利特就在这块延伸地的中
间。马可尼选中的地块是科德角上最狭窄的一点，宽只有 1 英里(因为海水吞噬 33
沙丘，这里每年都会变窄一点)。马可尼将总部设在韦尔弗利特的霍尔布鲁克
宫，当时那里是唯一可以留宿的地方。根据当地的说法，这里曾经资源丰富。
他发现在特鲁罗附近有一户住家会做地道的意大利菜，便借了一匹马代步只为
了去吃一顿家常菜。但是他并未在科德角久留，而是将建造的工作留给维维安
处理。马可尼《1919 年回忆录》的代笔作家描述南韦尔弗利特"是一个非常沉闷枯
燥的地方"，马可尼形容说最近在大西洋两岸建立的一连串前哨站都大同小异。 34

　　刚开始准备工作有些延误。4 月中旬，马可尼准备回欧洲，那时还没想好怎
么给这里命名。但是 5 月初，《巴恩斯特布爱国者》已经在报道中说"无线电报系 35
统很快会在南韦尔弗利特安装完毕"。此事的真实目的却被掩盖："将通过操作
马可尼的系统与过往船只交换信息。"报道里完全没有任何暗示是与"大事"有关。 36

　　事实证明，维维安是一个有能力的组织者，他很快就能向约瑟芬·霍尔曼
报告(他经常安慰备受马可尼冷落的约瑟芬)说不仅站点建设进展顺利，他还能
建一个房子，"留一个房间给你，你婚后完全可以住在这里"。最终，一栋 1200 37
平方英尺的平房建成了，它可为电站全体人员提供住宿。房屋内部装修很好，
还放了一架钢琴给马可尼。然而，马可尼在确定自己能够实现无线信号跨越大

西洋前，是不想去科德角的。他不擅长和维维安沟通交流自己的计划。几个月来，他们不断地盼望马可尼来，一周又一周地等待。

科德角外围没有电，所以维维安和他的团队不得不自己发电。建筑物资从波士顿购买，火车运来，到了基地所在地改用马车运送。无论马可尼的站点设在何处，他们的行为都在当地居民中引起不小的轰动。工作人员不得不用一道刺铁丝围栏将围观的人隔开。这个站点仿造的是宝窦站，2200 英尺（约 671 米）的桅杆支撑着一个环形倒锥体天线，每两根桅杆之间悬吊着 100 根电线。这些桅杆距悬崖边沿 165 英尺（约 50.3 米），被植入砂土中。当地人警告说这些桅杆抗不过 9 级烈风，他们是对的。南韦尔弗利特塔 1901 年 11 月 25 日被风吹倒。所幸马可尼的跨越大西洋计划未受影响，因为当时他已经不再指望科德角了。

马可尼在一份报告中重述了南韦尔弗利特站的建立，及公司在美国业务的方方面面，包括还未解决的美国专利会带来的美好前景，他有望与有兴趣支持无线电系统在美国发展的火车业巨头科尼利厄斯·范德比尔特共进午餐。这份报告让我们看到了过去的马可尼：给人一种老练毒舌的感觉，关注细节，自信，决心做到最好，并且有成功的欲望。他掌控全局，思想进步（商业感觉敏锐、超前）——例如，他意识到应该由美国人在美国开发他的无线电系统——为伦敦公司工作疏忽，没能让他完全掌握本地最新发展动态而生气。事实上，他在美国的经历让他重新审视了伦敦公司懒散拖沓的工作方式。奇怪的是，马可尼没有提及一件事，即 1901 年 4 月 16 日，他在新泽西西奥兰治与托马斯·爱迪生在爱迪生公司的会面。关于这次会面的一些故事细节多年以后在拉尔夫·汉密尔顿·比奇（与爱迪生一起从事发明研究）写给弗朗西斯·杰尔（爱迪生的亲密同事）的信中有所透露。"我（与爱迪生）说了，他立刻让我带他（马可尼）来。"比奇照做，并且用了约 4 个小时旁听了"看起来不错的年轻人"——马可尼和爱迪生之间的精彩谈话。"你懂的，上了年纪的人处理这种事的方式……他反复考验马可尼，告诉他更多关于无线电的事，显然马可尼从来没听说过。"爱迪生拿出自己 1885 年无线电专利书的复本。据比奇描述，他当时是这样说的："马可尼你知道吗，此时此刻在这个房间里我们周围到处都是声音……只要有办法探测到这些微小的振动，我们就能挑选出我们想听的那些声音。我们只需要按一个按钮就能听到来自这个地球上任何地方的最美妙的音乐，不需要用到任何电线就能

清楚交谈的时代会来的。"爱迪生此时已经无意再研发无线电，但是马可尼密切 39
关注着。

在美国停留约 1 个月后，马可尼于 4 月 20 日搭乘坎帕尼亚号前往欧洲，他和霍尔曼一致决定有机会告知他的母亲后立即宣布两人订婚。开船后他立即写信给她，这一次没用莫尔斯电码："我最亲爱的乔，昨晚我刚刚上船，今早被乘务员唤醒，他送来了你的信。多么及时的一封信啊！你对我的爱是我今生最大的幸福，蒙上帝垂怜，我才拥有你的爱……" 40

就在他去年返航欧洲期间，马可尼在坎帕尼亚号上坚持每天向霍尔曼报告自己的日常。这一次，还是没有什么新意。他的每日一报都从天气开始汇报： 41
"太阳耀眼……大海有些不平静……今晨雾很大……"但是信中也有情人间的蜜语："我两次都梦到你了，亲爱的……如果你能在船上，这段航程对我来说就变得极短……我爱你，乔。晚安，甜蜜的爱……你的古列尔莫吻你千万次，会一直爱他的乔……"

在横渡大西洋的航程中，马可尼度过了自己的 27 岁生日。约瑟芬贴心地送来了礼物（尽管他已经忘了几个月前她的生日），并嘱咐说不到日子不能打开。那是一把雨伞，对一个居住在伦敦的人来说是个有用的物件。伞柄上有他名字的首字母缩写。他很开心，尤其是因为这把伞来自于霍尔曼，体现了她务实的一面。他说他会整日想念她，而他下一个生日"会变得不同……你会和我在一起"。

一句随口说出的话显示出他在思考自己的信仰，一个通常只属于自己的话题。"尽管今天是礼拜天，但是没有人做礼拜。我认为这是大错特错的。为什么'用手抓水'的人旁边没有哪怕一个人提醒他。你知道的，尽管我无论如何也不算是一个常去教堂的人，但我认为海上航行的船只应该为乘客提供礼拜服务。"

然而，最重要的是，他和她分享了关于"大事"的想法。尽管迄今为止他实现的只是大约 100 英里（约 161 千米）的无线电通信，但是他完全有信心在几个月内穿越大西洋发出信号。除了他最亲密的同事、父母和兄弟，约瑟芬是唯一知道他这个秘密计划的人。

最终，他生日的第二天，26 号，他在坎帕尼亚号靠近皇后镇（今天的科夫）时看到了陆地。很快他回到了伦敦，其后几小时里他与安妮重聚。他给约瑟芬

发去了电报:"妈妈表达她对我们的祝福。你可以说了。古列尔莫。"终于他们可

以宣布订婚了。其实约瑟芬早在两天前就向《纽约时报》确认了这个消息。很快,

英国媒体也知道了。

尽管对美国媒体先行宣布不满,但是马可尼还是很高兴——也如释重

负——他的母亲对他订婚消息的最初反应即使并未像他想象的那么热切、激动,

但也还好。安妮相当冷静地看待还算相配的两人,正如她在给丈夫的信中所说:

"我要告诉你一个可能算惊喜的消息。古列尔莫和一个年轻的美国女孩订婚了。

据他说这女孩非常好。一年半前我在大饭店见过她,有天晚上她和我们一起去

了剧院。她很友善,非常讨人喜欢,自己有点嫁妆。她的父亲是法官,而她的

祖父是美国一个州的州长(原文如此,她的意思是地方长官、主管人员)。其他

的我还不知道,古列尔莫希望这件事没有让你不高兴。"

但是朱塞佩确实不高兴了,尤其对订婚的时机。不久以后,古列尔莫的父

母都在向他施压,让他推迟结婚的计划——他们认为订婚太草率——否则就是

完全不适当的婚姻,至少应该等到他完成了跨大西洋研究项目。安妮又给朱塞

佩写信:"古列尔莫在完成自己的发明事业前就决定结婚这件事我也不赞同。但

是现在一切都已经发生了,劝他做别的没有用的。美国的报纸正大肆夸奖这位

姑娘。"后来她写道她已经"没有更多关于古列尔莫婚姻计划的消息要告诉你了,

如果他美国那边的生意一切进展顺利,可能会在今年秋天结婚"。

我们很难确认安妮是否转达了丈夫的想法,或者她是在为自己的儿子扫清

道路。古列尔莫希望是后者。在 1901 年 5 月 21 日他写给约瑟芬的信中说:"我

很抱歉,我的父亲因为我们订婚而生我的气,但是他没有理由反对。我希望我

妈妈会帮我们把一切解决。"安妮写信给霍尔曼:"我忍不住为我的儿子担心,无

法形容我对他的爱,我一直陪伴着他,并且一直照顾到现在。"尽管如此,她还

是补充说自己的儿子是让人放心的,告诉她"各个方面都会对你好"。

他们订婚的消息公布后,马可尼收到来自朋友和熟人的祝贺,但奇怪的是,

他要结婚这件事似乎与他的工作伙伴们没什么关系。事实上,公开的新闻说得

很明白,马可尼在美国的圈子也普遍确信此消息,但是英国方面的态度就没有

那么明朗,更不用说在意大利,在那儿,直到现在人们还觉得订婚不过是媒体

制造噱头的谣言。

这在很大程度上是因为马可尼的矛盾心理，在自己的情感生活上沉默寡言，全神贯注于控制和保密，导致人们认为这会使他的亲友们误解，对他的父母表示担心。无论如何，我们这里看到的是马可尼有一种力量在崛起，这是一种理智的天赋。无论他的爱有多强烈，他都不会让自己的情绪干扰自己的工作。但是他发现自己有保护隐私的需求和愿望，这会在他的余生中一直存在。马可尼与霍尔曼之间的关系成为他之后处理这类事务的模板。

正如我们看到的，1899 年至 1901 年，马可尼和霍尔曼保持密切的通信联系。因为直到现在也拿不到马可尼这边的往来信件，两人之间的关系从未被全面地探究、考证，但是牛津大学图书馆保存的霍尔曼的 4 封信告诉我们很多。尽管被海洋分隔，还有马可尼高强度的工作以及维多利亚时代末期的种种约束，霍尔曼的信中还是对马可尼的未来有兴奋的期待。这些信的最后一封是马可尼在与家人的反对进行抗争期间写的，最能让我们认识这位非凡的女性。 50

我最爱的你：

> 昨天当我读到《先驱报》上整版的关于无线电奇迹的报道时，内心充满骄傲……亲爱的，看了这篇文章我觉得这个世纪的科学将会带给我们什么真的很难说清楚——但我相信在我们生活的这个精彩的世界里，你将会起到重要的作用……我知道现在是你人生中最繁忙、最紧张的日子——因此即使你不能给你的乔写下只言片语也不要担心，因为她从来不是不通人情的。我知道你爱我——现在不是休假的时候，而是该无私地付出爱。所以，亲爱的，只要想到你会想我、梦到我，我就会开心。等我们永远在一起的时候，幸福的时光就会到来，你可以给我讲任何事……

> 真挚地爱着你的
>
> 乔 51

再回到伦敦，马可尼公司总部正有变动。如今已经 68 岁的弗拉德-佩奇多次请求加派人手辅助他。公司事务在各个方面全面铺开，马可尼也觉得工作紧张、应接不暇。他感到孤单，需要一位"年轻、有活力，有经验的经理助理"。1901年 3 月，他们找到了一个合适的人选。亨利·库斯伯特·霍尔是一个言辞犀利、 52

个性很强的电气工程师，精通公司在伦敦的事务，有野心，工作努力又干劲十足。霍尔只比马可尼年长几岁，是电气工程师机构的合伙人，伦敦商会电气部门的仲裁人，1896 年 1 月因为成功起诉《电气评论》一位著名的记者毁谤——就在马可尼到英国几天前——而略有名气。

　　1901 年 3 月 21 日，霍尔被任命为 MWTC 公司的经理（弗拉德-佩奇名义上仍是负责管理的总经理）、董事，此时马可尼仍在美国。公司的运营基调立即发生了变化。马可尼和这位年轻的经理之间产生了强烈的化学反应。马可尼想要的无非是躲开公司日常管理的琐事，自己最后拍板就可以了。霍尔是个完美的可以并肩战斗的合作伙伴。马可尼给他很大的自由空间，但是他从未越界。他很快成为马可尼和越来越多虎视眈眈想要从马可尼这里分得一杯羹的人之间的关键人物，一个看守者。两人甚至外表都很相像：都很高、瘦、表情严肃，有点像同为牧师的兄弟俩。

　　马可尼又开始在伦敦、黑文站、宝窦站之间往返，他还抽时间于 1901 年 5 月 15 日在英国皇家艺术学会作了重要的演讲。5 月 23 日，公司庆祝第一艘装配了马可尼商用无线电报设备的轮船，老登普斯特船运公司的莱克山普伦号从利物浦出港。同一天，霍尔发给马可尼几份关于在卢卡尼亚丘纳德班轮上安装类似设备的计划书。不夸张地说，公司的业务正全速前进。马可尼对莱克山普伦号上的设备运行并不满意，因为信号曾经在海上丢失了 5 小时，并且很不同寻常地给他的新经理写了封不留情面的信："我对设备性能很不满意。请告诉我安装助理和设备运行助理的名字。"霍尔是个强硬派，马可尼比他更强硬。6 月，当卢卡尼亚扬帆起航时，从曼彻斯特到纽约，报纸纷纷报道它成功实现了无线信号传输。

　　到了 1901 年，公司已在英格兰和爱尔兰建成 8 个站点，负责英国政府的 32 艘船和通信站的通信运行。它在法国、科西嘉岛、比利时和德国也设有通信站，并且数家私营轮船公司（丘纳德、老登普斯特、北德国劳埃德）以及比利时、意大利海军的舰船上都有公司的设备在运行。公司有很多事要去做，其眼界远远超出了欧洲。在英属北美地区，要处理将纽芬兰的通信触角延伸至英属哥伦比亚的业务。美国那边要忙于几个备受瞩目的活动，包括赛艇新闻报道，波士顿和纽约之间往来船只之间的通信。一家印度公司申请成为公司在次大陆的代理。

与劳埃德公司正在商讨计划在喀土穆和法绍达之间的上尼罗省建造通信设施，用于苏黎世运河上两个站点的建设项目。在巴西，亚马孙电报公司已经前来咨询沿亚马孙河建设通信站点的事宜。

马可尼每个项目都要经手，从这个项目到那个项目不断进行调整，就像耍戏法的人努力保持多个盘子在木棍上持续旋转一样。因为要指导和监督研究工作，忙碌的马可尼是每项业务发展的关键人物。作为公司最大的股东，他有最大份额的分成。他和公司的品牌是公司最重要的资产，人们先要确认自己正在直接和马可尼做生意。他和他的公司日益将世界看成一个独立的整体，正在研究公司的全球性战略。

当然，欧洲的情况本就诡谲复杂，特别是通信领域对当时帝国之间的竞争尤为重要，有好几个国家正在培养马可尼的竞争者。MIMCC 于 1901 年 1 月 7 日召开董事会，确定最好的办法（同时考虑到马可尼与利奥波德国王的私人关系）是在比利时成立公司，然后再在其他国家成立比利时公司的子公司。如果知道英国公司是幕后主导，那在法国、西班牙或者葡萄牙——德国想都别想——这样的国家是不可能获得特许权的。这些政府很可能识破这个策略，但即便如此，马可尼公司也采用了这个方法。1901 年年中，由马可尼、弗拉德-佩奇和主导比利时公司成立事务的阿尔伯特·奥克斯组成了委员会，MIMCC 是唯一股东。比利时公司，名为 la Compagnie de télégraphie sans fil（无线电报公司），开始以自己的步调拥有多家跨国公司。

为了保证公司国际专利权持续有效，即使在那个国家还没有任何实质性的经营活动，公司每年也都会派出一名助理前往每一个专利所在国，就整个系统开展短期工作。这项工作耗费不菲，这也是公司努力在各处安装使用马可尼通信设备的唯一诱因，也还是有希望获利的。通常，他们会尝试从一个小国家获得特许权，然后借势利用这些国家与更大国家建立通信联系的动机。例如，1900 年 9 月，马可尼的主要助理之一 C. E. 里卡德前往马耳他进行设备演示，努力说服马耳他有关部门设立马可尼通信站，"以实现与过往船只和意大利西西里岛进行通信的目的"。如果马耳他购入设备，意大利这边就不得不在西西里岛跟着建一个类似的通信站。

他们的业务开拓得越远就越难进行有效的控制。公司得知一个代理已经代表马可尼的德国竞争对手阿道夫·斯拉比和格奥尔格·冯·阿尔科在智利瓦尔帕莱索申请了无线电专利。幸运的是，智利海军部长只想要马可尼的设备。所有这些疯狂的行为都意味着马可尼必须努力建立垄断地位。专利保护会防止假冒者进入马可尼所在的市场，但是公司必须通过积极的运营占据市场空间，所以他们需要委托合约或者特许权。

他们必须要应对的还有商业间谍。1901 年 11 月，公司得知比利时政府那边似乎出现了"一个叛徒"，他知道比利时政府与公司在比利时的合作人之间达成的合作条件，并且已经传消息提醒斯拉比-阿尔科的团队，这样他们可以拿出报价更低的方案。弗拉德-佩奇写信给马可尼说："我们肯定不能允许到手的合同丢掉，但是这件事非常尖锐地提醒我们德国人现在非常活跃。"

"大事"的准备工作仍在宝窦进行着。马可尼意识到在尝试向大西洋对岸传送信号前，应该先试试稍短一些的距离，检测一下这个新的大功率通信站，这样比较明智。1901 年 6 月机会出现了。当时公司在西科克郡的克鲁克黑文新建了一座通信站。克鲁克黑文是爱尔兰最南端的港口，很久以前就为前往美洲和西印度群岛的船舶提供补给。它是船舶进入大西洋公海领域前收发邮件和进行补给的最后一站，也是来自大西洋另一侧的船舶抵达的第一站。19 世纪中期克鲁克黑文是最重要的航运中心。

克鲁克黑文的教堂是为圣布兰登，一位 16 世纪的来自爱尔兰特拉利的修道士、航海家修建的。传说他穿越大西洋寻找伊甸园。有人甚至相信布兰登就是第一个到达北美洲海岸的欧洲人。时间再近一些（历史上也可证实），19 世纪保罗·朱利叶斯·罗伊特的新闻通信社（路透社）在克鲁克黑文派驻员工，去和那些乘船前来、带着各种新闻的人见面，这样路透社的员工会重新检索新闻，再用电报发往科克郡、都柏林和伦敦。克鲁克黑文因此曾在跨大西洋通信中起到重要作用。马可尼记住了这段标志性的历史，他觉得自己会以电子的形式重现圣布兰登的航程，或者至少更简单一些，让路透社的方法更现代化。

克鲁克黑文正是那种能够吸引马可尼并点燃他的想象力的地方。从宝窦出发乘火车和船经历 700 英里（约 1126.5 千米）艰难的旅程会到达距离克鲁克黑文 20 英里（约 32.2 千米）的最近的火车站。克鲁克黑文是一个极小的多山之地，偏远荒凉，除了走海路，否则极难到达。据马可尼的一位员工说："刚到克鲁克黑文村的时候，第一印象是感觉到了'世界的尽头'。"1901 年 6 月到 7 月间，在这里停留 3 周后，马可尼在给霍尔曼的信中这样描述克鲁克黑文："这里非常荒凉，当地人也很野蛮，但是他们很可怜。我希望有一天能带你来这里看看，（但我不想让你在这里久留！）这里和科德角差不多一样糟糕。"

克鲁克黑文被认为是最适合短距离海洋电报通信的地方，对马可尼的公司来说可能是一个重要的收益来源——海上船舶与海岸之间的信号传递距离越远，公司能租出去的商用无线电设备就越多。马可尼最初是打算在村子里建一个通信站，但不久又将通信站选址改在离镇子 2 英里（约 3.2 千米）外的布朗海德。这里高出海平面 300 英尺（约 91.44 米），马可尼在这里挪用了劳埃德站的一根信号杆，用信号和闪光灯与往来的船舶进行通信。在马可尼之前，劳埃德的通信站是环绕爱尔兰南部的通信网络中的一部分，远远就能看见它很有辨识度的块状塔体。新站点有一个建筑群可以用作操作员的宿舍。两条杂草丛生的铁轨，只有一辆车的宽度，沿着公路伸向远处的山顶，问题是他们怎么能做到每天都到那里去呢？

1901 年 10 月，信号成功从宝窦跨越凯尔特海，到达 225 英里（约 362.1 千米）外的克鲁克黑文，在当时是马可尼实现的最远记录，这使他更加确信自己为跨越大西洋信号传递做好了准备。马可尼的目标在克鲁克黑文实现了，人却一去不复返。有记载称他最后一次到访克鲁克黑文就在同一个月。过往走过的很多地方他都未曾久留。他不与任何一个地方牵扯过多，工作结束了就离开。克鲁克黑文通信站一直服役到 1922 年，紧随而来的英爱冲突使其彻底关闭。

我们的现代通信系统构建模块中散落着这样一些被遗忘的地方。布朗海德站什么样的标记、记录都没有，但是克鲁克黑文如今已成为游人如织的旅游景点，同时也是赛艇大赛的一个补给供应点，有纪念品商店和供应油炸海鲜食品（还有极少的其他餐点）的酒吧。The Welcome Inn 就是由阿瑟·老爹·诺蒂奇——曾是马可尼公司的一位操作员经营多年，直到现在成为主要景点之一。阿瑟来自英格兰，到这里为马可尼工作，在当地娶妻，在这里度过了 65 个年头。附近一个稍大的城镇斯卡尔既有美食，又有不只一家由瑞士流亡者经营的舒适的家庭旅馆，还有一台自动取款机。但是除了广告牌上一个名为马可尼住宅的公寓租赁广告外，这里唯一一个向马可尼致敬的是 6 英里（约 9.7 千米）外迈曾海德的一个陈列品。

＊ ＊ ＊

马可尼现在正在建立对自己余下的事业有价值的协作网络：像弗莱明和维维安这样的科学或者技术专家，像莫立安和波特穆雷这样的律师和金融领域的活跃分子，还有弗拉德-佩奇和霍尔这样的经理人。他的事业在英国、美国和北欧发展顺畅。接下来，他将进行一次关键性联络，使自己与意大利已建立的实质性联系进一步增强。

马可尼自 1897 年在拉斯佩齐亚进行试验之后极少再与意大利直接联系，73 而事实上，意大利方面正努力尝试自己研发无线电。到了 1901 年夏季，他们派出一位年轻的海军专员前往英格兰探访马可尼设备的现状。马可尼曾在拉斯佩齐亚进行试验时与这位名叫路易吉·索拉里的官员见过面。19 世纪 80 年代中期，他们曾就读佛罗伦萨的同一所中学。索拉里比马可尼早入学一两年，声74 称自己真的记得他。索拉里当时已经是意大利海军的无线电技术部主管，接到了意大利驻伦敦大使馆一位海军专员提交的关于马可尼成就的报告（作为条件，马可尼名义上为意大利服兵役）。1901 年 8 月，索拉里亲自前往英格兰拜访马可尼。

索拉里是世袭洛雷托侯爵（王子之下、伯爵之上的意大利贵族等级），洛雷托是托斯卡纳东部亚得里亚海上的马尔凯安科纳附近的一个山城。索拉里 1873 年 5 月出生在都灵一个商人家庭，毕业于都灵理工专科学校的电气工程专业。在 1890 年成为一名意大利海军官员之前，他在新开办的里窝那海军学院学习。自 1901 年起，索拉里余下的职业生涯都将与马可尼的事业系在一起。最终他将成为马可尼在意大利利益的靠山，事务的主理，了解意大利政治来龙去脉的情75 报员，是马可尼最具影响力的合伙人，也是他的第一个传记作者。

他们的关系从一开始就很好。据索拉里自己描述，他到位于伦敦金融区的马可尼公司总部要求与马可尼见面时被告知马可尼太忙了没时间见他。在伦敦无所事事地住了一个月后，他设法哄骗看门人说出 3 个马可尼可能出现的地方——黑文、宝窦或利泽德（"蜥蜴"）。索拉里给这 3 个地方发去电报，说他自己在来的路上。来自黑文的回复请他在伦敦等候，他猜测马可尼就在那里，立即76 飞速前往普尔，因为马可尼同意与他在那里见面。

后来，索拉里为这个故事增加了不同的修饰，但概要都是马可尼几乎已经将意大利从支持资源名单中划除，并且因意大利皇家海军最初对自己的发明兴趣缺乏，也不认可耿耿于怀。索拉里是个极富魅力、沉着自如的人，有能力修复两者之间的关系。他带来一条消息说，马可尼会在伦敦的一场晚宴上被意大利科学学会授予金质奖章，这消息帮了他。更重要的是，索拉里还带来了马可尼粉末检波器的改良版——更小巧便携——这是他和同事们在拉斯佩齐亚一起研发的。这一设备部件后来被称为"意大利海军粉末检波器"，将会在几个月后成功跨越大西洋信号传送实验中发挥作用。索拉里又用一个月时间观察了马可尼在黑文和利泽德的试验，最终获准参观当时的最高机密宝窦站。马可尼距离完成"大事"更近了，同时他正计划前往美国继续开展下一步工作。但是和以往一样，这次美国之行又一再被延后。到了 8 月中旬，他已经无望在 10 月底前赶到美国。他有一大堆的工作要做，在给霍尔曼的信中还说自己的身体状况不大好。他很想念的母亲在意大利，他也担心父亲强行反对他的婚事。几个月过去了，他的信开始更多地聊工作，少了浪漫。一切都在为无线电信号跨越大西洋传输试验运转。克鲁克黑文和宝窦站之间实现了 225 英里(约 362.1 千米)的通信连接使马可尼完全相信自己可以实现再远 10 倍距离的通信。他仍然要保证资金上的支持，既要面对投资人对成本的怀疑和沉默，又要集中精力于创收活动，压力很大。马可尼现在在公司总部有一个强有力的支持者：霍尔。马可尼在各地往来奔波时，这位新经理照看着伦敦的一切事务，让自己的老板放心。但是，准备工作还是一再被耽搁。

1901 年 9 月 17 日，宝窦塔遭遇严重的暴风雨袭击，20 根 200 英尺(约 61 米)的桅杆整体倒下，留下的只是一堆碎木片和纠缠在一起的电线。马可尼立即下令重建桅杆，但是，他信任的助理乔治·坎普在这个问题上所起到的作用使他和霍尔产生了分歧。霍尔问他"你认为坎普能完全胜任这项工作吗？"，他得知桅杆的刚性支撑做得不充分，如果坎普要为这么多桅杆倒下负责的话，"在我看来这是他不能胜任规划工作的决定性证据"。在霍尔看来，坎普似乎是一个"很好的计划执行者，但不是一个好的计划制订者"。但是因为项目急需人手，马可尼用了"自己人"。他把希望寄托在自己人身上，他要保证忠诚，所以坎普仍留下来负责桅杆搭建。

82

83
　　马可尼估计宝窦之灾可能使"大事"推后至少3个月。为了加快速度,他决定先竖起两根临时桅杆,只有160英尺(约48.77米)高,下面的天线支撑要小得多。他还做了一个更意外的决定,要尝试与英属殖民地纽芬兰建立越洋连接,那里比科德角距离宝窦至少近900英里(约1 448.4千米)。科德角距离宝窦约3 100英里(约4 988.97千米),而纽芬兰距离宝窦只有2 100多英里(约3 379.6千米)——显然不足刚刚实现的宝窦与克鲁克黑文通信距离的10倍①。

　　宝窦站桅杆倒塌惊动了董事会,他们几乎要放弃这个计划。但是马可尼突然暴发出能量,获得了霍尔的支持,继续实施计划。他们在纽芬兰东南端阿瓦隆半岛的雷斯海角上发现了一块10英亩(约4.05公顷)大的场地。雷斯海角通常是那些向西穿越大西洋的旅行者们最先看到的陆地。这块被马可尼选中的地位于海拔120英尺(约36.6米)的平坦高原上,距离灯塔0.5英里(约0.8千米),

84
从电报站步行2分钟即可到达,有充足的饮用水供应,从纽约出发乘坐汽船只需要50个小时,相对便利一些。据霍尔说,这里"非常符合要求……而且地价不合常理地便宜——每英亩只需要30美分"。主要股东终于转变了立场,1901年11月7日,公司与纽芬兰政府签署协议,"根据需要在纽芬兰和拉布拉多建立电报站",每个站点他们将收取每年100英镑的专利税。10年之后,这些电报站将

85
成为政府的资产,也成为马可尼纽芬兰之旅的借口。

　　然而还是有一个明显不能逾越的障碍:1866年海底电缆成功投入使用后,英美电报公司已经获得纽芬兰往返电报通信的垄断特权(最初是在1854年,塞

86
勒斯·菲尔德获得此项权利)。马可尼的纽约代表检查了英美公司的执照,并通知伦敦没有英美电报公司的许可,马可尼很可能无法在纽芬兰开展业务。英美电报公司的执照不仅包含有线电报,还包括无论来自任何地方的"其他形式的电

87
信通信"。

---

　　①马可尼一直说宝窦和圣约翰之间实现的信号连接距离为"1 700英里(约2 735.9千米)"(这也是纽芬兰遗产网站上的官方数据)。据 http://www.globefeed.com/网站在线距离计算器,宝窦到圣约翰的距离实际上是2 131英里或1 851海里(约3 430千米)。宝窦到科德角的距离为3 060英里或2 657海里(约4 924千米)。根据同一个计算器,宝窦到克鲁克黑文的距离为220英里或190海里(约353千米)。马可尼一直说是"225英里",所以他所说的前后矛盾,有时说这段距离是"直线距离",有时又说是海里。此处,除了直接引用马可尼的话,作者使用的数据都是以英里为单位。

还是一如既往地任性行事，马可尼对这个消息并不上心（后来假装对此表示惊讶，声称自己不相信测试需要什么特许权）。但是他的确再次更改了自己的计划。不在雷斯海角建一座新站（更费时费钱），他现在计划建一个临时装置，用风筝和气球取代固定的桅杆，尝试接收来自宝窑的信号。但令他担忧的事还在后头①。在最重要的股东、亨利·詹姆森·戴维斯和威廉·古德博迪以及霍尔的支持下，马可尼现在开始筹划行程细节。古德博迪和霍尔没有在伦敦被动等待，而是出发前往纽约推进公司的北美业务，同时期待来自纽芬兰的好消息。 88

马可尼去纽芬兰的决定对他和约瑟芬的关系产生了巨大的影响。除了比科德角距离宝窑更近外，纽芬兰距离纽约也有 1 000 多英里（约 1 609.3 千米）。诸多事务混在一起，如今又增加了两个新的麻烦：海伦·霍尔曼对自己女儿漫长的婚约感到焦虑，人们已经开始议论纷纷。还有一些是马可尼不愿意透露的。1901 年 10 月 15 日，在一封关于越洋准备工作停滞不前的信中，马可尼写道："你为冬天结婚做准备比较好，相信我，事情很快就会解决，一切拨云见日。"他还许诺说很快就会告诉她一件令他不开心的事。 89

新计划各方面准备到位又用去几周的时间。11 月 4 日，马可尼给在宝窑的坎普发电报："请随时准备 16 日随我去纽芬兰。如果你想休假，现在就可以。"但是到了 16 日，他们还是没准备好出发。牛津大学马可尼档案馆里有一摞厚厚的文件，是公司秘书亨利·艾伦与代理公司之间就各种航运公司的往来通信记录，还有"关于获取气球和充气用的氢，将这些东西运到纽芬兰的信件和纸张，及气球的材料样品"。 91

消息不可避免地被泄露。《纽约先驱报》听说马可尼计划前往纽芬兰用气球进行试验，但是没人能想清楚他的真实想法。马可尼放出话说他正想着与距离雷斯海角海岸 300 英里（约 482.8 千米）的大浅滩捕鱼船之间进行通信，只这一件事就具有很强的新闻性了。他告诉《利物浦商报》："我的任务是先沿着纽芬兰南岸建立通信站，这样即将入港的船舶可以更快与大陆建立通信联系。"马可尼此时将媒体控制在自己手中，他说什么媒体都会报道的。 92

——————

①1904 年，马可尼无线电报站终于在雷斯海角建成，在 1912 年泰坦尼克号沉没事件的新闻转播中起到了关键性作用。

方案敲定时，马可尼在 11 月 18 日给霍尔曼写信，他的语气变得正式（"最心爱的约瑟芬"，而不是"最爱的乔"），他的爱就算没有完全被工作熄灭，传递给约瑟芬的情感也变得忽隐忽现。他承认工作的压力令他饱受折磨。他没有她的消息，甚至不知道她在哪里。而且仍有一事让他心神不宁，他再次提及"我对很快要写信告诉你的这件事一点也高兴不起来，但是你也别为此不开心"。

11 月 22 日，马可尼给宝窦站的员工发了一份详细的操作指导："当我希望你们开始越洋发送信号时，我会将日期通过电报告知伦敦办公室。这个时间将立即传给你们，由这个通知你们要了解电报中提到的日期就是你们开始从格林尼治时间（世界时）下午 3 时至 6 时发送点程序的日子，并且其后每天都要在相同的时间发送相同的程序（礼拜天除外），直到你们收到停止的通知。"马可尼甚至给艾伦留下一套更详细的指导：

> 如果我发的电报信息为"Accepted"，那就意味着收到信号了……如果是"Press"，那就说明你要将信息告知给媒体了。
>
> 所有信息前加上"Riviera（里维埃拉）"就是要用电报转发给宝窦站，要特别留意获取信息的确认，避免伦敦和宝窦之间信息转播的任何错误的可能性……

还有一条显然是后来加上的不必要的提醒："这封信的内容请完全保密。"

马可尼和随从们——包括坎普和另一个助理 P. W. 佩吉特，还有两吨重的铁制调谐设备以及几大缸硫酸——已经订好了舱位，搭乘艾伦航运公司的迦太基号从利物浦到圣约翰。船于 11 月 23 日起航，但因为马可尼不能及时完成准备工作，重新订了 3 天后从利物浦港出发的撒丁号。

终于，1901 年 11 月 26 日周四，坎普在日记中写道："早餐后带着马可尼先生的行李登上了撒丁号，后回到艾伦航运公司……咨询硫酸的问题……（吃了午餐）……然后登上撒丁号，晚 7:30 吃晚餐。晚 9 时我们离港了。"起航前仅几小时，他们收到消息说科德角站被暴风雨毁坏，情况和宝窦站之前的遭遇类似，这证明选择纽芬兰是正确的，这也是马可尼爱尔兰式幸运的又一个例证。

第9章　纽芬兰：世界变小了

古列尔莫·马可尼在纽芬兰的这段时间可能是他英雄传说的中心部分，或者至少这段故事被传颂解读了多年。它被载入史册，被改编成小说、戏剧，在舞台和广播节目、电影剧本、木偶戏、网站、电视纪录片和 YouTube 视频上庆祝、纪念。这段故事是纽芬兰殖民地时期的核心故事之一（纽芬兰后来成为加拿大的一个省），尽管马可尼实际上在那只待了不到 3 周，但在那里的 19 天几乎每一天都能从媒体报道、日记、政府备忘录和诉讼案情摘要中找到文字记录。首次跨大西洋信号传输故事是马可尼神话的核心。

纽芬兰在哥伦布发现美洲大陆以前是贝奥图克人的故乡，大约 1000 年前开始被欧洲来的访客接收，11 世纪时挪威人开始在此定居。后来，来自大西洋沿岸有航海能力的国家的渔民会在鳕鱼捕捞季时来这里落脚。威尼斯海上队长祖安·查博托（或称乔瓦尼·卡波托或约翰·卡伯特）代表英格兰亨利七世出海，据说于 1497 年在博纳维斯塔海角登陆。汉弗莱·吉尔伯特爵士 1583 年宣布这个岛成为伊丽莎白女王在北美洲的第一个殖民地。贝奥图克人没能在遭遇欧洲人攻击后幸存下来，先于马可尼时代 50 年灭绝（尽管当代加拿大东部一些米克马克人宣称自己是贝奥图克人的后代）。

贯穿 18 世纪的英法战争期间（1697～1815 年）纽芬兰的主宰者数次更换，后来这里通常被视为英国殖民地，尽管这里形成了独特的文化和特征，使之与其他英属北美殖民地不同。[这些不同当中的一个是这里是世界上极少几个地处两个标准时区之间的地方，比格林尼治平均时间（世界时）早 3.5 小时，比纽约早半小时。]1832 年立法机构首次集会，纽芬兰于 1855 年开始实行"责任政府"制。1867 年，其他 3 个英属北美殖民地联合成立加拿大自治领地时，纽芬兰政府选择脱离邦联制①。马可尼抵达纽芬兰时，这里正为成为加拿大的一部分是好是坏而展开激烈论战。

讽刺的是，马可尼几乎没有踏上纽芬兰的土地。这次行程比以往要长，10天，马可尼觉得"非常艰苦"。1901年12月6日（周五）上午，乔治·坎普在日记中记录："破晓时分看到圣约翰的方块塔，向北看见冰山，还有海港南侧有鲸鱼在喷水。我们在谢伊码头上岸，住在科克兰豪斯……总理（罗伯特爵士）邦德在那有公寓。"随后项目进展得惊人的快。晚上与纽芬兰政府官员见面聚会，第二天一早他们就将所有仪器和设备搬到信号山上被废弃的白喉病医院旧址，那里可以俯瞰整个圣约翰港。

信号山最初叫"瞭望山"，1762年得名信号山。当时威廉·阿姆赫斯特将军将海角视为历时7年的英法战争的最后战场。这个名字最初记录在阿姆赫斯特的日志中，他泛指"信号山"为可以俯瞰卡克欧德小峡谷入口处的奎迪韦迪村的地方，当时被他们死死守住。信号山之战给纽芬兰的命运下了定论，这地名当然也引起马可尼的注意。

代笔作家在马可尼《1919回忆录》中对他如何选中这个地方是这样描述的："检查了几个可能合适的地方后，我认为最好的地块在信号山上。那里地处高位，可以俯瞰整个港口，可以形成天然屏障，免受大西洋飓风的狂袭……"山顶上有一处小高原，高原峭壁上建有一个新的信号站卡伯特塔（就是坎普在日记中说的"方块塔"）。距塔体建筑几英尺外有个小型建筑体，之前是用于隔离发热的白喉病患者的。"我在这个建筑的一个房间中安装了设备，为这次伟大的实验做准备。"

马可尼为计划最终得以实施激动不已。他喜欢现在备受瞩目的感觉，甚至对狂风大作的极寒天气都不再介意。马可尼写给一位只知被称为"胖大个"的朋友的信显露出他当时轻松愉快的心情："晚上我到这个城市的时候觉得一切都

---

①这3个英属殖民地成为4个省，因为原有的加拿大联合省被分成安大略和魁北克，与新斯科舍和新不伦瑞克组合在一起。马可尼前往纽芬兰时，又有马尼托巴、英属哥伦比亚和爱德华王子岛3个省加入联邦，几年后，又有两个——萨斯喀彻温和阿尔伯塔加入。1907年，纽芬兰成为英国的自治领地，经过3次公投后，于1949年成为加拿大第10个省。除了拥有特殊的宪法权利外，纽芬兰还有教育和医药卫生方面的特殊权利。加拿大也有3个"领土区域"：西北地区、育空和努勒维特，其权利由联邦政府授予。

好，我几乎认识这里的每一个人，他们非常友好，想尽办法逗我开心。今晚当地长官会招待我，他曾告诉我会请来几位期待参加聚会的迷人女士。"

6

唯一令人扫兴烦心的是他和约瑟芬之间拖拖拉拉的关系。到了圣约翰后，他很快就给约瑟芬写信。他有一个多月没收到约瑟芬的消息，显然她还在为自己在上一封信中提到的"严肃事件"而担心。马可尼以前兴奋地讲为"大事"做的准备和小细节，现在只是一笔带过："我希望一周内能完成些实验。"

7

这是马可尼写给约瑟芬·霍尔曼的最后一封信。这封信与他写给胖大个的信体现出他的心情差异："在这过得好极了……每个人对我都出奇得好，但是我得在纽芬兰这边最高的山上进行试验，要待上一整天呢。"胖大个是谁我们无迹可寻，最有可能的是马可尼的某个男性密友。"胖大个"听起来像是英国男生的绰号，显然，我们无法想象在维多利亚时代一位绅士会用这个词称呼女性朋友。另一方面，有人曾经猜测："胖大个"可能就是引起两人分手的"严肃事件"。不论怎样，这样轻松的语调与他写给霍尔曼的那些认真的工作记录大不相同。在那之后，她从他那里收到的是一连串简短的电报。

8

9

面对工作他的肾上腺素会升高。在他抵达圣约翰前，身处纽约的卡斯伯特·霍尔写来的信已经送到了。霍尔在信中说遇到了马可尼的主要竞争对手尼古拉·特斯拉，他自我卖弄说正在研究 100 英尺（约 30.5 米）的"火花"，比马可尼在宝窦站的更强大，足够越洋传递信号。特斯拉似乎并不清楚自己落后马可尼多少，他非常自信，甚至毫无顾忌地将自己在长岛的通信装置的细节告诉了霍尔，尽管他说还没在欧洲建好接收站。霍尔认为这可能不是真的，但是他催马可尼加快进度，这样他们才能占得先机，成为第一。霍尔认为马可尼来纽芬兰是真的来对了。

10

周一和周二（12 月 9 日和 10 日），马可尼和他的助手们进行了准备，安装、测试了临时的简易气球天线装置以及他们从英国买来的风筝。显然他们和圣约翰当地人没什么接触，独自行动，默默地忙碌着。事实证明卡伯特塔的营房位置很好，内部有足够的空间放置马可尼的设备，营房外的空间也足可放风筝。据坎普描述，马可尼回到英格兰后提到必须要做出更灵敏的接收系统时既兴奋又焦躁。12 月 11 日，他们进行了首次试用。坎普写道："气球在强风中升起，到 3.9 米的时候被风吹走，不见了。马可尼先生尝试在气球升到不同接收器上

11

12

方时获取信号，在间隔时会喊我。"马可尼自己后来也记录说一阵狂风吹断了绳索，气球和 4 根铜线丢了，"自那以后再没什么了"。

接下来发生的事是众多改编故事的主题内容，我们很难从各种版本的故事中还原真相。坎普的日记虽然简洁，但记录的内容一般都很清晰。但 12 月 12 日（周四）这天他写了较多像电报式的内容。这一页的顶端——文字可能是后来加上的——写的是："切到 3 个信号点（原文为 Cut Sigs 3 Dots）"，之后是："最先放出带有两根 510 英尺（约 155.45 米）电线的风筝，1 小时后又放出另一个带有一根 500 英尺（约 152.4 米）长电线的风筝。3 小时后信号变好"。坎普这篇加长版日记对事件进行了详细说明（仰仗于长时间的记忆和大约 30 年的事后认知）："我们收到 3 个点或者说重复的 S 信号。"

那些天里马可尼也随身携带一个口袋日记本，偶尔会拿出来记录实验符号。这些符号通常没有任何意义，它们可能是马可尼随手记录的，并不是什么必要信息。但是在 1901 年 12 月 12 日这个日期下面，有些文字被其他掺杂的符号弄得模糊不清，不知是先有符号还是先有这些文字："Sigs at 12.30，1.10 and 2.20"；1901 年 12 月 13 日："Sigs at 1.38"。这些记录是日记中唯一用墨水笔书写的部分，其他的都是用铅笔写的。后来，马可尼时常提起这些符号和坎普的日记，作为信号接收时间和日期的证据。

最不寻常的可能是马可尼和坎普的日记都看不出他们觉得有什么了不起的事情发生。日记中的记录实事求是、朴实无华。后来它们都被美化成故事，变成戏剧。例如，马可尼《1919 年回忆录》中唯一遗漏的是地平线上的一艘海盗船：

300 英尺（约 91.44 千米）的悬崖下，冰冷的海水在我们脚下呼啸。

大海那边，透过薄雾我依稀可以辨别出斯皮尔海峡，北美洲最东端，还有我与英国之间绵延 2 000 英里（约 3 218.7 千米）的海洋，一切舒展着。越过海港，圣约翰城被包裹在浓雾中。经历 6 年艰辛和毫不松懈的准备，面对各种批评，无数的努力、气馁，让我远离自己的最终目标……

为了这个"至关重要的时刻"，马可尼用的是改版后的贝尔的电话接收器，他希望能比自己通常使用的莫尔斯电信用印码机更灵敏、可靠。"突然，大概 12 时 30 分的时候，我们听见了'电报键'尖锐的敲击声，就像它撞击粉末检波器发出的声音一样。这些声音告诉我有东西来了，我专心听着。这 3 声短暂刺耳的滴答声与 3 个点相对应，在我耳边响了几次。"他让坎普对此进行证实，"随后我知道我的运算完全正确"。他听到的是从宝窦发出，越过大西洋的信号，"沉着地忽视了地球曲率——被那么多怀疑者认为是信号越洋最致命的障碍"。18

1901 年 12 月 23 日，在给公司董事们的一份详尽的报告中，马可尼的描述更波澜不惊："12 日星期四，用风筝成功升起 1 根天线，12 时 30 分、1 时 10 分和 2 时 20 分，发自宝窦的预先计划好的信号无可辩驳地、真正由我和坎普先生用电话接收器，而不是平常的接收器接收到了。13 日星期五也接收到信号了，但不太明显。14 日星期六，来自西北的 9 级烈风导致不能升起风筝或者气球。"因为这是最新写给马可尼最亲密的合伙人看的，大概属于机密文件，所以我们可以将其视为关于马可尼那几天的诸多记录中最权威的一份。19

这次信号传递的距离是过往记录的 10 倍，证实了马可尼所坚信的无论传输距离多远，无线电通信都是没有限制的想法是对的。但他没有立即宣布这个举世瞩目的消息，而是决定尝试传送更多、更清晰的信号。但是天气状况变得更糟，没能再从宝窦接收到任何信号。最终，12 月 14 日（星期六），在给伦敦发电报建议如何巧妙公布消息后，马可尼获得许可向新闻界宣布消息（最先获知此事的还有意大利政府）。21

圣约翰沉浸在巨大的兴奋之中，紧接着是新闻媒体的狂乱。全世界的报纸都在附和《纽约时报》的言论："古列尔莫·马可尼今晚宣布了近代最令人惊喜的信息科学发展成果。"尽管如此，媒体还是注意到一个问题，那就是马可尼是否确实听到了信号或者是想象的。没有人提出马可尼在欺骗大家，或者有类似的质疑——就这一点而言，马可尼在某种程度上是被公众普遍信任的——但是有相当数量的人对此感到困惑。像托马斯·爱迪生起初公开宣布这是不可能的，后来改变立场声称"如果马可尼说自己做到了，那就一定做到了"。（爱迪生向马可尼敞开怀抱是有自己的原因的，因为特斯拉也是他的主要对手。）马可尼深受感动，给爱迪生发去电报表示感谢。23

情况发展至此标志着马可尼被质疑的日子结束了。哥伦比亚著名的电力学教授、物理学家迈克尔·普平是美洲第一个将这个时期的马可尼推上神坛的权威专家，他公开宣称"马可尼非常执着、睿智，对推动这一伟大进步功不可没，第一人之名当之无愧。唯一遗憾的是如此多所谓的科学家和电工还在尝试避开马可尼的专利"。好像恰巧在这个时候，阿莫斯·多尔贝尔在波士顿公开宣布自己承认马可尼所宣布的是事实。

24

除了马可尼和坎普的回忆、日记外，只有一份声称见证那一天的记录（马可尼的第二助理佩吉特生病没在现场）。1951年，在这一事件50周年纪念日庆祝活动上，公司内部新闻稿《马可尼评论》发表了H.J.波伊斯船长的回忆录，据说他那天作为纽芬兰政府官员的副官，正在信号山出公差。据波伊斯说，总理罗伯特·邦德阁下带着大礼帽，穿着双排扣长礼服，总督卡文迪什·波义耳阁下和其他政府官员、当地记者及一群普通观众都见证了这一"伟大的试验"。鉴于马可尼自己的记录，他对保密的嗜好，及直到12月14日才对新闻界公布消息这一事实，我们可以认定这份回忆录不太像是真的，这是不可能的。除了马可尼和坎普，现场再没有目击者。尽管如此，波伊斯在50年后写道："那一刻的兴奋之情我至今仍能清晰记起，想起马可尼接受在场的人道贺的场景。"波伊斯的这个传奇故事只能说明人的记忆力是有缺陷的，又渴望成为重大历史事件的一部

25

分。他所描述的显然是对马可尼在12月17日，事情发生后5天内分阶段描述的内容进行的再加工。这段描述被詹姆斯·维以一系列照片永久留存，后来作为

26

事件的记录被无数次再加工、再呈现。

无论如何，爱迪生、多尔贝尔、普平等人对跨大西洋通信连接的认可确定

27

了马可尼的声望。奥利弗·洛奇后来将其描述为"人类历史的新纪元"。正如马可尼之前取得的突破，他的这一成就在学术系统和技术上改变了学界对地球大气性质的认知。1901年，科学界坚持认为不可能进行跨越大西洋的通信连接，因为科学家们认为赫兹电波像光一样，呈直线运动。一年后，为了解释为什么马可尼可以接收到近2 000英里（约3 218.7千米）以外传来的赫兹电波信号，理论物理学家亚瑟·肯内利和奥利弗·海维赛德猜测"上层大气可能存在一个电离

28

层能够将特定频率的无线电波折射或者反射回地球"。

马可尼的信号就是这样从宝窦传送到圣约翰的——通过信号的反射，将电波带离"上层大气的电离层"，信号实际上是遵循着地球曲率运行的。就像哥伦布历经万难偶然发现新大陆一样，马可尼也是在寻找别的东西时发现了电离层。但是马可尼对自然现象，例如电离层不感兴趣。他感兴趣的是将不同的人和不

同的地点用通信连接起来。作为一个爱鼓捣发明的人，经验告诉他无线电波可能越过更远的距离实现通信是合乎逻辑的，并且他通过预感和直觉而不是科学理论将设想变为现实。

12月16日星期一，马可尼为在圣约翰附近建立永久通信站选址进行初步勘察后，与加拿大邮政总局的高级官员威廉·史密斯（别和马可尼公司原始股东威廉·史密斯混为一人）在其下榻的酒店共进晚餐。史密斯也住在科克兰酒店，他与马可尼建立了友好的关系。马可尼告诉史密斯自己已经决定在斯皮尔海角建立一个永久通信站时（就在城外），一个信差进入餐厅，递给他一封来自英美电报公司（Anglo-American Telegraph Company）的律师信，警告他停止在纽芬兰进行电报通信，否则他们将会采取法律措施。据史密斯说，马可尼"表现得很悲伤"。沉默了一阵子后，史密斯有了一个主意，他告诉马可尼："别理那些人，来加拿大。" 29

30

马可尼后来说在接到停止一切行为和计划的命令时震惊不已——尽管如前文所说，他已经被警告说英美电报公司有专营权，可以阻止他在纽芬兰展开业务。马可尼立即回复说他无意侵犯英美电报公司在纽芬兰拥有的任何可能的权利，并且已经决定撤除仪器不再进行测试。英美电报公司的法律威胁从另一个层面为马可尼增添了光环，反而使其成为被垄断特权压迫的人。媒体舆论几乎全都一边倒，纷纷帮他抱不平，《纽约时报》称英美电报公司"行为处事像个笨蛋"，是由"短视、心胸狭窄、顽固不化的人"指挥的。它的行为"是对常识的侮辱……可笑至极"。此事也激怒了伦敦的《泰晤士报》。塞缪尔·弗拉德-佩奇从伦敦发电报说："英美电报公司的行为证明他们担心有线电报的股价下跌……所有董事和其他众人都由衷地向您表示祝贺。"亨利·詹姆森·戴维曾写道这样的公开宣传是无价的，是"一个超级大的广告"。 31

32

马可尼现在必须思考自己的北美长期计划。他先前已经在考虑（基本上决定不接受）亚历山大·格雷厄姆·贝尔的邀请，使用贝尔在新斯科舍布莱顿海角一个名为巴德克的地方的地产作为临时实验站。但是现在他面临一个并不愉快的选择：应对一个可能冗长又费钱的法律案件（会让自己无法专心进行科学和技术研究），或者被迫离开纽芬兰——毕竟他在那里没有什么关系可依靠。如此看来，史密斯的提议是个容易办到的选择，然而马可尼还是小心谨慎。他告诉史 33

密斯自己只有在接到加拿大政府的正式邀请后才会去加拿大。

＊　＊　＊

出乎意料又很奇怪的是，现在加拿大突然成了马可尼公司命运的关键。加拿大从很多方面看是一片处女地，一个理想的远距离——国内的国际的，横贯大陆的和洲际间的，陆地上和跨海通信的试验场地。加拿大对通信的需求像其领土一样广阔巨大。最重要的是，加拿大从政治层面上看也是欢迎马可尼的。加拿大在名义上是内政事务自治，但它仍然依附于大英帝国，比如在外交事务上。这个年轻的国家渴望在这些国家中逐渐塑造出独立的形象，因为它已经开始尝试摆脱英国的殖民统治，同时努力对抗来自南部邻邦美国的过度关注。发展无线电通信非常适合这个安静但是野心勃勃的国家，这也是加拿大总理威尔弗雷德·劳里埃爵士的建设愿景。

劳里埃的自由党在 1896 年的选举中获胜，并在 1900 年重新成为日益壮大的多数党派。劳里埃是加拿大首位法裔加拿大总理，出生在圣林的魁北克劳伦系村，毕业于蒙特利尔的麦吉尔大学法学系。他在调停加拿大两大主题语言（英语和法语）矛盾的基础上成立了自由党，同时也反映出魁北克天主教和安大略新教之间巨大的宗教分歧。劳里埃推行将宗教与国家政体明确地分离，同时保证少数群体的宗教教育权利。他负责主持改变加拿大命运的第一次大规模移民浪潮，并宣称 20 世纪属于加拿大，这成为其个人名言。

要进入英联邦的条件之一是新主权政府要建造一条连接各州各省的铁路。19 世纪末铁路建设一直在进行，沿铁路也架设了电报线路，拥有一个巨大的、横贯大陆的通信系统是当时国际社会的主流。到了 1900 年，通信技术已经成为加拿大主权国家建设的中心内容之一（很快就成为这个国家的身份建设）。但是电线和铁路线也有到不了的地方。19 世纪 90 年代，在圣劳伦斯河与圣劳伦斯湾之间往来的船只是依靠旗语与岸上的站点通信。利用水下电缆为重要的海湾岛屿，例如安蒂科斯蒂岛和贝尔岛连接电报系统的尝试成本过高且不可靠。因此这里对无线电通信也有兴趣。一个现代化的、精密的通信系统不仅是一个国家发展的必要条件，也是新兴北美洲经济的宝贵资产：加拿大的东海岸到欧洲的航程要比美国大港波士顿和纽约到欧洲的航程少两天。

因此，加拿大必然会成为从一开始就欢迎马可尼的国家之一。1900 年 3 月

19 日，爱德华王子岛一位议会议员在下议院提出一个问题，询问政府是否考虑过采用马可尼的通信系统，为沿海地区提供电信服务。邮政大臣回答说其实他们正在研究。1901 年 7 月，拉布拉多和魁北克的贝尔岛海岸之间铺设了一条水下电缆，总长 22 英里（约 35.41 千米），但是冰山导致电缆报废的风险极大。市政工程部建议采用马可尼的通信系统作为有线通信系统毁坏时的备用系统，并且他们也向马可尼公司订购了两套无线电通信仪器，用来连接贝尔岛和拉布拉多城堡海湾的海岸通信站。加拿大政府宣称这是马可尼无线电系统首次应用于北美洲大陆，马可尼公司的内部文件记录也证实了这一点。

* * *

　　威廉·史密斯准备搭乘下一班列车前往渥太华，决定"将马可尼解救到英属北美地区"。他先去看望了纽芬兰的总理罗伯特·邦德爵士，将自己所做之事如实告之。纽芬兰和加拿大之间关系敏感，作为纽芬兰民族主义者的邦德先生被激怒了：拐走马可尼是愚蠢的尝试，这件事对他来说毫无意义。毕竟英美电报公司的专营权到 1904 年就到期了，只剩几年而已。其间，马可尼可以在法属圣皮埃尔和密克隆群岛上继续进行试验研究。史密斯指出如果想"把马可尼留在帝国内"，法国的方案不会起任何作用；他还可以去美国——如果他们没能成功带他去加拿大，那他肯定会在美国结束一切的。

　　12 月 17 日星期二晚上，史密斯离开圣约翰前往渥太华。出发前他给邮政大臣威廉·姆洛克发去电报，为防止有线电报公司知晓计划，电报内容以代码发送。姆洛克立即将这个消息告诉了总理劳里埃和财政大臣威廉·斯蒂文斯·菲尔丁。菲尔丁是新斯科舍省前省长，他意识到这是一个重要机会。他给马可尼发去电报，保证加拿大政府愿意与他展开全面合作。菲尔丁说在这里不像在纽芬兰，与加拿大展开合作"不会有任何困难"。菲尔丁邀请马可尼尽快来布莱顿海角。马可尼接受邀请，并且后来反复提到自己以前从未曾，或者自此以后也没有收到过来自政府的如此大的鼓励。（这一定会让马可尼以前的政府方面的支持者们如鲠在喉，如威廉·泼里斯，但他的确在马可尼宣称征服大西洋时表示怀疑。）

　　史密斯一到渥太华就接到命令直接转道返回去布莱顿海角与马可尼见面。恰巧劳里埃也在同一列火车上。在到蒙特利尔前，史密斯有两个小时的时间适时向劳里埃作了进一步的简要报告。劳里埃对这个机会关注已久并与几位部长进行了讨论。现在他下定决心了。暂且不提对帝国的益处,劳里埃当即意识到马可尼将会把加拿大推到全球通信技术发展的最前沿,同时在国内建立起一个通信网络。

史密斯在蒙特利尔转火车时找到了大有帮助的同行伙伴,当他抵达北悉尼时,他已经收集罗列出了一个关键联系人的清单,清单上的人会为马可尼在布莱顿海角建站提供帮助,包括自治区钢铁公司(the Dominion Iron and Steel Company)和自治区煤炭公司(the Dominion Coal Company)的总经理,他们控制着重要的铁路线路和岛屿轮船。史密斯于12月24日午夜之后不久到达北悉尼,那时马可尼仍在圣约翰。"偷猎"马可尼确实对渥太华和圣约翰城的关系有历史性的影响。史密斯去纽芬兰的任务目标之一是准备一份机密备忘录,列举概括出纽芬兰一旦与加拿大联盟,它的需求和预期是什么。在渥太华上交报告后,史密斯受命在蒙特利尔与邦德和劳里埃密会讨论这个项目,但他自己无法独立完成。大家都知道邦德在政治上善变、不果断,尤其在英联邦问题上,因此1902年1月史密斯回圣约翰拜访他时,"他因马可尼的事情而生我的气,并且表现得非常不理智"。可以肯定的是,这不是唯一的原因,但是纽芬兰直到1949年才成为加拿大的一个省。正如其一生中众多重要时刻,马可尼在其某段特别的旅程中,路过某个地方时影响了历史。

47

马可尼在为下一次试验站迁移做准备期间将大部分时间用来应对媒体和当地政客,接受和答谢各种祝贺,为他在伦敦的生意同僚们补写详细的报告——还有远距离经营他和霍尔曼的关系。在圣约翰时,马可尼向媒体正式宣布自己的结婚计划,但是结婚时间无可奉告。同时,在印第安纳波利斯,霍尔曼告诉朋友们婚期无限期延后,直到马可尼的试验完成。新闻头条的标题则成了"丘比特等待无线电报"。在纽约,海伦·霍尔曼也在等待,她的准女婿有时出于安抚会把自己行程延后的消息告诉给她:"明天去渥太华,希望能经由纽约返回……马可尼。"

48

马可尼的情感生活与他受到越来越多的关注之间并不匹配,超出了他的控制范围。除了纯粹好奇跨越大西洋无线电通信外,很多人关注的是马可尼的成就产生的商业、政治和社会利益。在一次以其为主角的午餐会上(当地领导者波义耳主持，当地名流很快就表明支持马可尼对抗有线电报公司的垄断），马可尼强调国家之间轻松顺畅的通信是非常重要的。他说用无线电往英国发电报，每个字的价格低于 1 便士，相较之下，有线电报公司要收取 25 分。这可不是随意的推测。一条跨越大西洋的海底电缆的成本约为 400 万美元，马可尼建造一个通信站并配好设备只需要 6 万美元。

12 月 23 日，在重新考虑所有细节后，马可尼在给伦敦公司的董事们的报告中提及了问题的关键点"我可以说这次测试证实了我的想法，事实是只要有足够的动力，建立恰当的永久站点，这个世界上任何国家之间无论距离远近就都可以实现无线电报通信"，他坚信有了适当的永久站点，北美洲和英国之间的商用通信很可能会实现，并且他为提升宝窦站动力供应提出了充分的理由。最终，他请求董事会推迟召开股东大会直到他回到英国，这样他可以直接向全体股东进行说明。显然他已经具备一切必要的能力。

12 月 24 日平安夜，坎普和马可尼雇了一架雪橇分别登门与纽芬兰的官员们道别，随后乘坐纽芬兰铁路公司罗伯特·G. 雷德提供的私人轨道车离开了圣约翰城。（雷德是该殖民地最有权势的商人之一，马可尼公司的内部备忘录里记载雷德"实际上控制着整个岛"。）他们在森林中穿行了 550 英里（约 885.1 千米），又去巴斯克港口搭乘 SS 布鲁斯号渡船。晚上他们一起为坎普的妻子孩子们的健康干杯畅饮，第二天又就着香槟品尝传统土耳其晚餐——这些美酒美食还是由雷德提供的。这个纽芬兰人还是心存希望能与马可尼做生意。

经历一夜强风暴雪，他们终于穿过卡伯特海峡，于节礼日那天（圣诞节后的第一个工作日）到达布莱顿海角的北悉尼。在那里马可尼像皇亲国戚般地受到当地政治名流的热烈欢迎。（欢迎人群中还有流散的意大利犹太人的领导者，他们是新大陆众多种族中的一支。）之后他们又搭乘另一种轨道车前往加拿大的悉尼。这次的车是由加拿大政府提供的，他们同样不遗余力地向马可尼示好。当天下午，在新斯科舍省省长乔治·亨利·默里的引导下，一行人继续乘火车前往矿业之城格雷斯湾。第二天，他们为建站选址。12 月 28 日一大早，在布莱顿海角仅仅停留两天后史密斯、马可尼和坎普就出发前往渥太华。他们的火车一过坎索海峡，各种推销者就涌上火车，他们中大多数是美国人，也想和马可尼做生意。

12 月 29 日礼拜天，他们抵达蒙特利尔市，雪仍下得很大。他们住在火车站旁边的温莎酒店。无论去哪里，马可尼都要住在当地最时髦的酒店里，在蒙特利尔也不例外。温莎酒店于 1878 年开业。这个富丽堂皇的酒店标榜自己是"英联邦最好的酒店"，它最早的宾客名单里有莎拉·贝恩哈特、马克·吐温和鲁德亚德·吉卜林。一大群记者正等在温莎酒店。12 月 30 日，蒙特利尔最重要的报纸《新闻报》用头版整版的版面讲述马可尼的成功故事，并且通栏大字标题为他定名"I'homme du siècle"——世纪人物。

马可尼在蒙特利尔短暂停留，早上乘雪橇四处拜会，与当地实业家们在会员制圣詹姆斯俱乐部共进午餐后就前往渥太华了。马可尼和坎普在渥太华又一次住在当地最好的拉塞尔宫酒店。同样还有一大群吵吵嚷嚷的记者在等候他们。马可尼接受采访时，史密斯强留住财政部长菲尔丁，告诉他把马可尼留在加拿大的唯一方法是建立某种合作伙伴关系。"我告诉他我的想法是加拿大提供建站资金，马可尼负责运营。"成本大概为 8 万美元（这个数字是马可尼告诉史密斯的）。"但这纯粹是在赌"，菲尔丁对史密斯说。"是的，纯粹在赌，"史密斯回答道，"但是我在火车上已经看到好几个人愿意拿出比这多的钱冒险，去争取相同的机会。"史密斯可能高估了自己的重要性，但是他所提出的条件成为双方交易的基础。

马可尼受到了来访国家首脑般的礼遇，与威尔弗雷德·劳里埃爵士共进午餐，在总督举办的新年雪橇派对上与初入社交圈的少女们调情——而那时她的未婚妻正在纽约等他。不过，媒体也在跟踪报道他的出轨行为。霍尔曼收到可能是来自《纽约时报》的简报，说的是马可尼在渥太华正逍遥快活。《先驱报》说"他在总督府的雪橇上玩得正欢，三四个女孩陪着他。他太喜欢这样的体验了，想要的也更多。"他的这段帝王般的欢乐时光与约瑟芬的悲伤忧郁并存。内心压抑使约瑟芬卧床不起。马可尼新年时从渥太华给她的妈妈发出电报说："希望约瑟芬能好点。马可尼。"

马可尼自己的日记中对这段欢乐时光一反常态地记录颇多（通常情况下，他自己的日记文字少得不能再少，只是提示、提醒或者一些神秘符号）。在圣约翰城苦行僧一般的生活过后，他在渥太华过得确实还行，在与政客和高级官员们进行不那么高级的会晤时，也会和年轻女性交际应酬。在渥太华，寻找马可尼的人中有一位是桑福德·弗莱明爵士,他是苏格兰裔加拿大工程师,一位改革者,被认为是标准时间的发明人。弗莱明提倡降低电报收费,正在推行加拿大有线电报线路国有化,由国家控制跨大西洋电缆。无线电可能使电报通信普遍实现"公民便利",这令他很激动,赞同加拿大政府给予马可尼的鼓励。 60

在没有经验老道的伦敦顾问陪同下,马可尼独立完成了与政府的一轮会议,起草了6页写给总理的信。信中详细说明了自己的愿望和期待。除了经济和后勤支持方面的细节(主要是补贴布莱顿海角站点的8万美元)外,他主要说明的是"如果加拿大政府能够在一定程度上有兴趣或者联合完成此项我希望成功实现的事业,双方就会互惠互利"。他希望加拿大政府能成为合作伙伴。劳里埃和他 61 的部长们对此很有兴趣。1月7日,在送出信件之后,马可尼与总督明托伯爵会见,被告知加拿大政府可能会对他的事业进行一定的资助。他们谈了很久,明托后来在备忘录中强调了马可尼的谨慎,他要求与政府之间协商的内容必须完全保密,因为如果让媒体知道只言片语会对项目非常不利。 62

马可尼离开渥太华前双方合同的主要细节已经敲定,条件是加拿大支付一揽子费用8万加元(相当于现在的200万美元)用于马可尼在布莱顿海角站点的建 63 设。因此,加拿大成为第一个完全欢迎马可尼,并资助他获得无线电通信专营权的国家——此事成为加拿大与垄断的跨国通信公司之间的矛盾的基础,并且一直持续到现在。加拿大也是以公私联营企业为基础的经济发展模式的开创者。 64 在这种模式下,基础设施成本由政府负责,由私营公司经营并允许他们获得利润。加拿大政府与马可尼的合同恰恰符合这一模式,而实际上还是这一模式的 65 原型范本。 66

劳里埃和他的同僚们——这些经验老到、世故的大英帝国的堡垒们为何会与27岁的年轻人(而且在很多英国人眼里还是个外国人)站在一起,对抗强有力的英美电报公司及其同样强大的盟友们?从某些方面看似乎与试图打破殖民主义有关。单就威尔弗雷德·劳里埃爵士来说,他可能将马可尼视为富有活力与勇气的先驱者。就他自己考量,马可尼从气质上讲更适合与加拿大公职人员一起合作,他们会在垄断专营的条件下以强大的公私合作关系为共同的目标努力,而这些不是那些在布莱顿海角到蒙特利尔的火车上以个人资本出资的投机商人们能给他的。他很容易成为他人起诉维权的目标,但加拿大人会应对得很好。

马可尼《1919 年回忆录》里这样写着:"事实证明加拿大政府不仅具有主动性,还很慷慨大方。"

马可尼现在已经准备好将加拿大的合同递交给伦敦的合伙人批准。但是回伦敦之前他还得再去一个地方。有人几周以来一直盼望他到纽约,以理清自己的婚约问题。现在一切都不同了。约瑟芬·霍尔曼等他完成"大事"已经等了 2 年,但是他远没准备好稳定下来,尽管他可能对与霍尔曼的婚姻生活做好了心理准备。

在纽约,媒体关于他结婚与否的猜测悬而不决,甚至霍尔曼的密友和家人也不能确定。(例如哈里·麦克卢尔新年前夜发出的新年贺词附带了这样一句话:"出于诸多原因,我急着想见到马可尼,和他握手。")约瑟芬也在向自己的人生导师,原学校校长,现为妇女国际会会长(第一个多国妇女人权组织)梅·莱特·休厄尔寻求建议。休厄尔用印有妇女会信头的纸给约瑟芬写信,措辞谨慎:"你能告诉我马可尼先生现在做的工作对社会有益这很好……我很想听听你对自己未来的规划。如果还要经历长时间的分离,我深表同情。可是,我想现在,在结婚前长时间的分离总好过婚后长期分离。"

1902 年 1 月 9 日,马可尼和坎普离开渥太华,回到蒙特利尔,在那与加拿大太平洋铁路公司的主席托马斯·肖内西爵士会面。无论在他整理行李时是否想到约瑟芬,来自霍尔的一封电报都将他摇回到现实:"赫勒尔德告诉我霍尔曼家族会在你入境美国时发出法院令状。"海伦·霍尔曼对马可尼在履行婚约方面停顿不前大发雷霆,打算起诉他毁约。这可能触动了他。1 月 11 日,他和坎普连夜坐火车从蒙特利尔出发,并在 1902 年 1 月 12 日礼拜天一大早入住纽约霍夫曼宫大酒店。他享受了英雄般的待遇,人们为他实现越洋信号传送而欢呼致敬,而曾经大家都认为这是不可能实现的壮举。但是媒体同样急于知道他的婚姻计划,显然他现在对这个问题很慎重。

现在,马可尼的婚姻计划几乎和他最新取得的成就一样备受关注。他下楼去吃早餐时,十几个来访者正在霍夫曼宫酒店等着他。配合问题回答的是"微笑和耸肩"。他告诉《纽约时报》自己在加拿大受到了"王室"般的待遇,在纽约除了经营业务几乎没有时间考虑其他事,一切从当晚专为他而办的庆祝晚宴开始。经过 48 小时的通告造势,美国电气工程师协会(AIEE)在华道夫-阿斯托里亚安排了 300 人的晚宴。他没告诉媒体的是，他已经请约瑟芬陪她出席晚宴，而她拒绝了。

美国科学界的精英，主宾马可尼的拥趸和他的主要对手们都获邀出席 1 月 13 日的晚宴。亚历山大·格雷厄姆·贝尔也在，与物理学家伊莱休·汤姆森和迈克尔·普平心满意足地坐在头桌，为马可尼选菜。爱迪生发来贺电，由妻子米娜代表出席晚宴。尼古拉·特斯拉表示遗憾不能出席。他告诉《先驱报》自己觉得不适宜出现在这样的场合，但是他希望能向马可尼表示祝贺，预祝他成就辉煌。特斯拉说："他是一个杰出的劳动者，有深度的思想家。"①

这次事件被过分夸大了。据一份行业杂志报道：

> 菜单用意大利橄榄油油墨印在海泡石绿色卡片上，外围由代表海景的素描图衬托。图上描绘的是大西洋的两处海岸，马可尼的一个员工站在高高的灯塔上用 3 个点发出信号"S"，一路穿越海洋。菜单中央是带有马可尼头像的大奖章，意大利国旗在飘扬着……

> 宴会厅的两端是巨大的匾额，一个用白色灯泡组成"Poldhu"（宝窦），另一个是"St. John's"（圣约翰），字母大约有 1 英尺长。发言人讲桌正对面是类似的匾额，上面是"Marconi（马可尼）"。在这 3 个标识之间是几个串联起来的导体，里面嵌入 3 个灯泡组成的灯组，有频率地间隔亮起，代表从考尼什海岸发往纽芬兰的 3 个点或者"S"。它们会适时地闪烁或者保持常亮，代表巨大的成功……

78

这次招待会使马可尼深受感动。经历多年地逐步发展跨大西洋信号传输，面对圣约翰城和渥太华的法律与政治上的紧张状态，及来自伦敦和行业媒体的压力，他终于可以毫不含糊地获得最优秀的同行们的认可。当他起立讲话时，"他的谦逊稳重也呈现出不同的状态"，他讲述了自己经历漫长的一连串的失败后才获得目前的成功，公开表示自己的成就是建立在其他科学家发明的基础上的。这些赞美之词令人惊讶之处在于他在纽芬兰的成功故事完全是他一家之言。

----

①特斯拉当时就住在华道夫-阿斯托里亚，避而不现显然是为了避开为马可尼准备的庆典。这场晚宴是特斯拉曾经的助力者托马斯·康莫尔福德·马丁组织的，为"一群特斯拉的敌对者"站台发声。(Seifer 1996，277)

《纽约时报》在一篇社论中说："在科学领域，很少有伟大的发现或事实会获得那些知晓一切却对此没什么兴趣的权威们无条件的信任。"马可尼是当时全球最值得信赖的名字之一。

但是在他的私生活世界里除外。霍尔曼的日记记录了接下来那些天发生的事。

（1902年1月14日，星期二）古列尔莫下午来了——和妈妈、海伦（约瑟芬的妹妹）谈了谈——随后他让我与他一起去恩迪克特（上西城的一个酒店，现在是综合性公寓楼）吃晚餐——因为我们在家里谈得不愉快——但是后来又很开心——希望一切恢复正常——更喜欢去年春天的时候。

（1902年1月15日，星期三）古列尔莫会在下午3时来——已经等了他7个小时——但是他没来。（他辩解称病，但是不知为何没能捎信给她。）

（1902年1月16日，星期四）中午，古列尔莫来了——一切都变了——没有希望了——我同意在下午5时与麦克卢尔先生见面——和他谈谈——发觉他最善良——后来单独和古列尔莫见面，我们的婚约结束了——我答应为了友谊戴着戒指——妈妈和海伦来了——最让人高兴不起来的场景……

1月21日，霍尔曼搭乘威廉·格罗塞大帝号前往英格兰。船离开霍博肯时，麦克卢尔代表霍尔曼家族向媒体发出声明，声明内容很简单："约瑟芬已经请马可尼先生解除两人的婚约，并且……马可尼遵从她的请求。"在霍夫曼宫酒店面对记者时，马可尼确认两人关系破裂。他说："抱歉，很抱歉，应该是这样的。但是霍尔曼小姐写信给我请我放她自由，不再承诺成为我的妻子。我别无选择只能遵从她的意愿。我对霍尔曼小姐的行为没有任何话想讲，只是她为未来的幸福做了自认为最好的决定。"记者在报道中补充道："马可尼先生看上去非常沮丧。"

马可尼从未透露他在写给约瑟芬的最后几封信中提及的尚无解释的神秘话题。《先驱报》引用霍尔曼母亲的话说："对双方而言都是灾难。"但是她没有对此进行说明。《先驱报》在报道中暗指马可尼的家人不喜欢这位准儿媳，因为"他在英格兰和意大利显赫的社会地位"，认为两人不般配。报道说马可尼的亲友们"对他的社会地位有更大的野心，无论从社会名望差别还是财富多寡方面讲，他都不应该选择一个美国姑娘。这场简单纯真的自由恋爱，缘自大西洋上一艘汽轮上的危险接近"。面对《纽约时报》的直接提问，马可尼矢口否认两人关系破裂 83
与报道中说的他在蒙特利尔出席晚宴时与他一起出席的一位著名女演员有关。他补充道："是有一个原因，但是霍尔曼小姐和我一致决定不公开。我能说的只有这么多。"随后他在第二天，即 1902 年 1 月 22 日，搭乘费城号轮船前往英 84
格兰。

　　霍尔曼的文件中有一份未标记日期、无签名的打字文件，可能是新闻报道或是通讯社消息的副本，描述了公众在听到消息后的惊愕："H. B. 霍尔曼女士公开宣告她的女儿约瑟芬解除与马可尼的婚约犹如强大的突然袭击，不仅仅对纽约人，还有美国民众。"《纽约时报》发表评论："足以证明发明家天生不是一个合格的未婚夫……天才们是众所周知的坏老公。" 85

　　霍尔曼很快恢复了平静。她的日记揭示了那段平静的越洋旅程，而她大部分时间都在与晕船作斗争。在瑟堡下船时，据报道霍尔曼与一位"彬彬有礼的男士"见面，备受照顾。她在去巴黎的火车上度过了一段快乐的旅程，全神贯注于与布达佩斯的伯罗斯先生的有趣对话中。他们抵达巴黎时，她有了一个新朋友。住在 Hotel de I'Athenée 酒店的房间里——"很好的房间"，有很多"奇怪的来自法国的物件"——她最初注意到的东西中有一个是《先驱报》法语版的一篇文章， 86
讲的是她和马可尼。

　　尤金·伯罗斯隔天来访，浪漫的爱情之花因巴黎的愉快时光而绽放。尤金带着约瑟芬去丽兹喝茶，在奥林匹亚看芭蕾，去卢浮宫和女神游乐厅。他给她送去紫罗兰，倾听她讲述与马可尼的分手故事——这是不能逃避的话题，因为巴黎的报纸每天都有报道。他终究还是去了布达佩斯，但是没忘记给她发电报、写信。霍尔曼最终也离开了巴黎，继续全欧洲游学之旅：霍尔曼的日记中出现了阿维尼翁、耶尔、圣莫里茨、热那亚、比萨、罗马和佛罗伦萨。日记终结于1902 年 4 月 5 日，但是他们的旅程显然还远至布达佩斯。一个月后《纽约时报》宣布了约瑟芬·霍尔曼小姐即将结婚的消息，"她曾经与无线电报名人马可尼先生订婚"，如今她要嫁给了匈牙利布达佩斯的尤金·伯罗斯先生。1902 年 5 月 22

87

日，婚礼在伦敦肯辛顿的圣玛丽阿博特大教堂举办，只有一小部分朋友到场见证。

伯罗斯夫妇的时间被分割在欧洲和纽约两地，他们通过积聚博物馆馆藏级别的欧洲艺术品而获得充足的财富。他们有两个女儿尤金·妮亚（生于1903年）和艾丽斯（生于1905年），1925年，两人一起从布林莫尔学院毕业，并且都嫁给了圣公会阁僚，于1930年6月一起举行婚礼。20世纪30年代，姐妹两人均活
跃于牛津团契——一个基督教组织，后来发展成道德重整运动。

约瑟芬·霍尔曼·伯罗斯于1941年10月去世，葬于印第安纳波利斯。葬礼通告中她的出生日期不详。这位生不逢时的温和但又坚定的女权主义者在标准的马可尼生平传记中被有效地粉饰掉了。最能直言不讳的马可尼的传记作者，即他的女儿戴格娜记录说在她的成长过程中只是隐约知道自己的父亲年轻时有过一次失败的婚约，直到要为自己的书搜集资料时，她才知道这位女士的名字。马可尼本人后来也与自己的一些前任女友保持联系，但是与霍尔曼小姐解除婚约后，似乎没再与她有过联系。20世纪30年代，他恳求自己的美国传记作者奥林·邓拉普不要在书中提及她，表面上看是尊重她的隐私，而邓拉普也照做了。然而，在他一生中最紧张的两年，在通往功成名就的道路上，约瑟芬·鲍恩·霍尔曼是他的朋友、爱人、知己，是会让他偶尔心烦意乱的人。她是到目前为止与马可尼走得最近的人，也可能没有人比她更近。

艾丽斯·伯罗斯·史密斯继承了她母亲的文件手稿，并做了些分类、注释工作。在她生命即将走到尽头的那段时间里，曾尝试请一家机构接管这些文件，但是没有成功。2005年8月，艾丽斯的儿子——约瑟芬的外孙——皮特·舍默霍恩·史密斯，加利福尼亚州的退休法官，将收藏赠予亨廷顿图书馆。研究人
员以前从未详细查看过这些文件资料，而现在在线就可以查阅。远距离无线通信的发明人和这位掳获了他的心后来又放他走的女士的两年浪漫史也算圆满落幕了。

第二部　表演者

第 10 章　树立品牌

雷·斯坦纳德·贝克一听到马可尼的公告便奔赴纽芬兰。贝克，31 岁，《麦克卢尔》杂志的副主编、自由记者，擅长撰写哲理散文和揭露腐败、呼吁社会改革的文章。《麦克卢尔》杂志于几年前令马可尼的名字为世人知晓。贝克当时很快跻身美国知名记者行列，以报道劳工纠纷和工人的工作环境著称。他还是1919 年巴黎和会时美国新闻局的局长，并最终为当时在任的美国总统伍德罗·威尔逊撰写了八卷本的人物传记，凭此于 1940 年荣获普利策奖。

关于马可尼的专题文章刊登于 1902 年 2 月那一版的《麦克卢尔》杂志，马可尼的声望就此树立。对于马可尼而言，也算是实至名归。"马可尼不认为自己是进行无线电报实验的第一人，或短距离发射无线电信号的第一人。他很感激该领域的其他工作人员以及他的助理们。"据贝克所言，马可尼发明的仪器解决了一个实际的、机械性问题——该仪器能够产生一种电波，这个电波能被远处的另一台机器接收。马可尼设计的装置是在已有发明的基础上改进而成，增加了一些使无线电报成为可能的性能。例如，马可尼利用风筝作为收发天线，可接收 1700 英里(约 2735.9 千米)外的地方发射出的信号。

贝克陪同马可尼去了新斯科舍，途中见证了马可尼谨言慎行的人格魅力。在去布莱顿角的路上，"那个蛮荒之国的每个渔民和农民似乎都听说过马可尼，因为火车一到站，他们便蜂拥而至，透过窗户往里看。令他们最为惊讶的是伟大的发明家竟然如此年轻"。贝克是这样描绘马可尼的外形特征的：身高("中等偏上")、性格("易激动")、举止("从容")。当马可尼对什么感兴趣或兴奋时，他的眼睛会闪烁着"奇特的"光芒。"全神贯注的表情显示他在进行紧张的神经活动……他话很少，为人坦率、谦逊……他以平静、近乎冷淡的态度接受自己所取得的成功；一切似乎都在他的预料之中。"

贝克也向我们介绍了促使马可尼获得如此成就的动力，"我印象中，他唯一一次流露出兴高采烈的神情是在打破纽芬兰有线电报公司垄断地位的时候，他将其视为最好的回馈。在马可尼的一生中，反对力量的存在一直是他不断努力的最大动力。"确实，27 岁的马可尼先后战胜了在蓬切西奥被父亲无情关在阁楼里时感到的孤独，意大利当局的冷漠，科研机构的怀疑，伦敦金融市场的保守，爱尔兰投资者的焦虑，科技类媒体的轻蔑以及 6 个国家军事官僚的不耐烦。

身处逆境，马可尼却有着调动各方支持的能力：从直系亲属，有良好社会地位并有兴趣支持他的赞助人，大众媒体到政界人士，从比利时国王到加拿大总理。后两位认为他们可以借用马可尼的技术来操控自己在全球权力博弈中的位置。马可尼对当权者的吸引力在于他虽说和当权者同属一个社会阶层，但仍处于劣势地位。马可尼能通过非常规途径接近当权者。同时，他无条件地被权力所吸引，却不知如何有效地加以利用。

马可尼几乎无处不在，已成为一个国际品牌。在几乎所有可授予专利权的国家，他拥有 130 多项专利。马可尼一直在完善自己的核心发明，攻克新的难题，如山脉、沙漠地形以及更远的距离。他的无线电通信系统目前被世界上最大的海军和商业轮船公司采用，以满足各种各样的目的，从人与人之间的问候到危难时向岸上发出求救信号。正当马可尼的公司开始盈利时，他却将收益投入到新的研发项目中。这个决定似乎合情合理——马可尼在向有线电报公司挑战，后者的投资由此预计减少了 4 亿美元。无线是"新的"产业还是旧产业的衍生品？现在下结论还为时过早，或许问题本身还不够成熟，也没有提出的必要。

有线电报行业人士称，即使无线电报最终崭露头角、大获成功，那也是和有线电报相辅相成的，而不会成为竞争对手。有关马可尼所参加活动的报道对有线电报公司的股票价格产生了不利影响。有线电报公司是大型的法人单位；公司领导者的名字几乎从未被媒体提起过，而无线电报公司至少在美国、英国、加拿大和意大利都被称为是"马可尼系统"。马可尼最大的优点是他安静却又有无穷的热情，吸引、影响着每一个遇到他的人。他的成就也成为衡量 20 世纪初技术创新的一个指标。

随着世界知名度的提高，他所面临的障碍也逐渐增多。现在他不断行走于世界各地，试图控制几大洲的一连串的活动。他的生活似乎是由不同的线组成，而线的末端即将松散开来。在接下来的几年里，他面临的主要挑战是无论身处何地，对世界另一端的事务都要了如指掌。

* * *

因在纽芬兰、加拿大和纽约取得的成功而兴奋激动，因和约瑟芬·霍尔曼的关系破裂而感到失望，马可尼于 1902 年 1 月 22 日星期三那天乘坐 SS 费城号轮船前往伦敦，8 天后抵达目的地。此时他还没有固定住址，"家"不是位于贝尔美尔街上的加尔兰特酒店就是巴斯俱乐部（巴斯俱乐部也是马克·吐温喜欢到访的地方，它是伦敦为数不多的也对女性开放的男士俱乐部）。但马可尼没有时间考虑他的个人状况，发自加拿大财政部长的电报在等着他回复："政府采纳了你的提议。"1902 年 2 月 6 日，马可尼公司的董事会也通过了他在渥太华时商谈的协议草案，马可尼发电报称他将于月底确定最终的协议。一周后该协议被加拿大政府在演说中热情提及。

接下来的几天，马可尼为公司即将召开的第五次年度股东大会做筹备工作。公司将向股东说明：目前公司拥有一个完全国际化的组织，致力于"在英国以外的国家以同样的方式统一采用马可尼无线电报系统"，即建立由政府支持的垄断公司。预计将在智利、印度、阿根廷、荷兰和巴西委派代理人。公司已于 1899 年把它在美国的专利权卖给了美国马可尼无线电报公司。在与加拿大进行突破性的合作商谈之后，无线电报公司也即将在加拿大设立。

2月20日，马可尼在年度股东大会上的发言大获成功。马可尼对纽芬兰市场的开发为他赢得了广泛赞誉。现在，他主要担心的是如何使股东们确信无线电报潜在的商机。股东们依旧顾虑重重，其中一位极其尖刻地说道：在英美电报公司的一次会议上，有人提到了威廉·泼里斯（于1899年被授以爵位），他曾声称水下有线电报公司从商业盈利上讲无须畏惧无线电报公司。

马可尼直言不讳地反驳了他的这位前导师，说："泼里斯或许拥有众多科学荣誉，但他没有资格那样评论"，并且"泼里斯对我所研发的系统的了解程度仍然停留在3年前的水平。至于该系统目前的运作状态，泼里斯先生一无所知。"奥利弗·洛奇虽说承认马可尼所取得的成就具有重要意义，但质疑了无线电报的商业可行性。马可尼对他的质疑也有着恰到好处的讽刺。慷慨、谦和，处于守势的马可尼的确很迷人。

马可尼的发言显示，他对自己在人生这个阶段的身份已经有所认知——既已大获成功，也可以表达一些乐观的愿景。马可尼日益成为全球知名人士，他同时意识到帝国的疆域正在发生着变化，但他仍旧将自己定位为一名大英帝国主义者。马可尼建立起的跨大西洋通信连接方式影响巨大。"通过不断降低世界两大英语共同体的交流成本，我相信我们所做的一切将有助于增强两国之间的纽带关系。"

马可尼的这一评论被主流媒体和专家媒体广泛报道，当然也不会被他在德国的主要对手遗忘。1902年2月22日，马可尼重新起航，从南安普顿前往纽约。航行途中发生了一件大事。这件事显示出地缘政治的危机正在上演。普鲁士的王储亨利，即德国皇帝凯撒的弟弟，即将代表霍亨索伦王室对美国进行"友好"访问。亨利和他的两个堂兄，俄国沙皇尼古拉斯及英国未来君主乔治五世极其相像。年轻的他被人们赞誉为"白马王子"。他的出访引来媒体的热切关注，同时也是德美关系发展史上的一次重大事件。

亨利王子乘坐的威廉皇太子号轮船从德国库克斯港驶出，沿汉堡-美国航线前往美国。船上配备有马可尼无线电报系统。当船靠近哈德逊河上的码头时，纽约马可尼公司的工程师和操作员开始实施周密的计划，和位于海中央的威廉皇太子号轮船取得了联系。暴风雨天气使航行延迟了两天，人们对王子的安危有些担忧。2月24日，当轮船安全抵达纽约时，亨利王子受到当地社会名流皇室般的礼遇。接下来的一两天，约翰·皮尔庞特·摩根和一群金融家为了表达对王子的敬意，特地举办了一场盛宴。出席宴会的杰出人物有：亚历山大·格雷厄姆·贝尔，托马斯·爱迪生和尼古拉·特斯拉。

12

亨利王子此次航行的一个亮点是当威廉皇太子号和向东行驶的卢卡尼亚号轮船擦肩而过时，马可尼公司的操作员与卢卡尼亚号上的人员建立了通信连接。离开库克斯港后，威廉皇太子号轮船与博尔库姆的灯塔船保持联系长达 3 个小时；随后，与位于多佛港附近的北福兰港马可尼无线电台取得联系；最后又与楠塔基特岛取得联系，亨利王子在此向罗斯福总统致以问候。毫无疑问，这一切都极大地宣扬了马可尼和他的无线电通信。

13

亨利王子对无线电赞叹不已，预想几周后回德国时，可以在德意志号轮船上发送一两条信息。但问题是，虽说德意志号轮船和威廉皇太子号轮船同属于一家航运公司，但安装着斯拉比-阿尔科的通信设备，而斯拉比-阿尔科的设备是马可尼无线电报系统的竞争对手。按照契约规定，采用马可尼无线电报系统的轮船和电台，除非情况紧急，否则禁止与安装其他通信系统的船只和电台联系。关于德意志号轮船的报道意见不一，《纽约时报》称王子的旅途愉快而平静，欧洲媒体却报道说：当怒气冲冲的亨利王子于 3 月 18 日晚抵达库克斯港时，他严词谴责了等在码头迎接他的哥哥，德国大帝。

14

事实上，马可尼为了加强他的垄断地位，曾一度禁止安装了马可尼无线电报系统的船只及岸上电台与安装其他通信系统（主要是德国的）的船只和电台"互联互通"。他宣称没有竞争对手，只有篡夺者，如出售非法克隆设备的斯拉比和冯·阿尔科。此外，马可尼称他所拥有的专利权保护使他不受任何所谓的竞争者的攻击，他在所有租赁合同中列了一项不可更改的条款：禁止互联互通。他还声称互相联络在技术上是不可能的，但事实并非如此。

德意志号无意间与位于楠塔基特岛上装配了马可尼无线电台的《纽约先驱报》通信站取得了联系。其后，也就是在几个月前，马可尼给卡斯伯特·霍尔写了一封极具说服力的信，强调了合同中增加此条款的重要性："鉴于此，你必须迅速联系《纽约先驱报》报社，指出他们违背了与马可尼公司签署的协议。同时，我也提醒你注意，这次联系显然经过我们楠塔基特岛上主管助理的同意，故可归因于他的失职或有意违反协议规定（尽管第二种情况不大可能）。"霍尔收到信

15 后立刻采取措施，确保协议各项条款得以有效执行。

16 马可尼1919年的回忆录中描述了亨利王子横渡大西洋之后的情况，因为"引发全国性的暴怒，堪称马可尼憎恶症"。当时欧洲媒体连续发布数篇文章，以正义者的姿态愤怒地讲述德国皇室遭受的侮蔑。但（当时还在纽约）马可尼在1902年3月30日接受《纽约时报》的长篇专访时捍卫了自己的立场，声称他以专利权和契约自由的名义制订禁止互联互通的条款，同时对德意志号轮船是否有能力与马可尼的陆上电台取得联系表示了怀疑。至于那些声称马可尼公司蓄意干扰德意志号系统运行的言论，他认为是无稽之谈。他并无诚意地说，他敬重德国皇帝凯撒，认为他是世界伟人之一，回忆起几年前应凯撒的请求，他曾接待过阿道夫·斯拉比，斯拉比现在却在抄袭他的无线电报系统。（斯拉比也不在一旁观望了，他告诉媒体说，是特斯拉在1893年圣路易斯演讲中最早提出了这

17 一想法，只是如今被马可尼付诸实践罢了。）

在伦敦，马可尼公司已经进入自主运营模式。在柏林代理人的强烈坚持下——实际上是他口述了一封信并要求立即转达——弗拉德-佩奇给凯撒的海军副官及高级海军上将古斯塔夫·冯·森登-比布兰写了一封致歉信，而他们两人必定会在周例会上将信的内容报告给威廉："若亨利王子殿下的此次航行因未能联络到我们设在利泽德的无线电台而遭遇了不便，我深表歉意。我们实无半点怠慢之心，能够竭尽所能为殿下效劳我们荣幸之至。"

18 弗拉德-佩奇的危机公关措施不力，也错过了时机。无线电报已成为德国皇室的一项战略性发展计划，他们要建立一支对抗英国霸权的海军。威廉大帝镇定自若，决定召集几个大国在柏林召开国际会议，旨在就确保无线电报系统之间的开放式交流订立法规。这一提议在接下来的10年逐渐得到落实，而这也预示着马可尼的垄断计划即将终结于萌芽状态。

* * *

德国人以亨利王子事件为借口，开始讨论一个他们思考已久的问题，即20世纪初要如何管控新的通信技术。英国已建立起对国际有线电报系统的强有力控制，但威廉大帝坚信，在无线通信系统领域，这种情况不会再上演——尤其是当马可尼公司被人们认定是英国的公司时。从这个意义上讲，无线电报系统成为帝国间竞争最为激烈时的一颗棋子。

与此同时，无线电报系统也是这类思想冲突的核心，即政府和国家在商业、社会发展以及通信领域的角色。英国邮政总局自 1869 年起主张对国内电信公用设施实施垄断，开拓了一个新的模式，该模式在接下来的几十年随着无线电广播的发展得以复制。在美国，通信领域的发展主要甚至全部依靠政府法规管辖下的私人投资和综合性大企业主导。电信以及后来无线电广播的管理形式成为通信业发展为私营企业后的世界通用模式。

加拿大和其他英国领地的存在为马可尼无线电报系统的生存提供了一块中间地带，因为寻求独立与自主权的殖民地政府试图利用通信建立自主国民经济、构建国民身份。马可尼，人脉资源丰富的局外者，是这些殖民地国家的最佳合伙人。1902 年，他在每一个他拥有公司的国家进行了定制化的企业布局。

无疑，一系列的国际法规将很快出台以管理无线电通信。19 世纪后半期，两大国际通信系统，邮政和电报，已各自建立起一个政府间组织（万国邮政联盟和国际电报联盟），通过国际协定为它们各自的领域订立规则。1902 年，关于电报的 1875 年《圣彼得堡公约》亟待更新以涵盖无线电报。为了获取最大利益，阿道夫·斯拉比于 1902 年 3 月首次公开提出了这一想法："建立国际协定，管理信息的无线传播"，这一做法直接指涉亨利王子事件所证实的马可尼的垄断意图。[19]短短几天内，媒体报道称德国官方向美国、英国、法国递送了照会文件，要筹划一次会议，旨在就防止公海无线电报垄断所应采取的措施达成一致。此举被框定为"楠塔基特岛无线电台拒收亨利王子在德意志号轮船上所发出信息的直接后果"。这其实是一个借口，但有其好的一面，体现了由这一新兴产业引起的[20]冲突。

柏林会议是世界上首次规范无线电报使用的国际会议。随后签订的协议为 20 世纪无线电管理做了准备。马可尼声称，公司产品的技术规格阻止了本公司设备与对手公司设备之间的互相联络（一个世纪后，同样的声明将从微软和苹果两大公司发出）。他还说，从商业角度分析，允许其他公司从本公司所开发的技术和专长中获利对本公司来讲并不公平。德国、法国和美国都不愿看到一个英国企业在无线通信领域建立全球垄断。德国人试图使当时其他几个大国确信（除了英国和意大利，因为这两个国家已与马可尼公司签署合约，必须履约），无线电报系统应当对其他技术标准开放，由国际协议管理。1906 年、1912 年、1927

年及 1932 年的一系列外交会议为构建无线电的国际监管框架奠定了基础。无线电如今仍然风靡全球。马可尼及其公司在这些谈判中起到关键作用，这些谈判为后来以现代世界电子媒体系统及互联网为特色的全球管理机制奠定了基础。

马可尼的观点将成为放宽监管这一企业意识形态的原型。首先，他坚持本公司有权享受它所开发的系统所带来的利益。马可尼坚信，德国人的真实目的是促进本国无线电报公司的发展。尽管马可尼声称垄断是一个成功发明的合理战利品，但德国人并不愿意看见马可尼垄断。他们做出如下解释：竞争会导致更低价格、更优质量——也就是说，将对消费者有利，因而会成为国际会议的合理目标。问题的核心是如何理解管制：当市场力量和判例法产生矛盾时政府应该干预吗？马可尼和他的支持者们认为法人财产权和企业协议是实施管理的唯一合法形式。世界各地的政府，尽管千差万别，但都宣称为了获取更大的总体利益自己有权对市场进行干预。可是他们并没有用到协议条款，而是在说通信是公有财产。

* * *

马可尼利用搭乘费城号轮船横渡大西洋的机会进一步延伸自己的信号发射距离。这一次是有见证者的。当轮船靠近美国时，他收到了来自 2 100 英里（约 3 379.6 千米）外的宝窦站的信号。这一距离是当时能达成的最远距离，费城号的船长当时也在场。马可尼现在相信，只要有足够的电力能产生更大的电火花，无论多远的距离，信号都可以抵达。设立在新斯科舍的永久站点的目标是进一步完善马可尼的无线通信系统，这样他可以定期、稳定地发送完整的信息，并且他也希望尽快建立可与有线电报公司竞争的商业服务体系。

在纽约停留一周后，马可尼去了加拿大，先在蒙特利尔落脚，随后于 1902 年 3 月 10 日抵达渥太华。在那儿，许多合同事宜亟待解决。马可尼表现得严谨、强势，始终坚持抵制加拿大在协议中添加控制点。劳里埃单枪匹马与马可尼进行细节协商。最终，对协议条款略作修改后，双方高兴地于 1902 年 3 月 18 日签署了协议。这一事件的象征意义显然是马可尼和劳里埃总理的政治立场相同。在司法部长查尔斯·菲茨帕特里克（和马可尼一样有爱尔兰血统）的建议下，将这笔 8 万加元的合同日期填写为 1902 年 3 月 17 日，即圣帕特里克节那一天，以图吉利。

协议的核心是马可尼公司将分别在英国和布莱顿角设立两个站点，利用马可尼的通信系统促进两国之间的商业交流；同时，马可尼公司将提供比有线电报公司费用低 60% 的商业服务（每个字 10 美分而非 25 美分），并在建设新斯科舍站的过程中尽可能地使用加拿大的器械、材料和人力，以显示出对加拿大贸易保护主义者所提出的"国家方针"的让步。 21

马可尼随即赶赴布莱顿角，于 3 月 21 日深夜的持续降雨中抵达悉尼。在火把的照射下，他被接至下榻的酒店，而当晚的陪同人数在他看来似乎是"整个意大利殖民地居民倾巢出动"。考察了几个地点后，他选定一块 10 英亩（约 4.05 公顷）大的场地。这块地归美国控制的石油公司所有，位于 Table Head 海角，在海角东海岸矿业城镇格雷斯湾 60 英尺（约 18.3 米）高的悬崖之巅，位于当地一个主要煤矿的北方，从这里可以俯瞰整个海洋。马可尼很快签下了租约，并让理查德·维维安来负责。他在 4 月 9 日回英国前去了趟纽约。 22

这份协议令马可尼、加拿大和布莱顿角的偏远地区新斯科舍成为世界通信发展的最前线；也帮助马可尼公司获得了急需的资金，这与马可尼之前和英国、意大利及美国政府间的协议形成了鲜明的对比。布莱顿角站——公私合作的典范——在马可尼未来 15 年的研究、商业及个人活动中发挥着重大的作用。

现在，马可尼只要有空就会到他的实验站去工作，为的是拓宽系统的应用范围，在全球市场建立垄断地位。来自伦敦公司的经理尝试利用公司与各地子公司建立的日益复杂的共联网络开发更多可做的生意，延伸公司的触角，进一步发挥公司的影响力。马可尼作为公司的董事长和主要股东，负责每一个重要决策——他也有能力管控无数的、大大小小的决策。公司内部在经营理念上存在根本性冲突。最为激烈的一次冲突发生在马可尼与霍尔之间，但马可尼凭借个人魅力和交际手腕平息了这位好胜心很强的经理的怒气。

霍尔于 1902 年 7 月 25 日接替弗拉德-佩奇，被任命为公司的常务董事。马可尼和霍尔行事风格的分歧突出地体现在与英国邮政总局的交易往来上。英国邮政总局曾是马可尼公司的竞争对手、潜在的合作伙伴和政治支持者。马可尼公司尽管拥有新树立起来的声望和持续不断的媒体关注，但它依然需要建立起稳固的金融基础。公司和英国海军部之间签署的合约规模不大，但和邮政总局（一个更为重要的收益来源）之间的关系始终不稳定。霍尔一派认为任何政府都 23

是落后的，办事效率低，官僚主义盛行，浸染在政治的污泥浊水中。但马可尼坚信政府是潜在的合作者，有资金、人脉广、具有政治影响力；他在试图建立全球垄断地位的过程中体会到与英国皇室形成强强联盟的价值所在。

在接下来的五六年，马可尼和霍尔在公司不停上演着二重唱。霍尔竭力保护公司的每一寸土地，而马可尼频频向投资者、政治家和媒体示好。当马可尼在黑文或宝窦时（至少一半的时间都在），霍尔会一天给他写几次信，告诉他公司在伦敦以及其他办事处的进展。信件通常长达数十页。而马可尼的回信总是简单扼要，无非是同意、不同意或对霍尔的战略性建议做一些修改。必要时，马可尼会去伦敦参加董事会议，面对股东发言或和部长一起喝茶。霍尔不屈不挠的性格对确保公司的正常运转至关重要。当马可尼对某个项目尚不确信时，他也不会说"不"，而是经常性地拖延，而霍尔是唯一一个敢催促他采取行动的人。

1902 年 3 月，马可尼厌倦了英国人的守旧态度。他向《纽约时报》的记者坦露心声"我感觉在英国的收益不会很大。他们有点墨守成规"。马可尼此时已在英格兰沿海拥有 25 个站点，但英国邮政总局对本国电报业的垄断阻断了这 25 个站点与内陆通信站的联系，同时也阻止这 25 个站点间彼此联系。出于商业利益考量，他们只允许无线电报公司与 3 海里外的轮船联系。这也导致英国对通信的统治权及监管权的终止。马可尼表示，英国的这一限制会促使他将自己的根据地撤离英国。共和党的、亲商派的《纽约时报》将马可尼所面临的问题归结为政府对公共事业的所有权以及对竞争的无情压制。"如果英国官员给马可尼先生制造麻烦，迫使他去了法国和西班牙，这将是无比愚蠢的一件事。"英国政府也意识到了这一点，想和马可尼进行协商，希望他能开心地留在英国。

除了主要的研究设备和公司总部都在英国外，马可尼还和英国达成了一个商业协议，协议不仅使双方都有利可图，还具有重要的战略地位。1901 年 9 月 26 日，马可尼国际海上通信公司（Marconi International Marine Communication Company）经过数年谈判，与劳埃德公司签署了一份为期 14 年的协议，为"海上信号发射"建立了单一的商业无线电报系统（在全球范围内，但部分地区除外，尤其是美国、夏威夷、智利，因为在上述 3 个地方，马可尼已经与当地签署了协议①）。劳埃德公司对马可尼通信系统拥有独家使用权，并同意只选用马可尼的系统。 26

在马可尼建立公司初期，劳埃德公司是第一家对马可尼的发明感兴趣的商业企业。马可尼与劳埃德公司之间最初往来虽少，但对公司实现商业立足至关重要，这也揭示了马可尼的个人兴趣在技术研究和商业维度上存在的张力。双方直到 1901 年 9 月才达成一个全面协议。马可尼和劳埃德公司当时也意识到合作也是防止政府干涉、接管无线电报业的一种方式。《电工》(The Electrician) 报 27 道称，1901 年劳埃德公司所签署的这一协议"为马可尼通信系统在商用船只海上信号传递，商船之间的通信以及商船与海岸的通信方面奠定了基础"。劳埃德公司被授予的有效垄断权利比理论上由法院支持的专利权更为切实、可靠。劳埃德公司同意接收或传输轮船所发出的信号，但前提条件是该轮船上所安装的装置必须是马可尼公司所提供的。 28

这就是商业人士所喜欢的合作模式：互利共赢，至少起初是互利共赢的。 29 随着无线电报应用的持续开发，对协议中权利的解读也出现了争议。马可尼频繁出面调解劳埃德公司代表人亨利·赫奇尔与霍尔之间的矛盾。公司最终陷入一场官司，冲突持续发酵，甚至在 1906 年法院裁决之后又延续了一段时间。但 30 和劳埃德公司签署的协议对马可尼正在发展中的垄断性商业模式起着至关重要的作用。该协议凸显了由单一实体端对端地控制无线电报运作的有效性，因此支持了马可尼反对"相互通信"的观点。同时，这一协议也成为一个具体的法律障碍，阻止德国破坏马可尼的垄断政策。

该协议极大地促进了马可尼与英国邮政总局之间的交易。这一时期，马可 31 尼意图建立马可尼公司所有的、借助英国邮政部门垄断地位的商业化无线电报服务系统(就此可以替代传统有线电报系统)，也就是说私人经营的公共服务系

①海事信号传输被界定为收集、发布、扩散有关运输、货物、运费和的情报及信息，就像目前劳埃德公司所收集、发布的信息和情报一样。这一信号和"海上电报"截然不同，"海上电报"指任何发送自或至船只的、无法被"海事信号传输"合理描述的信息。这部分信息由马可尼公司保留。随后马可尼称根据协议，劳埃德公司无权收集、发布越洋电报信息(备忘录，被认为是 SFP 所写，2 月 25 日，1903，OX 248)。

统——他为此做了诸多努力。

在轰动一时的马可尼越洋信号传送事件之前，马可尼公司和英国邮政总局之间的关系状况经由一系列具体的、涉及公司试图建立自己的立足点的来往信件显现出来。一封来自高级官员 J.C. 兰普的信中概述了英国邮政总局的观点，对马可尼公司的声明进行了评价。《1869 年电报法案》允许马可尼公司将海岸电台和本国的电报系统连接起来。兰普在信中写道，邮政总局对此表示反对，马可尼信号站与英国领海内的船只之间传递信息会侵犯邮政总局的垄断地位，因而"如果要进行该操作，需要获得他们的许可"。最重要的是，公司和邮政总局
32 之间的任何安排都不得妨碍马可尼专利权的有效性和适用范围。

在一封来自弗拉德-佩奇寄给一位不知名的官员（可能是邮政大臣罗德·伦敦德里）的机密信件表明了马可尼公司的立场：公司请求获得许可，以期"与邮
33 政总局合作……组织和管理陆上电报系统，为公众造福。"马可尼公司最初是依靠英国提供的资金建立起来的，受英国法律的管制。它在海上电报传送领域是先驱（重要的是还未被管制），后申请许可，在英国领海拓展业务；现在它再次申请许可，想将业务扩展至陆上电报领域。一切都关乎利益。公司声称，它的提议对双方来讲是公平公正、互利共赢的。"一方面增加了邮政总局的收入，另一方面马可尼公司也能够获得相对于其已支出或正在支出的巨额资本的充足回报。"

表面上看来，将国有企业和私营企业结合起来的方式很适合马可尼，因为马可尼生性坚定但也温和。但是，马可尼在策划执行过程中也会很无情。即使是争强好胜的霍尔有时也觉得需要控制一下他的上司。1901 年 7 月的一封霍尔写给马可尼的信描述了当时的情况。那时马可尼打算从公司与邮政总局的各项工作安排中撤回个人服务时，霍尔在信中说："很显然英国政府对此无权要求，但除了专利之外，如果向他们证明个人服务业务的价值，那将会是非常值得的。这样就向英国政府强调了这一事实：即使他们意欲剽窃公司的发明，没有你的
34 合作，他们的胜算也很小。你的提议意味着战争——现在的平静对公司有利。"

马可尼坚持己见，试图用各种计策、以各种切实可行的方法打破英国邮政部门的垄断地位。1902 年 5 月（当时，马可尼患上流感，躺在黑文站的病床上），马可尼指示霍尔要求通过邮政部门的陆上电报系统接通宝窭站和伦敦，但没奏效。马可尼采取了更为直接的方式。10 月，霍尔给新上任的邮政大臣奥斯丁·

张伯伦写信，重述了公司需要获得许可的请求。后来从格雷斯湾获知，公司不可能得到这一许可。马可尼指示霍尔亮出他自己这一道王牌："我希望你向他们指出，再有不愉快的事发生，马可尼公司将把无线电报系统在欧洲的中心由英国移至意大利。"而后，他又莫名其妙地说："当然，这正是意大利政府梦寐以求的结果。" 35

在马可尼公司和英国邮政总局关系剑拔弩张的局面下，一个问题突显出来：英德之间正酝酿着一场冲突。霍尔称，大英帝国的利益危在旦夕，这正是英国政府应该支持马可尼的原因。霍尔在推介会上对英国一位高管说：

> 正如您所知，去年德国凯撒皇帝给所有大国都发了一份外交照会提请大家关注无线电报问题，并召开了一次会议。会上公开宣布的目标是将无线电报系统用于海上的所有船只。这无疑是在谴责英国。马可尼公司，作为一家英国公司，并且是原始专利的所有者和无线电报商业体系的组织者，将最终为大不列颠创造巨大的价值和利益。因而，英国政府应当竭尽全力给予支持，这一点至关重要。 36

备忘录末端，有人手写了一句："邮政部门官员恒久不变的敌意。"或许，这是一条会应验的预言。1902 年的最后一天，兰普写信给霍尔，通知他英国邮政总局不会授予马可尼公司所要求的许可权。正如霍尔在他的备忘录中记录的那样，目前的风险很大。 37

第 11 章 管控

马可尼在加拿大已建立一个北美滩头阵地。他和英国当局玩猫捉老鼠的游戏，但他们至少像马可尼需要英国政府一样需要马可尼。当他准备迎接来自德国的挑战，正如他在格雷斯湾写给霍尔的信件中暗示的那样，他还握有一张王牌：意大利。

在他成功建立越洋无线电报业务之前，马可尼已经感觉到意大利媒体在以温和的方式毁谤他。路易吉·索拉里为其辩护，但遭到海军上将卡洛·米拉贝洛的强烈劝阻。米拉贝洛是一支重要的舰艇分队的指挥官（很快就被任命为海军部长）。意大利政府密切关注马可尼的近况。1902 年 2 月 18 日，驻蒙特利尔的意大利总领事注意到在最近召开的国会会议上有两项议题值得注意：采取措施应对无政府主义者的政治活动（今天我们称为反恐措施）和马可尼协议。

马可尼决定向意大利抛出新的橄榄枝。1902 年 4 月 12 日，在乘坐莫扎迪斯号轮船经由纽约去往英国的途中，他给索拉里写了一封长长的密信，细说了他最近在费城取得的成绩，表示他有信心在意大利和意大利在厄立特里亚建立的东非殖民地之间以及意大利和拥有大量意大利移民的南美洲之间建立无线通信联系。他还以与加拿大签署的合同作为证据，表明至少有一个国家的政府非常看重他及他的公司。

索拉里的游说努力直接指向年轻的国王维托里奥·埃马努埃莱三世。维托里奥·埃马努埃莱三世于 1900 年其父亲遭暗杀后继位。1902 年 6 月，意大利国王命令海军将他的私人巡洋舰，一艘 7 000 吨的战舰交由马可尼进行设备装配。显然，国王是支持马可尼的。若从海军角度来讲，也可以看到马可尼的无线电报系统已经得到完善。马可尼因这一新的机会而充满战斗力，全力以赴地做着准备。

1902 年 6 月 10 日，卡洛阿尔贝托（Carlo Alberto）号巡洋舰从那不勒斯起航，船上载有索拉里和多疑的海军上将米拉贝洛。他们的计划是趁意大利国王参加爱德华七世的加冕礼的机会到英国接马可尼，但是爱德华国王患了阑尾炎，加冕礼不得不延迟。加冕礼的延迟正好遂了马可尼的心意，他在6月27日登上了暂时停靠在普尔港的卡洛阿尔贝托号，并且很快就和米拉贝洛相处得特别融洽。他在6月29日写给霍尔的信中说，"他们也想协商在意大利海岸设立跨大西洋发射台的条款。海军上将和这些官员们对我都很友好，并且随时准备在这只巡洋舰上做能够有助于这项实验的任何事情。"随后，马可尼回到了黑文站和伦敦，向董事会作了"关于意大利政府对于我们在意大利开展业务所优先考虑的方法"的声明（即通过他自己——一种不同于在英国、加拿大以及公司正在开展业务的任何其他地方的模式），意大利政府要求马可尼亲自负责公司在意大利的业务。霍尔称马可尼已经私下里从意大利海军处获得了一份20套装置的订单，并且意大利政府计划建立一个"与加拿大发射台的条件相同"的远距离信号发射台。最后，马可尼请董事会放心，他已受邀与意大利国王同乘卡洛阿尔贝托号一起到俄国喀琅施塔得港口游览。

去喀琅施塔得的邀请是马可尼在欧洲的政治地位日益提高的另一个信号，喀琅施塔得是俄罗斯海军总司令部所在地，在芬兰湾的东端护卫着通往圣彼得堡的通道。卡洛阿尔贝托号巡洋舰于1902年7月6日驶离多佛。马可尼于7月7日在宝窦站上船。7月16日他见到了沙皇尼古拉斯并在圣彼得堡（又名彼得格勒）检阅了俄罗斯军队。亚历山大·波波夫作为观众，见证了沙皇向马可尼授予圣安妮勋章。亚历山大·波波夫还送给马可尼一张印有"古列尔莫·马可尼是无线电通信之父"的照片——令人钦佩地大方承认了马可尼在无线电通信上的地位。卡洛阿尔贝托号于7月22日驶离喀琅施塔得，马可尼则在8月1日回到英国，刚好能在爱德华七世改为1902年8月9日的加冕礼之前做几天准备。

卡洛阿尔贝托号仍任由马可尼支配，他在1902年8月23日再次出发。在经由西班牙和直布罗陀海峡驶向意大利的航程中，马可尼每天都与宝窦站保持无线电通信联系。索拉里保留了卡洛阿尔贝托号详细的航海日志，这些日志表明，令马可尼满意的是大面积的高海拔地带再也不会对无线通信构成阻碍，白天发送信号比夜间需要更多动力。马可尼的新专利磁性检波器是对他的系统的有用补充。他还确信，很快他就不仅能发送信号，还能越过任何距离发送完整的消

8　息。他开始计划去布莱顿角。

　　5年来再次踏上意大利的土地，这时的马可尼已经把各项事务处理得有条不紊。9月3日，他在西班牙加的斯的船上给霍尔写了封信，说米拉贝洛暗示公司向意大利国王致信问候可以另辟蹊径——这将是英国和意大利之间的第一次无

9　线电传输，也是马可尼制订的自己与意大利重建关系通盘战略的一部分。对此持续关注几个月后，米拉贝洛改变了态度，他给海军部长写了一封热情洋溢、充满赞美之词的长信，他在信中赞美马可尼为"我们伟大的同胞……谦虚至极的

10　年轻科学家"。

　　9月10日，卡洛阿尔贝托号巡洋舰抵达拉斯佩齐亚。索拉里说，第一个在那里迎接这艘巡洋舰的是日本海军武士，他特地从罗马赶过来，明确提出要马可尼承诺他的公司将向大日本帝国海军出售最先进的海军设备，并且训练日本

11　军官如何使用这些设备。马可尼给霍尔发了封电报，他说意大利海军正让卡洛阿尔贝托号巡洋舰把自己带往"布莱顿角、科德角以及任何他要前往的地方。

12　《伦敦时报》上的宣传很是令人满意"。霍尔确保《伦敦时报》收到了这条新闻。

　　在拉斯佩齐亚待了一两天后，马可尼和索拉里接着就去拜访了意大利国王，当时国王正在皮德蒙特的别宫避暑。几天后，马可尼在都灵遇到了邮电部部长坦克雷多·加林贝蒂。两人开始讨论马可尼的公司与加拿大签订的合同。随后，马可尼去了博洛尼亚和蓬切西奥与父亲朱塞佩重聚，这是他5年多来第一次去

13　格里夫尼庄园。最终，1902年9月24日，马可尼乘火车离开博洛尼亚前往伦敦，卡洛阿尔贝托号则驶往英国。

　　德国政府邀请了英国、法国、俄罗斯、意大利、美国、澳大利亚和匈牙利于1903年8月在柏林召开会议，起草无线电报国际公约。《伦敦时报》报道了德国方面的看法，马可尼与劳埃德公司的协议特别容易导致企业垄断，而这种企业在商业和政治上都令人反感，不过相关政府以"友好的态度"接受了国际公约

14　的提议。

　　回到伦敦后，马可尼通知董事会，意大利政府相信只有马可尼的系统有资格被用于国际无线通信，意大利政府在柏林出席会议的时候也会坚持这个态度。

15　此外，只有马可尼信号站有权与意大利发射台和船只通信。要尽快签好与意大

16　利的合同，这很重要，当然这在各国参加凯撒皇帝组织的会议之前就要完成。

马可尼以自己的名义直接和意大利方面接洽（就像他最初就专利权与公司签协议时一样），公司的股东们都希望马可尼亲自代表公司与意大利政府协商，并且协议是以公司的名义与意政府签署。与意大利政府的交易有助于保护公司和马可尼的全球利益。但是，马可尼与意大利政府的合同秘而不宣。1902 年 10 月 7 日，他给霍尔写信说："公司在这方面责难意大利政府的做法一点儿都不明智。" 17

马可尼随后前往英国宝窦站，他在此时写给霍尔的第一封信中谈论了有关应对柏林会议的策略。既然已经召集了这次会议，马可尼就想要一个公司商业合作项目的详细陈述，这篇陈述可以递送到对公司友好的政府手中，并在这次会议上公开展示。他对霍尔指示说"我无需再多吩咐你什么了，这篇陈述不是基于我们自己的利益而是基于我们所看重的整个航运界的利益"。 18

同时，加拿大政府在焦急地等待着格雷斯湾的结果，工作人员正在格雷斯湾的新通信台对跨大西洋通信系统进行完善。1902 年 9 月 26 日，霍尔写给加拿大总理威尔弗雷德·劳里埃爵士的信中是这样说的："虽然有些许缓慢，但一切进展得很顺利。马可尼很快会乘坐卡洛阿尔贝托号到达布莱顿海角。"霍尔向总理报告了马可尼对意大利的访问情况，说这次访问主要是为了寻求对抗德国政府的外交支持，前景乐观。加拿大在马可尼的计划里也具有十分重要的战略性 19 意义。他在那里的工作进一步巩固了与大英帝国的关系并且更有利于他们在柏林会议获得英国政府的支持。加拿大政府为马可尼提供的事业发展空间与他在英国的待遇形成了强烈的对比。此外，这个项目对双方都适用：通过与马可尼单独协商，加拿大方面证实了马可尼相对于英国和美国的独立性，而马可尼发展出了一套与政府的有效合作模式，他打算在其他方面复制这一模式——这很适合马可尼。

霍尔一直敦促马可尼要对跨大西洋通信的准备工作保持"绝对机密"。然而，马可尼在 1902 年 10 月 10 日写信给《伦敦时报》的编辑查尔斯·莫伯里·贝尔，说自己盼望短期内在布莱顿海角和英国之间实施一系列的实验，"我对这些实验结果在两大洲之间建立无线电通信可能起到的实际作用充满希望。"他向贝尔提供了接收、报道从美国传送到英国的第一条无线电新闻的机会。"一篇短小的新闻，应该不超过 20 或 30 个单词，当然，在早期测试中，肯定有些时候这些消息或内容的传送不是很到位。"霍尔随后安排《伦敦时报》在马可尼准备好时即刻报道这则消息。

马可尼无线信号台成为布莱顿海角风景中一个新的亮点。据当地历史学家玛丽·麦克劳德说，当地的经济收入仍靠常规劳动，比如农业和渔业以及有些混乱的小型事业，服务于增长迅速的伐木业和造船业——"炼铁厂、制革厂、客车厢厂、制桶工厂、磨坊、锯木厂和毛纺厂"。这座岛屿是多条交通线的交汇点，载满鱼类的船只从这里出发前往大英帝国、欧洲、西印度群岛和美国，而装满诸如牙买加朗姆酒、糖浆、茶和香料等货物的船只会先返回到这里，然后再发往北美各城市。北大西洋的渔夫自 16 世纪以来就曾到访过布莱顿海角了，"那些做着跨大西洋贸易的业主、经纪人和其他商人对哈利法克斯港十分熟悉，就像他们熟悉欧洲的各大城市一样。"

正当加拿大政府所谓的国家政策开始让贸易和商业活动迁往中西部并忽视海洋省份的传统经济模式时，钢铁和煤炭产业占领了这座岛屿。悉尼成为布莱顿海角钢铁业的中心，像格雷斯湾这样的小镇则围绕采矿业进行发展。这座岛屿上的农民、渔夫和伐木工人已经供不应求，总部位于波士顿的多米尼恩煤矿公司引入了海外劳工，布莱顿海角成了加拿大蒙特利尔省东部最国际化的中心（当然是根据基本的苏格兰高地股份进行划分）。由于经常在艰难的环境中工作，布莱顿海角的矿工很快成了北美最激进的产业工人，他们自己组成了工会，号召大家推翻资本主义。在这种氛围下，在马可尼公司工作被看成是一种赏赐。

格雷斯湾于 1901 年合并成一座小镇，这座小镇竭尽全力地配合马可尼。为帮助解除马可尼的忧虑——附近电车滑接线的电火花可能会干扰他的系统——市政当局禁止有轨电车在信号台周围 600 码（约 548.6 米）内通过。市政当局给予马可尼公司充分的自主权，理查德·维维安斗志昂扬地着手建立 Table Head 发射台，雇用了 100 至 200 名具有不同文化背景和说不同语言的工人。麦克劳德这样形容维维安，"一位和善可亲的人，留着一撮八字胡，总是烟不离手"。维维安在格雷斯湾驻守长达 8 年。他在发射台附近建了一座可以俯瞰大海的大房子，这里共有 12 个房间，建筑面积达 2 500 平方英尺（232.26 平方米），是一座用天然木材建成的木质结构建筑，包括"卧室、洗手间、大客厅、起居室、餐厅和厨房，马可尼进城的时候也会住在这里。宽走廊穿过房间中央首尾

相接，房间朝着门廊的两侧敞开。"只要是马可尼喜欢停留居住的任何一个住所或发射台，就一定会配有一架钢琴。 22

　　1902 年 10 月 20 日，马可尼和他的首席助理乔治·坎普在普利茅斯的卡洛阿尔贝托号上与索拉里会合。他们于 10 月 31 日到达布莱顿海角，而马可尼在接下来的两个月里几乎都待在格雷斯湾。在布莱顿海角，马可尼藉由每天不间断地与伦敦联系，跟进、加强与英国、美国和意大利的合作，处理各种事务，并为柏林会议做着准备工作(尽管距离会议召开还有 9 个月的时间)。1902 年 11 月 26 日，他给霍尔写信说，各项工作都在有条不紊地进行着，但是还不及他所希望的速度。他在写给霍尔的信中装入了与意大利政府的协议草案，指示霍尔写信告知他，公司是否赞成他和意大利政府达成的协议条款。他在信中还提到，他也要求美国公司出具一封类似的信件，但是他会自己盯着这件事。后来，马 23 可尼给美国公司写了一封类似的信，他在信中指出与意大利的合同也关系到美国公司的利益，至少会让欧洲允诺在柏林会议上支持马可尼。马可尼对公司的 24 管理细致入微，手上同时处理着多项工作，全权负责着公司的业务，甚至口述赞成信的措辞，与此同时他始终领导着跨大西洋通信的日常实验。

　　1902 年 12 月 18 日，霍尔向公司董事会报告，马可尼发给他一份与意大利政府之间的协议提案的复本，马可尼想让公司承诺接受这份合同；马可尼说，这份协议从形式到实质内容都是无可挑剔的，并且会在柏林会议上帮助保护公司的利益。公司董事会通过了这份协议并且授权霍尔对其酌情修改。马可尼的德国竞争对手之间也传出一些有趣但显然有违团结的消息：斯特拉斯堡的费迪南·布朗发出一份提案，提议布朗与马可尼合作。布朗这段时间一直向马可尼 25 的公司主动示好。他不满于斯拉比与冯·阿尔科的"合并意图"，认为自己更适合与马可尼合作。(布朗很快就与斯拉比、冯·阿尔科合作。具有讽刺意味 26 的是，布朗 1909 年与马可尼一起分享了诺贝尔奖，尽管他们从没在一起工作过。)

　　马可尼差不多准备好越过大西洋发送一条完全由无线电发送的消息了。留意到有关统治者新闻的宣传价值以及恭维这些统治者的好处，马可尼计划将这第一条无线电消息留给加拿大总督明托，用以祝贺新加冕的英国国王爱德华七世。他精心策划了这项计划的每个方面，指示霍尔"采取措施暗中查明从布莱顿海角给英国国王发送消息的最恰当的方法。我很不喜欢把自己置于可能会收不到即时回复的境地。"马可尼早在 11 月 7 日就拿到了明托贺电的内容，但是那时无线电通信系统运行尚未完善。马可尼坚持等到自己百分之百确定可以进行跨大西洋通信时才会通知各大媒体。他在给老朋友哈里·麦克卢尔的信中说"如果想要给杂志弄一篇新闻报道，来这里是根本没用的。"马可尼一直对工作细节绝对保密，事实上，在过去的一年里，马可尼非常不满于自己频繁出现在新闻报道中，包括杂志。于是，他下定决心"直到自己的项目完全完成之后才向外界透露自己的工作"。但是通常，世上没有不透风的墙。1902 年 11 月 24 日，伦敦的 *Mail and Empire* 报道说"马可尼已经成功了"，爱德华国王将在几个小时后收到来自明托总督的越洋无线电报。然而，这要等到下个月才会发生。最终在 1902 年 12 月 21 日这天，在马可尼邀请的《泰晤士报》代表的见证下，终于通过无线电报实现了两个大陆之间的联系。大名鼎鼎的加拿大教育家、加拿大学院（多伦多）教授、新进《泰晤士报》加拿大地区的主要通信记者乔治·帕金爵士描述了事件始末。布莱顿海角当地时间凌晨 1 点左右，宝窦站各项准备工作就绪。"刚过午夜，我们一群人坐下来吃了一顿宵夜。在年轻的职员们愉快的席间漫谈背后，随着发送无线电消息时刻的接近，你感受到一股不同寻常的紧张焦虑……所有人都把药棉塞到了耳朵里，以减轻电震荡的冲击力。"马可尼自己则待在发射机旁。

帕金对当时马可尼脸上的表情变化印象深刻。他回忆说在马可尼把自己的手放在发射设备上时，脸上的表情"迅速从紧张变成了完全自信"。他说需要先发送字母 s 引起宝窦站操作员的注意，让他们调整仪器之后，马可尼再开始发送连续的句子，这些单词以"电闪雷鸣"般的速度逐一出现。这则消息以光速——大约 1/9 秒——传送到了宝窦站。帕金写道，"第一条无线电消息已越过大西洋上空被发送出去。没人能猜得到这将给人类带来什么样的变化。"①

马可尼在格雷斯湾的两个月里过得非常开心。尽管布莱顿海角远离他习惯的国际性大都市，但是在这里他有一个配套齐全的服务保障系统，周围环境舒

---

①1904 年格雷斯湾发射台重新选址（见下文）。多米尼恩煤矿公司的继任者继续拥有 Table Head，直到 20 世纪 80 年代由加拿大公园管理局因马可尼国家历史遗址的原因而接管。当年站点原始结构仅剩一些发射台石制地基的残骸。

适，所到之处听到的都是恭维奉承之词。并没有多少发明人或企业家手上能同时拥有意大利海军的旗舰、加拿大政府的资源、《泰晤士报》的关注以及当地民众的关注仰慕。马可尼充分利用自己最近取得的成功，加倍努力劝说加拿大政府帮助改善自己和英国政府的紧张关系，继续直接游说明托和劳里埃，然而尽管两人都给了马可尼礼貌的回复，但是并无任何用处。

32

与此同时，马可尼还要处理公司长期资金短缺的问题。令人称奇的是，虽然马可尼一直从事着发明创造活动，但是公司的财务状况陷入了绝境。拿出 3 万英镑资助马可尼最新的跨大西洋冒险事业后，公司仍然处于负债状态。当马可尼待在布莱顿海角时，一系列关于金融财团的电报跨越大西洋在两个方向，在马可尼、霍尔、戴维斯、公司主管詹姆斯·菲茨杰拉德·班纳蒂尼和伦敦威斯敏斯特银行之间传递。这个金融财团在几个月之前成立，用来支持公司的开支。班纳蒂尼提出核心赞助者应该注入更多资金。1903 年 1 月 5 日，马可尼给戴维斯发了封电报："希望在我回来之前不会有新的财务支出……如果需要立即借贷，我提议你、班纳蒂尼和我拿出资金做临时周转。"随后马可尼委托伦敦银行向班纳蒂尼寄送了 2000 英镑，并出发前往美国。

33

马可尼本应于 1903 年 1 月 13 日出现在蒙特利尔，参加注册资金为 500 万美元的加拿大马可尼公司的成立仪式，但是他到最后一刻从格雷斯湾发来电报说他不得不直接赶往科德角。马可尼已经安排好美国总统罗斯福在南韦尔弗利特经由崭新的马可尼发射台向爱德华国王发送无线电消息。马可尼于 1 月 14 日离开格雷斯湾，第二天搭乘特快列车从新不伦瑞克省的圣约翰来到了波士顿。他在 1903 年 1 月 16 日抵达科德角，《巴恩斯特布爱国者报》报道说，"有 10 名记者紧随其后。"南韦尔弗利特发射塔在 1901 年 11 月份被吹倒，现在比照格雷斯湾的发射台已重建完毕。满载美国松的 15 辆汽车通过铁路运抵南韦尔弗利特。4 座 210 英尺（约 64 米）高、200 平方英尺（约 18.58 平方米）的木制高塔拔地而起，每个红顶高塔的基座都为 20 平方英尺（约 1.86 平方米），顶部为 8 平方英尺（约 0.743 平方米），都矗立在 4 英尺（约 1.22 米）厚的混凝土地基上。这些高塔每个都由 21 英尺（约 6.4 米）长的钢索固定，这些钢索都锚固在角柱上，角柱是 12 英尺乘以 12 英尺的木材，埋在 10 英尺（约 3.05 米）深的沙地里。发射台已经准备好发送无线电消息，但是马可尼想要见证这个时刻。离开格雷斯湾之前，他给

34
35
36
37

南韦尔弗利特发了封电报，明确指示他们"在我达到之前，不要发送无线电
38 消息。"

　　这是件大事。1903 年 1 月 19 日，在将罗斯福总统的消息发送给英国国王之
前，马可尼接待了来自马萨诸塞州的意大利社区的达官显贵们。这是第一则发
自美国的跨大西洋消息。（尽管这比从加拿大发送的无线电消息要晚几周，但是
时至今日美国常常报道说这是第一则从"美洲"发出的无线电消息。）最初，马可
尼的目标是在南韦尔弗利特和格雷斯湾之间建立无线电通信连接，然后再从格雷
斯湾将消息转发到英国，他像其他所有人一样惊讶地发现，科德角发射台足
39 以独立完成越洋信号传送。

　　因为格雷斯湾与宝窦已经建立了稳定的无线电联系，罗斯福总统的消息仅
仅是个象征而已，但是马可尼认识到这次壮举的宣传价值。他有一位信使，会
把成功发送无线电消息的新闻带到 4 英里外的韦尔弗利特火车站的陆地电报站。
根据当地传闻，他让信使查理·佩恩"快马加鞭地飞驰，如果你的马因劳累而
死，我会给你买匹新马"。马可尼一直都知道，掌控全局的人是第一个冲出门槛
的人。毫无疑问，第二天的《纽约时报》会在头版报道这件事情："总统向爱德华
国王发送了无线电消息。英国的统治者借由马可尼通信系统回复了总统的问
40 候。"国王是通过有线电报而非无线电进行回复的，但是马可尼的宣传同样令人
印象深刻。

　　同年年末，马可尼在 6 名助手的陪同下回到了南韦尔弗利特，花了 4 天时间
41 监管改进工作。但是，经验证南韦尔弗利特发射台在跨大西洋通信方面不如格
雷斯湾稳定可靠，且主要用于船与岸的联系。除了 1908 年 9 月与亨利·詹姆
森·戴维斯、约翰·博顿利一次 24 小时的短暂停留外，马可尼从未回到过科德
42 角。1917 年 4 月美国参与第一次世界大战时，美国海军占领了这座发射台并在
43 1918 年 2 月将其关闭。到了 2013 年，原址距离大海只有 35 英尺（约 10.7 米）；
发射台已被侵蚀得所剩无几。如今遗留下来的只是一堆大小不一的红色砖块和
生锈的铁链。

＊ ＊ ＊

　　离开科德角后，马可尼在纽约待了几天，随后在回伦敦之前在蒙特利尔短
暂停留。他现在将精力放在完成与意大利政府的协议上，他将此视为开展其全

球活动的重要节点。这份合同赋予意大利政府在意大利免费使用马可尼的发明及其附属发明的权利，但是在无线电操作方面必须只使用马可尼的设备，并且要一直使用 14 年。这份合同提出由马可尼为意大利建造远距离大功率的无线电台，但是费用由意大利方面承担。这座无线电台将是世界上功效最大的无线电台。

鉴于马可尼想向自己挚爱的祖国做出真诚慷慨的姿态，对他来说这确实是个非常有利的交易。他在即将到来的柏林会议的战场上将有第二个政府同盟以及任其使用的第四个大功率无线电台（连同宝窦、布莱顿海角和科德角）。多亏了与意大利政府的合同，马可尼很快就能与阿根廷和巴尔干半岛诸国建立合作联系，因为意大利在这些国家和地区拥有特权关系。马可尼现在开始考虑建立一个全球无线电网络，他告诉索拉里自己下一个目标就是建立一个能连接印度和澳大利亚的发射台。英国帝国链在他心中成型的几年后，这种远见卓识将变得明朗起来。同时，与意大利政府的合同成为公司进军欧洲大陆这个有利可图市场的模板——比利时、西班牙和葡萄牙等许多小国家意识到了通信系统的优势，可以让他们与其遥远的殖民地保持联系，且即使发生战争，也不会受到敌人关闭系统的影响。 44

1903 年 2 月 12 日，马可尼在伦敦与意大利政府签订了合同，并把合同交给了索拉里，索拉里立即把合同发送到罗马。随后邮电部部长坦克雷多·加林贝蒂签署了这份合同，并迅速呈递给了议会。加林贝蒂宣布，新的发射台将是世界上第一个国有大功率无线电报站。从某种意义上讲，这个合同的签署还意味着将意大利从马可尼"真正有效的第一次实验是在国外进行的"这个事实的打击中拯救出来。 45

紧接着就是热烈的讨论，或者说是一系列的赞颂。在意大利下议院，委员 46
会秘书西尔维奥·克雷斯皮议员研读了 2 月 17 日提交的议案："马可尼总是把与意大利的关系从各种商业性质的关系中解放出来，并且无偿地向政府交出自己所有的研究成果。"在这份协议中，马可尼只要求照价偿付成本开销以及专营权。克雷斯皮继续说道："罗马很快就能和世界上那些安装了马可尼设备的任何角落直接通信……这让我们想起了历史悠久的罗马的过去，而古列尔莫·马可尼的功劳绝不仅仅是唤醒我们对罗马帝国荣耀的记忆。"马可尼由此争取意大利政府支持其有关互联通信的主要观点，并将自己的利益与意大利的帝国规划系在一起。

经验老到的代理人路易吉·拉瓦来自意大利中部的亚平宁地区。这里是很多移民到美国的意大利人（也是马可尼）的故乡。拉瓦惊叹于快速便捷的通信对于那些"住在偏远的美洲疆土上，现在正饱受难以快速联系万里之外亲人的折磨"的400万意大利人意味着什么。他说，科学将会带来巨大的社会民主变革。

并非所有议员都有这样仁厚的胸怀。2月20日在讨论这项议案的时候，议员安吉洛·巴特利仔细分析了这份合同，他指出这意味着意大利要切断与那些采用了或即将采用德国通信系统的国家的联系；马可尼肯定可以取消或修改有关专营权的条款。但是巴特利更加谨慎的论调被那些仅看到马可尼系统神奇之处的议员所淹没。例如，议员阿图罗·加莱蒂将协议描述成"是对这个意大利天才极大信任的证明。让马可尼以他自认为合适的方式，在任何地方建造发射台吧。"克雷斯皮甚至更直截了当："至少在开始之时，马可尼有权要求他的国家仅使用他的系统并且尽全力让他的系统在整个欧洲运行。"

1903年3月31日，这份协议以压倒性的票数（216比14）通过了意大利下议院的表决，并获得了上议院的一致同意——马可尼声称这是极少出现的荣誉，因为在两院历史中这种现象只出现过两次，即关于国父加里巴尔迪和殉国国王翁贝托的遗孀玛格丽塔王后的养老金问题。这座发射台的造价为80万里拉——相当于3.2万英镑或16万美元，比马可尼在英国或美国的发射台的造价高出两倍——位于科尔塔诺，那是意大利国王捐赠的土地，靠近比萨。紧随欧洲和美洲实现越洋通信而来的是，科尔塔诺发射台将是故国与在美洲逐渐壮大的意大利移民之间的重要纽带。这对意大利在非洲的殖民扩张来说也具有重要的战略意义。对马可尼来说，比协议本身还要重要的是它让马可尼在意大利声名鹊起。整个意大利市政当局，包括罗马及其出生地博洛尼亚，都欢迎他来到自己的城市做客。他被奉为意大利现今最伟大的天才，媒体也把他捧上了天。马可尼终于向如今已年老体衰的父亲朱塞佩证明了自己。

在签署协议几周后，马可尼来到罗马接受新的荣誉，并在罗马市政广场上罗马大帝马库斯·奥勒利乌斯的雕像形成的阴影里发表演讲。1903年4月30日，数千名罗马市民在他抵达火车站时充满热情地欢迎他。罗马市长普罗斯佩罗·科隆纳亲王以及几名市政委员会成员也到场迎接。马可尼的代笔作者利昂·苏萨在《1919 年回忆录》手稿中这样描述这次事件："成群的挥舞着旗帜的学生、爱国团体和科学团体代表以及普通民众都涌入了车站，沿站台和车轨依次散开……我们上了我们看到的第一辆马车。但是许多学生和其他人都追随着我们，并迅速把马从马车上解开，他们坚持要把我拉到入住的酒店，而酒店离火车站只有三四百码远（274～366 米）。" 48

1903 年 5 月 4 日，国王和王后在奎里纳尔宫设宴款待马可尼。碰巧的是，这里的另一个客人正是马可尼的主要敌手，即到访的德国皇帝（意大利媒体为德国皇帝贴了个标签——作为马可尼在祖国的声望与地位的支持——"另一个古列尔莫"）。这场晚宴是马可尼和凯撒传奇交流发生的地点，在所有马可尼各种版本的传记中都曾写过这次交流。这是两人第一次相见。当两人被引见时，凯撒试图表现得真诚友好，他说："马可尼先生，你千万不要认为我对您有任何敌意。我反对的是您公司的政策。"马可尼回应道："皇帝陛下，如果我觉得您对我有任何私人敌意的话，我定会不知所措。但是制定公司政策的人是我。" 49

罗马市政广场的演讲是马可尼首次在意大利国土上记录下自己的"胜利"。演讲从技术层面说起，包括他最初的发现及其后至今为止的各种实验，但值得一提的是，这场演讲并无任何华丽的辞藻或对未来的构想。除了在开场和结束部分感谢自己的意大利支持者，包括索拉里，并说了一些爱国话语外，这和他之前在全球各地发表的众多演讲以及未来将要发表的演讲如出一辙。但是，在意大利，这篇演讲被视为具有重要历史意义的文献，而英国作战部认为这篇演讲十分重要，应将其译成英语。 50

马可尼在罗马与母亲和兄弟相聚。安妮在罗马受到了几乎和儿子一样的热烈欢迎。阿方索一直和在格里夫尼庄园的朱塞佩保持联系，告知他所有重大事件以及那些琐事消息，例如古列尔莫的健康情况一直不是很好。经过几个月的紧张工作，马可尼发现在各地马不停蹄的行程令人精疲力竭。他整天在外奔波，每晚回到酒店都疲惫不堪。一天，他发现自己脉搏跳动加快，于是请了位医师过来看看。阿方索告诉父亲，古列尔莫的身体状况不允许他按照计划离开罗马后再去博洛尼亚。他会去比萨，考察科尔塔诺发射台周边，然后返回伦敦。 51

古列尔莫有个很重要的消息要带给父亲，他通过阿方索把这个消息告知了 52

父亲。米兰的 *Corriere delle sera* 1903 年 5 月 9 日刊发了一篇文章，重提了一个说法，说朱塞佩是一位妨碍儿子发展的吝啬贪婪的父亲。古列尔莫要求父亲给那个编辑写信，澄清真相。那篇题为 *Il maestro di Marconi*（《马可尼的老师》）的文章主要为了赞颂曾在里窝那教过少年马可尼的温琴佐·罗莎。但是，这篇文章曾一度偏离主题，指责朱塞佩"不想为儿子的小发明花一分钱"，而是坚持让他去伦敦，从事进出口贸易。但是在马可尼的传记中并未提及过这个事情，马可尼对朱塞佩的澄清声明也足以说明问题。马可尼总是一直试图纠正媒体的看法。阿方索在写给朱塞佩的信后附上这篇冒犯性文章的剪报。这篇文章现在仍然放在罗马的林琴学院马可尼档案室朱塞佩的卷宗里，没有任何评论或上下文对其进行修饰渲染。没有记录表明朱塞佩曾给那位编辑写过信，但是他在自己的余生中一直保存着这篇剪报。

* * *

尽管仍未从意大利之行的疲惫中恢复过来，但马可尼一回到伦敦就着手加快英国研究站的进度。他照例寻找机会把自己的最新技术成果呈现给观众。然而，意想不到的是，他遭遇了一次难堪的经历，动摇了他对自己这个有力武器，即公开演示的信心。一名职业舞台魔术师给了他这个沉重的打击。

内维尔·马斯基林和马可尼一样，也是自学成才的英国发明家。他在 19 世纪 90 年代末期因在一定距离内，在无任何可见接触的情况下公开引爆火药而引起了一些当地民众的注意。1900 年，他因"提供了用于引起并检测赫兹波动，及用于将传输脉冲应用于信号或电报的改进装置"申请了英国专利。这项专利申请包括对"这些独特振动"起源的有趣历史性解释，称赞了赫兹、布朗利、洛奇，甚至克鲁克斯所做出的贡献，但惹人注意的是他没有提及马可尼。

马斯基林曾与亨利·赫齐尔一起合作，共同发明了用于劳埃德公司轮船和海岸信号台的无线电系统，但是劳埃德公司和马可尼公司在 1901 年 9 月就签订了合同，采用马可尼的系统（连同马可尼公司的限制条款）。尽管赫齐尔认为马斯基林的系统不同于马可尼的系统，但是劳埃德公司还是选择了马可尼的系统，或许是因为他们觉得马可尼的系统更优秀，或许是因为他们担心出现专利争议，或者更有可能是这两种原因都有。

内维尔·马斯基林早些时候曾是乔治三世宫廷的皇家天文学家，但他也是著名舞台魔术师家族的一员。他的父亲约翰·内维尔·马斯基林(收费厕所的发明人)在皮卡迪利大街上拥有并运营着一家颇受欢迎的展览馆,名为埃及厅(Egyptian Hall),而这个展览馆已经被约翰·内维尔·马斯基林改造成魔术师和幻术师的表演场所。(1898 年,一位名叫哈里·霍迪尼的年轻人曾写信给老马斯基林,要求加入他的表演团队,但遭到了断然拒绝。) 57

内维尔·马斯基林继承了父亲的埃及厅,但是他想凭借无线电方面的工作成名。他的儿子雅斯佩尔也是一名舞台魔术师。雅斯佩尔曾撰文说尽管父亲教会他成为一名幻术大师,"但是父亲从未醉心于舞台上脚灯的闪烁或雷鸣般的喝彩"。部分原因是因为他缺乏自信,老马斯基林"一直一边经营着自己的舞台,一边埋头于自己的实验室。"当马斯基林认为自己不可能赢得过对手时,就成了 58
一个公开抨击马可尼的反对者。 59

直到 1903 年,马斯基林仍是众多有一定影响力的马可尼批判者中的一员。这些批判者总是追踪马可尼的权利声明,指出他在研发系统过程中存在相互矛盾和不足之处。另一边则是姿态鲜明的马可尼的支持者,比如弗莱明,这个人尽管拿着马可尼的薪水,但是他有无可指责的学术成就以及与基于科学发现的和重要实用发明相关的长期追踪记录。抨击者和支持者在科技类媒体和通俗报刊上经常剑拔弩张,但是马可尼知道,没有什么事情可以取代浮夸卖弄的公开表演。在 1903 年最初的几个月里,在弗莱明的支持下,马可尼试图证明自己已经解决了"谐振"或调谐的问题。他在这方面有个重要的专利(即所谓的 1900 年四七专利,专利号 7777),但是一直有人质疑它的实用效果。3 月 31 日,马可尼在公司第 6 次年度股东大会上指出,弗莱明在宝窦的最近几次实验让他们相信,可以消除配备有马可尼设备的发射机和接收机之间干扰的风险。这仍然需要公 60
开演示。

演示安排在伦敦久负盛名的英国皇家科学研究所,时间定在 6 月 4 日。在这之前是由弗莱明在 5 月 28 日和 6 月 4 日主讲的科学讲座,紧接着就是计划中的公开演示。60 英尺(约 18.3 米)高的接收天线被架设在位于梅费尔阿尔伯马尔街上的科学研究所的屋顶上,马可尼自己则守在宝窦站的发射机旁边。[信号其实是由位于艾塞克斯切姆斯福德的马可尼工厂进行转接的,因为宝窦和伦敦之间的距离太远,60 英尺(约 18.3 米)高的天线无法覆盖这么长的距离。] 61

马斯基林后来回忆起这件事时，认为"这个机会可真是太好了，千万不能错过。"他在埃及厅的屋顶上安装了自己的发射机，与科学研究院之间仅隔几个街区。弗莱明的讲座开始几分钟后，在马可尼的信号预计到达的时间前，马斯基林开始发送信号。弗莱明几乎什么都听不到了，假装若无其事地继续着自己的讲座，但是屋内了解莫尔斯电码的人非常清楚这则收文。首先，rats 一词是一个术语，暗示空洞无实的吹嘘并且这种吹嘘深受欢迎——在英布战争期间用以形容英国军队的狂妄自大。过了一会儿，出现了几行打油诗，具体是这样写的："有个意大利小伙子，冠冕堂皇地欺骗着公众……"

62

此后，在《泰晤士报》和其他报纸的版面上都可以看到弗莱明和马斯基林之间一系列愤愤不平的论战。大部分媒体认为马斯基林这个花招是"科学界的流氓行为"，但这也提出了一些严肃的问题，尤其是关于弗莱明作为马可尼公司雇佣者的角色。《电气评论》称，"哲学家一旦屈尊于商业，他就必须接受商业条款。"弗莱明自己则指责马斯基林的攻击"卑鄙又懦弱"。

63

马斯基林继续时不时地给马可尼带来点儿麻烦。他将一套名为"浦耳生电弧"①的丹麦无线电系统引入英国，帮助美国发明家李·德·弗雷斯特开展英国业务；他还成立了一家竞争公司，自己出任公司的科学顾问。马斯基林事件有时被认为是第一次有记录的蓄意无线信号干扰事故，英国军方后来称之为"电子干扰"。如今，我们更倾向于称它为黑客行为，或者阻断服务攻击。无论怎样，这对马可尼而言又是一个第一次。

64

1903 年最初的几个月，库斯伯特·霍尔一直在和英国邮政总局争论。邮政总局做出了让步，要将无线电报业务集中在尽可能少的人手中。霍尔回应道，可以通过向马可尼公司授予专营许可证来达到这个目的。马可尼公司是唯一一个掌握"商业本质"的无线设备制造和供应公司，即"这是电报业务，应该以电报

---

①丹麦工程师瓦尔德马尔·浦耳生 20 世纪 10 年代研发出"电弧发射机"，在迅速发展的无线电系统领域中成为火花电报有利的竞争者。在第二次柏林会议期间，即 1906 年，库斯伯特·霍尔在写给马可尼的信中说："很多人都在讨论浦耳生电弧"，《泰晤士报》报道称，浦耳生系统"承诺仅靠转动把手即可改变电波长度，这将彻底改变无线电报"——它将成为我们如今所知的无线拨号的操作原理。（HCH 到 GM，1906 年 10 月 14 日，OX 205；"无线电报会议"LT，1906 年 10 月 8 日）。浦耳生作为磁带录音的发明人至今被后世铭记。

公司的方式组织电报业务"。马可尼公司的全球战略就是基于这一设想，将整个世界看成一个单一体系；这项政策的核心是在马可尼公司的保护下，控制全部国际无线通信业务。霍尔毫不犹豫地强调，马可尼公司是个英国公司。换言之，马可尼公司和大英帝国的利益是完全一致的。如果不能在柏林会议上得到英国的支持，霍尔的一切努力都将付之东流。 65

马可尼随后亲自和英国邮政总局商谈，他和邮政大臣奥斯丁·张伯伦之间做了多次沟通。2月底，两人在张伯伦众议院的房间会面，马可尼随后递上了一份会议备忘录。张伯伦对马可尼公司在英国和北美之间的贸易布局很感兴趣，不过邮政总局只负责内陆通信。马可尼手上还有需要与其他英国政府部门周旋的事务，当然还要与加拿大、意大利以及美国的邮政部门周旋。现在，马可尼想得到与英国传统电报公司同等的权利：在内陆地区分发他们在海外发送的信号。他请求英国政府授予他3海里领海界限内商业通信的许可证。"我可以明确地说，目前在英国领海上航行的船只上，遇难乘客根本不可能通过无线电报与自己的朋友获得联系，除非打破国王陛下的邮政大臣对内陆通信的垄断。" 66

张伯伦很快对此进行了回复，而他在回复中体现的某种态度鼓舞了马可尼。张伯伦回复的核心是建议"和解"。一系列的会议和深入交流也随之而来，但是并无任何实质性进展。马可尼获得许可证的努力迅速被另一件事情所取代，他希望在柏林会议上从英国这里获得强有力的支持而四处游说。1903年7月18日，马可尼在宝窦接待了威尔士亲王，并参加了皇家午餐宴会。亲王已经知晓马可尼在邮政总局的困境，"坦率地表示自己并不完全赞同他们采取的方法"。亲王确实抓住了要害，马可尼让人在发射台上放上英国国旗、意大利海军徽章、爱尔兰国旗以及加拿大国旗的图案，"每个图案都有它们自身的重要性"。马可尼显然还是旗帜(无线通信的另一种形式，旗语)的信徒，他还要求挂上威尔士亲王旗。 68

同时，外交部确认了英国官方立场：柏林会议只是一场初步讨论，会议代表无权替政府提出任何具体的行动方案。马可尼档案中的一份很长的备忘录——几乎可以肯定是霍尔写的，但只是写给某位"先生"——概述了公司处境的实质。"无线电报艺术"尚未准备好接受规章制度的约束；德国提案在理论上是可行的，但在实际操作上完全行不通。公司握有能控制美国、英国、意大利 69

(手写补充)和德国无线电报业务的重要专利，在获得马可尼发明并进一步改进上已经花费 25 万英镑。马可尼公司宣称，它的德国竞争对手"剽窃"了马可尼的发明。

70

＊ ＊ ＊

1903 年 8 月 4 日，无线电报预备会议在柏林召开。会议召开前夕，库斯伯特·霍尔在《泰晤士报》发表了一封长信，在信中为英国读者提出了多项议题，将马可尼公司的利益等同于英国的国家利益。为了要求马可尼接收从德国设备中发出的信号，德国一直寻求制定海上船只和船到岸发射台之间无线通信的国际规定。霍尔说首先，这在技术层面上来说是不可行的。无线通信领域才刚起步，不适合过早制订各种规章制度，这些规定只能降低先进系统的实用性。德国方面声称自己在为阻止马可尼对无线电报行业的垄断而努力，但他们真正的目的是为那些无法通过公平商业竞争获利的德国公司争取利益。马可尼已经组装了一个岸上发射台系统用于与配备有马可尼装置的船只通信。为此，马可尼公司与外国和殖民政府以及私人企业签订了合同，具体内容是这样的：除了与遇难船只通信，人们只能采用马可尼的装置。他们不是为了营造一个公平的竞争环境，任何其他方法都会把最先进的装置变成最普通的装置。马可尼公司希

71 望英国政府能抵制这项倾向于剥夺英国公司在公开竞争中所享有的优势的提议。

霍尔提到的德国公司是德律风根，正如前文所述，这家公司由斯拉比-阿尔科和布朗联合成立(1903 年 5 月)。同时，德律风根公司发表了一篇声明，肯定其有能力与马可尼竞争，并为阻止马可尼成为全球无线通信垄断者的战争而喝

72 彩。英国代表处于进退两难的窘境。尽管他们都很喜欢马可尼这个人，但是他们与他的公司之间没有任何情感可言。霍尔咄咄逼人的态度也惹恼了许多政客和那些英国代表团成员，或者说那些为英国代表团工作的公务人员。另一方面，他们并不在意新兴的无线通信垄断者是不是英国人。此外，他们自己也有禁止互通的合同条款(经由海事法庭裁定，与英国劳埃德公司的做法相同)。然而，外交部对德国方面的压力很敏感。因为 4 个月前与马可尼签订协议，意大利政府也处于类似的法律境地，而它只是出于强烈的爱国情怀才支持马可尼的。马可尼在意大利的线人索拉里名义上是精通无线电报的意大利海军军官，他其实还是意大利派往柏林的官方代表。

柏林会议对外宣称的目标是"奠定无线电报国际制度的基础"。德国的初始提议再清楚不过了——或者更明确地说是要阻止马可尼："无线电报的起源和服务的对象都是船舶消息的收发，与采用哪种系统无关"。如果德国人这样做，无线电通信就只能惠及那些接受这项条款的人，那些拒绝与装配不同设备的船只通信的非结盟国家的公司将会被排除在外。

德国邮政大臣莱因霍尔德·克拉特克的开场白为此定下了基调。克拉特克回顾了无线电的历史，提到了无线电先驱法拉第、麦克斯韦、赫兹、开尔文、休斯、洛奇、波波夫（他是俄罗斯派往柏林会议的代表）以及马可尼，还有为完善无线电通信做出贡献的布朗、杜克勒泰、德·弗雷斯特、费森登、里吉、斯拉比、冯·阿尔科及特斯拉。这是无线电领域功勋人物最完整的名单。克拉特克的观点很明确，"我们将无线电学科的成就归功于多个伟大国家的智力协作"。这项服务已十分重要，现在需要一些制度对其进行约束，而这种制度约束不是局限于各个国家内部，而是全球性的。

德国副国务卿和邮政发展部副部长莱因霍尔德·冯·赛多甚至打破外交辞令禁忌，直言不讳地提出这项议题。建议草案提出的第一个目标是"防止产生有利于单个系统的垄断企业"。但是无线电通信正沿着这种垄断方向发展。冯·赛多说，在查阅了马可尼与劳埃德公司的独家授权合同后，德国政府相信"航海利益以及技术利益迫切要求我们尽可能方便岸上的信号发射台和船只之间建立通信联系，而不是只考虑现有的无线电系统"。

英国代表团的立场表态并不明确。因为英国政府与马可尼之间的合同，马可尼公司和劳埃德公司又都是英国公司，所以英国现在处于一种尴尬境地。英国首席代表 J. C. 兰普说，很难就德国政府提出的问题表达明确的观点。这项发明尚未完全普及应用，它的发展潜力和局限性尚不明确。英国政府并未在领海之外的海域进行通信（而马可尼在领海之外已经熟练操作通信系统）；他们在实施国际控制之前，需要从议会获得授权，但"如果预期的国际制度约束对那些已经合法获得授权，建立服务系统的人（即马可尼）持有偏见"，则他们很难获得议会授权。英国仍处于张望状态，在当前会议上不会做出决定。

法国代表让-雅克·博得朗格赞同德国的观点，同意对无线电报的应用进行规范管理，他将其定性为"共同进步的事业"，认为必须组织起来，以满足一般利益和国际利益。澳大利亚代表阿达尔贝特·冯·斯蒂布劳尔同意法国代表的观点。俄罗斯代表海军上校萨勒维斯基也附议。到了会议第一天的午餐时间，意大利代表团团长海军上将查尔斯·格里洛发表了一个模棱两可的声明，表示意大利是认可制订相关国际规章制度的，但对大会提出的规定内容持保留意见。他表示该规定可能会损害某些特别利益；可能需要折中的解决方法。但是他避开了事件的症结所在：无线电通信应该是"开放式"的还是"封闭式"的。这场会议的第一轮会议就此休会。

当第二天早上重新召开会议时，美国代表团团长 A. W. 格里利将军公布了美国认为可取的国际公约的范围和约束程度。无线电报学的"起步状态"决定了现在就进行详细规定不切实际。会议应该着重于制订普适的解决方案，遵循"确保最大限度地维护世界商贸优势"的原则，同时留意"避免阻碍无线电报的发展"。真是绝妙的外交辞令，既附和了马可尼公司的说辞也有效地支持了德国政府的立场。（正如第 5 章中所述，前美国陆军首席信息官格里利于 1899 年目睹了马可尼在美国的第一次无线电通信尝试之后，就一直持怀疑态度。）

索拉里随后巧妙地呼吁代表们考虑技术层面的问题。不同系统设备之间进行通信总是不稳定，不能做到稳定可靠就无法保证正常联系（这比霍尔在报纸上的措辞温和许多：在技术层面不可能做到双向通信）。索拉里说，"我不是说某个系统要优于其他系统，但是直到意大利海军采用了马可尼的单系统后"，服务效率得到了很大的提升。这里也有商业方面的考虑，意大利需要尊重现有合同，及已经"证实"其产品卓越价值的马可尼公司的合法权利。国家间采用相同的单系统将有利于提高通信效率。他表示，德国的提议并没有考虑到公共利益。

这样做的风险很高，除了意大利代表团之外，柏林会议的整体论调不赞成马可尼对无线通信业的垄断。因此，索拉里提议"暂时采用单一系统"——他还留心补充道，"我并非毫不怀疑地偏爱某个系统。"毫不夸张地说，这样的表态一点儿都不真诚。索拉里已向马可尼提供了自己用于第一次跨大西洋信号传输试验的接收机（所谓的意大利海军粉末检波器），安排了一艘巡洋舰（卡洛阿尔贝托号）供马可尼调遣，协调马可尼最近与意大利政府之间的合同商讨，并且很快就要受雇于马可尼。他现在承认自己一直密切关注着马可尼"意义非凡的实验"，并质疑其他系统获得类似实验结果的可能性，但是如果另一个系统能证明其拥有更明显的优势，他还是会选择取代马可尼的系统。

意大利海军上将格里洛的表态也无新意：那些自己的产品设备并不完美的公司却要用这样的提议损害其他公司拥有的已经发展成熟的无线通信技术装置，意大利政府不能支持这样的提案。然而，显然除了意大利以及立场不明确的大英帝国外，所有代表团都支持在监管义务的基础上进行自由竞争，所有系统都要相互通信。法国提出的要求更高，即每个系统必须让自己的技术透明化。代表们一致认为意大利已经觉察出自己现处的法律地位并不公平。他们已经签订了本国的信号发射台只能与配备马可尼设备的舰船通信的合同，但是在其他任何情况下，不同通信系统之间的自由竞争并不会对马可尼公司造成任何损害。德国方面则更直言不讳——马可尼输掉的只有一件事，那就是创造垄断企业的希望。

第三天的会议接近尾声时，大多数国家达成了一个明确的共识。除了英国以其对国际间通信无能为力为由仍未做出承诺表态外，其他代表团都宣称他们的政府对电报通信有垄断权，因此对无线电通信也具有垄断权。他们基本上都同意，各自都可以做想做的任何事。第四次分会开始之时，索拉里再一次进行饱含激情的陈述，很明显，这是为了马可尼。已经摸清了会议节奏后，他提出应该对马可尼予以补偿，以弥补他在无线电报方面的投资，因为大家一直在允许其他公司进入国际无线电报业务。"不应该这样对待马可尼，他勇敢地展开了天才般的想象，努力工作，不惧危险和牺牲，花费了数百万法郎，而有些人只想着从中渔利，但对发明进展仅做出了微不足道的贡献。"

面对这样的抨击，克拉特克回应说德国政府相信"所有发明者因获得专利而拥有的权利都应该属于发明人和为专利做出贡献的公司"。这也就是说，马可尼公司已经从无线电报业务中获得了丰厚回报（克拉特克说虽然这个与本次议题无关），并且还会继续从日益繁荣的贸易中获利，而这种日益繁荣的贸易就来自于自由竞争。法国代表博得朗格很快就注意到，索拉里不再要求会议支持马可尼的垄断行为，而是补偿马可尼由于自由竞争造成的损失。意大利代表格里洛则重申，马可尼公司已经是"一个垄断企业"，不可能屈从于限制公司而不提供任何补偿的条款。"不能质疑其制订条款的权利。"美国代表海军司令弗朗西斯·M.巴伯似乎在为其他人说话，他表示自己认为没有理由给予现有系统任何赔偿。

这其实代表了巴伯及美国海军内部各大要员自 1899 年以来的立场，即支持"任何人，除了马可尼"。

柏林会议随后休会。在柏林会议第五次分会的开幕式上，意大利代表团将自己的独特立场具体化。上校坤迪诺·波诺莫·卡萨莱向会议提交了一份备忘录，声称"在无线电报发展的现有状态下，不可能以确保不同系统之间进行通信为目标制订规则"。他随后口头补充说意大利正因采用单一系统而受惠，所以目前尚不能同意制订任何有关国际无线通信的规则，"因为意大利政府与马可尼先生签订的协议已经开始执行了"。

多亏了索拉里时常汇报，马可尼在英国一直密切关注着会议的进展。1903 年 8 月 12 日，柏林会议结束前夕，他在给霍尔的信中信心满满地说道，"英国代表们一直在支持着我们"。但是会议结果令马可尼困惑不已，除了意大利的支持及英国有所保留的表态外，世界上其他主要国家都同意无线电通信不应该落入单一私营公司的手中。（意大利政府处境的不寻常之处在于这份合同并不是与马可尼公司而是与马可尼本人订立的。）

最终，德国、澳大利亚、西班牙、法国、匈牙利、俄罗斯以及美国的代表们于 1903 年 8 月 13 日签署了最终协议。英国和意大利代表团分别做出声明，表明他们的保留意见。（英国和意大利代表团保证将协议提交给各自的政府，英国方面是"整体观望，保留意见"，意大利方面是一整套明确的保留意见。意大利方面重申，他们与马可尼的协议要求他们对安装细节保密，在无马可尼同意的情况下，意大利方面不能强迫马可尼接受提出的条款。）

柏林会议协议提出了一套监管原则，管理"海上船只和无线电报海岸电台之间的通信往来"，并以未来国际公约为准。最重要也是最具争议性的一点是第一条"海岸电台理应接收并发送来自或发往海上船只的电报，而不应因为海上船只使用的无线电报系统而有区别对待"。所有代表团一致同意应优先考虑遇难船只的援助请求。所有代表团一致同意的其他条款只有这条规定，即《圣彼得堡 1875 年国际电报公约》也适用于无线电信息传输。各国政府以外交上全体一致的姿态，坚持保留各自对无线电频谱的管控权利。

这可能是有史以来第一次，也是仅有的一次以讨论如何应对逐渐增强的个人势力为目的的国际会议，而这不是现代传媒巨头比尔·盖茨、史蒂夫·乔布斯，也不是马克·扎克伯格所能比拟的。"开放式"和"封闭式"通信系统之间的辩论一直持续到今天，马可尼是"封闭式"通信模式的发明人；用现在的话打个比方，马可尼试图通过控制如何使用硬件和软件来淘汰自己的竞争对手。无论当今各个显要人物及其公司是否意识到这一点，他们都是马可尼观点的直接传承人。苹果公司的产品效仿马可尼的"内部互通"方法，但他们没有做到。微软公司的 Windows 操作系统至今仍是授权使用，而不是任其随意买卖。 79

第 12 章　婚姻

在柏林会议临近结束的那几天，马可尼在路易吉·索拉里的陪伴下赶赴美国。当时距 1902 年 1 月他和约瑟芬·霍尔曼的关系破裂还不到两年。尽管时常碰到献媚之人，但马可尼依然深感孤独。自青春期开始，马可尼就渴望得到女性的关注。年轻有为的他的确能吸引不少女性的注意，但都是泛泛之交，过眼烟云罢了；但若遇到像霍尔曼一样对感情认真的女子，他又无力回报。

马可尼 1902 年的一本棕色的日记本（更像那种我们现在常见的黑色小本子）中写满了不同女人的名字和地址，而这些名字和地址通常不是马可尼自己亲笔写下的。住在底特律的苏西·爱德华兹小姐……伦敦的格里格斯比小姐……温哥华的艾瑟儿·克里斯蒂小姐……伦敦的梅西小姐……波士顿的艾西小姐等。在布莱顿角，报纸上大讲他和悉尼女子妮娜之间的罗曼史，并有谣言称他有个私生子。（甚至有人不怀好意地说，理查德·维维安刚降生的女儿其实是马可尼的。这一谣言直至今天在布莱顿角仍没有止息。）他在悉尼时曾和索拉里说，女人们脾气随和，不那么执着。

这一时期马可尼的生活一直处于高度紧张、持续动荡的状态，所以他和女人之间的关系大都是逢场作戏。无论是在多塞特郡还是康沃尔郡，总有一圈女人围着他，要么是母亲带着待嫁的女儿要么是姑娘们自己。索拉里似乎很乐意将马可尼描绘成一个妇女之友，他曾在文章中说只要马可尼出现的地方，就会引来"女性占多数"的围观者。他说 1901 年 9 月的一个下午，他和马可尼正在宝窦谈工作，马可尼突然打断索拉里说"今天技术问题谈得已经够多了，咱们去宾馆吧。我给你介绍几位漂亮的女子。我敢保证她们会像取悦我一样取悦你的。"随后，他又补充说工作一天后，有个可人的女子相伴对健康有益。但是，尽管流言蜚语不断，我们却无从知晓马可尼的性生活，也没有具体的证据证明他有过任何实际的性体验。

据索拉里称，马可尼的体形"符合英国的审美标准——高挑、优雅、健康、强壮。他个子高［快 6 英尺（约 1.83 米）］、比例协调、长脸型、高额头、浅褐色头发、淡粉色的脸庞、胡子刮得干干净净，一双灰蓝色的眼睛时而迷蒙时而犀利地看着你。鼻子突出但也正常，嘴巴小，兼具古罗马人和出身高贵的安格鲁-萨克逊人的气质"。（这一段文字写于 1940 年，显然索拉里受到了法西斯主义者有关身体理想状态的观点的影响。）索拉里的描述导致记者在报道马可尼时称：他是一个世界级的人物。

尽管索拉里自称与马可尼亲密无间，但他似乎对马可尼与霍尔曼之间长距离的浪漫爱情一无所知。至少他从未提起过——不过，总的来说，他对马可尼的风流韵事也并不是闭口不谈。他说，1901 年他有一次陪着马可尼去黑文，Skimming 家优雅漂亮的三姐妹为他们接风庆祝，还时常骑着自行车陪伴马可尼。然而，索拉里也注意到，在去纽芬兰之前的那段时间，马可尼工作忙到无暇顾及世俗的消遣、艺术、体育或是政治。1903 年 8 月，当他们在柏林会议结束后启程去往美国的时候，索拉里或许和其他认识马可尼的人一样，在文章中说马可尼一直过着"苦行僧般的生活"。然而，所有这一切都即将改变。

1903 年 8 月 22 日，他们搭乘卢卡尼亚号轮船出发。航行途中，马可尼同时与宝窦站和格雷斯湾联络，这也是航船首次在大西洋上与两岸站点取得联系。当他们抵达纽约时，托马斯·爱迪生来信邀请马可尼周末去新泽西州的西奥兰治找他。几个月前，爱迪生将自己的一些专利权转让给美国的马可尼公司，作为交换，爱迪生获得马可尼公司的股份以及董事会技术工程师的成员资格，这对马可尼来说是非常宝贵的褒奖和宣传，马可尼因此受到了极大的鼓舞。

马可尼和索拉里从纽约乘火车去西奥兰治。车到站后，两人步行前往爱迪生的家。这次见面留给马可尼的是一个经常被他提起的趣事：粗心的主人没有准备午餐，而午餐对意大利人来说是一天中最重要的时光，他们曾委婉地提醒过爱迪生。当天晚上，马可尼和索拉里回到了纽约，想必两人大吃了一顿。在纽约期间，马可尼一直和爱迪生保持密切联系。

随后整整一周，马可尼和律师一起应对两个悬而未决的诉讼官司，这也是他来纽约的原因。马可尼急于着手处理那些他更感兴趣的业务，于是在那个月剩下的几天里，他绝大部时间都穿梭于纽约、渥太华、布莱顿角和圣·路易斯之间，并受邀为即将召开的 1904 年世界博览会安装一个无线电台的模型。1903
年 10 月 3 日，马可尼和索拉里登上了 6 周前带他们来纽约的卢卡尼亚号轮船，
马可尼对索马里说："我需要休息一下。"

在这段时间里马可尼唯一能放松的时候是当他在海上时，即从一个目的地
去另一目的地的途中。每到一处，他总有很多事情要做，很多人都期待着见到
他，也有很多让他分心的事。在这次旅途中，他与另一个年轻的美国女子伊内
兹·米霍兰德开始了一段罗曼史。当时，伊内兹和她的母亲及两个兄弟姊妹正
要回位于伦敦肯辛顿花园边上的家。米霍兰德家族是来自纽约的新进名门，热
心政治，1899 年起就一直住在伦敦。

初遇马可尼的伊内兹已满 17 周岁，她的身家背景似乎是为她即将过上的生
活做的准备。她的父亲，约翰·埃尔默·米霍兰德生于 1860 年，其祖父是来自
阿尔斯特的移民；父亲在阿迪朗达克山脉长大，创办报纸《泰孔德罗加哨兵》，
是民权运动、环境保护运动及严惩家暴丈夫运动的坚定支持者。伊内兹的母亲，
珍·托里祖上为苏格兰人，在波士顿、泽西城长大，对有关女性在工作场所、
政治和家庭生活中位置的传统看法持批判态度，并以此广为人知。珍和约翰
1884 年结婚后不久，两人把家搬到了曼哈顿（约翰对《泰孔德罗加哨兵》的投资增
加了 3 倍）。约翰成为一名政治作家和《纽约论坛报》的社论作者。在试图进入政
坛的短暂努力后，他开始着手做销售气力输送管的生意。气力输送管这项新技
术有望彻底改变邮政这一传统的通信方式。纽约的气力输送邮件业务于 1897 年
启动。到了 1899 年，米霍兰德家族发现，他们已经拥有了美国 1% 的财富，社
会地位也处在前沿。

在索拉里眼里，米霍兰德小姐优雅、美丽，"非常有教养"。据她的传记作
家琳达·拉姆斯登所说，"伊内兹无疑继承了她父母的热情与活力；她享受男欢
女爱，也享受着因为自身魅力吸引异性而无所不能的状态。刚进入青春期，米
霍兰德小姐身边的男性追求者多得就像簇拥忍冬花的蜜蜂。"其中就有马可尼。
伊内兹是最早的那批女性主义者中比较高调的一位，是 1910 年美国女权运动中
最闪亮的一颗明星。1913 年她骑在白马上的形象成为女权运动的一个标志性符
号。她是妇女政权论者，激进的女权活动家，也是改革运动的记者，被誉为"新
女性中最突出的性激进者"。

在卢卡尼亚号轮船上时，米霍兰德一家为马可尼的实验深深着迷。伊内兹给她父亲写信说，他们感觉轮船上的无线装置似乎是他们自己的"专有财产"，父亲也深受触动，在日记中写道："多亏马可尼极好的发明和他的好意，我才得以向位于距陆地1 000多英里(约1 609.3千米)的海上的他们送去我的祝福。"这相当于来自无线电个人用户的第一份"客户体验报告"。 14

在伦敦，马可尼成为肯辛顿花园的常客，他向米霍兰德一家介绍自己的最新发明，并且像往常一样，让他们发誓保守秘密。他们实际上已经在内心接纳了马可尼，亲昵地称他"比利"。马可尼渴望家庭生活便向伊内兹求婚，早熟的伊内兹虽然只有17岁，却答应了他。虽然订婚更像是一时兴起，并不严肃庄重，但还是持续了1年多(约翰·米霍兰德热衷记日记，但在记述马可尼到访他们在伦敦的家时只字未提他女儿订婚一事)。很难评估马可尼的感情有多浓烈。索拉里写道："马可尼对米霍兰德小姐倾慕有加，但由于两人的性格大相径庭，经历短暂的约会后，马可尼和米霍兰德的感情仍保持在纯洁、理想的友谊状态。"马 15
可尼和米霍兰德的不相容不仅是在性情上；马可尼后来和他的朋友们说，他感觉米霍兰德需要的是比他更具男性气质、更强大的人。马可尼的女儿戴格娜对 16
她父亲的个性了解得最为透彻。她曾在文章中写道："除却伊内兹·米霍兰德的美貌，她身上展现出的其他的一切都不合马可尼的心意。"(戴格娜孩提时代或许 17
见过伊内兹，当时她去马可尼位于苏塞克斯的私宅拜访他们。)马可尼的一生都被伊内兹这样拥有独立人格、意志坚强、追求卓越的女性所吸引。在马可尼的生命中，不乏伊内兹这样的人，但她们都不是马可尼妻子的理想人选。马可尼一点也不反感，反而总是支持、鼓励伊内兹。

马可尼在伦敦时过着爱德华时代的单身生活。他放弃了母亲那栋位于西邦尔公园、通风不畅的中产阶级的房子所特有的平静，选择了位于伦敦市中心的酒店和绅士俱乐部。1903年初，他在皮科迪里大街90号，靠近格林公园的一栋庄严堂皇的4层维多利亚式建筑顶层租了一套住房。这也是他的第一个私人住址。和安妮·马可尼的通信表明他和他的私人秘书赫伯特·克肖都住在这里，而克肖似乎也是他的贴身男仆。 18

马可尼喜欢住在人头攒动的大都市的正中心。城市里遍布新式交通工具。1903年，马车、汽车、双座马车和出租车在马路上你推我挤。随着地铁的兴建，

1906 年，皮科迪里线路上的地铁正式运行——有轨电车、泰晤士河上的汽船也
19 都开始投入运营，此时的伦敦看上去充满无穷的活力。从马可尼的公寓到位于
芬奇路的公司办公室走路刚好 1 个小时，乘有轨电车 20 分钟。斯特兰德大街正
好从萨沃伊酒店穿过，马可尼大多在萨沃伊酒店吃午饭。后来，萨沃伊也成为
他最喜欢的一家伦敦酒店。

在伦敦，马可尼现已成为极具辨识度的人物。1902 年 3 月，马可尼的蜡像
20 在杜莎夫人蜡像馆展出，《泰晤士报》称其为年度最受欢迎的展品之一。马可尼
是伦敦最早拥有汽车的人之一，他在 1903 年买了一辆纳皮尔双座敞篷跑车（牛
21 津大学马可尼档案馆里有一整盒文件都是关于狂热的汽车爱好者马可尼）。

* * *

1904 年 3 月 26 日，马可尼的父亲朱塞佩意外去世，当时他正在意大利接受
22 由博洛尼亚大学颁发的名誉学位。朱塞佩因慢性肺病和心脏病去世。在老马可
尼生命中最后那几年，每到冬季，他都会住在位于博洛尼亚的豪华住宅区帕拉
佐。他已经 80 岁了，并且生病卧床有一段时间，但他的离世的确出人意料。古
列尔莫陷入极大的悲痛，不久开始发烧。1904 年 3 月 29 日宣读朱塞佩·马可尼
的遗嘱时，古列尔莫也在。当得知老马可尼将自己最有价值的财产格里夫尼庄
园留给他的幼子古列尔莫时，大家不由得大吃一惊。关于马可尼父子关系不和
的各种传言就此破除。朱塞佩把靠近锡耶纳位于博恩孔文托的一处房产给了长
子路易吉；阿方索继承了朱塞佩所有银行现金存款。朱塞佩 1900 年买下一座位
于博洛尼亚、建于 16 世纪的豪华宫殿——奥尔西宫，并租赁出去。阿方索也被
指定为这处房产的管理人，实质上获得了这份遗产。格里夫尼庄园主要喂养着
23 一些家畜，还有一些家具、亚麻制品和银器。①朱塞佩·马可尼的一生是富有趣
味的、幸福的。

葬礼过后，马可尼迅速赶往比萨，随后去了英格兰。和英国邮政总局无休
止的斗智斗勇，美国对他专利权的挑战，德国外交政策所透露出的持续敌意以
及公司未能在经济上迅速好转使得马可尼精疲力竭，幻想彻底破灭。父亲的去

---

① 朱塞佩每年为安妮提供 6 000 里拉（约合 240 英镑，或者 1 200 美元）的零用钱，但
是由 3 个儿子均摊支付。

世也令他震惊，他在意大利的包括安妮在内的其余家人对他来说也意味着新的责任和义务。他很乐意与伊内兹调情，但很明显她并不是他的妻子人选。他也得到其他很多女子的青睐。他对索拉里说："青睐太多，对我来说也是一种烦扰，"而且他也没有从中体会到什么成就感，"我想拥有一位完全合我口味的妻子，组建一个完美的家庭。"马可尼和朋友们说自己已人到中年，但依然没找到幸福甜蜜的生活。

24

1904 年夏，马可尼仍处在惯常的疯狂工作状态。去美国为专利诉讼案件提供证词回来后，他获得了剑桥大学的荣誉学位。（在授予学位的演讲中，马可尼再次被称为"魔术师"。）之后又在伦敦主持召开了董事会，最终在 7 月初去了黑文。作为社交圈里的大热红人，他和富有的荷兰冯·劳迪斯家族建立了友谊。劳迪斯家族最近刚买了距普尔海港 5 千米远、史上著名的白浪岛，并将那里的古城堡翻修一新。

25

公元前 500 年，白浪岛已有人居住。亨利八世于 1545 年一鼓作气，在岛上第一座城堡的空地上建了一座碉堡，作为英格兰南岸一系列防御用堡垒中的一个。19 世纪，白浪岛被私人占有，几经转手，直到 1901 年，查尔斯和福劳伦斯·冯·劳迪斯将其买下并在那里定居。冯·劳迪斯先生从事烟草贸易和股票投资，赚了不少钱。他大手笔宴请宾朋，安排打猎、高尔夫和本地乐队演奏等活动，白浪岛也因此成为爱德华时代上流社会的聚集之地。岛屿距黑文旅馆的渡船码头只有一小段距离。

26

马可尼在黑文工作时，如果想放松几个小时就会选择去白浪岛。1904 年 7 月，冯·劳迪斯迎来一位贵客，来自爱尔兰最古老的贵族家庭的一位年轻女性，比阿特丽斯·奥布莱恩。她住在克莱尔郡德莫兰德的英吉坤城堡里。比阿特丽斯听说过马可尼——这很自然，谁又没听说过他呢？——但她认为马可尼太过有名，是一个伟人，因此不会成为一个潜在的求婚者。再说，她当时还不到 22 岁，而马可尼或许已经 30 岁了（事实也的确如此）。马可尼从船上下来，正要登上白浪岛的码头时，他们俩即注意到了彼此。

27

比阿特丽斯在她 1950 年的备忘录中这样描述她对马可尼的第一印象：

> 见到如此年轻、英俊的男士，我既兴奋又惊讶。另外我还注意到他宽大的额头、蓝色的眼睛、深邃的目光。严肃、冷静，但也很有亲

和力和开朗的笑容。他很有幽默感。当时，我就感到和他在一起很舒服，我们很快就成了朋友。他似乎也很快就喜欢上了我。他向我表示他对我的关心，但当时我还很害羞。

此后但凡有空，马可尼就会去白浪岛，似乎他只是想和比阿特丽斯待在一起，度过每分每秒。几天后，他们回到伦敦（比阿特丽斯乘坐火车，在没有其他人陪伴的情况下她不能乘坐马可尼的豪华跑车）。当时，比阿特丽斯的母亲，英吉坤夫人正在伦敦阿尔伯特音乐厅组织一场慈善舞会。在音乐厅长长的楼梯间里，马可尼向比阿特丽斯求婚了。比阿特丽斯不知所措，羞涩地告诉马可尼说，几天后她会给他一个答复。凭心而论，比阿特丽斯其实很开心，但马可尼和其他追求者们不一样。事实上，比阿特丽斯觉得马可尼看起来很怪，并且身为爱尔兰贵族，自己与身为外国人的马可尼之间有一道不可逾越的障碍。她的内心经历着挣扎，不断地对自己说自己并非真的喜欢马可尼。日子一天天过去了。马可尼近乎疯狂地等待着她的答复，身体开始发高烧，就像之前压力一大就会发高烧一样。最后，比阿特丽斯请他喝茶，将自己的疑虑和恐惧和盘托出，并回复马可尼：不。

戴格娜·马可尼对这段恋情的描述是"似乎是维多利亚小说里的浪漫故事情节，马可尼和那些被狠心拒绝的追求者们一样""带着他破碎的心"远走异国他乡。戴格娜还设计了一个浪漫故事：男孩遇见女孩，男孩向女孩献殷勤，女孩拒绝了男孩，男孩继续追求女孩，最后获得了女孩的芳心。但马可尼的信件——给他母亲、给霍尔以及其他人——还有一些活动记录、游记或是新闻报道中记载的是一个完全不同的故事：比阿特丽斯只是当时他的众多追求者之一。他的离开是因为在意大利有一个筹划已久的家庭聚会。他高调访问巴尔干半岛地区是因为皇室的宴请，还要参加巴里（意大利）与安提瓦力（黑山共和国）首次建立通信连接的启动仪式——不幸的是他感染了疟疾，这个病在他的余生中一直折磨着他。随后，在英格兰短暂停留后，他又离开去了美国，出席了很多专利听证会，参加圣路易斯世界博览会，在纽约和华盛顿谈生意，又到访蒙特利尔和格雷斯湾。但在出发前，他去德莫兰德城堡见了比阿特丽斯。

1904 年 9 月 8 日，马可尼给母亲写了一封信，提到了比阿特丽斯。他像往常一样，只在信的末尾告诉母亲说第二天他将去纽约，汇报了自己的最新进展，宽慰母亲说自己身体挺好，还让她保守一个秘密："如果我告诉你我爱上一位非常漂亮、美好的爱尔兰姑娘，你一定会对此很感兴趣，或许也会很开心。她是克莱尔郡德莫兰德城堡英吉坤勋爵的女儿奥布莱恩小姐。她的家人都非常喜欢我，但我还不确定她是否喜欢我。" 33

除了马可尼和比阿特丽斯之间的感情外，马可尼身边的人对他近期的感情波动一无所知。事实上，即使有，马可尼也会表现得一如既往，工作、浪漫或者别的什么都是如此。10月，马可尼到访美国，媒体报道了一件事：一名司机开车载着马可尼和不明身份的年轻女子，因超速在曼哈顿下城区拉斐特街被警察拦下[车速达到每小时22英里（约35.4千米），警察连追了5个街口才拦下那辆车]。《哈利法克斯先驱报》报道称：马可尼害怕此事会给那位女子带来不便，便交了500美金将司机保释出来。 34

媒体还大肆渲染马可尼和罗斯福总统的女儿爱丽丝·罗斯福之间的关系。爱丽丝因行事离经叛道而名声在外。马可尼在给安妮的信中写道："我在这里很好，在美国的其他事务也进展顺利。报纸中有关我和爱丽丝小姐的新闻纯属谣言。我在美国时经常会见到她。她是一个非常好的女孩。当然，我和她以及总统其他家人的关系都很友好，因为建立这样的友好关系对公司在美国的发展裨益无穷。"他从华盛顿给卡斯伯特·霍尔写了一封相似的信，汇报了他和总统的几次会晤，并半开玩笑地补充道："为公司利益着想，我经常去拜访罗斯福总统的女儿爱丽丝小姐。她对无线电非常感兴趣，我们的见面却成为新闻爆料的来源。" 35

12月，福劳伦斯·冯·劳迪斯向比阿特丽斯保证不会将她的行踪透露给马可尼，于是比阿特丽斯又回到了白浪岛。但这位邀请比阿特丽斯做客的主人背叛了她，不仅给马可尼通风报信，还邀请他一同前往白浪岛。这次会面让比阿特丽斯受宠若惊，也发觉自己越来越喜欢马可尼。马可尼给霍尔写信说他经常去白浪岛拜访一位朋友；不小心从朋友那儿染上了感冒，而这位朋友一直照顾着他。马可尼再次向比阿特丽斯求婚，这次她接受了——前提是得征得她最爱的妹妹里拉的同意。 36

里拉·奥布莱恩小比阿特丽斯两岁，就读于德累斯顿的女子精修学校。1904年12月21日，比阿特丽斯给她妹妹写信说：她并不爱马可尼，但她非常喜欢他并愿意和他结婚。"我想他确实爱我，也愿意做他所能做的一切让我开心。想想之前，我从未想过要结婚，一直打算要孤独终老的。"随后，她告诉了她的哥哥巴纳比。巴纳比很开心，并催促她告知家里的其他人——但她害怕母亲会不同意，所以不得不先征得她同父异母的哥哥卢修斯的同意，那时卢修斯已继承了英吉坤勋爵的爵位。

同一天，马可尼给安妮写信告知母亲他不能按计划回意大利过圣诞节了，他想在白浪岛和冯·劳迪斯一家人共度节日。"这里会举办大型节日派对，我认识他们中的一些人，其中还有我的朋友——英吉坤夫人的女儿——我之前和您提到过的那位爱尔兰女孩。"

可想而知，英吉坤夫人对马可尼几天后的到访以及对比阿特丽斯的追求并不支持。戴格娜在信中写道："尽管古列尔莫·马可尼非常有名，但他是不折不扣的外国人，这是绕不开的问题。"卢修斯同意他继母的看法，告诉比阿特丽斯终止与马可尼的婚约，并归还婚戒。但比阿特丽斯比他们想象的更有主见——这很容易让我们联想到她未来的婆婆安妮·詹姆森——她决定义无反顾地与马可尼交往下去。

那时，马可尼又去了罗马，在那里和国王一起狩猎野猪。其后不久，马可尼又陷入另一场媒体风暴中，这次他似乎成了一个卑鄙的无赖，而不是不离不弃地追求爱情的男人。意大利报纸报道说马可尼与贾钦塔·卢斯波利公主订婚了。这位公主21岁，是弗朗西斯科·卢斯波利亲王(圣养院的院长，这是高等级、世袭的梵蒂冈教廷职位)的女儿。两人因被看到同在一个包厢看歌剧而被传订婚。媒体在第二天又报道说两人根本没有订婚，但是在这之前，原来的消息已经传遍全世界——或多或少地要感谢无线电创造的奇迹。

马可尼很明智地匆忙赶回伦敦。凭借其强大的个人魅力，马可尼不仅让比阿特丽斯冷静下来，还最终赢得了她家人的心。真正的婚约得以向外界宣布。(伊内兹·米霍兰德说马可尼与她解除婚约时"并没有心碎"，但她禁不住向妹妹维达反复念叨说比阿特丽斯看起来像个"小豆丁"。)尽管马可尼不是英国人也没什么爵位头衔，但他是一位不错的理想配偶。毫无疑问，他是一个外国人，但他至少不是天主教信徒(马可尼和奥布莱恩家族一样是爱尔兰新教教会的一员)。虽然马可尼的资产很大一部分都困在马可尼公司有漏洞的金库里，但他奢侈的生活方式让人误以为他家财万贯。比阿特丽斯的妹妹里拉认为她姐姐嫁给马可尼的主要原因是马可尼可以支撑他们并不稳固的经济状况。从马可尼的角度来说，他终于跻身上流社会。他也希望自己的生活能因此增添些乐趣。他为新娘买了两件新婚礼物，钻石头冠和一辆自行车。

这显然是《唐顿庄园》里的情节，老伯爵夫人敏锐地感觉到如果马修和玛丽小姐之间的感情无果，他们可以将玛丽小姐嫁给"一个不太挑剔的意大利人"。英吉坤家族的反应也差不多如此。然而，马可尼很快成为这一家族最喜爱的人，奥布莱恩-英吉坤和他一直保持着紧密的联系。

德莫兰德城堡在靠近爱尔兰西海岸的村庄纽马克特-福格斯，是奥布莱恩家族的祖籍所在。英吉坤的男爵们是寓言故事中 11 世纪爱尔兰国王布莱恩·波洛米赫（又称博鲁）的直系后代。这位崇高的国王于 1014 年在都柏林附近的克朗塔夫战役中被北欧海盗杀害。奥布莱恩家族自称已在德莫兰德城堡生活了 900 多年。部落最早的创立者是布莱恩·博鲁的儿子（因此有了 O'Brien——奥布莱恩的称谓）。城堡附近一位隐士的岩洞口立着一块石碑，石碑上写着"公元 1401 年"。1543 年，部落首领莫里夫·奥布莱恩被迫宣誓服从于亨利八世，亨利八世为表彰他的忠心，命其为英吉坤第一任勋爵。城堡始建于 11 世纪，现存的那座建于 1736 年，其中主体建筑于 1826 年竣工。周边的庄园占地共 1500 公顷。

佃农交付的租金曾使奥布莱恩家族成为爱尔兰最富有的家族。他们拥有一个乳牛场，有成群的肉牛，还种植了水果、蔬菜，制作各种各样的美味佳肴。欧洲贵族常年涌入德莫兰德城堡打野鸡、赛马、举办晚会，或者在庄园的湖水里捕梭子鱼和鲈鱼。到了马可尼所在的年代，德莫兰德城堡加装了一个可以加热的玻璃天井，有 4 个全天候工作的员工，负责洗涤、烫熨家里的衣服。

德莫兰德城堡也是威廉姆·史密斯·奥布莱恩的出生地，他是 1848 年爱尔兰民族起义的革命英雄和领导者。城堡上的一块牌匾显示"当了 20 年的国会议员，在大饥荒的第三年，这个新教徒的爱国者宣布爱尔兰独立了，他和另外 6 个同伴也为此被驱逐到塔斯马尼亚岛"。若不是像奥布莱恩这样拥有高贵的人格，叛国者或许已吊死了。但奥布莱恩被赦免，于 1856 年返回爱尔兰。为纪念他在爱尔兰争取独立的斗争中所起的作用，都柏林的主要通道奥康纳尔街上立了一个他的雕像。

奥布莱恩的祖先们也因此成为马可尼的榜样。由天主教改信爱尔兰新教，奥布莱恩家族对英国君主宣誓忠诚是务实之选。他们手段高明，操纵着英国-爱尔兰之间的关系以及爱尔兰的阶级政治，建立联盟以维持自己的特权地位，并支持一批家族和社区的依附者。即使马可尼没有研究过他们家族的历史，他很可能也会无意识地采用他们的一些经营模式。

1880 年土地法案的颁布剥夺了他们主要的收入来源，奥布莱恩-英吉坤家族的财富开始减少。这一状况迫使他们开始变卖佃户之前耕作的土地。1900 年，比阿特丽斯同父异母的哥哥卢修斯继承了父亲的爵位，成为第 15 代男爵。后来主持对抗英格兰争取独立的斗争。1921 年爱尔兰最终获得独立，但其家族的经济实力不断衰落。然而，令奥布莱恩家族骄傲的是，德莫兰德城堡从这一动荡中幸存了下来，并未像爱尔兰其他大型房产一样被夷为平地。事实上，德莫兰德城堡曾两度成为 IRA（爱尔兰共和军）的摧毁目标，而且 IRA 还专门从都柏林秘密运送汽油至克莱尔郡；但来自都柏林的两次命令都被 IRA 的地方指挥官撤消了。指挥官称：英吉坤家族待人公平、仁慈，第 13 代男爵卢修斯先生（译注：与第 15 代男爵同名）因在 19 世纪 40 年代的灾荒之年慷慨救济而被人们铭记在心。威廉姆·史密斯·奥布莱恩也因其高贵的品格而不曾被遗忘。

德莫兰德城堡越来越难以维持，1929 年卢修斯去世之后更是主要由卢修斯的遗孀蕾蒂·埃塞尔的个人财产维系。尽管如此，蕾蒂·埃塞尔依然保留着 20 名家仆、18 名园丁和 75 名农场雇工。到了 1940 年，她的儿子——第 16 任男爵丹诺——为了维持生计不得不开始招揽游客，接待付费房客。1962 年，丹诺·奥布莱恩出售了城堡以及大约 400 公顷的土地，而售出的城堡经过翻修，被改造成豪华酒店。其后不久，丹诺·奥布莱恩在剩下的土地上建了一所房子，起名为托蒙德，丹诺在这里一直住到 1968 年，而他的弟弟，第 17 任男爵费德瑞格·奥布莱恩一直管理这座房产直到 1980 年。现在的第 18 代英吉坤勋爵康纳·迈尔斯·约翰·奥布莱恩（比阿特丽斯的曾侄孙）和他的家人如今依然住在托蒙德，直到最近才开始在其房产上耕种土地，经营运动与休闲副业。当地人对现任男爵与德莫兰德酒店的新主人之间关于城堡原有艺术品所有权的纠纷议论纷纷，颇具讽刺的是，"Dromoland——德莫兰德"在老盖尔语中的意思为"诉讼山"。德莫兰德酒店已经成为欧洲最独特的度假胜地之一。自 1987 年开始，德莫兰德酒店一直由来自爱尔兰和美国的投资者组成的财团拥有并经营，其顾客包括比尔·克林顿、纳尔逊·曼德拉、穆罕默德·阿里、约翰尼·卡什等。其著名地标之一是雄伟的 18 世纪水星圣殿——为纪念罗马的通信与消息之神而建。

比阿特丽斯在第 14 代英吉坤男爵爱德华·丹诺·奥布莱恩的 14 个孩子中排行第 10，丹诺毕业于剑桥大学，是英国上议院的爱尔兰贵族。据戴格娜·马可尼说，英吉坤勋爵公开反对爱尔兰自治，他自己却是一个彻头彻尾的爱尔兰人。比阿特丽斯的母亲艾伦·怀特也有皇家血统，是她父亲的第二任妻子。比阿特丽斯出生于 1882 年，有 4 个同父异母、9 个同胞兄弟姐妹。但她比他们都长寿。

比阿特丽斯与马可尼订婚时，媒体报道称比阿特丽斯年仅 18 或 19 岁，但实际上她当时已经接近 22 岁了。纠正已发表的错误消息几乎是不可能的，尤其是在名人备受关注的地方。在比阿特丽斯的一生中，媒体对其年龄的报道一直比她的真实年龄年轻。甚至戴格娜·马可尼都在其书中错误地写道，她的父母相遇时，母亲比阿特丽斯只有 19 岁——虽然差距不大，但意义重大。这是马可尼一生中与媒体较量的另一个主题。与他相关的女人总是非常年轻，但通常那些女人没有媒体报道的那般年轻。1927 年，53 岁的马可尼第二次步入婚姻殿堂时，媒体报道称新娘芳龄 20，但其实新娘当时是 25 岁。

比阿特丽斯与马可尼的旧爱们完全不同。但是他对比阿特丽斯就像对约瑟芬一样有着深刻的情感挣扎，而对伊内兹就差一点（因为两人的情感关系从一开始就不那么认真）。在马可尼 1919 年的代笔自传中，马可尼对比阿特丽斯的描写都不足以构成一个完整的句子，他在括号中引用了他给母亲的一封信："在这次讲座两个星期之后，也就是 1905 年 3 月 16 日，我在汉诺威广场的圣乔治（教堂）与英吉坤勋爵的女儿，尊敬的比阿特丽斯·奥布莱恩举行了婚礼。3 月底，我将再次启程前往纽约，这次同行的还有我的新婚妻子。"

安妮和阿方索于 1905 年 2 月初抵达伦敦，准备拜访英吉坤家族。马可尼为此感到焦虑，觉得他们应该住最好的酒店，还应该给他们准备得体的服装。"因为比阿特丽斯拥有很高的社会地位，所以这是很重要的，"他写信给安妮，一如既往地尽心安排母亲与自己准妻子的第一次见面，"她是一个好女孩，您一定会喜欢她，会非常爱她的。如果是这样，那您一定要写信给她，告诉她我们能够订婚您很高兴，但如果您认为你不应该先写信，那就先不要写。"

按照爱德华时期上流社会的习惯，马可尼在结婚前几天做出了一份有利于比阿特丽斯的财产清算。在这份财产清算中，马可尼设立了一项信托基金，并向该信托基金转让了约1.15万英镑的股票和证券，这些收入用来支付比阿特丽斯一生的花费，另外，马可尼还转让给比阿特丽斯1.2万股马可尼无线电报公司的股份，有了这些股份，她就可以终身收取股息红利。受托人是他未来的姻亲（比阿特丽斯的舅舅查理·怀特、她姐姐克莱尔的丈夫诺尔·阿玛·劳瑞·科瑞）和他的同事卡斯伯特·霍尔。他还签署了一份自书遗嘱，表示他死后将一半的财产留给比阿特丽斯，另一半平均分给他的子女，用于适龄接受教育使用。阿方索是他婚礼的伴郎，但除此之外，马可尼没有想过他在意大利那边的生活。

　　古列尔莫和比阿特丽斯于1905年3月16日在伦敦上流住宅区汉诺威广场的圣乔治教堂举行了婚礼。圣乔治教堂是伦敦最时尚的教堂之一，这里充斥着各种不请自来的宣传，还有呆呆观望的人群，而各种令人烦恼的死亡威胁原来只是虚张声势。如果说马可尼与英吉坤家族在什么事上能够达成一致的话，那一定是他们都厌恶媒体干涉他们的私人生活。但他们的努力是徒劳的。婚礼当天，伦敦的小报派人在身上挂着广告牌，上面写着"马可尼与爱尔兰贵族之女喜结连理"，而《纽约时报》报道称，"婚礼当天教堂外人群密集，一度造成交通瘫痪"。

　　古列尔莫和比阿特丽斯婚礼一结束就离开伦敦，前往德莫兰德城堡度蜜月——在那里他们与安妮和阿尔索一起共度了一段时光。比阿特丽斯的父亲去世5年来，她与母亲和两个姐姐一直住在伦敦大理石拱门附近的一幢舒适的大房子里。现在，比阿特丽斯发现德莫兰德城堡有点沉闷，英吉坤家族的辉煌已是昨日黄花，但她对待万事都尽量往好处想，3月18日她写信给母亲："我们都很开心，太棒了，我们又回来了，这里的一切没有发生任何变化……"

　　但戴格娜所说的与此截然不同："在当时，城堡几乎已经荒废，比阿特丽斯认为城堡的状况令人沮丧，很失落……（马可尼）在阴冷的天气，吹着呼啸的冷风僵在那里……住在那里的那段时间是不折不扣的灾难。"马可尼总是固执地要求独自散步，并且一走就是很长时间。一个星期后，他因公司业务被叫回伦敦，这下可合了所有人的意。之后在比阿特丽斯漫长的一生中，她只回过德莫兰德城堡两三次，但马可尼再未与她同行前往。

　　在伦敦短暂停歇后，1905年3月25日马可尼乘丘纳德公司的坎帕尼亚

（Campania）号轮船离开了利物浦。没过多久，比阿特丽斯就发觉她的新婚丈夫性情古怪。他在船舱各处挂满了时钟，习惯将穿过的衣服袜子扔到舷窗外，以避免洗衣工人的打扰。而且他还发了疯似地嫉妒猜疑，与她在甲板上有过接触的任何人，无论是谁都要详细询问。在比阿特丽斯心里没有嫉妒的概念，所以她觉得这是"缺乏信任，她完全不能理解"。 56

马可尼和比阿特丽斯在许多方面都是对立的。就像戴格娜所言，比阿特丽斯单纯、生活奢侈、不切实际，而马可尼为人世故，做事有条理，一丝不苟。但是她依然对他体贴入微，就像他妈妈过去照顾他那样。他离开去工作时，她常会写信给他的同事。一次，她写信给在黑文的乔治·坎普："你一定要用心照顾他，如果他情绪不稳定，不要问他，一定要发电报给我……只是让我知道——请向我保证，我真的很担心他（原文作特别强调）。" 57

比阿特丽斯在接下来的 25 年里是马可尼的红颜知己和笔友（epistolary foil）。当他离开时，他会经常给她写信；当他有压力时，他会寻求她的安慰。在他第二次婚姻之后，他才彻底地离开她，这无疑是在新任妻子的影响下做到的。保留下来的马可尼的各种档案中包括近 200 封写给比阿特丽斯的信，距离现在最近的一封是 1927 年 6 月 14 日第二次婚礼前夕写的。然而它们只讲述了故事的一个方面。比阿特丽斯写给马可尼的信几乎都消失了，要么丢失在他们多次搬家的过程中，要么连同马可尼的其他文稿在其去世时一起被埋葬了。 58

第 13 章　那段诉讼生活

　　1905 年 4 月 1 日，马可尼一家抵达纽约。在他们镶着金边的社交日程表上写着到第五大道访问格蕾丝·范德比尔特等人，与罗斯福总统和他的女儿（不到一年之前，媒体凭空将马可尼与她配成一对儿）在罗斯福位于牡蛎湾的避暑宅邸共进午餐。10 天后，即 4 月 11 日，马可尼收到他的专利律师从纽约发来的电报时，他们正在蒙特利尔的温莎酒店，电报上说："马可尼案已判。法院认为马可尼表现出了很高的发明创造能力……恭喜你！"经过 3 年的诉讼，美国联邦巡回法院的威廉·柯妮兰·汤森法官在马可尼起诉美国发明家李·德·弗雷斯特的专利侵权案中做出了有利于马可尼的判决。汤森法官的判决对马可尼而言是最重要且持久有效的专利判决，使他变得无懈可击。这就确定了马可尼的原始专利是无线电通信的原始专利。

　　如今，马可尼的无线电系统遍布世界各地。常有人认为，无线电应用于船舶毁了"迄今为止一直存在的长途海洋航行就可以完全休息（多少有失事实）这种想法带来的乐趣"，但无线电的到来大大减少了航海风险，所以这种说法便不攻自破了。无线电也为商务旅客带来了便利，无线电使他们第一次在跨越大西洋的时候可以与办公室保持联系。有了触手可及且造价便宜的无线电报通信技术，移民也变得意义不大了。很快，散居群体与远在家乡的家人们保持联系就更加容易了。与此同时，各地野心勃勃的企业和军事机构都在竞相争夺、使用这项新技术，借以实现他们的雄伟蓝图。事实上，支持和反对马可尼这项发明的观点与今天我们所听到的关于伴随现代通信技术而来的连续连通性（constant connectedness）的优缺点的说法没什么不同，但是人们对一个基本观点达成了一致意见，即无线电通信改变了人与时间、距离以及流动性的关系。

　　诉讼从来没有表面上那么简单。在马可尼努力巩固其公司在世界的地位之时，专利诉讼成为证明他全部才能的范本。马可尼 1896 年获得的原始英国专利以其公司及子公司的名义在世界范围内进行了复制使用，马可尼也有利地打击了所有企图在此基础上开发专利的人。马可尼组建了一支小型的法律技术专家队伍，成员包括詹姆斯·安布罗斯·弗莱明，他终身受聘担任马可尼的科学顾问，为马可尼所有发明的原创地位提供建议与证词，使潜在对手走投无路。马可尼总喜欢说："专利只是法律诉讼的名称而已。" 5

正如我们所看到的，很早就有人觊觎无线电报的发明，但没有人能够将他们的想法转化为实用的技术，而事实上，在他们那个时代之前这些发现就已经被提出。只有在 1887 年德国物理学家海因里希·赫兹证明了"空气"中存在电磁波之后，科学家和思想家们（其中一些仍然对马可尼不屑一顾）才能够想象出用于电火花传输的装置。但在马可尼之前没有任何人证明这些电波真的可以传输可理解的信号。

这一创新成为马可尼要求对无线电的所有方式享有所有权的法律依据。马可尼 1896 年 6 月 2 日获得的原始专利看似简单，实则不然。发明说明中简要地指出，他，古列尔莫·马可尼"拥有改进电脉冲和信号传递及其设备的发明，他是这项发明的真正第一发明人，而且尽他所知所言，任何其他人都不得使用这项发明"。几个月后，奥利弗·洛奇爵士等人——需要指出的是，他曾在马可尼 6 之前花了整整 1 年的时间公开证明了火花（而不是信号）的传输——就提出了专利申请。但洛奇爵士直到 1897 年 5 月才提交申请。

德国、法国和俄罗斯的竞争对手很快就加入了日益拥挤的无线电领域，但第一个严峻的挑战来自美国，塞缪尔·莫尔斯、托马斯·爱迪生和亚历山大·格雷厄姆·贝尔等发明家企业家创建了一种利用专利来建立庞大且利润丰厚的企业帝国的模式。英国通用电气(GE)和美国西屋电器等巨头公司购买了大量专利，目的仅仅是为了让它们下市。在新旧世纪交替之际，尼古拉·特斯拉成为一名独立的专利发明人，向当时的摩根、阿斯特和西屋电器销售了十几种方案。欧洲和纽约的法庭、新闻界以及沙龙关于特斯拉和马可尼的争论一直没停。

但对马可尼的计划真正产生威胁的是两位野心勃勃的年轻发明家：雷金纳德·费森登和李·德·弗雷斯特。这两人中费森登年纪稍长。费森登于 1866 年 7 出生于魁北克省东镇雷梅格戈湖畔的东波尔顿，青少年时期进入附近伦诺克斯维的主教大学学习，但并没有完成学业（尽管他非常聪明，曾受雇于主教学院的中学校担任数学老师)。1883 年，费森登来到百慕大，临时找了份学校校长的工作。1885 年，在读到托马斯·爱迪生照亮了曼哈顿的报道后，费森登来到纽约，请爱迪生给自己一份工作。正如他在 1925 年发表的一篇杂志文章中所说的，他的态度就是大胆。费森登在给爱迪生的申请中写道："我对电一无所知，但我很快就能学会。"对此爱迪生的回复是"现在对电一无所知的人已经够多了"。但费森登没有放弃，最后终于在爱迪生机械公司谋得了一个测试员的工作，当时这家公司正在曼哈顿地下铺设电缆。不久之后，他就开始在新泽西州西奥兰治的爱迪生实验室参与各种项目研究。

为爱迪生工作的这段经历对于费森登发明方法的形成至关重要，但他于 1892 年离开了爱迪生的公司，这一年爱迪生公司与汤姆森·休斯顿公司合并，成立了通用电气公司。在美国普渡大学教授电气工程学不久以后，费森登被乔治·威斯汀豪斯发现，获得推荐到西宾夕法尼亚大学(后来更名为匹兹堡大学)电气工程系任系主任。从 1893 年至 1900 年，费森登一直就职于此。

许多历史学家都认为费森登是美国无线电发展史上的第一位重要人物。费森登从籍籍无名到广为人知用的时间不长。他精力充沛，好与人争论；他是个头脑敏锐的人，很多人知道他没什么耐心，被同时代的人描述为"暴躁易怒、要求严苛、自视甚高、傲慢自负，以自我为中心又爱夸夸其谈，好斗且盛气凌人"。所以，他的职业生涯也是动荡波折的，这不足为奇。

马可尼与英国邮政总局开始合作实验项目的消息一传到美国，费森登就开始注意马可尼了，而且费森登是北美第一批在出版物中提及马可尼的人之一。1897 年 8 月，费森登在一篇关于计划在阿拉斯加和俄罗斯之间建立电报连接的文章中提到了马可尼的无线电系统。(费森登在这篇文章中是以比马可尼更为成熟的思想家和作家的身份出现的，但他自己没有发表任何科学声明。)

1899 年，马可尼初到美国期间收到费森登的信，信中邀请他在比兹堡卡内基图书馆进行公开演讲。他的信雄心勃勃，充满了自我标榜和奉承马可尼的话语，似乎在竭力地向马可尼介绍自己，表达邀请的诚意(他还提出让马可尼留宿在自己家里)。除此之外，他还透露说是他向《先驱报》建议由马可尼报道帆船比赛的。这封信的落款写着"诚挚且钦佩你的……"马可尼可能并没有回信，因为两周之后费森登再次致信马可尼，询问他是否收到了自己的第一封信。

费森登向马可尼介绍自己是"多路传输信号"以及他称之为"电报正弦波法"的发明者。马可尼可能并不清楚这些是什么，但不久以后，费森登因为对马可尼无线电系统进行尖锐的批评而闻名于美国。费森登意识到，如果马可尼的火花式发射机可以换成发出连续波的发射机，那么通过无线传递声音就会成为可能。这是一项技术突破，使得最终被称为广播的技术成为可能，出于这个原因，费森登常常自称为无线电广播的发明者。而马可尼首创的依赖电火花的间歇式波传输可以传输莫尔斯电码，但不可以传输语音和音乐（因此就有了"无线电报"和"广播"的区别）。这两种方法都依赖于电磁波介质，而马可尼无疑是首先将波谱应用于通信的。

1900 年，费森登到美国气象局工作，在大西洋沿岸进行实验性无线电研究。不久后马可尼团队也开始跟随他的脚步进行这项研究。1901 年 7 月 12 日，卡斯伯特·霍尔给马可尼发了一封《纽约先驱报》总经理写给他的信，信上说"在美国政府的赞助下，费森登教授正在弗吉尼亚和北卡罗来纳州的海岸进行一系列无线电报的重要试验。"霍尔对此回复说："种种迹象表明美国方面迅速采取行动的迫切性。"而马可尼此时正在克鲁克黑文，全身心投入到跨越大西洋信号传输的准备工作中——此事在霍尔的信中，在空白处用"？="隐晦地标注着。（费森登已经拥有了多项专利，但弗莱明认为并不用花时间考虑这些专利。）

但一切很快明了，费森登并非只是昙花一现。1902 年 4 月 27 日，《纽约时报》报道称，费森登在北卡罗来纳州的罗阿诺克岛上进行的新"费森登无线电系统"的测试取得了非凡的成果。美国海军（自 1899 年马可尼初到美国时与他进行了一次仓促又毫无耐心的接触开始，美国海军似乎就已经有了"除了马可尼，任何人都可以"的想法）宣布该系统优于其他任何系统，并建议美军使用。美军也的确使用了这一系统。这篇报道中引用了费森登的话，阐明他的系统与马可尼的系统并不相同，同时还介绍了两者之间的具体差别。

然而，那时的费森登因个性问题不甘于一直依附于气象局这样庞大的官僚机构，所以很快就开始组建属于自己的独立公司。1902 年 11 月，依靠两位来自匹兹堡的资金实力雄厚的赞助人，费森登成立了国家电气信号公司（NESCO）。但他并不擅长经商。

1902 年 8 月 12 日，美国专利商标局因费森登对无线电报的多种改进授予他

19 13 项专利权，费森登对这些专利的申请可以追溯到 1899 年。一个月后，马可尼的工程师查尔斯·S. 富兰克林向公司报告称，费森登的这些专利中有几项似乎"理论与想法在当前并不可行"。在读过富兰克林的报告后，马可尼写信给霍尔说，他认为"现在无论如何"都不应该采取任何行动。他更为担心的是另一位名

20 叫李·德·弗雷斯特的美国年轻发明家可能侵犯了他的专利权。

21 李·德·弗雷斯特是个与众不同的人才。他比费森登小近 10 岁，但仍比马可尼年长 1 岁。历史学家苏珊·道格拉斯将他描述为"文化流浪者"。他的父亲是阿拉巴马州一所黑人学校——泰拉迪拉学院的校长，德·弗雷斯特在校期间一直与镇上的黑人生活在一起，白人反而会避开他。道格拉斯说："让他成为无线电的发明者更能平复美国民众的挫败感，满足他们的愿景。"年轻的李·德·弗雷斯特，一直以托马斯·爱迪生这样的发明家英雄作为自己的偶像。他对名誉和声望充满渴望。

1896 年，德·弗雷斯特从耶鲁大学毕业，取得了理学学士学位，之后又于 1899 年取得了工程学博士学位。他的博士论文被认为是美国第一篇涉及赫兹电

22 波的文章。像费森登一样，在 1899 年马可尼初到美国期间，德·弗雷斯特也尝试联系过马可尼。但当时费森登已经出名，而德·弗雷斯特联系马可尼的原因要平凡得多——他当时正在找工作。

1897 年或 1898 年，德·弗雷斯特设法见到了尼古拉·特斯拉，并对这位伟人肃然起敬。德·弗雷斯特在日记中写道，特斯拉"非常友善"。1899 年 4 月 11

23 日，他向特斯拉写了一封"很长的经过精心策划的求职信"。我们无法知道德·弗雷斯特第一次听说马可尼是什么时候，但 1899 年 9 月 22 日，他从芝加哥给马可尼写了一封信，当时马可尼在华盛顿。德·弗雷斯特在信中谦逊地介绍了自己，表明了自己的资历与愿望。"亲爱的先生，我毕业于耶鲁大学……过去的一年半时间里，我一直专注于研究赫兹电波、粉末检波器等。听闻您将为美国政

24 府进行无线电报测试，特向您自荐，请允许我做您的助手。"和费森登一样，德·弗雷斯特也没有得到马可尼的回复。

1899 年到 1901 年，德·弗雷斯特在涉及电力与电报的许多公司做过很多工作，但由于他坚持（明智地）保持对自己专利的控制权，所以要么是他不愿意，要么是不能，他都没有保住工作。1901 年，他与两个同事一起成立了自己的公

司，开始取得关于无线电报的各个方面的专利。1903 年，在一位名叫亚伯拉罕·怀特的股票推销员的支持下，他成立了美国德·弗雷斯特无线电报公司。 25

德·弗雷斯特对马可尼跨越大西洋信号传输的壮举不屑一顾。1902 年 1 月 13 日，他在日记中透露："人们都容易轻信他人，他们对马可尼所谓的壮举充满了信心。这对于我们而言是有帮助的，但我并不希望他一直重复他那个著名的（难以辨识的）'S'。这最关键的时刻，将给我们提供最后一次机会，来证明我们的能力。无论他是否真的接收到了那些信号，他都一定拿不出能使科学家们接受的真实证据。为马可尼口出狂言说越洋无线电报每个字 1 美分而欢呼赞扬的人会直接掌掴那些难辨是非、满是欺骗套路的专业媒体。"然而，马可尼是德·弗雷斯特认为唯一有价值的发明家对手，他唯一的目的就是"至少与马可尼齐名"。 26

像费森登一样，德·弗雷斯特一直备受美国新闻界的推崇。《纽约世界报》称他的无线电系统更加快捷，且不会中断，完全不同于马可尼的无线电系统。 27 1902 年秋天，德·弗雷斯特也声称接到了美国军方的订单。他的宣传策略中有 28 一个重要组成部分，那就是强调爱国主义以及对"美国人才与资本"的依赖。他的策略无疑是偏执的；苏珊·道格拉斯曾写道，德·弗雷斯特私下称马可尼为"外国佬"。他还具有侵犯性，而马可尼的公司很快就意识到他是故意利用法律 29 制度规避马可尼的专利权。

德·弗雷斯特不择手段，费森登缺少进取精神。他们都不是马可尼最大的直接威胁——因为他们都缺乏甚至没有经商才能——但马可尼公司认为是通过法院裁决来验证其垄断地位的时候了。1902 年，美国马可尼无线电报公司根据马可尼的原始美国专利发起诉讼，控诉德·弗雷斯特侵权。伦敦公司，特别是马可尼似乎在维权行动开始后才隐约地意识到要做些什么。尽管马可尼是美国公司的副主席，但他是在霍尔的来信中才知道对德·弗雷斯特的诉讼。 30

与此同时，德·弗雷斯特在争取马可尼潜在竞争对手的支持。1903 年 1 月 27 日，他写信给费森登，询问是否可以作为专家证人出庭，参与马可尼的侵权诉讼案。德·弗雷斯特在信中说："也许有一天我也能为你做同样的事，我相信我们的座右铭应该是'美国的无线电报为美国服务'！"第二天，费森登就写了回信，表示他很高兴并愿意做任何能够提供帮助的事。几天后，他又在第二封信中进行了详细地说明："马可尼不曾拥有或者能够在不侵犯美国专利的情况下建造任何商业电台。"但是，他有预见性地补充道："一定要小心，不要在贵公司与敝公司今后可能会产生的任何纠纷中损害自己的利益。"费森登提醒德·弗雷斯特，马可尼系统的改进是在他费森登的发明基础上进行的。他指出，"尽管马可尼拥有了从别人那盗取的发明，"但他的无线电系统还未获得商业上的成功。在给德·弗雷斯特的这封信中，费森登提出了一个如果得到法庭的验证将产生重大影响的重要观点：马可尼的贡献"不足以使马可尼拥有这些既得权利"；因此，如果将他的专利视为"基本原理"，并因此禁止其他发明家在此基础上改进创新，这是不公平的。这个观点对于德·弗雷斯特的专利侵权案非常重要。

费森登不断为德·弗雷斯特提出建议，例如，让他关注奥古斯托·里吉的新书，因为书中提到过马可尼的前任导师称马可尼的设备与他（里吉）自己的是完全相同的。费森登认为这会对德·弗雷斯特的辩护产生重要的影响，因为里吉指出，"洛奇、卢米斯等人在此之前就已经使用过垂直电线了"。费森登在此证明自己是专利法精明的阐释者；然而，对于德·弗雷斯特的案子而言不幸的是，费森登了解到的里吉的这条信息来自发表在英国《电气技师》上的，对里吉著作评论的错误解读。

里吉的书《无线电报》出版于1903年，此书一出版便在欧洲掀起了一阵热潮。1903年4月1日，里吉和他的合著者博纳多·德绍给《电气技师》的主编写了一封信，纠正了费森登所抓住的证据线索。"我们的书中并没有任何内容表示洛奇教授拥有使用被称为天线的垂直电线的优先权……据我们所知，在马可尼之前没有任何人在产生和接收设备中同时使用过电线。"

这是对马可尼贡献的独创性的一个批判性验证，尤其是验证者是一个可以被称之为先驱的人。有趣的是，把这封信交给《电气技师》主编的不是别人，正是马可尼本人，是两位作者致信马可尼请他转交的。首先提醒里吉注意这段文字的可能正是马可尼。

由此，里吉成为马可尼的重要同盟。1903年5月2日，他回复了马可尼，感谢他致信《电气技师》的来信。里吉说，没必要感谢，"这只是将真相公诸于世的问题，你自然会发现我一直都在这么做"。马可尼显然不同意书中的一些其他段落，但里吉向他保证，他本来就准备修改"容易遭到恶意解读"的所有内容，以使一切都符合事实。他在信的最后高度赞扬了马可尼，"我敬佩你的才华与热情，你已经把自己的青春年华都奉献给了科学事业。从今以后，在电报系统的发明者之争中，就由你来代表我们意大利"。 35

对手们开始越来越多地围绕国家利益来编造伪证，而马可尼具有的优势无疑能够动员不只一种民族主义情绪和国家利益——英国和意大利——来反对他那些日益顽固的竞争对手们。

到了1903年5月，马可尼又有一起美国专利诉讼官司要打。继费森登及其合作者之后，哈里·休梅克起诉他侵犯专利权。正如前文所述，马可尼1903年 36
8月29日到达纽约，为费森登、休梅克的诉讼案提交证据。这两位美国发明家要求享有马可尼"磁性检测器"专利的优先权。虽然费森登和休梅克自己获得的类似专利权比马可尼的日期晚，但美国专利法是以美国的优先权为基础的。他们声称，他们在1901年就已经发明了马可尼"磁性检测器"的等同物，但马可尼1902年才取得检测器的专利权。因为马可尼习惯在专利授予之前坚持绝对保密，所以他在发明成果确立时会度过一段艰难的时期。他的诉讼案以两大证据为基础：他自己的证词以及乔治·坎普的日记。马可尼的书面证词证实，他于1898年就在英国开始构思该发明。

费森登和德·弗雷斯特一直互通消息。1903年9月9日，德·弗雷斯特写信给费森登，请他对律师的专利调查结果进行检查："你会明白，如果我们输掉了这场官司，对所有向马可尼系统发出挑战的无线电报系统来说将是一个沉重的打击。"同时，费森登开始担心他的律师不能胜任这项工作。10月9日，他写信给一位生意伙伴，表示案件处理不善，建议结清律师费，并将律师辞退。 38

霍尔越发认为是时候在英国进行专利诉讼了。"我们必须获得英国法院的裁决……人们普遍认为我们领先于其他人，但与此同时人们也普遍认为我们的专利权打了折扣。"进行专利诉讼花费昂贵，耗时较长，且非常麻烦，但"倒是一项非常好的投资……如果现在我们赢了诉讼，那么我们应该可以把很多人踢出这个行业"。 39

美国专利局于1903年12月22日做出了判决，宣告1903年2月2日授予马可尼的第141398号"无线电报"专利"侵犯了他人的专利权"。休梅克立即提出了 40
另一个专利侵权案，于是马可尼公司的纽约律师弗雷德里克·H.贝兹在新年前夜疯狂地联络伦敦方面。马可尼作证称，1902年1月13日他就已经告诉他的助理坎普和美国首席工程师威廉·布拉德菲尔德（当时他们都从纽芬兰岛去了纽约），他有一个变动磁场的磁性探测器的想法；但是贝兹敦促他们说："我们认真翻看了坎普先生和马可尼先生在之前专利侵权诉讼案的证据中提及的，现在由我们保管的日记和备忘录，但并没有发现其中有这种以特殊形式变动磁场的磁性探测器的任何草图和资料。"贝兹请求将它们尽快找出来。

侵权的裁决使费森登感到振奋。1903年5月，他曾为爱迪生将无线专利卖给马可尼而沮丧。因此在1904年初，他写信建议美国马可尼公司共同收购德·弗雷斯特的专利，而美国马可尼公司高层拒绝在这个时间点进行收购。费森登曾尝试与马可尼合作，至少在公开场合，而马可尼一如既往，对待费森登像是应酬生意。

1904年6月，马可尼返回纽约再次参与诉讼案。德·弗雷斯特曾指控美国马可尼公司散布对他的错误消息，并要求100万美元作为赔偿。他的律师向《纽约时报》透露，德·弗雷斯特公司是唯一一家在美国取得重要成果的无线电报公司，是美国本土的产物，理应赢得美国资本的支持。马可尼非常愤怒，让霍尔告知媒体，若德·弗雷斯特准备在英国建立电台，马可尼公司也将采取法律措施维权。霍尔认为，在英国挤走德·弗雷斯特相对容易一些。

几个月后，德·弗雷斯特和马可尼在圣路易斯世界博览会狭路相逢。起初，展览部门为马可尼公司提供了唯一一个无线电展位，但德·弗雷斯特利用其本土优势，以"美国公司理应参加"的理由说服了展览部门。马可尼公司撤除展位，留下德·弗雷斯特大出风头。苏珊·道格拉斯认为德·弗雷斯特行事鲁莽且目光短浅，丝毫不懂合理的经营策略，无法维持长期的合作关系。

然而事实上，马可尼很关注德·弗雷斯特的动向。1904年9月在美国期间，他一直坚持记笔记。他说这本笔记"不是一般的日记，只是用来标记和查明已经发生的事实"。这本笔记中有12页是符号，以"Sept 1904 D F case（1904年9月，德·弗雷斯特案件）"开始。他是用粗铅笔写的，字迹厚重潦草。这些符号大部分用来标记文件（包括报道、演讲和著名演员斯拉比、弗莱明、布劳恩的文章），还有一些高深莫测的想法，有时用意大利语写，用粗黑线隔开。有4处提到了德·弗雷斯特，其中一个是他的博士论文。之后就没再记录什么。笔记本里没有更多的信息了。（那时候，德·弗雷斯特很高调，接受邮政总局的邀请于1904年10月末访问英国，并发表演讲。当时威廉·泼里斯爵士已经成为邮政总局的主席。）

在美国法律团队的鼓励下，马可尼在1904年的案件中所用的证词按照他之前应诉时的证词模式准备，并且在以后面对各种不同官司时，他都采用这种方式。他主要讲的是自己的生活和从事研究发明的历史，详述自己如何研发出现在的方法和系统，也就是他一直自称的"我的系统"，并且会根据实际讲述的情形有选择性地，在恰当的时机提出正在讨论的问题的细节。在费森登/休梅克案件中，他的证词是这样的：1898年在普尔，我最先构思出磁性探测器的想法，当时我非常忙，要为英国皇家海军的通信站配备设备，还要在康沃尔的宝窦建站点准备远程实验。所谓的干扰问题，"其实就是利用变换的磁场做出一个无线电报接收器的想法"，1901年12月，我在纽芬兰时就构思完成了。就在这时，费森登的律师提出反对马可尼讲那些发生在美国以外的国家的事情。马可尼随后拿出自己的随身日记本，确认信号是在12月12日接收到的，就在他构思电磁检波器的前两天。1902年1月13日，马可尼在纽约就自己的新想法与威廉·布拉德菲尔德进行沟通。他也在日记中记录了"我打算做出的接收器的草图"。

有时，马可尼一边强调自己的专利权，一边又注重保密性，有时又会适得其反，尤其是应对美国的诉讼，费森登/休梅克两起诉讼案就让他吃了苦头。在这一点上，马可尼偶尔会与顾问产生争执。弗莱明尤其坚信，要想取得优先权，新方法或新仪器必须公开，而马可尼在获得专利许可前，总是小心翼翼地保守秘密。而且，由于马可尼承担的义务很多，他本人重视研究胜过文书工作，因此常常导致专利申请一拖再拖。霍尔认为两者缺一不可，既要保证知识产权优先，又要申请专利保护。

根据汤森的裁决，德·弗雷斯特无线电报公司禁止继续使用马可尼发明，最重要的是，这一裁决向整个行业和有所企图的人发出了警告。汤森将马可尼的专利定义为"基础"，他写道：

> 1887年，由于赫兹的出现，整个科学界因电波未开发的不确定性产生动摇，9年之后仍然没有实质性的成功突破，而马可尼的伟大发明作为基础，最先实现通过赫兹电波传播明确的可识别信号。因此，足

以给那些试图贬低马可尼的人一个充分的答案。

这是最明确的合法证明，汤森的裁决对马可尼成就的陈述和声明即使不够系统科学，也足以成为马可尼专利保护策略的基础。汤森认为马可尼为通信行业带来了新鲜血液。这意味着1896年马可尼的第12309基础专利是一门全新的技术。

54

德·弗雷斯特也在积极争取宣告自己的胜利，因为在汤森发现马可尼专利权的24个权利主张中，他并没有侵犯任何一条。但这足以让德·弗雷斯特因诽谤行为损失百万美元，而且会增强马可尼的信心，认为公司的发展现在有了保障。即便没有别的什么，他们也明白法庭裁决最多只是强制执行。即便汤森准备宣判，布拉德菲尔德也还是给费森登打电话，假意询问他是否可以提供"热线检流器"样品，费森登曾宣称热线检流器是马可尼粉末检波器的改良品。费森登说他愿意帮助。

55

56

尽管汤森的裁决并未给马可尼带来彻底的胜利，但马可尼公司决定放弃就不允许索赔的判决结果进行上诉，因为霍尔认为在公开宣判我们对所有实际应用的无线电报有控制权后又上诉会产生严重的不利影响。换句话说，公众对裁决的认知比司法结果更重要，因为司法结果总是很模糊，受实际执行和辩护的限制。弗莱明希望马可尼的竞争者可以通过"做出细微的改变不再使用马可尼的专利组合"，以消减裁决带来的影响。马可尼赞同弗莱明的看法，他写信给霍尔说：我们必须利用智慧来确保汤森法官裁决的胜利果实。

57

58

这意味着马可尼要再去美国，并为休梅克一案提供证词。霍尔表示不希望马可尼去，因为一旦官司输掉，后果不堪设想。但马可尼又一次奔往美国。

59

1905年10月23日，马可尼团队公布了诉讼证人，公众哗然：不是别人，正是他们称之为"无线电报专家"的李·德·弗雷斯特。德·弗雷斯特的公司曾是休梅克专利申请的代理人，因此可以作敌意证人，当然，德·弗雷斯特与马可尼互相并无好感。次日，马可尼公开证词，再一次描述自己1896年以来的工作轨迹，包括所有试验电台的设计、安装、测试和操作，列举马可尼公司曾作为首席技术专家服务过的政府，显然，美国政府被排除在外。

10月30日，德·弗雷斯特发表了一封致马可尼的公开信，请他证明装配了马可尼设备的船只可以像使用德·弗雷斯特设备的那些船只一样成功发送信息，马可尼通过媒体毫不留情地回复称，"我们公司是严肃认真地从事无线电报传输的商业企业，不会与所谓的对手进行无聊的竞争比赛。" 60

为提供证词，马可尼在美国停留到11月6日，然后返回英国。在离开美国前，他写信给霍尔抱怨自己为了"可恶的电磁干扰案"还要在纽约停留1周。一年后这场官司才以马可尼胜诉结束，霍尔将其描述为非常激烈的诉讼。在部门领导备忘录中，霍尔写道，"马可尼被裁定为优先发明人，并被授予专利，在4次所谓的电磁干扰诉讼中胜诉。根据这一裁决，我们获得的专利权可以阻止除马可尼外任何一家无线电报系统的所有者或用户使用不同磁场类型的磁性检波器。" 61

旧的诉讼结束，新的诉讼又开始。霍尔意识到公司需要采取全面积极的行动，以确保法院判决的胜利果实，因此他写信给马可尼说："德·弗雷斯特案和磁性检波器案的裁决比整个皇家学会和专业技术媒体的意见都更有价值，但不幸的是，相比有利的裁决，我们更需要关注那些负面评价。"他们对此采取了积极行动。其中一个典型例子是在一封写给约翰内斯堡分公司的信中为纳塔尔政府采用马可尼系统提供论据，"马可尼公司拥有基本专利权、全面胜诉的判决结果，所有其他公司系统的人都在剽窃我们的发明"。这是汤森裁决后，马可尼公 62 司的基本立场，当时媒体和业内有许多关于盗版和知识产权的言论。

雷金纳德·费森登和李·德·弗雷斯特继续为通信事业的发展做出非凡贡献，尤其在"无线电话"领域，这是无线电广播的早期术语。1906年的圣诞夜，费森登建立了世界上第一个公共广播电台，播放了一段汉德尔的录音，费森登自己用小提琴演奏了"神圣之夜"（并唱了最后一节），这些内容都被电波传送到那些正在海上航行的配有费森登设备的船上。在德·弗雷斯特发明的热线检流 63 器的基础上，费森登创造出另一项伟大发明：三极管真空管①。费森登在德·弗雷斯特起诉自己侵犯专利权的诉讼中获胜，而德·弗雷斯特当时的财务状况非常混乱，使他无法安心收集任何证据。

————————————

①三极管也是基于弗莱明最重要的发明——热电子，或称二极管、真空管。在弗莱明与马可尼的咨询合同中，热电子管属于马可尼公司，而弗莱明并未得到什么回报。（Hong 2001）

费森登和德·弗雷斯特是第一批真正撼动马可尼作为无线电技术和实用理念奠基人地位的创新者，他们推动无线通信的发展进入新时代，马可尼也很快效仿。但是，他们再也不能对马可尼在该领域的主导地位构成威胁，无论是美国还是海上其他任何地方。在接下来的几十年里，他们都在法庭上耗费了大量时间，其中一些案件使他们的公司相互对立。费森登仍然对马可尼有好感，1906 年 5 月，他建议合并费森登和马可尼系统，并获得美国马可尼公司的赞许。美国公司建议伦敦马可尼公司也考虑一下。费森登还在 1906 年柏林国际无线电广播大会后给《时代》杂志写了一封信，表达支持马可尼的立场。

　　至于德·弗雷斯特，他对马可尼的态度随着时间的推移而变得理智、成熟了，马可尼对他的态度也有好转。在马可尼后来的记录中，德·弗雷斯特不再是一个威胁——马可尼经常称赞德·弗雷斯特做出的贡献。尽管马可尼 1933 年在美国访问期间曾试图与他的昔日对手联系，但两人从未见过面。马可尼逝世当天，德·弗雷斯特发表了充满温情的声明，回忆起他们之间诸多关于专利权的竞争诉讼，并称赞马可尼勇于创新，作为先驱者做了很多。德·弗雷斯特认为马可尼无疑是第一个无需电线就能传输信号的人，并称他为"无线电报之父"。

64
65
66
67

第 14 章　马可尼光环

1903 年的柏林会议给马可尼带来了负面影响，并影响了他与世界上最强大的政府之间的关系，这种关系再也无法恢复到过去的状态。在英国，马可尼公司加倍努力，争取英国政府机构的保证，因为即使柏林会议建议书开始实施，英国政府也可以不理会建议书中的管理与约束条款。马可尼公司与英国海军部签署了一份约束性合同，但邮政总局已经以柏林会议作为借口，进一步拖延卡斯比特·霍尔一直试图达成的协议。更糟糕的是，霍尔公开指责邮政总局插手马可尼公司与海军的关系。德国媒体报道称，英国之所以不愿意支持柏林会议的提议，唯一的原因是他们试图保护马可尼的垄断地位。马可尼的事务以及国际通信传播的利害关系正处于最重要的地缘政治对抗的中心，这一切都变得越来越难以化解。 1

马可尼在纽约有自己的信息来源，他比霍尔更乐观。意大利和英国没有就德国的提议达成一致，美国代表们表示，美国宪法也不会允许他们的政府同意德国的提议，因为只有国会才能批准国际条约是否实施。马可尼说，他从意大利（可能是通过路易吉·索拉里）得知，海军上将格里洛"相对温和的态度"更像是一种外交礼貌和权力政治行为，并不含有意大利人愿意接受这些提议的暗示。 2

美国正与柏林直接合作，意大利也在向马可尼施压，要求减少合同义务，这样他们能增加新的力量，继续前进。这在马可尼一方看来多少有些缺乏诚意。 3
马可尼试图安抚霍尔，但霍尔和外交部、殖民地办公室及邮政总局的关系迅速恶化。1903 年 9 月情况越来越糟，时任总统阿瑟·巴尔弗改组了内阁，霍尔的游说努力全都白费了。马可尼不太愿意花时间和精力与英国政府争吵。但这似乎是马可尼伦敦公司此刻急需集中精力处理的核心问题。 4

伦敦公司的游说策略揭示了 20 世纪初英国的政治局势，因为常任官员的角色越来越重要。马可尼更倾向于直接与部长、大臣们打交道，霍尔认为，取得常任官员的支持要好于争取那些任期短暂的内阁成员，否则没有任何意义。马可尼倾向于采取更温和的态度，霍尔则继续采取强硬路线。"当下，我认为我们握有主动权，"他在给马可尼的信中说，他即将与新邮政大臣斯坦利勋爵共进午餐，并争辩说："这不只是警告。如果我们在这里得不到保障就不能保护公司的发展成果，我们将不得不选择其他地方……他们无法承担将企业赶出国家的后果。"然而，令人担忧的是英国政府可能会决定"全盘接手"，并自主经营。

由于柏林会议达成的意向，马可尼公司也在转变立场。它不再坚持技术论证，反对不同系统设备之间的通信，转而更依赖于专利权保护。马可尼写信给意大利海军部长，解释他不能接受建议，取消合同排他性条款的原因：如果允许配备马可尼设备的电台与携带其他系统的船舶进行通信，相当于要识别这些系统，从而严重影响马可尼公司的权利。马可尼展示了他的强硬，即使面对的是他心爱的祖国。

他对事件的看法日益全球化，思维跨越了与某个政府的某个协议，将视线放在研究不同国家和竞争对手们之间的差异，进而推进自己的研究和公司发展计划。他在意大利拥有无法撼动的地位，在美国备受尊敬；他收到了来自世界各地的邀请、赞誉和合作邀约。此外，他拥有的技术是主要帝国战争胜败的核心因素之一。

* * *

当西欧大国继续争夺霸主地位时，远东地区的帝国野心表现在俄罗斯和日本之间的战争。到了 20 世纪初，俄罗斯一直延伸到中亚和东亚，直到堪察加半岛。日本刚刚摆脱了闭关锁国的状态，转型成为一个现代化的工业化国家，并在占领朝鲜战争中羞辱了中国。为了遏制日本，法国和德国支持俄罗斯占领满洲南部的辽东半岛。1904 年 2 月，日本袭击了辽东半岛阿瑟港的俄罗斯海军基地。

马可尼公司为俄罗斯陆军提供了由马可尼工程师操作的野外无线电设备，但这些设备从未在战斗中使用过。俄罗斯海军在船舰上装置了德律风根公司的设备，却惨遭失败。与此同时，日本海军使用的是马可尼系统的克隆版本。从 1902 年开始，日本一直设法从马可尼手中购买设备，以备战时之需，但发现马可尼的设备价格太高，于是决定自己开发。1903 年年底前，也就是战争爆发前两个月，日本舰队装备了仿制的马可尼式的设备。

日俄战争中，记者们第一次使用无线电报进行记录报道，这使得各国政府更加坚定地寻求控制新通信技术的手段。俄罗斯方面表示，他们将认定所有使用无线通信网络的人为间谍。美国虽然没有参与战争，但表示正考虑在战时控制无线电报系统。《伦敦时报》评论说："无线通信系统逃脱了审查的控制，使交战双方对通信的监视变得虚幻起来，因此无法确保安全性。" 10

1905 年 5 月 27 日清晨，日本巡洋舰"信浓丸"号在日本和朝鲜之间的对马岛海峡附近巡逻时发现了俄罗斯的舰队。"信浓丸"号无线电操作员向海军上将东乡平八郎所在的旗舰"三笠"号发送了这一消息，日本舰队才得以发动突袭，几乎击沉或者俘虏了整个俄罗斯军队。日本海军在对马岛战役中"彻底消灭"了俄罗斯舰队，被认为是海军历史上最具决定性的胜利之一。更重要的是，发现俄罗斯舰队的无线电信息对日本的胜利起到了至关重要的作用。 11

对马岛战争的胜利不仅标志着日本对俄罗斯的决定性胜利，也标志着马可尼战胜了他的德国竞争对手。从地缘政治上来说，这场战争打破了欧洲的力量平衡，因为英国情报机构与日本合作，而德国支持俄罗斯。这也标志着亚洲国家首次击败欧洲大国，加速了俄罗斯的崩溃。无线电技术成为重要的战略、战术和军事因素，很快就被称为"电子战"。 12

俄罗斯在这场战争中的遭遇还对马可尼的竞争对手亚历山大·波波夫产生了附带的负面影响。他自 1900 年以来一直在为俄罗斯军舰制造无线电设备。战争爆发时，他无法及时提供可用的装备，导致俄罗斯舰队订购了致其厄运的德律风根的设备。据报道，波波夫几乎被这场战争毁灭，他的一些学生被杀，几个月后他也死于脑溢血。与此同时，俄国沙皇被马可尼系统的可靠性折服，于 13 1905 年在莫斯科和圣彼得堡的三处宫殿里安装了马可尼的仪器，以确保革命者不会破坏安全通信系统。 14

尽管日本剽窃了马可尼的无线电系统，但日本"对马可尼致以深深的感谢和敬意"，他被认为是无线电报的发明者。战争一结束，日本海军就公开表达对马可尼的谢意。1933 年，马可尼世界巡回访问日本时，被授予"旭日勋章"，这是日本天皇可授予的最高荣誉。 15

所有人都认为，尽管马可尼声称他的发明首先是一种和平的工具，但战争

（就像几年前在南非一样）给生意带来的好处不容忽视。他在给母亲的信中写道：

16　"日俄战争为公司带来了巨额财富，一切向好。"

＊　＊　＊

　　马可尼继续发挥他的主要优势——建立通信连接和网络，同时在柏林会议后获得更多关注。他的名气也越来越全球化。早在 1904 年，马可尼公司就与阿根廷政府签订了一份合同，参照马可尼一年前与意大利签订的协议，他们将在

17　布宜诺斯艾利斯和科尔塔诺之间建立无线电通信连接。随着公司在阿根廷业务的开展，一家独立出版公司发行了一本 80 页的马可尼相册以"庆祝马可尼和无线电报的发展"，并将他称为"空间之王"，把他介绍给南美大众。这份历史文件意义重大，很有价值，其中包括了马可尼的神话以及索拉里、奥古斯托·里吉

18　和他的家人的代表性照片。阿根廷很快成为马可尼在拉丁美洲的活动重心。

　　1904 年 8 月 3 日，在盛大的庆祝仪式上，在皇室成员的见证下，马可尼开始了另一个"第一"，即第一份常规国际商业服务订单，将跨越亚得里亚海为意大利的巴里和黑山的安提法利（现在的港口巴尔）提供无线电报通信服务。意大利和这个巴尔干半岛的小国因家族关系结盟（黑山的王储尼古拉斯是意大利女王埃琳娜的父亲），而马可尼通过建立无线电报通信连接巩固了他们的同盟关系。该协议带来的声誉价值要大于商业利益，对马可尼的国际发展大计至关重要，以至于马可尼在柏林会议上的代表提前离开会议，于 1903 年 8 月奔向黑山与国

19　王探讨合作事宜。

　　1904 年 7 月 20 日，马可尼离开伦敦（第一次求婚被比阿特丽斯拒绝后），于 25 日到达巴里，并于 29 日与索拉里离开巴里前往安提法利，搭乘意大利海军的小型巡洋舰横渡亚得里亚海，于 31 日抵达。开幕典礼定在 8 月 3 日。（尽管设备连接已经运行了近 3 个月，但尚未正式启动。）在等待开幕仪式前几天，他们在

20　位于采蒂涅的皇宫受到款待。那是马可尼走过的最糟糕的路。皇家宴会很快就开始了，一行人由装着绵羊、山羊、猪、牛等食物的"皇室食品柜"引导，搭乘小舟穿过斯库台湖被运送过来。在 8 月 3 日的开幕式上，王储尼古拉斯说，黑山是第一个采用印刷术的巴尔干国家，它也将最先应用"最新、最高级的电子通信"。这份巴尔干半岛协议很有趣，不仅象征着该地区的战略重要性，在某种程度上也是不祥的预兆——随后他给意大利国王、奥地利皇帝、俄国沙皇和塞尔

维亚国王发去了电报。 21

一如往常，马可尼告诉妈妈说他玩得很开心，王子一直对他"非常友善"。 22
然后，他返回巴里，这里的歌剧院安排了节目表演，十分热情地接待了他。他
再次与索拉里一起乘船离开，这次的目的地是威尼斯。因为中途要进行一次实
验，他们在安科纳(在索拉里的祖籍洛雷托附近)停留，同样受到了宴请。马可
尼的嫂子莱蒂齐亚正带着孩子在卡托利卡(里米尼附近)度假(马可尼一家经常在
这里度假，追溯古列尔莫的童年时代)。此时距离朱塞佩去世仅几个月，所以，
这是一次令人伤感的家庭团聚。 23

那年晚些时候，意大利政府通知马可尼，德国凯撒大帝要求在其搭乘霍亨
佐伦号游艇巡游时顺道参观巴里的无线电站。根据合同条款规定，未经马可尼
许可，意大利政府官员以外的其他人不可以参观无线电站。虽然他在柏林会议
后对凯撒大帝心存不满，但是迫于意大利人的压力和其自身对外交礼节的认知，
他还是同意只要没有科学或技术顾问陪同就允许访问。但事实上，凯撒大帝爽
约了。 24

马可尼在巴尔干地区一行揭示出很多事情。从商业角度看，这是他多管齐
下、跨国经营方式的进一步体现。他巧妙地与高层接触建立了关系网，融入洲
际权力更迭的裂缝中，并且在其公司和个人事务之间做好平衡。严格说来，他
再次去到了以前没有人去过的地方。就其自身而言，就像他的余生那样，会选
择在海上旅行而不是陆地定居，之所以这样既是因为大海所提供的环境舒适，
又是因为他把大海作为一个研究基地。考虑到他刚刚经历了求婚被拒，再一次
航海旅行充分展示了他的韧性、他的鉴别能力以及他对爱情和友谊漫不经心、
随机应变的适应方法。

* * *

随着他们需要处理的问题越来越国际化，公司的战略也随之改变。起点依
然是英国。马可尼无线电报公司(MWTC)与英国政府签订的协议将作为该公司
与其他政府的交易模板，更重要的是现在英国对其国际地位的支持。1904 年 3
月马可尼在罗马的时候，霍尔写信说英国政府正准备签订柏林协议。他会尽快
与意大利国王讨论这一事情吗？霍尔说如果公司决定与英国政府对抗，他们会 25
得到几乎所有媒体(公众)以及国会议员和殖民地当局的支持，尤其是加拿大殖

26 民当局的鼎力相助。英国政府深知此事，必然不想展开一场可能会破坏帝国团结的公开战争，公司则会利用这一点并将其转化成优势。

27 1904年3月29日傍晚——马可尼那时在意大利悼念去世的父亲——英国皇家邮政总局和马可尼无线电报公司达成协议。公司将他们与邮政总局的交易视为一个新时代的开始，这一协议也最终使马可尼公司与马可尼最初的恩人——英国政府机构保持了稳定的关系。因为他已经很多年不为英国政府做事了，马可尼本人也很乐观地对媒体宣布这一协议的达成意味着他们现在可以开始跨大西洋无线电服务了。他的预期还是过早了，提供这项服务还需要再等几年。至少在理论上，这是马可尼希望这个世界实现的——他有能力与海外市场的有线电报公司竞争，这些公司现在经营着14条横跨大西洋的电报电缆。然而，有线电报公司并没有对这一预测表示震惊，毕竟马可尼还未证明他可以提供这种具有商业竞争力的产品。

28

与此同时，他不断完善系统。在其接下来的1904年5月的越洋航行中，直到离港1 700英里(约2 735.9千米)，他都一直与宝窦站保持联系，并在距离布莱顿海角1 500英里(约2 414千米)的地方与布莱顿角站建立通信连接。抵达时他对《纽约时报》说，他最新的设备是"此类设备中有史以来最大变幅距离的设备"，报纸上的文章标题就是马可尼的宣言"我的下一个实验将是环绕地球"。同样，实现这一成就仍需要几年时间，但是他预见了这一成就。在这次采访中，马可尼第一次清晰地阐述了在世界不同地区的无线电站建立一个连接的"链"或网络的想法。这是他关于单一连接系统好处的又一个论证。

29

1904年6月9日，与邮政总局协议的详细资料被交到马可尼无线电报公司(MWTC)董事会。邮政总局将为该公司长距离的船与岸之间的无线电站提供3年的独家经营许可证，该许可证可续期但是不能保证独享。英国政府会设法延期两年实施柏林协议并要求没有装配马可尼设备的船只在与马可尼的无线电站进行通信时支付双倍的费用。虽然柏林协议整体而言是一项成就，但它也标志着马可尼无线垄断梦想的终结。他将不得不勉强接受一个良好的开端——公司预期会在英国政府的支持下找到一个十分慷慨的机构支持其建立全球市场主导地位。这项协议在推动政府的长期政策目标方面尤为重要；紧随柏林提案之后，新协议进一步阐明了国家管理无线通信的原则，这一原则后来被推广到广播和

30

电视广播管理中。

1904 年 7 月 18 日，斯坦利勋爵推行无线电报法案，该法案后来成为《无线电报法令》。该法案目的明确，即"给予政府对无线电报的控制权"，规定对无线通信网络实施监管。在英国陆地和海上的任何无线电操作都需要持有邮政总局局长颁发的许可证。这意味着两件事：政府打算维持控制地位，并计划监管无线电业务。这是否最终确认马可尼或马可尼和竞争对手拥有独家经营权都有待观察。但显然，英国管辖范围内的无线电业务将会被政府管理和控制。对于马可尼公司来说，其未来发展取决于是否与政府建立并维持密切的关系。《无线电报法令》于 1904 年 8 月 15 日正式通过，1905 年 1 月 1 日生效。预计英国的立法会产生"雪球效应"，果然是加拿大和澳大利亚的立法紧随其后（1903 年新西兰已经通过了世界第一部电信法）。

在该法案成为正式法律之前，尤其是马可尼公司对这个交易的收益产生了怀疑，因此邮政总局急于结束与马可尼公司的合同。霍尔在马可尼公司即将启动巴尔干半岛通信连接时在巴里找到了马可尼。邮政总局收回了独家许可权，变成了"监管"，因为独家许可权一定会阻止有线电报公司进入无线电业务领域，而这正是马可尼公司所寻求的。马可尼的朋友、国会议员亨尼克·希顿是个改革家，对更低廉的电报价格感兴趣。他给斯坦利勋爵写信强烈反对政府不愿保护"一个经历万难刚刚将系统完善的伟大发明家的权利"。希顿认为这个法案等同于丑闻，应该被废止。

1904 年 8 月 11 日，法案进入最终审议程序。霍尔给马可尼写信，而那时马可尼应意大利海军的邀请正在威尼斯撒丁岛。一切都解决了。霍尔的信看起来在说公司掌握了这项立法的命运，同样，无线电管理的未来也由公司决定。霍尔认为最好的办法便是在法案通过之前，双方能在协议上签字。然而，他还补充说协议的签字日期必须倒推至法案通过之前的日期。事已至此，公司不能公然破坏立法。

实际上邮政总局、马可尼无线电报公司和马可尼国际海事通信公司负责人签订协议的日期是在 1904 年 8 月 11 日。该协议授权马可尼公司在英国与纽芬兰和北美等地建立收集、传输和发送信息的设施，期限为 15 年，和那些海底有线电报公司享有同样的许可权。如遇紧急情况，政府有权有偿接管无线电站。马

31

32

33

34

35

36

可尼公司的无线电站只能雇用英国臣民，有关英国政府的消息应享有信息优先权，且公共曝光率只能是其他信息的一半。

该协议中有关键的一段，即关于不测事件的国际公约，是在柏林草案的基础上拟定的。如果英国签署这样的公约，马可尼的两家公司就要保证遵守其规定，并接受"不损害其专利权"的条款——这一点尤为重要，他们要履行与装备其他设备的船舶和电台通信的义务。但是，"本公约条款规定，公司不得提供任何有关设备细节的信息"。马可尼公司的专利权仍然神圣不可侵犯。他的系统将保持闭关自守状态。

霍尔提交给董事会的保密报告对公司与英国政府的交易（包括协议和政府法案）如何濒临瓦解加以说明，同时，也透露出斯坦利在最后时刻同意做出的巨大让步：斯坦利同意放弃禁止马可尼公司在国外设立任何长途电台的承诺，这算是他对收回当初承诺的独家许可权的补偿。然而，马可尼公司同意在执行这一步骤之前，只通知了邮政总局局长。此举激怒了海军部长，海军是受此事件影响最大的部门。最终，巴尔弗首相不得不进行干预。

英国议会的阴谋仍在伦敦继续，马可尼则再次成为意大利的头条新闻人物。英国的协议对马可尼"环绕地球"的计划至关重要，但是他正在意大利搭建另一个电站。马可尼的无线电站建在靠近比萨市的克尔塔诺区，一旦建成将成为世界上最大、功率最强的无线电站。该无线电站将会连接欧洲其余地区、美洲以及东非地区，还可与航行在地中海、红海及印度洋的船只保持联系。尽管蓝图宏大，但是意大利政府对马可尼的态度日趋冷淡、强硬。意大利政府告知马可尼，政府不会在克尔塔诺区建立大功率、远距离的无线电站，除非依照协议约定在阿根廷也建立一个无线通信电站。同时，意大利政府还希望在意大利成立一个公司来接管马可尼公司在意大利享有的专利权。几个月后，反对派媒体关于双方协议的一系列负面报道促使马可尼主动提出取消协议。然而，意大利政府立即公开表示协议继续有效。

除了这些令马可尼公司不胜烦扰的事外，财务危机更令人头疼。由于资金不足，公司于1904年10月提出发行新股票的建议。马可尼允诺接手1/3的未认购股份，最终，马可尼认购1万股。霍尔告诉马可尼"这对其他人来说是巨大的诱惑"，但是马可尼本人因扩张过度资金周转不灵——这种情况在接下来的10

年里时有发生。当时，作为公司的董事和技术顾问，马可尼每年大约有 4 000 美元的收入，数目相当可观，但是他经常过着入不敷出的生活。

＊ ＊ ＊

1905 年，公司一直在游说英国政府，但由于柏林方面的原因，英国政府的立场摇摆不定，使马可尼公司逐渐丧失合作兴趣。1903 年 8 月 20 日，霍尔给邮政总局官员巴宾顿·史密斯的信中提到了马可尼公司的最新立场。马可尼公司依然反对双向互联通信，他们认为这是对其专利的侵犯，是"强制的合作关系，没有顾全每个合伙人所做的贡献"。至少，公司应该因放弃其权利而得到补偿，霍尔着重提出英国现在坚持的国际政策背后的政治动机。英国政府对电报的控制"不是人为的国家垄断，而是英国政府深谋远虑和企业经营的自然产物"。

马可尼公司努力在无线电报方面"无可置疑地在技术成就和商业应用方面领先于所有竞争对手"。霍尔不止一次地说过他们的底线是支持马可尼服从于英国国家利益。但分歧始于一项技术能力（不同系统的传输和接收设备是不兼容的，所以双向互联通信在技术层面上无法实现），然后是一项知识产权（无线电报的核心专利属于马可尼公司）。此时，马可尼公司是一个富有爱国情操的公司。霍尔随后向巴尔弗首相提出了一个绝妙的请求，其关键内容是邮政总局已经实现了将无线电网络置于其羽翼之下的目标，并且海军军部急于在整个大英帝国建立无线电系统。政府想要签署柏林协议，但是，没有公司的默许就不能这么做。从大英帝国和商业利益（"在这个问题上我们公司所代表的商业利益"）的角度来看，柏林提案是有疑议的。无线电通信对于英国与其分散的帝国成员保持联系，维护其海军优势起着至关重要的作用。作为一个英国本土公司要满足英国利益所需，马可尼公司在英国政府的扶持下拥有这个新兴行业的实质垄断地位。换言之，马可尼公司与英国政府利益一致。

第 15 章　世界新秩序

这段时间算是马可尼一生中较为坎坷的一段时期。除了公司运营面临的政治和外交压力，继续扩展远距离通信的强大动力也驱使着马可尼不断前进。他也开始逐渐适应不时令他痛苦的婚姻生活。1905 年 4 月，他与比阿特丽斯的北美工作蜜月给他们未来的生活方式确定了基调。有迹象表明他们去了布莱顿角，那时公司将格雷斯湾的无线电站重新安置到位于城市南部 1 英里处的森林，理查德·维维安在这里建起了一个巨大的 24 柱桅杆式天线站和一个舒适的新住所。

在格雷斯湾，马可尼立即投入了实验工作，把他的新婚妻子一个人留在完全陌生的环境中。这段经历让她对自己的丈夫有了一些深刻的认识。她记得有一次公司的一个海外电台传来坏消息后，他一直用一根手指弹奏钢琴，直到想出解决方案才停下来。

马可尼和比阿特丽斯从美国回来后，先和安妮、阿方索在宝窦站待了几天。比阿特丽斯觉得酒店阴冷晦暗、装饰简陋，饭菜也难以下咽。她很快就怀孕了（也许是她在回忆录中所说的"孕育了第一个孩子"）。马可尼昼夜不停地工作，往返于伦敦与宝窦，而比阿特丽斯正遭受着晨吐的折磨，于是，他们决定让比阿特丽斯在伦敦住一段时间，这里离她的妈妈较近。

1905 年 9 月，他们搬到了梅费尔区查理斯街 34 号一幢租来的联体别墅，这幢别墅位于伯克利广场附近，离皮科迪利大街 90 号马可尼以前的单身公寓不远，但是离马可尼和他母亲在贝斯沃特和西邦尔公园的小公寓很远。这个区域很漂亮，很快也受到了威廉·萨默塞特·毛姆的青睐（1911 年毛姆居住在附近）。是比阿特丽斯的母亲发现了这所房子，认为符合这对夫妇的身份，但是马可尼似乎是因为听取了银行信贷员经常会给出的建议：永远住在你负担不起的最大的房子里。如今，这所房子已经成为某豪华精品酒店的一部分。

1906 年 2 月 4 日，比阿特丽斯生下一个女儿。3 月 2 日，出生不足 4 周的孩子因痉挛夭折。马可尼正身在宝窦站，听到此消息后立即赶回伦敦，但为时已晚。他悲痛欲绝，给在博洛尼亚的母亲写信道，"亲爱的妈妈，真的很遗憾您还未见过我们的孩子，她是一个非常漂亮、聪明的宝宝，即使是离世时她看起来也是那么的可爱安静，比阿特丽斯想给孩子起名露西娅。"因为露西娅没有受洗就去世了，没有一块墓地愿意埋葬她，但马可尼想尽办法在汉威尔市的威斯敏斯特墓地找到了一处墓地。

马可尼病倒了，近 3 个月没有工作。两年前，他在黑山共和国感染疟疾后就时常发病，受高体温折磨经常卧病在床，但是，现在的他完全崩溃了，比阿特丽斯说他已经精神崩溃。显然，马可尼已经精疲力竭了。安妮和比阿特丽斯一直关注着他的病情，医生几乎全天都在对他进行监护，观察他什么时间能够下床一会儿。4 月末，他曾短暂恢复，也曾尝试继续工作，但是并没有持续多久。病情是不可能隐瞒住的，《白金汉宫宫廷公报》于 1906 年 5 月 4 日报道称，"在过去的一个月中，马可尼先生病重卧床，但是现在已经在慢慢恢复"，意大利也报道了这则消息。直到 5 月 24 日，霍尔在电话中说马可尼的身体已经不适合再继续工作了，尝试继续工作对他来说是十分疯狂的冒险行为。霍尔偶尔会给马可尼写长信报告公司近期的业务活动，并在附言中写道"不要费心去回应此类问题"。但是，一周后马可尼在黑文重返工作岗位。

比阿特丽斯比其他任何人更清楚她丈夫的精神状态，察觉出卧病停工对他产生的持续影响。"我认为这也是后来造成他品性改变，变得暴躁和执拗的原因"，比阿特丽斯在 20 世纪 50 年代所写的回忆录中说："他是一个非常执拗的病人。"马可尼抱怨英国医疗行业的各种不足。他甚至自娱自乐，收集了一些葬礼广告。比阿特丽斯得出结论说，他不仅很执拗，还可能是病态的。有一天，比阿特丽斯拿完处方药回家，发现马可尼正在倒立。看到此景，比阿特丽斯觉得马可尼已经完全迷失了自我，直到他解释他量体温时弄碎了体温计，现在正试图咳出吞下的水银。

* * *

在露西娅离世马可尼病休期间，霍尔一直在与英国政府谈判。1906 年 5 月底，马可尼重返工作岗位时，精力还不是十分充沛，但是他急于回到自己的研究工作中。很快，他就把大部分时间都用在了黑文及宝窦无线电站上。马可尼对霍尔的谈判风格很不满意，两人在这件事上的分歧由来已久，这也是马可尼与他这位精力充沛的总经理最终分道扬镳的原因之一。6月中旬，马可尼建议如果霍尔偶尔放弃使用"鞭子"，可能会将公司运营得更好。这引起了霍尔的不满，"高效有力的提案不可能面面俱到，各方满意。任何人都可以坐在他的位置上，无聊地打发时光，保持一种不偏不倚的哲学态度，但这种方式无益于大事业。"

马可尼试图让霍尔冷静下来，还在这个过程中小心顾及他的情绪。公司应该尽其所能从政府获取一切可获得的东西，"如有可能，不要激怒官员，当然，要让他们明白他们唯一能做的就是提供我们想要的东西——不用和他们费太多口舌。"霍尔拿到的合同是"极好的，值得永远称赞"。霍尔确实冷静了下来，他承认从某种程度上讲，"如果一个人能在不激起敌意的情况下取得成功，那当然是最好的选择。然而，有些时候，当我们无法以和解的方式达到我们的目的时，就是我们有必要通过果断出击达成目的的时候。"

除了政治谈判，马可尼也在考虑公司的组织问题。他提出了一份详细的提案，他认为，"如果我的工作将关乎实际效率，公司绝对有必要采取这类措施。"生病休息近4个月差不多痊愈时，他告诉经理，他不会再主动参与公司运营工作，"除非我全权负责技术人员的选用和组织安排。"他愿意听取有关方法和手段的意见，但这是商量的要求：他要完全控制其作为公司"技术顾问"的活动范围内的事情，要求公司的实验人员，包括一位新来的总工程师直接向他汇报工作且只向他汇报。

但这没什么用。目前还不清楚谁掌管公司。马可尼名义上是老板，但实际上是霍尔在经营着公司，尤其是在马可尼离开伦敦以及在他的研究站时，霍尔几乎控制着公司的一切。事实上，霍尔在几天前就写信给他，对如今的情况表示遗憾地说："很遗憾在这个节骨眼上，没有什么机会和您面谈。当然，您务必要保持身体健康，但我感觉您已经在精神和身体上都退缩了，这是非常令人失望和沮丧的。"1906年8月，马可尼从宝窦站寄出一封信，信中他写道："你们为了马可尼公司的利益艰难奋争，但我还是要为大英帝国的利益努力。"他谈到了各种各样的商业和科研问题，并再次附上了他对技术人员的建议，"如果你能书面告诉我你会赞同，那将会大大舒缓我焦虑的心情。"

这不仅仅是一个人事决定，马可尼也在质疑自己的角色和未来。据报道，在他与霍尔接洽合作计划的时候，马可尼以"顾问物理学家"的身份成为哥伦比亚留声机公司的实验人员。哥伦比亚留声机公司是美国唱片行业中的领航者。他要做什么？哥伦比亚留声机公司的声明明确表示，马可尼的任务是"进一步研发声音记录与重现的科学技术"，大概这份第二职业不会违反他与自己公司的合同。也许他只是在进行横渡大西洋水域测试。无论如何，任命是真实存在的，马可尼在1906年9月访美期间参观了哥伦比亚留声机公司的工厂。 12

* * *

国际无线电报会议将于1906年10月3日在柏林召开。6个月前，即同年2月，至少在英国人看来，霍尔明确了公司的立场和反对提案的理由。其理由共有8点：①拟议的监管将阻碍技术的发展；②有效专利的所有者会受到不公待遇；③提案不可行；④提案导致合作伙伴关系更加不公平；⑤许多有实际经验的政府和公司都反对这一点；⑥违背了大英帝国国防利益；⑦与英国企业的利益相悖；⑧与马可尼公司的利益相悖。纵观一个世纪以来的传播法规，很明显，这些论证为公共政策下的企业战略提供了蓝图，将常识、公众利益与国家高层利益结合起来，并将最明显的私人利益放在了最后。霍尔从私有公司层面准确地提出国际社会在高度技术规范和政治技术方面所面临的问题。 13

1906年10月3日国际无线电报会议召开，其议题是"无线电报术"，这个词更新了无线电报领域的词汇。应德国政府邀请，31个国家出席会议，而1903年 14 的那次会议仅有9个国家参加。记者们回忆说，在这次会议中，关于这次会议的目标——对"双向互联通信"开放无线连接——几乎没有取得什么进展。《纽约时报》报道称，"几乎没有人提出此类建议""马可尼公司继续设立电台，拒绝接收竞争系统的信息"，令人对召集这个会议的原因产生怀疑。美国现在十分赞同并支持1903年的柏林提案，并采取行动促成实施。在接到德国的正式投诉后， 15 美国要求马可尼公司将其仪器从马萨诸塞州海岸的楠塔基特海岸移除。

这次会议由德国官员莱因霍尔德·埃克哈德和莱因霍尔德·冯·赛多主持，他们也曾在3年前主持该会议。意大利、美国和英国都有新的代表团成员参加，英国代表团由邮政总局官员巴宾顿·史密斯率领。这次会议的奇怪之处是黑山共和国代表卡斯伯特·霍尔的出席。1906年10月6日，霍尔出席第4次会议。

他代替原本担任黑山共和国代表出席会议的马可尼，就好像马可尼现在有了自

16 己的微型附庸国。在第一轮的初步意见交换中，英国代表对国际规则的态度似乎比预期的更乐观，并且赞成英国政府与马可尼签订的合同。《纽约时报》推测，

17 意大利可能会追随英国，并且事后推测"马可尼先生当时还未抵达"。

在第二次会议上，巴宾顿·史密斯报告说英国代表团被授权无论使用什么系统都暂时接受船舶和海岸站之间的互通原则。但是英国人强调，这种接受对适当法规的采用和对每个政府指定站点的保留是有条件的，这些站点不履行交换义务。这被称为"马可尼的漏洞"，从属于马可尼的英国独立协议。意大利的立场没有改变。意大利首席代表参议员约瑟夫·科伦坡在会上说，意大利意识到双向互联通信对国际关系交流的重要性，但它受那份与马可尼签订的合同条款的约束，该合同条款未经马可尼同意不能改变。

又一次，或者仍然——即使缺席马可尼也能对这类外交会议有所影响。两个大国是否参与国际条约由他决定。10 月 13 日，马可尼返回英格兰，收到一封来自他的老朋友意大利海军部长卡洛·米拉贝洛的电报，让他警惕意大利外交孤立的风险。"立即发电报告知你准备对意大利政府做出的让步，因为他们可能会拥护国际约束协定。"当天，马可尼收到了第二份电报，是意大利通信与邮电部部长卡洛·尚策发来的，卡洛在信中问他是否愿意恢复合同。"我们相信你的

18 爱国精神会帮你做出正确的决定。"

马可尼灵机一动。他决定发送电报至罗马争取时间，但他又犹豫不决。他给正在柏林的霍尔写信说"我认为孤立意大利，或者说，让意大利政府陷入困境不符合我们的利益"。由于写给霍尔的信中包含了意大利文电报的解码文本，担

19 心如果使用常规的邮政途径，德国人可能会捕捉到这一信息，于是他派专人将信送到了柏林。

有记录表明 1906 年会议氛围并没有 1903 年那次会议热烈，讨论的问题更加单一。马可尼举棋不定，事实证明，相比过去的索拉里，霍尔对马可尼公司利益的维护力度和作用稍逊，并且因为个人声望不及索拉里，他的发言也没有太多的说服力。霍尔提及最多的是马可尼公司并没有违反公共服务（公共承运）的原则，因为马可尼公司接收来自任何人的消息（就像有线电报公司那样）。就像有线电报公司不允许任何人连接他们的网络一样，霍尔认为马可尼公司也不应

该允许所有人通过无线电网络与无线电台进行通信，让这样一家长期从事此项业务的企业做出妥协，危及其业务是不公平的。但是，霍尔的话并没有起到多大作用。

根据协议规定，会议的程序应该是保密的，但是对媒体——无论是客观真实还是爱编造的——泄密是常有的。"在我被吸纳为代表之前，从给我的资料来看……这一责任没有被严格遵守。"霍尔对马可尼公司如是报告。这一系列事件的相关记录看上去很平和，甚至有点乏味，但是英国媒体耸人听闻的报道导致英国和德国两国关系紧张。

事实上，除了黑山共和国的代表，再没有人反对德国的提议了。霍尔在 10 月 17 日给马可尼的信上说，"彻底废除这份公约已经没有可能了。"他补充说，除了一贯的喜怒无常外，没有什么有实际意义的观点，"英国代表团不是很善于交际，并且现在所持有的态度也匪夷所思……也许是因为代表们不明白他们正在做什么。"霍尔的果断是不现实的，这种果断也在他与英国政府的关系中起着极大的推动作用——马可尼意识到自己也是如此。马可尼能够通过妥协为公司谋求利益，但是对任何与新技术进步有关的事情都毫不妥协。柏林在上述方面的应对结果对马可尼所坚持的——他的专利奠定了无线电报的基础——专利权来说无疑是一个打击（尽管 1905 年美国法院的汤森在判决书中对此已经确认）。因此，诞生在柏林的国际通信监管体系不仅仅是针对一家公司，还冲击了基于私人所有权和控制权的产权制度，这是该监管体系的历史意义。

然而，马可尼公司还没有准备放弃，随着会议接近尾声，亨利·甘贝尔-班纳曼首相（他所在的自由党在 1905 年 12 月取代了阿瑟·贝尔福领导的保守党派）在唐宁街 10 号会见了马可尼无线电报公司董事长查尔斯·尤安-史密斯，亨利首相告诉查尔斯董事长在柏林达成的协议是"历史上要求一个政府承认或批准的最疯狂的事情之一"，因为该协议在没有得到任何回报的情况下，牺牲了大英帝国的利益。他说，"就我个人而言，我根本理解不了这该死的东西"，甘贝尔-班纳曼草率地将英国的立场不定归咎于英国政府的更迭，尤安-史密斯对这次会面的结果很满意，但现状并未因其改变。

柏林会议于 1906 年 11 月 3 日结束，会议提案得到了包括英国、意大利、德国、法国及美国在内的 26 个国家的支持，这些国家中意大利受制于马可尼公司的合同，德国更是不用说。一旦提案被批准，拟议的公约将于 1908 年 7 月 1 日生效。公约中最重要的条款规定，无论缔约国船只使用的是哪种电报系统，缔约国海岸电台都应与其进行无线电通信。美国要求条约中包括船对船传输的内容。其中一项条款并未引起足够的关注。这一条款规定要设立一个办事处监督国际无线电报业，包括未来对该公约的修订工作。这个办事处最终被整合到国际电报联盟，它将成为第一个广播和无线电通信领域的国际监管机构。该机构是这一人类进程开始初期留下的不朽财产，因为马可尼不允许他的授权商与对其有竞争的系统相互通信。这可能是历史上唯一一个专门设立国际监管机构阻挠某个公司商业目标的事件。

至此，无线电通信领域形成了一个新的世界秩序。无线电网络的主要用户仍然是军队和运输公司，马可尼利用合同和专利在意大利和英国（还有英国的殖民地，比如加拿大和澳大利亚）建立垄断地位，但是除此以外的地方都是开放的市场。美国海军使用"德律风根"和"森林"设备，日本、德国和法国已经研发了属于自己的设备。从某些方面来说，所有这些系统都起源于马可尼系统，但是他并没有成功地在柏林协议之前实现他努力想达到的稳定的垄断性控制。霍尔在一篇期刊文章中反驳说："德律风根是一家生产设备的制造商，而不是一家服务提供商。"但这无法掩饰正在发生的结构性转变。

国际争论印证了无线电通信新技术的商业和战略意义，虽然这一技术的发展历史还不到 10 年的时间。马可尼处在国家、帝国势力和金融资本相互推挤的国际竞争中心。在米兰媒体的强烈要求下，他含蓄地评论说："我们公司和通用电气公司（他指的其实是德律风根公司）之间的冲突——不可能通过一个会议就得到实质性的解决，我们的冲突只能通过法院来解决。这不是一个理论问题而是一个切实存在的事实。"换句话说，如果政治层面解决不了这个问题，专利诉讼可以解决。

现在，公司能做的努力是从英国开始着手阻止各国政府批准公约。这就意味着要在公开场合或是私下游说议员该公约并不符合英国的国家利益。根据霍尔的情报，内阁产生了分歧，马可尼有了坚定的支持者，但是"拒绝批准全权大使的法案是一项非常艰巨的工作"。霍尔继续催促马可尼利用他在意大利的影响力，开启外交压力的第二战线。"如果你能说服意大利政府'我们是同一战线上的'，而你可以在这个时刻提供优质的服务，意大利就可能帮助我们，公开表态认为整个计划是行不通的。"

柏林公约的具体条款仍然是保密的，但马可尼设法从罗马获得了一份副本。在给霍尔的编码电报中，他说他想按照霍尔的建议做，但是对成功并不抱太多希望。他是直言不讳还是谨慎？马可尼在意大利四处游走，巩固自己的事业。霍尔认为，通过意大利媒体放出消息说马可尼系统的未来发展与意大利的利益息息相关，强调签署公约意大利不会获得任何好处是个很好的主意。他在信中说，"我希望你能把这个事透露出去。"

撇开国家利益不谈，霍尔的策略是要证明整体方案有诸多坏处，"如有可能，我们必须以整个方案本质上是糟糕的为理由破坏签订公约的机会，而不是以我们的利益出发。我们必须证明公约损害公众利益"。

* * *

1906 年 12 月 18 日，在马可尼公司对下议院几乎所有议员进行游说后，爱德华·萨松爵士在 1906 年的无线电报会议上要组建一个议会特别委员会。令所有人吃惊的是，政府立即同意了这一要求，从而消除了批评者的疑虑。

面对公众的矛盾心理——对政府（现任政府依然认为公约在很大程度上是其前任的政治遗留）工作杂乱无章的不满以及来自马可尼公司的持续压力——委员会以简短的报告回应："在他们看来，国家和公共利益会影响英国对公约采取支持或不支持的态度。"

特别委员会举行了 13 次会议，审查了来自邮政总局代表、英国陆军部、海军部及殖民地部办公室、劳埃德公司等机构和专家团队的 18 名证人的证词，他们认为"其他各种无线电报系统都不能被认定为马可尼系统，马可尼公司的代表和马可尼先生本人"。"马可尼本人"又一次被赋予了独特地位。

特别委员会于 1907 年 7 月 8 日发布报告，报告中包含了一段类似免责声明但事实上又不是的文字。报告大意是委员会不希望对有争议的优先权和专利权问题发表任何意见，但是该报告似乎又承认"马可尼于 1895 年首次在试验中将赫兹电波应用于电报"。经过马可尼和其他人的进一步发明和改进，现在已经有几个"系统"在运行：英国 2 个，法国 2 个，德国 1 个，丹麦 1 个，美国 4 个。报告还包括一些对比鲜明的统计数据，马可尼无线电站在英国、意大利和加拿大都占有优势，"但是除了少数地方，世界其他地方的无线电站都使用其他系统"。

　　然后，这份报告还公开了一份明确针对马可尼的谴责声明，"从英国的商业利益角度来探讨这个问题，毫无疑问无线电报的自由使用是商业和商业航海领域的广泛利益需求。"尽管马可尼公司在英国、意大利和加拿大都拥有处于垄断地位的无线电报公司，但它并没有"声称"自己是垄断公司。特别委员会不愿意给出任何不利于马可尼公司"公平经营"的建议。特别委员会注意到只有 4 名证人提出反对的要求：卡斯伯特·霍尔，弗莱明，亨尼克·希顿以及态度不太强硬（着重强调）的马可尼。特别委员会得出结论，英国对公约的支持"将有利于国家和公共利益，如不支持将会损害这些利益"。没有任何迹象表明公约有损马可尼公司的利益，但是如果事实证明会损害，特别委员会提议赔偿 3 年的收入损失。

　　特别委员会听证会聚焦于无线电报行业的主要参与者，听证会上的许多证人均在前文中提到过，卡斯伯特·霍尔、安布罗斯·弗莱明、亨尼克·希顿、洛奇·缪尔黑德集团的亨利·缪尔黑德、内维尔·马斯基林和雷吉纳德·菲森登的委托代表。亨利·缪尔黑德曾建议创建一家公司接管英国福雷斯特和波尔森的利益集团；雷吉纳德·菲森登的委托代表写信给马可尼支持其反对公约的主张；亨尼克·希顿是马可尼在议会的熟人，他认为邮政总局和马可尼公司之间关系紧张，当然，和马可尼的私人关系更不用说。1907 年 4 月 30 日，马可尼作为"马可尼公司首席技术顾问"证实"公约提议不可行且没有必要，并且将会终结无线电报的发展"。马可尼在牛津大学档案馆的手稿中的注释表明他在准备向特别委员会提出自己论点时的想法："总体看法是，可以这么说，如果该公约得到批准，那就意味着将一项新科学技术包裹在襁褓中，在我看来，这非常严重地阻碍了新科学的发展……这种维持无线电报稳定和有效运转的方式令人费解且最不让人满意。我敢说未来双向互联通信将变得越来越难以实现。"此外，"这种做法无论如何也不会让国际控制达到令人满意的程度。"换句话说，监管扼杀创新。这是关于新通信技术我们常听到的一句话。

　　档案中还包含了一段笔记，显然是霍尔为马可尼的证词准备的，总结迄今为止证人所讲的内容，并提出反论点。特别委员会的一些成员曾暗示，如果英国不批准公约，将会发生一场"无线电战争"。笔记中反驳说这是"毫无科学根据

的话"。笔记的作者还补充道："顺便说一下，你应该还没逐字读到有关证据的
报告。"

一周后，马可尼从前的一位老朋友，令人尊敬的威廉·泼里斯出现在特别
委员会，他对发明者马可尼和马可尼公司进行了区分。马可尼享有的声誉是当
之无愧的，但是"他不能，也不会取得无线电报的专利权，因为当时无线电报已
经存在"；马可尼的技术是对原有技术的"改进"。泼里斯认为如果公约没有获得
英国政府批准，那"对这个国家来说将是罪大恶极的"。该公约将"打破马可尼公
司试图保护的垄断"并且直接扩展到现有的邮政服务和有线电报的无线网络
上——即全球通信规则。泼里斯的看法代表着公共事业支持者的呼声；他更希
望政府购买马可尼系统，在这种情况下，无线电网络将被政府垄断。"但是，现
在无线电网络由一家私人公司开发，无线电报领域需要自由贸易。"一个议员问
他到底是什么意思，他回复，"我的意思是在邮政总局的监管下进行自由贸易，
应该让那些申请执照的人拥有许可权。"公约将引导全世界不同的公司形成统一
的世界体系，其目的是形成准则、建立规章制度。

＊ ＊ ＊

1906 年的柏林会议不仅让马可尼公司业务的发展迎来最高峰，还标志着马
可尼与他最亲密的商业伙伴亨利·卡斯伯特·霍尔的关系发生了巨大的转变。
正如前文所述，马可尼是一个强硬且专一的人。但是如果他不相信一个项目的
可行性，或者他心事重重时就会经常性地拖延。一旦出现这种情况，就是霍尔
的坚韧促使业务继续运转。事实上，霍尔是马可尼众多亲朋好友中唯一一个敢
勒索他的人。马可尼总是很忙，但是他对公司的经营不如对科研上心，这促使
霍尔权力不断壮大。1901 年霍尔被任命不久公司内部就形成了一个临时约定：
所有重要的事情都要经过霍尔。

这引起了许多小的分歧和争吵，如果马可尼对霍尔不同意或者认为不重要
的事情下了指令，霍尔就会直接忽视。但是马可尼不会忘记还会跟进到最后，
有时也会因此生气。马可尼会固执地参与到霍尔认为是自己的管理权限内的问
题，比如薪水问题；马可尼经常代表他认为应该获得更好待遇的员工对霍尔的
工作进行干预，同时，马可尼对公司各个方面的业务都保持着关注。

和马可尼一样，霍尔对公司形象的塑造起到了至关重要的作用。他会建议

马可尼在即将召开的股东大会上采取这种态度：目标是"乐观向上……，避免一
切痛苦……通常情况下，演讲的基本风格比实际表述重要得多"。霍尔不仅直言
不讳地告诉马可尼，他还要求马可尼这样去做。马可尼是出了名的坚定的保密
派，但他喜欢与他想要留下深刻印象的人分享秘密。对于霍尔来说，保密是公
司政策的基本原则，在任何情况下都不应违反。在他一封长达 7 页的针对宝窦
实验站采取保密的措施的必要性的信中结尾警告说，"如果你能认真考虑我的提
议，我将十分感激……你当然要对他人进入宝窦站产生的后果负责。"

　　但霍尔对马可尼还是非常忠诚的，他塑造了马可尼的神秘感。两人这段复
杂的关系也有令人动容的一面。马可尼只有男性同事没有男性"伙伴"，霍尔可
能是他最亲近的朋友了。（马可尼的人际关系有着明确的划分：戴维斯是家人，
坎普是助手。）霍尔担心马可尼的身体状况如同担心自己母亲的健康一样。马可
尼结婚前，他们经常在伦敦市中心的俱乐部聚餐，他们彼此完全信赖。正如前
文提到的，霍尔是马可尼婚后夫妻财产处理协议的受托人之一，也是马可尼
1906 年遗嘱的见证人。

　　1906 年 6 月，马可尼病休后重返工作岗位时，公司机构组织的冲突即将暴
发。这一冲突破坏了他们的关系。但是霍尔对英国政府的不满是霍尔疏远马可
尼的导火线。霍尔是一个思想自由的企业家，对政府任何形式的干涉都深恶痛
绝。但是，如果与政府保持商业关系能给公司带来利益，那还可以，但实际上
这种关系并无任何益处。虽然马可尼一点也不理想化，但还是本能地与形形色
色的政治力量联系紧密。在他看来，没有什么比与政府之间的合作更强有力，
这个政府可以是任何政府。因为在接下来的时间里政府不愿意和他保持商业关
系，他就成立了自己的公司。然而，现在政府是他的主要客户和首选客户。

　　起初马可尼只是对与霍尔总经理的此类意见分歧有点恼火，但随着 1907 年
与英国邮政总局的谈判局势日益紧张，他开始认为这种根本性的、互不相容的
差异在影响他的长期发展运势。与霍尔发生摩擦并不只是在他与英国邮政总局
的关系这件事上，加拿大的事务也刺激着双方的关系。这变成了一场有关个性、
风格、思想和视野的大格局战争，到了 1908 年初，局面已难以维持。1908 年 2
月 12 日，在和公司秘书一起审查了霍尔的财务津贴之后，马可尼给董事会的查
尔斯主席写了一封十分详尽的信。这简直就是最后通牒，霍尔和马可尼中必须

有一人要离开公司。

马可尼在信中写道，公司处于"非常严重的资金拮据状态"，这是由管理失 42
策引起的运营效率低下以及对政府的敌对态度所致。一方面，霍尔忽视马可尼
对公司技术运营改革的建议迫使马可尼作如下总结：除非现状改变，"我与其他
技术公司之间的任何进一步的联系都会不可避免地浪费我的时间并且损害公司
的利益"。与此同时，公司的"挑衅性策略"使公司失去了英国政府及其他政府的
支持，以至于现在影响到了公司的商业交易——公司业务是否发展取决于与政
府的关系。现在必须立即从根本上改变策略，而马可尼把这一切都归咎于霍尔
的性格。马可尼在信中写道，"霍尔的性情和信念决定他完全不能胜任这份工
作。"马可尼要求董事会让霍尔辞职，否则，"在本周末前，我将断绝与马可尼公
司的所有合作，并公开我这么做的理由。"

马可尼把他所有的筹码都摆在桌面上来说，赌注非常高。他说，如果不是
这一举措会阻碍霍尔领导的公司与柏林公约的斗争，他本应在不久前就采取行
动，而且在大西洋彼岸建立商业运作机构并非他本意。马可尼提议在雇佣到可
以胜任此工作的人之前由其本人管理公司，建立健全的财务制度，提高公司效
率，重建公司与政府之间的友好关系。这一决定不是出于自我意识，而是信念
和决心。这是一个不可撤销的决定。

接下来便是典型的公司裁员，在公司的主要财政支持者、董事阿尔伯特·
奥克斯家中召开了一次特别董事会议，会议一致决定"很遗憾，霍尔继续担任公
司总经理将不利于公司实现利益最大化"，并做出决议于1908年3月2日终止与
霍尔的聘用协议。董事会要求霍尔将他的办公室和证件交给马可尼，马可尼将 43
在次日担任总经理的职务。董事会的会议记录详细阐述了马可尼的观点，强调
"立即与英国和其他政府重新建立友好关系，修改现有反对批准柏林公约的政
策"。会议指示秘书起草一份"马可尼接替霍尔担任公司总经理职务，霍尔不再
担任该职务的通知"。第二天马可尼公司在《泰晤士报》正式发布声明，将公司的 44
新闻稿一字不差地以简报的形式刊登在《泰晤士报》上。 45

霍尔对被免职表现出坚强、隐忍，他最终通过谈判获得了13个月的遣散费
（1 625英镑），1万股马可尼无线电报公司（MWTC）的股份（票面价值是其年薪
1 500英镑的7倍），及马可尼无线电报公司（MWTC）近期出售的阿根廷专利权

5％的佣金（600英镑）。公司一致认为马可尼应该撤回给董事长的"包含某些陈述和指控"的信，且应对外宣布霍尔是因公司经营战略问题而辞职。奇怪的是如果霍尔愿意，他可以继续担任公司董事。公司的律师们认为，"这样的安排从经济上讲对霍尔先生格外有利，但是，如果董事们认为执行提议的条款符合公司股东的利益，我们认为他们有权这么做。"

　　马可尼获得了董事会的全力支持，也只有他有能力迫使霍尔下台。但是霍尔依然坚持自己的个性。在离职5周后，霍尔辞去了公司董事职位，他说他已经对这家公司的管理失去了信心。在致董事长的一份报告中，他对辞去董事这一职位表示遗憾，他写道，"马可尼自作主张，固执己见，但我不能麻木懈怠任其发展。"霍尔宣布他将于两周后以股东身份参加公司的年度会议，反对董事会的"与英国政府忠诚合作"的新和解政策。公司进入了损害控制模式，但是霍尔从未兑现自己的威胁——或者至少没有记录表明他这样做过，无论是在会议报告中还是在其他地方都没有。相反，他在离开董事会的第二天离开了伦敦，有记录显示公司将他的遣散费汇付到他在 London & Country 银行的账户上。

　　从此，霍尔完全从人们的视野中消失了，就像一颗流星坠落在大海中一样。后来公司的档案中没有再提到他，甚至他的个人档案也消失了。此后数年他偶尔露面：1910年推广一种新的、注定失败的名为"努森系统"的有线电报样品，1913年为记者塞西尔·切斯特顿（被指控诽谤马可尼公司的总经理，霍尔的接替者）诽谤案中的被告作证。最引人注目的是，他于1915年在《国家评论》上发表了一篇题为《英国政府之错》的文章，该杂志是由利奥波德·马克西担任编辑的右翼杂志。他曾总结了他在马可尼公司施行但未成功的公司管理哲学。他写道："在那些最成功的公司里都有一个人——一个总经理、董事长、经理——是独裁者。"显然，马可尼也是以一种更加微妙和谦逊的方式信奉这一理念的。

第 16 章　通向远方的路

在通往德里格里夫的路上，经过克利夫登的南界穿过覆盖着茂密植被的低缓丘陵，这是爱尔兰西海岸戈尔韦郡科纳马拉最漂亮的部分，也是最具有代表性的景色。离开前往巴利康尼利的主干道，只有一个最小的标志指向了曾经的马可尼无线电站①，在你看到标志之前沿着一个只有两车道（以前的轻轨电车轨道）宽，仅够一辆车和几十头羊行走的小道驶向泥泞的斯莱恩角。路的尽头，仅有一些石基碎片、建筑物和桅杆废墟以及 2007 年纪念无线电服务 100 周年时竖立的一块牌匾，能够看出这里曾经是世界上最大的无线电台。这片沼泽地还因是 1919 年英国飞行员约翰·阿尔科克和阿瑟·布朗首次跨大西洋直飞的降落点而闻名。阿尔科克和布朗曾强行着陆在松软的沼泽地。阿尔科克后来说沼泽地"看起来像一片美丽的田野"，该地点距离马可尼无线电站大约 500 码（约 457.2 米）。当时第一个跑来和他们打招呼的人是无线电站的员工。 1

马可尼在决定建立一个常规的、商用跨大西洋无线电网络作为北美极点连接格雷斯湾后就开始寻找合适的地点。1904 年 5 月，马可尼决定将格雷斯湾的无线电站重新安置到一个功效更大的大型场地，并在秋天开始施工。与此同时，马可尼意识到在欧洲还需要建立功率更强的电台。

11 月，从加拿大旅行归来后（短暂停留并获得格拉斯哥大学荣誉学位），马可尼到爱尔兰西海岸去寻找可用之地。这里的自然状况和社会经济形势不佳，政治局势可能也是反复无常，基础设施几乎没有，熟练的工人则需要从别国聘请，价格昂贵且难以获得。但是，爱尔兰西部比宝窑站离格雷斯湾近得多，这一事实抵消了所有这些不利因素。这也是马可尼喜欢的一种挑战。 2

1905 年 7 月 1 日，马可尼从北美蜜月（也向比阿特丽斯介绍在格雷斯湾的新

---

①2014 年，在笔者写作本书时，将此地开发建成旅游景点的计划获得批准。

主管人住所)旅程返回不久,霍尔告诉马可尼公司在康尼马拉的卡斯赫尔附近找到了一个"据说合适的"地点。几周后,马可尼和他的两名同事到此地考察并进行了测试。一周后,亨利·詹姆森·戴维斯去看了所有备选地点。他在德里格里夫散步后,提出购买 310 英亩(约 125.45 公顷)土地,这是一个位于海岸小镇克利夫登以南 3 英里(约 4.83 千米)的沼泽地。

从德里格里夫可清晰地看到大西洋,这个地方还有一个淡水湖,最重要的是拥有足够的泥炭,可供站上的大型锅炉燃烧至少 20 年(泥炭的价格还不到煤的一半)。这里离马可尼妻子的祖籍德莫兰德只有 80 英里(约 128.7 千米)。1895年开通了一条从戈尔韦到克利夫登的铁路线,这条线路也为马可尼公司修建从公路到无线电站的 2 英尺(约 0.61 米)轨距轻型铁路提供了便利。(值得注意的是,一条通往巴利康涅利的电报线路从车站入口经过。)该无线电站于 1905 年 10月开始建造,据说截至完工时它是当时世界上最大、功率最强的无线电台。天线由 8 个木制桅杆组成,每一个都超过了 200 英尺高。这里有一座 350×75×33英尺(1 英尺约等于 0.31 米,全书同),用镀锌铁筑成的房子用于储藏庞大的冷凝器。一组由 6 个蒸汽机驱动的发电机,功率为 5 000 千瓦,电压 2 万伏特,用来供应有史以来功率最大的电池。工作站运行时,噪声振聋发聩。

组建克利夫登站是马可尼迄今为止遇到的最大的后勤方面的挑战。克利夫登不过是爱尔兰西部的一座小城,德里格里夫比这更偏僻。沼泽潮湿,长满青苔。火车或轮船将材料运到城镇,还必须通过轻轨电车、驴子或一种当地称为渔船的古代帆船来运输,然后顺着岩石峭壁拖到通往工地的轨道上。

在无线电站筹建的 1905 年至 1907 年间,无迹象表明马可尼曾到访此处。但康尼马拉艺术家阿兰娜·希瑟曾在文章中说,马可尼和她的祖母亨丽埃塔·沃尔·希瑟一起住在 Errislannan,一个离德里格里夫 1 英里(约 1.61 千米)左右的舒适庄园,"她和马可尼的母亲,一个爱尔兰女孩自年轻时便是朋友"。之后,马可尼住在克利夫登的铁路旅馆(现在归福伊尔家族所有)。

无线电站对当地的经济和克利夫登的社会结构产生了很大影响,使它成为康尼马拉最繁荣的地区,在 20 世纪初,这里还是爱尔兰最贫穷的地区。但除了一位当地工程师外,无线电站的大部分高级工程师和电报员均来自英格兰和威尔士,技术人员则来自爱尔兰各地,只有无需技能的劳动力(主要是泥炭工人)

是克利夫登当地人。这个无线电站雇用了一些妇女，大部分从事女佣的工作。 7

1906年2月，克利夫登安保委员会通过了一项旨在引起政府重视的决议，"对于我们这些在康尼马拉的人来说，《1903年土地法》可能根本就没有通过。"由于土地拥有者的要求过高，该法案几乎形同虚设。克利夫登需要一个合适的码头。满载着马可尼公司原材料的蒸汽船被迫停泊在海湾，将货物卸到较小的船上，这样会造成大量的损毁、时间延误和费用支出。这个决议的副本被交给马可尼，但是没有任何迹象表明他采取过任何行动（他应该是在他女儿露西娅离世 8 后病休期间收到该副本的）。

该无线电站原定于1907年10月15日正式投入使用，但工作未能及时完成。然而，一项"有限的"跨大西洋新闻服务于10月17日开启，其收费是有线电报公司的一半。未来首相大卫·劳埃德·乔治从德里格里夫发出了第一条消息，随后，贸易委员会主席称赞改善通信有助于巩固和增强大英帝国的实力，还有戈尔韦郡议会成员亨利·墨菲呼吁帮助爱尔兰政府获得自治。马可尼给开尔文勋爵和亨尼克尔·希顿这样的支持者发了消息，而明星们也渴望使用这项新服务。法国女演员莎拉·伯恩哈特是第一个使用该项服务的明星，在抵达伦敦参加舞台表演后，她给美国发送了一条消息："欧洲和美国跨越空间的兄弟之吻是科学最诗意的展示。"这项服务的开通被媒体赞誉为在大西洋传播新闻的一种新的、有价值的方式。对于《纽约时报》来说，马可尼公司现在是"与有线电报公司激烈 9 竞争的对手"。报纸再次称赞马可尼为"这一时刻最伟大的发明家"。这个新开始 10 也带来了新的技术热潮。托马斯·爱迪生预言马可尼将在10年内实现每分钟1 000个字的越洋信息收发。爱迪生提出了专有利益的问题。"使用空气不需要有特许的权利，但是有不成文的法则……这个不成文的法则会看到服务的创始人不会受到其跟随者的伤害。"换句话说，出于对马可尼的利益保护，空气将受到管制。 11

克利夫登站对当地产生了巨大的影响。在其顶峰时期雇用了60～80个长期工作人员，还有多达140个临时工作人员（后者主要从事泥炭采集工作）。无线电 12 站在接下来的15年里阻止了北美移民的外流，直到它的技术设备被新技术超越。

越洋通信服务推出时，马可尼自己正在格雷斯湾负责站点运营。实际上近5

年多的时间他都往返于欧洲各国，但布莱顿角站是让他感到最放松的地方之一——尽管《伦敦时报》认为这是一个"到任何地方都很远的地方"。这里有他的钢琴、网球场、同事之间的情谊、当地居民的尊重以及他很享受的那种社交生活。

一名无线电站员工威廉·阿普尔顿曾回忆格雷斯湾站的生活。1906 年 7 月，年仅 16 岁的阿普尔顿和他的父母一起从英国移居到新斯科舍。他很快在煤矿找到了一份工作。趁 9 月 3 日劳动节放假的机会，他到新建的马可尼无线电站看是否还有空缺职位。有人劝他把车开到经理的住处。"大约是在半路上，我遇到一个打网球的人，我问他我是否走对了路——他很有礼貌且乐于助人，然后继续走他的路。大约 15 分钟后，我见到了经理维维安，维维安说，'我知道你已经见过马可尼先生了'，这让我大吃一惊。"阿普尔顿对当时马可尼的样貌记忆深刻："他的个性使每个人都充满工作热情。"另一位雇员亚历山大·杜利回忆说马可尼是个害羞、谦虚的人。杜利是以学童身份开始在站里工作的，他的职责是给员工送午餐；最终他在机械车间找到了一份工作并一直待到 20 世纪 50 年代。"1905 年和 1908 年马可尼来格雷斯湾巡视，看到他你一定以为他就是一位普通工人；他戴着一顶宽边软帽，穿着一件渔夫式厚套衫，套着像伐木工人一样的靴子，并把裤子塞在靴子里面。他和其他人一起分担了无线电台的艰苦生活和工作。"与以往人们对马可尼的描述或是正式照片所展示的刻板而冷漠的形象相比，身着网球服的马可尼是开放且随意、大方又谦虚的。

维维安自述在格雷斯海湾的生活"大体上是愉快的"。钓鱼太棒了，"想不出比在附近河岸上露营两三天更愉快的假期了"。这听起来差不多像是谷歌园区的早期乡村版本。尽管当年有 22 栋建筑的综合体只剩下维维安建于 1904 年的一座有着 8 间卧室的房子，但这里仍然是一个令人惬意的地方。前雇员罗素·坎宁安在加拿大马可尼公司 1945 年关闭该电台时以极低的价格买下了这个房子，现在产权仍归坎宁安家族所有。他们说，这所房子还和马可尼时代一样，有着橡木的镶板和蒸汽暖气片、石棉壁炉，经理的餐桌以及悬挂在墙上的教皇利奥十二世（1903 年去世）的肖像。

格雷斯湾无线电站运营顺畅，充满活力，一条由多米尼加煤炭公司修建的铁路为其提供服务。这条铁路将通往无线电站的干线连接起来。如今，它恰好就在马可尼塔路上，就在风景秀丽的连接着格雷斯湾和莫利恩港的马可尼小径(Marconi Trail)上。像 Table Head 一样，马可尼塔也被认定为加拿大国家历史遗迹，但是没有多少人知道这是国家历史遗迹，甚至没有一块牌匾来纪念这一事实。坎宁安的房子是矗立在马可尼跨大西洋电站的唯一原始建筑。

比阿特丽斯的姐姐艾琳·奥布莱恩在 1907 年 7 月与马可尼和比阿特丽斯一起参观了格雷斯湾并写下日记。他们于 1907 年 6 月 28 日乘坐爱尔兰皇后号客轮离开了利物浦，并于 7 月 4 日①星期四凌晨抵达魁北克的里莫斯基。他们在里莫斯基住了一晚。参观完 Father Point 无线电台，他们乘火车去了新斯科舍省的特鲁罗市。（戴格娜·马可尼这样描述父亲在 Father Point 拍摄的照片："坐在由一匹老得掉牙无精打采的马拉着的一辆破旧的车里不自然地笑着。"）

7 月 9 日从特鲁罗坐了 12 个小时的火车之后，他们到达了格雷斯湾，在那里遇到了维维安和另一个奥布莱恩家族的兄弟巴尼（马可尼在站里给他找了份工作）。一日雷电交加暴雨如注，维维安很担心塔台会倒塌。他们开着一辆带篷双轮双座马车②驶往车站，这是一辆有 2 个轮子、4 个座位由马拉着的车。比阿特丽斯还邀请了阿布鲁齐公爵一起前往参观，公爵发电报回复说如果他能来的话，会在一两天内通知他们。

艾琳的记录里说，"古列尔莫的研究工作进展顺利，但从英国运来的材料还远远不够，严重拖延了工期。这里非常热，蚊子多得让人坐卧不宁"。从牛津大学图书馆保管的此次旅行的照片合集中可以看出这是一群快乐悠闲的人。但是 3 天后，马可尼被召回英格兰。艾琳写道，"最后我们一致决定，我于周二或周三和古列尔莫一起从蒙特利尔市的维多利亚港离开布莱顿角，比阿特丽斯则留在这儿。"他们于 7 月 17 日（周三）离开，由巴尼陪同到蒙特利尔市，在那里，他们与马可尼加拿大公司经理约翰·奥普一起在他的家中用餐，晚上 11 点左右登上停靠在维多利亚港的轮船。

艾琳·奥布莱恩的日记还记述了爱德华时代一次典型的跨大西洋旅行：

①爱尔兰皇后号于 1906 年下水，在 1914 年 5 月 29 日与一艘挪威小船相撞后沉没。这起发生在加拿大和平时期的最大的沉船事故中有 1000 余人死亡。

②如此称呼是因为它起源于南非，在有铁路之前当地的带篷双轮双座马车是用来运送乘客和寄送信件的。

"我们在停靠在码头的船上睡觉，于 7 月 19 日早上 6 时 30 分出发……圣劳伦斯号孤单单地停靠，魁北克太热了！和迪基①一起在酒店（如弗兰特纳克城堡饭店）里喝茶，下午 6 时回来 7 时在船上吃晚饭。

　　7 月 20 日离开里莫斯基，上午 8 时 30 分无雾，下午 7 时可以看到纽芬兰。天气极其寒冷，所有人都穿着毛皮大衣。给巴尼发无线电报（离开拉布拉多海岸去英国时），小冰山离得很近……

　　7 月 22 日（周一）离开贝尔岛海峡在去往英国的路上。7 月 21 日的晚上，船经过 20 座小冰山。和船长一起吃晚餐，有趣的晚餐。7 月 24 日周三，晚餐时古列尔莫给我们讲述他和德国皇帝是如何相处的。

　　7 月 25 日，在距离爱尔兰 100 英里（约 161 千米）处与古列尔莫一起检查无线电室，古列尔莫负责解说。他们还参加了一场船上的音乐会，古列尔莫发表演讲提议向所有人表示感谢。

　　一行人于 7 月 27 日早晨 7 时抵达利物浦，然后乘火车前往伦敦。在马可尼往返于英格兰和克利夫登期间，比阿特丽斯和巴尼、维维安一起继续待在格雷斯湾对爱尔兰站台做最后的修整。直到 9 月中旬马可尼才返回加拿大，抵达格雷斯湾时已筋疲力尽。《纽约时报》问他是否为他的商业无线电信息传递选择了一个名字时，他耸了耸肩回答，"不，还没有"。自 1903 年马可尼在跨大西洋的消息传递中取得突破后，就一直在使用这个词。这就是马可尼式无线电报（marconigram）。

　　马可尼继续往返于布莱顿角、英格兰和爱尔兰之间，而比阿特丽斯仍留在格雷斯湾。11 月，他回到了英国。12 月初，他又回到了格雷斯湾。新年过后他才和比阿特丽斯一起乘船前往英格兰，于 1908 年 1 月 12 日到达。比阿特丽斯在格雷斯湾住了 6 个月，其中有 3 个月丈夫不在身边。露西娅去世后的那段艰难时期，在布莱顿角漫长而安静的生活使比阿特丽斯恢复了活力。（除此之外，比阿特丽斯和她哥哥巴尼在纽芬兰钓了一周的鲑鱼。）当比阿特丽斯和马可尼回到英国时，她母亲惊喜地发现她看上去健康又快乐。而且比阿特丽斯又怀孕了。

＊　＊　＊

---

　　①奥布莱恩家族中马可尼的绰号之一是"迪基"或者"迪克"。

早在 1907 年，马可尼就租了一幢 18 世纪建造的位于汉普郡 Somborne 国王教区，名为 Somborne Park 的房子。该区域在英格兰南部的一个典型的丘陵地带，就在原来温彻斯特到索尔兹伯里的罗马路旁边。这幢房子归他们的妹夫弗雷德里克·巴瑟斯特男爵所有，后来他娶了比阿特丽斯的妹妹莫伊拉。该房产可追溯至 11 世纪，自 1832 年起就归巴瑟斯特家族所有。这所房子的历史至少可以追溯到 1759 年，大部分时间都是租出去的。马可尼租住时，有一个有围墙的家庭菜园和一个醒目的日晷。如今，菜园没有了，而日晷仍在。这所房子周围有 200 英亩(约 81 公顷)的园林。比阿特丽斯认为"这是一个优美简约的乡间别墅，让人拥有宽敞、惬意和舒适的完美感受。我们在这个令人愉快且十分静谧的地区度过了一段非常愉快的平静时光"，她喜爱汉普郡，但是每天往返伦敦的通勤路程有点远，而且马可尼不出差时就得每天待在这个地方。 26

　　马可尼现在比以前更忙了。1908 年 2 月 3 日，格雷斯湾和克利夫登无线电站的商业服务全部启动，他很快就投入激烈的权力斗争中，最终导致了霍尔被免职。9 月 2 日，他又一次和亨利·詹姆森·戴维斯一起乘船前往纽约，因为有"活动"而将怀孕 8 个月的比阿特丽斯安顿在伦敦乔治街上一间租来的房子里。这是他至少第 18 次横渡大西洋之旅，但他的来来往往一直是新闻，他仍然被视为一个奇特的生物。《纽约时报》在报道马可尼抵达的新闻中说"马可尼现在英语说得和当地人一样"。他们忽视了一个事实，这是马可尼一生的行事风格。 27 28

　　马可尼在动身前往美国之前做的最后一件事是给他在爱尔兰的嫂子利拉寄了一封挂号信，请求她在比阿特丽斯怀孕期间遇到任何困难时随时提供帮助。他随信寄了 10 英镑的现金用来支付她的旅程费用，要求她一定不要弄丢或者浪费了这钱——这是典型的马可尼式的屈尊俯就，又亲昵随便。 29

　　马可尼于 1908 年 9 月 11 日抵达纽约，第二天，他的女儿在伦敦出生。她后来在文章中说，她的父亲立即调转方向，启程回家，但是据档案记录和新闻报道，整个 9 月末 10 月初他都在美国、格雷斯湾和蒙特利尔。9 月 13 日，他和戴维斯、博顿利一起在科德角的南韦尔弗利特，然后回到纽约。9 月底他在蒙特利尔和格雷斯湾会见了融资人，并宣布在加拿大各地建立陆路通信系统的计划。 30 他甚至参观了尼亚加拉大瀑布，还给比阿特丽斯寄了一张明信片："多么希望你们能和我在一起，我爱你们，古列尔莫。"最后他终于回来了，他在回家的船上 31

读了庞贝的《威尼斯的历史》，给女儿取了一个古老的威尼斯名字戴格娜。戴格娜在汉诺威广场圣乔治大教堂受洗，这里是 3 年半前她父母结婚的地方。

回到伦敦后，马可尼开始住在丽兹饭店，在伦敦和克利夫登之间往返，比阿特丽斯和戴格娜则回到了位于 Somborne Park 的住所。马可尼在这段时期写给比阿特丽斯的信反映了两人错综复杂的关系，他试图在新的家庭生活既定的工作模式和社交活动，及他独特的书信风格之间找到平衡点。两人在此期间的信件中被保留下来的最早的一封是 1908 年 11 月 13 日从伦敦寄出的。信中交织着担忧和不安的情绪，试图让她和自己都感到安心，既语调轻松又透露着压力：

"事情进展顺利，股票涨到了 13 英镑每股，我总是工作很多乐趣很少。沙逊的晚餐（对男人来说）是相当不错的，我随后和美国大使怀特劳·里德共进晚餐。我和莫德的叔叔阿尔佛雷德·利特尔顿一起吃午饭，你知道的，他是殖民地部长。我觉得他既风趣又聪明，我们谈到了很多你的朋友，也是他的亲戚，还有许多意大利的事情。他很聪明，在谈到意大利问题时，他从来都不参与。一些报纸说我获得了8000 英镑的诺贝尔奖奖金。现在想想就流口水吧，但我认为这不是真的……不要停止爱我，缺少你的爱我将无所适从。你亲爱的老公，古列尔莫。"

在克利夫登短暂停留后，他于 1908 年 12 月 10 日在伦敦写了一封简短的信：

"我的甜心最爱的比比……我很好，只希望你们非常快乐。我们在克利夫登的天线遇到了很大的麻烦，在雨雪中建造天线实在是太困难了，而我需要的机器已经迟到了几天，所以我明天还要再去克利夫登几天。我没有见你又要回爱尔兰了，亲爱的，真是太糟糕了。请原谅我的离开，但我认为这是最好的选择。如果你听到我在丽兹饭店和女士们一起吃午饭的消息，千万不要错怪我，这天是柯格林夫人的孩子受洗的日子。"

第二天，马可尼给比阿特丽斯寄了一份《晚邮报》的复印件，里面有一篇关于他的文章，他觉得她可能对这文章感兴趣。最后一封信于 1908 年 12 月 14 日写自克利夫登，此时比阿特丽斯还在 Somborne Park，"我亲爱的宝贝，我在这里一切都好，我努力工作，一直想念你们，你真是个可爱的宝贝，给我写如此可爱的信，我很高兴听到小女儿一切安好，而你这个大女儿也很爱我，一直需要我，我真的很想你（原信此处着重强调）。"35

这些信中所表现的焦虑与日俱增，在圣诞节前达到顶峰。比阿特丽斯正和她的姐姐克莱尔及姐夫诺尔·阿尔玛·洛里-科里参观兰昂托克（南威尔士），马可尼本来是要和他们一起的。1908 年 12 月 23 日，他在信中说：

> "我最亲爱的，我很高兴今天早上接到你的电报，知道还有人关心
> 我。你看，在你上星期六的信中你说过我的住宿不能在明天也就是 24
> 日之前被安排好，因为有一个人要来占用我的房间，但你会稍后告诉
> 我。已经过去 5 天了，这些天里我一直盼望着来到你身边，心烦意乱，
> 可是你也不给我打电话问问我今天是否会来，这让我觉得你不关心我
> 什么时候来。我一直在想你，一直需要你。"36

马可尼显然对此感到不快。这封信实则是在宣泄矛盾情绪和控制欲，他在赌气但还在试图维持与她的关系。

遗憾的是，关于比阿特丽斯对这些信件的回复没有任何记录。要么是马可尼没有保存这些信，要么是这些信都丢失了①。但是，20 世纪 50 年代她在一本回忆录中详细记述了这段紧张的关系，当时他们的女儿戴格娜正在写一本有关马可尼的书。其中有一个故事：比阿特丽斯怀孕了（1909 年 10 月，朱利奥）。为了给古列尔莫一个惊喜，她从科克港乘船出海，去迎接马可尼乘坐的从美国回来的船，她自己都没想到自己竟然这么做了。她写道："我的欢迎形式并不如我想象的那样，而且是不合时宜的。"马可尼对她不合时宜的到来感到非常愤怒——打断了他和他的国际巨星朋友、歌剧男高音恩里科·卡鲁索之间愉快的聚会，他是舞会的中心人物，被仰慕他的女人们包围。盛怒之下，马可尼指责孩子不是他的，比阿特丽斯哭着回到了丈夫的船舱里。"过了一会儿，他平静下来，为自己的行为感到羞愧。他让我加入聚会，想要让自己表现得更好。"37

信中强调了马可尼当时的感情波动，还表明了他在自己周围构建的社交圈。

---

① 全部相关档案中只有一封比阿特丽斯写给马可尼的信，那是在他们的儿子朱利奥的第一个生日 1911 年 5 月 10 日时写的。这封信现存放在伦敦的英国科学研究所。（BOM to GM［May 10，1911］，RI 93）

尽管财务状况问题颇多，但马可尼还是穿着一套由斯科尔特(Scholte)设计的晚礼服和一件男用晚间便服。斯科尔特是萨维尔街的一个裁缝，他创造了20世纪早期的"伦敦式样"。我们从他最早的一封信中知道，他和沙逊夫妇、里德夫妇共进晚餐，和利特尔顿共进午餐。与工作不同，马可尼是在建立政治关系网，他觉得这种活动很有趣，他为此任劳任怨但又觉得疲惫。

38

最令人好奇的一件事是他与曼彻斯特公爵和夫人的新交情，这对夫妇丑闻和争议缠身。1903年9月，威廉·蒙塔古，曼彻斯特的第九任公爵(朋友们称他"金")，及他那来自美国的公爵夫人，原名辛辛那提的海伦娜·齐默尔曼一起搬进了凯利摩尔。这是一座建于19世纪的城堡，距克利夫登大约12英里(约19.3千米)。公爵26岁时在人们眼中已经是一个流氓、赌徒，是一个挥霍无度的人，在成年之前他就已经把自己继承的遗产挥霍一空。收购凯利摩尔是一桩涉及5万多英镑抵押贷款的复杂的交易，海伦娜的父亲，石油和铁路大亨尤金·齐默尔曼做了担保。

20世纪初，康尼马拉的上流社会已没有什么值得称道的东西了，马可尼和曼彻斯特公爵夫妇很快就彼此注意。1908年12月11日，马可尼给比阿特丽斯写信说曼彻斯特公爵夫妇将到克利夫登拜访他，"所以这一次我希望是有教养的人"——对他感兴趣的当地人会用这样的评语(或是他对比阿特丽斯态度的推

测，这就是马可尼，总是会说他认为对方想听的内容)。马可尼不仅把曼彻斯特公爵夫妇视为"有教养"的市民，他还与公爵做生意，于1913年租下公爵在凯利摩尔的土地用于莱特弗来克无线电站的建造。那时，曼彻斯特公爵再次濒临破产。当地流传这样的说法(根据凯利摩尔的一个故事脚本)，公爵因一张牌把财产契约输了，更可靠的说法是因为负债累累。无论如何，曼彻斯特公爵夫妇1914年不得不放弃凯利摩尔。1920年，一位来自伊普雷斯的本笃会修女买下了这个地方，后将其改建成修道院；如今它是西戈尔韦的主要旅游景点之一。

曼彻斯特公爵的余生一直在逃避债权人，并且不断结交有钱人——显然马可尼在这些人之中。一封写在伦敦萨沃伊酒店信笺上未注明日期，署名为"金"的信上说："我亲爱的古列尔莫……我的好朋友"，现在"我的处境艰难"。为了支付酒店账单，他请求马可尼借他120英镑用一些日子。他说，他不能要求银行

增加透支额度，他已经持续透支了一年。我们不知道马可尼对这一特殊请求的回应，但他似乎与曼彻斯特公爵保持了友好关系。他们偶尔结伴去伦敦剧院，马可尼在他的日记、通信簿中保留了曼彻斯特公爵的名字。1931 年，曼彻斯特公爵夫妇离婚。次年，公爵在一本回忆录中坦露心声说自己"执迷不悟地沉溺"于赌博，也无力打理财务。1934 年，他给在罗马的马可尼写信，试图推动一项他认为可能会让墨索里尼感兴趣的发明——导弹发射装置。马可尼总是乐于助人，他热情地回复说自己愿意和墨索里尼谈这件事。不管是因为一个糟糕的判断还是忠诚或天真的表现，马可尼对曼彻斯特公爵的热情帮助代表了他与那些在自己人生和事业轨迹上出现的次要人物的典型关系。

1909 年，一件惊天动地的大事构成了马可尼神话故事的另一个重要部分。1909 年 1 月 23 日，星期六凌晨，一艘名为"共和号"的豪华远洋客轮驶往地中海，船上载有 1200 名乘客。在南塔开特的大雾中，共和号被意大利佛罗里达号轮船撞击。船不断下沉时，船上的无线电报员，24 岁的约翰·R（杰克）·宾斯，成功地发送了一个遇难求救信号（CQD）（这是一个安全信号，尽管 1906 年柏林会议上采用"SOS"作为遇难信号，但马可尼公司仍然使用该代码）。这一信号被位于马萨诸塞州的塞厄斯康耐特（现在的塞厄斯康西特）的马可尼无线电站接收，在那里，值班的接线员杰克·欧文向附近的船只传递了信息，然后与共和号取得了联系。在整个救援行动中，位于波罗的海上的共和号电报员塔特索尔和吉尔伯特·贝尔福一直在坚持不懈地操作着他们的无线电台。相较于事故的严重性，仅有 6 人丧生的结果令世界惊叹。

共和号事件结束后，一群新的英雄——"马可尼人"或无线电报员——吸引大众发挥想象力，尤其是《纽约时报》刊登了风度翩翩的杰克·宾斯以第一人称视角的记述后，他一夜成名。3 年后，在美国参议院对泰坦尼克号沉没事件的调查中，宾斯讲述了这篇文章的来由。他的证词提供了一个了解马可尼通信公司的运作方式——以及新闻媒体、新闻人物和新闻报道之间的关系的窗口，"一路上，我收到各类报纸的无线电报信息，让我讲讲自己的故事……我还收到了一条来自马可尼公司的'消息'，要求我在受雇马可尼公司期间把这个故事留给《纽约时报》，因为他们与马可尼公司保持着友好关系"。

马可尼本人被表示祝贺的无线电报和采访请求所包围。他后来将"共和号事件"称为"无线通信拯救人类生命"的第一次具体示范。杰克·宾斯继续留在公司工作，直到 1912 年成为威廉·伦道夫·赫斯特的《纽约美国人》的一名受欢迎的专栏作家。

46

第 17 章　实至名归的荣誉

1896 年 12 月 10 日，就在马可尼筹备伦敦的演讲，准备向世界介绍自己时，另一位欧洲发明家、企业家却因脑溢血在其意大利的别墅中离世。几天后，当阿尔弗雷德·诺贝尔的遗嘱公开时，在得知他几乎把他的全部财产 3000 多万瑞典克朗(约 1.8 亿美元)用来建立一系列以其名字命名的奖项时，他的家人震惊不已。 [1]

诺贝尔 1833 年生于斯德哥尔摩，他把自己的 350 项发明商业化并以此获得财富，炸药是这些发明中最著名的。他还是一位大型武器制造商，1888 年，他和一家法国报纸一起给自己贴上了"死亡贩子"的标签。(他的两个兄弟罗伯特和路德维希·诺贝尔比他更富有，他们在阿塞拜疆的巴库从事油田开发。)诺贝尔膝下无子女，因此很关心自己的遗产处置。去世前几年，诺贝尔每年都要重写遗嘱，给他的侄子侄女以及各种接近他的人们留下相对少量的财产，他的大多数财产——超过 90% 的财产都奖励给了"在前一年赋予人类最大利益的人"。 [2]

遗嘱执行人花了将近 5 年时间才克服了诺贝尔继承人的反对阻挠，并成立了一个基金会来管理他遗嘱中所指定的 5 项年度奖项(奖励为物理、化学、生理学或医学、文学和为和平做出贡献的人，1968 年增加了经济学奖项)。在此过程中，与该时期欧洲和美国的其他大型慈善事业的做法一致，这些奖项在瑞典产生，国际社会将其视为一个重要的公共事业，而不是私人利益和私营企业。诺贝尔奖有一个复杂的评选执行机制，明确要求经由一个含此 6 类提名者的国际提名程序，并建立一系列的委员会来推荐获奖者。以下 4 个机构会决定获奖名单：瑞典皇家科学院(物理和化学)，斯德哥尔摩的卡罗林斯卡学院(医学)，瑞典学院(文学)，及挪威议会任命的委员会(和平)。1900 年，瑞典国王奥斯卡二世(Oscar Ⅱ)最终颁布了基金会的章程，第一批奖项于 1901 年颁发。

马可尼的科学顾问詹姆斯·安布罗斯·弗莱明受邀成为首批提名人。弗莱明没多久就想到了一位候选人。1901 年 10 月 4 日(准备建立跨大西洋无线电站宝窦站期间),他写信通知马可尼——尽管他们之间有利益冲突——对能够提名马可尼为候选人,他感到"非常高兴"。此时,马可尼为期 8 年的游说活动刚刚开始。马可尼于 1901 年被提名,但是当年瑞典皇家科学院授予德国物理学家威廉·康拉德·伦琴第一个诺贝尔物理学奖,他于 1895 年发现了 X 射线①。

3

马可尼于 1902 年、1903 年再次被提名为诺贝尔奖候选人,据当时媒体报道,他将于当年获奖,但科学院把奖项颁给了居里夫妇(他们与巴黎大学的亨利·贝克勒尔教授分享此奖项),奖励他们对放射性元素的研究。放射性是玛丽·居里在 1898 年创造的一个术语。居里夫妇发现镭元素并进入大众视线之前,公众对他们一无所知。(他们曾于 1902 年获得提名,但在 1903 年的首次提名中玛丽·居里并没有获得提名,虽然有明确的规则规定,但是按照她丈夫、合作者皮埃尔·居里的愿望,她的名字被加到了候选者中。)②一位诺贝尔学者说:"最近的新闻足够与马可尼的新无线电报竞争来吸引人们的眼球。"1903 年马可尼已享有盛名;仅博洛尼亚的《第二报》这一份报纸在那一年就有 200 多篇文章是关于马可尼的。

4

5

6

诺贝尔奖很快成为一个充满神秘和秘密的仪式。诺贝尔奖的评选过程还造就了一个小型的游说和公关行业。1904 年 2 月,一位叫托尔·卢特肯的律师联系了马可尼公司的总经理卡斯伯特·霍尔。这是一位出身名门的律师,"在挪威他一直想和我们做生意"。卢特肯提出可以为马可尼诺贝尔奖提名铺平道路,只需要支付他 100 英镑,这是一笔相对较少的金额。霍尔十分警觉,心里也很明白,像往常一样直接给马可尼写信,"我应该感谢他主动提供帮助;但我还告诉他你已获得各种社会地位较高的科学社会团体的主动提名,而且我们认为我们不应该在这件事上私下有所举动"。然而,霍尔还补充说马可尼的获奖将会对公

7

①马可尼于 1901 年被意大利数学家、物理学家、参议员彼得罗·布莱斯那提名,他是罗马大学物理研究所的创始人,20 世纪 30 年代恩里科·费米和他的同事们在这儿从事著名的核裂变工作。1901 年的提名竞争中弗莱明提得太迟了,但是他又在 1902 年提名马可尼(克劳福德,1987)。

②玛丽·居里也是 1911 年诺贝尔化学奖的获得者,她发现了镭和钋;她是唯一获得过两次诺贝尔奖的女性,当然,她是 20 世纪科学成就及女性职业成就的标志性象征。

司的利益带来"巨大的间接优势"。

诺贝尔奖已经成为国际谣言制造者的热门话题，尤其是像马可尼这样的知名媒体人物。1908 年 11 月 12 日，《纽约时报》"非官方"报道说，马可尼将获得下一个诺贝尔物理学奖。几天后，报纸又改口说，诺贝尔奖实际上将颁给德国理论物理学家马克斯·普朗克。后来证实，这一报道也是错误的。马可尼和普朗克都是 1908 年被提名的，委员会推荐普朗克获得诺贝尔奖，但这一决定被整个研究院否决了，这一奖项最终被授予法国科学家加布里埃尔·李普曼，表彰他在彩色摄影技术上的研究成果。

除了有荣誉和声望，诺贝尔奖还有丰厚的奖金，早些年获奖者会获得约 8000 英镑或者 4 万美元的奖金。诺贝尔学者伊丽莎白·克劳福德估计，1901 年诺贝尔和平奖的价值是一名大学教授年薪的 30 倍，或者是一名熟练工人的 200 倍①。例如，对于居里夫妇来说，这份奖金相当于他们未来 10 年薪水总和的两倍。对马可尼来说，在 1908 年组建家庭并受到公司财务问题的困扰，彼时金钱也比荣誉更重要。

1909 年 11 月 10 日，期待已久的信件终于到达，瑞典皇家科学院宣布决定授予马可尼诺贝尔物理学奖。② 这一结果将于 12 月 10 日在斯德哥尔摩公布，这是阿尔弗雷德·诺贝尔去世的纪念日——而获奖者将宣誓保密到那个时候。然而令人惊讶的是，这一奖项由马可尼和他的德国竞争者卡尔·费迪南德·布劳恩同时获得，以"纪念他们为无线电报发展所做出的贡献"。马可尼和布劳恩从来没有合作过，无论按照什么标准他们的"贡献"都是不平等的。马可尼试图拒绝这"半个奖"，但此时他的实用主义促使他欣然接受这一奖项。接下来的几年里，他会讲述一个关于在去斯德哥尔摩的路上发现自己与布劳恩在同一列火车上的轶事，布劳恩建议他们应该为了全奖一起打扑克，但"我是一个糟糕的玩

---

①有人可能会说，多年来，大学教师学者们比诺贝尔奖得主的贡献更大。目前，诺贝尔奖项金额为 150 万美元，是美国全职教授平均年薪的 20 倍左右(美国劳工部，《从事中等教育的教师收入》，2007 年 12 月 18 日)。在购买力方面，1901 年诺贝尔奖的价值大约是 1983 年诺贝尔物理学奖的两倍。

②现在诺贝尔奖颁奖仍在每年的 12 月，但是获奖者名单会在颁奖前 2 个月，即每年的 10 月对外公布。1910 年，保密条款因为"不切实际"而被废除。(克劳福德，1984 年 7 月)

家，我拒绝了"。

这个奇怪的联合奖背后的政治因素是什么？布劳恩是一位合法的候选人，他拥有的几项专利都是在马可尼的研究基础上发展出来的。他也是德律风根公司的创始人之一，但他肯定不能与洛奇、弗莱明、特斯拉、波波夫、里吉(他在1905年至1920年每年都被提名，但从未获奖)，甚至是他的同事和同乡阿道夫·斯拉比在一个水平上竞争。除了马克斯·普朗克，在1909年的其他物理学奖候选人提名中，包括爱德华·布朗利(马可尼所使用的"粉末检波器"的发明者，他更应该作为一个联合获奖者被提名)、奥利弗·维德塞德、亨利·庞加莱、瓦尔德玛·保尔森、里尼和莱特兄弟都获得提名。

这一决定无疑与诺贝尔奖涉及的激烈政治活动有关。20世纪70年代，诺贝尔委员会对外公布了历史档案，人们发现其中一些政治活动非常神秘。1909年，瑞典最著名的数学家高斯达·米塔格-莱弗勒(他是斯堪的纳维亚学术政治中一位有影响力的人物)决定发起一场为法国数学物理学家庞加莱谋取利益的运动，虽然他不是委员会成员。1908年，法国科学家加布里埃尔·李普曼刚刚被授予诺贝尔奖，米塔格-莱弗勒决定将目标定在1910年。必须找到一位能在1909年获奖的人，于是米塔格-莱弗勒给他巴黎的朋友及同事保罗·潘勒韦写信，"你认为一个人如果发明了飞机能否获得诺贝尔奖?"潘勒韦热情地回信建议把奖项分给奥维尔和威尔伯·莱特。

另一方面是法国航空先驱加布里埃尔和查尔斯·沃依辛以及他们的飞行员亨利·法曼。这个想法很有启发性。航空业务已经引发民众的关注和想象(马可尼本人在1909年9月参加了威尔伯·莱特在美国举办的飞行表演)，将奖项颁发给莱特兄弟和沃依辛会吸引大量观众，并且受到大众的欢迎。庞加莱本人甚至受邀签署提名文件。这项航空诺贝尔奖提名以米塔格-莱弗勒、庞加莱、佩恩和来自瑞典技术学院的4位数学家的名义提交。考虑到如果出了什么差错会有人丢掉性命(1908年空难事故增多)，此提名案受到质疑，委员会最终得出结论，"在目前的情况下，很难将这项发明视作对人类有益。"

瑞典皇家科学院准备在1909年表彰具有实用性的科技贡献，但这对飞机来说还为时过早。无论如何，无线电报都是符合诺贝尔标准的发明；不同于航空的高风险业务，无线电技术现在被认为具有增强旅行安全性的作用。无线电报也使很多人受益。今年早些时间共和号和佛罗里达号两艘远洋客轮在南塔开特的大雾天中相撞，马可尼的无线电技术挽救了 1200 人的生命，公众一直在关注——这一事件向世界展示了无线电技术对人类的"好处"，但此事是否是说服瑞典皇家科学院的直接原因，我们并不清楚，但是在这之前颁奖委员会于 11 月初提交的报告中已明确列名评选结果：航空计划只获得了 4 票，马可尼和布劳恩获得了 50 票。

19

马可尼的成就在 1901 年奖项创立时就已经确定了，经过数年的积累获得提名，这是大多数候选人都经历过的。1909 年的奖项也是近年来委员会和学院忽视大多数提名者的例子之一。显然，和奖项有关的政治活动不会影响那些本应该获奖的候选人，如马克斯·普朗克和亨利·庞加莱。另一方面，马可尼的候选资格对诺贝尔授奖者来说有一定的吸引力。无论他广受欢迎还是臭名昭著，任何派别都不会提出什么异议，制造什么麻烦。

最重要的是，马可尼代表了新的一类获奖者。到 1909 年，奖项颁发者对奖项授予有着很强的洞察力，奖项颁给谁是圈内人都知道的秘密，过于学术化且无一例外（比如伦琴或居里）。现在，诺贝尔奖首次表彰了当年阿尔弗雷德·诺贝尔未能预见的活动——尽管他的"发现、发明和改进"的"类目"里隐含着这样一种活动：马可尼是首位诺贝尔科技创新奖得主代表。马可尼可以说是一个"发现者"，但在诺贝尔术语中，他首先是一个"发明家"。除此之外，他还有自己的一些特质，一些诺贝尔本人所欣赏的东西，却是那些颁发奖项的院士们迄今避之不谈的。他是一个企业家。在 1901 年 2 月召开的第一次会议上，诺贝尔物理学委员会一致同意"专利发明不在考虑范围内"，因此即使马可尼的提名被列入了议程，他们也还是放弃了①。但这并不是一项法定规则，奖励专利作品的提议也没有遭到否决；然而，最初几年他们只考虑候选人没有从这项发明获得经济利益，这必然是一个矛盾的定位，因为衡量一个发明成功的标准，几乎可以确定的就是商业上的成功。马可尼无疑是首批诺贝尔奖候选人，尽管人们认为他的发

20

21

①1901 年，马可尼没有任何可能；伦琴在第一届大奖评选中获得了 16 项提名，委员会决定在 1 月份授予他这个奖项，尽管在此之前他们已经收到了包括马可尼在内的所有提名。

明给他带来了巨大的财富，而不是大众。无论是第一次还是最后一次，马可尼都是在正确的时间出现在正确的地点；这是纯粹的好运气，无论他做或者不做都对结果没有任何影响。和往常一样，在他的一生中，马可尼的局外人身份使他成为对内部人士有用的宠儿。

* * *

1909 年 12 月 5 日，马可尼与比阿特丽斯和她的妹妹里拉一起离开伦敦前往斯德哥尔摩。他们和其他诺贝尔奖得主一起被安排住在瑞典首都的大饭店里，由一位名叫托尔·桑布拉德的年轻军官照看，他之前曾与马可尼联系，因为他正在写一本有关无线电报的书。桑布拉德邀请马可尼和著名的探险家、东方游记作家斯文·赫丁一起去他家共进晚餐，这当然是不合礼仪的。他们还见了另一位诺贝尔奖得主塞尔玛·拉格朗，这是第一个获得诺贝尔文学奖的女性。他们受到了皇室成员的欢迎，但对马可尼来说已不是什么新鲜事。

颁奖仪式①于 12 月 10 日举行，由瑞典皇家科学院主席、考古学家汉斯·希尔德布兰德介绍获奖嘉宾。按照惯例，汉斯向法拉第、麦克斯韦和赫兹致意后对马可尼的成就进行介绍——称赞他的企业家精神和科学成就。马可尼是当时的风云人物，能够将无线电技术改造成一个"实用的、可用的系统"。然而，他继续说道，"一个伟大发明很少是由一个人完成的，而是许多力量促成了现在取得的显著成绩，马可尼的原始系统有其不足，最重要的是，费迪南德·布劳恩教授的灵感之作克服了这种无法令人满意的状态。"

第二天，当轮到获奖者讲述他们的成就时，布劳恩在陈述其成就之前首先对马可尼的开创性工作表示敬意。1898 年他对无线电报产生了兴趣，那时他开始尝试扩大传输的范围，并且无意间想到无火花发射器。1899 年和 1900 年，他的助手在库克斯港进行了实验。1900 年 11 月他在斯特拉斯堡的一场公开演讲中描述了无火花电报的优势，当时马可尼也公开表示认同。换句话说，布劳恩认

---

①颁奖仪式一成不变。下午 4 时，2 000 名政要聚集在斯德哥尔摩音乐厅。根据诺贝尔的遗嘱，新获奖者以固定顺序坐在舞台上。首先是物理学，其次是化学、医学、文学和和平，经济学是最后的。在一个简短的仪式之后，国王举办一个宴会；按照传统宴会的习惯，食材是国王的猎人捕到的野味。第二天，获奖者每个人作一个主题演讲，科学家们会对他们获得表彰的研究成果进行(或者尝试)解说。(费尔德曼，2000)

为他的研究成果是建立在马可尼的基础之上的。

马可尼当然也参与了与布劳恩之间的激烈的专利纷争，这一定使他坐立不安。马可尼的演讲在布劳恩之前，在他自己的诺贝尔演讲中，他几乎没有提到他的共同受奖者。这个演讲，现在是马可尼公司准则的一部分，几乎没有什么引人入胜的东西，甚至对专家来说也是如此。任何人，哪怕是最不熟悉马可尼的人，都无法从媒体报道中看到自己感兴趣的内容。这次演讲是具有历史意义的，和他的很多演讲、文章、证言和采访一样，为传记和科学叙述增加了一些渐进的背景信息，马可尼一直在不断地修改他的生平，直到他去世。

马可尼复述了他早期实验的故事：1895 年他在蓬切西奥的突破，1896 年他发现了如何利用天线和大地。他指出，在得到罗马教授莫伊西·阿斯科利的认可之前，大多数物理学家都无法理解他的创新的实用价值，阿斯科利教授在 1897 年 8 月的《电子学》上将所得的结果"归因于使用高架电线或天线"。马可尼回忆说，阿道夫·斯拉比 1897 年见证他的测试后得出了类似的结论，他使用冷凝器电路进行测试，"与布劳恩教授的测试同时进行，然而我们都不知道当时其他人同期研究的任何情况"。这是他对布劳恩唯一的一次致意。在演讲的最后，马可尼试着阐明他对未来的设想："未来有一天，也许我们可以用非常少量的电能在世界各地传递信息。因此所需费用也会很少。"他已经预见到了廉价的远距离通信，他自我审视，并对自己偏离事实的假设表示歉意。

马可尼用英语发表了演讲，他说他没有说瑞典语，与意大利语相比，英语将是一种最容易理解的语言。实际上，诺贝尔委员会认为马可尼就是英国人，因为他在英国完成了他的大部分职业生涯。（正如玛丽·居里被当作是法国人一样，尽管她出生于波兰，成年后移民到了法国。）几天后，在柏林接受一位意大利记者采访时，马可尼说："请这样写：我很高兴获得了诺贝尔奖，不是为了我，而是为了意大利。"这是他取得国家认同发展的又一步。

* * *

诺贝尔奖对马可尼的学术合法性来说是非常重要的，因为他的学术合法性至今仍未得到认可（尽管他并不需要这样的荣誉），但他也不需要不合法这样的恶名。到了 1909 年，他已经是开始给 20 世纪现代性下定义的少数世界级人物之一。诺贝尔奖授予马可尼就已承认无线通信，已经开始为 20 世纪初定调，随后，电视又定义了20世纪50年代，而互联网定义了我们现在的时代。很少有技术能如此强烈地将单个个体联系在一起，事实上，在开创现代技术新时代的同时，马可尼也是最后一位有着个人英雄主义色彩的发明家（在塞缪尔·莫尔斯、托马斯·爱迪生和亚历山大·格雷厄姆·贝尔之后）。我们这个时代，唯一能与之相比的人物可能是史蒂夫·乔布斯和比尔·盖茨，他们和马可尼一样，都发明了一种与技术的关系，并继续定义一个时代。

没有人能独立创造出一种技术。这取决于社会力量比任何个人都要强大，还取决于数百万被称为"用户""观众""公众"或"市场"的人们。他们的欲望深不可测。在为现代的生产做出贡献的同时，无线——特别是它的化身"广播"——同时也是现代化的一个产物。在诺贝尔奖颁奖时期，无线电技术的理念已经超越了马可尼自己的愿景。这一技术在未来的10年里不会完全实现，直到它被封装在一个黑盒子里，而这个黑盒子开始在世界上数百万普通老百姓的家
28 庭中使用。但在1909年，它只在诗人和社会梦想家的心中。直到现在，对于大多数人来说，无线与其说是产品，不如说是产品的创意。马可尼的"系统"在商业上尚不可行（他执着于此，原因显而易见），但他从未停止相信和宣扬，正如他的诺贝尔奖演讲中所讲的那样——无线的巨大潜力。

即使在他最富有远见的时刻，尽管他自己也没有意识到，但马可尼的无线通信将为世界上最伟大的大众传播工具奠定基础。实际上，电报扩大了通信范围，但它总是受控于少数国家或公司所有者。电话实现了一对一的交流，消除了日常生活中距离所产生的联系障碍。然而，无线电是不受约束的且可能是无法控制的，电话通信也是如此。通过无线电，人们可以向所有人说话，而移动通信允许任何人在任何地点、任何时间立即或同时进行通话。

意大利的未来主义者将马可尼视为新现代主义的象征人物之一。1909年，诗人菲利波·托马马·马里内蒂发表的宣言标志着未来主义运动的发起，就在
29 马可尼因获得诺贝尔奖再次引起全球关注的前几个月，该宣言在巴黎发表。意大利的未来主义运动是第一个拥抱技术的先锋派艺术运动，对未来主义者来说，马可尼的发明使世界因打破时间和空间的限制而缩小，这个世界以"新的速度美
30 学"为标志。马里内蒂称赞马可尼，推广他称之为"电报语言"的新形式。从马里内蒂到纪尧姆·阿波罗都在战前欧洲诗歌和文学中神化和推崇无线通信，无线

通信成为"鉴别现代主义的重要标志"。

  马可尼对马里内蒂产生的影响（也影响了像赫伯特·乔治·威尔斯这样的"科幻小说"同时代代表人物）普及了无线电报代表的不仅是通信革命，还代表了未来几代人的生活方式的观点。对现代主义者来说，无线电是进步的象征，不仅是人类进步的工具，也是人类进步的标志。今天我们可以称之为"无线想象"的诞生。20世纪前10年，无线电网络对大众想象的影响在于强调无线电网络应被视为一种独特的历史媒体和文化形式，而不仅仅是电报和广播之间的过渡桥梁。事实上，100年后的今天，无线网络的复兴说明在历史长河中电报和广播可能是短暂的，这是一种集速度、实时性、移动性、远距离及无处不在的持续性于一体的技术。在我们自己的时代，重要的无线经济体支持诸如声音字节、音高、快照或推特这样的交流概念，在这种经济体中，简洁优先于深度和反映①。

---

  ①有争议的是，声音字节——"给我两个词"——和144字的推文概念都是源于对电报的经济性的考量，因为每个字母都是昂贵的。

第三部　爱国者

第 18 章　天赐之物

　　当马可尼被授予诺贝尔奖时，他已经主持公司事务近一年半的时间，填补了 1908 年 3 月卡斯伯特·霍尔离开后的董事总经理的职务空缺。卡斯伯特·霍尔是在他的策划下被迫离开。这绝不是一个权宜之计，虽然他十分希望能专注地进行研究工作，但找到一个合适的替代者来取代爱炫耀的、挥金如土的霍尔并不容易。

　　马可尼在这段时间里获得了公司老员工的支持，像塞缪尔·弗拉德-佩奇，尤其是他的表哥亨利·詹姆森·戴维斯，他们比任何人都了解这家公司。霍尔离开后，马可尼也时常不在伦敦，这时戴维斯会被授权全权履行董事的职责。但在 1909 年 10 月，和戴维斯一起到美国、加拿大旅行后不久，马可尼就与其分道扬镳。1909 年 10 月 29 日，在一次混乱的董事会议上，马可尼对戴维斯的真诚表示怀疑，与他共事最久的合作者辞去了马可尼公司总裁的职务。在一张手写的私人便条纸上——几乎像讣告——戴维斯写道：

> 你今天为什么这样对我，我无法想象……听到我在商业问题上的
> 观点被曲解，或者怀疑我是否有能力履行我的职务，对我来说都是前
> 所未有的经历。总的来说，我为你和公司付出了一切，而我得到的回
> 报很少。

这是一件相当可悲的事情。尽管如此，戴维斯仍然称呼马可尼为"我亲爱的
古列尔莫"，并像往常一样署名"你亲爱的表哥"。但不再仅仅是"亨利"，他现在
写的是"亨利·詹姆森·戴维斯"。这个争论涉及金钱，马可尼立即回复说：

> 亲爱的亨利，我很遗憾地从你的信中得知，你对我今天在会上说
> 的一些话表示异议。在我看来，你应该明白我说这些话的用意，而你
> 似乎在贬低我为公司所做的财务上的牺牲，这让我很难过……
>
> 我无意冒犯你，也无意质疑你所说的，我今天在你离开后对许多
> 董事说过这样的话。我希望在这样的情况下，你不要坚持辞职，当然
> 也不会有任何理由辞职。

像往常一样，他的签名风格与戴维斯标志性的风格一致——"你亲爱的表弟
古列尔莫·马可尼"。

马可尼把这封信保留 3 个月后交给了董事会。1910 年 1 月 25 日，他向董事
会报告了戴维斯的辞职请求，董事会接受这一辞职并对此表示感谢和遗憾。在
接下来的项目中，董事会选举了一位新董事，戈弗雷·查尔斯·艾萨克斯，任
命他为联合主席(与马可尼分享这个职位)，并批准了他的聘任合同。马可尼在
写给路易吉·索拉里的信中称赞了艾萨克斯的人品和能力，"这个人有能力、诚
实，属于金融圈中的一等人才。""如果你会尽可能地支持这位经理，我将十分感
激。公司现在有他和我两名董事总经理"。马可尼从来都不会长期缺少一个亲密
的商业合作伙伴。

艾萨克斯是天赐之物。马可尼渴望专注于自己的研究。在过去的两年里，
他表现神勇，维持公司正常运营，但公司在财务收益上停滞不前，而且还没有
让股东们看到分红的迹象。戴维斯和霍尔是他的前辈，戈弗雷·艾萨克斯则成
为马可尼在公司的知己密友。艾萨克斯将扭转公司的财务状况，担任董事总经
理的时间长达 14 年，比其他任何人的时间都长，直到 1924 年 11 月因每况愈下

的健康状况而被迫退休。

艾萨克斯出生于1866年，是约瑟夫·艾萨克斯和萨拉·戴维斯的第8个孩子，他的父亲是伦敦东部繁华地区的一个水果商人。艾萨克斯家是伦敦最古老的犹太家族之一。他们的祖先可追溯到1659年中世纪欧洲，他们于18世纪早期出现在英格兰①。戈弗雷·艾萨克斯的叔叔亨利·艾萨克斯爵士在1889年至1890年担任伦敦市长，是一位有名的改革家。

戈弗雷·艾萨克斯的哥哥哈里继承了家族事业，另一个哥哥鲁弗斯则步入仕途，事业辉煌，先是担任总检察长，之后成为雷丁勋爵和印度总督。戈弗雷娶了一个天主教徒（出生于法国的歌剧歌手莱亚·康斯坦茨·佩雷利）为妻并接受了她的信仰传统，这个家庭的犹太性在他们——以及马可尼——的命运中扮演了重要的角色。

艾萨克斯有着清瘦的贵族气质，他和他那位大名鼎鼎的哥哥鲁弗斯有着惊人的相似之处。一位评论员曾写道："他有同样漂亮、黑色的大眼睛；他富有表现力，非常警惕，热情似火，但又温柔讨人喜欢。"虽然脸上时常带着忧郁的表情，但他的笑容十分亲切、温和。他的面部特征很普通，鼻子很有型但不大，嘴唇薄，嘴巴紧闭，颧骨十分突出，脸颊有点凹陷。1915年的一份报纸增刊用整版的彩画描绘了戈弗雷年轻、勤奋、勤于业务的样子。他穿着晨衣、细条纹羊毛裤子、带着灰色鞋套的灰色皮鞋、珍珠灰色的背心和衣领，戴着同色系的表链、深灰色的领带和卷曲的头发。他精力充沛，富有进取精神又充满魅力，是个不知疲倦的劳动者。他四处旅行，会说好几种欧洲语言，通常他所持有的国际化的世界观和马可尼一样。他在他父亲企业的各个部门都工作过，从中得到成长，积累了令人艳羡的公司经营经验。

马可尼在1909年通过他的妹夫、伦敦金融城的股票经纪人多诺·奥布莱恩认识了艾萨克斯，并且亲自聘请了他。艾萨克斯和他的妹夫有商业上的联系。马可尼很快对艾萨克斯产生了好感，从商业的角度来看，事实证明聘请艾萨克斯是马可尼自创办公司以来做出的最明智、最重要的举措。艾萨克斯对商业事

---

①家族族长艾萨克·艾萨克斯出生于1659年，他的孙子，犹太人迈克尔·艾萨克斯于1735年出生在切姆斯福德（英国埃塞克斯），是第一个出生在英国的家庭成员。

务的处理解放了马可尼，使其可以专注于研究和技术实验，最终找到他的其他（政治和外交）兴趣及利益所在，而这些在他职业生涯后期占用了越来越多的时间。

艾萨克斯于加入公司 7 个月后，即 1910 年 8 月完全接任公司董事总经理一职。1910 年 8 月 3 日，马可尼重新担任技术总监和科学顾问，这是他首选的职务。在这个职位上，他将独有对公司技术人员安排的全部权力，有权参与、解散、确定职责和报酬，并在必要时在各地不同的无线电站之间进行人员调动。相关合同条款还规定，对他喜欢的经营活动他可以任意支配并投入更多时间，也可以担任其他职务。 10

此时，马可尼的薪水是每年 2 500 英镑（相当于如今的 20 万美元）。艾萨克斯得到双倍的报酬和公司利润的 5％。在管理层变动的前几天，马可尼公司宣布股息为 7％，这是传递给商业和金融界的一个信号——事情将有所改变。当马可 11 尼不再参与日常业务时，艾萨克斯在很短的时间内就确立了自己作为管理者的地位，提出新的发展计划，发起专利诉讼，推荐新的装置，寻求新的资本。但马可尼从未远离公司事务的中心。他仍然是董事会主席，他自 1909 年 2 月担任这一职位并一直持续到 1927 年。 12

没有了公司日常管理的责任，马可尼会抓住机会享受与家人在一起的宝贵时光——他又错过了一个孩子的出生，他的儿子朱利奥于 1910 年 5 月 21 日在格里夫尼庄园出生，当时他又人在美国。临行之前他把比阿特丽斯和戴格娜安顿在这里。马可尼太渴望重新开始自己的研究和实验工作，而过去的两年他一直未能专注于研究工作。现在有了自己的专职人员，他开始寻找那些像查尔斯·富兰克林和亨利·约瑟夫·朗德这样的新合作者，这些人会在无线电历史上留 13 下自己的印记。在新领导者艾萨克斯的带领下，马可尼公司逐渐有了扩张的打算，一个更符合公司日常经营的研究部门也被安排到位。 14

既然已经可以集中精力做研究，马可尼的第一个工作就是重新开始远距离通信实验。1910 年 9 月，他和朗德乘坐意大利最大、最豪华的客轮普林奇佩萨-马法尔达号从热那亚出发前往布宜诺斯艾利斯。科尔塔诺和布宜诺斯艾利斯之间计划已久的通信连接即将建立，马可尼现在在构想阿根廷和爱尔兰之间的直接通信。他们在途中测试了克利夫登和格雷斯湾的信号，风筝飞行高达 6 000 英 15

尺(约 1 828.8 米),从克利夫登那里接收到的信号距离白天是 4 000 英里(约 6 437.4 千米),晚上是 6 735 英里(约 10 839 千米)。实验表明,阳光下进行远距离通信的困难是可以克服的,并证实了马可尼对世界无线通信网络可行性的认知正确。在 10 月离开布宜诺斯艾利斯之前,他们正在埃斯特角,靠近乌拉圭建造一座高能电站。马可尼 1910 年访问阿根廷被认为是阿根廷无线电发展的重要事件。阿根廷之行期间他设法与爱尔兰取得联系,又一次实现了那一时代最远距离的通信,用的是他 9 年前在纽芬兰使用的原始的形似风筝的天线和耳机,不过这一次的信号传输距离约 6 800 英里(约 10 943.5 千米)。

* * *

马可尼那时也把家人从意大利接来,并在萨里郡的里奇蒙德公园租了一幢 18 世纪的格鲁吉亚风格的砖石造宅邸,就在伦敦的郊区。官方称其为"喇叭房"(因为这里的大门曾用 2 个喇叭雕像装饰过),大家都称之为"古老的宫殿"。克莱门斯·梅特涅小王子 1848 年至 1849 年被流放期间曾住在这里,迪斯雷利拜访过他并给他的姐姐写信:"我来看过梅特涅,他住在里士满格林,在世界上最迷人的房子里。"

马可尼一家很快就成了伦敦社交圈里的常客,接待过葡萄牙国王之类的客人,大家共进午餐或打草地网球。比阿特丽斯的 2 个最小的妹妹刚刚成年,比阿特丽斯很高兴地邀请她们前来小住。起初,马可尼试图保持日常社交生活状态,但他很快就厌倦了并不再应酬。比阿特丽斯回忆说,"这意味着我很少见到他,当我从舞会上回来晚时,他已提早离开去上班。这使我们有分歧,他变得紧张、易怒,还有不理智的嫉妒。"他还经常独自离开,因为他把家人送回了英国,自己则经常在意大利、爱尔兰或加拿大一个又一个无线电站住很久。然而,在他的信中,马可尼温柔但又严肃地责备比阿特丽斯,因为她不经常给他写信。

戴格娜后来写道,"我的母亲和父亲之间的关系现在开始真的变得越来越紧张",他们是相爱的,但又存在严重的问题。然而,比阿特丽斯的信极少被保留下来,其中一封描述了一种温柔的关系,他们比通常故事里所展示的情侣要亲密得多,他们拥有两种强烈的愿望,想要从生活和彼此之间得到更多的东西。她和丈夫从克利夫登回来时,她称呼他为"我的宝贝",并向他倾诉刚回家时会对客人名单和孩子们的病痛感到心绪不宁。这是朱利奥的第一个生日(1911 年 5

月 21 日），"祝福这个小生灵，我们完全把他忘了。戴格娜问'我爸爸在哪儿?'还一直不停地问，她能不能去看看你的房间，看看你是不是真的在那儿。亲爱的，我想念你，渴望你和我在一起。"

21

这一时期有关马可尼的一篇有趣的花絮报道说明了他个人生活的复杂和围绕在他周围的神秘气息。1911 年夏，马可尼卷入了查尔斯和弗洛伦斯·克洛弗夫妇的一场激烈的感情纠葛中。他们邀请他成为他们 6 个月大的女儿贝蒂的教父。马可尼牛津档案馆存放了 5 封马可尼在 1911 年 7 至 8 月间写给克洛弗夫妇的信，信中涉及一些未详细指明但是"非常大的麻烦"，他们当时正在给他提供帮助。

查尔斯·马修·克洛弗 1877 年出生在北威尔士的雷克瑟姆。弗洛伦斯·伊丽莎·贝尔来自加拿大，出生于 1887 年。弗洛伦斯的父亲是乔治·贝尔，多伦多的律师(以及亚历山大·格雷厄姆·贝尔的亲戚)，她的母亲玛丽昂·斯普罗特是加拿大第一届议会保守党成员的女儿。克洛弗夫妇于 1908 年 10 月 30 日在安大略省约克(现在是多伦多的一部分)结婚。1909 年他们的儿子查尔斯·乔治出生，女儿贝蒂则出生于 1911 年 1 月。

22

这是爱德华时代的一个典型故事。1911 年 7 月 27 日，马可尼正准备离开伦敦前往克利夫登，弗洛伦斯·克洛弗与他联系并带来了一些令人不安的消息。几天后，他给她写了信。"亲爱的克洛弗夫人，收到你的来信我非常难过，得知你遇到的大麻烦我感到非常遗憾。我将会以你所要求的方式帮助你，我将在一两天内尽快回到伦敦。我相信，如果查理真的原谅你，你会发现他不是那么冷漠无情，尤其是一起经历一段时间之后。我得说，我认为查理对你来说是最好的。你难道不认为那个把你引入歧途，给你带来麻烦的人应该做些什么来帮助你吗？但无论如何，我都是你和查理的依靠，都会竭尽全力帮助你们。你们忠实的朋友，古列尔莫·马可尼。"

23

与此同时，他还写信给查尔斯："亲爱的克洛弗……我认为你是非常善良和宽容的，同时我也很赞同你，她几乎没有意识到事情的严重性。我当然要考虑我作为贝蒂教父的立场，但毕竟这不是这个可怜的女孩的错。她很天真纯洁。恐怕我对弗洛伦斯说的话有些严肃了(我提到她的基督教名字，因为知道一个人的痛苦和不幸往往会使人际关系不那么拘谨)，但我认为她很后悔。我很高兴你

24

决定再给她一次机会……你真诚的朋友马可尼。"

回到伦敦后，他又给弗洛伦斯写信："我亲爱的克洛弗夫人，很高兴我能以你要求的方式帮助你……我希望在启程前去看看查理。他现在是陷入沮丧情绪的可怜人，但我觉得他对你很好。不要太强烈地反对他的意愿，毕竟他已经准备原谅你了……你们都要重新开始，我衷心地祝愿你们幸福。我将在启程前再给你写信，你真诚的朋友马可尼。"最后，他又写了一遍，"亲爱的克洛弗夫人，只是想说再见，祝你一切顺利美好……我相信查理会原谅你的，因为我已经原谅你了。如果我能对你提供任何帮助，尽管问我……你真诚的朋友，马可尼。"

25

这显然是小说家寻找的素材，事实上，维达·萨克维尔-韦斯特在她1930年的小说《爱德华时代的人》中也写过这样的情节。在罗汉普顿勋爵发现了自己的妻子西尔维娅与年轻的塞巴斯蒂安的风流韵事之后，她又反对他提出的搬到乡下的提议。他认为她对他的宽容并没有感恩。他说，"没有人会给你第二次机会。别人会把你直接从房子里赶出去。"她反过来指责他是一个维多利亚时代的丈夫："你这么大惊小怪……""你不知道现在人们是怎么生活的吗？为什么要表现得好像我们生活在18世纪50年代？"但在罗汉普顿的世界里，礼仪、伪装和外表才是一切。

26

马可尼建议弗洛伦斯不要表现得像西尔维娅那样，要感激丈夫的宽宏大量，并服从他的要求。马可尼经常遇到这样的情况，他发现自己陷入了一场维多利亚时代、爱德华时代和现代社会这3个时代之间的危机。但通常情况下，他所扮演的角色相当模糊。据档案记录（我们只有他自己的说法），这件事只持续了一个星期，这个故事很平凡，只是一个朋友帮助一对夫妇度过了他们婚姻的艰难时期。但可以想象得到这故事有许多不同版本，例如，如果马可尼就是"把你引入歧途的人"呢？他现在建议弗洛伦斯允许他承担他的责任，并"做一些有助于事情发展的事"。马可尼对弗洛伦斯·克洛弗的讲话方式让人回忆起10年前他在给约瑟芬·霍尔曼写信时的假意亲密。似乎是预料之中的，他是乐于助人的（他经常向亲戚、朋友和他喜欢的人提供帮助），他也是谨慎的。除了他的日记中有一些神秘的内容外，马可尼的其他档案中没有任何别的迹象。

27

28

每个生命个体都有自己的秘密和未解之谜，这就是为什么人们一想到政府机构会监听他们的电话，或者查看他们的电脑硬盘数据时就会特别有执行力。

马可尼的日记中会有那些未被问及的问题和无法回答的问题的线索，经常暗示出那些消失得无影无踪的关系和利益。马可尼令人难以捉摸的生活一定有一个背景故事，而我们只能略知一二。他喜欢叙述和改造他的故事，但他也会小心翼翼地把一部分隐藏起来。他把会议记录和自己的笔记记在小皮革日记本上，但他经常使用一系列只有自己可以理解的无法解释的代码，一个词，一个名字，一个字母，一个数字或一个字母 x。贝蒂是其中一个转瞬即逝的人物——她的全名是马里恩·伊丽莎白·杰西·马可尼·克洛弗。马可尼偶尔会记下有关他的孩子的笔记——戴格娜、朱利奥、焦亚，有一次将贝蒂·克洛弗和他们相提并论。从表面上看，有什么比带着 14 岁的教女去伦敦最好的卡地亚珠宝店更合理的呢？所以这件事在他的日记里出现了（1925 年 1 月 24 日马可尼在日记中记录了这件事）。 29 30 31

* * *

马可尼现在一直在伦敦、克利夫登和格雷斯湾之间穿梭，试图将他的最新研究纳入公司至关重要的跨大西洋商业服务中。1907 年，克利夫登-格雷斯湾服务站正式成立时使用了当时最先进的远程无线电技术。从技术上讲，这是一个"简单的"系统，即传输和拦截不能同时进行。1911 年，马可尼和朗德完善了一个"双向"系统，即信息可以沿着同样的波长（有线电报中已经开发的一个性能）在不同方向进行双向传输。如果马可尼能将"双向"技术集成到他的跨大西洋通信服务中，那将会对客户更具吸引力，使马可尼在有线电报公司行业中更具竞争力。马可尼并没有试图将克利夫登和格雷斯湾转化为吸纳巨额投资的项目，而是开始寻找附近的地点，在那里建立更小的无线电接收站。

马可尼于 1911 年 4 月开始在爱尔兰克利夫登附近寻找合适的地点。在参观了该地区的多个地点后，他认为在克利夫登东北 8 英里（约 12.9 千米）处的兑利夫兰是最令人满意的，这是他那位风流伙伴曼彻斯特公爵位于凯利摩尔的财产。1911 年 4 月 11 日，马可尼和工程师查尔斯·富兰克林、威廉·恩特威斯尔以及乔治·坎普一起登上了钻石山，他们在莱弗克酒店吃午饭，并决定选择这一地点。他写信给比阿特丽斯说新的试验站坐落在一个由基督教徒兄弟经营的学校里，"在曼彻斯特公爵的地产凯利摩尔城堡附近。公爵的经纪人是最善良的，他尽可能地帮助我们，让我们用马车和电线杆，并用驴把这些东西搬到山上去"。 32 33

这个地方优点很多，除了他和房东是朋友，它的位置可以接收到克利夫登发射台的信号，干扰的风险很小，而且此处可以一览无余地观赏海景，且很容易通过陆地线路与德里格里夫取得联系。马可尼再一次为爱尔兰的地方经济做出了贡献，建造莱特弗拉克雇用了大约80人和25头驴。

马可尼派坎普立即到莱特弗拉克工作，用临时天线在克利夫登和格雷斯湾之间进行测试，他则留在克利夫登，每隔几天检查一次进展情况。坎普像往常一样熟练地在复杂的地形上搭建起一个工作系统。但是还需要处理一个微妙的公关问题：为了完成安装，坎普需要在前土地所有者凯利摩尔的土地上架设电线杆和电线，现在承租的农场主却占用了这些地。事实证明，坎普是一个和蔼可亲、能干的谈判者，他很轻松地得到了许可权——正如马可尼预想的那样。

马可尼和比阿特丽斯于1911年5月17日抵达莱特弗拉克，并在第二天参观了凯利摩尔。设施安装进展很好，但是由于爱尔兰复杂的地形布局，他们时常遇到意外。令马可尼感兴趣的是又找到了一个合适的可替代的地点，坎普去附近的村庄里纳内进行调查。5月21日他在日记中写下："我乘坐汽车到达基拉里湾入口的码头，发现美瑞山是斯莱戈爵士的财产，但现在被休斯顿先生租来牧羊。所有这些微妙之处都必须小心翼翼地处理。"

1911年5月22日，马可尼为海军鱼雷学校的皇家海军上校克劳利将军司令官做了一次重要的双向系统运转演示。马可尼能从克利夫登以全功率向格雷斯湾传输信号，同时也能收到来自格雷斯湾莱特弗拉克站的信号。令人难以置信的是双向信号覆盖的范围：克利夫登使用的是15 750英尺（约4 800.6米）的信号波，格雷斯湾的是21 000英尺（约6 400.8米）。马可尼说，这些只是初步的实验，"信号波同时传送和接收信号的波形加起来比展示的更要近，很快这将得以实现"。克劳利在报告中说，"很明显，莱特弗拉克的天线和临时站只是最近才装配的，这些初步测试的结果似乎充分证明了马可尼对系统成功的乐观态度。"这是对马可尼的充分认可。

这个系统现在正常运行中，但马可尼追求完美。在投入莱特弗拉克的一个固定设备研究工作之前，他还想看看坎普在里纳内开拓的无线电站。他带着经验最丰富的研发工程师恩特威斯尔、富兰克林和朗德一起前往。5月26日，他们开车去了基拉里海港，在那里他们爬上了一座被称为魔鬼妈妈的山。经过测量，他们发现格雷斯湾发出的信号刚好会触及港口的北侧。这里可能会更可靠。坎普写道："我回到莱特弗拉克，让这些人离开一段时间，直到线路方面有所变化，或者我收到了马可尼先生的明确指示。" 37

与此同时，马可尼回到了伦敦，其后的一个月大部分时间也留在伦敦。6月2日，他在皇家学院作了一次演讲，然后和比阿特丽斯一起参加了与1911年6月22日乔治五世国王加冕仪式相关的一系列热闹的社交活动。在他不在的时候，莱特弗拉克的工作仍在持续进行。坎普和富兰克林对工作进度很满意；1911年7月4日，坎普宣布这是"伟大的一天"，第一次完成了真正实际意义上的双向传输。7月15日，马可尼再次返回，并和富兰克林、坎普一起参观了里 38 纳内。这一次，他们还拜访了当地的租户，请他们同意在那里建一个站点。当他们回到莱特弗拉克时，"讨论了建立另一个双向无线电站的提议"。曼彻斯特公爵似乎对能在他的庄园里进行这一重要工作感到很高兴，原则上允许坎普自由使用这个地方，并告诉他可以使用户外建筑来存放无线电站的装备。马可尼对事情的进展感到非常高兴，后回到伦敦参加公司的年度股东大会。 39

他最关心的问题还是财产的使用权。7月21日，爱尔兰超负荷地区委员会从都柏林给马可尼写信，要求他提供一个陆地测量地图，指明他所提的无线电站的位置，并提出召开一次会议讨论如何在这些地方架设电线杆。马可尼提供了地图，两周后委员会再次写信通知马可尼他已经知道的内容：土地部分归租户所有，他需要与租户们达成协议。委员会还证实了坎普的发现，里纳内土地 40 有一部分位于斯莱戈侯爵的庄园①。

马可尼于7月27日离开伦敦回到克利夫登（还带着弗洛伦斯·克洛弗推给他的麻烦问题）。7月29日，马可尼和坎普爬上了科瑞文顿的小山，莱特弗拉克无线电站可以建在这里，并确定了克利夫登的方位。他们收到来自格雷斯湾的信号清晰强烈。7月31日，坎普把曼彻斯特公爵接到马可尼工作的地方，以帮助他做出位置标记。第二天，马可尼、坎普和曼彻斯特公爵及其美国岳父尤金·

———————————

①沿着戈尔韦郡和梅奥郡的分界线，穿过魔鬼妈妈山的山脊，斯莱戈侯爵在韦斯特波特有一栋房子，与康奈玛拉接壤，但在梅奥郡。（谢恩·乔伊斯，《康奈玛拉的马可尼》，与作者通信，2013年）

齐默尔曼一起在凯利摩尔吃午饭。马可尼随后去了都柏林,坎普则留在那里继续处理相关事务。

马可尼和比阿特丽斯于 1911 年 8 月 5 日乘船前往加拿大。他不在的这段时间里,爱尔兰无线电站的土地问题到了非解决不可的地步。曼彻斯特公爵与包括坎普、艾萨克斯和研究主管安德鲁·格雷在内的公司高层在伦敦召开了几次会议。到 9 月中旬,他们放弃了里纳内,将地点确定在莱特弗拉克。坎普在 9 月 25 日的报告中说,他一连给马可尼写了多封信,详细说明他与曼彻斯特公爵及那些租户们的谈判,租户中只有两人找他麻烦,且问题严重。有人建议公爵通过购买这片土地来解决这一问题,但租客们告诉坎普说:“他们不希望我们在那里,就此停止工作对我们来说再好不过。”其他租客也希望得到补偿。坎普试图通过避开耕地避免纠纷,但根据爱尔兰的土地法,只要租户们付了租金就不能被赶出去。1911 年 9 月 26 日,坎普给艾萨克斯发电报说,租户们希望他们不要在他们的土地上工作。

与此同时,马可尼正在加拿大为建立与莱特弗拉克站类似的新双向接收站做准备。新无线电站将建在路易斯堡,站点距离格雷斯湾 25 英里(约 40.23 千米)远的一个 18 世纪的法国堡垒。该无线电站位于堡垒内的古镇。路易斯堡的问题比莱特弗拉克站的问题要小得多。当然,也有一些麻烦要处理。1913 年 2 月,连接格雷斯湾和路易斯堡的线路在“冰挂”的重压下坍塌。路易斯堡来了位充满好奇心的访客,路易斯·格雷厄姆·贝尔。他的避暑庄园位于巴德克,离路易斯堡大约 2 小时车程。马可尼只对布莱顿角进行了一次访问,但路易斯堡在公司发展计划中占有一席之地,因为这是第一个收到跨大西洋东西双向语音传输信号的地方,1919 年 3 月该信号自爱尔兰巴利巴宁的马可尼无线电站发出。

面对组建新的爱尔兰和加拿大无线电接收站过程中来自世俗的挑战,及他个人生活中不断上演的戏剧性事件,马可尼突然明白什么是自己的当务之急。1911 年 9 月 29 日,因为北非利益冲突,意大利王国向奥斯曼土耳其宣战。马可尼放弃了他正在做的一切,转而为意大利提供服务。

第 19 章　战争的信号

意大利直到 1911 年还在寻找海外殖民地以满足其日益膨胀的帝国主义野心。殖民领地被视为将向成千上万的意大利人提供在国内未可预知的经济未来，这是向外移民的潜在选择。意大利是三国同盟的一部分（意大利、奥匈帝国和德国），该同盟于 1882 年建立，但它与奥地利的关系常常处于紧张状态。于是，意大利通过一系列的秘密的和较为透明的交易靠近敌对的协约国（英国、法国和俄罗斯）。在欧洲黑暗的政治环境中，考虑到这种矛盾的立场，意大利最可能在奥斯曼帝国的部分地区推进其殖民活动。

1911 年 9 月 28 日，据称，意大利以在奥斯曼帝国北非的的黎波里和昔兰尼加地区——国际通认的利比亚地区——的意大利国民感知到来自穆斯林极端分子的威胁为借口，向奥斯曼帝国发出最后通牒，要求许占领该区域，以保护其公民。最后通牒遭到拒绝后的第二天，意大利王国向奥斯曼帝国宣战。这场冲突打破了国际势力平衡，揭示了奥斯曼土耳其日益衰弱的事实（在过去五六十年间的一系列冲突中已经很明显），并释放了意大利的民族主义情绪——自 1871 年罗马成为该国首都以来，意大利就一直在酝酿。一小撮意大利实业家把这场战争看作是扩大意大利经济影响力的机会。从许多方面看，意土战争不仅是第一次世界大战的前兆，也是第二次世界大战的前兆。

意大利媒体数月来一直在展开各种活动支持政府的军事出击，总理乔瓦尼·焦利蒂虽然性情温和，政治上更倾向于外交而不是武力，但他收到了其他欧洲大国对其入侵决定的有利回应[1]。因为奥斯曼帝国的支持者德国日益成为法

---

[1]焦利蒂在 1892 年至 1921 年间 5 次担任首相（差一点在 1901 年至 1914 年之间实现连任），这是因为他有能力在意大利政治主流左翼和右翼派别中建立中间派联盟。一个自由主义者（就美国人的角度来看），他的政府对各种渐进式的社会改革和公共干预负责。他不太在意领土政策，反对意大利加入第一次世界大战，遭到意大利民族主义者的强烈反对。

国和英国不得不重视的挑战者，所以意大利的决定受到英国和法国的欢迎。意大利的反对党社会党内部分裂，对入侵决定无力反对——尽管社会党首席发言人贝尼托·墨索里尼立场鲜明地反对战争，但大部分意大利人，如古列尔莫·马可尼，都同意战争。

意大利派出舰队前往利比亚，迅速占领了的黎波里、德尔纳和班加西的沿海城市，但在内陆地区遇到了意想不到的阻力。奥斯曼人在北非几乎没有军队，但他们足以动员和支持阿拉伯人采取抵抗运动，意大利军队很快就被困在一连串意大利控制的沿海城市的飞地和海域之内。包括穆斯塔法·凯末尔在内的土耳其军事官员潜入利比亚，帮助像萨努西兄弟会、激进的苏菲教团这样的组织从事游击活动。穆斯塔法·凯末尔这位年轻的土耳其现代运动领导人之一，"土耳其人之父"，很快就因阿塔图尔克被世人所知。1911 年 10 月 15 日，凯末尔伪装成一名记者离开君士坦丁堡（现在的伊斯坦布尔），与马可尼到达利比亚的时间大致相同。他后来说，保卫利比亚是一项毫无希望的任务，但这是一种爱国的责任，有其政治必要性。在利比亚，土耳其阿拉伯人的反抗也导致一些西方观察家误解利己主义与宗教团结同时产生。

意大利人立即开始在北非沿岸建造无线电台（第一个是在的黎波里和西西里岛之间建立联系，在占领开始后的几天内启动）。意大利海军部长要求马可尼到利比亚检查新站，测试与科塔诺的通信状况，并在沙漠中进行实验。1911 年 11 月 5 日，意大利宣布对利比亚实行宗主权。11 月 20 日，《泰晤士报》在其"法庭通告"专栏中称马可尼正准备动身前往北非。那时他已经在科塔诺了。11 月 19 日，他向意大利国王展示了与克利夫登、格雷斯湾和马萨瓦［位于东非意大利厄立特里亚，距离科塔诺 2 200 多英里（约 3 540.6 千米）］之间的通信状况。11 月 30 日，他从意大利海军基地塔兰托（普利亚区）起航。他是突然决定离开的，几乎没有时间通知他的同事们。

这是继南非的英美资源战争和远东地区的日俄战争之后，第三次在战争中使用无线电。通信技术正成为战争中的一个关键因素，意大利海军提供了一艘 1.1 万吨的头等装甲巡洋舰（R. N. 比萨号）供马可尼使用。马可尼还专注于消除介入和干扰问题，这些问题仍然是短距离无线电通信中存在的问题。

这是一次短途旅行。马可尼于 1911 年 12 月 2 日抵达靠近埃及边境的托布鲁克后，立即着手进行测试工作，并试图改善近距离陆路领域通信的条件。意大利人有十几个试验站在运行，还有一两个"背包"站，在大约 12 英里（约 19.3 千米）的范围内效果都不错。马可尼能够在不使用桅杆或电线杆的情况下在试验站之间进行短距离通信，所有的仪器和"天线"都直接放置在沙地表面。这一进步克服了使用风筝或气球会暴露站点位置的缺陷，马可尼对此感到兴奋，因为这对他的主要研究兴趣之一——机动性（移动性）具有重要意义。在托布鲁克能清晰地收到科塔诺[1 200 英里（约 1 931 千米）外]和克利夫登[2 000 英里（约 3 218.7 千米）外]的信号。此事意义重大：它使马可尼确信干燥地面的绝缘特性可以实现远距离信号覆盖。

新建的科塔诺无线电站是当时世界上最强大的无线电站，一直与距离 2 238 英里（约 3 601.7 千米）外，由意大利安装在马萨瓦的设施保持通信。但北非的实验也有一个较低级的、不那么令人兴奋的问题，否则对无线电站各单位之间短程通信这一重要军事目的可以发挥更大的作用。其后几年里，马可尼经常提到他在北非的 3 周任务，并把这看作一项崇高的荣誉（《泰晤士报》称其为"视察旅行"），因为在此期间，他能够响应意大利战争和海军部门的号召。然而，文件显示，直到 1911 年 5 月，马可尼公司还因向奥斯曼军队提供便携式野战站点的合同与德律风根公司展开激烈的竞争。在君士坦丁堡附近山区为期 3 周的测试中，马可尼的系统运行速度更快，信号更强、更清晰，且在各方面更稳定可靠。

1902 年，奥斯曼苏丹首次表现出对开发无线电技术的兴趣时，马可尼就一直设法与土耳其做生意。路易吉·索拉里此时正在为公司的欧洲大陆销售谈判解决纠纷。早在 1908 年他就与土耳其政府接触，但未成功；奥邮政部长对其收到的一份详细提案不屑一顾，而海军部长的技术顾问们支持马可尼的系统，奥斯曼帝国外交部却认为德国的德律风根的系统更优越。

据 1919 年由他人代写的马可尼自传记载，1911 年的测试是在意大利驻君士坦丁堡的外交官告诉索拉里德国人正在向土耳其施压，要求他们采用德律风根系统之后进行的。当时索拉里正在里斯本，他尽快抵达奥斯曼帝国首都建议他们对 3 个系统进行实地测试：马可尼、德律风根和丹麦的"浦耳生电弧"系统（土耳其测试的官方报告中未提及浦耳生系统）。根据马可尼的说法，结果是奥斯曼帝国的亲德派军官和赞同马可尼的海军军官进行了"热烈的讨论"，在这一讨论中，新闻媒体也加入了德国人的阵营。然而，土耳其政府说服柏林接受这一挑战。

在1913年英国议会委员会的证词中马可尼对接下来发生的事给出了自己的解释。他说，在那个月早些时候，土耳其军队在10天的时间里出具了"一份招标书"，在此期间，对德律风根、浦耳生和马可尼系统进行测试检验，以便决定军队应该采用哪一种系统。马可尼1919年自传的执笔作家说，奥斯曼帝国觉得对他们的德国顾问有所亏欠，因此土耳其海军在首都订购了10个船舶电台和一座大功率发电站。正如马可尼来自战区的信件所述，奥斯曼帝国在北非使用了德律风根系统。

马可尼经常会讲述两个版本的故事以满足不同的目的。毫无疑问两者都是严肃准确的，但是每一个故事都掩盖了关键的细微差别或说明。因为马可尼系统优于德国系统，土耳其海军"决定"采用马可尼的系统，但是他们做到了吗？当然，还有一个道德问题：如果马可尼支持的意大利人在这场战争中是"正义"的一方，为什么他和他的公司准备向敌人提供战争技术呢？答案是马可尼有意利用双方。

马可尼于1911年12月6日完成了他的试验，但由于1万名土耳其士兵在距离托布鲁克5英里（约8.05千米）的地方安营驻扎的行动，船只不能离开托布鲁克。在意大利骑兵和炮兵增援部队抵达几天后，"比萨"号终于得以驶离托布鲁克。船上一行人于12日到达德尔纳，13日到达班加西，15日早上到达的黎波里。所有上述站点均使用无线电通信相互联系，而且结果表明马可尼似乎总是能先于战争一步。"比萨"号离开班加西的当日，土耳其部队对这个城市进行了大规模的袭击，12月22日凯末尔率领军队重新夺回托布鲁克。

马可尼从利比亚前线写给艾萨克斯、比阿特丽斯和安妮的书信内容是他写过最生动、描述最细致的文字了。不同于他一贯简短的笔记、电报、他为人熟知的个性以及工作过程中对天气和个人健康状况的报告，来自北非的书信表现出他对潜在的危险和与外国人接触的恐惧。书信中还描绘了一个令人难忘的沙漠战争图景，虽然不完全像 T. E. 劳伦斯所著的《智慧的七柱》中描述的那样，但也算引人入胜："我由一匹马护送登陆，目睹了前哨发生的一两次小冲突……武装部队的安置工作做得极好，士兵们的健康和精神都处于最好的状态。现在有超过 10 万人在的黎波里、班加西和德尔纳或附近地区登陆。但如果被强加太多的约束，他们就会抱怨。"

马可尼东方式的狂热再次显现出来。"土耳其人和阿拉伯人似乎在这里没怎么开发建设，如果自流井系统在这一大片土地上成功建成，那么资源就可以转变成利益。"他对现代枪支的精确性尤为着迷。"战争中，我看到的最有趣的景象是我方和土耳其其他派遣军舰在晚上进行的炮击，我从未见过如描述中那样的景象。"此外，像南非和日俄战争中一样，马可尼和德国的技术形成对立。"昨天我访问了被这艘船摧毁在德尔纳的德律风根实验站遗址……几天之后……海军上将通过无线电用法语告知运营商，如果他们希望全身而退，最好的方式就是在炮轰前 10 分钟之内离开无线电站。他们毫不犹豫地关了门。"马可尼在致比阿特丽斯的一封信中写道：

> 我在的黎波里忙于新的信号编排，我正在将其应用于试验站。正如你所知，我尝试在沙漠的地面上排布天线，目前似乎一切顺利。能够在没有柱子和桅杆的情况下做到这样，是一个很大的进步。因为这些都很难随身携带，而且会向敌人暴露自己的位置。

> 似乎有约 1 万名土耳其人和阿拉伯人携带着 18 条枪在这附近活动。其中有些人偶尔在晚上向我们的前哨开火，但是没有任何真正的武装对抗。昨天有几个阿拉伯人骑着马出现在离我们抛锚的地方很近的小山上，我们立即用舰炮向他们开火。在他们撤退之前，他们用毛瑟步枪向我们开了几枪，但因距离太远，没有对我们造成伤害。

> 这天早上有 60 多人向我们逼近，并设法成功进入了我们和前哨之间的位置，但很快就被我们追赶上了。

> 我身体健康、精力充沛，还碰到了皮波（菲力波）·坎佩里奥（他的童年伙伴朱利奥的哥哥）。这一整片地方只有一个女人——她是个阿拉伯老人。我们有一个装备精良的医务船，但船上没有护士或医生。他们说他们不得不把他们送走，因为他们没有伤员可救治，无事可做，只会与官员们肆无忌惮地打情骂俏。

> 我们有 6 架飞机，而我正在学习关于这些飞机的知识。我可以去任何地方做任何我喜欢的事情，就好像我是一名将军或海军上将一般。

如果你也在这里，也会体会到这样的乐趣。军官、士兵和水手是如此热诚而令人感到亲切的人，他们十分热心，用一种完美的方式一起工作。他们似乎永远不会疲倦。他们白天搬运枪支和物资，又整夜垂钓。正如我告诉你的，我们能在船边捕获又新鲜又好的鲷鱼。

文献中没有过多地提到这个地方，因为这里不允许任何记者进入，鱼雷船不断阻止距离这里很近的埃及亚历山大港的船舶驶进或驶出。埃及人似乎正在尽全力帮助土耳其人。我想知道英国海军部队如何看待亚历山大港被意大利阻挡这件事。

看到士兵和水手们做好准备是件好事，所有人都满怀热情并渴望
16　　每次听到警报后集合上前线。

对于一个很少抱怨并且能对抱怨自我舒解的人，这是马可尼写给妻子最具话题性的信件了，而且这也是一部稀有的意大利-土耳其战争编年史。对于马可尼来说，这场战争很短暂并且令人振奋。他有爱国的义务，针对他的德国对手，又对自己进行了重新定位，同时，他还培养了摄影这个新的爱好。他也随同侦
17　察多次乘军用飞机飞行。他甚至有时间给他的母亲写一封冗长的慰问信，并寄
18　了一张明信片给他身处爱尔兰、对他忠心耿耿的助理乔治·坎普。

意大利入侵利比亚是分裂奥斯曼帝国的第一步（这将是未来12年几乎不间断战争的原因）。土耳其司令部听从德国顾问建议；意大利人则摸准了中立的英国人和法国人的立场。现代战争的范围也正在设定之中。20世纪的军事应用技术首次在战争环境下进行了试验。例如，飞机和飞船第一次在战争中使用；意大利飞行员第一次在敌后执行战时侦察任务，并投放了第一枚空投炸弹。航空和无线电是局势观察家们所关注的两个领域，英国《泰晤士报》警告说，"意大利
19　在无线电领域比我们更加先进"。意大利在无线电战役的成功令英国和德国信服，并决定开始大力投资开发新技术。

到1912年中期，利比亚战争已经陷入僵局。意大利控制了海上局势，但地面军队被围困在7个沿海区域，最大规模的军队被围困在的黎波里。战争蔓延到地中海的其他地区，黎巴嫩和12个土耳其爱琴海岛屿（后被称为多德卡尼斯群岛）。1912年10月，巴尔干联盟的4个国家（希腊、塞尔维亚、保加利亚和黑
20　山共和国）在奥斯曼开辟了另一个阵线，土耳其向意大利求和。

这些对马可尼公司来说全是好消息。巴尔干战争开始后不久，他们在罗马收到塞尔维亚总理的电报，请求索拉里尽快到贝尔格莱德去。在他到达 4 天后骑马前往位于库马诺沃的前线，检查电报站情况。马可尼由别人代写的回忆录中写道："仪器旁边始终放着一杯满满的咖啡，一本翻开的法国小说，小说中描写的是艰苦的库马诺沃战斗已经旷日持久，但在短距离内并没有扰乱到土耳其电报员的工作。"索拉里帮助塞尔维亚人建起了一个装在手推车上的移动无线电通信网络，这一网络的建立十分成功，以至于当战争结束后，贝尔格莱德专门订购了一个更强大的马可尼无线电站以与索非亚、罗马、萨洛尼卡和雅典进行联络。然而，在建成之前，第一次世界大战爆发了。就如之前发生的战争中那样，1912 年，马可尼公司为巴尔干战争中的交战双方均提供了设备。 21 22

1912 年 10 月 18 日，《乌契条约》（又称《洛桑第一条约》）的签订结束了意大利和土耳其的战争。条约签订后，土耳其军队立即从利比亚撤军，并继续忠于苏丹的执政当局。作为当地唯一的常规军事力量，意大利得以扩大其占领区，阿拉伯人则持续在奥斯曼帝国的鼓励下与意大利军队对抗。

随着战争的进行，意大利-土耳其战争成为一个次要的冲突。这似乎对意大利而言是轻而易举的胜利，凸显了奥斯曼帝国软弱的状态并激发了巴尔干民族主义思潮，这在第一次世界大战前夕的影响更为明显。但战争在财政上的影响对意大利是毁灭性的，这使焦利蒂突然意识到，战争将造成未来 10 年的不稳定，并促使意大利政治激进化。后来，墨索里尼独裁势力崛起。随着第一次世界大战的爆发，利比亚成了一个相对边缘化的竞技场，意大利继续其殖民行动。到了 20 世纪 30 年代，由于移民、饥荒和战争，这里的人口减少了一半。1950 年利比亚人口与 1911 年一样，共 150 万人。

对这场战争的狂热逐渐褪去后，马可尼对新闻报道中"意大利军队所谓的残酷行为"感到不安，他认为这些报道是"完全并且绝对是假的……""我绝对相信那些指控意大利士兵的暴虐行径自始至终都是无根据的。"他饱含正义且愤慨地写道。然而，这是一场短暂而又肮脏的战争。没人彻底确认过暴行的程度，但至少有一位评论员对此有不同的看法。"意大利已经'赢'得了战争……一场典型的殖民地战争，一次对文明的血洗，一场在'最新武器'帮助下对阿拉伯人进行的大屠杀。"列宁在《真理报》中如是写道。 23 24

＊ ＊ ＊

马可尼在 1912 年初回到英国，并再次搬家。1912 年 2 月 26 日，伦敦《泰晤士报》中的一条短消息说，马可尼已经付了租金，搬了新家，就在伊戈尔赫斯特，汉普郡海岸最美丽的地方之一。当时他的朋友皮波·坎佩里奥建议他在乡间找一个住处，说这可能有助于缓解他们紧张的婚姻关系。随后，马可尼租了伊戈尔赫斯特。比阿特丽斯在距离伯恩茅斯不远，南安普敦南部的索伦特岸边的福莱找到了"浪漫而又不切实际的房子"（根据戴格娜所说，她在那里度过了童年的一段时光）。私人司机驾驶着马可尼这辆乘坐舒适的劳斯莱斯新车从伦敦市中心到这里有 1 小时车程。这是马可尼留恋的地方，这里距离他第一个实验站的车程很短，而且几乎可以看到怀特岛。

正如戴格娜所描述的那样，这所房子长而宽，房子的主体是单层建筑，但两侧是双层八角形翼楼，顶部采用"一代哥特式建筑师们为之痴迷的雉堞状屋顶"。由夹竹桃和杜鹃花围绕的长车道两侧是草坪，除非在英国乡村，这样的设施环境是不可想象的。孔雀在草地上闲逛着，直到比阿特丽斯出于迷信禁止它们再出现。根据汉普郡县理事会记载，维多利亚女王在怀特岛边选择奥斯本宫之前曾考虑选择伊戈尔赫斯特作为其夏季行宫。

在 18 世纪的房屋中，最古怪且最具历史特色的当属勒特雷尔塔。这是位于水岸边的 6 层角塔结构，一个如此奇怪的建筑至今仍被当地人称为"笨东西"。这座塔建于 1780 年前后，是因为议会议员坦普尔·西蒙·勒特雷尔说在英格兰南海岸存在走私交易。在这里的确可以从塔顶看到从南安普敦出发横渡大西洋的船只经过这里，戴格娜和她母亲在 1912 年 4 月 10 日这天的确有可能向一艘名为"泰坦尼克"的邮轮挥手致意。

虽然马可尼自己很少住在那里，但他对伊戈尔赫斯特足够重视，因为可以从邮政部门获取无线电报实测及在塔里安装一个实验室和小型发射器的许可证。但家人从来不知道何时能见到他，觉得合适时（或为了维护他和比阿特丽斯的关系时），他会从伦敦开车过来。他经常会带着乔治·坎普或其他工作人员在家继续针对当下面临的任何问题进行讨论。根据戴格娜所说，无论他们何时看到他，他看上去都很疲惫，或者十分烦躁，对比阿特丽斯越发冷淡、疏远；总而言之就是苦不堪言。为了掩饰他们的不幸福，马可尼会在家里与普通客人聚会，主要包括他的朋友，像皮波·坎佩里奥、意大利使节古列尔莫·因佩里亚利以及艾萨克斯的兄弟、戈弗雷和鲁弗斯。

戴格娜描述了这一时期她父母的关系，如暴风雨凛冽，因猜忌嫉妒而心存隔阂，尤其是马可尼。他表现出一系列明显的不快，对于出轨偷情几乎毫不掩饰。在伦敦，马可尼和贝亚的姐姐莫伊拉·赫维·巴瑟斯特在斯隆广场共同住在一个临时住所。莫伊拉·赫维·巴瑟斯特是一位舞台设计师，并把她在戏剧圈子里的熟人介绍给马可尼。不出国时，马可尼大部分时间都住在伦敦，但他与莫伊拉共处的时间比陪伴比阿特丽斯的时间还长。他使自己陷入混乱又轻浮的男女关系中。相比马可尼对婚姻的不忠，比阿特丽斯认为他轻浮的行为更使她感到心烦意乱。

马可尼走到哪都会留下爱情生活的痕迹。例如，在给伦敦的一个身份不明的情人的一封不知日期的信件草稿中，他用克里夫登站的信纸，以墨水手写，用铅笔修正、添加，他写道："我最亲爱的朋友，今天没有邮递员来，所以我不能写。我会尽早寄出这封信的……"这些事几乎不是秘密，有一次他迟到几个小时，比阿特丽斯会"想象着我被车撞了或与你在一起。在她的眼里任何事只会更糟，我从来没有见过她这么的沮丧不安——也许是本能——她或许还不知道——我没有否认——但没告诉她什么——但她知道"。他的情绪在内疚与矛盾之间摇摆不定。"她令我感到羞愧。"他写道。

尽管四处拈花惹草，但马可尼给比阿特丽斯的信中也满是爱意。比阿特丽斯写于1950年的回忆录中描绘了这种关系的微妙差别。马可尼并不冷漠，他肯定会因为失去她而不安，他试图让她觉得她会喜欢和他在一起，表现出他生活扭曲的一面以及他正在经历的事情。简而言之，他想要让她以某种方式爱他，但可惜我们没有看到比阿特丽斯对此有更多的回应。

＊ ＊ ＊

如今，艾萨克斯指挥公司持续运转，马可尼与他最初的合作者仍然有一些业务未完成，他的表哥亨利·詹姆森·戴维斯于1911年12月写信给他，而他当时身在北非。戴维斯首先祝贺马可尼公司最近在财务方面所取得的成功，但他很快就挑明了写信的用意：他想入股。戴维斯曾为了救急，到公司填补库斯伯特·霍尔被迫离开的空缺，结果造成自己的生意被疏忽蒙受损失。"我相信你是认可我在十分紧急的关头代表公司所做的努力的，现在是时候了。"他把信留在了那里，祝愿马可尼和他的家人度过一个幸福的圣诞节，公司能继续繁荣，然后以他惯常的"你亲爱的表哥"落款。

马可尼收到信后又过了一段时间才最终决定把信交给曾由戴维斯一手创立的公司董事会。1912年8月6日，马可尼回信告诉戴维斯，自己没能在董事会同意对他进行补偿，但他本人会寄一张支票过去。他还说两人自上次分开再未见过很遗憾。戴维斯回信说，他不明白为什么事情不能由公司直接解决，但不反对接受马可尼个人提供的支票。至于相见，他说："只要我们在同一个地方，随便哪个晚上我都愿意与你见面。"

马可尼立即给戴维斯汇了500英镑。想到戴维斯过去15年对马可尼公司走向成功中所做的贡献，这简直是一个少得荒谬的数额。戴维斯回应说，他不能接受"道义或法律上的补偿"。他建议马可尼让他入5 000股并且给他2 000到3 000英镑的现金，还提起当时弗拉德-佩奇加入公司做总经理时就收到了3 000英镑的股票加2 000英镑的年薪，而且霍尔年薪为1 500英镑，当他离开公司时还收到了1万股的股票。"我认为我的要求非常合理，尤其是我在公司需要募集资金时做出了努力，而且直到公司运转良好，我都没有要求得到当初允诺的报酬。"

马可尼在1912年9月20日的回信中显然拒绝接受戴维斯的提议（马可尼的这封信丢失了）。9月27日，戴维斯最后一次写信给马可尼，用满满6页纸重述了公司的历史以及他在公司发展中起到的作用："看到你写的信，很遗憾，你的记忆力太差了……我付出很多努力让所有人都相信，或者开始对您的发明感兴趣。你知道我在公寓待了多久才将它变成了一个无线电报展示室……我从一开始就对一切都尽职尽责，如果当初什么都没有发生，我所有的时间和金钱就会化为乌有。"他回忆了马可尼如何实现"通过邮政总局落户英国"的想法，及他的投资者如何不希望马可尼得到15 000英镑加公司一半股本的。"你会记得公司成立后，董事会急于将所拥有的发明迅速转为盈利，而对产生的任何费用表示不满时……我尽了最大努力说服董事会相信除了无线电报这个概念之外还有更大更多可探索的空间，而这样做既节省成本又可以快速获得利润。"他自己认购了公司最初的股份，拿出25 000英镑作为流动资金，还为了获取国外的专利自掏腰包。

公司股价在戴维斯的管理下上翻了 7 倍，达到了 7.25 英镑。当他辞去总经理职位时，他想卖掉股票并离开公司，但马可尼和董事会向他施压，要求他留任并继续持股。马可尼后来答应送他一个实质性的礼物，他也确实有能力这样做。戴维斯写道，除了他在公司成立上投入的钱，没有其他费用要求，而且"这实际上是你自己的事情，你持有一半的股份"。现在，尽管他情绪激动，"我很抱歉由我提出任何要求，但都有根据，都将成为法律诉讼的主体……因此我接受这 500 英镑做个了结。信的落款不再是马可尼"亲爱的表哥"，而是以更正式的商业风格落款"你忠实的……"。

这是关于这件事的最后一句话。马可尼和戴维斯都没有对对方做出任何新的举动，而且他们极少再碰面，除了在一两个社交场合上。戴维斯与马可尼的家人仍十分亲近，但总是在马可尼本人不在又出现紧急情况时出现。

* * *

马可尼在通常情况下可能会给戴维斯回信，但他也有一个很好的借口保持沉默。戴维斯写信的两天前马可尼遭遇了重大的生活变故。马可尼和比阿特丽斯于 1912 年 9 月前往大利旅行，表面上是为了参加在科尔塔诺的大功率远距离站点的落成启动仪式，实际上同样是出于皮波·坎佩里奥的建议，他认为假期会有助于缓和他们紧张的婚姻关系。他们决定开车去。9 月 23 日他们在比萨见到了索拉里；次日，一行人抵达了科尔塔诺，与国王和王后位于圣罗索雷的宫殿共进午餐之前，马可尼为他们展示了如何向格雷斯湾和马萨瓦远距离传输信号。

39

1912 年 9 月 25 日，星期二。上午马可尼和比阿特丽斯、司机和秘书驱车 80 英里（约 128.7 千米）开往热那亚，他们将在那里见到索拉里，之前索拉里已经坐火车先走了。这是美好的一天，尽管该地区因山谷狭窄难走而广为人知，但非常喜欢开车的马可尼仍坚持要自己开他那辆 50 马力、为速度而生的新菲亚特，因为他喜欢尽他所能去做任何事。比阿特丽斯坐在副驾驶位置，其他人则坐在后座。当他们通过拉斯佩齐亚附近博尔盖托迪瓦拉的村庄时，在一个被称为布拉科的上坡地方，道路坡陡弯急，汽车撞向迎面驶来的外籍商人安特诺雷·贝尔特拉姆的车（他和自己的家人从阿根廷到这里游玩，过去 30 年来他都住在阿根廷）。那时是中午 12 点 30 分。

一辆皇家海军救护车几乎立即到了现场。秘书的肩膀脱臼。比阿特丽斯和司机都还好。但马可尼受了重伤，他的右眼球被一片玻璃碎片刺穿，不得不忍受着难以忍受的痛苦。贝尔特拉姆受了伤而且车全毁了，他告诉记者，"我宁愿死或双腿被轧断，也不愿这场均无过错事故的受害者是我们都非常钦佩的马可尼阁下。"马可尼被送到拉斯佩齐亚的军事医院，在医生会诊治疗方案期间，他仍然非常痛苦，有时根本看不见任何东西。最后，一名维也纳专家恩斯特·福斯诊断认定马可尼另一只好眼睛的视力将因受伤眼球的牵累而下降，建议摘除已受损伤的眼球。

比阿特丽斯留在马可尼的身边，在他经历痛苦时照顾他。当损伤的眼球被摘除 10 天后医生解下了绷带，马可尼什么都看不到。还是一如往常务实的作风，他开始规划失明后的生活，比如在格里夫尼庄园督导他的助手进行研究。但他的视神经很快康复，左眼的视力恢复了。他戴上一个轻快的黑眼罩，直到来自穆拉诺岛的一名精通玻璃装置的工人为他制作了一只玻璃义眼。11 月底，在威尼斯装上新义眼的马可尼回到了伦敦。很快他又开上了车。

索拉里在车祸发生后写道，马可尼原本年轻的心性变了。他似乎在"身体和道德上都老了"，比以往任何时候都心情低落，而工作成了他唯一的逃避方式。然而，虽然玻璃义眼变成了一个麻烦，为他的余生带来了很多问题，但他很乐意用一个时髦的单片眼镜代替老花镜。在伦敦和威斯巴登尝试寻找医生无果后，他最终在巴黎找到了心仪的医生，每次都会去拜访。戴格娜写道，多年之后她才察觉父亲有一只人造眼球。在照片中通常是看不出来的，但它有时会让马可尼做出令人侧目、僵尸般的表情，那时的他似乎正茫然地凝视着太空。奇怪的是，这是从最初到现在一直跟随他的表情。在 1897 年 12 月格拉斯哥的《新闻晚报》中发表的一张早期马可尼素描中，他的右眼诡异地不见了。

第 20 章　无线电与灾难

随着戈弗雷·艾萨克斯的到来，马可尼公司逐步开始实施全球至上的新举措，将公司经营与英国的外交和殖民政策联系得更为紧密，并且推广"帝国无线电链"无线电站的理念。艾萨克斯最初的行动之一是在加入公司短短两个月后的1910 年 3 月向英国殖民地办事处提出一个大胆的建议，建议他们授权马可尼将大英帝国与无线电站网络连接在一起，而公司的建立、维护和操作均由该公司自费完成。我们不清楚这最初是谁的主意，但是就计划的构想而言，政府当然是接受艾萨克斯的建议。

公司的这项计划筹谋已久，但是没有这么简明、清晰地表述出来。公司在其提案中写道"我们不要求任何补贴"，只是做出了一个爱国主义的提案。帝国无线电台网络链包括 18 个无线电站，覆盖 1 000 至 2 000 英里（1 609～3 219 千米）的距离，可以环绕世界。马可尼已经表明，他的系统可以很轻松地覆盖这个距离范围。值得高兴的是每个无线电站都将在英国的领土之上，这些无线电站将在和平时期开展商业运作，也可以在战争时期移交政府（就像有线电视公司拥有电视台一样）。该提案旨在破坏德国对英国通信领先地位的挑战。然而，该提案的内容一经公布，德国政府也决定建立连接其殖民地的无线电网络链。

在马可尼的商业计划中，这个计划是更宏伟抱负中的关键部分。就公司而言，其目标是创建一个全球通信网络。但最大的障碍是德国为竞争企业提供高水准的政治支持，即"德律风根墙"。马可尼将目标放在国外，更多的是尝试在国外建立自己的无线电站，如西班牙和葡萄牙。德律风根开出了比马可尼公司更低的价格（因为德国政府悄悄地对其进行补贴），因而获得合同，马可尼公司的发展则停滞不前。据说，德律风根的报价低于马可尼，甚至导致一些英国幕僚也在考虑与其签订合同。另一方面，考虑到政治环境，整个政府都认为这对英国而言是一个过分的替代方案，尤其是考虑到德国正在进行海军重整军备

6 行动。

对马可尼公司而言,最简单、最高效、利润最大化的发展方式是与英国成为合作伙伴关系。然而,无论如何,马可尼公司都要以某种方式建立一个全球网络。马可尼说"这是一项大事业,虽然英国政府只关心在自己的领土建立起无
7 线电站,但马可尼公司要在无线电报可以盈利的所有国家建立起他们的无线电站"。马可尼公司总经理回应称,这一直都是公司的目标,公司与任何人的业务都是开放的。艾萨克斯随后说:"我打算建立这些无线电站,并为世界各地服务……如果可以的话,我想要在英国领土上完成这个计划,我正准备这样做,
8 但如果我不能在英国领土上完成,那我就应该在外国的土地上完成这个想法。"在这一方面,马可尼公司的企业战略和马可尼的个人理念是相同的:在一切可能的地方布局,将利益放在第一位。这也是马可尼作为世界主义者的愿景:无线电应该服务于整个世界,而不是某个特定国家的利益。(他唯一一次违背这一立场是和意大利有关。)

但是,他必须弄清楚如何应对德国人。毕竟,德国政府正试图连接全球无线电系统以破坏马可尼在 1906 年形成的垄断,这个说法成功地获得了国际支持。在艾萨克斯领导下的新管理层也开始思考这个问题,于是,一个新的战略应运而生:马可尼公司将利用其在英国、意大利的特权地位以及国际公司的协调配合继续维系公司在无线电通信领域的主导地位。

1906 年 9 月,德国在毗邻柏林的瑙恩开设了大功率远距离无线电站,展示了德国的决心和德律风根的实力。他们打算将瑙恩的无线电站打造成一个最先进的无线电传输及实验站。柏林会议召开期间,出席会议的 27 个国家的代表受
9 邀见证了瑙恩无线电站与圣彼得堡[相距 1 085 英里(约 1 746.1 千米)]建立无线
10 电报连接。1907 年 4 月 3 日,瑙恩无线电站向远在 1 600 英里(约 2 575 千米)外,正在大西洋里斯本附近航行的德国巡洋舰发送信息。但这一成绩仍然低于马可尼标准。马可尼当时已在克利夫登和格雷斯湾之间进行定期的、常规化的沟通,两地距离达到 2 250 英里(约 3 621 千米)。但 1910 年 5 月 27 日,瑙恩无
11 线电站成功地向 3 125 英里(约 5 029.2 千米)外,正驶向纽约的波斯尼亚舰传送了一份电报。现在德国才真正加入了这场竞赛。

马可尼开始考虑与德律风根达成合作协议。1908 年至 1910 年间,公司档案

中这段时期的资料都是关于如何应对德国竞争对手的各种方案，及战略性讨论的记录。马可尼的表兄詹姆森提出了一个合并项目。马可尼领取了与德律风根经理费迪南德·布劳恩共同获得的诺贝尔奖后，（虽然马可尼和布劳恩在无线电发展方面所做的贡献明显不同等，但共享诺贝尔奖在某种程度上反映了当时的新型企业环境以及由两家公司共享的全球市场。）在回家的路上顺便与格奥尔格·冯·阿尔科见了一面。马可尼公司要求公司的科学顾问詹姆斯·安布罗斯·弗莱明研究一下布劳恩的专利，以便就侵权诉讼和反诉讼提供建议。

接着，1911 年 1 月，突然间，令商业和金融界为之振奋的是一家由总部位于布鲁塞尔的马可尼公司子公司因其德国专利而获得许可成立，它经营的无线电报公司与德律风根共同拥有的新公司成立了。马可尼和冯·阿尔科（后来成为第一次世界大战期间著名的和平主义者）共同担任新公司的董事，该公司后被称为德国无线电报经营公司（DEBEG），最初公司业务仅限于德国商船航运业的服务。这个交易是马可尼和德律风根为消除两家公司之间的直接竞争而采取的系列行动的第一步。到 1912 年 11 月，两家公司均宣布撤销所有未经裁决的专利诉讼。在像美国和法国这种还有其他竞争对手存在的国家，两家公司同意互相协作，互相尊重各自的专利权。

这份协议是艾萨克斯和德律风根公司总经理汉斯·布雷多经过激烈谈判达成的。布雷多是德律风根公司的行政主管，也是公司的组织者，并非科学家或技术专家出身（从某种意义上讲，他在德律风根的位置相当于马可尼公司的艾萨克斯）。1913 年 3 月 6 日，一份更为详尽且国际化的协议出炉。协议原件是用法语写的，装订在一个深红色皮质文件夹里。这份协议基本上把全球的无线电市场分给了这两大（今天我们称为远程通信）巨头，给他们各自的专利都赋予了权利。马可尼公司保留了英国和意大利的无线电市场，德律风根保留了德国、奥地利和匈牙利的无线电市场，在以上这些国家双方将不会竞争。两家公司同意美国和法国不受协议约束；在其他主要的市场，他们将继续跟美国和法国强大的一流公司竞争。在其余国家，马可尼公司和德律风根将会根据当地情况合作，在必要的时候建立共同所有的子公司。有时候，有的地方（比如在奥斯曼土耳其）的政治情况也会促成双方的合理竞争，或者至少双方不会相互阻碍。马可尼公司很快就在土耳其、罗马尼亚、希腊和葡萄牙拿到了新的合约。马可尼公司

12

13

14

15

16

17

18

和德律风根之间的竞争因此有效地终止了，但是就像艾萨克斯后来说的："两家公司显然还是在竞争……没有人知道这个协议……除了两家公司的董事没有人知道任何确切的协议。"这份为期10年的协议应该持续到1922年，事实也确实如此。1914年至1918年间的世界大战反映了最初的无线电之战，但是当战争结束的时候，马可尼公司和德律风根还是能够重启他们之间的合作的，尽管这种情况从来都没有出现。

* * *

建立大英帝国无线电版图的想法反反复复持续了一年时间，直到1911年3月，英国议会的一个理事会指出有必要建立一个覆盖全帝国的无线电系统。紧随而来的就是马可尼和德律风根的联盟合作。1911年5月和6月，在伦敦召开的帝国会议就讨论了以上事宜，并于1911年6月1日通过了一项决议，决定支持建立一个无线电网络链，但并没有明确说明网络链的所有权和经营权。同年6月20日，艾萨克斯向委员会报告称他已经和马可尼先生"共同协商"（马可尼并没有与会）向政府提交了"一份让无线电覆盖联通全英国所有属地的计划，并且请求英国政府允许他们建立并运行必要的无线电电台"。

1911年秋，英邮政部门和马可尼无线电公司进行了协商。由于政府在这次和谈中保持了适当的沉默，马可尼公司尽最大可能地宣传了自己，并很快引发了一场影响到股市的社会大众投机浪潮。股价开始稳定上扬，到1912年初已经涨到了几个月前的5倍。1912年2月1日，《纽约时报》以最权威的名义（按照1912年初生效的横跨大西洋无线电公司和报社之间的协议规定，消息是通过无线电信号以急件形式发送到报社的）报道称双方谈判已经结束，一个崭新的"都在大英帝国版图内的"（"All Red"）无线电系统（按照美国人的叫法）将会很快出现。一位匿名记者报道称，"今天我见到了马可尼先生，他谦虚地否定了别人把他看作是该项计划代言人的看法。"

这场讨论中的一个关键人物是邮政部门的秘书长马修·南森。南森告诉艾萨克斯，政府是希望这个公司为政府所有的，并提出由马可尼公司建立信号电台，除了享受固定份额收益之外另加毛利的10%。尽管这对马可尼来说看似一个更明确的商业协定，但真正的区别是如果这样做的话，这些信号电台将会属于政府。最终，公司同意并提交了一份投标书，并于1912年3月7日被邮政部门接受。马可尼公司将会以每座 6 万英镑的价格建造 6 座电台，并以每年毛收入的 10% 作为技术使用费，连续收费 28 年。公司立即给股东们写信告诉他们提议被接受了（但信中也同时提到这仍然需要议会的批准），英国和美国的马可尼公司股价又开始上扬。第二天，艾萨克斯告诉在伦敦的《纽约时报》记者："邮政部门长官给我们的通知标志着环大英帝国建造一系列无线电信号电台迈出了第一步。"他还说，合作条款对公司来说"非常令人满意"。

　　马可尼仅仅是间接参与了这场谈判，而且主要是由艾萨克斯引导的。艾萨克斯让他一直对事态保持完全知情，但后来马可尼称"我个人从未积极参与这次谈判，或者写过任何促成与邮政部门协议的信件。但在这次谈判期间，不管何时，我在英国多次就谈判主题与戈弗雷·艾萨克斯先生和英国公司的主管们展开讨论"。马可尼这周大部分的时间都在他的克利夫登电台为促成协议做准备。

　　尽管伦敦的一切都在正常进行，并且环绕不列颠群岛也建造了不少电台，但马可尼在加拿大和美国仍然有很多急事需要处理。目前为止他已经横渡大西洋四十多次了，并且是很受跨大西洋客轮业欢迎的乘客。客轮业很喜欢这位乘客，以至于 1912 年初白星公司邀请他和比阿特丽斯成为公司新旗舰"泰坦尼克号"处女航的贵宾。马可尼并不想等泰坦尼克号启航，因为首航的时间定在 4 月。在邮政部门接受公司建议书的第三天，也就是 1912 年的 3 月 9 日，马可尼和艾萨克斯就搭乘卢西塔尼亚号客轮去了纽约。和往常一样，马可尼利用这次远洋横渡对他的信号电台进行测试，也利用过往的轮船做实验，并且学习一两件将会有用处的事情。他觉得这次旅程时机恰好又舒适惬意，并在一封从船上写给比阿特丽斯的信中调侃道："这次在船上的生活比以往都要平静得多。船上几乎没有可以调戏的女孩子。"（比阿特丽斯本来打算一起搭乘泰坦尼克号的，但是在最后 1 秒钟取消了决定，因为他们两岁的孩子朱利奥发高烧了。）

　　马可尼这次旅行的主要目的是处理好拖延了很久的与无线电联合公司（UWTC）的官司。他为这次出庭做了细致的准备，用日记本、笔记本还有其他文件等来证明和追溯自己发明的起源。在这场官司中，他安排乔治·坎普把日记本送到纽约，并且让他把练习本也随身带着。这个练习本上记录了他们 1896 年在邮政部门所做的第一批实验的细节。

　　UWTC 是美国德-弗雷斯特无线电公司的继任者，德-弗雷斯特公司于 1906

31 年破产倒闭，就在输给马可尼的由汤森裁决的官司不久之后。福莱斯特公司的资产由股票推销员亚伯拉罕·怀特接管。1907 年 2 月，怀特在把这家新公司卖给一个更籍籍无名的推销员之前，曾以克里斯多夫·哥伦比亚·威尔逊的名义高调地宣布了一个伪造的并购马可尼公司的消息。到了 1910 年，UWTC 已经是美国最大的无线电公司了，拥有七十多座陆地电台和四百多座船载电台。但是公司的管理者们好像对股市欺诈比对经营公司更感兴趣。1910 年 6 月，美国政府以邮件诈骗罪起诉了 7 位 UWTC 公司高管的其中 5 位，包括威尔逊，被判有罪并被投进监狱①。UWTC 宣布破产，并于 1911 年 7 月进入破产管理程序；接着马可尼公司以专利侵权为由起诉了 UWTC，在认领 UWTC 公司资产的同时也有意再次维护他的专利的权威地位。这是一个妙招。这个官司定在 1912 年 3 月

32 开庭。

　　1912 年 3 月 15 日，马可尼到达纽约，《纽约时报》适时地报道了此事，报社外派记者在卢西塔尼亚号抵达纽约港时采访了马可尼。他带着有点不屑的神态评论了即将判决的官司。"很多年前，我们不得不与德-弗雷斯特公司就侵犯我们专利的事情作斗争，而且我们赢得了这场官司。后来美国的无线电公司发展得像是浴火的凤凰一般，现在我们不得不把与原来相同的商业业务再重新做一遍。"报社也简短地采访了艾萨克斯，提到了他是英国司法部长的弟弟。这是艾

33 萨克斯第一次到美国，由他的儿子马塞尔陪同来的。马塞尔是剑桥大学的学生。

　　到达纽约的当天晚上，马可尼和他纽约的律师们出去吃晚饭，碰巧遇见了自己之前的未婚妻伊内兹·米霍兰德跟另外一位女士和两位男士在邻近的桌子吃饭。马可尼和伊内兹以及她的家人都还是朋友，而且显然，他在给比阿特丽斯的信中提到与伊内兹相遇时是很坦然的："一看到她我就过去跟她问好了，她看起来还是楚楚动人。第二天她来和我一起吃午饭，一见面就立刻批评我前一天晚上看见她的时候表现得太僵硬，站姿显得我们的关系那么疏远。她说她告诉自己的朋友们我是她最好的朋友之一，她还说朋友们说看我对她的表现根本

34 看不出来我们是好朋友。"据说，在这之前马可尼就很难对自己喜欢过的但是很

---

①威尔逊当时已经 65 岁了，被控告那天正和自己年仅 18 岁的秘书举办婚礼，这在当时广为人知。1912 年 8 月 26 日，他在狱中去世。

久没见面的人保持热情。

1912 年，26 岁的伊内兹是纽约主要几位女权活动家之一。作为格林尼治村波西米亚圈子里一位颇为引人注目的人物，伊内兹在 1909 年和 1910 年支持三角内衣厂罢工者的游行示威活动中被逮捕了两次，并且和激进派记者麦克斯·伊斯曼谈了一段时间恋爱，麦克斯很快成了《大众报》的记者。作为美国妇女投票权最有说服力和最有行动力的拥护者之一，伊内兹于 1911 年的 5 月在纽约第五大道组织了一场 3 000 名妇女参加的争取女性投票权的游行（并且 1912 年和 1913 年也组织了游行）。她同时也在学习法律。据伊内兹的传记作者称，她很轻松地从一位社交名媛转变成一位社会主义者。她和马可尼两人都很珍视彼此间的友谊；好像各自在彼此身上都能看到不一样的自己；他们享受彼此的名望并且只要有空就一起愉快地度过很多时光。他们之间是否存在两性关系，从来都没有清楚明白的表述。她对他的家人也有积极进步的影响，给他们介绍了前卫的蒙台梭利教育方法。马可尼的家人对此印象非常深刻，以至于在 1913 年，他们把戴格娜和朱利奥送到了博格塞庄园附近的蒙台梭利学校上学。

第二天，《纽约时报》的发行人阿道夫·S. 奥克斯设宴盛情款待马可尼。因为在此之前的 3 个月中，报社几乎所有的欧洲新闻，大概每周有 2 万字，都是通过马可尼的无线电系统接收的。这件事是使马可尼变得出名的很多轰动性的公关事件之一。公司邀请了几位英国政界名人（包括鲁弗斯·艾萨克斯先生，戈弗雷先生那位有名的哥哥）在晚宴期间发出表示祝贺的无线电信息，并安排英国邮政部门优先处理从伦敦到克利夫登的陆地信号连接，由此刷新了伦敦到纽约通信的新纪录：10 分钟！而此前最好的纪录是 55 分钟。这件事情也是精心设计的，是为了给英国邮政部门施压，让他们在终端提供更好的固网服务；从克利夫登到格雷斯湾的越洋信号连接几乎是即时的，从格雷斯湾到纽约的西部联盟电报公司的陆地信号连接也是一样。马可尼在这些场合下总是保持近乎谦逊的姿态，以此来打消潜在的批评者的疑虑，同时他又以真正的谦逊来讨好自己的支持者们。在晚宴前有人问马可尼无线电能以多快的速度发送信息，他乐观地预测说 40 分钟。报纸报道称："我们有幸生活在一个精彩绝伦的时代，但没有什么发展比机智又坚毅果敢的意大利发明家古列尔莫·马可尼把无线电技术投入商业使用更精彩的了。"

35

36

37

38

很难想象，在今天的推特、话题标签、即时信息传播以及社交媒体的大环境下能产生如此巨大的影响。在英国需要有政府的许可证才可以操作一个无线电系统，而在美国，无线电广播对任何有机械技术基础知识并且支付大概 30 美元费用购置一个 app（那个时代对无线电装备的简称）的所有人开放。非专业的（或者说业余的）操作者可以打造廉价又具有功能性的"水晶"无线电接收器，之所以叫这个名字是因为他们可以用从类似黄铁矿的矿物质中提取的一些晶体物质来锻造高质量的无线电信号探测器的触须。最有效的水晶系统之一，也被叫作双晶体（Perikon），悄无声息地宣告了我们自己的信息时代的来临：它包含了一块硅。

数以千计的非专业操作者每天晚上在无线电广播上工作，聆听着从轮船到岸上以及轮船与轮船之间的信号输送，并且把这些信号与他们的线上工作团体分享。据一位在他公寓外边的河滨路上工作的业余无线电报员称，《纽约时报》的晚餐时间"是大西洋区域以及大西洋沿岸区域所有无线电操作者交流的时间"。这位不具名的黑客还向一位记者热情地展示了他是如何把消息发送到 70 多英里（约 112.7 千米）外，又是如何接收船舶从 1 000 多英里（约 1 609.3 千米）外的海上发来的信号的。他可以用一个自制的粗糙的手摇控制杆改变频率。

到了 1912 年，美国的业余无线电报员们就通过一系列正式与非正式的网络联系在一起了，这种联系方式跟 20 世纪后期很有特色的互联网不一样。没人知道到底有多少无线电网络，但是很明显有成千上万个，而且他们都有自己的信号收集点。这些非专业的虚拟网络群体中的一个主要人物就是雨果·根斯巴克，他于 1904 年从卢森堡移民到美国，18 岁时开了一家店，在纽约市的富尔顿大街卖无线电元件。到 1905 年，根斯巴克可以卖给全美国的非专业无线电操作者们包括发射器和接收器在内的完整的无线电系统。1908 年，他创办了在接下来的 10 年将会持续发行的第一批无线电杂志中的 3 本，《现代电学》，另外两本是 1913 年的《电气科学实验者》和 1919 年的《业余无线电新闻》。1910 年，根斯巴克创建了美国无线电协会（WAOA）。随后很多当地的业余无线电俱乐部如雨后春笋般地冒了出来；其中一个还喊出了"马可尼也曾是业余工作者"的口号。很明显大多数的业余无线电报员都是男性，但是也有故事表明有一些勇敢的女性进入到了这个男人为主的世界，并且很有能力。在莫尔斯电码让位给语音之前，这些女性操作者只要愿意还是可以掩盖她们的性别的。一位女性业余无线电操作者曾这样说道："古列尔莫·马可尼先生发明了商用的无线电并不意味着女性在短期内就不可以掌握它的神秘。"据 1912 年 3 月统计，在美国已经有 40 万业余无线电操作者，不管从企业还是从政府的利益来看，这都要被当作一个问题来认真对待了。

＊＊＊

马可尼和艾萨克斯为了应对 UWTC 的官司做了充分准备，清算人提出做一个约定，因为他们认识到失掉这场官司将使 UWTC 公司彻底崩溃，就像之前的德-弗雷斯特公司一样。他们并没有很多谈判筹码，UWTC 公司已经进入破产管理，公司之前的负责人和大多数管理者都在联邦监狱，而且他们并没有辩护意向。UWTC 公司理事会与艾萨克斯商议并于 1912 年 3 月 21 日完全屈从艾萨克斯提出的条件，同意让马可尼公司以股份为交换接管 UWTC 公司的所有资产。约翰·博顿利负责将 UWTC 公司的资产并入马可尼美国公司，他说 UWTC 公司的"特色是粗枝大叶……几乎是商业史上最粗心大意的公司"。

马可尼给比阿特丽斯写信说："他们已经承认是抄袭或者盗窃了我的专利，并且他们所有的电台都将更名为马可尼电台。这将会给我们公司带来巨大利益。"马可尼还有一个和雷金纳德·费森登的案件悬而未决，"不过好像有迹象表明他也要屈服了。如果一切进展顺利的话我们将会控制美国所有的无线电台。"事实也的确像马可尼说的那样发展，尽管在公众面前马可尼优雅又谦虚，私底下马可尼还是很开心很得意这个事情的。他给家里的信件表明他过得很开心（"最近非常开心"，他写道），去参加舞会，去赴宴，去看歌剧。他见了"很多新的朋友"，他的信中充满了很多令人印象深刻的名字。那时正是歌剧全盛的时期，而马可尼已经和卡鲁索共进过午餐了。"我去赴个晚宴会有大概 6 人邀请我去其他晚宴，一个晚上接到两三个邀请并不是什么稀罕事儿。"

新闻界很青睐马可尼，尤其是《纽约时报》。1912 年 3 月 24 日，《纽约时报》以星期天的一整版特别报道了马可尼的未来计划，试图吸引马可尼的注意，但是并没有收到很大成效。马可尼说，无线电通信和无线电报技术将很快扩大到全球范围，但是当被要求特别说明他正在研究的事情的时候，他的话很难捉摸透："我的视野和我的耳朵都是开放的……我正期待着使其变成现实的发明仍然处于理论阶段，因此我并不想谈论它们。"（马可尼还说被称作"无线电通信"的语音发送过程将很快会被重新定义为"电台广播"。）

不过，一周半以后《纽约时报》发表的对马可尼的访问中，马可尼确实提到了一项新的发明："无线电指南针"。这是一种最原始的 GPS 定位系统，旨在通过一种被马可尼称作"三角定位"（如果一艘轮船向两座分散的无线电接收站发送信号，那么信号交叉的地方必然将是轮船所在的位置）的方法来帮助海上的轮船确定自己的位置。马可尼对待定的专利批准的相关细节往往是不怎么关注的，但是他找机会公开表明了自己对无线电领域的有条件的全球性法规的支持。"无线电领域不应该被规定得太死，它也很容易被规定牵制住。但是很明显它需要以某种方式被规范，一个国际化全球性的委员会将是规范管理全球无线电事务的最适合的组织。这不是哪个单独的国家可以处理好的事情，它比一个国家的事情要更重大。必须考虑到所有国家，同样，所有国家都要参与进来。"马可尼的主要目标是业余无线电电报员们，这些人过去还有点仁慈，而现在正在顽固地阻碍他的生意。矛盾的是，当政府和国际性的法规限制到马可尼自己的商业运营的时候，他是一位强有力的反对者。而现在，马可尼是最敢于发声，最高调地提倡和支持立法以规范无线电业余操作者的人之一。

关于待定的 UWTC 公司的清算工作的消息激起了流言，称马可尼的公司将会跟美国政府制订协议，这则消息也使马可尼公司在伦敦的股价有了一个新的上扬。与此同时，艾萨克斯正忙于美国公司的重组工作和美国 MWTC 计划于 4 月面世的新股价发布和新股份划分的工作。他还与西部联盟电报公司签订了一项协议，协议规定艾萨克斯及其公司可以利用西部联盟的陆地线路发送无线电信号——具体的细节在美国方面新的出价确定前将保密。在英国，马可尼公司与邮政部门签订合同的消息使得马可尼公司的股价激增，前面几个月的股票交易进行得如火如荼。在马可尼的坚决主张下，就连他一向沉稳的哥哥阿方索在 1909 年也抓住机会卖掉了他此前购买的 4 000 股；而 3 年后的现在，他有了 12 倍的收益。马可尼公司将要并购它最重要的美国对手公司的事实意味着马可尼公司在美国的股票也将会发生同样的情况。好像是在忽然之间，公司终于开始赚钱了。这要么是资本主义的疯狂运转，要么是 21 世纪互联网首次公开募股奇迹的前兆——或者两者都是。

美国公司的股份被低估了，正在以 8 折的价格被出售，艾萨克斯提议给子公司增加 600 万美元的资金。不过美国公司的董事们很紧张，他们要求母公司确保此次发行能被全部认购。马可尼坚持让艾萨克斯个人承担 140 万股份当中的 50 万，剩下部分由公司平衡。艾萨克斯赞同马可尼说的情况，开始配售伦敦和英国证券市场的股份给交易商。在艾萨克斯回到英国的时候，他还留了 10 万股份自己变卖。如果没有跟邮政部门协议的声誉，艾萨克斯是不大可能做到这些的。一年以后，一位国会议员问马可尼，艾萨克斯怎么能够在没交给公司的情况下自己独占 50 万股份，马可尼回答说："他有胆量拿这些股份，而其他人都没胆量这样做。"

艾萨克斯到美国的处女行获得了巨大成功。（"他们都认为艾萨克斯先生在那里是一位天才。"马可尼给比阿特丽斯写信说，或许带着点嫉妒吧。）1912 年 4 月 3 日，艾萨克斯启程去伦敦，马可尼启程去蒙特利尔和格雷斯湾。这就使得马可尼后来有理由声称他不知道接下来发生的事情——尽管，正如我们所见，马可尼实际上很有可能跟整件事情有关，甚至他就是艾萨克斯持股的源头。最终，马可尼自己购买了艾萨克斯美国股份的 1 万股（此时马可尼还拥有 MWTC 的大概 2.8 万股）。

马可尼待在蒙特利尔圣詹姆斯俱乐部的时候给比阿特丽斯写过信。城市和乡下都很寒冷，覆盖着白雪。远离了纽约喜气洋洋的社交生活，马可尼很想念她，这种想念让他有了很多浪漫的想法。"当我在这里旅行的时候，每样东西都让我想起你，都让我如此地思念你，想和你在一起。"去格雷斯湾的旅行波折颇多。从蒙特利尔出发的火车晚点了，在失去与悉尼的联系之后马可尼不得不短暂滞留在"可爱的克鲁罗"（新斯科舍）。当他最终到达布莱顿角的时候，港口结冰了；他说他从来没有见过这样的冰面，他能够在冰面上行走，让他发现了有趣的新事物。

与此同时，在伦敦众议院复活节休会前的最后一次会议上，邮政局长赫伯特·塞缪尔告知众议院关于他对马可尼公司的安排。提议建设的无线电电台链将同时具备军用意义和商业价值，并且将会使大英帝国在全球的无线电交流中领先于世界上其他任何一个国家。一些议员一直在强烈建议建造国有的横跨大西洋的电缆，但是被政府驳回，理由是造价太贵，在战争年代这个系统太脆弱易受破坏，而且太依赖已经过时的技术。在纽约，也有报道称马可尼在美国的公司将会扩大，因为它已经吞并了 UWTC 公司。

反观伦敦，戈弗雷·艾萨克斯在回到伦敦的第二天，也就是 1912 年的 4 月 9 日，邀请他的兄弟鲁弗斯和哈利在萨沃伊酒店共进午餐，并向他们提供即将发售的大宗美国马可尼公司的股票，这些股票正在被以高于未来发行价的价钱非正式交易着。鲁弗斯后来说他曾求证是否美国马可尼公司没有从英国的马可尼公司跟邮政部门新签订的协议之中受益。戈弗雷再次向他保证没有问题，然而鲁弗斯还是拒绝了戈弗雷的提议。拒绝之后他就离开了。哈利继续留在那里，并且同意接受戈弗雷的 5 万股(后来他又加了 6 000 股)。剩下股票的去向问题对戈弗雷来说就毫无困难了，他自己留下了 2 500 股。

在接下来的这周，当马可尼还在加拿大旅行时，美国的马可尼公司股票经历了"一次非官方的股价上扬"，尽管马可尼公司的股票还没有在证券市场交易。1912 年 4 月 11 日，美国马可尼公司的股票价格是 3 月 7 日股票价格的两倍。马可尼如今在英国和美国顺风顺水，而美国方面的问题会圆满解决。哈利·艾萨克斯现在说服他的弟弟鲁弗斯从他那里买下了 1 万股；鲁弗斯坚持按照自己意向的价格买进，后来他又坚称，他是从哈利手上买进股票而不是从戈弗雷手上买进的，这两种做法是有很不同的道德意义的。也是在那天晚上，鲁弗斯拜访了他的两位自由党同事，财政大臣大卫·劳埃德·乔治和政府部门负责人穆雷勋爵，并且以他的买进价格向他们各自提供了 1 000 股，而他们也都接受了。

与此同时，马可尼从格雷斯湾回到了纽约。当泰坦尼克号在北大西洋撞上冰山的消息传到纽约的时候，马可尼正在打理他在美国的生意。

* * *

1912 年，很少有比一次横渡大西洋的海洋之旅更奢侈的事情了，而泰坦尼克号本来就是要成为最高等级邮轮的。除了众多创新特色外，泰坦尼克号还配备了当时能达到的最先进、最高效的海上无线电通信设备。在邮轮的甲板上竖着两根 200 英尺(约 61 米)高的发射机桅杆，以此来保证不管在什么条件下，无线电的工作范围都能够达到 250 英里(约 402.34 千米)，有时甚至能达到 2 000 英里(约 3 218.7 千米)。白星公司与马可尼国际海洋通信公司(MIMCC)的联系非常标准化：马可尼公司提供设备，雇用、培训并且向操作员们支付薪水，轮船公司则提供空间、电力并且负责维护保养船上的无线电桅杆。作为一种商业优惠，对乘客的服务由 MIMCC 负责，但是有关轮船业务的消息享有被优先处理的权利。尽管马可尼的这些无线电电报员们不是船上的雇员，但是他们和船上其他普通的雇员一样，都要服从船长的管理。泰坦尼克号是配备两名无线电电报员的 50 艘横渡大西洋的轮船之一。

63

泰坦尼克号于 1912 年 4 月 2 日从它的建造地贝尔法斯特的港口出发，慢慢地驶向英国南安普敦，船上的大部分乘客都是于 4 月 10 日，星期三，在这里上船的。第二天，在法国瑟堡市和爱尔兰昆士敦（现在的科夫）接载了更多的乘客以后，泰坦尼克号向着广阔的海洋进发，满载着 2 208 位乘客和船上工作人员。4 月 14 日夜里 11 时 40 分（根据船上显示的时间），星期天，泰坦尼克号撞上了冰山，船体破了一个 300 英尺（约 91.44 米）宽的洞①。几分钟以后，船开始下沉，船长要求船上的无线电电报员杰克·菲利普斯发送遇险信号 CQD（按照马可尼无线电标准）和最近刚刚被引进使用的 SOS 求救信号。马可尼在纽芬兰开普雷斯（还有北美沿海的一些）无线电电台接收到了这些信号，当然，更重要的是在这片海域上的几艘船舶也收到了这些无线电信号。泰坦尼克号的姊妹船奥林匹克号接到了这个消息，但它远在 500 英里（约 804.7 千米）之外，距离太远帮不上忙。离泰坦尼克号最近的加利福尼亚号没有收到求救信号，因为船上唯一的无线电电报员当天晚上休班了。冠达邮轮公司的卡帕西亚号上也只有一位无线电电报员在船上，就是哈罗德·科塔姆。他正准备铺床睡觉，但是还没有关掉无线电系统，这时候他听到呼叫："撞冰山了，请求立即帮助。"紧接着发来的是泰坦尼克号的位置。泰坦尼克号一直持续呼救了 1 个多小时，直到它的信号突然终止。凌晨 2 时 20 分，泰坦尼克号沉没。卡帕西亚号疾速赶到出事地点，在黎明前后到达。它是到事发现场去接幸存者的唯一船只。705 名乘客和船上的工作人员坐上了救生艇，被从汪洋大海中解救了出来，包括泰坦尼克号的初级电报员，哈罗德·布莱德。卡帕西亚号开始向纽约返航。杰克·菲利普斯是此次事

64

65

①轮船横渡大西洋时是按照船上的时间驾驶操作的。根据 1912 年 4 月 15 日的《纽约时报》报道，泰坦尼克号是在夜间 10：25 分时撞上冰山。因此，泰坦尼克号上的时钟显示为 1：15 分，比东部标准时间提前。

66 故丧生的 1 500 多人中的一员。

关于卡帕西亚号消息的匮乏是导致接下来的日子里社会舆论走向的主要原因，不过这也跟另外两件事情有关：一方面邮轮上的无线电设备能覆盖的范围相对较小，另一方面是亚瑟·亨利·罗斯特龙船长要求优先处理幸存者们发给家人报平安的无线电信息。在发送了一份幸存者的名单之后，科塔姆和布莱德（布莱德的双脚在这次灾难中遭受了严重的伤害）夜以继日地通过邻近船只的中继转播设备发送幸存者的信息。因此当卡帕西亚号回到纽约的时候关于泰坦尼克号的沉船事故和此次事件余波的消息就不再是最新消息了。

第一篇报道此事的新闻发布在纽约《太阳晚报》上，是根据狂热的无线电爱好者们提供的错误信息报道的，报道称泰坦尼克号上的每个人都得救了，而船被拖曳到了哈利法克斯。但是到了 4 月 14 日晚，事实证明这只不过是一厢情愿

67 的美好愿望罢了。马可尼美国公司经理约翰·博顿利告诉马可尼，泰坦尼克号沉没了，造成了严重的人员伤亡。令人欣慰的是媒体开始报道卡帕西亚号救回

68 来的幸存者名单。当天晚上晚一点的时候，马可尼的职员告诉他卡帕西亚号正载着幸存者们向纽约返航。第二天马可尼给比阿特丽斯写信：

> 我见证了最令人肝肠寸断的场景，失控的人们找到我，找到公司的办公室里，恳求我们帮忙找找他们的亲人还有没有生还的希望。我认识的很多人，史密斯船长还有其他工作人员们，还有两位电报员，都随船沉没了（最初，马可尼收到了错误信息，电报员之一哈罗德·布莱德获救了），但是尽管只有少数人获救了，他们每个人好像都对"无线电"非常感激。我去纽约的任何地方，都有人簇拥欢呼，比在意大利

69 的时候还要热情。

无线电技术在拯救泰坦尼克号幸存者当中所发挥的作用更加激起了马可尼公司在美国的股票价格上扬，股价又一次创历史新高，甚至在卡帕西亚号正在朝着纽约航行的时候马可尼公司的股价也在上涨。马可尼在加拿大大陆沿海的岸边无线电台充斥着来自泰坦尼克号乘客的亲友们和媒体们确认乘客信息的请求。伦敦报社出价高达 1 000 英镑来买幸存者们的故事。卡帕西亚号在海上转发

70 幸存者的名单后就再也联系不上了。

1912 年 4 月 17 日，马可尼在纽约电子协会发表了一次很长的演说。当他到

达工程协会大楼的时候，大厅里挤得水泄不通，并且，对于一场商业演讲来说很不寻常的是，据《纽约时报》报道，"几乎一半的观众是女士"。当马可尼露面的时候，"露台上的人先看到了他，然后人群就开始欢呼。欢呼声传到了主楼层上，另一波持续的欢呼声至少持续了 2 分钟。马可尼鞠躬致谢，但是因为观众十分热情，他又多次站起来鞠躬致谢。"马可尼发表了一场相对乏味的技术性的样板式的演讲，但演讲的结尾明显是后来补充的内容，他提到了无线电技术在挽救了几百条生命时所发挥的作用。物理学家迈克尔·普平对马可尼表示了感谢，并提议无线电波从此以后不再叫赫兹电波，而要叫马可尼电波。

第二天，马可尼在阿斯特举办的政治教育联盟年会的午宴上成为首席主宾。午宴上马可尼即兴发挥，批评了美国和英国的管理条例允许泰坦尼克号在没有配备足够的救生艇的情况下起航，并指出很多海洋轮船也没有配备足够的无线电设备。比如说卡帕西亚号的设备就足以接收泰坦尼克号的求救信号，但是要以全力发出信号又显得有点弱。马可尼说，假使是卡帕西亚号撞上了冰山，也很有可能将没有人能幸存。

马可尼美国公司的股东们如期举行会议，通过了之前提议的股份重组问题，并同意用公司的一部分收益购买 UWTC 公司的资产，剩下的收益用于公司在美国的规模扩大和推广工作上①。马可尼公司的股票价格从每股 25 美元降到了每股 5 美元，公司的资本增长到了 1 000 万美元。在纽约非正式的"场外交易"市场上，该公司的股票仍在涨价。新发的每股 5 美元的股票价格已经涨到了 13.125 美元，而这些股票甚至都还没有正式发售。"旧"的股票，几周之前股价一直在 40 美元左右徘徊，现在达到了轰动一时的 245 美元 1 股。这个时候通过套利交易就可以赚到大钱。

4 月 18 日晚上，马可尼正在和一群朋友、同事在博顿利的府邸吃晚饭，晚上 9 时 25 分，卡帕西亚号靠岸了，比预计的时间要早些。马可尼乘坐新建的轨道列车前往位于第十四大街西街街尾的丘纳德海港，在那里马可尼与伊内兹·米霍兰德汇合。尽管马可尼公开宣称他被这个消息和人员损失震惊了，但他还是机灵地让新闻镜头捕捉到了他的"标志性的笑容及风度"，而伊内兹就站在他

①那些野路子的"露天交易所"在下曼哈顿的金融区也开始营业了。

的身旁。毕竟这对马可尼来说是一个比较复杂的情况。这是个悲剧事件，但马
可尼被尊崇为七百多人的救世主。他把在港湾看到的景象描述为"离奇的不可思
议的场景"。

即使还有任何人任何媒体质疑无线电的价值，至少《纽约时报》不会。《纽约
时报》发表社论称，"如果没有无线电技术，泰坦尼克号上如此多的乘客将几乎
不会有任何一位有机会活到今天，可以说这是马可尼先生的个人成就。而很少
有其他此类成就可以单独归功于某一个人。马可尼是这种超凡的通信方式的唯
一的独创者。"这样的煽情报道得到了响应，公众呼吁以马可尼的名义建立一个
公共的纪念碑，以表感谢。

股东大会的第二天，也就是 1912 年 4 月 19 日，宣布了一项将西部联盟电报
公司的美国陆地无线电台与马可尼的跨大西洋电台联系起来的"工作协定"。同
时公布的计划书将太平洋的岛屿、美国西海岸与亚洲联系了起来，这就意味着
发送环球无线电报第一次成为可能。马可尼美国公司的股票价格飞速增长到 350
美元 1 股，这使《纽约时报》将这个增长描述为"场外交易市场见证过的最疯狂的
繁荣。"但是保守的投资者们都牢牢看紧了自己的钱袋子，有些甚至小声嘀咕称
马可尼美国公司从来没有分发过红利。24 小时以后这场繁荣就结束了，股价跌
到了 150 美元 1 股。华尔街没有做出任何解释；马可尼本人闻讯也只是耸了
耸肩。

与此同时，在伦敦，马可尼美国公司的股票被以鲁弗斯·艾萨克斯和他的
朋友们几天前付的 2 倍的价钱交易（是哈利、鲁弗斯所付价格的 4 倍）；艾萨克
斯，劳埃德·乔治和穆雷打算卖掉手中的部分持股。当然，在这个时期除了受
益的一方没有其他人了解实情，而受益方在买卖马可尼股票的同时也在主导着
国家的运转。作家弗朗西斯·唐纳森后来把这称为"一切都源于愚昧无知"。这
些大臣部长们没有一个试图掩盖他们的这些活动，甚至他们好像都没有认真考
虑过掩盖、回避。

英国刚刚结束了一次全国性的造成严重后果的煤矿工人罢工事件①，但是经
历了与邮政部门签订协议和泰坦尼克号事件后，马可尼的名字已经挂在伦敦每

①持续 37 天的英国煤矿工人大罢工，1912 年 4 月 6 日因《最低工资法》的颁布而结束。

个人的嘴上了。《泰晤士报》称，无线电技术人道主义价值的另一个有力证据已经完全体现出来了，但是马可尼公司股票最近的交易已经"变成了一场危险的赌博"。无线电革新了整个世界的通信方式，但是这项技术所带来的股利分红和它的发展进步并不相匹配。《泰晤士报》的报道中还说，"值得回顾的是英国政府和马可尼英国无线电公司曾一致同意构建一个帝国无线电版图，而这项计划将会立即展开执行。"仅仅是已公布的无线电台的选址就有足够的魅力激发出人们的旅行欲望：伦敦、埃及、亚丁港、普勒陀利亚、班加罗尔和新加坡。英国政府和马可尼无线电公司现在是一段即将开启的冒险又刺激的旅程的好搭档，但是这种关系将会怎么样变成公司股东们的收益，大家拭目以待。

＊　＊　＊

卡帕西亚号靠岸的第二天早上，也就是 1912 年 4 月 19 日，美国参议院以惊人的速度展开了一项调查，在纽约华道夫-阿斯多里亚举办了听证会，为的是让不能去华盛顿的幸存者和证人们方便参加。马可尼是第一天的明星证人之一，在白星航运公司的负责人 J. 布鲁斯·伊斯梅和卡帕西亚号船长阿瑟·亨利·罗斯特龙之后紧接着出场。听证会上，委员会主席、密歇根州的参议员威廉·奥尔登·史密斯向马可尼提问。

史密斯听说了卡帕西亚号的无线电电报员哈罗德·科塔姆要退休的消息，于是他向马可尼提问了关于"机缘巧合"的事情，"有无线电设备的船只上时刻有电报员在职不是理所应当的吗？"马可尼回应道："我想，肯定应该是这样。当然了，对于一些小的船只来说，要实现这个有可能会更难。船老板们不会喜欢保留这两位电报员所需的花费……如果一个电报员就可以完成工作的话，船老板们不想带上两位电报员。"（只有 10% 的越洋邮轮有两位电报员轮班。）

随后，史密斯又问了一个别有用心的问题。"您认为《柏林公约》（美国不到 2 个月前刚刚承认）是促进无线电报技术国际化应用发展上的正确且重要的一步吗？""我认为考虑到航运和沿海的无线电台，"马可尼回应道，"这是一个好制度。这是规范无线电工作并且避免信号干扰的一种举措，不过前提是有关政府能够以一种正确的方式管理这个制度。"在这里，马可尼的选词非常细心，这有可能是非专业领域的政治家们和社会大众第一次听说这个公约，这也是马可尼第一次公开认可此公约有可能会是件好的事情。当史密斯提到《柏林公约》规定求救信号在所有无线电信号中享有优先权的时候，马可尼回应称"早在有《柏林公约》类似的其他文件之前"他的公司就已经在遵照这样一种原则工作了。

在马可尼的预期当中，泰坦尼克号灾难之后，评论家们将会展开一场最为尖锐刻薄的争论，那就是他公司的电报员们，不管是在泰坦尼克号、卡帕西亚号上，还是在其他轮船上，主要是通过以乘客的名义发送商业性的消息来获得收入。实际上，船上的无线电有两大功能——保证船舶安全和为乘客提供便利。马可尼公司和船舶公司们签订的协议明确规定有关轮船的无线电业务要比商业性的业务更为优先处理，而无线电电报员们，同时也是马可尼的雇员们，在船上完全听候船长的命令，所以哪些信息享有优先权是没有争议的。

听证会的第六天，也就是 1912 年 4 月 25 日，委员会在华盛顿重新召集听证，马可尼继续陈述证词。(结果他错过了纽约新闻界的晚宴，在这次晚宴上他本要和亚历山大·格雷厄姆·贝尔和托马斯·爱迪生一起领奖。)这次发言中他提到了无线电的运作方式，他的公司，他本人在这次选举中的角色，及海洋无线电电报员们所用设备的大量信息。史密斯似乎认为让听证会了解一下马可尼的生平故事是很重要的，或者至少是了解一下他是怎么样发明无线电的。这是马可尼的强项。他曾多次打动法庭的法官和议员们，并在内心倾向于支持他。现在他又对美国参议院施了同样的魔法。

史密斯：……谁是第一位实际掌握长距离无线电电报技术的电报员？

马可尼：……我觉得应该是我自己，1896 年和 1897 年，在英国的时候。那时候我为陆军部队和海军部队做无线电实验。

史密斯：……您之前做过电报员吗？

马可尼：没有，我没做过。我没做过电报员。我对与电有关的学科产生了浓厚的兴趣。我也学习了很多相关的知识。如果要更恰当形容，我可能会觉得自己是一个业余的无线电工作者。

史密斯：如果你可以简要陈述一下，我会帮你做好记录。

然后马可尼重复了他早已排练得很好的故事，讲了他是怎样于 1895 年在意大利用无线电波做了第一批实验；他是怎样能够"借助改进好的设备"彻底地延长了无线电波可以被发送和接收到的距离，从二三十码(1 码等于 0.9144 米)延长到了 2～3 英里（1 英里约等于 1.61 千米）。接着，讲述了他是怎样来到了英国，把他的想法阐述给英国邮政部门，阐述给陆军部队、海军部队，阐述给劳埃德他们。又讲述了怎样"通过我自己的努力，某些方面也有别人的努力"使无线电技术更加完善，逐渐扩大了无线电发送和接收的范围，并且使无线电技术最终将几千英里内互联通信的愿景变得越来越明朗。

史密斯：你对无线电的最终期待是什么样子的？

马可尼：我希望无线电将会成为世界上远距离地域之间通信的最主要方式之一……我认为随着无线电传输速度的提高和人们对电的理解的加深，终有一天无线电将会成为主要的通信方式。

这是最出色的马可尼：他有理有节地勾画了一个全球性的未来通信画面，而他把自己的无线电技术放在了未来通信方式的中心位置。不管人们将怎样看待他的自身利益或是他的骄傲蛮横，他说的是对的。参议院委员会认识到"这场灾难性事件充分表明在无线电领域建立制度条例的必要性"。委员会建议船舶上要"时时刻刻、不分昼夜地有一位电报员值班，以保证能够及时处理突发性的所有的求救、警示或者其他重要的信息"（这就意味着将给马可尼的公司带来更多的生意），并提出了一系列具体的安全措施来确保海上船舶无线电业务的正常运转，同时也建议立法来保证无线电信息的隐秘性，并且防止来自业余无线电操作员（用马可尼的话来说，这些人是在妨碍通信）的干扰。几个月以后，1912 年 8 月 13 日，美国政府发布了第一个综合性的广泛适用的无线电法令。为此《纽约先驱报》吹嘘道："塔夫脱总统采取措施治理无线电领域的暴民了。"在立法过程 85 中，泰坦尼克号事件后的混乱局面是被提及次数最多的正当理由，而出人意料的是，根斯巴克和 WAOA 组织都强烈反对立法。 86

马可尼无线电公司的电报员科塔姆和布莱德是那个时候的英雄人物，每个人都想知道他们的故事。终于在 1912 年 4 月 19 日，《纽约时报》报道了他们的故事。马可尼在成就这两位英雄中所发挥的作用在泰坦尼克号悲剧的余波中变成 87 了相对次要的争议之一。之前在参议院委员会发表证词时，马可尼描述了他是如何去到卡帕西亚号上并与布莱德交谈。后来，他说，科塔姆曾给他打过电话 88 询问，如果他把自己的故事讲给记者听是否合适，记者也提出要为他的故事付费。马可尼告诉科塔姆他可以讲给记者听。但是后来事实证明，这只是一个更为精心设计的计谋的一部分，旨在控制故事的大致走向，以此来保证这个故事最先出现在马可尼选中的报纸，也就是《纽约时报》上。（《纽约时报》是马可尼公司海外媒体服务的最重要的客户之一，它的新闻页的署名都是现在大家熟知的"本报道由马可尼跨大西洋无线电公司发给《纽约时报》"。）

当科塔姆于1912年4月15日第二次出现在听证委员会面前的时候，史密斯读了4条消息并且要求记录在案，这4条消息是从海岸发到卡帕西亚号上的，在卡帕西亚号即将进入纽约港的时候，也就是4月18日的晚上8时12分到9时33分之间，是被美国海军的一艘船舶拦截的。

8：12 嘿，老先生。马可尼公司会好好关照你。闭紧嘴巴，把你的故事藏好；你一定会得到一大笔钱。现在请你尽力搞清楚状况。

8：30 你的独家故事价值4位数的美元。马可尼先生已经同意了。见到我之前什么都不要说。（签名）J. M.（原文如此）SAMMIS（马可尼美国公司的总工程师）你现在在哪里？O. P. R. "C"。

9：00 去斯特兰德酒店。在西第十四大街502号。去那里见马可尼先生。（签名）C。

9：33 去西第十四大街502号的斯特兰德酒店见马可尼先生和萨米斯先生。记者保持沉默。（签名）MARCONI。

科塔姆回想不起具体的细节，但是他告诉听证委员会，"我收到了公司的一条消息，让我去斯特兰德酒店见马可尼先生。收到消息的时候我正准备上岸。"科塔姆被问道："你有没有保持沉默没讲自己的故事呢？"正如被要求的一样，科塔姆回答道："当然。"他告诉委员会他去了斯特兰德酒店（就在丘纳德海港对面），但并没有人在那里等着见他。然后他给马可尼打了电话，而马可尼同意他说出自己的故事。

在科塔姆提供证词的时候马可尼也在现场，而且在当天晚些时候还被短暂传唤了一次。史密斯问了马可尼一个问题：有没有任何官员或者是白星航运公司的任何雇员要求他或者是任何与他有关的人延迟任何消息或者是命令布莱德和科塔姆保持沉默。马可尼回应道，"没有，我很确定我从没有收到这样的要求。"《纽约时报》对于议员的一连串的提问表示很愤怒。"荒唐的史密斯"，他们给他贴上了这样的标签，他用自己滑稽可笑的表演给别人演了一出戏。他对马可尼的提问就像是"出于愚蠢的恶意……他对马可尼的折磨与威胁就像是在对待某个罪犯,而不是所有人都称赞的人类的大恩人"。《泰晤士报》推测,史密斯议员之所以做出这样的事情是受报社那些嫉妒心强的竞争者指使。 89

实际上,这场争议缘于《泰晤士报》的对手报社《纽约先驱报》,现在也是马可尼的主要敌人,史密斯从自身利益出发利用了这一点。为了反驳史密斯议员的说法,马可尼公司为在场的人分发传阅了一份书面证词(《泰晤士报》尽职尽责地发布了这篇证词),这份证词是由实际发送这4条消息给卡帕西亚号的电报员提供的。他曾在自己工作的地方,也就是位于康尼岛的马可尼海门无线电台给公司打电话,在那里,他一直试图联系卡帕西亚号,但是没有成功。与史密斯的说法不一样的是,公司已经要求电报员们收集关于实际情况的任何有可能的信息。直到晚上7时45分,卡帕西亚号靠岸前的1小时30分,该电报员发送了一条消息给白星航运公司的布鲁斯·伊斯梅,希望得到一个简要的陈述,但是没有得到回复。然后该电报员给马可尼公司打了电话,说明了他收集不到任何消息也找不到任何新闻素材的情况。公司的总工程师弗雷德里克·M. 萨米斯先生要求"建议布莱德和科塔姆先生不要把他们的个人经历讲述给记者们……有些报社为了买到这样的故事愿意出4位数的价钱"。他发送的那些消息完全是"我自己的想法"。在参议院的打印本上这位电报员的称呼是"戴维森先生",而《泰晤士报》上发布的则是大卫·沙诺夫,即马可尼美国无线电公司的一位年轻的站台电报员,在马可尼的亲自指导下,他最终成为美国无线广播行业的顶尖人物。(沙诺夫原本驻守在马可尼在百老汇和第八大街沃纳梅克百货商店的办公室,卡帕西亚号进入信号覆盖范围后,为了与之保持联络,沙诺夫又被调到了海门电台。) 90

91

1912年4月29日,听证会的第十天,马可尼再次出现,提供证词称4月18日当天早些时候,卡帕西亚号预计到港的这一天,他给卡帕西亚号发送了一条消息,询问为什么没有收到船上发来的消息;他并没有收到回复。他说这应该足以证明他没有故意掩盖事实信息;这是他发给卡帕西亚号的唯一一条消息,在任何时候他都没有发送或者是指使别人发送消息命令电报员们保持沉默。当被问到有没有为了从事故当中受益而故意推迟新闻发布(就像1909年杰克·宾斯所做的那样)的时候,他说:"我认为没有。在我看来,当一个个体发现他自己或是他自身的经历处在大众视线中的时候，公众或是报社会变得对此很感兴趣，而不管他们说什么能引起大众兴趣的事情，这些雄心勃勃的美国记者都会为此买单。"

随后，史密斯进一步提出了另外一个问题："我想问一下，在这整个询问调查过程中，你是不是没有意识到你有职责来劝阻这件事情；实际上，你应该尽自己所能彻底阻止这件事的发生？"马可尼回答道："当然。我完全支持阻止这件事（指的是把事件经过和故事卖给报社的事情），我也非常看重委员会主席发表的任何观点。"随后萨米斯被传了上来。他坚称他只在马可尼、博顿利和公司安排下与科塔姆联系过。"我觉得是弄错了，"他说，"我想，如果把这个消息发给美联社并且让他们和这两个年轻人沟通解决，当然如果他们愿意的话，我觉得这才是更好的解决办法。那样的话这条新闻将会有更广泛的传播，也不会让这么多人不愉快了。"

在后来博顿利的证词中（在听证会第十二天），也明确表明马可尼并没有反对电报员接受《泰晤士报》的采访，"毕竟马可尼并不是公司里方方面面的事情都关心"。所以，博顿利就给马可尼公司的办公室打了电话，告诉两位电报员可以接受采访。史密斯随后问博顿利："你支持签订国际性协议来管控发生海上灾难时的求救信息吗？"对此他回应道："我同意。"布莱德，泰坦尼克号上幸存的电报员，在第十四天被传唤，精神上和身体上都多少有点恢复了。他确认，在卡帕西亚号到达纽约的当天，马可尼、萨米斯和《纽约时报》的一位记者来到了船上，"我收到了 500 美元，马可尼先生和萨米斯先生都同意我接受记者访问。"这大概是布莱德一年的收入了。（报社为了采访两位电报员的故事一共付了 1 000 美元。）

参议院委员会的报告严重谴责了电报员的行为，认为他们从自身的利益出发保留了本应该公开的信息。马可尼公司的管理者们允许出售这个故事甚至做出安排的这种处理方法"使所有相关的人员遭受到了批判，这种行为应该是被制止的。委员会高兴地知晓马可尼也赞同这样的观点"。委员会似乎忘记了他们所听到的关于马可尼其实也参与其中的事实了。像往常一样，马可尼一直在衡量很多因素，对关乎自己最大利益的事情会迅速做出判断。他已经成功地使自己从这个决定中摆脱出来，并侥幸逃脱了惩罚，即使他的公司正在经受着舆论批评，他也显得英勇可敬。

作为《纽约时报》所说的"可能是现代新闻史上最重要的'新闻事件'的核心人物"，马可尼终于在1912年4月30日前往欧洲。他搭乘的是北德航运公司的凯撒威廉二世号，这艘邮轮上配备了足够船上每位乘客和工作人员使用的救生艇。他的老乡、著名男高音恩里克·卡鲁索也在这艘邮轮上，但最受大家关注的乘客还是马可尼。

* * *

1912年4月23日，英国大法官任命莫西勋爵专门调查泰坦尼克号事件。4月30日，商务部要求展开一场正式调查。调查开始于5月2日，此时马可尼正在横渡大西洋。奇怪的是，商务部任命司法部长鲁弗斯·艾萨克斯作为律师，并为此付给他丰厚的薪水。马可尼公司提供的证据再次成了调查的关键。1912年5月1日，马可尼公司给商务部写信称"泰坦尼克号上的无线电装置都是我们的财产"。它的发射范围可达370海里(约685.2千米)左右，接收范围可达1 500英里(约2 414千米)，从波尔杜和科德角发来的信号都能收到。换句话说，因为有了无线电泰坦尼克号才可以和临近的船只和至少一个口岸随时保持联络。电报员们由公司负责雇佣、发放薪水和培训指导。马可尼公司在文件中说"这些船只拥有者们认为我们更具国际化的专业性"，比他们更能履行应尽的义务。几天后，公司把负责应对调查的代表报给了调查组：1912年5月6日刚刚从美国回来的古列尔莫·马可尼。

尽管马可尼完全可以不加彩排地随时作证，公司和商务部还是为他做了细致的准备。副经理乔治·端布尔准备了一份详细的资料简报和一份密密麻麻的6页备忘录，记录了从泰坦尼克号撞上冰山一直到轮船沉没期间船上所有的无线电活动。马可尼现在有一台性能良好的机器。他发出的看似很随意的信息其实都是精心准备过的。但他仍然不是很清楚调查组想从他身上查到什么。最后，马可尼的出现和参与有种虎头蛇尾之感，尤其是和美国参议院调查组的威尼斯式闹剧相比。

在1912年6月18日，听证会的第二十六天，鲁弗斯·艾萨克斯爵士询问了马可尼。艾萨克斯的第一个问题："马可尼先生，无线电报技术是你发明的吗？"马可尼回答："是的。"询问的大部分过程都是单调无味的。艾萨克斯问了一系列关于无线电一般运作的问题，特意问了很少关于泰坦尼克号的消息。美国听证会之后，很难说发生了什么新鲜的令人印象深刻的事情。调查委员会的成员们好像主要是怀着敬畏的心情例行公事地对马可尼进行问询，其中一位委员简要地说，"我只想说，我们很荣幸能有机会见到马可尼先生。"1912 年 7 月 30 日，英国调查委员会公布了调查结果。委员会建议所有达到一定规格的船舶必须配备无线电设施，"并且要有足够数量的熟练的电报员来保证白天和夜晚连续服务，以此来保证船上无线电设备的运转"。这也正是马可尼提议应该做的事情。

＊　＊　＊

当英国对泰坦尼克号的调查正在进行的时候，策划已久的第三届国际无线电会议——第一届 1903 年在柏林召开，第二届 1906 年也在柏林召开——于 1912 年 6 月 4 日在伦敦召开，英国邮政部长赫伯特·塞缪尔赞助了本次会议，前邮政总局常务秘书 H. 巴宾顿·史密斯主持了本次会议。这次会议远没有前两次那样充满争议；相反，泰坦尼克号的灾难性事件像酝酿着暴雨的乌云笼罩着大家。

会议的主要议程之一就是更新《1906 公约》以使现在的"内部沟通"现象得以正式化，形成体系。《公约》的第三条更新为"海岸无线电台和船只上的无线电台一定都要依据电台们所适用的无线电系统相互交换无线电报。"（本次会议还正式修订了 1875 年的《圣彼得堡国际无线电公约》，使之明确适用于无线电和无线电报；本次会议还建立了一套至今仍在使用的用于电台发射信号的独特的国际信号符号，即每个国家由国际电联指定一个前缀，然后指定 2 个或 3 个其他字母来代表它管辖下的每个无线电台。）

马可尼很早之前就接受了内部沟通的既定事实。现在，在他自己的地盘，马可尼把自己放在本次会议的社交日程表的中心。由于艾萨克斯和公司经理威廉姆·布莱德菲尔德都是正式代表，马可尼以个人名义参加了 6 月 19 日和 6 月 26 日的两次会议，并且为代表们主持了两场音乐盛典，一场是 6 月 22 日在萨沃伊酒店，另一场是 6 月 30 日在鹰冠酒店。400 位代表们还正式去参观了马可尼在切姆斯福德镇的基地和在宝窑的跨大西洋无线电台。本次会议还呼吁各国政府要求不同类别的船只配备无线电装置。1914 年 1 月，同样在伦敦召开的国际海上生命安全会议使上述要求成为正式规定。

在所有这些活动期间（尽管反复出现的健康问题两次让他不得不卧床休息），马可尼也在继续扩大他的国际影响力。几乎是在 5 月份刚回到英国他就又马上出发了，这次是和艾萨克斯以及索拉里一起去西班牙和葡萄牙。1910 年 12 月，西班牙成立了国家无线电公司，这是为了确保马可尼在西班牙和西班牙殖民地的权利，也是为了建立一个大功率的无线通信网络和西班牙政府特许经营的船上电台。特内里费岛、马略卡岛、加的斯海港、巴塞罗那、马德里和其他一些地方已经建好了电台，并且已经做好了提供国际化服务的准备。

1912 年 5 月 13 日，马可尼到达西班牙的首都。这是他第一次来到西班牙，并在这待了较长时间。阿方索国王在 5 月 20 日接待了他，然后他的团队出发前往里斯本，葡萄牙议会正在那里讨论一个新的协议。葡萄牙也正在考虑建立一个类似大英帝国无线电版图的系统，以便于把葡萄牙和它的那些非洲殖民地联接起来，与海底电缆配合使用。马可尼在 1910 年曾经提议把欧洲大陆、亚速尔群岛、马德拉群岛和佛得角联接起来。这是马可尼 3 次到访葡萄牙中的第一次，不过又过了 15 年葡萄牙的无线电服务才投入商业使用。

马可尼短暂的伊比利亚之行简要说明了马可尼公司是怎样整合它的全球业务的。马可尼从葡萄牙回到英国的这天，也就是 1912 年的 5 月 24 日，星期日，公司在伦敦的《泰晤士报》上登载了一个巨幅广告，目的是以大英帝国无线电建设委托协议为背景说服那些具有国际影响力的投资者们和议员们。文字标题"帝国的脉搏"被嵌在一个建筑框架图中，这个图用清晰的线条勾画了马可尼之家，也就是公司在斯特兰德的令人赞叹的新的总部的轮廓，房顶上矗立着两座用印有马可尼的旗帜覆盖着的发射机，广告背景场景则描绘了马可尼涉猎广泛的活动领域：包括一艘远洋班轮、一个东方门户和两座有着巨大桅杆的电台（很可能以此代表克利夫登和格雷斯湾）。

几天前，马可尼的公司搬到了新总部，位于斯特兰德北部，东临奥德维奇剧院，这是伦敦"剧院区"的中心位置。这座 9 层的占地 5.5 万平方英尺（约5 109.7 平方米）的建筑在萨默塞特宫的正对面，隔壁就是这座城市最受欢迎的娱乐场所之一，盖伊提剧院。这家剧院于 1903 年开放，此前这里是喧闹的斯特兰德音乐大厅。马可尼公司接管这栋建筑之前，这里曾是盖伊提饭店，比较靠上

101

102

103

的楼层是一批闲置的住宅楼。1912 年 3 月 25 日，伦敦市议会将这栋建筑以每年 6 500 英镑租期 99 年的条件租给马可尼公司，在一轮全方位的检修之后，公司于 5 月 21 日搬了进来。马可尼之家保留了意大利文艺复兴时期的建筑特色，评论家们特别强调了大家一进门就能感受到的浓郁的"艺术气息"。大厅入口镶嵌着洪都拉斯红木，大厅里还设了服务柜台，客户们可以把想要发送的马可尼式无线电报递过来，发送到世界的任何地方。大楼正中间是 10 英尺（约 3.05 米）宽的楼梯，当然，也有一部现代化的能搭载 12 位乘客的电梯。一楼窗子下面是《仲夏夜之梦》里帕克的名言："我要在 40 分钟之内把地球用一根绳子绕起来。"每一个楼层都有彩色玻璃，24 个消防栓，100 多部内部电话，楼顶上还有两根天线杆。马可尼的私人空间在 4 楼，正对斯特兰德大街，这里有一间 240 平方英尺（约 22.3 平方米）的图书室，他承认自己很少使用这间图书室。公司的新地址离在水门的旧址只有几个街区远，那里是阿德菲的一片庞杂的办公楼群，离位于马克连恩紧挨着科恩证券交易市场的亨利·詹姆森·戴维斯的公司则有几光年那么远了。马可尼公司很快成为"这个大都市最显眼的地标之一"。现在这里是

104　　一片住宅区，依旧是伦敦的地标之一。2016 年，一间两居室售价达 250 万英镑（约合 360 万美元）。一家名为"无线电屋顶"的酒吧于 2013 年在毗邻的 ME 酒店开业，经常登上世界最酷的夜总会排行榜。

第 21 章 "马可尼丑闻"

尽管英国对泰坦尼克号事件的调查还在进行中，议会和媒体中已经出现了怀疑马可尼合同的声音。公众很困惑，大部分人甚至一些议员都认为 1912 年 3 月的招标就是实际的合同，事实上并不是。合同的细节仍然是模糊不清的，公众关注的是政府没有披露的那部分协议的内容。邮政大臣赫伯特·塞缪尔问政府领导人穆雷勋爵，为什么会有这么多的反对声音。他被告知，这一定是因为有流言称该合同对马可尼公司过于慷慨——3 月份的时候英国和美国公司的股价都突然上涨然后又跌落，那个时候开始就有了流言。还有流言称，政府部长们利用特权来投机操作马可尼的股票。

合同最终在 1912 年的 7 月 19 日被提交给众议院，第二天流言就被坐实了。最有杀伤力的一篇文章出现在《展望》周刊上，署名为记者威尔弗雷德·拉梅奇·劳森，他这样写道："马可尼公司从成立开始就是黑暗势力的产物。公司的财务状况一直最错综复杂毫无章法。"这篇文章披露了马可尼公司以亲族关系与政界相连，并且隐晦地提到了两位艾萨克斯先生和邮政大臣都是"同一民族"的事实——不过倒是没有说出他们 3 人都是犹太人的事实。接下来的几周，劳森在《展望》周刊上又发表了很多充斥着自鸣得意、帝国主义情绪和反犹主义的文章。1912 年 8 月 31 日，他质疑马可尼公司的股东们是否是"负责全英国无线电报事业的最合适的人"。他们当中一半是爱尔兰民族主义者，1/4 是"外国人，并且还不一定是永远友好的外国人"，而在剩下的 1/4 当中，"相对较少的是非犹太人"。总之，在决定大英帝国的命运这件事上他们有"压倒性的优势"。

更恶意诽谤的文章出现在《目击者》周刊上，该周刊是希拉里·贝洛克于 1911 年创办的。贝洛克是一位高调的作家，因其对犹太人的言论而臭名昭著。《目击者》现在的编辑是作家 G. K. 切斯特顿的弟弟，记者塞西尔·切斯特顿。和他的哥哥一样，塞西尔是与贝洛克臭味相投的合作伙伴。切斯特顿的第一篇文章发表于 1912 年 8 月 8 日，标题是《马可尼丑闻》。最早只有《展望》周刊和《目击者》周刊采用这种口吻进行报道，但是后来其他报社也紧跟着像这样报道了。《旁观者》报，英国最受尊敬的周刊报道称，艾萨克斯和塞缪尔不会有意识地参与秘密的财务活动，但他们可能是被"精明的商人们算计了"。而在政治天平的另一端，马克思主义的报纸《正义》报报道称马可尼的合同是"像邮政部门这样的大型公共单位与政党所做的最可耻的工作之一"，表明执政党自由党一点也不关心社会福利，而只关心资本主义阶层的利益。

劳森仔细审读了合同的每项条款，总结出了一一对应的反驳观点，发表在利奥波德·詹姆斯·梅克斯创办的颇有声望的保守派杂志《国家评论》1912 年 10 月刊上。劳森把"1912 年的马可尼丑闻"比作 18 世纪的南海泡沫事件。第三位牵扯进来的部长是大卫·劳埃德·乔治，作为财政部长他负责的是财务支出（不为人知的是，他也是美国马可尼公司股票的持有者）。当乔治公开表示反对马可尼合同的主要动机就是反犹主义的时候，希拉里·贝洛克评论道："我想不出还有什么人能比财政部长更犹太主义了。"劳森和其他人批判的点包括合同签订的成本和时间问题，为什么没有其他公司竞标，为什么其他发明家的提议被忽视了，及为什么马可尼公司可以一家垄断。这些评论掩盖了一个本来应该是很明确的事情：马可尼公司和政府之间，确切地说是和国家邮政部门之间，有很长的敌对的历史，关系也一直比较恶劣，而现在双方进入了亲密合作时期。

有 3 种可能的解释。最吸引媒体注意力、最轰动的却也是最不可信的，用一个词概括就是：腐败。政府提出的解释最合理，很快获得专家们的理解支持：马可尼公司是唯一一家具备实力能够实现全国范围的无线电体系的公司。第三种解释最接近正确答案：一旦有关部门决定为这个项目开绿灯，该公司在大众口碑中已有的位置就使它成了唯一符合逻辑的选择，从政治角度讲也是最容易被接受的选择。根据一位作家的说法，在 1912 年的英国，对于一个能正常接受信息的 12 岁的孩子来说，马可尼和无线电就是同义词。马可尼公司最近刚刚收购了自己在英国唯一的同行公司，洛奇莫海德辛迪加无线电公司的专利。还有另外两家可能的外国竞争对手公司：丹麦波尔森集团，这家完全就是未经检验核准营业的公司；当然了，另一家就是德律风根公司。塞缪尔本来考虑找家国外公司合作，但是要说服他内阁的同事们通过这个提议将会很艰难。比如内政大臣丘吉尔，在塞缪尔跟他商量的时候就明确态度："我认为把政府资助给外国人是非常不合时宜的。"

分析这件事情也必须结合英国的政治背景。由亨利·坎贝尔·贝纳曼领导的自由党于1905年12月受邀建立一个少数党政府，几个月以后自由党赢得了一场决定性的选举胜利。在接下来的几年里，自由党人将开始奠定英国福利国家的基础。1908年，赫伯特·阿斯奎斯继任了坎贝尔·贝纳曼的工作，但是在1910年的两次大选之后，自由党才在爱尔兰民族主义党的援助下得以执政。因此与马可尼公司的合同是在一个比较复杂的政治环境下签订的，并且这时候德国军事力量的日益增长也给英国带来了威胁，英国愈发难安。

1912年6月，鲁弗斯·艾萨克斯对泰坦尼克号事件的调查结果获认可。在愈演愈烈的争议的漩涡中，也可能跟他当月被提名内阁有关，鲁弗斯·艾萨克斯向塞缪尔等部长们通报了美国马可尼公司的股票交易情况[①]。阿斯奎斯的传记作家们表示直到6个月以后他才被告知这件事情；而塞缪尔说他一得到消息就通知了他。他们都认为这样做是愚蠢的，然而仅此而已。更重要的是，塞缪尔知道马可尼公司是实施帝国无线电工程的唯一适合的承包商，并且他意识到了实施这个项目的迫切性。

在1912年8月8日《目击者》周刊发布了关于断言马可尼公司腐败的文章之后，艾萨克斯和塞缪尔讨论是否需要采取法律措施，当然在这一点上他们也咨询了阿斯奎斯的看法。大家都同意最好什么都不做。他们或许小看了这份报刊的影响力；《目击者》周刊这一时期的投稿人包括像亚瑟·兰瑟姆、G. K. 切斯特顿和 H. G. 威尔斯这样的作家，而且它在少数但是很有影响力的精英知识分子里被广泛传阅。政治家们没有对攻击加以反驳，说明他们的判断力很差，但是也并没有证据表明他们更公正地看待这个事情，因为《目击者》周刊和《展望》周刊都还在对政治家们进行攻击。1912年10月，《目击者》周刊宣布破产，塞西尔·切斯特顿毫不迟疑地向他父亲借钱创办了另一份报纸，《新目击者》，他用这份报纸继续着他反马可尼的长期斗争。

---

①艾萨克斯是第一位升至内阁的司法部长。1910年10月被任命后于1912年6月进入内阁。

尽管有反对的风言风语，赫伯特·塞缪尔还是认为批准合同走个形式即可。然而，媒体揭露的秘闻打破了他的希望，一直到 1912 年 8 月 7 日众议院开会他都没能使大家支持批准合同。10 月众议院重新开会的时候，塞缪尔提议将合同提交给议会委员会作终选。被问到邮政部门将从马可尼那里购买什么东西的时候，塞缪尔回答道："我们将购买他们公司所有专利的使用权……我们要买……还没有申请专利的那些发明，据我所知，这些还没有公布的发明具有重大意义。我们还要购买的更有价值的东西是他们的远距离无线电报技术，也是只有他们才掌握的技术……我们不仅要买目前已有的专利权，还有将来所有的专利发明。"并且，邮政部门将会替代马可尼公司直接运用这些专利。鲁弗斯·艾萨克斯告诉众议院他只是知道最近要签订一个合同，是他的弟弟戈弗雷在几天前的一次家庭聚会上告诉他的，但实际上戈弗雷早在 3 月马可尼公司争取竞标之前就告诉他了（那时候鲁弗斯·艾萨克斯就已经是司法部长了，但那时候还不是内阁成员）。艾萨克斯明确表示他自己、劳埃德·乔治和塞缪尔都从来没有交易过马可尼公司的股票，他内心把马可尼的总公司和美国的分公司分得很清楚，但他并不认为有必要告诉他的议会同事们这中间的区别。

特别委员会于 1912 年 10 月 29 日开始召开会议。听证会冗长又令人费解，很快，如果没有全程参会，就不可能听懂会议内容，即使全程都很认真听，想要完全弄懂会议内容也是个挑战。会议于 1913 年 1 月 13 日结束，公布的结论是应该建立帝国无线电链，委员会还建议建立一个技术性的咨询委员会来汇报现有的远距离无线电报通信技术的优点。邮政部门接受了这个提议，并于 1913 年 1 月 23 日成立了由罗伯特·帕克法官领导的委员会。（帕克法官在 1911 年的一个专利案件中支持过马可尼。）

1913 年 1 月 15 日，戈弗雷·艾萨克斯给塞缪尔写信说，由于合同延期执行，公司现在正在遭受着巨额损失，并请求撤销合同。马可尼本人于 1913 年的 1 月 27 日被召到特别委员会说明为什么公司希望撤销合同。但是马可尼拒绝只谈这一个话题。当委员会主席让他说明自己想撤出的理由的时候，马可尼回应说回答这个问题就意味着要对在"这个房间里说过的所有话"做出全面的回答，他指的是有损他名誉的事情。委员会在私下决定不再考虑马可尼的请求（实际上是个要求）之后，决定晚点再召马可尼过来。

1913 年 2 月 12 日，在《国家评论》工作的梅克斯指出，部长们很快就会否认他们有任何马可尼公司股票交易行为，"任何"这两个字，在他的证词中也有重点强调。至此，对部长大臣们股票交易的质疑又重新被提出。第二天，巴黎《晨报》暗指梅克斯已经掌握了艾萨克斯兄弟和塞缪尔串通的证据。尽管报社迅速撤回了报道，鲁弗斯·艾萨克斯和塞缪尔还是以诽谤罪控告了他们。案件很快于 1913 年 3 月 19 日开庭，艾萨克斯和塞缪尔的律师爱德华·卡森几乎是很随意地介绍了他们购买美国公司股票的事情，卡森提到股价下跌后艾萨克斯的生意上损失了很多钱。揭露其股票交易的战略决策得到了政治上的支持，以便控制媒体如何报道此事。温斯顿·丘吉尔被派去拜访《泰晤士报》的负责人诺斯克里夫勋爵，他们在他家里的卧室里亲切会晤，以此来确保报纸将会很富同情心地报道此事。保守党反对党领袖安德鲁·博尼亚尔·洛向议员马克斯·艾特肯（也就是未来的比弗布鲁克勋爵）告知了这件事情，艾特肯也火速去拜访诺斯克里夫，结果发现丘吉尔早就已经去过了。1913 年 3 月 20 日，《泰晤士报》头版社论称这些部长们在他们自己的投资上可能展现了更多的用心，但是缺乏判断力并不足以认定他们犯了滔天罪行。部长们的诽谤案赢得了胜利。1913 年 3 月 21 日，劳埃德·乔治写信感谢诺斯克里夫以"仗义的方式"支持他们。尽管看起来很好，但乔治悲观地认为"现在的状况是病态的，这都是因为马可尼公司争议缠身引起的"。鲁弗斯·艾萨克斯也写信向诺斯克里夫致谢。

1913 年 3 月 25 日，鲁弗斯·艾萨克斯在议会委员会开会前出现。在那一天，他持有的马可尼公司的股票损失净值 1 300 英镑。这是委员会和大众第一次听到这些事情的细节——艾萨克斯兄弟们在萨沃伊酒店的会面，哈利在 4 月 9 日购买的戈弗雷的股票，及鲁弗斯 17 日从哈利手上买的股票。鲁弗斯说，在 18 日美国公司宣布重组以后，哈利和他自己以及劳埃德·乔治那时候都出售了一部分自己的股票。劳埃德·乔治证明后来他又买回了更多的股票，使这一系列的交易看起来更像是投机，而不像是投资。劳埃德·乔治曾经公开讲过政治家们的道德标准；而现在他讲过的这些道德标准反过来咬了他自己一口。另一位购买股票的部长大臣，政府领导穆雷勋爵，已经退出了政界，现在在南美洲做一家英国公司的代表。穆雷，有一个奇怪的贵族头衔"艾利班克硕士"，在当时的伦敦是一位家喻户晓的人物，同时代的人曾形容他"总是很快乐，又总是很体

15

贴……他身形高大，满月般的脸庞，额前卷曲的刘海，都一直很让人愉悦，他
16　有一种让人难以抗拒的很有说服力的交际方式"。然而，其他目击证人的证词表
　　明穆雷购买的马可尼美国公司的股票是用由他控制的代表统治地位的自由党的
　　一个信托基金的钱(他自己又额外购买了一些来增加他最初的份额)。看清这些
　　部长们在委员会前的表演后，诺斯克里夫觉得自己被欺骗了，他写信给丘吉尔
17　说："你的马可尼朋友们用最令人厌恨的方式精心编排了这些事。"《泰晤士报》开
　　始发表更为尖锐严苛的社论。

＊　＊　＊

　　与此同时，马可尼在爱尔兰装备无线电设备的过程中遭遇的土地问题也没
　　有解决。1913年3月2日，星期天，坎普安排马可尼在克利夫登的铁路饭店会
　　见一批来自Currywongaun和Mullaghglass地区村庄的居民代表，就无线电电杆
　　的放置问题展开全面讨论。两位当地的牧师被任命为仲裁官，但是在他们做出
18　裁决之前马可尼就在1913年3月3日被一个电话召回了伦敦，因为他的岳母英
　　吉坤女士去世了。3月4日，两位仲裁官建议付给住户162英镑(每平方英尺大
　　概有1英镑)作为公司占地的赔偿，而坎普认为这片地全是条件恶劣的沼泽地。
19　对坎普来说这是很大一笔钱，那时候他每周还赚不到6英镑。

　　坎普很愤怒，他敦促马可尼劝说爱尔兰议会成员"写信给这两名仲裁官，用
　　最强硬的方式使他们离开，让这些海盗一样的人知道害怕"。坎普的反应把这个
　　小矛盾放置在了爱尔兰发展地方自治这个背景之下。坎普提议用些手段让这些
　　住户接受一个比较低的款项，比如让他们相信如果不接受就是在伤害爱尔兰。
　　如果马可尼决定付钱，坎普建议他通过爱尔兰的民族主义组织来发放这些钱，
　　"这样会让他们觉得自己掠夺了自己国家的钱；我保证这样会使他们将来更尊重
20　我们，当他们想要更多钱的时候也能阻止他们再来一次海盗般的掠夺恶行。"

　　马可尼无心被爱尔兰混乱动荡的政局扰乱心思。尽管他与爱尔兰有着深厚
　　而持久的关系——他在任何时候任何情况下都会与掌权者亲近——但他设法保
　　持中立，与涉及爱尔兰问题的各方势力都保持良好关系(有点他的姻亲奥布莱恩
　　的行为风范)。马可尼巧妙地平息了租客问题；对他来说这只不过是做生意的另
　　一部分成本而已，他当然不会让自己陷入爱尔兰的政治泥潭。土地问题仍在困
21　扰莱特弗兰克行动，但是从1913年3月以后马可尼就未再亲自参与这些事了。

马可尼尽可能快地匆匆悼念了他的岳母。1913年5月11日，他和妻子的妹妹里拉一起回到克利夫登。3月12日，马可尼、里拉和查尔斯·富兰克林一起见证了坎普在双联法方面取得的进步。系统运作完美，马可尼有信心邀请帕克委员会来见证一次演示。3月26日，委员会来参观，坎普把这天称作"伟大的双联纪念日"。4月26日，委员会又来参观了一次，他们见证了马可尼亲自用所谓的连续电波发送了一封60个字的信件到格雷斯湾。由瑞金纳德·弗森登在美国 22 开发并由亨利·让德的实验改进，詹姆斯·安布罗斯·弗莱明的热离子管发展完善的连续波段通信成为现代无线电报的基础，最终也成了广播的基础。总是以高姿态示人的马可尼在1913年的5月7日告诉特别委员会："现在我在克利夫登有一套系统运用了连续波段通信技术，不管发送什么信息都采用无火花技术，这仍然是一个马可尼无线电系统。" 23

　　在这些工作演示之后，马可尼很少（如果有的话）回到克利夫登，实际上他连爱尔兰都很少去。他的最后到访记录是1913年8月20日在克利夫登文具店写给一个叫莫妮卡·布莱登的崇拜者的便笺（2013年在伦敦的邦瀚斯拍卖行被拍卖），还有一个1913年9月1日德莫兰德城堡留言簿上的签名，当时他在拜访他的大舅哥卢西斯·英吉坤勋爵，讨论怎么照顾刚成为孤儿的奥布莱恩姐妹。

＊　＊　＊

　　1913年4月对于英国政府来说是段艰难的岁月。在一次与国王的每周例行会面中，阿斯奎斯告诉他的君主，这些部长大臣们早就已经递交了辞呈，尽管他觉得他们的这种行为很"可悲"，但他拒绝接受他们的辞呈。马可尼告诉他的 24 朋友约翰·米霍兰德正是阿斯奎斯建议部长大臣们保持沉默，就在他知道他们是在跟美国公司打交道而不是跟英国的马可尼公司来往之后。"这是个很糟糕的建议，现在大家都明白了。"马可尼告诉米霍兰德。在此期间，如今成了海军第 25 一大臣的温斯顿·丘吉尔提出了主要观点：延迟批准马可尼公司的协议使得英国失去了原本希望通过建立一套帝国范围的无线电系统获得优势的机会。丘吉尔出现在特别委员会听证会的时候场面颇为生动又具戏剧性，因为《财经新闻》的编辑告知委员会丘吉尔本人也购买了马可尼的股票。丘吉尔怒发冲冠，坚定 26 严肃地否认了这个说法："我从来没有在任何时候、任何情况下有任何投资或者任何形式的收益，不管你说得多么隐晦，我从来没有在这个国家或是我们居住的这个星球上的任何一个其他国家购买过马可尼无线电公司的股票或是你所形容的任何其他股票——从来没有。"丘吉尔以自己特有的方式这样说道。在跟几位试图安抚他的委员简短交流后，这位海军第一大臣反问道："我能认为你们对我的审问结束了吗?"然后就起身离去了。

帕克议员考察了德国、丹麦和克利夫登的无线电装置，获得了包括马可尼公司在内的各方的技术数据，并于 1913 年 4 月 30 日公布了考察结果。他认为马可尼的无线电系统是唯一一个符合建立帝国无线电网络的系统；只有马可尼公司在远距离通信上具备必要的实际经验。特别委员会建议重新展开与马可尼公司的谈判。马可尼终于在 1913 年的 5 月 7 日在法庭上而不是在议会委员会面前获得了为自己申辩的机会。在这里，他毫不含糊地说他公司的股票从来没有投机操作。为了回应罗伯特·塞西尔的质疑，马可尼的措辞经过精心修饰。

塞西尔：我看到你说过，在这些公司的繁盛时期你从来没有买卖过任何一支股票。

马可尼：没有。我那句话的意思是说……股票价格从 5 英镑涨到 9 英镑，后来又跌回 5 英镑或者 5.5 英镑期间我从来没有买卖过股票。我想说的是不管股票价格是 7 镑、8 镑还是 9 镑，这些跟我都没有任何关系。

塞西尔：我觉得有理由提出这个问题，因为有证据表明你确实在 4 月 9 日当天或者是前后购买了美国公司的 1 万股。

马可尼：完全没错。但是我那时候买股票是因为我早就同意买下它们……这是我在公司里经常做的事情之一——我总是承担一部分问题……就为了表明我有信心解决问题，也正因为我有信心……我告诉艾萨克斯先生我想要在你说的那个日期之前购买一部分股票。

马可尼在委员会当面澄清了之前暗指的或者是明确指责他在购买新的美国公司的股票中的不法行为，他轻易地避开了对接下来将要发生的事情的所有暗示。当马可尼还留在美国的时候，艾萨克斯回到了英国，被公开卷入了泰坦尼克号事件。艾萨克斯独自与邮政部门进行了合同谈判，"除了马可尼本人谁都没有"通知。严格来讲，这就意味着如果不是艾萨克斯他自己走漏的消息说公司的股票有投机操作，那就只能是马可尼干的了。但是马可尼否认曾经告诉任何人关于股票的事情。"我不敢做这样的事情……不，这是完全违背我的原则的。"

还有一个有趣的插曲。塞西尔·切斯特顿1912年10月在《新目击者》杂志发表了一篇文章，再次没有根据地指控了马可尼公司的腐败问题，而且又提到了戈弗雷·艾萨克斯在加入马可尼公司之前生意上的"可怕的污点"（据这篇报道，他指的污点跟失败的矿业投机和出租车公司有关）。切斯特顿因此被指控诽谤。案件于1913年5月27日在老贝利伦敦中央刑事法院开庭，结果切斯特顿根本未在议会委员会露面。切斯特顿一直被视为一位好记者，一位"活跃而言辞辛辣的"行动派，一个在包括萧伯纳、比阿特丽斯和西德尼·韦伯的伦敦辩论群体中能坚持自己观点的演说家。但是他的文章总是公开地充满敌意地反对犹太主义； 32
也有人认为他骄傲又自大，在法庭上他好像也可以无视法律。马可尼的阁僚们和马可尼本人代表艾萨克斯给出了证据，陪审团判定切斯特顿犯有诽谤罪，这个定罪足以使他坐5年牢。当法官宣判罚款和其他花费共100英镑的时候，切斯特顿的支持者们以为这就算是胜利了，但他们忽略了切斯特顿已经撤回了对马可尼公司腐败的指控。 33

帕克委员会认可马可尼公司是建立帝国无线电系统的唯一合适的承包商，因此邮政部门和公司之间的谈判重新继续，到1913年7月30日，他们公布了合同的相关细节。主要有3个利益方：邮政大臣赫伯特·塞缪尔、马可尼无线电有限公司以及古列尔莫·马可尼。这次不同寻常的三方协议不仅对马可尼公司做出了承诺，也包括了马可尼公司的创始人和首席科学顾问（并且莫名其妙地使用了他的正式的意大利头衔Commendatore①），强调了马可尼与其公司的独特关系，并且强调了当立约人与马可尼公司打交道的时候他们实际期待的是和马可尼本人合作。几天后议会终于最终批准了该合同。不过，中间耽搁的这一年抑 34
制了各方的积极性。

开了9个月的听证会以后，议会特别委员会完成了对部长们的股票问题的调查工作，并且出具了一份报告。大多数自由党和少数保守党都认为这些部长们购买马可尼美国公司股票的事情是鲁莽的，但他们并不认可委员会采用的语气和语言，也不认可他们所采取的措施，列了几份草稿以后，形成了两份报告，

①"马可尼"这几个字大而醒目，而在同一时期的英国媒体中，马可尼的出现就普通得多，一般被称为"古列尔莫·马可尼先生"。

一份为委员会的大部分成员接受，第二份由独立的保守党派罗伯特·塞西尔（后来他成为万国联盟的缔造者之一并且于 1937 年获得了诺贝尔和平奖）签字认可。塞西尔的报告的主要论点是邮政总局的全球影响力和未来的商业前景使得邮政总局的合同将会给所有的马可尼公司带来巨大收益。这份合同使马可尼公司在面对它现在和未来的竞争对手的时候更有优势，也会使得更多发明家把自己的专利卖给马可尼公司。塞西尔提到，在这个繁荣时期马可尼分公司的股价也有上扬，比如西班牙和加拿大分公司。他说，马可尼关于艾萨克斯是怎样负责出售公司股票的记忆并不清晰，而部长们出于一己私利的不当购买行为是以政府内部有关人员透露的信息为基础的。塞西尔好像也界定了道德问题。

这两份报告一面世，马可尼的名字就再次占据了各大报纸和时事评论文章。《泰晤士报》在 1913 年 6 月份发表了 6 篇以此为主题的社论。大多数报道都是"粉饰"，而鲁弗斯·艾萨克斯和劳埃德·乔治的清白被玷污了。艾萨克斯虽然维持着表面上的平静，但是私下里"悲哀地发生了变化"，而根据劳埃德·乔治的传记作家之一的说法，"他瘦了，失去了活力，身体健康出现了问题……乌黑的头发变得灰白，脸上开始有了皱纹。"1913 年 6 月 18 日，保守党反对派向众议院提出某些部长大臣们与马可尼美国公司的交易是"令人遗憾的"，他们向众议院提交的陈词中也表达了对"坦诚的渴望"。这个议案一直辩论了整整 2 天；戈弗雷·艾萨克斯在此期间一直待在访客走廊里。讨论结果又提出了 3 项新的道德准则：严禁部长以部长名义利用机密信息；严禁部长向与政府有合同合作的公司投资；严禁部长接受任何与国家签有合同的个人提供的任何特殊照顾。

鲁弗斯·艾萨克斯最终承认他和他的同事在股票买卖问题出现时没有完全坦白，这是不对的。但他设法在语言上挽回颜面："我从来没有想过任何人会怀疑我搞腐败，因为我是在英国政府公开声明马可尼英国公司竞标成功以后大概 6 周左右的时候购买的马可尼美国公司的股票。"如果他早知道他会受到如此强烈和如此不公正的指控，他说"我本不应该参与这个交易的"。劳埃德·乔治则更激动，他说了大致类似的话："我当时没有好好考虑，我太粗心大意了，我做错了，但我是无辜的，我没有隐瞒，我很坦诚。"

阿斯奎斯在辩论的第二天发表了讲话，谴责："最可耻的申诉是从种族和宗教仇恨开始的。"他还为部长们和其他官员们提出了来自反对党的行为准则，他说，他要创建"一个最过分最可笑的标准"使商人们无法参与国家的政府事务。然后，他列出了他认为应该遵守的规则，与反对派所概述的相似，这些"阿斯奎斯规则"成了接下来的 50 年里英国议员的非官方道德准则。众议院接受了对原来决议的大部分修正方案，接受了两位知道悔过的部长的说辞。 39

"马可尼丑闻"继续影响着英国的政治。最直接的影响就是阿斯奎斯的候选人们在两场国会补缺选举中的获胜，马可尼事件是这两场选举的主要议题。不过大多数候选人都表现得非常好。 40

鲁弗斯·艾萨克斯于 1913 年被任命为首席法官，1914 年被授予男爵爵位，1918 年被任命为英国驻美国大使，1921 年被任命为印度总督，并最终于 1931 年被任命为外交大臣。劳埃德·乔治担当了英国最后一位自由党总理（接替的是阿斯奎斯的职位）的历史角色，执政期为 1916 年至 1922 年。他的总理生涯因为对马可尼事件的深刻记忆而打了折扣，并且他觉得他的政治生涯要归功于那些用强有力的手段停止对他的审问调查的人们。赫伯特·塞缪尔成了内政大臣，1914 年 11 月，他是第一个当选后提议在巴勒斯坦圣地建立一个英国保护区的英国政治家；1920 年他被任命为这个新保护区的最高长官。穆雷勋爵从南美回到了英国，1914 年在上议院受审，后被宣判无罪释放。 41

马可尼与邮政部门的合同并没能挨过战争的爆发。邮政部门在 1914 年年底取消了协议，公司以违约为名控告了邮政部门，并要求邮政部门赔偿损失（1918 年，艾萨克斯说公司在合同被取消之前就已经投进去了 14 万英镑）。1919 年案件审判的时候公司获得了 60 万英镑的赔款，而那个时候马可尼公司跟邮政部门有了新的合作。但就像马可尼公司与英政府的其他交易一样，这次合作也充满了政治障碍，另一组似乎没完没了的委员会调查使这次合作在接下来的 7 年毫无进展。直到 1926 年，全英国范围的无线电网络系统才建立起来，也就是在马可尼直接参与进来之后。马可尼告诉英国政府他又发现了远距离通信的一个新方法，那就是使用短波。 42

马可尼丑闻在两个方面存在遗留问题。这是政府成员可疑的金融交易首次在英国议会曝光，为政治家们设定了新的道德底线。反对派和新闻界的语气也标志着英国引入了一种新的政治风格，人格攻击和含蓄的影射开始取代了对政治分歧的理性讨论。这件事也为英国上层社会越来越多的犹太人树立了礼貌表 43

达优越感和关切的新界限。有半数犹太裔的议员们在 1910 年 12 月的大选(电汇汇率改革家爱德华·萨松先生也和他们一起重新参加了选举)中赢得了席位。在这些议员当中，赫伯特·塞缪尔和鲁弗斯·艾萨克斯是最初自己承认是犹太裔并在英国内阁工作的两位(19 世纪的总理本杰明·迪斯累利在他 12 岁的时候就脱离了犹太教，早在他踏入政界之前)。犹太人缓慢但稳定地融入了英国的政治生活，这在上层社会的公务员制度中更为明显，例如犹太商人的儿子马修·南森可以成为香港总督(九龙区的主街南森路就是以他的名字命名的)。1909 年，

南森又成了邮政总局的常务秘书，跟马可尼进行合同谈判的时候他是政府主要的谈判代表，这件事不知何故躲过了恶意中伤者们的注意。

　　可以说马可尼丑闻为英国的一种新型反犹太主义奠定了基础。反犹太主义偏见最初的目的是把犹太人排除在政治和政府等现有的社会保护之外，而现在的反犹太主义旨在为那些已经被认可的犹太人设定一个更高的标准，这意味着他们要受苦，他们的幸运是外邦人缺乏判断力的结果。举个例子，在马可尼丑闻期间，鲁弗斯·艾萨克斯被任命为首席法官的事情让马可尼曾经的崇拜者鲁德亚德·吉卜林很愤怒，他写了一首充斥着恶毒的反犹太主义思想的诗歌，在这首诗里，标志性的圣经人物格哈兹，也就是伊丽莎白的仆人洋洋自得地说道：

"我的热心使我成为以色列的审判者……"简而言之，一位犹太人——任何犹太

人——在爱德华七世时代的英国都还是种族主义者侮辱的目标。这种情绪被进一步渲染了，在第一次世界大战之前的英国，犹太裔的居民不能被完全信任，只因为他们在中欧的根源(尽管英国很多最出众的犹太家族，比如萨松家族，都是西班牙裔犹太人或者是中东裔犹太人)。

　　G. K. 切斯特顿，他的弟弟塞西尔是最有舆论导向力的新闻记者之一，他把马可尼事件转变成了一次民族宗教事件。G. K. 切斯特顿 1918 年 12 月 13 日发表在《新目击者》杂志上写给鲁弗斯·艾萨克斯(如今是雷丁勋爵)的信为民族宗教思潮树立了又一个范本，随后有传言称艾萨克斯将会被任命为英国代表团的成员去参加巴黎和会。一个犹太人去讨论战败的同盟国的命运所带来的恐慌对这位英国贵族来说太难承受了。切斯特顿在文章中把艾萨克斯看作是"马可尼公司的首席部长"，一个"不知怎么变成了首席法官的流浪股票经纪人""已经赢的战争我们会再输掉吗？……会有任何人怀疑你说的同情犹太国际的事情

吗？……你真的认真想过那些了解关心这些的人是如此地痴迷于鲁弗斯·丹尼尔·艾萨克斯，以至于能够忍受这种冒险，更不用说是这种伤害？……艾萨克斯的儿子丹尼尔，安静地离开吧。"简而言之，犹太人永远是犹太人，他们要远离英国政治。 49

直到20世纪30年代后，马可尼都还是英国议论政治腐败问题时候的一个参考点。G. K. 切斯特顿自己也宣布这是英国政治的一个分水岭："现在流行把近代历史分成战前和战后两种情况。我认为似乎也有必要把它们分成前马可尼和后马可尼时代。"他在1936年出版的自传里这样写道。这个抹不去的污点让马可 50 尼很是懊恼，尽管这很让人痛苦，但也只是变成了另一种他已经适应并且习惯处理的刺激，就像他失去的眼睛和反复发作的疟疾一样。像被这件事触动的每一个人一样，马可尼也对政府部长们在面对他公司股票时目光短浅的表现而感到遗憾。然而，他却从来没有遭受过这样的反犹主义的威胁，这常常与他的名誉上的耻辱联系在一起——他的名字现在已经成为反犹太主义的一个目标。相反，无论是公开的还是私下里，他总是对戈弗雷·艾萨克斯真诚相待，他很自豪是他把艾萨克斯带进了公司，并一有机会就感谢他最终使公司走上了财务上的成功之路。据谈及马可尼丑闻最终结果的作者弗朗西丝·唐纳森说，"马可尼是唯一一位声望从来没有被攻击或是降低的人。"马可尼个人没有受到任何影响， 51 但是他之前可以和无线电互换的名字，现在已经成了（至少在英国是这样）股票投机合作和肮脏政治的代名词。这段经历是他脱离英国过程中的一个重要里程碑。

第 22 章　隐形的武器

1　　马可尼在 1913 年 6 月回到了美国（为了给公司与雷金纳德·费森登的公司
2　NESCO 的案件提供证据），这次是和比阿特丽斯一起。1913 年 6 月 12 日，在纽
约的荷兰馆吃饭的时候，马可尼把尤金·博伊斯万介绍给了伊内兹·米霍兰德，
说他是"一位有着酒神的笑声和诗人灵魂的魁梧的荷兰人"。当博伊斯万知道刚
刚从政法大学毕业的伊内兹要和马可尼一家于 1913 年 7 月 2 日坐船去英国的时
候，他决定一起去。根据伊内兹的传记作者琳达·拉姆斯登的说法，"博伊斯万
和米霍兰德在特立独行的非传统观点和对生命的欲望上是一致的"，他们之间的
化学反应是爆炸性的。在一段纯洁的交往过后，他们俩几乎无法自拔了（伊内兹
当时正待在马可尼的套房里），这对新恋人和他们的介绍人一起去了鹰冠酒店，
在塔上度过了恩爱的一夜（在他们共度的余生中，两人经常回忆起这个夜晚，彼
此写信铭记，记忆犹新）。后来，他们一到肯辛顿就在登记处注册结婚了。见证
3　人只有两位，一位是马可尼，另一位则是伴郎。

　　回到纽约的时候，约翰·米霍兰德感到很震惊。他送伊内兹登上毛里塔尼
亚号的时候见过博伊斯万，觉得他是个"有着法国面孔的容易冲动的年轻人"。
收到伦敦发来的关于他们结婚的电报以后，约翰给自己的女儿发电报确认这个
消息。"我感觉非常糟糕。"他在日记里写道。在米霍兰德看来，博伊斯万唯一让
人喜欢的一点就是马可尼（在媒体的报道当中，马可尼的身份是新郎的一位亲密
友人）对他人品的认可。7 月底，当米霍兰德在伦敦终于见到他女婿的时候，他
4　形容说这是"此生最苦涩的失望之一"。米霍兰德是以一位传统的、像大多数其
他父亲一样的角度看待这件事情的。尽管在美国政治中，他是一个思想进步的
人物，但他同时也是一个禁酒主义者和福音派新教徒。他尊重自己女儿的进步
5　政治观点，但他无法理解她的生活方式。他很仰慕马可尼，而马可尼被伊内兹
吸引并非因为仰慕。马可尼对伊内兹的政治观点感到迷惑，认为她并没有认真

思考过政治。马可尼被她强烈地吸引只因为她是个女人。

　　事实上，任何人都无法从表面上看到的想象博伊斯万和马可尼会有什么相似之处，博伊斯万的一个朋友形容他"英俊果敢，精力旺盛得像一匹马"。博伊斯万的气质与马可尼相反，这也使得他能够激发出马可尼的另一面。和马可尼一样，博伊斯万和母亲这边的亲人一样是爱尔兰新教徒（他父亲这边是荷兰人）。据说尤金和古列尔莫在纽约相聚的时候喜欢玩爱尔兰的一种从一家酒吧喝到另一家酒吧的游戏。马可尼有目的地安排了伊内兹和博伊斯万的见面，希望他们能成为朋友。在伊内兹还是青少年的时候，马可尼一见到她就为她的性感所着迷，尽管他名扬四海，他在伊内兹这里还是没有安全感。马可尼曾告诉博伊斯万，他认为不管伊内兹有什么样的女权主义论，她需要的都是比他更具男子气概，更"强壮"的人；而很明显事实的确是这样。尤金和伊内兹的关系是由一种强烈的性爱关系所驱动的，尤其是当尤金不在身边的时候，她以性幻想、自慰、调情和短暂的婚外恋冒险度日。不仅马可尼和博伊斯万两人的性格很不同，他们各自和妻子的婚姻关系也十分迥异。

＊　＊　＊

　　马可尼与他的姻亲奥布莱恩一家的联系越来越紧密。1913 年 9 月 1 日，在去克利夫登的路上，马可尼停驻在德莫兰德，为了与卢西斯和伊塞尔一起讨论英吉坤女士去世后比阿特丽斯姐妹的财务支出如何安排。然后，他让比阿特丽斯和孩子们搬到了罗马并把他们安置在瑞加纳酒店。戴格娜和朱利奥在蒙台梭利学校上学（正如前文所述，是在伊内兹·米霍兰德的建议下去的），很快就变成了小名人。当 1914 年 1 月 2 日玛丽·蒙台梭利本人从美国回来的时候，各大报社都报道称学校的老师和学生热情地迎接了她，其中就有古列尔莫·马可尼的孩子们。

　　在此期间，马可尼主要在英国活动，直到 3 月初，他回到罗马。1914 年 3 月 3 日，他在 Augusteum（卡塔赫纳）发表了一场著名演说，此次演说他邀请了整个皇室成员参加。奥古斯都的陵园音响效果很糟糕，但是马可尼让现场的 3 000 名观众爆发出了"空前的热情"。晚上的演说结束后，他悄悄地离开大厅，为了避免他上次，也就是 1903 年，在罗马举行一场重要的讲话之后所产生的近乎暴动的热情场面的出现。随后，他登上了意大利海军战舰瑞加纳·艾琳娜号，在意大利海岸和西西里岛海岸进行了一项研究调查。在副手 H. J. 荣德的陪同下，马可尼对语音传输进行测试（或称为无线电话），这已经开始引起军方和公众的高度重视。自从在炮台广场和纽约时代广场进行测试之后，荣德就一直在进行无线电话实验，并在 1906 年"监听"了雷金纳德·费森登在美国的首次广播。荣德交给马可尼存档的报告也清楚地表明了他在此次研究中发挥的主导作用。他被公认为是智能信号、测向系统和无线广播技术的先驱。

除了无线电语音通信的军用可能性之外，马可尼还看到了一种新的商用性，特别是移动无线通信。"一位口袋里放着无线电话乘坐飞机飞翔在法国或是意大利上空的人可以给正在伦敦街头散步的口袋里装着接收器的朋友打电话，这种期待目前还不能说已经完全实现，但也不是难以想象或是难以实现的事情，目前已有的无线电技术与成就都在指向这样一种方向。"他在完成这些实验后这样写道。这与我们今天所用的手机完全是一致的；而在一个世纪以前马可尼就预见到了这些，真的是神秘又不可思议。

马可尼和荣德一起合作，之前即使是最长久的合作伙伴他也会保持距离。比如弗莱明就是从媒体报道中得知马可尼的新实验，尽管他自己也在研究类似的项目。弗莱明从报刊上了解到马可尼已经可以成功地把语音传输到 100 多英里（约 161 千米）以外。这完全是一种夸大；事实上的结果并没有这么乐观。在瑞加纳·艾琳娜号上的时候，马可尼和荣德收到了远在 22.5 英里（约 36.2 千米）外的"特别响亮又清晰的"声音信号，但有一个大问题是：语音信号的传输好像干扰了原有的远距离电台的无线电通信（用莫尔斯码发送），包括克利夫登、格雷斯湾、托布鲁克和马萨瓦的电台，这些都在瑞加纳·艾琳娜号能正常接收的信号范围之内。而媒体报道说实验获得了巨大成功。回到罗马的马可尼接受了采访，他说："无线电话存在的问题已经解决了……我相信人类声音能够穿越大西洋的这一天马上就要到来了。"他的新设备已经被意大利海军采用了，并且"将会慢慢地完全替换掉其他种类的信号器"。马可尼公司称这是无线电话第一次投入实际应用。马可尼的这些预言是错误的。第一个公认的穿越大西洋的人声无线电传输是在 1915 年，由美国电话电报公司的一个子公司，西部电子公司完成的，从美国弗吉尼亚州的阿灵顿海军基地发送到了巴黎的埃菲尔铁塔。

* * *

巧合的是，马可尼与其家人的行程总是凑不到一处去，无论他的家人身在何方，他总是出现在另外的地方。1914 年春天，比阿特丽斯带着孩子回到英国南安普顿的伊戈尔赫斯特。在伦敦，无论比阿特丽斯是否陪伴在侧，马可尼晚上都会与他那些名流朋友们聚会聚餐，或者一起看电影。如果他想去看场音乐会，比如说正在伦敦女王陛下剧院热映的乔治·萧伯纳（英国剧作家）的名作《卖花女》，他会径直向赫伯特·比尔博姆·特里索票。特里是《卖花女》中亨利·希金斯的扮演者，也是伦敦女王陛下剧院的所有者和经营者。（和马可尼一样，特里也见证了维多利亚时代与爱德华时代的变迁。）

18

　　1914 年 7 月，马可尼终于获得了他一直错失的骑士爵位。马可尼的朋友约翰·亨尼克·西顿是保守党议员，长期以来一直在为马可尼的爵位进行游说，他曾在 1912 年 6 月告诉马可尼"我的请求会得到批准"。然而还有一个大问题，骑士爵位应由首相发起倡议，但在 1912 年，传言称首相内阁偏袒马可尼，因此而受到审查。1912 年 6 月 18 日，西顿收到维多利亚女王私人助理斯坦福德姆勋爵的信笺，建议他与阿斯奎斯磋商马可尼爵位一事。6 月 24 日，西顿向马可尼提供了最新消息，让马可尼不必担心，他会与首相相约解决此事。西顿在信中说道，"我请求他信任我，可否给我机会向造谣者解释并予以谴责。"最后他补充道，"把这封信销毁。"此后两年，再没有关于此事的消息，直到斯坦福德姆勋爵再次给西顿写信："我向首相讲过此事，首相表示会考虑，但是我认为以马可尼的名字申请爵位不可能成功。"于是，西顿立即给马可尼写信："所有能做的事情都做了……我告诉他（斯坦福德姆勋爵），如果英国不尊重自己的国民，你会感觉受到轻视，继而离开这个无情的国家。"接着，西顿又直接写信给阿斯奎斯，拿一些细节琐事骚扰他，彼时的阿斯奎斯正因混乱的国际局势忙得不可开交（更不用说日益动荡的国内坏境和矛盾激化的爱尔兰独立问题）。唐宁街（首相官邸）的答复非常迅速：马可尼不是入籍的英国公民，因此无备选资格。西顿指出，在受封的人中，有数百人也不是入籍的英国公民。1914 年 7 月 24 日，马可尼终于在白金汉宫受到女王的接待，并被授予大十字勋章。马可尼在受到诽谤后不久便被受封，这至少说明，在政届要员们看来，公事公办，一切都不是问题。

19

　　国际局势目前还不好判断，但无论如何，欧洲正在走向战争，已经发酵 40 年（从马可尼出生到现在）的帝国战争即将爆发。最新的一次危机爆发于 6 月 28

日，奥地利王位继承人斐迪南大公在波斯尼亚和黑塞哥维那的首都萨拉热窝遇
刺。此前也曾发生过多次危机，因此，久经世故的欧洲人确信，这次危机也将
像之前一样被缓解。但在1914年7月28日，奥匈帝国对塞尔维亚宣战。尽管国
际局势紧张，但马可尼还是照旧做他的生意。

7月底，一部分欧洲国家已经参战，马可尼率高级工程师代表团造访柏林，
受到了德律风根公司的热情接待。此行最后，他们视察了德国瑙恩市的大型发
电站，该电站新安装了大量的天线。瑙恩市是德律风根公司在扩建其全球商业
网中的重要一环，但马可尼一行刚离开，瑙恩市发电站便停止正常运营，并由
德国军方接管。其实德军一直在旁待命，就等着这些外国访客离开。7月30日，
英国大舰队收到海军总部发的无线电报，取消了海军的撤退计划，并要求他们
做好防范措施；8月1日，英国海域内所有商船的无线通信被切断；8月2日，
政府控制了所有的无线通信系统。8月3日，英国所有的无线通信试验站被关
闭。数周前，马可尼在公开发表演讲时说道，"或许将来的某一天，无线电报的
价值会受到实践的决定性检验，直到那个时候，人们才会真正意识到我们工作
的重要性。"现在，马可尼所说的检验的时刻已经来了，无线电报被作家哈罗
德·贝格毕称为"无形的战争武器"。

英国是在格林威治标准时间8月4日星期二晚上11点参战的。英国曾对德
国发出最后通牒，要求其对比利时保持中立，而这个时间是英国给德国的最后
期限。最后期限已过，英国海军大臣丘吉尔给大舰队发了无线电报："对德宣
战。"德国瑙恩无线电站立刻将此消息发送给所有德国商船，要求他们赶往最近
的中立港。正在马可尼一个无线电站监听的工程师亨利·约瑟夫·朗德截获了
德国的一封电报："德国已对法国、俄国和英国宣战。"因此，马可尼公司宣称，
他们是除政界之外最先知道战争爆发的。数小时内，英国舰队切断了德国在大
西洋和北海的电缆，使得瑙恩与西维尔及纽约之间4 000英里（约6 437.4千米）
的无线通信成为德国与依然保持中立的美国之间唯一的通信线路（法国与美国曾
提议，在战争期间，电缆应是中立的，但遭到英国拒绝）。数周后，德国技术员
摧毁了德律风根公司位于西非受保护国——多哥兰的无线电站，因为该电站很
快将被英法两国占领。很快，德国在欧洲外的无线电站就只剩下唯一的德属西
南非洲的温特和克（现为纳米比亚首都）。事实上，瑙恩是德国与世界其他国家

保持直接联系的唯一通道。

　　8月3日，意大利正式宣布保持中立，是欧洲大国中唯一一个宣布中立的国家①。1881年，法国占领突尼斯，意大利随后在1882年加入德国与奥匈帝国，组成三国同盟。但意大利与奥地利的关系比较紧张。19世纪60至70年代，意大利一直在寻求国家统一，但因为奥地利在1908年吞并波斯尼亚-黑塞哥维那，还有1911年至1912年意土战争后果的影响，统一大业变得更加艰难。退出三国同盟后，意大利倒向英、法、俄组成的协约国，当时协约国比较有胜算，或者至少能够与同盟国抗衡。实际上，意大利与同盟国和协约国都有利益关系，除非其他大国同意将其他领土（比如突尼斯）划归意大利，否则意大利也无法分一杯羹。于是协约国立即开始拉拢意大利，进行秘密谈判。意大利内部舆论分为 28 两派，以乔瓦尼·焦利蒂为代表的政界领导人倾向于中立政策，大部分议会反对派则煽动参加战争。马可尼作为亲英派，反对德国完全是出于本能。他给在罗马的意大利海军部长发电报，表示尽管意大利政府宣称保持中立，他还是会无条件帮助意政府。在马可尼的帮助之下，英国的克利夫登市和意大利的科尔塔诺市之间的无线通信获得了英国政府的许可。意大利军方回复马可尼时询问是否也可以开通英国宝窦站与琴托切莱发电站的无线通信。面对意大利的狡兔 29 三窟，马可尼也总有一套自己的应对之策。

　　意大利的中立政策让英国人对马可尼产生了怀疑，尤其是得知他还在伊戈尔赫斯特建有无线通信前哨。随着间谍谣言在英格兰南海岸的流传，汉普郡当地居民对马可尼的怀疑开始集中转移到他的家庭。比阿特丽斯碰巧在开战前的一个周末举办了一个大型派对。在"公众恐慌"爆发的前几天，马可尼还在伊戈尔赫斯特，他在动身去罗马之前先回了趟英国。几个月以来，比阿特丽斯几乎从未迈出过家门。 30

　　1914年8月14日，马可尼离开英国前往意大利。带着法国大使馆的公函穿越法国时，马可尼唯一的抱怨是行进速度太慢了。"我们在军用列车的车厢后面专门增加了一个特别的车厢，最有意思的是，当火车缓缓驶过法国里维埃拉一带的乡村时，百姓们都在为士兵们欢呼。在意大利，除了士兵数量大幅增加之

---

　　①8月2日，奥斯曼帝国与德国秘密结成同盟，并于10月28日参战。

外，一切都十分正常，火车也正常通行，"马可尼在 8 月 22 日给比阿特丽斯的信件中如此说道，"他已于 4 天前到达罗马，并安顿在格兰德大饭店。"马可尼表现出了对当地军事和政治局势的赞赏。他到达罗马时，外交部长安东尼奥·朱利亚诺对其进行了盘问，确认英、法、俄在集中军力攻打德国，而非奥地利。这对意大利而言十分重要，因为意大利更加关心是否受到奥地利军事部署的威胁，并一直关注着若奥地利战败，自己可能从中获得的好处。

意大利是否变节对战争走势至关重要，马可尼的特殊地位、在各国间的不断走动以及跨国通信使他成为外交圈中比较有影响力的人物。在马可尼的档案中，有一个非常有意思的匿名打印稿备忘录，内容是讨论意大利会在何种情况下加入协约国作战。很显然，这份备忘录是在战争的最初几个月写下的。人们在马可尼的私人文件中发现了这份标题写着"非常私密"的备忘录，是何原因并没有作进一步解释。备忘录从英国的角度列出了关于意大利的正反两面，并号召英、法共同努力拉拢意大利加入协约国，以构建持久的战后和平。备忘录还建议，英国应巧妙地向法国施压，迫使其同意将突尼斯划归意大利："如果英国能将突尼斯划归意大利所有，战争就会很快结束，战后的持久和平也指日可待，这将是英国外交史上的巨大荣耀。"我们无从知晓这份备忘录的作者是谁、目的何在，及何时、以何种方式、为何归为马可尼所有。备忘录也谈到了马可尼新的职业发展，在之后的人生里，马可尼会积极加入到外交圈中，在军政问题方面充当桥梁、中间人，或者政府与大使馆的信息顾问。

* * *

马可尼于 1914 年 8 月 18 日抵达罗马。"各种作战准备都已完成，"他在给比阿特丽斯的信中写道，"他们认为意大利可能会参战，如果参战的话，肯定与英法站在同一阵线，但是现在时机还不成熟。"马可尼到达罗马后做的第一件事，便是视察位于琴托切莱附近的无线电站，然后检查意大利安科纳的战舰。"我不会有任何危险，所以不用担心，"他在信中写道，"这个国家现在非常的安静祥和，生活还像平常一样，如果不是读报纸，人们根本不会感觉到一场可怕的风暴正从四面八方涌来。"马可尼的朋友阿布鲁齐公爵已升任海军舰队统帅，马可尼在未来几天会跟他碰面。同时，他还有大把的时间在夏日的热浪中参加社交活动，比如与罗马市长普罗斯佩罗·科隆纳一起看电影，与公主们调调情——这些他都毫不掩饰地告诉比阿特丽斯。他在信末不甚吉利地预言道："我想你比较清楚战争的情况，但据我们在这边所了解的，英法联军目前的处境比较危险。"

马可尼不确定自己的将来要何去何从，他的行踪将与战争走势紧密相关。"如果意大利果真保持中立，我会毫不犹豫地回到你跟孩子们身边。"他在9月2日写道。意大利目前还在韬光养晦，并没有要作战的紧张情绪。在视察无线电站的间隙，马可尼似乎还有许多时间走访住在亚得里亚海岸的亲友们，包括基诺·波滕齐亚尼（里米尼市）、他的嫂子莱蒂齐亚（卡托利卡市）以及阿布鲁奇公爵（塔兰托市）。在里米尼，他甚至还有时间来个海水浴。在家乡的来信中，有一封信来自亨利·朗德，附带9月初送达意大利的两套设备的使用说明。朗德还对时下英国的战情况作了介绍："志愿军进展神速……当下人们都更加温顺和善，除此之外，生活并没有明显变化。"

随着国际冲突的加剧，马可尼的预感越来越强烈，即意大利参战是不可避免的。他听闻伦敦有些担心意大利会加入德国阵营，但据他了解，意大利将来必然会加入协约国。意大利国内反对德国和奥地利的情绪十分高涨，每天都有示威游行和军事调动，意大利在役军人约有100万人。"意政府目前打算保持中立，但人们日渐发现，德国阴谋攻击意大利的行为越来越明显……大量的秘密无线电站也被曝光（在这方面我对意政府亦提供了帮助）并拆除。"他在给比阿特丽斯的信中这样写道。

在拆除无线电站的过程中，马可尼抽空去了趟博洛尼亚，顺便看了看他的格里夫尼庄园。那里一切似乎都还正常。屋顶有些倾斜，需要修缮一下，但"屋子还算干净，空气也挺好，真想跟你和孩子们一起在那里待上一会儿"。此外，他又一次指责了比阿特丽斯，因为她没有给他写信，也没有及时了解他的行踪。"你为什么会给雷吉纳酒店和格兰德大饭店都发了电报呢？要知道我一直都在格兰德大饭店。"很显然，比阿特丽斯对他的指责也有些生气，因为在下封信中，他为自己满是责备的态度向她道歉。"亲爱的，你一定要记住，虽然我在这边很忙，但我的心非常寂寞。"10月初，马可尼开始计划归程。"我要回伦敦，意政府有许多事情需要我回去安排处理。"大多数事情都与无线电没有什么关系。在离开罗马前，马可尼给温斯顿·丘吉尔发了封电报，感谢他对意大利媒体发表的

评论，并传达"意大利全国上下对英、美两国真挚而友好的感情……我们期待有
38 一天能够同仇敌忾。"

　　同时，马可尼也在考虑接受意大利清算银行行长这一职位。成立此银行的
目的是增强意大利在金融领域的声望和地位。此计划的主要发起人之一是弗朗
西斯科·萨维里奥·尼蒂——意大利政治家、经济学家，最近被焦利蒂政府任
命为农业、工业和贸易部部长。马可尼对自己能否胜任该职位持怀疑态度，但
尼蒂确信，马可尼能够把这个工作做得非常出色，因为他和英美金融界都有过
接触。作为回报，马可尼会得到略低于10％的原始股份。1914年12月31日，
在罗马一个人声鼎沸的大会上，清算银行宣告成立。它的成立被视为意大利在
39 对法国和德国控制的私有投资银行发起挑战。

＊　＊　＊

40 　　1914年10月19日，马可尼回到伦敦，回来后才发现，他在伦敦的活动必
须遵守《外国人限制法》。这没有给他带来太大麻烦，只需要他在进入禁区时做
好登记便可。然而，当马可尼公司申请自由行动的豁免权时，遭到了英国内政
41 部的拒绝，对此，马可尼很不高兴。在接下来的一年里，马可尼一直待在英国，
如果他在意大利，他就一定会注意到1914年11月14日新发行的报纸——《意大
利人民》，新闻记者、前社会活动家贝尼托·墨索里尼当时正担任该报的编辑。

　　1914年底，马可尼收获了他政治生涯中最重要的一项荣誉。12月30日，意
大利国王任命他为意大利终身参议员，以表彰他对国家做出的突出贡献。一般
而言，只有年过40岁的人才有资格当选。马可尼于1914年4月过了40岁生日，
所以他获此任命的时间已经是非常早了。（尼蒂对于马可尼的当选起到了积极作
42 用。）此外，尼蒂还为马可尼起了一个他爱使用的称号——议员阁下（Senatore）。
此项任命使马可尼成为意大利政界内的明星。在同一天，英国政府取消了与马
可尼公司的帝国契约。毫无疑问，意大利现在对马可尼的兴趣远远超过了英国。
1915年1月，马可尼回到意大利，参与阿韦扎诺地震的救灾工作，帮助埋葬2
43 万左右的遇难者。不久后，他又因公事被召回英国。

　　随着战争陷入恐怖僵局，意大利决心退出同盟国，加入协约国。2月16日，
意大利驻伦敦大使古列尔莫·因佩里亚利收到了罗马发来的意大利要求事项，
这些事项于3月4日传到了英国外交大臣爱德华·格雷爵士手中。协约国认为意

大利的要求有些过分，但依然会考虑，并提出反对方案。马可尼交叉往返于战乱的欧洲，并在 3 月 3 日回到罗马。之前他曾在两名法国女士的陪伴下游览了巴黎，他在给比阿特丽斯的信中简单称呼她们为赫尔迈厄尼和伊里斯。他的家书充斥着各种八卦消息，足以上演一部意大利歌剧："基诺和阿里瓦贝内的婚姻都面临破裂，原因在一封信中很难解释清楚。玛达现在在圣摩里兹，传言称她正怀着斯科尔迪亚的孩子。朱塞佩·斯科尔迪亚现在也非常郁闷，因为如果基诺离婚，他将不得不娶玛达为妻。"他在信尾表达了对婚姻的忠诚，"亲爱的，我唯一的愿望就是你也能在这里，我很好，并没有拈花惹草。"

意大利参战的趋势越来越明显，然而马可尼唯一关心的还是自己的生意。他与意大利政府重新签了一份无线电站协议，该协议现正在接受议会审查，这和英国的情况不一样，所以马可尼不太担心。此外，他的银行行长工作进行得并不顺利。此行最大的新闻便是他在参议院的就职仪式。1915 年 3 月 15 日，马可尼受到意大利上议院的热烈欢迎，在这里，他的毕生成就为人颂扬。据罗马《意大利信使报》报道，这名新议员面带笑容，朝气蓬勃，同僚们对他致以最热烈的掌声。马可尼用参议院的抬头纸给比阿特丽斯写信，充满了骄傲之情："看到了吗，我现在进入参议院了，我入职那天，他们非常友好热情，报纸对我的报道也都是些溢美之词。"接着马可尼又回到伦敦，接受英国皇家艺术协会授予的艾伯特奖章。在颁奖仪式的前几天，他工作上的老搭档塞缪尔·弗拉德-佩奇去世了，终年 82 岁。

* * *

马可尼的美国律师要求其前往纽约，为德律风根的全资子公司——大西洋通信公司的侵权诉讼案提供证据。大西洋通信公司在长岛南岸的西维尔建有远程无线电站，是与瑙恩通信的渠道，瑙恩和西维尔正常的商务通信始于 1914 年。（德国邮政管理局依然不愿意加入无线通信网络，他们认为电缆连接更安全，这其实是一种错误的认知，因为他们认为电缆在战时不会被切断，但最终结果事与愿违。）马可尼认为，大西洋通信公司侵犯了自己两个公司的权益（一个是以马可尼名字命名的，另一个是从奥利弗·洛奇那里收购的专利权）。大西洋通信公司的证人之一费迪南德·布劳恩是德律风根公司特意为处理此事而派来的专家。（布劳恩于 1914 年 12 月到达美国，1917 年美国参战后被扣留在西维尔无线电站，1918 年 4 月在布鲁克林逝世。）

　　早在 1914 年 8 月 7 日，战争在欧洲爆发后的几天之内，富兰克林·德拉诺·罗斯福的海军助理便得到机密情报——德国在（纽约）下曼哈顿区西街 90 号建有秘密的无线电站，虽然功率低，但依然能给西大西洋的德国巡洋舰发送消息。11 月，罗斯福便告知英国大使馆，美国海军正在调查某些国家违反中立政策，建立非法无线电站一事。设在美国的西维尔无线电站是德国全球通信策略中非常关键的一环。美国坚持认为，西维尔是维护美国中立政策的，并严格限制自己卷入商业活动。虽然美国海军还无法证明西维尔无线站存在非法行为，但坚信该电站"毫无疑问是在德帝国政府的掌控之内"。西维尔无线电站的许可证在 1914 年 12 月过期之后，大西洋通信公司试图为其更新许可证，美国海军建议美国相关部门不予受理此证，并将此电站转由美国海军接管。同时，马可尼以专利侵权为由将大西洋通信公司告至美国联邦法院。

　　1915 年 4 月 17 日，马可尼搭乘卢西塔尼亚号从利物浦出发前往纽约。登船后，马可尼才意识到该客轮的无线电天线不翼而飞，第二天早上发现客轮不太对劲，此时离岸航行已经超过了 12 小时。他立刻向船长投诉了此事，并开始给丘纳德轮船公司董事长阿尔佛雷德·布思写信。"卢西塔尼亚号是否曾受到鱼雷或者水雷的袭击？在此期间是否发生过什么事故？很有可能这艘客轮上的乘客最后无人生还。"1915 年 4 月 24 日，卢西塔尼亚号安全抵达纽约，这天碰巧是马可尼的 41 岁生日。马可尼在客轮上写的那封信从未寄出去。

　　当卢西塔尼亚号在纽约港口做补给时，德国外交部在瑙恩发了封加密的无线电消息至西维尔，消息提示："让媒体提醒人们不要搭乘卢西塔尼亚号横渡大西洋。"柏林驻华盛顿大使馆在美国报纸上刊登广告警告称，鉴于德国与英国之间的交战状态，美国公民如果乘坐悬挂英国国旗的船只，或者进入英国战区的水域，将会有一定的危险。（德国政府此前已于 1915 年 2 月 4 日发布了这样的公告书。）1915 年 5 月 7 日卢西塔尼亚号远洋航班在返回途中，于爱尔兰海岸附近遭到一艘德国 U 形船的袭击，造成 120 人死亡，其中大多数是平民。尽管卢西塔尼亚号船长当时立即发送了紧急求救信号，海岸电台也接收到了信号，但这一切都是徒劳的。船上虽然配备有足够的救生艇，但是来不及将所有人都转移上去。巨轮整个沉没过程只用了 18 分钟。卢西塔尼亚号游艇的沉没对世界局势的逆转，特别是美国舆论对德国的影响至关重要。

身为乘客完成了卢西塔尼亚号第 201 次远航和最后一次航行，马可尼幸免于难。比阿特丽斯给马可尼发电报："感谢上苍，你成功逃离卢西塔尼亚号，这是最好的消息，回来时再详细告诉我你的计划，请时刻注意安全，怎样才能不这么担心你。贝亚·马可尼。809 pm。"马可尼回复道："恐怕之前给你写的几封信已经随着卢西塔尼亚号沉入海底了。但是情况还不算太糟。在船上我失去了很多好朋友，早上还看着船离港航行呢。你应该还记得可怜的麦卡宾事务长吧？还有医生、漂亮的打字员姑娘，还有那么多我们认识多年的船员们。"

* * *

58

1915 年 4 月 26 日，马可尼在抵达纽约两天后，英国、法国、俄罗斯和意大利等国外交官在伦敦签署了一项秘密条约，意大利最终放弃了三重联盟，并承诺以协约国成员身份参战。意大利将《伦敦条约》视为其走上获得或重新获得那些被认为是外国统治下的领地的道路，例如特伦蒂诺、南蒂罗尔和奥匈帝国的亚得里亚海地区。秘密条约承诺将利蒂罗尔、的里雅斯特（当然不是邻近的阜姆港地区）、达尔马提亚北部、多德卡尼斯群岛、利比亚（自 1912 年以来归属意大利）、阿尔巴尼亚的部分地区，亚洲和非洲的德国殖民地，及土耳其的部分地区全部分给意大利。塞尔维亚和黑山虽然不是缔约国（尽管塞尔维亚也收到了通知），但也将得到达尔马提亚和阿尔巴尼亚的部分地区。该条约一直处于机密状态，直到 1917 年"十月革命"爆发之后，布尔什维克报纸《伊斯威维亚报》才正式揭秘。然而，就像今天的多边外交一样，它的存在是公认的，甚至可以在公开场合讨论——马可尼本人在 1915 年 12 月 16 日意大利参议院的首次演讲中也提到了该条约。

尽管意大利与法国在突尼斯的问题上产生分歧，但意大利对三重协议一直不予以重视，态度暧昧不明。早在战争初期，在 1914 年 9 月 5 日的第一个秘密协议中，中立的意大利就表示不接受和平分割。因此，《伦敦条约》就是学者雷内·阿尔布雷克特·卡里所说的"应用权力平衡理论"。协议想要将意大利纳入

其中，但是是否做好准备付出如此大的代价？作为优秀而且擅于交流的人才，马可尼发现自己的政治股持续上涨。在条约签署后的几天内，他听取了意大利驻美国大使的通报，并为即将悄悄地返回欧洲做准备。1915 年 5 月 3 日，意大

利正式谴责其前盟友，但战争并非必然选择。意大利仍然在中立者和干预主义者之间处于分裂状态（墨索里尼支持后者，焦利蒂则是前者的领袖）。

同时，马可尼继续在纽约法庭努力工作。正如他向比阿特丽斯所说的："法庭位于布鲁克林，我们早上 10 点必须到那儿，匆匆吃个午饭，在法庭上继续待到下午 5 时。"不过，他还是找时间至少完成了一件他认为重要的事。1915 年 5 月 18 日，他前往纽约州北部的史克内克塔迪，前往通用电气工厂，看到通用的工程师恩斯特·埃里克安德森研发的机器。埃里克安德森来自瑞典，毕业于斯德哥尔摩皇家技术大学，并师从柏林阿道夫·斯拉比。他于 1904 年加入通用（GE），受命于范信达（Reginald Fessenden），负责制造一台能够产生连续无线电波的强大的高频交流发电机。在 1906 年圣诞前夕，范信达开创性地在广播中使用了最初版本的埃里克安德森交流发电机；随后范信达破产，但通用决定继续开发交流发电机。埃里克安德森在 1911 年获得专利，开始寻找其他客户。（美国马可尼公司也在新泽西州新不伦瑞克省的岸边购买了早期原型机。）到 1915 年，埃里克安德森与通用研究实验室其他人一起研究出了一个完整的连续波（即广播）传输和接收系统。通用公司本质上是一个设备制造商，对于成为像马可尼（或美国电话领导者 AT&T）这样的通信公司并不感兴趣。马可尼到底是被邀请去检验交流发电机，还是自己主动去的，这一问题产生了截然相反的答案。但是在和埃里克安德森以及他的交流发电机待了大半天之后，马可尼决定买下它。不过，交易还没完成的时候，他就被召回到意大利。

得知意大利即将爆发战争时，马可尼正在布鲁克林的美国地方法院提供证据。他告诉冯·维琴特·威德尔法官，这只是时间的问题，意大利政府已经要求他立即去罗马，监督其无线电站的布局工作。这个消息并不让人感到意外，马可尼要求暂停审讯，随后他返回了欧洲。他尽快安排了行程，在最后一刻，伊内兹·米霍兰德冲动地决定将自己的工作留给纽约律师事务所处理，与他一起出发，希望马可尼能够为她敞开大门，让她以《纽约论坛报》和其他信息站的自由记者的身份报道这场战争。1915 年 5 月 22 日，他们登上圣保罗号时，《论坛报》在头版上发布了他们俩的合照。他看起来面容疲惫，而她光芒四射。

意大利于 1915 年 5 月 23 日向奥地利宣战，并与德国断绝了外交关系。《论坛报》当天报道说，"马可尼被意大利政府召到罗马。"该文回忆称，他是意大利海军的预备役中尉，并引用他的话说他的工作将是"无线电监督，总部位于罗马"。他的旅伴被描述为"律师，作家和妇女政权论者"。圣保罗号 5 月 30 日抵达利物浦。6 月 2 日，《论坛报》登载了伊内兹的首篇署名报道。报纸上放着她的巨幅照片，面容姣好，署着"Inez Milholland Boissevain"的名字，这篇文章描述了为了绑架马可尼，德国 U 形船如何追着圣保罗号一直到默西河口。"马可尼先生在离开纽约之前收到了意大利领事的警告，为此，他的名字未被列入乘客名单，并竭力避免让人知道他的存在。"她报道称：

> 为了保护马可尼先生，我们在接近战区时制订了周密的计划……乘客之间达成了一个默认的协议，如果圣保罗号被潜艇拦下，我们都会"面不改色心不跳地说谎"。此时，马可尼先生会把行李上的所有标签撕掉，把私人文件交给我保管，然后换上合适的衣服，溜进龙骨旁边的船舱内。首席工程师说，藏在那儿连船长都找不到他。

这篇文章轰动一时，但是其中很奇怪的一点是，《论坛报》发表了一张头版照片和一篇文章，宣布马可尼将乘圣保罗号航行到利物浦。如果是这样的话，德国的情报不太可能被一份虚假的乘客名单误导。就这样，德国潜艇在追上圣保罗号之前就被英国鱼雷船赶走了。当船靠岸时，马可尼称这趟航行一切顺利。

在伦敦只待了一两天之后，马可尼和伊内兹动身去了罗马，比阿特丽斯在维多利亚站送了他们。他们途径饱受战争蹂躏的法国，伊内兹以第一人称记录的旅途见闻成为经典的反战新闻。从福克斯通到布洛涅穿过海峡后，他们自己驾车前往巴黎。一只被他们的车碾压的野兔成了这场冲突的象征。他们在法国北部村庄路边看到一些年轻女性，她们似乎都被"激动人心的生活所骗"，她们的男人都走了，只剩下了她们。"我无法向你们描述巴黎的悲伤……酒店很安静，或许这里没有人；或许这里满是悲伤的人。我们半个小时后将乘火车前往罗马。坐车的话时间太久，也太容易招人怀疑。"这篇文章是 1915 年 6 月 23 日在巴黎发表的。这当然是错的，有记录显示马可尼和伊内兹是第一或第二次离开伦敦，而且已经于 6 月 11 日到达罗马。他于 6 月 11 日从罗马写信给战争部，确认他几天前亲自提供的服务，该部在 6 月 17 日给出了回复。伊内兹在文章中并没有点名表示马可尼是她的旅伴，但是对于知道内情的人来说，大家都心知肚明。在他们离开维多利亚火车站时，"比阿特丽斯最后向我们招了一次手，我们

66
67
68
69
70

便离开了"。

在罗马，马可尼和伊内兹住在格兰德酒店。伊内兹写信给她的丈夫尤金·博伊斯万，说她住在豪华酒店的豪华套房里，结交朋友，建立人际网，但是感觉很孤独很沮丧，饱受折磨，一点都不开心。"古列尔莫在照顾着我，我一直是你的寄生虫，我从来不赚钱，我是不是没有任何价值了？"她的文章还未面世。不管她有什么疑问，她与马可尼的关系都不是其中的一部分；他们的关系是纯洁的、柏拉图式的，就像叔叔和他最爱的侄女。在给她丈夫的信中，她总是坦率地谈及调情和情人，但是在罗马和马可尼在一起的时候，她既无聊又焦虑。"一生挚爱，思之如狂。"她这样描写尤金。在博伊斯万看来马可尼对他们夫妇有用。他试图在美国当一位进出口代理商，认为也许意大利政府会对他所提供的产品感兴趣。"也许时机成熟了，你可能会向比利提及此事。"①他在给她的信中如此说道。

伊内兹的职业生涯很快步入正轨。1933 年 6 月 27 日，《论坛报》上发表了她署名的第二篇重要文章，比第一篇更为动人，而且直接质疑了马可尼和他的圈子。"他们告诉我，每个人都告诉我，意大利对战争无比狂热。但是让我告诉你我所看到的，所听到的。"她说，在罗马，普通民众生活被毁，没有人喜欢战争，想要战争的只是极端的民族主义者。"这些绅士只是出于想象，从讲故事的角度来看待这件事，并非出于现实的角度。他们生活在过去以及传统里，沉迷于已经陨灭的辉煌的罗马时代，梦想着能够东山再起。"普通意大利民众虽然喜欢表达他们的情绪，但这并不意味着他们想要战争。如果他们看到马可尼或者（民族主义诗人加布里埃尔）邓南遮，或者在街上看到崇拜的人，他们就会大声喝彩，和平还是战争，只在一念之间。意大利战争加剧了本来就怨声载道和动荡的社会局面，但是当伊内兹报道出意大利的这一事实时，罗马当局说她讲的是"没有激情的谎言"，她的消息失实，也有失公正。

另一方面，马可尼毫无疑问地成为战争助推器，因而受到欢迎。作战部队提前接到通知，马可尼将到达罗马，要委任他为陆军执勤工程师中尉，并接受他的提议，将格里夫尼庄园腾出来作为军事医院。在 1915 年 6 月 19 日正式任命

---

①米霍兰德一家经常这样称呼马可尼。

时，马可尼收到一个通知，国王相信他会向意大利提供重要的帮助。不久后，他接受了中央通信社的采访，他的语气让人想起他对北非战争的最初反应："目前意大利人民对继续参战并最终赢得胜利的热情依然高涨。"与此同时，伊内兹反对战争的声音与意大利政府产生对抗，并惹恼了马可尼，她很快就发现自己的消息被高层封锁了。 76

马可尼和伊内兹抵达罗马不久之后就遇到了邓南遮，她希望为《论坛报》采访他。邓南遮是意大利现代主义文化的象征性人物，也是意大利参与战争的坚定的高调倡导者。他和马可尼因神交已久而相识熟悉。他们在 20 世纪初的几十 77 年间，在享誉国际的意大利小型万神殿（名人堂）中赢得了一席之地。（马可尼的朋友恩里科·卡鲁索是另一位，未来派诗人菲利波·托马索·马里内蒂也是。）此外，他们都精于利用媒体来宣传自己和他们的事业。跟马可尼一样，邓南遮的所说所做在伦敦、巴黎或纽约都很容易成为头条新闻，就像在罗马或米兰一样。马可尼早在 1901 年 12 月就对邓南遮感兴趣：他的纽芬兰文件中有一个新闻剪辑，报道了邓南遮的新剧 *Francesca da Rimini* 在罗马帝国首演时的一场动乱。 78

加布里埃尔·邓南遮比马可尼年长 10 岁，出身卑微，原名叫作 Gaetano Rapagnetta，是亚得里亚市佩斯卡拉的一个小商人的儿子，年轻时来到罗马，在众多媒人的帮助下娶了妻子。时光飞逝，琐事繁多，除了因为跟舞台歌手萨拉·伯恩哈特和埃洛诺拉·杜西尔在一起，使他在国际狗仔队中出名之外，都称不上做出了什么大事。邓南遮行事随意，在审美方面总是故作姿态，行为粗暴，他也很享受因此而来的世俗的关注。很难想象一个与马可尼性情截然相反， 79 一个自由诗人美学家，奢侈享乐者，感性主义者竟然和正常的书呆子发明家成为了亲密的朋友，他们之间产生了巨大的化学反应。邓南遮对马可尼和他蓬勃 80 发展的意大利民族主义的批判性意识形态产生了影响。

邓南遮是对民族统一主义直言不讳的促进者，这一主义旨在统一所有说意大利语的欧洲人民和领土。民族统一主义者声称应统一的区域可以远达科西嘉，尼斯或马耳他，肯定还包括斯洛维尼亚和克罗地亚的意大利语部分。这一运动源于朱塞佩·加里波第 19 世纪 60 年代领导的意大利统一，这比《伦敦条约》所涵盖的意大利范围更广。克罗地亚的亚得里亚市或里耶卡在意大利民族统一者看来也隶属意大利，民族统一主义者认为解放这些还被占领着的土地也许是意大利参战的最大动机，并且将成为意大利日后在和平谈判中的关键问题。当时不列颠及北爱尔兰的民族统一主义者和不那么正统的民族主义者感到被英国和法国背叛，将意大利排除在瓜分殖民地之外也惹恼了他们。在这方面，邓南遮一直是意大利战争的鼓动者，比马可尼的政治活动更为激进。他也更渴望进入前线。为此他学会了开飞机，并获得敢死队的荣誉——他在1916年的飞行事故中失去一只眼睛，又因此在身体上烙下另一枚勋章。正如邓南遮后来所说，他的诗歌和马可尼的电台都被雇用为战争工具。

现在他们在罗马，穿着作战制服。"经过漫长的等待，我遇到了加布里埃尔·邓南遮，"伊内兹在一篇未发表的文章中写道，"我对这次会议非常感兴趣"，但也有点失望。她期待着能够对爱国主义表达更多批判性观点，"意大利的远大前景并不是由战争带给她的。"相反，她遇到一个处于崩溃边缘的代表着政治工

81 具的男人，在煽动着狂热的火焰。伊内兹曾经认为邓南遮是"人类灵魂大师"；后来发现他只是民粹动员大师。（他最成功的门徒贝尼托·墨索里尼很快就要出场。）

米霍兰德、马可尼和邓南遮在战时罗马形成了一个强大的铁三角。他们完全不同，但公众曝光度对他们来说像毒瘾一样吸引着他们，他们在此事上完全相同。马可尼和伊内兹之间有着舒适的柏拉图式的吸引力和忠诚的奉献精神；但是，邓南遮代表着所有人正在努力实现的东西。伊内兹和邓南遮之间则洋溢着性感、激情和放纵，马可尼保守、理性，犹如清教徒般拘谨。邓南遮和马可尼共持意大利光荣未来的愿景；而伊内兹持怀疑态度，并对其所付出的代价愤怒无比。伊内兹的政治信念来自心灵，而邓南遮的来自精神。另一方面，马可尼同意参与政治计划，他几乎没有强烈的意见，但有一些根本的原则：爱国就是其中之一。他被邓南遮的爱国热情所吸引，正如伊内兹被邓南遮的魅力吸引。伊内兹和邓南遮都象征着马可尼未实现的自我。他渴望他的生活中能有这样的

82 激情；除了他的研究，因为研究总是与他躲躲藏藏。

83 邓南遮当然被个性活泼、文化底蕴深厚、美若天仙的伊内兹所吸引，还试图勾引她，而她把他作为探索意大利精髓的媒介。"她在和邓南遮调情（相当无

84 害）。"马可尼写信给比阿特丽斯，也许他有点天真。同时，他与魅力四射的诗人

结识、交往。在等待任务的间歇，马可尼和邓南遮一起在罗马闲逛，培养了珍贵的友谊。而伊内兹是他们的催化剂。

在一个闷热的日子，邓南遮陪马可尼对琴托切莱的无线电台进行了视察访问，人们会看到有两名着制服的军人，风度翩翩，膝盖上佩有军刀。随后他们开车游览罗马风景，他们穿过古代的遗迹，谈天说地，畅想未来。到达机场后，他们听到无线接收器的点和破折号发出的声音。马可尼一如往常地用他精巧敏捷的手检查发射台，邓南遮很感动，并有感而发。"那天狂风大作，"他后来回忆说，"大风在空中盘旋，吹走了坟墓的灰尘，把它变成了未来的种子。"邓南遮写了一个史诗散文赞美马可尼，称之为"鸢尾"（"魔法英雄"）：

> 在一辆急速行驶的车辆上只有我们俩，肩并肩。以前是对空间魔术师的钦佩，现在又多了战友的兄弟情谊……我们穿着军装，手上拿着刀剑，我们级别相同，渴望全身心向国家奉献的愿望也同样强烈。我们是两个意大利士兵。他的科学和我的诗歌已经成了战争的工具……

> （在琴托切莱），朵朵白云之下矗立着高耸的铁塔、天线、电线、庄严的雅典卫城；直抵心灵的终极高度；神秘的崇高的神庙……一种全新的艺术构造，赤裸裸又精巧，像天花板一样向天空升起，这种建筑正在辐射神奇的能量，通过垂直和水平的布置，看起来像巨大的乐器，像一个从未见过的风琴竖琴，与人类精神的呼吸共鸣……

> 魔术英雄就穿梭于建筑物，钢塔下面，电线之间，在电动振动的持续骚动之中，闪电火花的冲击……虽然仪器精密度有限，他还是在测量观察宇宙巨大的能量，用他所理解的语言与这份宁静和自我对话，就像跟他自己的孩子讲话一样……我们仔细听着。信号正在发送……很好，那么……这位魔术师总有他的秘密……

马可尼总是说他的发明只是和平的工具，但现在他被邓南遮的话包裹着，他认为这是荣耀的战争。回到罗马，他们分开了，都奔赴在自己任务的前线。

* * *

马可尼对战争持乐观态度。他写信给比阿特丽斯说："这场战争目前（除失去男人外）进行得很好，我认为我们有充分的理由为军队感到自豪……我们期待着战事进展加快。"他描述了他工作时乘坐的部队飞艇，称它是穿着时髦又实用的制服的又"一种骑兵"。他几乎没有时间去看任何人；他知道的所有男人都在前线，女人在罗塞，在意大利红十字会。他的信通常以请求结束："请你爱我。"

马可尼的工作更接近战斗前线，比1911年在北非的时候离前线还近，至少在北非时他还在安全距离之内，不过他告诉记者，有一次他"差点被一个弹壳炸成渣"。上级还特别调派士兵专门照顾他。1915年7月初，他在奥地利东部前线（斯洛文尼亚）伊松佐的第一场战役中，看到意大利炮轰戈里齐亚，他用战地望远镜在附近山脉观看了整场战役，他形容战争"令人惊叹……炮火连天，炮声和回响声在附近山谷久久回荡。"①这是迄今为止意大利和奥地利双方最激烈的交战。山坡上布满了死亡的气息，意大利军队刺死对方军队成千上万人；但是，意大利单方面的损失也不下10万人。马可尼在威尼托的山格拉帕时更靠近前线，在那里他必须蹲伏在壕沟里，而奥地利的炮弹就在他头顶盘旋。

几周后，马可尼回到了英格兰，从战争前线迅速过渡到公司事务中。历经多年挫折，他终于找到一位新的可靠的私人秘书利昂·苏萨。1915年7月27日和8月18日，马可尼穿着他的铅色（蓝灰色）意大利军装，长袍上有两排勋章，裹着大大的斗篷，分别主持了年度大会和MWTC特别大会。战争对公司有利，马可尼占了普通股10%的股利，并在美国和日本之间进行海外无线电连接。

9月，马可尼踏上了去往法国前线的旅程，去会见伟大的将军们，并与马歇尔·费迪南德·福奇共进午餐。（福奇回忆了1870年在弗朗克-普鲁士战争中的经历。）此后，马可尼于11月回到意大利，待在都灵和热那亚，最后又去了罗马，于1915年12月16日在参议院作了首次演讲。演讲虽然表达了温和的民族主义情怀，但主要还是关注经济问题：里拉的兑换率低于英镑；意大利人生活成本本来就很高，但还得被迫支付煤炭等资源；他们正在做的财政牺牲……该演讲引起了意大利和英国媒体的关注，《泰晤士报》暗示马可尼在这个敏感话题上扮演了一个中间人的角色。几天后，他收到英国国务卿威廉·基思的一封信（将他

---

①1915年6月至1917年11月间，伊松佐之战共有12场战役。一部分意大利军人试图占领斯洛文尼亚族裔居住的奥地利区域，《伦敦条约》曾承诺这里属于意大利。他们的终极目标是的里雅斯特。伊松佐战役造成50万人伤亡，其中意大利30万人，奥匈帝国20万人。欧内斯特·海明威的《永别了，武器》有一部分故事就是取材于此。

称为威廉·马可尼爵士），感谢他为缓和英国与意大利政府的关系所做的努力。

97

除了所有这些例行职责外，马可尼还做了新的突破性的实验。1915 年底，他一直与久负盛名的研究学者查尔斯·富兰克林合作，马可尼开始尝试用短波做实验，这是他最早工作中使用的一部分光谱。短波的作用非常重要，因为它释放了无线电频段的剩余部分用于其他通信量，特别是短波传输所需的功率远远大于马可尼自 1901 年以来一直使用的长波。马可尼积极参与实验，但是这项工作主要由富兰克林推动，富兰克林负责管理马可尼公司在宝窦的独立研究机构。1916 年，富兰克林在意大利利沃诺的海军装备部工作了一段时间，期间马可尼多次抽出时间去意大利看他。马可尼和富兰克林发现，通过使用某种类型的反射器，长度不超过 2 米或更短的无线电波可集中在"光束"中。随着未来几年的发展，这一发现将成为 20 世纪 20 年代全球短波无线电系统的核心，降低了远距离无线电网络的成本和功耗障碍。有些人认为富兰克林是马可尼光束系统的真正发明者。

* * *

98

1916 年初，马可尼在伦敦短暂停留了一段时间，参加了贝尔格莱维亚区一对富商慈善夫妇 Howard de Waldens（和他的公司的朋友）的社交晚会。其中有位客人是爱尔兰年轻歌剧歌手玛格丽特·伯克·谢里丹。马可尼沉醉于她的表演，表演一完就冲上去，吻着她的手，用令人无法抗拒的魅力宣布："这就是我一生期待的声音。"就这样，他又一次沉迷于一个年轻漂亮、才华横溢又雄心勃勃的 女人。

玛格丽特·谢里丹当年 26 岁，于 1889 年 10 月出生在梅奥县的卡斯尔巴，是当地邮政局长之女，家庭和睦愉快。但是她的父母在她 11 岁时就去世了，虽然并非身无分文，但是她成了孤儿。她父亲立了遗嘱让她去都柏林多米尼加女修道院学习音乐，后于 1909 年前往伦敦皇家音乐学院学习。马可尼想到他母亲的经历，于是希望谢里丹在意大利学习歌剧，并为她提供了一个难以拒绝的机会：他给她提供赞助，保护她，带她一起走。她当时还有一位心上人，35 岁的爱尔兰国民议员理查德·哈泽尔顿，但一丝犹豫后她便离开了哈泽尔顿，开始自己的冒险和事业。

马可尼如今已经习惯了穿越饱受战争蹂躏的欧洲。1916 年 1 月 2 日，冒着遭遇德国潜艇的风险，他和谢里丹穿越福克斯顿与迪耶普之间的海峡，经过巴黎、都灵和热那亚最终到达米兰。马可尼刚到中央火车站就受到崇拜者的欢呼和欢迎。如今，这也算是惯例了。他对谢里丹说："玛格丽特，成名的感觉很好，总有一天，你也会出名的。"然后，他到了罗马，在威尼托豪华大酒店安顿好了他最新的门徒（1916 年他的家人也安顿在那儿），还将她介绍给了他富有影响力的交际圈和艺术界的朋友，人们称她为马可尼的朋友，"爱尔兰的佩吉"。他在经济上帮助她，并安排她跟歌剧老师和指挥家阿尔弗雷多·马蒂诺学习，阿尔弗雷多将她从女中音升到全高音，后来成了她的恩人。她最终担任普契尼两部歌剧的女主角，一部是《波西米亚人》的咪咪（1918 年 2 月 3 日在罗马首演，马可尼在观众席中亮相），另一部是 1919 年回到伦敦之后，在科芬园中演的《蝴蝶夫人》中的 Cio Cio San。

    谢里丹完全符合马可尼心目中女人的形象。与跟伊内兹在一起的时候一样，没有证据表明他们有肌肤之亲，至少没有持续的关系。他也显然享受自己在促进她事业成功中所起的作用。他不仅帮助她建立起了自己的事业，还一直报以崇拜的目光，饶有兴趣地持续关注她。他在日记上说，在 20 世纪 20 年代，她一直是他的晚餐和戏剧伴侣，也是马可尼 1937 年去世之前几个月内，在罗马仍有联系的老友之一。值得注意的是，在马可尼的任何一篇传记中，哪怕是作为过客，都没有提到过她。

    马可尼新的短波实验很快就与他的商业和政治活动系在一起。1916 年 3 月 3 日，他写了一封长信给戈弗雷·艾萨克斯，说他扁桃体发炎，正在热那亚的米拉马雷酒店休养。（他自认为这封信很特别，因为他在日记里写了一个平时很少写的注释："写给艾萨克斯先生的重要私人信件。"）他解释说，他关于短波的想法就算没有一年，也有好几个月了，但由于战争开始以来政府的妨碍，他在英国无法进行尝试。英国在战时限制要求他"不管要干什么，必须事先打报告，并征得同意"，而且他不准备说出自己的实际理由：不管是否处于战时状态，他都根本不会告诉英国政府和潜在的竞争对手他做了什么，除非他取得了明确的成果，并通过了专利保护。

    他说："无论是长距离还是短距离，不论是普通的火花系统，接地火花或连续的电波，我的最新发现对于无线电报和电话的整个未来的成功实践，影响都是深远的。"只要他不做干扰海军或军事信号的事，要是能提前征得同意也行，意大利政府就会对他完全放任自由。参议院即将恢复例会，他去了罗马；虽然他没有"在任何程度上对政治感到困扰"，但当有人问他是否准备向政坛发展，"目前不会，因为我相信我最有用的地方，就是继续我最擅长的科学研究。"他说。

104

艾萨克斯说马可尼的回答令人印象深刻并且振奋人心。他想立即向公司股东和新闻界发表声明，宣布马可尼公司正在申报关于"长距离或短距离无线电报和电话的未来科学实践"的新专利，并指出：新的创新"可能立即会在意大利用于军事目的"。他预计这样一个公告会在国内外产生深远的影响，特别是在这个特殊时间。有传闻说，马可尼受邀进入意大利政府内阁，艾萨克斯得知马可尼已经拒绝了邀请后很高兴地说："也许其他人能够做得同样好或更好，但没有人能够取代你在工作中的地位，你的工作不仅对国家，甚至对整个世界而言也都极具价值。"

105

1916年复活节后的星期一（4月24日），马可尼还在意大利时，爱尔兰民族主义者发动了武装起义，这是一个多世纪以来英国统治者面临的最严重的威胁。在马可尼的家乡——恩尼斯科西的武装分子在这次起义中角色虽小，但是非常重要，他们接管了整个城镇4天，在阿特努姆剧院的总部挂起了共和国的三色旗。起义的中心位于都柏林，在那里爱尔兰共和国兄弟会（IRB）的帕特里克·皮尔斯和社会主义工会主义者詹姆斯·康诺利领导的爱尔兰公民军部队占领了萨克维尔（现在的奥康奈尔街）邮政总局（GPO），并宣布建立爱尔兰共和国。

自治政府的问题在于如果不是完全独立的话，那么爱尔兰的问题就会一直出现在英国的政治议程上，因为第一个自治法案在1886年议会中没有获得多数票通过；1893年进行了第二次尝试，虽然在下议院获得通过，但在上议院被否决。首相阿斯奎斯总理在1912年提出的"第三次自制法案"是在1911年5月25日的法案基础上修订的。这个问题在马可尼在世时几乎主导了爱尔兰的政治话题，对马可尼而言这个问题也是一个挑战。

爱尔兰联邦主义者反对爱尔兰自治法规，其主要政治发言人是爱德华·卡森爵士。他是一位天才演说家、保守党政治家，偶尔也会以马可尼公司或其朋友的身份应诉。联邦主义者于1913年1月成立了阿尔斯特志愿军，该志愿军是

20世纪爱尔兰斗争中的第一支武装组织，这导致了爱尔兰志愿者在 IRB 的推动
下建立并完善了自治法规。马可尼的表弟和刚刚疏远的商业伙伴亨利·詹姆
106 森·戴维斯是韦克斯福德郡爱尔兰志愿者的主要成员。戴维斯也是爱尔兰民族
107 主义党的支持者，并且是其领导人韦克斯福德·约翰·雷德蒙德的密友。① 战争
开始以来，爱尔兰两个敌对武装营地的存在成为一种威胁，尤其是他们对爱尔
兰参与欧洲冲突的看法也相反。在独立法规通过之后的几个月内，"自治法案"
在战争期间被暂停。雷克蒙德的民族主义者（尽管支持政府，也不认为自己是反
对派）成为议会中唯一没有加入阿基斯战时联合政府的一方。

108 马可尼在爱尔兰的无线电台被英国政府接管，用于驻扎部队通信。当复活
节起义爆发时，从克利夫登发送出去的消息均被谨慎对待——加拿大蒙特利尔
的马可尼公司在发布任何与爱尔兰事件的有关消息前，都会寻求战时新闻审查
109 员的许可（新闻审查员认为"从军事角度"看没有问题）。但是，都柏林 GPO 的叛
乱分子成功设法从附近的爱尔兰无线电信学院的发射机中传播了爱尔兰共和国
宣布独立的消息。该电报并不是针对任何特定的接收机，而是"广播"了出去（尽
110 管是莫尔斯电码），希望它能够被过往的船只接收并传给新闻界。爱尔兰共和国
的叛乱分子因此声称发布了世界上第一个"广播"——马歇尔·麦克卢汉在其《认
111 识媒体》一书中承认了这一看法。然而，实际上并没有任何接收到这条 25 字信
112 息的记录，及关于事实真伪的争议。（有人说这个消息之所以传播到了美国，是
113 因为巴伦西亚的一名工作人员在进行跨大西洋电缆操作时泄漏了该消息。）但正
如爱尔兰记者兼播音执行长莫里斯·高朗撰文所述："无论广播是否到达目的
地，对于计划起义的人来说，早在 1916 年就想到使用无线电达成此目的，这种
114 想法在当时都很超前。"1977 年，后来成为爱尔兰邮政和电报部部长的作家康纳
克鲁斯·奥布莱恩说："我认为令人痛苦的结论是，且不可避免的是……广播是
115 在罪恶中被构想出来的，这是一个愤怒的孩子，不知道他长大会有什么作用。"
毫无疑问，这是无线广播的第一次国际宣传使用实例。

---

①为了避免通过二元的天主-基督方式来看待爱尔兰的政治。值得注意的是，戴维斯
的父母是贵格会信徒，雷德蒙德是天主教徒，虽然他的母亲是从工会家庭转变成为新教
徒，但是马可尼本人是在天主教教会受洗，在苏格兰高等教会的传统教育下长大，受长老
会和瓦尔丹斯教徒的影响。

复活节起义在 6 天内就遭到镇压。无线电传输持续了 24 小时，直到英国炮击迫使叛军停止传送。占领邮政总局(GPO)的军队于 1916 年 4 月 29 日投降，包括恩尼斯科西在内的大多数都柏林以外的叛乱分子在第二天选择了放弃抵抗。包括共和国公告的所有 7 个签署人在内的 15 名起义领导人都被射击队执行死刑。在随后的英国军事占领期间，民族主义者转而支持独立，因为之前的爱尔兰自治论支持者相信议会方案不足以完全消除英国人的干预。在 1918 年 12 月 14 日的英国大选中，共和党赢得了 70% 爱尔兰席位的支持。新芬党成立了爱尔兰议会，并于 1919 年 1 月 21 日宣布爱尔兰独立。随后爱尔兰独立斗争在 1921 年 12 月 6 日的《英美爱尔兰条约》中达到顶峰，并于 1922 年建立了像加拿大或澳大利亚一样具有同等宪法地位的自治实体的爱尔兰自由邦；然而，冲突并没有结束，一直持续到随后的反条约倡导者内战之后才结束。

1922 年 5 月 17 日，马可尼公司向自由邦的新邮政局长提出广播执照申请，但 6 月份爆发了内战，并且很快就蔓延到戈尔韦。1922 年 7 月 24 日，"非正规的"(即反条约)共和国部队占领了克利夫登的马可尼电报站(公司不久前刚刚宣布将逐步淘汰该电报站)。首先有报道说这个电报站被彻底摧毁，夷为平地，但是结果证明破坏并没有那么严重。马可尼坐船从美国返回，并期待在靠近爱尔兰海岸时接收到来自克利夫登的测验信息，但实际上他没有接收到任何东西；他告诉《泰晤士报》，他也有过特殊的经历，即交流被"切断"。回忆 25 年前，当时海上的船只无法和岸上有任何交流。"我也很惊讶，我竟然没有收到消息。在抵达南安普敦时，我发现克利夫登电报站被爱尔兰革命者占领了，一些建筑物被烧毁，工作人员被驱逐，我了解到主要建筑物并没有遭到破坏，但其他小型建筑物已被完全摧毁，我希望能够重新夺回电报站。"

爱尔兰共和军的军事占领导致其本身损失惨重，电报站难以正常运作。尽管发动机、发电机以及电报站周围的各种房屋都没有受到损害，但是几座建筑物已经着火，冷凝器和接收机房也被完全摧毁了，工作人员回到了家中。前政府控制的《爱尔兰独立报》称这次事件是"可怕的灾难"；而《曼彻斯特卫报》报道称之为"鲁莽的破坏"和愤怒。爱尔兰共和军的纵火行为部分是为了破坏戈尔韦的竞选。埃塞克斯重建的马可尼电台迅速恢复了大西洋两岸之间的通信。由于关闭造成的最为严重的后果是数百名康纳马拉家族的雇农失去了工作。克利夫

116

117

118

119

120

121

登圣约瑟夫教会的麦克阿伦斯先生谴责爱尔兰共和军的行动，并向马可尼公司
122 的工作人员表示敬意说：他们一直与当地人民保持友好关系。

几天之内，这次袭击逐渐暴露出其政治动机。《曼彻斯特卫报》报道说，"破
坏电报站的部分原因是它被非正规军视为英国的控制行为之一，他们所说的权
123 利指的是根据条约从爱尔兰获得的权利。"英爱条约确实包括一个附件，其中包
含有控制现有的、将来的与爱尔兰以外地方和英国政府的所属地方之间的有线
124 和无线电通信。除了对爱尔兰主权的限制影响外，该附件强调了马可尼在关于
这一关键部分的运作上对英国的依赖；这也预示着一个新的发展——在相同公
司和政策保护下有线和无线电问题会在几年后同化。

8 月 10 日，马可尼公司收到通知，由于目前爱尔兰局势不稳定，不会给其
颁发广播许可证。(比弗布鲁克勋爵的《每日快报》也提出了类似的申请，并得到
125 同样的回复。)克利夫登一直被爱尔兰共和非正规军占有，直到 1922 年 8 月 15 日
爱尔兰自由邦正规军重新夺回该镇和电报站。1922 年 8 月 17 日，从克利夫登发
来的最后一个无线电报宣布夺回克利夫登镇"西部非正规部队的最后一个据
126 点……所有军营以及无线电台现在由国家部队掌管"。克利夫登电报站成为政府
127 驻军的一个地点，依然是自由邦和爱尔兰共和军之间争斗的重要战略地点。
1922 年 11 月 29 日，一个共有 350 人的共和党团体重新夺回了该城镇，就在原
电报站驻军撤离到戈尔韦十几天后。12 月 9 日，城镇和马可尼无线电报站再次
转手，这次由政府部队接管。

在内战结束时，自由邦政府开放接受广播应用的各项申请，但马可尼公司
发现自己被排除在外，因为邮政署长詹姆斯·沃尔什认为马可尼公司主要是商
业性公司，且是国外公司主体(爱尔兰境外以及非公共服务部门)。沃尔什告诉
议会委员会："我们无法冲破马可尼思想认知中的政治或金融壁垒，我们只能时
128 刻警醒，否则没有什么会让我们摆脱这种感觉。"1923 年 8 月 14 日马可尼公司在
敦劳费尔的皇家海洋酒店安装一台低功率发射机——这是首次尝试在爱尔兰建
129 立广播电台，但邮政部门命令该项目必须在两天内停止。

爱尔兰政府和马可尼公司为重开克里夫登站断断续续做出了许多的努力，
但是双方都没有真正地投入热情。回想起来，显然内战及其影响只是加速了马
可尼爱尔兰电台的衰败，而这不是真正的原因。爱尔兰独立的影响及其产生的

民族自决精神是重要驱动因素。爱尔兰现在不太适合马可尼，马可尼的公司理所当然地被认为是英国的统治工具。但无线电重要新技术的应用发展起着至关重要的作用。到了 1922 年，马可尼与美国的联系可以像从英国到爱尔兰那样轻松快捷。马可尼公司的商业需求正在向广播业转移，而这一关注焦点肯定会以英国作为基础(尽管爱尔兰和加拿大等传统的小型市场仍很重要)。马可尼本人对这项研究越来越感兴趣，这项研究很快将在短波"电波"通信中达到顶峰，而爱尔兰电台没有能力完成这项工作。

尽管如此，爱尔兰和英国政府之间就电报站未来的谈判一直持续到了 1925 年。谈判最后仍然没有结果，马可尼公司向爱尔兰自由邦提出赔偿由于叛乱分子造成的损失，这一做法使问题更加复杂，引发了新闻界所说的"利益下的宪法斗争"。爱尔兰法院对那些财产受损的业主准备重建的情况表示同情；马可尼并没有表现出重建的意图，而爱尔兰邮政部长也对他所谓的"马可尼信托基金会"表示怀疑，表示他会很乐意看到该公司离开爱尔兰。马可尼的工程师说服他，130 使他相信克利夫登已经再无挽回余地了。马可尼勉强地卖掉大部分废料设备；剩下的电池中的铅、镀锌铁片、铜线最后也被人们随意拆走。爱尔兰邮政局在 131 1926 年 1 月 1 日开始提供公共广播服务，颇具讽刺的是他们使用的是 1.5 千瓦的马可尼发射机。马可尼在罗马发电报祝贺，但他再未回到爱尔兰。 132

第 23 章 "神奇的英雄!"

1916 年 5 月初,马可尼返回英国,花时间打理公司并看望家人。女儿焦亚出生时他不在身旁。焦亚是他的第 4 个孩子,1916 年 4 月出生在伦敦。和往常一样,当时他外出在意大利。同时,战争迅速地推进。1916 年 5 月 16 日,法国和英国签订了秘密的《赛克斯-皮科协定》,①在中东划分他们未来的势力范围以期打败奥斯曼帝国。6 月,在英国军事家 T.E. 劳伦斯(很快成为一位比马可尼还要有名的名人)的秘密指导下,反对奥斯曼苏丹的阿拉伯起义爆发。据马可尼所知,这一时期最敏感的事件是 5 月 31 日至 6 月 1 日的日德兰海战,在这场战役中,无线电发挥了重要的作用,这一点直到战后才被公之于众。

战争爆发之前不久,马可尼公司工程师 H.J. 朗德开发了一种无线电测向系统。战争刚开始的时候,朗德任职于军事情报部门,陆军部了解他的工作后,沿整个西线和英国海岸线建立了无线电测向站网络。这些无线电站能够获取德国潜艇和飞艇的方位,并提供其活动的重要信息。5 月 30 日,朗德注意到德国舰队在北海威廉港的异常活动,随着舰队朝着丹麦日德兰半岛方向向北移动,追踪系统仍能追踪到船只。英国利用这些信号非常精确地探测到德国舰队的位置,并了解德国舰队的动向。英国在此次舰队主力决战的海战中首先发起进攻。日德兰海战是自 1905 年日俄战争对马海之战之后双方首次直接的战列舰对抗,也是以战列舰为主力舰的最后一次海战。双方均损失惨重,但双方都公开宣称获得胜利。1920 年,朗德在战争中发挥的作用经由海军上将亨利·杰克逊为人所知。亨利·杰克逊是无线电工程师,也是马可尼早期的支持者,在日德兰海战中任第一海军大臣(皇家海军的职业海军将领)。

无线电技术也与此次战役中其他的新科技以及飞机一起使用,提供了史无

---

① 法国代理公使斐格威和马克·赛克斯爵士分别为法国和英国谈判签订协议之后。

前例的集中军事力量；机载无线电沟通是最简单有效的工具，但也易于侦查和精准火力打击。空中导航的一个重要的发展是一项名为马可尼-贝里尼-托西无线电测向计的发明，它本质上是一个无线电罗盘，能够让使用者测得前方来的飞机的方位，是一种早期的反向 GPS 系统，是意大利两位官员埃托雷·贝里尼和阿里桑德罗·托西发明的。1912 年，两人将专利出售给马可尼公司，之后，此仪器以两位发明者的名字命名。战争期间，马可尼写道："从伦敦马可尼大厦的接收台接听正在穿越北海准备袭击英国的入侵飞艇的无线电信号，并且精确地测出飞艇接近的方向是很有可能实现的。"

马可尼在伦敦继续从事他外交官一般的工作。1916 年 5 月 19 日，他出席一次由伦敦市市长为俄国代表团设的晚宴，还有即将卸任的外交大臣爱德华·格雷爵士和菲尔德·马歇尔·基奇纳等其他政要人物参加。(之后不到 3 周，6 月 5 日，菲尔德·马歇尔·基奇纳乘船去俄国谈判，途中船被德国鱼雷击中沉没，600 余人失去生命，菲尔德·马歇尔·基奇纳遇难。)之后，马可尼返回罗马，现在他作为新政府成员、呼声很高的候选者被不断提及。1916 年 7 月 4 日，他在元老院就意大利和英国关系发表了重要的演讲，提议意大利采取更狡猾的手段宣传其在英国战争中所做的努力，以期说服英国为意大利提供急需的经济支持。

几周之后(1916 年 7 月 27 日)，元老院议员马可尼(也称马可尼中尉)被提升为意大利海军上校，受命开始在飞船上安装无线电通信仪器。现在，他经常穿梭在罗马和拉斯佩齐亚，挤出时间在维亚雷焦度假，而维亚雷焦在以后多年成为他最喜爱的度假胜地。新的任命也使他与查尔斯·富兰克林有了合作的机会。1916 年 8 月 1 日至 10 月 22 日，富兰克林就在里窝那。马可尼从来没有那么忙过，但是他确实很享受他的新工作，在里窝那华丽的皇宫酒店给比阿特丽斯写信。那个时候，比阿特丽斯仍然在英国，与孩子们一起住在克拉里奇酒店的套房。

尽管马可尼公司在英国战争中做出了很大贡献，但马可尼个人对意大利前线的热情，使一些不受欢迎的关于其公司忠诚度的问题在伦敦被提起，尤其是关于 1913 年与德国德律风根的协议。1916 年 11 月，《金融时报》一系列的文章重又提起那项复杂的协议，称它曾通过德律风根子公司给马可尼的公司和一些公司主管带来利润。戈弗雷·艾萨克斯在受到攻击的情况下亲自前来，他的兄

5 弟鲁弗斯也来了(此时是雷丁勋爵)。尽管马可尼公司坚持称其与德国人的关系在战争开始的时候已经结束,他们在中立国市场与德律风根在规范竞争中保留投资,尤其是在美国,但又一次,关于马可尼公司令人不安的事件在国会浮出水面。

戈弗雷·艾萨克斯被迫公开解释公司与德律风根的协议,1916 年 11 月 17 日他在一封公开信中避重就轻地说:"马可尼公司对德方公司感兴趣并在德方公司董事会有董事席位是真的,但是英国马可尼公司董事会从未有过德国董事,德方公司从未对英国马可尼公司产生兴趣。"第二天他又私下直接地给马可尼(当时在罗马)写信。议会质疑关于与德律风根的"我们的老协议",以我觉得各方都会满意的方式做出回答。不好的感觉进一步恶化了马可尼对英国的看法。他后来写道,战争期间政府对待马可尼公司的态度"让我厌恶",他曾多次表达辞职

6 的愿望。只有艾萨克斯和一些其他的主管激励他坚持下去。

年关将近,马可尼受到了意想不到的打击。1916 年 10 月 23 日,不顾医生的劝阻,伊内兹·米霍兰德在洛杉矶一个礼堂里慷慨激昂地为女性选举权请愿时在台上倒下,这是一次漫长的巡回演讲的最后一站。她饱受多种复杂疾病的折磨(扁桃体发炎、牙龈出血、再生障碍性贫血、胸膜炎等多种疾病),在医院住了一个多月,身体每况愈下,她的父亲和丈夫为她的治疗争论不休。1916 年

7 11 月 25 日,伊内兹·米霍兰德在圣玛利亚慈善医院离世,年仅 30 岁。①

我们不知道马可尼什么时候又如何得知这一消息,但 8 个月后又一次去美国时,他去纽约拜访了约翰·米霍兰德,表露了他对伊内兹的深情思念,他对伊内兹才能的永恒的欣赏,最重要的是她带给他深刻的鼓舞人心的影响。他告诉米霍兰德:"她是我生命中重要的人,我们本该结婚。但我觉得她是一个 17 岁的女孩时这或许还有可能,显然,事情并不是这样的。但是曾经的有可能也对我们意义重大。世上再没有像她这样的女人。"当米霍兰德给马可尼看他给女儿的手做的石膏绷带时,"他泪流满面,深情地亲吻着绷带。"米霍兰德在他的日

8 记中写道,他一直希望他的女儿嫁给马可尼。

毫无疑问,马可尼对伊内兹·米霍兰德所表达的感情是真诚的。可以说她

---

①伊内兹的丈夫,尤金·博伊斯万后来娶了诗人埃德娜·圣文森特·米莱。

是他生命中不求回报的爱人，而同时，正如前文所述在那一刻他需要感受激情，尽管是短暂的不能持久的。伊内兹离世 2 个月后，马可尼又一次陷入了爱河，这次是和一个他几乎不了解的只有他一半年龄的女性内妮·托尔纳吉。内妮·托尔纳吉年轻且很有教养，是一位罗马贵族的女儿。尽管我们知道她的居所，但我们不知道他们是如何相识的。她住在罗马帕里奥利区波勒兹别墅附近一栋舒适的别墅里。2008 年，当她的 19 封情书在罗马被拍卖时，两人短暂的恋情也被曝光。这些情书记录了马可尼为爱神魂颠倒，意大利媒体称之为"rocambolesque and tormented liaison（浪漫又磨人的情债）"。（还有 3 封情书在 2010 至 2014 年间出现在罗马、都灵和慕尼黑）此外，再无内妮的其他任何信息，甚至互联网上也没有。我们只能推测内妮·托尔纳吉的样子，还有多少和她一样经历过马可尼混乱生活的女人，及她们是谁。 ⁹

　　伊内兹的离世，紧接着与内妮·托尔纳吉的恋情，说明了马可尼有一种模式，他会开始新的短暂的恋情，去填补突然失去的空缺。马可尼的亲密关系也反映了他父母的关系：他钦佩的女性像他对母亲年轻时的理想化记忆，如约瑟芬和伊内兹；他与比阿特丽斯和他的孩子们的关系使人联想到他父亲与妻子和孩子的关系——权威主义的、关切保护的。

　　现在马可尼又一次举家搬到意大利。大多数时间他都在罗马，住在威尼托区埃克塞尔西奥酒店，他自己占据了整个楼层。埃克塞尔西奥酒店正好在他一个特别好的朋友莉莉娅·帕塔米亚所住公寓的马路对面，那里常举办沙龙，马可尼和比阿特丽斯在那度过很多个下午。几个月后，他们离开埃克塞尔西奥酒店，比阿特丽斯和孩子们搬到临近博洛尼亚的卡萨莱基奥，与家族老友格里吉奥里尼丝待在一起，而马可尼留在了罗马。马可尼频频出现在前线或各种各样的外交使团，比阿特丽斯却只能回想着过去他一有假期就过来看他们，带着孩子们在乡间远足，带他们去他的童年故地。这可能是马可尼和他们最亲近的一段时期。 ¹⁰

＊ ＊ ＊

　　1917 年 4 月 6 日，美国参战。意大利驻美国大使温琴佐·马基·切莱雷伯爵把美国对盟国的贡献描述为"高利贷者的抵押贷款"。总统伍德罗·威尔逊让美国参战的目的在于能够主导和平；他所表示的不感兴趣仅仅是为了隐瞒他的

真实目的，切莱雷写道。尽管如此，英国、法国和意大利都迅速组织使团至华
盛顿，寻求财政和贸易合作以及对美国战争优先权的影响。1917 年 4 月 30 日，
意大利外交部部长西德尼·桑尼诺命令切莱雷大使告知美国政府意大利使团将
由国王表亲乌迪内王子费迪南多一世带领，一位内阁大臣、两位前外交部部长、
负责政治事务的国务次卿和参议员马可尼随行。此次出访任务成为意大利不稳
定的内部政治的焦点。弗朗西斯科·萨瓦里欧·尼蒂是马可尼的朋友（现在是外
交部部长），是与马可尼同行的代表团成员之一，成功地利用他在华盛顿的时间
为其重回权力中心打下了基础。

　　意大利使团航行至哈利法克斯港，再乘火车，于 5 月 23 日到达华盛顿。其
间有报道称，马可尼完善并携带了一种新的反潜设备（他不承认也不反驳这些报
道）。在美国媒体的眼中马可尼是这个使团的明星，几乎每天都出现在媒体中。
5 月 24 日，威尔逊和政府同僚在白宫招待使团（当然，这并不是马可尼第一次到
访白宫）。5 月 27 日，使团拜访了乔治·华盛顿在弗农山的墓地，马可尼赞美地
说"那些民主的原则是所有进步团体的生命和希望"。6 月 2 日，他是使团唯一受
邀的成员，和萨沃伊一起在众议院演说（被众议院议长点名作简短的即兴演讲，
大多是无伤大雅地夸赞美国）。第二天，也就是 6 月 3 日，《纽约时报》用了一整
页刊登对马可尼的长篇采访，采访中他坦陈潜艇的问题仍未解决。6 月 5 日，马
可尼接受哥伦比亚大学的荣誉学位。他在这些场合传达的信息简单明了：我们
想要美国帮助解决我们的工业问题，因为我们的很多人已经来到美国并帮助你
们解决了你们的劳动力问题（通过移民）。"现在我们需要你们的煤、小麦和船
舶，但除了那些，战后意大利将需要你们的企业和资金。"

　　意大利人认为使团的美国之行取得了巨大的成功，获得了意大利热情的肯
定。马可尼很关心这些事情，他注意到他们在纽约访问结束的时候，大约有五
六千纽约意大利裔移民沿使团到住所的路线夹道欢送。他曾是纽约市华尔道夫
酒店举办的一次华丽晚宴上的明星，在这次晚宴上他第一次透露了意大利告知
法国意大利在战争开始时保持中立的内情。1914 年 7 月 30 日，也就是德国对法
国宣战之前两天，意大利的外交大臣安东尼诺·桑·朱利亚诺告知法国驻罗马
大使意大利不会支持同盟国。这一消息促使法国通过比利时开始部署成百上千
的部队以阻挡德国军队的进军，而不是驻扎部队保护阿尔卑斯山边界。马可尼

表示这最终改变了马恩河战役的进程，并把此次战役看作意大利在战争中发挥
决定性作用的例子。

　　或许在这次美国之行中，他最感兴趣却又介入最少的是美国《犹太纪事周
报》的长时间的访谈，在一篇名为《意大利委员会和锡安运动》的文章中（尼蒂因
此也被采访），因为他最近在锡安运动中的经历，所以是很有价值的信息来源。
他开始讲述："我发现犹太人在诚实交易中的表现令人非常满意。从我与无数犹
太商人的私人关系来看，我觉得报刊上普遍的观念以及杂耍剧中对犹太人的'犀
利讽刺'是没有正当理由的。"马可尼表示由于自己经常去英国，和犹太人保持接
触，他熟悉锡安运动。记者问对锡安运动马可尼是否同情：

　　　　议员马可尼停顿了一下，望着他坐的地方附近的窗外。"我同情这
　　次运动吗？"我提问后马可尼以一种令人愉快的、安静的方式重复了一
　　遍。"你以肯定方式贬低我多少次都行……我的心与犹太复国主义者在
　　一起，"他满怀深情地，慢慢地总结说："并且就意大利而言，只要是由
　　意大利来决定的，你就不必担忧。"

这是仅有的已知的马可尼对犹太复国主义问题的公开声明，并且，更广泛
地说，是对犹太人问题的声明。和往常马可尼对涉及此类问题的处理方式一样，
很难说他是极其诡计多端的或是天真得可怜。但是，不像那些反驳声称"他们一
些最好的朋友是犹太人"的人，马可尼的一些最好的朋友事实上就是犹太人。而
且，马可尼自身由于反犹太主义切身经历很多痛苦，在马可尼丑闻期间，他的
名声跌落尘埃。在英国，社会可接受的对犹太人的态度，从亲切的容忍到强烈
的敌意，马可尼难得有一次脱离这个范围，态度偏左。不像很多他这一代和相
同阶层地位的英国人，私下里他不评论犹太人，公开地保持反对的立场。

　　就这点而言，马可尼更像他的意大利同胞。在意大利，犹太人后裔政治家
西德尼·桑尼诺是战时的意大利外相，这并不罕见。不像英国，正如前面我们
看到的，雷丁勋爵的政治崛起在一部分受人尊敬的知识分子中煽起了国际犹太
人阴谋论。意大利委员会驻美国秘书长卡瓦列雷·帕伦特是犹太人，祖上是意
大利最古老的西班牙系犹太人。帕伦特也接受了《纪事报》的采访，他表示，如
果在意大利对锡安运动有任何的反对，那是来自于犹太人，而不是非犹太人。
"意大利犹太人把锡安运动视为破坏他们安稳的事情。"帕伦特表示，除去犹太人

自己，意大利政府和公众的意见是纯粹支持锡安运动的。这一点在采访尼蒂时也很明显。《纪事报》记者总结道，"尼蒂和马可尼是意大利两大政治领袖，承认他们自己和意大利的态度是支持锡安运动的。"1917 年 7 月 2 日，除了马可尼，意大利使团秘密乘船离开美国前往波尔多。马可尼留下处理私事，使团的离开没有官方声明。

据我们所知，马可尼的部分私事是 7 月 14 日周六去探望他的老朋友约翰·米霍兰德，也就是伊内兹的父亲。马可尼从他居住的丽思卡尔顿酒店给在纽约公寓家里的米霍兰德打电话相约喝茶。米霍兰德发现"马可尼依然是一样的微笑、孩子气的脸、正直的、彬彬有礼、敏感的……但是又懂得很多事情，语言表达又如此简洁，让人好奇他是否开始意识到他的谈话讨论意义重大……他非常伟大，'Nan'（伊内兹）对此确认无疑，尽管她还是个小女孩"。马可尼与米霍兰德共处 2 小时。他们一起为伊内兹的离去感到悲痛，然后讨论了战争。马可尼坦率直言，意大利甚至面临着革命的可能性。这个国家每个月需要 55 万吨煤，人们焦躁不安，看不清这场战争将如何使他们受益。据米霍兰德观察，马可尼对这次战争的观点，比起两年前在意大利伊内兹在报纸报道中归因于马可尼的极端爱国主义，现在他更倾向于伊内兹的反战观点。很难确定马可尼是否调整或改变以适应和米霍兰德谈话，但是他在这个曾有望成为他岳父的人面前表达了他的看法。他告诉米霍兰德"Nan 是对的"。

办完事情，马可尼周六离开了纽约。保罗号是他横渡大西洋时最喜欢的班轮——两年前他和伊内兹航行乘的也是保罗号。1917 年 7 月 28 日，他到达利物浦。意大利政府正在考虑以新的"高级专员"的职位把他送回美国。8 月 18 日，马可尼写信给外交部长保洛·博塞利，表示如果是为了国家利益他就接受，但是得接受信中他列出的严格的条件：任期为 4 至 6 个月，并且只对外交部长负责。政府决定不再任命高级专员到美国，但这成为马可尼外交活动的一种模式：如果他可以自由地表达他的观点，他愿意承担短期的任务。

马可尼在美国作的关于锡安运动的声明是及时的。1917 年 10 月 31 日，英国外交秘书长阿瑟·贝尔福向战时内阁提议英国政府做一个支持犹太复国主义者的宣言，这有益于在俄国和美国的宣传，也将吸引德国的犹太人。控制巴勒斯坦在战后也将具有重要战略意义（那里是伊拉克石油出口和通往苏伊士运河的通道）。1917 年 11 月 2 日，贝尔福写信给一位杰出的英国犹太人社团领袖巴龙·沃尔特·罗思柴尔德，打算推广锡安主义联盟。所谓的贝尔福宣言于 11 月 9 日刊登在英国《泰晤士报》，最终并入与奥斯曼帝国和国际联盟授权巴勒斯坦的和平条约中。其内容简明扼要："英国政府赞成在巴勒斯坦建立一个犹太人的民族之家，并将尽最大的努力来促进实现这一目的，很明显，任何可能损害巴勒斯坦现存的非犹太社区的民事和宗教权利，或损害犹太人在任何其他国家享有的权利和政治地位的行为都是不被容忍的。"这一宣言不仅没有达到犹太复国主义者的期望，还激怒了阿拉伯人。 24

到目前为止，无线电在战争中发挥着重要作用，尤其是在巴勒斯坦。1917 年，英国军队穿越西奈半岛，行进中无线电起到了决定性作用。西尔·阿奇博尔德·默里是英国在埃及的军队指挥官，他把无线电称为圣经中引领以色列的孩子们到达乐土的"烟雾和火焰的支柱"，他表示："通过信号站和无线电设施，征服沙漠使其成为可居之地，同时，在行进的军队和他们的撤退基地之间建立足够的通信线路。" 25

1917 年 10 月和 11 月的卡波雷托战役后（或第十二次伊松佐河战役），马可尼一行人从博洛尼亚返回罗马，住在贾尼科洛山属于斯福尔扎·切萨里尼公爵和公爵夫人的三层房子里，就在加里波第广场旁边，那里有著名的喷泉，能俯瞰欣赏城市壮丽的景观。马可尼在顶层配备了一个实验室和一个工作室，很多时间都待在家里，在战时的罗马只允许几位政要人员乘车前来。比阿特丽斯在那很开心，经常有很有趣的来访者：尼蒂，总是尝试让马可尼参与到政府活动中；加布里埃尔·邓南遮，"几个小时不断给我们朗读他的诗"；卡迪纳尔·彼得罗·加斯帕里，教皇的国务卿来喝茶并谈论他对梵蒂冈无线电站的看法。他 26 们有时候会观看火炮开火，记录精确时间（现在仍有人这样做），夏天的晚上他们会去特拉斯泰韦雷附近的饮食店。

1918 年伊始，马可尼的外交生涯达到顶峰，占用了他大多数时间。他仍是董事会主席、伦敦马可尼公司的技术顾问、Banca Italiana di Sconto（意大利清算银行）董事长并指导一群有才华的科研工程师，但是目前他大部分的精力花在预期战争结束时如何帮助意大利确立优势地位。1 月份他在罗马的各种政治活动上演说，包括一场显然是为了讨好美国人的晚宴。 27

比阿特丽斯觉得马可尼在这一段时间与孩子们更亲近了，或许是因为在战时任务期间有空闲的时间，但他仍没有缘由地焦躁不安、不满意，又或者只是比阿特丽斯这么想。其实，在他心里，他的家庭状况已是一种持久的无力状态。后来他在宣誓证词中声明，就是在那个时间他意识到他的婚姻结束了。他越来越多地结识那些娱乐业和上流社会最时尚的女人。1918 年 2 月 3 日，他出席玛格利特·谢里丹在《波西米亚人》中的首次公演。但是，吸引他注意的是无声电影演员弗朗西斯卡·贝尔蒂尼，据报道，她是世界上酬劳最高的电影明星。（据说，贝尔蒂尼 1915 年赚了 17.5 万美元，比玛丽·碧克馥赚的还多。）唇上叼着一支香烟，慵懒时髦的脸庞——与伊内兹·米霍兰德极为相似，令人想起葛丽泰·嘉宝。

马可尼与努契雅（马可尼是这样称呼她的）是在 1918 年《托斯卡》意大利版电影首映上认识的，她演主角。像他刚陷入爱河惯常的夸张说法一样，他告诉她那是他生命中最美的一个夜晚。一场典型的马可尼式浪漫的求爱开始了。她在一部自传体小说中写道，一个温暖的秋日（1918 年年底），他们在圣三一教堂散步时，他向她求婚了。她说，他告诉她"努契雅，我爱你……没有你我活不下去。我想娶你"。贝尔蒂尼惊慌失措，她视他为一位亲爱的朋友，仰慕他，但是他已经结婚了，并且比她大得多（她 26 岁，他 44 岁），如果跟他结婚将成为丑闻。除此之外，她是天主教徒，根本不可能嫁给一个离过婚的男人。

同一天晚上，她在英国使馆招待会上遇见了比阿特丽斯——"身材高挑的金发美女"。其实，马可尼尽管有外遇，或者至少是企图出轨，但他还是被嫉妒的猜测所困扰——比阿特丽斯在做什么，也可能什么都没做。1918 年 5 月 26 日，他在一篇罕见的、异常详细的日记中写了两页"比阿特丽斯和 De、Giu 一起去了 Civ，与 D. T. 通过电话去现代剧场，""周四整天我看到他们。被质问时，B 否认她见了她认识的人。"几个月后（1918 年 2 月 2 日）："B 给 D 打电话在大饭店见面，什么也没告诉我，还否认一切——遇见——B 到达宾馆 1 小时 25 分钟后 D 离开宾馆。"但他继续狂热地追求弗朗西斯卡·贝尔蒂尼，说不定同时还在追求其他女人。

他每天坚持不懈地给贝尔蒂尼打电话，最后，她决定坦率地给他写一封信，信中写道"亲爱的古列尔莫，我还太年轻，我嫁给了我的艺术"，信就结束了。

"他和其他男人不太一样……(但是)我对他的感情不是爱情。"贝尔蒂尼写道。多年后，他们在伦敦萨沃伊的餐厅偶遇，回忆起了在西班牙阶梯的那天。马可尼告诉她不久他又要成为一个单身汉了，并且悲伤地补充道："一定要幸福，努契雅。"贝尔蒂尼嫁给了一位瑞士银行家保罗·阿尔佛雷德·卡蒂埃(也是马可尼的一位朋友)，继续着她卓越的银幕生涯。在她的1969年大揭秘式的回忆录中，她称他为"我的一位很棒的令人难忘的朋友古列尔莫·马可尼"，但她坚称他们之间什么都没有发生。2004年，米兰《晚邮报》称她为"对马可尼说'不'的女演员"。 34

这些关系对马可尼来说非常重要，但我们不知道这些关系持续了多长时间。贝尔蒂尼写道，当他在追求她的时候，他告诉她，他非常孤单非常想念伊内兹。(当然，那个时候伊内兹已经离世。)"我们之间什么都不会发生。但是，我爱上了……"马可尼去世后很久，他的女儿焦亚透露她父亲的一件轶事：马可尼参加 35
一场华丽的晚宴活动时，坐在一位非常年轻漂亮的女士旁边，这位女士很敬仰马可尼，她转向马可尼对他说："马可尼先生，您能告诉我，像您这样一位出色的男人坐在这样的餐桌前心里在想些什么吗？"马可尼直接回答道："亲爱的，我在想如何把像您这样漂亮的女人弄上床。"当然，这是他有意营造的一种氛围。 36
但是，想想看，这些调情并不一定会导致性行为，也不会让他快乐。

但是，他在意大利政坛的地位不断上升。1918年2月5日，美联社报道马可尼将代替马基·切莱雷成为驻美大使，在华盛顿的马基·切莱雷给罗马的松尼诺写信，信中表示这样的报道有可能有损官方和现任大使的声誉和权威，切莱雷问罗马这则报道是否有根据，如果没有根据，请发表官方否认声明。几周之后，马可尼在罗马就一桩算计军火采购的长期且复杂的腐败丑闻作了一场非常重要的演讲，由于是负面报道，这一事件吸引了美国的注意，激怒了切莱雷。这位大使感到很挫败，认为是马可尼在意大利的政治干涉行为，被美国媒体认为是有新闻价值的，这给他代表国家造成了困扰。事实上，他们可能促成美国 37
公众更加看重意大利。

1918年，马可尼几次访问英国期间也作了一系列的重要演说。6月30日，马可尼带领意大利代表团到伦敦参加同盟国国会议员会议(议会盟国内部的商务会议)，这次会议呼吁开始探索脱离战争的新的经济秩序。马可尼工作中心转变的一个明显标志是尽管当时身在国内，他仍缺席了7月2日MIMCC的年度会

38 议，反而忙于准备议会会议的演说。1918 年 7 月 5 日，会议代表们在白金汉宫受到接待，然后参加了由英国政府在英国上议院皇家画廊举办的晚宴。英国财政大臣安德鲁·博纳·劳发表长篇演说，预测战争将在 3 个月后结束（他预测的几乎完全正确），并且概述了经济局势。之后，马可尼发表简短讲话，强调是"同情和团结的结合"把英国和意大利联系起来。他可能在谈论自己就是这种结

39 合的一种实际表现。

　　马可尼严厉地批评了德国和德国科技界在战争中所发挥的作用。据我们所知，他对德国的敌对——尤其是对德国科学界的敌对态度，在他个人的早期职业经历中早已根深蒂固。但是现在，在政治上，他也开始反对德国。"自从意大利加入这场为了拯救世界免于成为普鲁士领地的战争已经过去了 37 个月。我只能说，只要有必要，我们就必须坚持斗争，直至普鲁士军国主义被彻底摧毁。"在他评论的打印稿上，他手写添加"关于科学，我们通常会认为科学进步必然意味着和平。但是，这个理念在德国这里显然不适用。德国已经优化科学至极限，

40 但我很遗憾很悲伤地说，德国在这场战争中出卖了其科学成果"。

　　1918 年 4 月至 9 月，马可尼修改、再次使用这篇文章，并在不同场合改作他的演说稿（当时他返回伦敦参加一系列意大利英国关系的公众庆典），强调战后经济合作的各个方面将对意大利至关重要，例如里拉和英镑的汇率，或者海运运费。因此，牛津大学的马可尼档案包括这次演说的多种版本。他完全引入国际贸易，新形态开始代替殖民主义的观点。他曾在这些演说的草稿中写道，"贸易将一直是

41 人民生活和国家繁荣更重要的元素，它一直是传播文明最强有力的媒介。"

　　由于新的外交角色，马可尼经常往返于两个国家。1918 年在伦敦同一场演说中，马可尼说"我是意大利议会的一位代表，但与英国的血缘关系又让我感到自豪"。他愈发把自己视为两个国家政治文化的桥梁，哪一边他都宣称理解，但是很讽刺也很痛苦的是，他绝对不会被任何一方完全接纳认可，被利用却不被完全信任，说得好听些，他是一位有价值的代言人、信息来源者和有用的信使，最终却沦为不伦不类身份尴尬的人。作为一位世界级人物，他也是从这个时候

42 开始让他的名字出现在和平以及与国际主义有关的事业中。

　　他的公司在英国仍然名声败坏。历史学家 A. J. P. 泰勒是比弗布鲁克爵士的传记作者，也是战时英国情报部长，据他所说，马可尼的公司名字是"政治上的

不祥之兆"。1918年8月，当情报局正计划派遣一位曾与马可尼公司有联系的人参加外交使团时，副总理斯坦利·鲍德温建议比弗布鲁克："任用任何与马可尼公司有关系的人，无论亲疏，都将是一个致命的错误。"比弗布鲁克欣然接受了建议。但是，马可尼的名字依然是神秘的，他的名字无往不利。马可尼自身从未因为那些经常埋没他公司不幸的败笔而受到玷污。

  1918年11月11日早晨5∶40，福照将军发出信息宣布战争结束，上午11∶00宣布休战协议生效。马可尼公司自豪地称赞"无线电报，是战争开始时的第一行动，也是最后一个行动"。由马可尼公司推广的都市传奇故事透露说，马可尼(如果真是这种情况，他会更早起床)在罗马贾尼科洛山他的家里听到这个宣告后，是第一个通知意大利内阁的人。事实上，马可尼告诉英国作家哈罗德·贝吉比他是第一个知道德国凯撒退位的人，也就是11月9日，休战协议生效的两天前。"我在罗马，坐在我房间里，盒子(马可尼的私人无线电接收机)在我旁边的桌子上，突然，接收到一条信息……是来自德国的信息，信息内容是……德国凯撒已经退位了。我拿起电话，给意大利总理打了电话……"

  公司历史学家 W.J. 贝克写道："马可尼直至去世都未停止把无线电看作一种潜在的促进各国和平和理解的方式。"但是我们不应该忘记他也将其视为战争工具。自从他开始利用他的名声作为天字第一号讲坛，这种矛盾在他最早的政治和外交干预上就很明显。1906年12月，他在威尼斯接受威尼斯市授予的一块金牌。渐渐地，他利用这种场合宣讲促进各国和平交流的益处，但是这一次，他向相反的方向更进一步。"我希望无线电报能一直成为各国和平和文明的先驱。但是，如果有一天，战争再次发生在这片威尼斯一直取得胜利的海域，我相信无线电报将把意大利军队胜利的消息传达出去。"在一次爱国主义演讲中嵌入的马可尼认为"只是学术言论"的内容被邻国澳大利亚视为好战声明，进一步透露了澳大利亚与意大利的紧张关系，还导致了一次小型外交事件。维也纳对有一天战争可能会激怒亚得里亚海沿岸居民的建议表示怨恨和不满。据推测，这次演讲是意大利宣传运动中有预谋的行动。如果不是，马可尼作为政治家的角色将给时政观察者提出一个最难的问题：马可尼是一个精明狡猾的政治家，还是单纯的爱国的利己主义者？

第 24 章　政治家

现在，全球态势以及马可尼的个人日程彻底地转向重塑和平。即将到来的在巴黎召开的会议议程将由伍德罗·威尔逊的"十四点计划"决定，"十四点计划"是 1918 年初由总统发布的新的战后世界秩序蓝图。但是，意大利意图坚持至少在 1915 年的《伦敦条约》的条件下，也算是对 1918 年 4 月在罗马所谓的被压迫民族大会上所做的道德承诺的尊敬。

在意大利和法国政府的保护下，被压迫民族大会集合了在奥匈帝国统治下的多个民族群体的代表，包括意大利人、波兰人、罗马尼亚人、捷克人和南斯拉夫人，相互承认他们作为独立国家的民族团结的权利，并同意在民族自决的基础上友好地解决领土问题。由此产生的《罗马条约》不是一项条约，也不是由政府签署的，在意大利总理维托利奥·埃马努埃莱·奥兰多的眼中这是一种道德义务，意大利总理也代表着宪法的权威。然而，《罗马条约》和《伦敦条约》之间存在矛盾。南斯拉夫人反对这项秘密条约，然而对意大利来说，这是基本的。

早在 1918 年 11 月，奥兰多已经对威尔逊的"十四点计划"的第九点表达了意大利的保留意见。美国承认第九点所提不能满足意大利的要求，当然也少于《伦敦条约》分配的领土，少于意大利政府和南斯拉夫（也就是《罗马条约》）之间所做的商定。在和平会议的前一夜，意大利人谨慎多疑，不稳定的国家政治状况加剧了他们的保守和犹豫不决。奉行民族主义的《意大利新闻报》把《罗马条约》描述为一种由"突发的懦弱"影响的软弱的妥协（这篇报道被认为是外交部部长西德尼·桑尼诺的杰作，因为他是这份报纸最大的股东），然而，之后像《意大利晚邮报》这样较为自由的报纸就为《罗马条约》进行了辩护，尽管只是半心半意地表示歉意。

《伦敦条约》对意大利来说是有利的，但其面临着不同的困难。因为《伦敦条约》是在美国加入战争之前签订的，华盛顿并不是条约中的一方，威尔逊感受不到《伦敦条约》有任何方式的约束。此外，《伦敦条约》是一项秘密协议，是一个如今受到广泛质疑的外交工具。即便如此，英国和法国（这两个国家想要他们自己的秘密条约站住脚）确实认为有义务尊重这项条约。1918 年 1 月英国外交部部长阿瑟·贝尔福给威尔逊写信道："无论说秘密条约什么，都必须记住，它们是代表承诺支付价值的保证。"尤其是，"意大利加入战争，并不是为了自卫，而是慎重决定并明确其援助的代价。"

1918 年 12 月 4 日，威尔逊及其随行人员乘乔治·华盛顿号轮船到巴黎。马基·切莱雷和法国大使也在同一艘船上。对于威尔逊来说，这次和平会议是一次建立新的世界秩序的机会，在这次会议上，国际关系将受到民主理想和法制的监督。在最近的战争中他的盟友有更平常的问题，例如，土地、石油和反控。切莱雷利用越洋航行的机会与美国人进行非正式交流，以推动意大利对南斯拉夫的主权主张的有效性。但是他成功地误导了自己，因此，他的上级也认为他的努力是成功的，使罗马过早地确信威尔逊对意大利的目标表示同情。（根据历史学家玛格雷特·麦克米兰的说法，切莱雷是"一个有着忽视事实能力的人"。）

1918 年 12 月 14 日，威尔逊到达巴黎，同一天晚上，他要了《伦敦条约》的文本。在到达巴黎之前威尔逊是否知道盟友的秘密条约这一问题已经是将近一个世纪争论的焦点。1919 年 8 月，关于美国国会就《凡尔赛条约》的批准展开辩论期间，威尔逊否认知晓这一消息。这很有可能是真的。但是，秘密条约的存在是众所周知的事情。1917 年，布尔什维克发表了条约的一部分，并且，据我们所知，马可尼早在 1915 年 12 月在意大利参议院的一次演讲中就提到了《伦敦条约》。当然，威尔逊的助理以及在巴黎的首席谈判官爱德华·豪斯知道这些，因为 1917 年贝尔福和他讨论过。美国对于"十四点计划"的评论是根据豪斯的命令起草的，也提及了《伦敦条约》中的条款。

意大利的索赔是威尔逊到达巴黎首要处理的事件之一。1918 年 12 月 29 日，威尔逊、豪斯、奥兰多和桑尼诺会见两个小时。后来豪斯写道："总统说得很好，但是他没有说服意大利人他们应该放松对《伦敦条约》的控制。"然后，1919 年 1 月 2 日至 1 月 6 日，威尔逊访问了罗马，尝试达成协议，但是失败了。然而，在 1 月 7 日他返回向豪斯汇报的时候说对于这次出行他很满意。

1918 年 12 月，社会主义者莱奥尼达·比索拉蒂从政府辞职，意大利的情况变得复杂，弗朗西斯科·尼蒂在接下来的一个月担任财政部长。尽管桑尼诺也参与其中，但奥兰多继续监督谈判。代表团的另外 3 名成员，安东尼奥·萨兰德拉、塞尔瓦托·巴尔齐莱和朱塞佩·萨尔瓦格·拉吉在很大程度上对谈判起到的作用微不足道。代表团既不强势也没有任何作用，其成员内部四分五裂，
10　他们不相信自己的盟友。意大利人也关注伦敦接下来的动向：谁将是英国参加这次会议的代表？大使古列尔莫·因佩里亚利还在罗马的时候就给桑尼诺写信表示雷丁勋爵的候选资格被取消了，贝尔福获得支持；保守党的报纸抓住每一次机会回忆马可尼丑闻。因佩里亚利除了给桑尼诺提供英国新闻评价外没再做
11　什么，但是他选择的值得提及的内容很有意思。

　　那一年不愉快地结束了，马可尼也感到不愉快。他生着病，独自一人在伦敦的萨伏伊考特的房间里度过了新年前夜。

＊　＊　＊

　　1919 年 1 月 18 日，巴黎和平会议开始。无论人们如何看待，这次会议都是世界政治和治理安排的变革时刻。正如玛格雷特·麦克米兰在《1919 年的巴黎》中所描述的那样，这次会议标志着几乎所有国家实体的出现，而这些国家在 100 年后仍在努力获得认可。这次会议至少在名义上承认了对非政府行为者国际外交的开放，尽管实质上仍然是国家之间的事情。归根结底，最终的决定最多由 4
12　个人做出，有时是 3 个人，有时是 1 个人。

　　1919 年 2 月 7 日，意大利人在会议上提交了他们的官方备忘录，重申了《伦
13　敦条约》的条款，但没有明确提及。他们现在要求得更多，将领土收复主义者主张统一的阜姆的亚得里亚海市一并提出，直到战争结束，亚得里亚海市是奥匈帝国的一部分。现在，奥兰多的政治演说口号变成《伦敦条约》和阜姆。意大利的问题在于英国和法国认为其对战争的贡献有限，而威尔逊不承认《伦敦条约》，并支持南斯拉夫以民族自决的名义对意大利要求领土索赔。阜姆面临着双重问题，城市中大多数是意大利人但是未涉及《伦敦条约》。这是又一个战后难题，双方都各自提出合法索赔，同盟国所做的决定总是一方欢喜一方愁。

　　1919 年 4 月 3 日，面对意大利怀疑的态度，贝尔福给意大利驻伦敦大使因佩里亚利写了一封长长的详尽论述英国目的的信，试图使其消除疑虑。尽管意大利问题尚未讨论，英国（法国大概也是）仍会受到《伦敦条约》的约束。"边界对

意大利来说，可能有利有弊，对意大利的邻国公平或不公平。但是，如果意大利不管 1915 年以来发生的一切仍然希望得到它们，我们受条约约束也会支持意大利。"如果意大利现在希望修改这些，例如，获得阜姆不会改变英国和法国义务吗？不管罗马是什么观点占主流，英国对意大利的利益既不怀敌意也漠不关心。阜姆港不管是意大利的还是南斯拉夫的，对英国都没有影响。英国唯一的目的是欧洲及其友国的福利。 14

据 1938 年出版的《意大利在巴黎和会》作者雷内·阿尔布雷克特·卡丽的描述："现在，意大利的问题是会议的突出问题。"1919 年 4 月 13 日，奥兰多请求 15 会见威尔逊。第二天，会见安排在上午 11 时。同时，乔治·克列孟梭让美国人警惕奥兰多正威胁让意大利退出会议回国。在 4 月 14 日与威尔逊的会见中，奥 16 兰多还带着匈牙利议会阜姆前成员安德里亚·奥索伊纳克（也是阜姆参加这次会议的代表）。奥兰多仍在提《伦敦条约》和阜姆的要求。此时，威尔逊才第一次向意大利表明美国的立场。

1918 年 10 月 30 日，奥索伊纳克在一次声明中宣布将阜姆并入意大利。1919 年 3 月 15 日，他向会议提交了一份由自己签名的文件，安东尼奥·维奥（阜姆市长）和安东尼奥·格罗西克（阜姆意大利国家委员会主席）论证阜姆以前一直都是目前也是意大利城市，并在人民权利的基础上维护合并宣布的有效性。 17 奥索伊纳克在阐述的过程中与威尔逊进行了一系列艰难的交流。奥索伊纳克坚称伊斯特里亚、达尔马提亚以及沿海岛屿都是属于意大利的："南斯拉夫始于山脉而非海岸。我很自豪我出生在阜姆，而不是山区。"奥索伊纳克在说意大利领土一直延伸至阜姆很合理时，威尔逊打断了他："和平会议还未决定这块领域（毗邻的阜姆）将是意大利的，因此我们还不能说领土延续。"这些争论不仅是经济上的，也是民族主义的。当威尔逊打断他就贸易和铁路线发表的观点时，奥索伊纳克反驳道："我亲爱的先生，您错了。"奥兰多一度插话说他准备好要保障居住在阜姆的所有民族的人的权利，但是奥索伊纳克提出，如果这个城市不归属意大利将会引起内乱——这个有能力的政治家以"阜姆将不会接受任何解决方案，除非把阜姆归到意大利，我拒绝对任何决定可能导致的结果承担任何责任"的评论结束了讨论。马可尼个人文件中有一份这次会议报告的打印稿。 18

1919 年 4 月 15 日，那次会议结束后的第一天，豪斯写道："我和奥兰多交谈过，发现他极度痛苦。"19 日的夜晚，意大利人召开了一场激烈的会议，决定坚持他们在《伦敦条约》中的立场。现在他们也坚持得到必须阜姆。4 月 22 日，豪斯写道："整个世界都在猜测意大利是在虚张声势，还是他们必须得到阜姆，否则，他们真的打算返回意大利并且不签订条约。这可不是打扑克牌。"4 月 24 日，奥兰多离开巴黎返回罗马，使得意大利在会议中没有代表出席，一直到 1919 年 5 月 7 日意大利人返回见证向德国呈送和平条约。在与新成立的国家联盟组织有关的问题上，现在会议的注意力集中在找到一个折中方案解决亚得里亚海的问题。在接下来的 3 周，豪斯的主要活动是处理这两个问题。

在这个阶段，马可尼悄无声息地涉入其中。1919 年 5 月 23 日，奥兰多向意大利国王汇报由于威尔逊在亚得里亚海问题上的不让步导致豪斯计划的一项交易受阻。奥兰多告知国王："如今，议员马可尼和威尔逊总统之间的会谈证实了这件令人忧心的事情。"马可尼与威尔逊的会见非常谨慎。其实，没有留下任何官方或非官方会议记录等直接的线索。那些天令人感到头晕，豪斯称之为"单调的工作"，各种各样重要的访客来来往往，如约翰·潘兴将军、亚历山大·克伦斯基、费利克斯·弗兰克福特……豪斯的日记中提及了 23 次塞尔维亚、俄国和黑山共和国的外交官的访问，但是没有马可尼。

目前还不清楚马可尼受到威尔逊多大程度的接待，也不清楚会议是如何召开的。在巴黎，马可尼与威尔逊和美国官员关于无线电规定有过多次会见，这可能就是马可尼不在豪斯日记中出现的原因。但是，毫无疑问，这些的的确确发生了。据马可尼最早的英国传记作家贾科和科利尔引证，马可尼说过："我们充分讨论过阜姆港和达尔马提亚海岸的问题。"他告诉同行的国会议员、意大利代表团成员西尔维奥·克列斯比，他给威尔逊留下了不好的印象，威尔逊不让步，对奥兰多和意大利态度尖刻。索拉里后来写道："会见时间很长，很平静，但着有巨大的力量。会见结束后，我去巴黎的丽兹酒店看他（马可尼）。他坦率地告诉我'除非有人亲自解决问题，否则什么都做不成。'"

1919 年 5 月 23 日是马可尼与威尔逊会见的日子，也是意大利参战的周年纪念日，全国各地都有示威游行。奥兰多告诉克列孟梭意大利彻底被激怒了，还补充说这就是公众情绪爆发的原因，毫无疑问他是谴责这种形式的。在罗马为奥古斯都举行的邓南遮作为演说者的集会被禁止，显然是奥兰多自己下令的。

据克列斯比所述，美国大使纳尔逊·佩奇威胁称如果允许邓南遮演说，美国将中断外交关系，因为此前这位诗人恶毒地侮辱了威尔逊和他的妻子。 27

奥兰多向国王汇报英国首相大卫·劳埃德·乔治强烈要求他多坚持两三天。"但是，根据以往艰难的经验，我不依靠这样的保证……陛下您很清楚我在尽一切可能找到解决的办法。但是，我不可能向这些真的无法超越的限制屈服。"豪斯写道，奥兰多告知克列孟梭他一直坚持《伦敦条约》，威尔逊"受到干扰但不'紧张'"。1919年5月28日，劳埃德·乔治和豪斯会见了奥兰多，然后会见了威尔逊和克列孟梭。豪斯在日记中写道："我们将亚得里亚海问题削弱到消失的程度。"这意味着一切都解决了。同时，马可尼回到罗马。 28, 29

据说美国总统固执地否决了阜姆的民族自决权，阜姆意大利国家委员会主席决定绕过总统直接向美国参议院上诉。委员会表示，阜姆唯一的请求是会议承认1918年10月30日阜姆并入意大利的宣告。该委员会的声明通过一种具有威胁性的种族优越感的言辞表达出来，激怒了威尔逊，威尔逊努力寻求脱离欧洲种族困境的出路。该委员会写道，很奇怪一个意大利城市"应该受到在文明上不如它的人们的影响"。这是"可怕的不公正"，"阜姆将抵抗这一对其自由限制的尝试"。1919年6月2日，奥索伊纳克以国家委员会的名义向会议提交了这一声明，并在6月3日发电报给在华盛顿的议员亨利·卡伯特·洛奇。 30

回到罗马的马可尼陷入一系列个人事务中。6月8日至14日这一周他的日记内容异常多并且非常神秘。每一天他的日记中都包含复杂啰唆（对他来说）的事情，大部分是意大利语，很多内容很难理解——满是缩写、没有任何上下文的数字、少量的莫尔斯电报码，还有一些评论表明他出于嫉妒正在跟踪比阿特丽斯。 31

1919年6月19日，意大利政府垮台，6月23日，奥兰多辞去首相一职，承认他未能取得阜姆是原因之一。弗朗西斯科·萨维里奥·尼蒂接替了他的职位。桑尼诺仍在巴黎等着与德国签订条约，但意大利的新总理托马索·蒂托尼是一位职业政治家，曾在1905年担任意大利首相，最近作为大使出使巴黎。新政府的首要任务之一是重新任命一个代表团返回巴黎恢复谈判。代表团立即被任命，将由蒂托尼带领，随行的有维托利奥·夏洛亚、马吉奥里诺·费拉里斯、西尔维奥·克里斯皮和马可尼（除了克里斯皮是众议院代表外，其他人都是议员）。 32, 33

事实上，1919 年 6 月 28 日，新的代表团中与德国人签订条约（现在历史上称为《凡尔赛条约》）的唯一成员是克里斯皮（桑尼诺和因佩里亚利负责其他意大

利签署国）。第二天，也就是 6 月 29 日，代表团的其他成员才到达巴黎。除了马可尼，他们都住在埃杜阿尔德七世酒店。马可尼总是一个人，坚持住在丽兹酒店。他的朋友都离开巴黎后，6 月 30 日，他给比阿特丽斯写信，"几乎所有的美

国人都离开了。"

该条约建立了一个殖民地管理委员会，以处理战败的同盟国的殖民地领土，马可尼则被授权代替生病的克里斯皮。7 月 6 日，马可尼到达伦敦，在 7 月 8 日委员会会议召开之前，给自己留了一天的时间。任务艰巨，每个人都是国家顶级的人物。豪斯代表美国人，上议院议员阿尔弗雷德·米尔纳和罗伯特·塞西尔代表英国人，弗朗索瓦·西蒙代表法国人，珍田捨己子爵代表日本，马可尼代表意大利。3 天之后，委员会解决了德国在非洲的前殖民地问题，前奥斯曼帝

国殖民地（叙利亚、巴勒斯坦和美索不达米亚）推迟到后面讨论。

7 月 11 日，马可尼返回巴黎，蒂托尼一直等着重新开始讨论遗留问题。7 月 15 日，四国（英国、法国、美国和意大利）委员会召开会议，但是在蒂托尼看来讨论的是在意大利看来是次要的事情。意大利似乎被限制为被动的角色，大多是在观察，意大利的关键问题甚至没有在谈判桌上被提及。随着威尔逊和劳埃德·乔治的离开，会议进入了一个新的阶段，现在掌握在部长们的手中。蒂托

尼无处不在，与每个人交谈，但收获甚微。

巴黎会议的停滞不前从意大利外交部收集的文件档案的本质来看很明显：除了政治方面，相反，代表团现在被内部组织的法令所淹没，每日津贴的各种细节烦琐，代表团在爱德华七世酒店住处的疏散计划，及法国政府让他们尝试

少用电的要求。但是，甚至到 7 月的最后，马可尼仍然抱有希望。7 月 29 日，他给比阿特丽斯写信道："一天或两天之后，我将和蒂托尼去伦敦。我期待 8 月 15 日能在意大利，到那个时候，这里大多数重要的事情应该都能做出决定了。

我们一直在努力工作以获取煤和粮食，这两样是我们现在最需要的。"几天之后，他在伦敦参加了同盟国最高理事会的最后一次会议，然后参加了公司的年

会——"以他个人的身份"，艾萨克斯担任会议主席。然后，他返回了巴黎。

威尔逊、豪斯和国务卿罗伯特·蓝辛离会，美国新任的巴黎首席谈判弗兰

克·L. 波尔克是马可尼的一位老朋友。1919 年 8 月 15 日，蒂托尼将这一消息发电报给在罗马的尼蒂，并且抱有希望地补充说马可尼已经问过了波尔克，波尔克已经同意再次直接向威尔逊提出意大利关心的重要的事。以不符合个人特点的政治坦率，马可尼向比阿特丽斯汇报："我们面临可怕的困境。如果我们在亚得里亚海的问题上不妥协，美国将不会给我们粮食和煤，在很短的一段时间后我们将会直接面临饥饿，因为英国不能立刻给我们提供任何东西。因此，我们现在处于一种非常困难的境地。" 41

马可尼与美国代表团一位名叫雷·斯坦纳德·贝克的成员也是旧识，1901 年他和马可尼一起前往纽芬兰和布雷顿海角，并在《麦克卢尔》杂志发表了一篇重要的马可尼专题报道。1918 年贝克代表美国国务院留在欧洲会见政府人物，报道潜在的不稳定的激进运动。作为和平会议美国新闻局主管，他实际上是威尔逊的新闻秘书。他成为国际联盟强有力的支持者，最终成为威尔逊授权的传记作者。但是，事实上，没有任何的证据表明贝克和马可尼确实有联系。

1919 年 8 月 20 日，马可尼做了他年轻的外交生涯中最重要的一次干预，直接手写书信给尼蒂："卡里西莫总统，我们的事情进展不顺利，主要是因为威尔逊（原稿中强调）的态度，他手里握着所有的牌，也因为缺乏英国和法国的支持。"美国的立场是"只有当我们在亚得里亚海问题上达成协议"，意大利将会得到急需的信贷和煤。波尔克私下告诉马可尼他相信从威尔逊那里得到更多支持是可能的，"但不是蒂托尼所要求的一切"。波尔克说他不理解为什么英国和法国对意大利在非洲领土让步的问题上无意表现出慷慨，毕竟在共同战斗的时候意大利牺牲最多、损害最大。"请原谅我这封信有些悲观，如果我们不得不割让领土，最好决定解释清楚，坦率地向国民解释一切。"这封信的签名古列尔莫·马可尼落笔非常有力，并且带着下划线。 42

这是马可尼民族主义者观点的有力陈述，也是他外交技巧的证明，暗示着意大利应该考虑做出政治妥协以获得至关重要的经济支持。波尔克把蒂托尼的方案发送给威尔逊——阜姆成为国际联盟的一个中立城市，达尔马提亚应该归南斯拉夫。当意大利人等待威尔逊回复的时候，马可尼前往罗马与家人简短地见了面，在那个月底前他又返回巴黎。现在，政府正在向他施加压力，派他到美国完成经济任务。他不想去，但是只能把挑战视为修复婚姻的机会。马可尼 43

44

给比阿特丽斯写信："我已经尽力脱身，但是尼蒂和蒂托尼一直请求我，说他们不可能找到任何一个能够替代我的人，这让我很难做。还没定下来，但是恐怕我不得不走。你会去吗？我很希望你能来。"他们可能在美国待 1 个月。

比阿特丽斯没有回复，5 天之后他疑惑不安地又给她写了信。他已经尝试用身体不适的借口推掉这次任务，但是尼蒂"求我为了意大利为了爱国精神一定要去。我真的不知道该怎么办，想到一直到 11 月中旬都将要见不到你和孩子我的心都要碎了，把你一直留在意大利这种感觉很难受（你懂的）"。这次会议已经扩大到一次更大的会议，英国人和法国人也会参加，并且不能带妻子参加。他说，他本来坚持要带她，但是她一直没有回复，他不知道怎么做。奇怪的是，他在信末的签名是"古列尔莫·马可尼"，而不是常用的"古列尔莫"。这段插曲反驳了他不再关心她，为离她远去而高兴的观点，但事实上看起来更相反。她正开始设定她自己生活的界限。与此同时，马可尼拒绝了尼蒂，他将不会去美国。

尼蒂现在陷入一种很艰难的境地。1919 年 9 月 11 日，意大利代表团签订了对奥地利的条约。第二天，9 月 12 日，加布里埃尔·邓南遮带领军团士兵进入阜姆，占领了阜姆，引起了国际政治轰动，马可尼（和一大部分意大利人）拍手称赞。意大利政府感到尴尬、恼怒，但窃喜终于有人挑起了事端。当尼蒂关注即将到来的美国之行任务时，蒂托尼继续在巴黎谈判。

尽管宣布了马可尼将带领意大利代表团，但他借故身体抱恙公开宣布不去，也暗示《纽约时报》他不想让美国和意大利因为他对阜姆强硬的立场感到难堪。1919 年 10 月 20 日，他的死对头文森佐·马基·切莱雷在一次突然发病后在华盛顿做手术意外死在手术台上，马可尼的名字因为可能成为大使被再次提及。然而，毫无疑问，除了巴黎，他哪儿也不去。1919 年 10 月 21 日，比阿特丽斯·马可尼在贾尼科洛山她的家里收到一封简短的电报。电报是来自巴黎的，内容是："已到达，抱抱。古列尔莫·马可尼。"

第 25 章　火花

战争已经对马可尼产生了深远的影响。他对这场战争的了解是真实的，足以引发深刻的反思。战争行动结束后不久，马可尼接受了英国作家哈罗德·贝吉比长时间的采访。哈罗德·贝吉比是一位社会改革的倡导者和宗教道德学者，曾公开捍卫和平主义者的权利，拒绝参战反对战争。这次采访是为一本书，当时贝吉比正在准备以战争中的无线电为主题写一本书，这本书将由马可尼公司的一家子公司无线出版社出版。贝吉比写书很快，1919 年 1 月开始写，几个月后就完成了。贝吉比的手稿提供了一份详尽而又相当荣耀的关于无线电在战争中的角色以及作为战争的工具的描述。然而，由于多种原因，这本书从未被出版。公司认为这本书过于夸大公司在战争中的作用，关于英国政府对公司的态度描述得太过苛刻。或许，最重要的是，当出版社提交手稿以获得批准的时候，军事情报部门认为这本书的一部分"从国家利益来说，不受欢迎"。那份手稿被认为问题百出，有几章被从草稿副本中删除，而在 1929 年贝吉比去世后，那些证据也被销毁了。[1]

尽管如此，于 1919 年 4 月左右结束的访谈为马可尼的思想走出冲突提供了一个独特的窗口，也暗示了一种我们从未见过的精神态度——尽管很难确定其中有多少是贝吉比的，有多少是马可尼的。马可尼谈论到"无线电报之谜以及无线电报帮助人类思想穿梭在复杂的宇宙中的力量"。他告诉贝吉比："无线电的未来是深远的不可知的。我们只是处于用无限永恒的力量探索的开始。"马可尼告诉贝吉比他正在接收一种只能来自外太空其他星球的震动，生活在其他星球上的聪明的人应该正在努力与我们交流，这并不是不可想象的。他说我们可能从这些更年长、更聪明的地球外的生命获取新的知识，这些知识将很快解决"存在的奥秘"。

尽管在马可尼看来"所有现象背后显然都有一个伟大的精神现实"，但他也向贝吉比表示，科学是理解宇宙的方式。这种精神和理性的奇怪组合是马可尼一生中所经历的典型的矛盾心理。但是，不管他可能对一个谈话者说什么，马可尼的物质现实都根深蒂固：他爱他的研究胜过其他一切，世界只不过分散了人们对"服务科学的紧张压力"的注意力，他这样告诉贝吉比。事实上，马可尼在战争中的经历及其结果不仅证实了他在政治中要发挥的作用，也重新证实了他的感觉——移动电话的完善和扩大以及越来越大的距离间的无线电交流在新的世界秩序中发挥着决定性的作用。

马可尼也向贝吉比透露他刚刚买了一艘游艇，即将步入人生的另一个阶段，和往常一样，他做得很成功。1919 年 4 月 14 日，他从伦敦兴奋地给在罗马的比阿特丽斯写信。

亲爱的：

我买了罗文斯卡号（Rovenska）游艇，就是上次我给你看的照片和计划。我在利物浦看到它，实在是太漂亮太舒适了。

价格是 3 万英镑。①我有点不太确定我是应该马上把它带回意大利，还是把我的发明给它配备上。当然，如果我这样做的话会更好，因为那样使用的时候就会更加经济实惠，煤炭方面也不会有问题。

亲爱的，我想立刻就告诉你这个好消息。给你我所有的爱。爱你的，古列尔莫。

马可尼一直想买一艘游艇。自他小时候在里窝那，就是只有他独自一人在海边的时候才最开心。他的利益在英国和意大利这两个海上强国之间摇摆不定。只要有合适的设备，他可以在任何地方做研究。现在战争结束了，他渴望回到实验中去。最重要的是，他需要从家庭生活的枷锁中解放出来。有一次他写信告诉朋友："我想居住在海边，我应该把罗马的房子卖掉，然后在那里买一艘游艇，那将来就是我的家。在那里我可以学习，可以做实验，不必担心一些我不喜欢的人来打扰。"比阿特丽斯后来写道："或许，他真的想象着我们还有我们越来越大的家庭一整年居住在海上。"

――――――――――――

①3 万英镑，是他所得的英国专利的两倍，相当于 15 万美元，或者相当于今天的 240 万美元。

罗文斯卡号游艇于 1904 年在苏格兰建造，当时是为奥地利大公夫人玛丽亚·特蕾西亚消遣玩乐而建。玛丽亚·特蕾西亚的丈夫大公卡尔·斯蒂芬曾是奥地利-匈牙利海军的海军上将，在哈布斯堡帝国的统治下，他曾被认为可能成为波兰未来的国王，已拥有好几艘英国游艇。"Rovenska"是克罗地亚洛希尼岛的海湾名字，大公在那里有一座城堡。这艘游艇长 220 英尺（约 67.1 米），能排出 700 多吨的水，1 200 马力的燃煤蒸汽机，巡航速度为 10 节，每天消耗 12 吨煤。在战争期间，这艘船被英国海军部在北海征用为扫雷舰。想要恢复轮船故态供私人使用并不困难。马可尼聘用那不勒斯海军军官拉法埃莱·劳罗为船长，重新给船起名为埃莱特拉(Elettra)——希腊文琥珀的拉丁语形式，这种物质摩擦时会产生火花。

两个庞大的桅杆和蒸汽漏斗使得埃莱特拉看起来像条硕大的剑鱼。很快它就成为世界上最著名的私人游艇之一。马可尼还为他自己和妻子配备了主卧舱——他的房间用体现男性气概的深色木头装饰；他妻子的则用印花陶艺——外加 4 个客舱和一个文艺复兴风格的餐厅。最重要的是他还添加了一个做研究用的无线电舱和实验室。买下这艘游艇之后不久，马可尼就告诉贝吉比他打算"像达尔文使用'小猎犬号'一样使用他的这艘游艇。我将远航离开城市去安静的海港和小水湾，做些实验，去实现梦想，在发现的道路上走得远一些……我不再需要为商业利益而担忧，并且那些我得满世界到处乱跑去证明无线电功能的日子也要结束了"。

不久，伦敦的报社就对埃莱特拉大作文章，声称这恰好证明了马可尼之前所说的这就是他所需要的。之后他写道："我猜绝大部分的发明家都只能在一个固定的实验室里完成他们大部分的工作，但就我本人而言，我工作的本质就蕴含了移动性。"直到现在，马可尼大部分的实验工作都是在专门建造的类似电台的工作站里完成的，例如黑文或宝窦电台，他在那些地方都只是短暂地停留；或者就是在远离家乡的商务船只或军舰上；或者就真的只是路过一下而已的地方，例如利比亚沙漠、信号山或纽芬兰。虽然看似自相矛盾，但现在他将漂泊和稳定结合在了一起。埃莱特拉是马可尼第一个私人且最具永久性的实验室，第一个真正意义上的并且完全用于研究的实验室，也是真正意义上完全属于他的实验室。直至 1923 年，他都宣称埃莱特拉是"我最主要的实验室，也是我实际

8　工作完成的地方"。

　　埃莱特拉上安装有最现代的仪器和装置，其中包括定向和短波天线。上面有一台以连续波而不是电火花运行的功率为 3 千瓦的发射器，及很快将被用于广播的最新无线电话系统。船上有一台传统的火花式发射器，主要用于普通的船与船和船与岸之间的联络。但是马可尼在这里最初几年致力于解决的主要研究问题是短波，或者也叫"定向接收"。他曾写道："就这项工作而言没有什么比
9　游艇更适合的了。"埃莱特拉不仅仅是马可尼的私人移动实验室，也是他离群索居和最可以称得上是家的地方。最重要的是这艘游艇是属于他的。它非常完美地体现了马可尼的性格、脾气和品位，也是对移动通信的颂歌。在这个空间，在这样或那样的时间里，他曾招待过他的妻子们、几个情妇、所有他的孩子、同事、助理、生意伙伴、电影明星、记者、政客和世界领导者。邓南遮把这个
10　地方叫作"白雪公主神奇的船"。

＊　＊　＊

　　正当马可尼在为购买这艘游艇谈判时，有关他公司事务的一件大事正在大西洋另一端上演着。美国马可尼公司于 1899 年 11 月 22 日成立，并于 1902 年 4 月 18 日被它的英国母公司接管。通过研究创新、严密的专利保护以及和马可尼全球网络的融合，美国马可尼公司到 1919 年已经成为美国无线通信领域的主导力量。它唯一可能的竞争对手就是美国海军。1914 年 2 月，美国马可尼公司向美国政府申请在菲律宾建造一个大功率电台的许可权，海军无线电台服务部的指挥官威廉姆·布莱德上校在备忘录里对此表达了这样的观点："无线电通信是天然的垄断行业，政府应拥有并控制所有的电台。"布莱德认为，若授予马可尼公司菲律宾许可权，紧接着他们肯定还会提出其他的要求。他不建议批准该申
11　请，当时正值欧洲战争爆发，马可尼公司也就没有再继续争取这件事了。

　　马可尼对无线电发展的下一阶段早有考虑。1915 年 5 月他参观完位于纽约斯克内克塔迪的通用电气工厂后，就找到了通用电气的首席顾问欧文·杨，谈论取得通用电气新型连续无线电波发电机，也叫埃里克安德森交流发电机使用
12　权的事。他们刚刚达成协议，即通用电气负责制造由其工程师恩斯特·埃里克安德森发明的交流发电机，马可尼则拥有它的专属使用权。但是就在交易最终
13　敲定之前，因为意大利卷入战争，马可尼匆忙地离开前往欧洲去了。

马可尼购买埃里克安德森交流发电机的提议是一个转折点。它不仅仅只是一项例行的交易：马可尼公司现在已经准备，而且也是它有史以来第一次，将自己托付给一个外部供应商。德律风根公司的连续波交流发电机正从它的塞维尔电台跨越整个大西洋运行，但马可尼相信这个塞维尔电台将被关闭停止运营，无论是通过他的专利侵权诉讼，还是通过美国政府的行动，这是赶超的时机。在过去的几年里，相比火花技术他对连续无线电波越来越感兴趣，它即将带来无线传输主导模式从电报向声音的范式转移。如果马可尼可以获得这个埃里克安德森交流发电机的使用权，他就可以把他现有和未来的机械设备转变为连续电波传输，也就是即将闻名于世的"广播"。由于他强大的并且获得法院支持的各项专利，马可尼控制了美国无线电行业。但是他现在提出的交易将使通用电气成为无线电技术发展下一阶段关键硬件基础设施的独家供应商。

这项提议具有很强的政治性，并且对马可尼的全球战略至关重要。马可尼英国基地受到了英国战争时期各项限制的束缚，但是战争也为技术发展带来了机遇。马可尼公司决心要从固定在大英帝国的无线链建造一个全球网络。同时，巨大的美国国内市场和美国成为战后世界主导力量的可能性预示了马可尼在美国运营角色地位的提高。与通用电气的交易可以缓解美国民族主义忧虑，与英国公共领域关系紧张的马可尼也可以降低在英的曝光度。此时的马可尼也很焦虑，希望可以一次性彻底地跟预期战后东山再起的德律风根公司抗衡。

1917 年 4 月美国的参战束缚了马可尼的计划。4 月 7 日美国海军接管所有无线操作，随着战争的推进，这场冲突结束后这些无线经营者的前途一片迷茫。然而有一点是清楚的，那就是现在是所有关联方——战后扩大政府角色的倡议者、商业公司以及新兴"业余"使用大军——为自己定位的时候。[1] 战争结束后，所有相关方都在游说国会和白宫考虑通信的未来（自此也被称作"电信"）。美国 3 大主要电子公司——通用电气、美国电话电报公司、西屋电气，都在无线行业有利害关系。但是在国际通信中，马可尼，一个外国公司，主导了这一领域。

14

15

16

---

①当战后美国国会提出一项议案以使政府可永久控制无线电台时，美国马可尼公司和美国业余无线电倡导者结成了联盟。马可尼公司和美国无线电协会组织领导反对该项议案，1919 年 1 月 16 日该议案被无限期搁置，这标志着美国海军野心的终结。1919 年 7 月威尔逊总统批准将无线电台归还原主。（霍维伊 1963，第 17 章）

在伍德罗·威尔逊总统前往巴黎时，他日程中最重要的事项之一就是"保护美国
17 在无线电领域的卓越地位"。

1919 年 2 月，正值威尔逊总统与其他同盟国谈判的高潮，他收到了其通信
顾问沃尔特·罗杰斯的一封简讯，敦促美国应该在全球通信业尤其是世界范围
内受英国控制的国际有线电报系统中维护自身地位，而其关键就是发展无线电
（现在越来越多地被称为"无线电通信"）。"拥有无限可能向世界尽头传播信息的
大功率电台为传播情报提供了惊人的可能性。"罗杰斯在一份政治性文件中如此
18 写道，明确承认了该项新技术在传播观点和未处理信息方面的能力。罗杰斯认
为，无线电通信的"国家所有"和"全球服务"对于仅具雏形的国际联盟的成败至
关重要，它的组建仍是威尔逊日程中最重要的事项。

1919 年 2 月 15 日，在收到罗杰斯简报 3 天后威尔逊总统离开了巴黎，3 月
14 日即一个月之后返回时，他已经被说服，认为无线电国家所有制同样关乎
美国国家利益。提倡政府控制无线电的代表约瑟夫斯·丹尼尔斯陪同威尔逊总
统一起返回欧洲。在威尔逊总统任职期间丹尼尔斯一直是海军部长，他坚定地
19 认为战争帮助巩固了海军在美国广播中的主导地位。邮政局大臣阿尔伯特·布
勒松也同意他的观点，并且在 3 月 15 日发给威尔逊总统的电报中总结了问题
所在：美国依赖于"外国控制的通信方式的恩惠"……国际电信系统的建立就是
将旧世界的商业中心跟新世界的商业中心连接起来。而美国现在只连接了
20 一端。

与此同时，马可尼公司也重新开始了和通用电气的谈判。由于世界大战马
可尼公司的国际地位比以往更高了。现在它提出以每台 12.7 万美元的价格购买
21 24 台交流发电机，整个合同价值超过 300 万美元。1919 年 3 月 29 日，通用电气
的欧文·杨写信给海军代理部长富兰克林·罗斯福通知此事。4 月 4 日罗斯福回
22 信要求通用电气在向马可尼公司做出承诺之前先跟海军代表商议该事。4 月 8 日
美国海军通信局局长，海军少将布莱德，及海军无线电操作首席专家斯坦福·
胡帕上校在纽约与通用电气行政人员会见，要求他们不要将埃里克安德森交流

发电机出售给马可尼公司。① 根据该会议的标准记述，会议休息期间布莱德将欧 23
文·杨拉到一旁，坦白说他之前已经在巴黎见过威尔逊总统，而且总统亲自要
求他劝阻通用电气同意该交易。布莱德说，总统坚信世界范围的杰出地位将由 3
个因素决定：石油、运输、通信。美国在石油领域地位卓越，但是英国在运输
和电报通信方面的地位无法撼动。然而无线电领域大家还人人有份，如果美国
可以在这个领域取得主导权，那两个强国之间就会打成平局。布莱德说美国政 24
府正在为无线业寻找一项类似"门罗主义"的政策，这样西半球的无线电通信就
掌控在美国手中了。 25

　　这个要求使通用电气陷入了窘境。他们毕竟还是生意人。战争结束了，唯
一可能购买他们产品的客户就是马可尼公司。美国海军并没有实现完全的政府
所有，但是很明显政府也不希望看到这个行业落入外国人手中。那该怎么办呢？
杨想到了一个解决的办法，那就是让政府支持通用电气购买马可尼公司全部产
权，成立一家美国无线电公司。他也相信能够说服马可尼英国的母公司出售它
的美国产权，只要他们相信美国政府意图加强和英国在无线电领域主导地位的
抗衡。杨告知了美国马可尼公司总裁爱德华·纳利通用电气不会向马可尼提供
交流发电机。几个星期过后他又暗示纳利通用电气和美国马可尼公司应该联合
组成一家新的公司，这样可以打破这个僵局。通过提议建立一个虽然属于通用 26
电气所有但可以保证美国马可尼公司安然无恙的联合体，杨成功地劝说了纳利，
之后还有英国马可尼公司，让他们相信鉴于美国政府的决心，与通用电气合作
是最好的选择。 27

　　丹尼尔斯 5 月底从巴黎返回，评估了事态的发展，表达了他对于建立私人
垄断的质疑，并开始重提自己关于政府所有制的旧观点。海军官方通信历史学
家霍维伊写道："杨一定对形势的发展大吃一惊。他完全有理由相信布莱德和胡
帕已经下达了指令，而且那位秘书长肯定会听从罗斯福的建议。"通用电气的兴
趣在于建立一家商业垄断的私人企业——就像马可尼试图成立的一样，只不过

---

　　①胡帕之前是位无线电操作员，被称为"海军无线电之父"。布莱德从 1912 年至 1916
年担任海军无线电台服务部的指挥官，在这件事发生几周之前刚被任命为海军通信局局
长；之后他也是联邦无线电委员会第一届主席，但是在 1927 年 11 月，任职才 8 个月时就
去世了。

这是美国国家所有（罗杰斯的"国家所有"提议非常模糊，它可以被解释为政府所有或者由一家国内私人公司所有）。毕竟在商业中爱国主义还是有局限的。霍维伊写道："通用电气下一次董事会上发生的事情并没有被完全透露，但是尽管不再受到政府的支持，他们确实决定继续和无线电组织接洽。"通用电气通知丹尼尔斯将直接和马可尼公司进行谈判，并且"之后也没有任何有关请求海军帮助的公函的记录"。

28

纳利已经准备好了通用电气和美国马可尼公司的协议初稿，并于 1919 年 6 月 13 日会见了杨进行讨论。纳利预估美国公司价值 1 200 万美元，其中英国占将近一半的股份，总计英国马可尼公司大概拥有其中的近 25%。通用电气公司打算支付巨额费用买下马可尼所有的产权。如果美国马可尼公司拒绝出售，那它的前景会非常渺茫。因为美国政府仍然控制着马可尼在美国的关键资产，而且不可能把它们归还给一个外国公司。出售美国公司对于英国母公司来说不会非常痛苦，相反，这反而很有帮助，因为马可尼的美国子公司从来就没有创造过多大的利润。

29

对于马可尼来说更重要的是与这些美国人就战后势力范围达成协议。这是 1919 年 8 月在伦敦继续进行的谈判的重点，戈弗雷·艾萨克斯代表马可尼出席谈判。谈判持续了 2 个月，会上马可尼的指定代表被不断地提醒说，美国国会任何时间都可以出台一项立法禁止美国领土内的外国公司控制无线电设施。最终，马可尼公司的董事们决定尽最大努力，尽量拿走他们可以得到的东西。1919 年 9 月 5 日，双方签订了初步协议，英国马可尼公司向通用电气出售其美国子公司 36.5 万份股票。1919 年 10 月 17 日，美国无线电公司成立，将马可尼美国无线电报公司（包括战时美国海军划拨的电台）的资产并入一家新成立的由通用电气控股的上市公司。美国无线电公司取代了马可尼公司成为美国国内重要的无线电公司，使美国在全球通信领域占据了坚实的立足点。应公司邀请，政府提名海军上将布莱德代表政府方面的利益出席美国无线电公司董事会会议。

30

为什么马可尼会同意这些要求呢？很简单，他相信面对美国战后的野心坚持己见是徒劳的，他也倾向于跟美国达成协议而不是成为敌人。他相信强大同盟的力量，他的长处之一就是知道什么时候应该与谁结成同盟。他憎恶在原则问题上跟政府对抗（这就是 1908 年他跟卡斯伯特·霍尔决裂的原因）。当涉及跟政府打交道时，他更倾向于结成合作伙伴并且准备好放弃他自己一部分的股份，并通过赢得他们的好感换取保护。在这方面马可尼是最早一批深谙有条件的垄断有何益处的全球企业家之一。

欧文·杨担任美国无线电公司董事会董事长，纳利成为总裁，马可尼公司前办公室助理兼无线电报员大卫·沙诺夫被任命为总经理。华盛顿对于纳利的职位感到诧异，他们一直以为是马可尼公司接管了通用电气而不是反过来的。不过最终当杨这位老练的政治家明确表示作为董事长他将广泛地代表"之前的马可尼公司、通用电气公司、政府和美国商业利益的综合观点"，他们也就平复了下来。毕竟预期的这些利益都将被照顾到。   31

1919 年 11 月 21 日交易最终达成并签订了协议，根据该协议美国无线电公司接管了英国马可尼美国子公司的产权，包括使用马可尼在美国境内专利的权利。该协议明确表示每一方都应继续改善各自的专利并且开发新的发明创造，"以通过无线电设备建立经济实用的、全球范围的公共商业无线电报电话服务"。   32
一夜之间这家新的公司就成为巨头。美国无线电公司不仅接管了美国马可尼的专利，还包括马可尼的大功率电台，与美国航运局签订的为 400 艘船只上的无线电设备提供维修的合同，及无线新闻公司和马可尼在泛美无线电报电话公司37.5％的产权。国外主导美国的无线电通信业已经不再是个问题了。   33

从美国军队的角度来看，美国无线电公司的成立是一种妥协。海军继续保持其在战争阶段垄断地位的努力受到挫败，但是这个取而代之的交易是一种新的形式，一个与美国国家利益保持一致的私人企业。很快美国无线电公司就成   34
为全世界最大的无线电通信公司以及美国国家电信政策的媒介。根据商业历史   35
学家罗伯特·索贝尔的观点，它就是德怀特·艾森豪威尔总统后来并不看好的"军工复合体"的第一要素。10 年后，美国参议院委员会得知布莱德、威尔逊和   36
马可尼当时就无线电通信监管和控制问题在巴黎进行了大量的讨论。讨论到底是在 1919 年 5 月 23 日马可尼和威尔逊总统会面时进行的还是在其他时间并不清楚，但是他们之间就无线电话题讨论的具体内容从来没有被公开过。   37

当美国无线电公司在伦敦、纽约和华盛顿最终敲定交易时，马可尼本人已经回到了巴黎。亚得里亚海问题仍未得到解决，而且仍旧是意大利会议日程中的重点，更是战后欧洲疆域和利益范围问题解决的关键，并且它也是影响 1919

年 11 月 16 日意大利国家选举的要素。这次选举中尼蒂领导的中间派联盟险胜影
38　响力急剧上升的意大利社会党继续执政。

　　11 月 20 日马可尼写信给尼蒂，建议如果美国参议院拒绝批准从 7 月就开始
讨论的《凡尔赛和约》，意大利就要求采纳由英法提出的《伦敦条约》。① 他在信中
说这样可以在新的谈判中提高意大利的地位。尼蒂很快回复认可了马可尼的建
39　议。同时美国的媒体将意大利的国内形势描述得令人担忧，预计即将发生革命，
40　国王将退位，随着美国最终拒绝意大利收回阜姆的要求而与南斯拉夫开战。马
可尼站在了尼蒂民族主义的阵营，并担任了动荡的意大利政治局势中战略顾问
的角色。正当马可尼向尼蒂提供建议时，蒂托尼写信催促他返回罗马介入即将
41　召开的意大利参议院会议。但是马可尼继续留在巴黎，代表意大利参加《保加利
42　亚条约》的签署。之后他离开去了伦敦，加入尼蒂在那组建的使团。

　　像往常一样，马可尼带领随行人员一起前往伦敦，其中包括比阿特丽斯，
里昂·德·苏萨和一位男仆。从福克斯通到伦敦火车的普尔曼式一等卧铺到克
莱里奇酒店的房间，驻巴黎的意大利代表团安排了所有事务。他们从 1919 年 12
月 4 日启程，到达之后立即与劳埃德·乔治和外交大臣柯曾（一个月之前刚刚从
亚瑟·贝尔福手中接任该职）进行了高层会晤。尼蒂并没有来伦敦，但是其他一
行人在接下来的 5 天里与英国人召开了一系列会议。意大利人企图为邓南遮的
"海盗行为"挽回脸面（这一术语是弗兰克·波尔克用来描述侵占阜姆的，他当时
仍然负责美国在巴黎的公使及随员），他们既不可以正式地谴责也不可以宽恕这
一事件。12 月 10 日，尼蒂在罗马宣布他将派兵到这一港口城市。12 月 12 日，
维多里奥·夏洛亚从伦敦给尼蒂发来一封电报说："在收到我下一封信之前不要
做任何跟邓南遮有关的事。这非常重要。"劳埃德·乔治、克列孟梭和威尔逊现
43　在都参与了讨论，或是本人或是通过各自的中间人。一封从意大利驻巴黎大使
馆发往伦敦和罗马的电报这样概括了当时的形势："尽管劳埃德·乔治通常想法
不坚定，但是他说他需要跟美国保持距离，并与欧洲同盟国建立更加紧密的关
系。威尔逊因为中风（1919 年 10 月 2 日）集中注意力一次超不过 10 分钟。劳埃
德·乔治说很有必要帮助意大利解决亚得里亚海难题，并且威尔逊非常支持我

————————

　　①美国自始至终都没有批准这项条约。

们的这一立场。"

1920 年 1 月，尼蒂终于前往伦敦会见了劳埃德·乔治。和平会议已经结束
了，但是意大利问题还没得到解决。当意大利剩下的代表仍然留在巴黎时，
1920 年初马可尼大部分时间都待在伦敦或是埃莱特拉号上。在意大利档案中就
此次会议涉及马可尼的只有和通信相关的内容——1920 年 1 月他安排了一条从
巴黎经伦敦和马可尼在威尔士卡那封郡的电台到罗马的无线信息电路。为什么
要这样做呢？档案中并没有对此事进行解释，但是他们确实督促代表们仅用无
线电路发送最为重要的信息，因为电路的服务已经超负荷了。

1920 年 4 月 14 日马可尼向尼蒂写信辞去意大利在巴黎的全权代表职位，国
王第二天就批准了。尽管他这一年紧锣密鼓的外交活动令人振奋，但也令人沮
丧，马可尼尤为失望。不像他的研究和商业活动，外交政治方面他到最后也没
有什么拿得出手的。传记作家吉安卡洛·马西尼曾经写道："离开巴黎时马可尼
已经感到厌倦了。"另外一位传记作家朱塞佩·佩森说他"幻想破灭并心生厌倦"。
马可尼告诉哈洛德·贝吉比说，他从在巴黎担任代表的经历中总结出了两个结
论："第一，外交并不是一门真正意义上的科学；第二，跟大自然相处要比跟人
性相处容易多了。"但是马可尼这段进入世界高层外交的经历让他见识到了很多。
他在巴黎的经历给他带来了持久的影响。

尽管他的参与经常在报纸和政治报道中被强调，但从广泛的历史意义来说
马可尼在巴黎只是一个相对渺小的人物。意大利人利用了他的影响力试图与英
国和美国人谈判，但是他并不是决策者和重要参与者，作为一名代表他甚至有
些不遵守纪律（根据自己的生意和私人行程想来就来想走就走；坚持住在利兹酒
店）。然而在例如前往美国的商业使团或是在 1919 年 5 月重要谈话的关键时刻直
接找到威尔逊本人，在这些方面，他还是很有能力的。他在美国和英国有人脉，
可以像为数不多的几个人一样在意大利需要现金和帮助时找到门路。最终，尽
管抱怨，他还是找到了可以余生一直从事的事业。他也成了 20 世纪大人物的又
一原型：企图利用自己的地位影响全球政治的世界媒体大亨。

战后对英法的贪婪和美国的傲慢持讽刺和气愤观点的政治人物当然不止马
可尼一人。这些年他的经历对他主张民族主义权利的政治立场起了决定性的作
用，并且会一直持续下去，这必然导致他从同情英国转为同情意大利。而且他

一点也不羞于表达他的失望。例如在 1919 年的一场关于意大利战后与美国关系的演讲中，他是这样开始的："一年前结束的这场大规模战争令人意想不到的或惊讶的结果中，最令人意想不到和惊讶的要数意大利和美国在亚得里亚海问题上的争议了。"

不久他就面临了亲人的去世。他亲爱的妈妈安妮于 1920 年 6 月 3 日因心脏问题病逝。她受多种疾病困扰多年，在圣詹姆斯哈雷 75 号跟她儿子阿方索同租的房子里（在安妮最后的几年里马可尼和比阿特丽斯在伦敦时偶尔居住的地方）由人照看。行业杂志《无线电世界》上发表的讣告写道："正是由于这位仙逝的母亲给杰出的无线电先驱以鼓励，他才得以在早期发现探索的日子里战胜科学界对他的怀疑。"但是在他母亲去世的时候，这位杰出的先驱并不在场。安妮去世的时候马可尼正坐着他的游艇在地中海进行研究，而且没能回到伦敦参加 1920 年 6 月 9 日在海格特公墓举行的葬礼。当天在场的有阿方索、安妮的一个姐妹、比阿特丽斯·马可尼的奥布赖恩家族兄弟姐妹、多诺和里拉。安妮·芬威克·詹姆森·马可尼被安葬在她侄子亨利·詹姆森·戴维斯几年前为她购买的墓地里。伦敦公墓公司记录显示她享年 81 岁。

* * *

尽管尼蒂努力在 1919 年 11 月大选之后继续执政半年，但意大利恶化的政治局势最终击败了他。1920 年 6 月 17 日，他辞职并被乔瓦尼·焦利蒂取代。乔瓦尼·焦利蒂曾担任四届首相并且是意大利在过去 30 年里最强大的政治家。焦利蒂倾向于战争中立态度，意大利一参战，他就隐退到了幕后。他没有参与大战以及和平会议，在 1919 年的大选中他曾说，意大利是违背大多数人意愿被拖进战争中去的。政府的变动为随之而来的政治转变做好了准备。

1919 年 9 月 12 日加布里埃尔·邓南遮和他的"军团"占领了备受争夺的阜姆城，尼蒂的命运也随之彻底终结了。根据 1919 年 8 月 25 日联盟军内部调查委员会的一份报告显示，阜姆受国际管辖，意大利军队的作用很小。英国本该在 9 月 12 日开始接管，但是邓南遮抢先一步，就在英国军队要到达阜姆之前组织好了军队并进入了城内。在"双方表现出了一些戏剧性的姿态之后"，意大利在当地的驻军领导人维托利奥·埃马努埃莱·皮塔卢加将军向邓南遮交出了他的指挥权。

阜姆现在变成了意大利民族主义的滋生地和即将笼罩意大利的新型民族主义派系法西斯主义的培养器。邓南遮实施了一系列几年之后贝尼托·墨索里尼效仿的特色行为：个人崇拜、独裁统治、阳台演讲、有计划的大规模游行、黑色衬衫制服，据说甚至包括让反对者喝蓖麻油来惩罚他们。事实上邓南遮成了墨索里尼的榜样，但是邓南遮本人并不是法西斯分子（至少形式上来说不是；他是一位领导者而不是参与者）。他还承诺女性投票权、艺术家自由言论、无政府工团主义者社会变革。邓南遮控制下的阜姆就像他的传记作家所描述的"一个20世纪疯狂与神奇"的微观世界；"一间早期的实验室，里面右翼和左翼的大众政治细菌在实验对象人类身上进行测试"。

　　阜姆就像"一种实验性的反主流文化，它代表的观点和价值与当时的道德准则并不一致"。玛格丽特·麦克米伦把它描述为"充满了仪式、壮观的景象、舞会和派对的疯狂嘉年华。整个城镇的建筑上挂满了旗子和横幅，花园里的花被洗劫一空，全都扔向了游行队伍。在民族主义和革命的狂热下，牧师要求结婚，年轻的女孩彻夜不归。目击者说这座城市充满了做爱的回响"。尽管有盟军的封锁，邓南遮还是为他的事业召集了各色各类的人物，其中包括菲利波·托马索·马里内蒂、未来主义艺术家阿尔图罗·托斯卡尼尼和他的乐队、墨索里尼、一群反对党政治家、黑帮成员、妓女和古列尔莫·马可尼。

　　自马可尼辞去意大利驻巴黎代表职位之后，尼蒂就要求他去阜姆，尝试劝说邓南遮为了意大利的大局利益放弃他的冒险活动。然而在马可尼的心中他并不赞同；他同情邓南遮的占领行为但是又不想让尼蒂难堪。但是他既跟焦利蒂没有什么利害关系也不敬佩他，所以马可尼还是同意前往。1920年9月22日马可尼乘坐埃莱特拉号前往阜姆，开始了他所说的替政府执行的一项"微妙任务"，既担心导致进一步的国际反响，又担心可能引起当地内战。他在那里受到了之前从来没见过的英雄般的欢迎。如果就邓南遮对马可尼的影响有任何怀疑的话，那么在阜姆一切疑虑都可以消除了。当马可尼抵达时很明显他是要说服邓南遮放弃这项事业；但是在马可尼离开时，他已经无可挽回地变成了这项事业的热衷者。

　　马可尼来阜姆是一个重大新闻事件。邓南遮占据这座城市已经有一年了，通过一系列看起来不像纲领性反而更像文学作品的宣言，他使人们一直保持着

58

59

60

61

62

63

64

兴奋的状态。而且他必须减小同盟军封锁带来的影响。一位乘坐白色游艇的国际名人的到来是个绝佳的机会，马可尼很配合，邓南遮也非常完美地利用了这一契机。邓南遮把马可尼修饰赞美得极富卓姆特色，然后踏上埃莱特拉号向世界发表了他的第一次无线电广播。马可尼已经不再想着他的"任务"了，承诺自己掏腰包为卓姆建一个功能强大的无线电台。

路易吉·索拉里擅长夸张的言辞，他在自己 1928 年的书里这样描述当时的场景："成千上万的人扯着嗓子大声呼喊着'意大利万岁！马可尼万岁！邓南遮万岁！'，呐喊声在卓姆城反复回响着。"邓南遮站在他皇宫的阳台上向底下充满敬仰的人群发表了演讲，马可尼就站在他的旁边：

> 意大利的天才，以光速传播到世界各地……哦，古列尔莫·马可尼，你就是神奇的天才，我们受苦受难，因为我们的哨塔和灯塔上没有你那金属的尖顶，那尖顶就是传播精神脉动的顶峰。但是今天，他来到了卓姆，难道看不出来他也一并带来了最神秘信息的震动吗？他就是来无限扩大卓姆的声音和谐电波的。

邓南遮的狂热被解读为"无线书写"或"受引进无线电而改变的媒体生态学产物"的例子，那本身是个很有意思的评价。但是如果你看看这张罕见的照片，照片中"卓姆司令官"笔下的"神奇英雄"表情冷漠地站在他身边，扭头看着他在读演讲稿，再想一想就会觉得特别有意思。

马可尼在卓姆只待了 48 小时，但是他跟邓南遮这段始于 1915 年罗马和琴托切莱的关系现在得到了进一步的巩固，并且成为他一生中最重要的关系之一。马可尼和邓南遮在 19 世纪二三十年代通信频繁，就像他们的信件证明的那样，这层关系对于他们两个来说都至关重要（马可尼在这些信里的语气跟他之前写信的语气完全不同，而邓南遮在信里也特别真实）。邓南遮对于马可尼来说就是充满诗意的密友，而马可尼这位科学家也给了这位诗人无条件的支持。马可尼在卓姆也发表了简短但充满活力的讲话，他的讲话和邓南遮高傲的言辞正好呼应（马可尼把他描述为"真正的行动派英雄"）。然后他就离开了。

马可尼对邓南遮的小王国向他表现出来的阿谀奉承很感兴趣，这点很奇怪，而且表面上看起来不正常——通常马可尼都会支持掌权的一方，而不是无足轻重的反对派。另一方面，他对朋友的忠诚总是高于意识形态，尤其是他的朋友也对他很忠诚并且令人敬仰。但是他对邓南遮的着迷也帮助解释了他之后为什么会坚持法西斯主义。从来没有任何人像邓南遮那样奉承过马可尼。阜姆自由主义的氛围与之后法西斯的专制文化正好矛盾，而马可尼身上——甚至超过邓南遮自己——就体现出了这些矛盾。

马可尼这次行程后不到两个月，阜姆城的冒险之旅就结束了。1920 年 11 月 2 日的美国总统大选否定了威尔逊的欧洲政策，选举民主党沃伦·甘梅利尔·哈定管理白宫。很明显现在要达成一个新的协议了。11 月 8 日焦利蒂和他的外交部长卡尔洛·斯弗扎伯爵在海边城镇圣玛格丽塔利古雷会见了南斯拉夫的同级别官员，卡尔洛·斯弗扎伯爵是位职业外交家并且赞同以合作方式处理亚得里亚海问题，他们达成了一项协议，其中一条就是承认阜姆为一个独立的自由邦。《拉帕洛条约》于 11 月 12 日签署。剩下的唯一阻挠就是邓南遮仍然占据着阜姆。他之前已经宣称这是他自己的独立国家，并把它叫作意大利卡纳罗摄政，这和现在外交家们创建的那国家很像，只是有重要的一点不同：这个政权由他来统治。

1920 年 12 月 1 日，邓南遮向意大利宣战，但是 4 周之后，面对意大利坚决终止这场因需要靠武力来执行《拉帕洛条约》的国际耻辱的决心，他离开了阜姆，并宣称"根本不值得跟意大利开战"。1921 年 1 月 1 日，意大利进入阜姆，市议会也承认了《拉帕洛条约》。但是把邓南遮赶出去一点都吃力不讨好，也没受到什么欢迎，之后焦利蒂为此还付出了惨重的代价。在 1921 年 5 月 15 日的全国大选中，他领导的联盟没有赢得大多数人的支持。选举结果显示新兴右翼民族联盟获胜，获得了 19.1% 的选票和 105 个席位。1921 年 6 月，焦利蒂-斯福尔扎政府下台。之后焦利蒂政权的"叛国"只是将要发生的事件之一，紧接着民族主义者、民族统一主义者和随后的法西斯分子拒绝承认阜姆独立。1924 年，意大利吞并阜姆，但是一直到第二次世界大战它的地位才被最终确定下来，之后它变成了南斯拉夫的一部分，并被重新命名为里耶卡。现在这座城市是克罗地亚的一部分，只剩褪色风华的残余，到处是通风良好的别墅和海滨胜地。据说邓南遮过去常常半夜去那里裸泳，而他当时的情人在旁边拿着他的袍子。

第四部　局外人

第 26 章　一家之主

1921 年选举出的意大利国会中一个名叫贝尼托·墨索里尼的新成员是位记者和政治组织家。1883 年，他出生于博洛尼亚东南 75 英里(约 120.7 千米)处的普雷达皮奥小镇。墨索里尼的父母跟其他父母一样门第身份各不相同，但是对他们的大儿子影响深刻。他的父亲是一位不守规矩的无政府社会主义者，铁匠，他的母亲是一位天主教老师。贝尼托(以墨西哥民族主义总统贝尼托·华雷斯的名字命名)受他父亲的政治观和硬汉行为方式影响，读过一点点哲学、社会学和马克思主义书籍，成了一名社会主义活动家。像他的母亲一样，他也曾经有一段时间当过老师，并且学习了足够多有关天主教的东西在之后的几年里为他所用。

墨索里尼和马可尼有很重要的共同之处：第一次世界大战期间的意大利对他们产生了深刻的影响。1912 年成为社会主义政党报纸《前进报》的编辑两年后，

1

墨索里尼因为宣扬意大利参战而被开除出党，同样被除名的还有意大利清算银行那位资本主义旗帜鲜明的行长。1914 年 11 月，墨索里尼创办了自己的报纸《意大利人民报》。大概在同一时期他组建了法西斯行动革命协会，这是一个不受国会控制的并且支持意大利参战的组织。墨索里尼加入了战争，1917 年回来时身负榴弹伤。战后社会和劳工冲突席卷了意大利北部，墨索里尼自然获得了成千上万的回国老兵的拥护。他利用了他们的民族主义思想、认为国家亏欠他们的想法和他们在部队里的战友情义。

马可尼对战后国家的事态也有相似的看法。不过战后马可尼关注的主要是国际外交和巴黎和平谈判，墨索里尼则开始组织一场政治运动，1919 年 3 月 23日，他的政党召开了第一次正式会议（现在被称为"战斗的法西斯党"）。法西斯分子参加了 1919 年 11 月的国家大选，只选出了一位代表。墨索里尼并没有灰心，他将这一运动扭转为一个政党的进程开始了。（尽管对当下他自己的目标还不明确，但墨索里尼利用了意大利不稳定的政治局势，不过不像其他领导人，他将捍卫法律、秩序和国家尊严。）这些品质对马可尼都非常具有吸引力。在这混乱的政治情形下，对社会主义的恐惧和很多跟马可尼社会地位一样的意大利人对自己国家在巴黎遭受的待遇的羞耻感，使得墨索里尼这一群由穿着黑色衬衫抢劫者组成的运动的黑暗面被忽略掉了。1921 年选举过后，35 位法西斯分子进入了国会，其中焦利蒂政府领导的反社会主义联盟占了主导地位。1921 年 11月，国家法西斯党成立了。

1920 年 10 月，马可尼接受赫斯特集团采访时透露了他的政治观点。他告诉记者查尔斯·贝尔泰利说："主张在意大利实行布尔什维克主义的建议简直就是胡说八道。意大利的布尔什维克主义跟美国的没两样。"最近发生的以工人占领他们的工厂为高潮的社会动荡就反映出了现在在全世界盛行的不安氛围，这是战争的直接后果。但是意大利人为了取消专制统治而战斗过，所以"任何跟独权统治有关的想法都会受到工人的排斥……无产阶级专制统治的教条与他的天性相违，就像侵犯私人财产所有权完全违背他的天性一样"。

墨索里尼对马可尼的吸引力其中一部分来自于他自己危急的处境。马可尼对意大利政治阶层懒惰和道德败坏的不可忍受起源于他早先试图为他的发明博得支持和当时高层官员对他劝阻的经历。他即将做出的政治选择就从这里开始，

2

但是主要还是由他自己的利益决定的。1921 年 12 月 28 日，由参议员古列尔莫·马可尼主持的意大利清算银行停止履行它的承诺。由于安萨尔多公司发生了危机，并且该银行在其中的投资巨大，上个月存款人已经从银行取走了 9 亿里拉（甚至有人说之所以成立这家银行就是为了支持安萨尔多这个大战中军需品制造商和重要的武器供应商）。

付款的延期支付被叫作政府支持的临时性延期偿付，《泰晤士报》从米兰发来的报道说它在小额存款者中造成了恐慌，但是在金融和工业圈内并没有造成惊慌。然而，大家很快就知道这家银行 7 年的冒险之旅完全没有达到哪怕是最低的预期。更糟糕的是现在又有了它腐败的丑闻。1922 年 1 月 3 日，意大利的官方公报宣布该银行的董事被撤职，他们的财产也会被扣押。意大利媒体非常喜欢这一举动，尽管有些报道说"非常遗憾这件事将会给像参议员马可尼这样无可置疑的人带来不便"。

一家政府支持的银行失败，尤其是由一位知名度如此之高的人物主持的银行的失败，在国际金融界引起了反响。位于伦敦的意大利商业代表团发出了一份官方声明，试图掩盖这个问题，声称这些只是暂时性的困难，银行的资产足够偿还债务。马可尼也发表了一份更让人不安的声明，这份声明似乎更像是为了维护他他自己的利益而不是澄清事件。"由于技术方面的工作要求我必须离开罗马很长一段时间，"他说，"大家一致同意我不再参与该银行的任何事务。"

躲在伦敦的萨沃伊酒店时，马可尼患了感冒，他给在佛罗伦萨的比阿特丽斯写了封信。虽然因为马可尼的公司在意大利清算银行中投资巨大，这件事也比较严重，但是他自己的财务状况很稳定。（他即将要和马可尼公司签订一份新的协议，把他作为技术顾问的年收入增加至 4 500 英镑，按照当下汇率换算是 36 万美元；他还得到了额外 3 000 英镑的补贴，这些钱他大部分都花在维护埃莱特拉号游艇上了。）"幸运的是我这里一切都好，我希望我可以把我的损失都弥补回来。"他预计法院不会因为他的隐退而对他采取任何行动，但是比阿特丽斯还是提醒他说："虽然如此，但是我还是觉得在事情没有处理清楚之前你最好不要回罗马，你的职责就是待命。"（比阿特丽斯在 1911 年曾被命名为女官。）

几个月之前马可尼其实曾经试图离开这个没落的银行，1921 年 8 月 30 日他递交了辞职信，理由是他在英国和其他国家的工作事务越来越繁重。但是这个银行的执行委员会劝他放弃了这个决定。当银行财政出现困难时，马可尼公司曾经注入上亿里拉存款到这个银行里想要巩固它的账目安全。现在他们要求马可尼通过组建一个英国银行联营体把意大利清算银行拖出泥潭，以此来证明他的实力。尽管医生警告过马可尼他的健康情况不适合出行，他还是跟英国的银行家们召开了一系列会议，试图让他们出资解救银行。1月初他会见了巴克莱银行负责人赫伯特·汉布林爵士，"他是我的好朋友，也是意大利的好朋友"。巴克莱银行也是意大利清算银行的股东，"而且我提出100万英镑这个数字一点都没吓到他"。

这件事不久就变成了一桩丑闻。意大利政府想让马可尼回到意大利，但是咨询了路易吉·索拉里和他的律师之后马可尼认为回意大利对他没有好处。等有关意大利清算银行的调查开始追究他的责任，他才会返回罗马，但是目前不会。他告诉比阿特丽斯说："想想他们是怎么对我的，我再也不打算跟他们有任何瓜葛了。"就他跟意大利政府的关系而言，他已经没有任何办法了。1922年4月8日，参议院高等法院受理该案件。42位管理人员和董事，包括国家的一些产业领导者和4个参议员被起诉滥用资金，他们接到起诉通知需去法庭为自己作辩护。马可尼、索拉里和一个与他们之前有过很多交易的前海军部长帕斯夸里·莱奥纳尔迪·卡托利卡也被传唤了。

马可尼经常不在罗马是他声称自己对所发生的事情一无所知的主要理由。为了支持这个论点，他甚至让意大利驻伦敦大使馆出具了一份宣誓书，证明从1896年开始他就一直住在英国。拖了很长时间后马可尼才到罗马为自己作证，参议院委员会也尽其所能地招待了他。最终在1922年12月11日，他出庭应讯，并坚持要在回答问题之前宣读一份提前准备好的长篇声明并要记录在案。这是马可尼的特长，当天他表现得也非常好。他详细地重申了提前排练好的个人生平简介，陈述饱含对意大利的爱国之情。他还提到了他获得的种种荣誉，特别强调了他认为能让意大利感到骄傲的一些荣誉，例如诺贝尔奖。他强调了自己从来没有从意大利敛财将专利用于军事用途，他还回顾了自己在利比亚和奥地利运动战争中的作为，列举了他在部队里的每一次提干。最后他回忆说尽管他对银行业的技术知识一无所知，而且无法定期参加董事会会议，但他接受意大利清算银行的职位只是为了服务国家，之所以开始拒绝接受这个职位最后又同意了，是因为他觉得自己的国际人脉对意大利有用。

12 月 20 日，也就是几天之后，索拉里也为自己辩护说他加入这个银行为其服务不是出于个人利益，只是为了履行爱国职责，他还聪明地补充说他是在马可尼接受总裁职位后才加入这个集团的（暗示他只是一名小将，听从马可尼的指示）。他说自己"经济状况一般"，持有其中一些股份，也损失了 25 万里拉（约为今天的 20 万美元），这对他来说是一笔不小的数字。他和外国银行建立了一些关系，支援马可尼公司的运营；他说他所做的一切都是出于对马可尼的忠诚。他把自己描述为这次银行危机的受害者，洛雷托地区的人们在大战时遭到屠杀，他是来自那里的 4 个家庭中唯一有经济来源的人。"我只是一个诚实的意大利人，忠心耿耿地为那位令意大利感到骄傲的发明家工作："索拉里的证词感人肺腑，最后以简短但是坦率的对马可尼的惋惜而结束，他的证词也预示了他之后在自己的传记中会采用圣徒般的风格。

5 月底，马可尼和索拉里的律师又呈交了另外一个版本的无罪声明。1923 年 6 月 1 日，参议院法庭传唤马可尼和其他人再次为滥用 36 万里拉（约为今天的 30 万美元）的指控出庭。法院随后的指控更坐实了他们的罪名：1920 年股东的虚假分红。法院第二天就下达了逮捕令，但是马可尼和索拉里不在逮捕名单中，因为他们没有出席批准虚假分红的那次董事会会议。1923 年 11 月 27 日，参议院法院完成了它的工作：13 名董事因被控告欺诈破产，因分发虚假红利和操纵股票而接受了法庭审判。马可尼完全无罪，对他最有利的关键证据就是他没有参加谋划这些罪行的会议。回忆马可尼的丑闻，他再一次全身而退并保全了自己的声誉。

墨索里尼在意大利清算银行被终结事件中的涉及程度很模糊；他领导下的政府下达的判决之一就是赦免所有旧政权给法西斯分子定下的罪，而且意大利清算银行的很多当事人都是法西斯分子或其同情者（随着听证会和审判的进行，他们中越来越多的人变成了法西斯分子或其同情者，包括马可尼）。1926 年 3 月 2 日，这个案件以所有被控告人无罪结束。法院最有意思的一个结论就是如果当时掌权的政府介入实施救助手段，那么意大利清算银行的破产本是可以避免的。这一结论被法西斯主义支持者看作是对自由制度失败主义的谴责，最终宣告无罪也被称赞为这个政党的胜利。

马可尼从这次经历中学到很多。其中之一就是他此后最好把他在意大利的未来跟这个新的政权紧密联系起来。另外就是法西斯分子对意大利政治的诠释跟他自己的很相似。如果墨索里尼的法西斯主义就是看起来的那样，那么他对失败主义失望的日子也就结束了。他可能找到了一个政治的家园，并且现在这个家的主人就是贝尼托·墨索里尼。

* * *

墨索里尼的背景和早期的生活没有任何可以暗示他会注定成为意大利首领的事情。但是到了1922年7月，墨索里尼的国家法西斯党已经有了上万的成员，在接下来的一个月它还压制了一场反法西斯大罢工，为1922年10月历史上著名的"向罗马进军"事件做了准备。1922年7月29日，社会主义国家大罢工事与愿违，法西斯分子群体烧毁了工会大厅，并强迫罢工者回去继续工作。10月16日墨索里尼把其政党的领导人物聚集在一起，最终共同敲定发动暴乱的计划，这项计划是围绕10月28日的"向罗马进军"制订的。作为新政府最终的首领，墨索里尼留在了安全的位置，法西斯分子"四人小组"走在了游行队伍的最前面。之后围绕这次游行滋生了有关法西斯分子的神话色彩，墨索里尼的角色成了这次游行的争议话题。有些人认为在游行的前几天他内心充满疑惑，而他一直以来的情人玛格丽塔·萨尔法季（正巧也是马可尼儿时的伙伴），也是其最亲密的政治顾问，说服他走在前面。

1922年10月24日，墨索里尼宣称，"我们的计划很简单，我们想要统治意大利"。当法西斯分子的"黑衬衫党员"占领了重要的政府办公地点并向罗马前进时，总理路易吉·法克塔相信他可以镇压这群反抗分子（不到3万人对峙同样数量的政府军队），并决定宣布进入紧急状况。但是国王维托里奥·埃马努埃莱三世拒绝签署这个指令，很明显他担心这场武装对峙可能会带来混乱，也更希望看到墨索里尼而不是一个外人统治政府。很多军队和商业精英也都这样认为，他们厌倦了常年的社会动荡，也非常焦虑地想要结束颠覆政权的威胁。

法克塔辞去了职务。国王试图把乔瓦尼·焦利蒂请回来顶替这个职位，并给了法西斯政党一些内阁职位，但是墨索里尼拒绝接受。尽管参加"向罗马进军"的人数完全被夸大了，国王还是担心这会是爆发内战的起点，但是对于意大利的精英阶层来说，这个法西斯政党并不算是威胁。相反他们承诺会恢复秩序，

21 这就是他们为什么能吸引像马可尼这样有威望的人物的部分原因。10月29日，国王邀请墨索里尼组建政府，他感觉到军队、商界和国家主义右翼（尽管在535位成员的国会中法西斯政党只有35位代表）都会支持他，而且他的这个感觉确实是正确的。10月30日墨索里尼从米兰乘坐火车到达罗马，开始组建内阁，并为自己预留了两个直到他职业生涯最后都一直感兴趣的领域：国内治安（警察局）和外交事务。11月中旬，他要求国会进行投票，316票赞同。在意大利或几乎全世界，没有任何人可以想象到他将把意大利带到哪里。但是在德国，一位现在已经被人忘记的纳粹领导人曾经在几年之后的一次集会上说："阿道夫·希22 特勒就是德国的墨索里尼。"

23 　　国外第一位向墨索里尼发来祝贺的意大利名人就是古列尔莫·马可尼，当时他正在伦敦打理他公司的生意（除此之外他们还在准备推出日常的BBC广播）。这一举动被MI5——英国反情报组织军情五处——注意到了，这个组织已经在关注英格兰墨索里尼的追随者。马可尼的动机很多，都不一样而且复杂。它们包括生意、便利性、爱国精神和信任，并且他的动机也是基于这个顺序。马可尼对墨索里尼的支持程度被轻描淡写，尤其是他的英国和美国传记作家，但是马可尼成为墨索里尼与英国以及之后美国关键的纽带，这个角色也是马可尼期待的。当1927年他被任命为拥有1500名成员的国家法西斯政党英国分支的荣誉主席时，为庆祝当选马可尼在萨沃伊酒店举办了一场"黑色衬衫盛会"——伦敦界的一些重要人物也出席了——并且午夜还安排了与罗马的无线电联络，这24 样他的客人就可以受到领袖墨索里尼的亲自问候。根据萨沃伊酒店的历史学者斯坦利·杰克逊回忆说："在一幅墨索里尼的巨幅画像下面，身穿黑色衬衫的男25 士和全身都是国家颜色的美女拥抱在一起，相互亲吻。"

26 　　与英国的关系对于墨索里尼来说很重要，他的政党很快也开始在伦敦组织志愿活动。在掌权后仅仅一个月，墨索里尼就前往伦敦参加同盟国领导人的重要会议，讨论德国赔款的遗留问题。1922年12月，他在伦敦逗留了3天，会见了英国、法国和比利时首相（英王乔治五世也接见了他）；《泰晤士报》写道："这启发式地提醒了我们意大利曾在战争中所扮演的角色，现在它下定决心修复它27 的伤口，我们确信它将决心为实现和平做出积极的努力。"

　　墨索里尼很快就意识到像马可尼这样的意大利名人的支持是他这个默默无

闻的政党在国际社会的重要靠山。现在国际对于墨索里尼政府的稳定性深表怀 ²⁸
疑，在这种环境下争取意大利名人支持就显得更为重要。例如意大利驻华盛顿
的大使馆正在焦急地为罗马外交部编制美国媒体有关意大利国内形势的报道；
费城《公共纪事晚报》的一篇文章报道说，加布里埃尔·邓南遮是墨索里尼现在
的主要竞争对手，并且正在准备将墨索里尼驱逐出去，局势很令人担忧。尤其 ²⁹
是马可尼，他在英国喜爱意大利的人当中为伦敦的法西斯分子运动营造了"令人
尊重的光环"，用记者阿尔菲奥·贝尔纳贝伊的话讲，马可尼给了"意大利黑色
衬衫分子荣光，甚至可以说是一种智慧魅力"。无论是谁掌权，与意大利政府的 ³⁰
关系对马可尼来说一直都很重要，尽管实际上他从来没有加入过任何政党。墨
索里尼在伦敦的时候，马可尼正匆忙前往罗马为意大利清算银行案提供证词。
可能他意识到了新的政府也许可以帮助他解决正在酝酿发生的金融丑闻。这也
可能为他在混乱和社会动荡中陷入僵局的关键商业谈判打开大门。

　　1923 年 1 月 21 日，马可尼在伦敦收到一封电报："很高兴 31 日你即将在戈
弗雷·艾萨克斯的陪同下前来罗马与我会面。我相信通过直接的沟通，我们可
以取得令人满意的结果……墨索里尼。"马可尼非常兴奋，并给当时在罗马的比
阿特丽斯发了一封电报："亲爱的，我有望近几日回罗马待上几天，从 11 日开始
我就会和墨索里尼讨论一些无线电的事情。是他给我发电报求着我来的。"1923
年 2 月 11 日和 12 日，马可尼和戈弗雷·艾萨克斯一起在罗马两次拜见了墨索里
尼，讨论了意大利政府对于无线电的规划。马可尼对墨索里尼主动提出的会面
邀请疑惧重重，但是会议结束后他反而很开心。他在信中告诉比阿特丽斯："昨
天和今天会见了墨索里尼之后，我真的相信所有公司和意大利政府之间的困难
都会得到解决。" ³¹

　　但是事情没有这么简单。在操控时局方面墨索里尼要比马可尼想象得还要
老练。他很容易受到自己圈子的影响，而且总是怀疑马可尼与两个国家的双重
亲缘关系，不管这种关系对他有多大用处。马可尼是非常重要的支持者，因为
很少有他这种既被看作是英国人又被看作是意大利人的人物。5 月墨索里尼宣布
成立一个意大利"英国伙伴"团体，作为英国已有的"意大利运动伙伴"对应的团
体。马可尼被视为这个新的友谊社团的支持者。这个社团的办公地点位于罗马
市中心的威尼斯广场，很快墨索里尼也把这个地方作为他的政府办公所在地。 ³²

墨索里尼的邮政和电报部部长，乔凡尼·安东尼奥·科隆纳·迪·切萨罗，负责巩固发展意大利的无线电事业。切萨罗是倾向于旧政权的政治家。他曾经加入了各种各样的非马克思主义政党，大战爆发之前和大战期间离开了意大利，并分别在 1909 年、1913 年、1919 年和 1921 年被选入国会。1921 年 5 月 15 日大选过后，他被焦利蒂政府任命为部长，他是能在 1922 年 10 月墨索里尼掌权之后还可以继续留用的为数不多的前政府成员之一。直至 1924 年 2 月，他一直掌权，这给马可尼带来了很多麻烦。马可尼为巩固他在意大利的地位而提出的方案遭到了切萨罗负责的邮政和电报部的持续拒绝。1921 年，马可尼给政府写信，并在 1922 年 8 月 17 日再次写信提议成立一个不依赖外国资本的国家无线电公司，但是他的努力还是没能取得成功。

受到还没得到解决的意大利清算银行丑闻影响，薄弱的自由主义政府一直不愿意支持马可尼领导的又一次冒险。从这方面来看，罗马政权的更迭对马可尼来说简直太好不过了。1922 年 11 月 18 日，墨索里尼被任命为总理才刚刚两周之后，罗马律师菲利普·波纳契，代表最近组建的名称缩写为 SISERT（意大利无线电报和电话服务）新公司的一批私人投资家，给墨索里尼办公室写了一封很长的信。波纳契介绍了他们曾经为成立一家意大利国家通信公司做出的努力，并提议授予 SISERT 公司许可权，这个公司的总裁是古列尔莫·马可尼。波纳契总结了马可尼在意大利的作为并对它们进行了评估。马可尼意大利公司（SIM）价值 10 亿里拉（大约 1 000 万英镑或 5 000 万美元——按现在的货币算大约为 8 亿美元）并且拥有 1 500 名员工。虽然马可尼的专利得到了特许权，但是之前的政府都没能组建一个国家电信系统。现在就是扭转这个局面的时机。

像其他处在现代化发展中的诸多领域一样，意大利的无线电发展也落后于英国、法国，甚至是受战争迫害的德国这些欧洲国家，尽管——又或是可能就是因为——它可以免费使用马可尼的专利。马可尼在 1897 年授予意大利这个权利，但是根据他与意大利政府 1903 年签订、1916 年修改的合同，意大利必须只能使用他的系统。这对于意大利来说既是好事也算坏事，它使意大利跟其他欧洲国家走上了不同的发展道路。（我们已经看到了这个协议阻止了意大利在 1906 年签订《柏林公约》。）SIM 公司实际上已经垄断了意大利的商用海军无线电通信，但是让马可尼吃惊的是，墨索里尼政府不想把这个垄断延伸到正式的国家系统，也不想在即将发展起来的广播无线电领域重复这种垄断。

37

政府并没有回应波纳契的提议。在一段沉寂之后，马可尼建议其意大利代表路易吉·索拉里——他不仅仅是 SISERT 公司的董事会成员，就像他自己说的那样，"还是一个资深的法西斯分子"——直接写信给墨索里尼，向他说明 SISERT 公司的垄断地位不仅仅在技术、经济成本和财务方面具有合理性，还可以创造一个强大的宣传工具。索拉里在 1923 年 1 月 19 日给墨索里尼写了信，之后马可尼（当时还不是法西斯政党党员）也给墨索里尼写了信，请求他就这个提议表个态，并只是比索拉里稍微含蓄一点地解释说，法西斯主义政权应该态度明确地在无线电广播的开发利用上承担责任。

墨索里尼的工业政策是建立强大的国有公司，这些国有公司与国家和有国际关系的主要团体联合成立的自由垄断企业关系密切，就这样一个行业一个行业地开拓意大利经济。1923 年 2 月 8 日，切萨罗出台了一个法令，宣布政府计划成立一个单独由国家控制的无线电报实体公司。令马可尼非常恼怒的是，切萨罗邀请了两家竞争对手公司——德国德律风根公司控制的 Radio Elettrica 公司和跟法国 Societe generale de telegraphie sans fil 公司相关联的 Radio Italia 公司——讨论跟马可尼领导的 SISERT 公司结成一个联营体。不仅没有授予马可尼 所希望的垄断权利，墨索里尼政府还提议成立一个将马可尼的利益与其德国、法国竞争对手绑在一起的联营体。几天之后，马可尼与墨索里尼在罗马的会见一点也不令人安心。

现在马可尼需要墨索里尼要比墨索里尼需要马可尼多，所以他接下来的举动是必然的。1923 年 6 月 15 日，乘坐埃莱特拉号在大西洋进行了长达两个月的研究之后刚返回伦敦的第二天，马可尼就加入了国家法西斯党（索拉里之前也一直催促他加入），并且立即让索拉里向墨索里尼汇报他最新的研究成果。然后他 去了意大利。1923 年 7 月 4 日，在去罗马的路上途径圣雷莫的时候，他亲自给墨索里尼写了一封信，告诉墨索里尼他已经决定把自己即将发明出的短波通信专利贡献给国家。他非常清晰地表达了他期待的回报。他写道："如果政府觉得我的工作对国家有用，只要法院在意大利澄清我的立场，我会随时再次听任国家派遣。"他直接指向最近他因意大利清算银行审判被传唤出庭的事。这还不是全部：他不可以接受切萨罗的条件。为了强调局势的紧迫性，马可尼还提到他

41 将立即动身前往伦敦。

　　接下来发生的事情索拉里是这样说的，墨索里尼召开了一个会议，参会者有马可尼、切萨罗、海洋部长保罗·塔昂·迪·雷韦尔和他自己。会议很简短，墨索里尼是站着开的会，当他想要简短的时候通常就会习惯地站着开会。根据索拉里说，墨索里尼宣布："意大利必须为提供最好的无线电服务创造好条件。马可尼已经向国家证明了他值得信赖。SIM 公司也向邮政部递交了倡议书。我
42 们会做出一个配得上这份倡议书的决定。"在一本试图还原马可尼和墨索里尼亲密关系神秘面纱的书中，20 年后再次回忆这个会议时，索拉里认为这是墨索里尼给切萨罗下达的一项命令。意大利的学者对此持怀疑态度，并且不赞同索拉
43 里的这种理解。不管怎么样，马可尼对这个结果并不满意。切萨罗继续试图将SISERT、Radio Elettrica 和 Radio Italia 这三家公司联合起来，但是 SISERT 公司（也就是马可尼）断然拒绝跟这个联盟有任何干系。然而法国和德国方面得知这个消息之后联合起来组成了一个新的公司，Italo Radio 公司。1923 年 8 月 29日，意大利政府与 Italo Radio 公司签订了合同（墨索里尼、切萨罗、塔昂·迪·
44 雷韦尔和其他三位高级官员代表政府签署了合同）。政府希望马可尼可以担任总裁，但是 9 月 19 日，索拉里向墨索里尼写信声明马可尼是不会在一家不受他控
45 制的公司里做总裁的。1923 年 9 月 23 日，这个高风险的游戏仍在继续，一项法令授予了 Italo Radio 公司对意大利主要无线电台长达 23 年的经营许可权，其中
46 包括马可尼之前在 Coltano 建造的昂贵的大功率电台。

47 　　10 月初，马可尼回到罗马。10 月 12 日，切萨罗亲自给了他一份合同副本。1923 年 10 月 17 日，研读上面的条款后，马可尼给墨索里尼写了一封非常坦诚的信，拒绝接受 Italo Radio 公司总裁的职位。他写道，虽然他的爱国之情本可以战胜跟国外公司共同工作的协议给他带来的厌恶感，但是他对这个公司提出的技术项目一点信心都没有。"我没有办法把我的名誉借给这个公司使用，任由意大利的资本被投入这样一个在我看来根本没有成功机会的事情中去。"不像他拒绝为意大利清算银行的失败承担责任那样，这次他"甚至连无能的道德托辞都没有"。想起他年轻的时候曾经不得不去国外，如果需要的话他现在也做好了再次流亡的准备：

　　　就像在我最开始从事发明的时候一样，在向意大利政府贡献发明

成果失败之后，我只能先在英国和美国开发和应用我的创造。在不断地欺骗自己可以在我的国家创造技术发展的基础，建立南欧长距离通信中心之后，现在我忍受内心无比沉重的痛苦，必须放弃我在意大利所有的成功。①

48

写完这封信几天之后，马可尼接受了一位意大利记者的采访，采访时间很长，马可尼详细表达了自己对 Italo Radio 公司的合同的不满。他被问道："您真的会永远离开意大利吗？"他回答道，"不是我离开意大利……而是意大利离开了我。"距离他前往伦敦做自己的发明创造已经有 30 年，2 个月之前他又刚刚加入了人生第一个政党，现在马可尼公开表示他要考虑永远离开意大利。当时他是世界上最著名和最被认可的意大利人之一，甚至可以说比墨索里尼这位刚刚起步就直接给了马可尼难堪的政治家还要出名、还要受人钦佩。马可尼曾经希望、期待以及认为他值得成为意大利无线电台的核心人物，不论是基于对国家的考虑，还是作为他让国家免费使用他的专利换取的回报。但是他的公司被认为是英国的——最终他自己也这样看了。马可尼的利益和野心使他卷入了意大利政治的泥潭当中。墨索里尼仍然只是一个联合政府的首脑，并且一直在不断保证他会用政治忠诚来换取意大利政府的偏爱——马可尼现在发现即使这些还是不够的。马可尼和墨索里尼的关系一直都很一般。他离开意大利去了伦敦，参加那里的大英帝国议会和英国广播公司一周年纪念日庆祝活动。

49

50

51

实际上，Italo Radio 公司的许可权限中并不包含广播，它只涉及"旧的"无线电报技术，而不是"新的"无线电广播媒介。所以尽管是为无线电创造了一个垄断地位，但是也为无线电广播中的另外一个选择开辟了一条道路。在这个方面，马可尼和他的兴趣本应该是首选的。

52

这个领域被一位名叫路易吉·拉涅利的意大利工程师及创业者开发利用了，他改装了一种新奇的类似广播的系统，他自己把它叫作"环形电话"。从技术上和法律上来说这个环形电话其实是有线电话系统，但是它是无线电广播的一个神秘先驱。基于 1893 年在布达佩斯引进的一个原型（其他国家也有采用），拉涅

53

---

①正如第 1 章提到的，这是唯一一次马可尼明确声称他在 1896 年前往伦敦之前已经提出把自己的发明贡献给意大利政府。

利的系统通过电话线为用户提供了一系列的新闻和娱乐服务。有钱人把它看作一个新鲜事物，在加布里埃尔·邓南遮前往罗马劝说政治家们干预大战的著名现场广播之后，这个服务于1914年12月达到了顶峰，用户总计1 300人。1917年法院判定拉涅利的这个技术并不是电话通信，因为它是单向传播。因此它只是一个传播媒介，而不是通信媒介（马可尼应该也会同意这个观点）。这个开拓性的裁决使得拉涅利停业倒闭，然而稍事休整之后，1922年底在罗马，拉涅利又重新推广了他的系统，这次更贴近用户，看起来好像一个广播公司，并且部分通过广告融资。之后他开始游说墨索里尼——他正好也是用户之一——授予他一个广播许可证。

马可尼和切萨罗之间的关系显然很差，拉涅利因此受到鼓舞，坚持己见，于1923年12月12日直接给墨索里尼写信，要求在罗马建立一个无线电站，作为他的环形电话系统的配套设施。他并不是唯一一个有这个想法的人。一个月后，1924年1月7日，一家由美国无线电公司支持的新公司SIRAC（Societa Italiana Radioaudizioni Circolari）也因同样的目的成立了。1924年1月16日，索拉里再次致信墨索里尼，这次他以墨索里尼无线电新闻公司领导人的身份强调，尽

54　快建立无线电新闻服务中心对国际宣传极为重要。

当年2月切萨罗辞职，这些都随之尘埃落定，墨索里尼的一位忠实追随者和支持者齐亚诺接替切萨罗。齐亚诺是利沃诺人，1891年15岁时加入了海军学院，和索拉里是同学。和索拉里一样，齐亚诺也听过关于男孩雄心壮志干事业的都市传说。20岁时他成为海军军官，随后升为上尉，很快又升为中校。和马可尼一样，齐亚诺也在1911至1912年期间参与了意大利-土耳其战争，但是他采取的是更直接的作战行动。1915年，意大利卷入世界大战之后，齐亚诺再次到利比亚服役。战争结束之后，齐亚诺迅速创建政党推广其狂热的民族主义思想，然而他也很快成为第一批法西斯主义追随者之一。齐亚诺在1921年成为法西斯国会议员，领导利沃诺地区并参与了"向罗马进军"运动。他也是墨索里尼任命的第一批官员之一，于1922年10月31日被任命为海军副部长。1924年2月5日，切萨罗辞职，齐亚诺担任邮政和电报部部长，随后他又转任通信部部

55　长，任期10年。

齐亚诺就职之后做的第一件事就是写信给在伦敦的马可尼，消除他关于意

大利无线电协议的疑虑，保证他在意大利通信发展中担任重要角色。"我认为这些困难是可以战胜的。"刚担任部长的他如此写道。齐亚诺充分意识到无线电的宣传价值，因此他决心尽快建立一个全国性的服务系统，并希望学习英国无线电公司的模式。也就是说，要建立唯一一个国有的凝结广播和制造利益的公司。齐亚诺直截了当地表明，无线电广播新媒体应该成为法西斯主义的工具。将互相竞争的无线电公司凝聚在一起是他计划的关键部分。

随着国家大选逼近，墨索里尼计划于1924年3月23日在罗马进行重要讲话。齐亚诺安排墨索里尼团队广播演讲，在演讲日前一周，拉涅利主动要求为其听众播送这一演讲。当马可尼的琴托切莱无线电站和拉涅利的阿拉尔多无线电同时直播在克斯坦齐亚剧院进行的演讲时，一个神秘的"感应现象"扰乱了信号，大家听不到广播声音，索拉里称之为"惨败"。马可尼公司把失败归咎于阿拉尔多无线电站，认为对方的扩大器扰乱了马可尼的信号。墨索里尼的演讲术（效仿邓南遮）是建立法西斯身份的关键要素，但是墨索里尼自身并不相信无线电是可靠的传播媒介，而且无线电事故也没能改变他的看法。索拉里受召到齐亚诺办公室，然而齐亚诺闷闷不乐。几分钟的沉默之后，齐亚诺要求索拉里用行动弥补损失，索拉里表示他会立刻行动。马可尼和齐亚诺关系密切，因此齐亚诺很可能同意马可尼的观点，将广播事故归咎于拉涅利。然而，政府想要的是一个井然有序的无线电系统。

墨索里尼国家集团（将国家法西斯党、天主教、自由党和保守党结合起来的联盟）在1924年4月6日的国家大选中以绝对性的优势获胜，但在选举运动时他们暴力恐吓选举人和反对党候选人。法西斯联盟获得了64.5%的投票和374个国会席位。天主民主党以9%的支持率和39个席位位列第二，吉亚科莫·马泰奥蒂领导的社会民主主义的联合社会党以5.9%的支持率和24个席位排在第三，保守派的意大利社会主义党紧随其后，获得了5%的票数和22个席位。安东尼奥·葛兰西领导的意大利共产党获得了3.7%的投票和19个席位。

与此同时，马可尼意大利清算银行前总经理安吉洛和SIRAC公司共同支持拉涅利创建了一个新的公司。阿拉尔多和美国无线电公司共同组成了一股可靠的力量。1924年3月31日，他们向齐亚诺呈交了一份提案。随着无线电报规章制度的发展完善，政府希望创立一个单一的无线电公司，并要求把马可尼新创建的公司 Radiofono 纳入进来。在随后的谈判中，阿拉尔多无线电从该项目中被除名。1924 年 6 月 17 日，新的法西斯政府授权成立意大利第一个无线电集团——URI（意大利联合无线电集团）。12 位管理者中有 9 位是来自 Radiofono 公司；索拉里是首席副总裁。如果切萨罗仍然是部长的话，马可尼很可能被排除在外，然而，马可尼随着法西斯政党在意大利政治中不断加强政权而获利。拉涅利成为继马可尼之后的创新人物，又一位有趣的打了一手烂牌的人物。

在宣布成立意大利联合无线电集团不到一个星期前，少数残存的反对者，包括吉亚科莫·马太奥蒂，作为社会主义党国会议员和领导人被绑架并被残忍杀害，事实到现在都没有得到充分说明。由于投票者遭遇不计其数的意外事件，候选者遭受恐吓等，马太奥蒂呼吁取消 1924 年 4 月的选举。他越来越担心政府，据说他已经发现并准备公布一些违法证据文件，这些文件显示政府对意大利的石油储存拥有独家出售权，并将意大利的资源出售给一家美国公司。这些秘密文件对政府宣称的民族主义思想是毁灭性的打击控诉。1924 年 6 月 10 日，马太奥蒂在他位于罗马波波罗广场附近的家里与夫人共进午餐。他本来要在当天下午在国会发表演说，所以午饭后他徒步走向几个街区之隔的众议院。尽管他穿行的街道很繁华，但是光天化日之下 3 名男子强迫他进了一辆轿车然后疾驰而去，司机不停地按喇叭，试图掩盖马太奥蒂的呼救声。2 个月后，人们在城外 20 英里（约 32.2 千米）处发现了他的尸体，伤痕累累。墨索里尼试图与这次刺杀撇清关系，解职了警察局长和副国务卿，但是他把矛头指向法西斯的打手和首相的爪牙：墨索里尼秘密警局的优秀警员亚美利哥、采卡以及其他 4 人被控谋杀；其中 3 人被判刑但是被国王特赦。

马太奥蒂事件发生后，许多中产阶级支持者开始放弃社会主义党，他们认为法西斯主义就是保守派的民族主义运动。其他人比如马可尼坚信墨索里尼的说法：只有法西斯主义可以给意大利带来稳定，稳定可以促进繁荣。在随后几个月的困惑和动荡期间，墨索里尼带领国家走上了独裁的道路。在马可尼威胁要永远离开意大利后不到一年，他受到了墨索里尼前所未有的重视，逐渐成为法西斯意大利最有影响力的人物之一。

第 27 章　波束契约

　　1922 年 5 月 27 日，马可尼离开南安普敦，踏上至今为止最为雄心勃勃的研究之旅。一队工程师和助手与马可尼同行，他打算乘埃莱特拉号横渡大西洋，并在途中利用测向仪和短长波做实验。英国和美国媒体报道马可尼起航离开，而纽约人对马可尼的到来期待已久。根据行程，1922 年 6 月 20 日马可尼要在纽约发表演讲报告他的实验结果。这次旅程至少某种程度上对马可尼来说也是自我和解的过程。比阿特丽斯将在美国与马可尼相聚，她乘白星奥林匹克号出发，于 1922 年 5 月 30 日抵达纽约。

　　马可尼的越洋之旅受到恶劣天气的影响。在亚速尔群岛补给后，埃莱特拉号不得不在百慕大群岛停靠躲避暴风雨。1922 年 6 月 16 日晚，游艇比计划晚 10 天抵达纽约。马可尼收到了来自美联社的无线电消息，询问他在旅途中是否接收到了来自火星的信息，"没有耸人听闻的消息可以公告。"他这样回复。马可尼从英格兰出发之前，《纽约时报》铤而走险，报道称马可尼有望收到了火星的信号。登陆之后，马可尼快速整理好一段高深莫测的故事。"他说任何关于行星际通信的想法都是荒谬的，但是补充说几个月前在地中海上，他在埃莱特拉无线电设备上接收到了 15 万米的长波，这绝不可能是来自地球。"多荒谬啊！"他没法解释那条比地球上使用的波还长 5 倍的巨波是否来自太阳或者其他星球。但是他接收到了。"

　　尽管马可尼多次到访美国，但埃莱特拉号抵达美国时仍在当地引起了轰动。"这是马可尼第 85 次到访美国，他出现在港口时，看起来有些孩子气，喜不自禁。"《纽约时报》这样写道，夸大了到访数字，实际上是将近 30 次①。"他摆好姿

---

　　①一种解释是马可尼可能说过这是他第 85 次到访美国，是实际到访次数的 2 倍，就算这样，实际数字也是夸大的。

势拍照，拍摄影片，与他身旁的无线电工程师欢乐交谈，时不时到他的无线电设备旁听无线电节目。度假般的心情一直持续到下午……"埃莱特拉号在 6 月 16 日早上离开桑迪岬，并于中午前在哈德逊河的哥伦比亚游艇俱乐部将船锚抛下。在游艇进入大概 80 万名无线电狂热爱好者组成的欢迎区域内时，"无线电接收机收到了无数的问候信息……似乎无线发送距离内每个业余爱好者都迫不及待以无线电的方式向为科学做出贡献的马可尼表达敬意"。

埃莱特拉号停靠码头后，马可尼最新研究的真正意义开始显现。他在游艇上安装了"一种秘密的，尚未获得专利的，几乎可以消除所有静电的发明，"这是无线通信与有线电报竞争的一个主要障碍。据报道，埃莱特拉号靠岸后登船参观的无线电工程师相信这是马可尼最重要的作品；如果他成功了，"马可尼在无线电工程领域所取得的成就将会媲美他第一次使用赫兹波进行通信"，他们这样形容。马可尼也告诉媒体他在海上的最新实验使他相信"在全球范围内用无线电发送信息是可能的"。要实现目标的关键秘密武器是波长；马可尼现在正在研究不常见的短波。

6 月 20 日马可尼在美国电气工程师学会和无线电工程师学会纽约分会联合会议上作了开创性演讲。无论从形式还是内容来说，这都是一流的演讲。马可尼使用一个被称为"婴儿无线设备"的发射机，向观众演示了怎么能把无线电波束投到特定的接收站所在方向，观众十分惊叹。这是一种新型定向波束系统，他从 1916 年开始就和助理查理斯·富兰克林共同研究。马可尼回忆了他在意大利做的关于短波的第一批实验，并宣布他正在重新研究短波，媒体称这将是他最伟大的成就。"婴儿无线设备"的演示震惊了观众，对于他们来说前所未见：使用 1 米长的电波，"定向发送电波束完美地穿过 20 英尺(约 6.1 米)的空间，发出明亮清晰的音符。"马可尼说，他能用 3.5 米的电波穿过将近 100 英里(约 161 千米)的距离。

在演讲的结尾，他宣布了一个令人震惊的消息："我也许可以设计出一个设备，通过一条船就能辐射或投射这些射线的分散波束到任何指定方向。如果射线穿过金属物，比如另一艘轮船，就可以反射回发射船上的接收机。因此可以在雾天时立即发现另一艘船的方位。"尽管这在当时没有受到广泛关注和认可，但马可尼形容的这个进程后来以"雷达"闻名。这是马可尼职业生涯中最有意义的演讲之一，人们印发马可尼的演讲稿，不断加印，并大量引用其演讲内容。这是不可思议的远见卓识的例证，有人称之为"预言"，越来越多的务实分析者认为这是一种深谋远虑的能力。

突破性技术的起源故事通常充满修饰和稀奇的细节，雷达也不例外。赫兹曾证明无线电波可以被固体物反射；特斯拉早在1900年就建议可以使用无线电波探测移动物体；一位德国工程师以斯琴·赫尔斯迈耶的名字于1904年申请了此技术的专利。业余无线电爱好者雨果·根斯巴克，也是现代科幻小说的先驱者之一，曾经精确地在他1911年的小说里(奇特的书名《拉尔夫124C·41＋》)描述了我们现在所知的雷达。雷达的定义是通过无线电射电脉冲传播和接收其回波的时间间隔获得目标定位的一种方法。据无线电历史学家豪威斯称，雷达一词由两名美国海军军官菲尔特和塔克于1913年创造，用以形容当时英国人的"无线电定位"以及美国人的"无线电测位"；本来应是"无线电检测和测距"的缩写。但是再一次，在马可尼1922年提出使用短波之前没有人开发出一个可用的系统。

马可尼的同事 H. J. 朗德在第一次世界大战期间研发出一个原始的定位仪，我们之前提到过，但是马可尼和富兰克林的突破性发现是短波被途中障碍物反射回发射机。马可尼当时正在集中精力研究短波束如何用于长距离通信，并未关注短波的这一属性。历史学家豪威斯以质疑性夸张言论闻名，他不是马可尼的粉丝，他说这个想法直到1922年6月20日马可尼演讲时才重新受到了重视，在此之前一直无人关注。1945年，美国科学研究和发展局认为有以下3个堪称雷达载入史册前的开创性时刻：赫兹1886年的发现，赫尔斯迈耶1904年的专利，及马可尼1922年提出的"使用短波进行无线电检测"。

马可尼于20世纪30年代在意大利重启"隐蔽导航"项目，但是那时海军研究者们也在完善这个程序。在马可尼纽约演讲不到一年后，英国工程师罗伯特·沃特森-瓦特研发出了一个可以判定目标物方向、距离和速度的设备。沃特森-瓦特(是蒸汽机发明者詹姆斯·瓦特的后代)继续开发第一个通过雷达进行飞机检测的实用系统，1935年时他是英国国家物理实验室负责无线电研究的主管。他的系统测试非常隐秘，国家首相都毫不知情。雷达的成功使用是第二次世界大战期间盟军优势的关键要素之一；如今，雷达对航空管控和导航以及其他领域方面无疑也都至关重要。

* * *

纽约之行结束后，马可尼开始了美国无线电安装的巡视之旅，由他的朋友还有美国无线电公司前同事接待。最后，和比阿特丽斯见面后，他们一起旅行，在大西洋城短暂停留（在那里他们一起坐了过山车——恰好反映了他们的婚姻状态）。然后马可尼访问了位于新泽西新不伦瑞克的美国无线电公司的跨大西洋无线电站，几年前在同样的地方，他亲自选在这里从美国发送第一条商业无线电消息到欧洲。他也访问了塔克顿的老德律风根电站，它在战争期间由美国无线电公司接管，现在也由美国无线电公司运营。

此次旅程让马可尼感受到从他早年到访美国之后美国发生的巨大变化。新泽西之行后，他返回纽约到位于百老汇的美国无线电公司的"神经中枢"。随后

15 他乘坐游艇在哈德逊河溯水而上，到访通用在斯克内克塔迪的工厂。在前往上游的途中，埃莱特拉号广播了旅游节目，介绍旅游景点。美国无线电公司在马可尼美国公司的基础上成立不到3年，当时已经是世界上最大的商业无线电企业，拥有5个跨大西洋和一个跨太平洋电路。它与马可尼在威尔士卡那封郡的远程电站以及斯塔万格（挪威）、宝窦和柏林的电站保持联系，很快就会与罗马、华沙和根特建立通信联系。该公司刚刚取得新的突破，工程师欧文·朗缪尔开发了一个小电子管，即将取代埃里克安德森交流发电机。马可尼对朗缪尔的发

16 明印象深刻，就像他十几年前和亚历山大的关系一样。虽然他仍然备受尊敬，并被称为"第一个无线通信系统的发明者"（偶尔被称为"无线电巫师"），但他似

17 乎正在变成一位政界元老。

1922年6月24日，纽约报纸着重报道了从欧洲起航的两位"外国名人"旅客：比阿特丽斯·马可尼，她是著名意大利发明家的妻子；还有阿瑟·柯南·道尔先生，是夏洛克·福尔摩斯系列小说的作者。道尔曾在1921年8月写信给

18 马可尼公司，询问"马可尼先生所在的地址，我有要事相商"。可能是马可尼从未收到消息也可能是他没有回复（这不可能，或者至少很奇怪，因为他总是回复信函，特别是来自名人的信函）。现在他们同时都在纽约了。1922年4月，道尔开始长达2个月的巡回演讲，主题是唯灵论。道尔是唯灵运动的主要人物之一。在第一次世界大战后的几年里，招魂术在英国和北美的信众多达1 000万，失去至亲的人通过与逝去的亲人取得联系寻求安慰。道尔自19世纪80年代以来一直对心灵研究很感兴趣，当他的儿子和妹夫在战争中丧生之后，他就对巫师巫术

19 非常狂热和推崇。

道尔在美国之行中作了至少 7 次演讲，其中 3 次在卡内基音乐厅，当时人潮涌动。他经常出现在报纸头条，很愿意发表对各个话题的意见和看法，而这些言论都被适时地报道：道尔认为英格兰引进棒球比赛会很精彩；他迷上酒禁（尽管他承认自己也喜欢小酌）并要在回国时倡导英国实行禁酒政策。他也曾谈到有没有可能使用无线电和去世者（亡灵）联系，有记录表明道尔说过无线电可以和灵魂世界沟通。无线电波提供了更多的可能性。 20

6 月中旬，在大西洋城（马可尼到达美国前几天），道尔上了一堂速成课，了解了无线电这种新媒介背后的技术奇迹，并热情地宣布他会将其应用到通灵研究中。在酒店套房里他通过庞大的接收机听了一些广播后，计划回英国之后立即在家里安装一套完整的装备。1922 年 6 月 17 日和 18 日，道尔和家人仍在大 21 西洋城的大使酒店里，和哈里·霍迪尼及其妻子贝丝共度周末。一位霍迪尼的传记作家曾经描述过霍迪尼和道尔："没有哪两个人比他们更性格迥异了，他们完全不同，但是彼此吸引。"道尔曾说，大家都知道霍迪尼不相信招魂术，认为 22 那只是人为的幻象，但是在 6 月 18 日的一个降神会上，霍迪尼和他早已去世的母亲对话了。这两个家庭随后又回到了纽约。 23

与此同时，马可尼也在纽约。6 月 20 日，他发表了关于雷达的演讲，而后被广泛报道。道尔不知道马可尼也在纽约的话就太不可思议了。更可能的情况是，他知道马可尼在纽约，并从纽约再次写信给他：

尊敬的马可尼先生：

我曾在伦敦写信给您，但可能您从未收到过。

我有一个想法——毫无疑问经常这样想——这些耳熟能详的电波是来自于人类的思想，是被丢弃的人类技能，而不是来自火星（新闻界认为马可尼是相信的）……它们要建立自己的手段将信息传送到我们的机器，但是还没有取得圆满成功。曾有人告诉我——我不知道什么是真相——一个操作员明确地辨认出用莫尔斯电码打出的 3 个字母 SIG，明显是想要打出 signal（信号）一词。如果真相如此，它们很快就会成功。

您忠诚的，阿瑟·柯南·道尔 24

马可尼收到过很多这种信，通常都礼貌地回复，与写信者保持距离。但是没有任何迹象表明他曾回信给道尔，也没有提过收到道尔的任何信件。这可能意味着很多事情，但是毫无疑问的是马可尼收到了信——它们都原封不动地存放在牛津的马可尼档案室里。我们知道的是马可尼和道尔同时都在纽约，而且不久前刚在大西洋城擦肩而过。马可尼和比阿特丽斯 6 月 22 日那天仍在新泽西度假村，但是那时道尔已经回纽约了。所以"无线电巫师"马可尼和世界著名唯灵论者道尔不可能相遇，尽管他们的路线可能于 6 月 24 日在霍博肯离港码头交叉。上午 9 时，霍迪尼陪同道尔和他们的 3 个孩子乘坐皇家邮政亚得里亚号（有 200 名记者和支持者在场）。几乎同时，马可尼正在送别比阿特丽斯乘坐皇家邮政奥林匹克号，但是更加谨慎小心。

直到现在，许多唯灵论的拥护者仍声称马可尼相信可以和亡灵沟通，并参加了降神会，但是没有证据。这种观点充其量不过是对马可尼的科学好奇心的一种一厢情愿的误读。马可尼对不明信号的好奇心显然来自地球大气层之外。马可尼对道尔冷淡的态度表明可能是由于马可尼和霍迪尼一样不相信唯灵论，否则他肯定会和道尔见面。但是道尔的儿子丹尼斯（13 岁时去过纽约和大西洋城）仍然在多年后称他的父亲为"招魂的马可尼"。丹尼斯·道尔在 1937 年马可尼和父亲都去世后写道："就像我们在世上短暂的存在是由自然法则和实体法律来约束和控制一样，在更高阶的领域一定有基本普适的属灵定律。"

* * *

1922 年 7 月 8 日，马可尼从纽约起航，预计能及时抵达英国，主持公司 7 月 25 日的年度全体大会，但是埃莱特拉号再次由于天气原因延误，马可尼因此错过了会议。他很高兴回去。他写信给比阿丽特斯，"再次吃到爱尔兰食物，真美好！"那时比阿丽特斯已经前往意大利。对于他跨大西洋的实验和在纽约受到的热情接待，他得意扬扬。"我敢肯定，美国没有任何研究能够使用短波或者类似的东西做出定向型系统。"他回去当天就向董事会作报告。事实上，他说，他在纽约描述的新发现"对所有人来说都是惊喜"。马可尼本人很意外也很高兴他远远超越了美国人。他认识到短波束系统的使用可以重振他的事业。现在他重回英国，投入全力开发这个系统并推广给英国政府。不再只是一个令人尊敬的先驱，他将再次成为重要角色。

1916 年，马可尼和富兰克林在意大利已经开始了这项工作，他们开发了一个可以在海军舰船间短距离定向通信的系统，使用 2 至 3 米长的电波。他们曾成功地实现 6 英里(约 9.7 千米)距离的通信;之后的 1917 年,在威尔士卡那封郡的新强电流电站,富兰克林实现了 20 英里(约 32.2 千米);1919 年,70 英里(约 112.7 千米)。1920 年,富兰克林开始使用旋转的抛物面反射器实现更精确更长距离的通信。与此同时,马可尼本人也在埃莱特拉号上做相似的测试。

32

从商业角度来说,公司很难重振之前的帝国通信链项目:因为战争和法律诉讼使项目停顿,公司由于合同取消而与政府不和,加上不断上涨的预期成本和同行公司的竞争,比如埃里克安德森交流发电机和波尔森电弧通信系统等,公司也受到质疑,这些因素都像毒瘤一样困扰着马可尼。1919 年,在得知由于取消 1914 年签订的合同而赔偿 60 万英镑后,马可尼公司提交了新的提案,另一个政府委员会打算研究一下。委员会认为马可尼的提案"太野心勃勃,太综合全面,不可行",并对私营企业做出了苛刻的评论,建议帝国连锁无线电站的建设和运行应该由邮政局进行。同时,邮政总局在西牛津郡利菲尔德建设了一个新的强电流电站,并从马可尼竞争对手那里购买设备。面对政府的不作为,马可尼又采取了一个策略。英国控制了英国终端的远途通信,但是每个殖民地的统治者都有自己的安排。该公司通过在澳大利亚、印度、南非和加拿大的子公司开始谈判,签定合同,那么伦敦的合同就水到渠成了。但谈判成功的关键还是马可尼正在开发的新系统。

33

34

35

在英国,关于公共和私人企业相对优点的辩论渐成规模。1922 年 12 月,英国在创建英国广播公司方面迈出了重大一步。现在,仅仅 3 个月后,即 1923 年 3 月 5 日,新一届保守党首相安德鲁·博纳尔法官宣布政府将向私人企业发放建立无线电站许可证,以便与殖民领土进行无线通信。这就产生了一个问题,在无线电通信领域中是否会出现广播中出现的类似的公私合作模式。私人所有制但国家控制的政策也使马可尼的角色和美国无线电公司在美国的角色相似。英国对此持怀疑态度,《泰晤士报》写道"民营企业是指马可尼和联营公司"。

36

几周后,马可尼乘坐埃莱特拉号开始在地中海和大西洋西部进行为期两个月的航行。他一直和在宝窦的富兰克林、伦敦的艾萨克斯和公司总工程师安德鲁·格雷保持书信联系。他们在交流中展现的能量和热情令人印象深刻。当他在 1923 年 6 月中旬向董事会报告时,他已经确信波束系统"注定要在世界高速长途运输中占据相当重要的部分，也许有一天，是所有部分"。在埃莱特拉号上所做的研究旨在测试在相当长的距离内传输短波信号的可靠性；调查影响其传播的条件；确定白天和晚上可达到的最大范围；并确定辐射"波束"的技术特性——关于建立"长途定向无线服务"的可能性。马可尼测试的结果令他相信，在距离1 200英里（约1 931.2千米）的车站之间进行"日夜高速连续的商业服务"是可能的。夜间实际限制范围还有拓展的空间，可能是4 000英里（约6 437.4千米）或6 000英里（约9 656.1千米），甚至更多。

测试表明，大多数技术专家对无线电波特性的普遍认识是错误的。马可尼以海洋为其研究实验室，必要时移动游艇以测试不同条件。在加勒比的圣文森特，他发现来自菲律宾边境的英国邮政总局驻地的信号"微弱而且经常难以理解"，但是在他的要求下，他自己的宝窦实验站接收的测试信息是"毫无困难的"。他相信，只要在另一端有稳定的接收器，宝窦就可以与巴西和阿根廷取得联系，但令他遗憾的是，因为必须返回伦敦，所以他不能在南美进行测试。

马可尼全力以赴运用他成熟的方法论，即做简单的假设测试，然后开发其实际应用。同时，他也在思考新技术，设计机械设备，确立新系统所需的操作和组织步骤以及需要跨越的政治障碍。现在马可尼的愿景是建立一个"无线世界"。最近"广播"迅速发展，作为一种截然不同的通信方式，广播有着不同的逻辑、终端目的、与用户的关系，最重要的是有不同的商业和政治可能性，但是马可尼仍然认为无线电通信是"无线的"。然而马可尼准备说"没有理论上的理由"来解释为什么使用短波时工作速度和覆盖的距离不会超过之前认为使用长波
进行长距离通信的限度的几倍。

马可尼选择到意大利，试图以其最新发现打动墨索里尼，同时英国辩论转向了国会。1923年7月24日，邮政大臣向议会报告，自从政府于3月宣布新政后，收到了2份帝国内的广播电台的申请：一个是马可尼公司申请通用许可证，覆盖整个大英帝国；另一个是东部电报公司希望覆盖印度和英国之间通信的申请。政府正在和马可尼探讨提案。一个合作协议即将达成，通过这个协议，大
英帝国将会由企业和政府合作通过无线电站提供无线服务。

9月，马可尼返回伦敦；据12日的《泰晤士报》报道，马可尼加入了意大利国家法西斯党米兰支部。报道虽然晚了3个月，但是它仍然是新闻。9月17日

邮政大臣会晤了马可尼和艾萨克斯，确定了最新版本的帝国广播方案。马可尼坚持认为许可证要覆盖全球通信，与任何政府部门无关，但是财政大臣拉明沃辛顿·埃文斯回复说政府决不会同意。"那样的话就不是私营企业，而是将政府企业排除在外了，我们永远不会同意。"财政大臣说。 40

英国模式就是基于公私合作的模式。马可尼一直很满意这种模式；他选择政府作为其坚强的后盾而不是满足变幻无常的持股人的期待。艾萨克斯负责管理公司，但是和他前任霍尔一样（尽管意气相投），他也采取非常强硬的政策。1923 年 10 月 19 日，公司向媒体发布了一条艾萨克斯签名的声明，称邮政大臣曲解了公司的提案；马可尼准备与邮政部门联合经营，或者，失败的话，"通用非独占性许可证"会为邮政部门电站提供设施用以和国家领土通信。艾萨克斯说，马可尼的付出高于邮政部门对商业公司的合理期待。另一方面，政府提议的安排"将会对双方造成损失"。 41

合作讨论进行的同时，英国领土和殖民地共同参与的帝国经济会议正在伦敦举行（通过 20 世纪 20 年代初涵盖不同主题，包括通信的一系列会议推行英国帝国政策）。11 月 9 日，会议通过了一项决议，肯定了迅速建立"高效的帝国无线通信服务"的重要性；建议帝国政府应该采取行动，解决影响任务完成的障碍，"同时为私营企业提供足够的保障措施来防止公营企业受私营企业牵制"。 42
这对双方来说似乎都很有吸引力。

1923 年 11 月 14 日是英国广播公司开播的一周年纪念日，马可尼就此事通过广播发表了演讲。两天后，马可尼公司向媒体发布了一封他作为主席的签名信。他尝试着将通信应用于国家大选，并断言政党加强英国经济的计划将与无线通信"息息相关"；他还说如果通信问题得不到圆满解决，其他一切就都是空谈。马可尼曾公开地将自己与国家利益连在一起。他表示，对于 9 月 17 日他和艾萨克斯与邮政大臣的会谈，似乎产生了"记忆错误"——因为这与他当时提出的建议不一致，马可尼公司并不想垄断无线电服务。这是马可尼本人还是公司用他的名义来促成此事至今还不清楚；但不管是谁，这都是明智之举，因为当 43
时此举引发了对英国福利制度和马可尼公司财务更广泛的讨论。 44

由于患了咽喉癌，博纳·劳于 5 月辞去首相职务，当时他的无线通信政策还没实施。斯坦利·鲍德温将接任首相一职。在 1923 年 12 月 6 日的大选中，英国出现了悬浮议会，由此英国第一届工党政府成立了，领袖则是拉姆齐·麦克唐纳(他得到了赫伯特·阿斯奎斯所重组的自由党的支持)。新政府任命了另一个委员会检验"帝国无线电报"，委员会主席是帝国报业联盟主席兼报刊编辑罗伯特·唐纳德，他也是帝国无线通信链的热心倡导者。在 1924 年 2 月的一篇报告中，唐纳德委员会主张与自治领联络的所有无线电台都应由英国政府拥有、经营，与"外国"联络的无线电台则应由私营机构负责。这与上一届政府的政策正好相反，就连保守派《泰晤士报》都认为该报告"对极了"。不过，这仍要看这些无线电台怎么建，及建在什么基础上。

与此同时，马可尼正在极力完善他发明的新系统。早前媒体曾报道过，当时从宝窦发出了仅 1 千瓦的功率——只是一点点的能量——随后在 200 英里(约321.9 千米)之外接收到了强烈的信号。马可尼即将克服建立全球网络的主要障碍：维持信号跨越遥远距离所需的巨大功率。

唐纳德报告刚发出，马可尼公司就向媒体发布了一份声明。民众并不在意邮政部门和马可尼公司之间的矛盾，他们关心的是"英帝国应该受益于最新、最高效、最快速且最廉价的无线电通信方式"。声明补充说唐纳德领导的委员会显然并不了解马可尼最近的工作，即把新系统投入运行，并"承诺彻底改革整个无线电报"。

马可尼和艾萨克斯于 1924 年 3 月 4 日私下里向首相递交了一封信，表示想直接向政府汇报他们的想法(他们似乎在暗示，唐纳德委员会当面听取他们的意见并不是必须的)。他们笃定地表示，"公司想尽全力帮助政府促进最高效的无线电报通信政策的制定，"接着又补充了一条善意的提醒，"请恕我们冒昧，我们认为马可尼公司已经打通了无线电报事业的道路，而且我们的建议和帮助应该还是有点价值的。"1924 年 4 月 14 日星期一上午 11 时 30 分，马可尼及公司总经理助理阿德里安·辛普森陆军中校(艾萨克斯患了重病无法出席)与内阁委员会在白厅举行会议研究唐纳德的报告。在马可尼的档案文件中这次"绝密的"会议记录文件上标着"机密"字样。

新上任的邮政大臣维农·哈茨霍恩是威尔士工会会员，只比马可尼年长几岁，以重申帝国计划中政府立场的方式拉开了会议的序幕：政府须在全国范围内建立、拥有并控制所有与自治领联络的电台。马可尼公司几乎已经是所有自治领政府的承包商或合作伙伴，"我们只是希望这样的安排也可以在你我双方之间实现，这样我们在全国范围内的合作就会更高效"。马可尼利用自治领使得政府站在了自己这边，但这不是他计划的核心。

马可尼告诉委员会，"技术问题"在过去的一两个月已不再是最重要的问题。他读了一长篇报告（被附加到官方秘密记录中），详细描述了他前些年研究的"一个全新的远距离通信系统"。"最近可达到的距离实际上是地球上最远的距离……我要毫不犹豫地说，这个新系统注定要为相距遥远国家之间的无线通信方式带来一场全新的变革。"从商业立场来看，并且根据当时的情况，继续实施帝国计划将是一个错误。出乎意料地，这个新系统极其可靠；其主要特点是"电波可以从所需的任何方向投射到光束上（"是短波"，辛普森补充说），而不是任由其传播到四面八方"，另一个优势是"有其他任何无线电系统都无法保证的私密性……显然，这个优势对英国的重要性不言而喻，尤其在战时"。这份报告于1924年4月14日由古列尔摩·马可尼签署。

即使在其最全盛时期这也仍然是一场高筹码的扑克游戏。马可尼的虚张声势是要让政府相信他们确实不知道发生了什么，不知道马可尼知道了什么，更不知道他马可尼将要知道什么，这样英帝国才会更加需要他。当马可尼结束报告时，财政大臣菲利普·斯诺登形容它是"令人震惊的"。此时，马可尼来了个180度的大转弯，提出了一个新策略——政府应放弃建立墨守成规的长波长途电台链的计划，并用自己未经试验的短波系统取而代之。殖民地大臣吉米·托马斯问过马可尼，"我们听说这些实验影响了原计划，包括预算支出。考虑到费用问题，你们明智地选择了放弃，是这样吗？""确实如此。"辛普森答道。

有了新系统，电台建造成本减少了1/10，并且可以以更快的速度传输更大的信息量。马可尼认为，建造电台必不可少的实践经验和技术只有他的公司有，因此他向工党抛出了橄榄枝，希望赢得他们的政策支持：电台建好后，只要他们愿意，就可以接管。该领域的专家皆对此持怀疑态度。斯诺登表示，这个消息对他们和政治家们来说简直就是惊喜，邮政署助理署长F.J.布朗却冷冷地说："我不这么想。"在世纪之交为马可尼工作过的一位理论物理学家W.H.阿克斯在开始他卓越的学术生涯前几乎一直在唐纳德委员会工作，他说得很委婉但同样持怀疑态度："这是论证私营企业如何协助一项技术健康发展很好的一个实例……发明家对自己新发明的诉求表达很强烈。如果我说尽管我非常希望马可尼成功，但目前还是要花很多时间做试验，他应该也不会恨我。"对此马可尼回答道："我希望你真的知道我知道什么！"

阿克斯的想法和渐进式科技变革理论是一致的，但是马可尼提出的是一次"革命"（更重要的是，马可尼认为只有他自己能领导这一切）。阿克斯却并不这样认为。其连续性以及变化体现了两种方法：渐进式和革命式，并引出了实际性问题、理论性问题和一个根本性问题：新兴技术是取代了老旧技术，还是像沉积物和地质层的形成一样发展了老旧技术？马可尼在讲解他的观点时似乎已对这个以前的专业助理不耐烦。他说道，"时间会证明谁是对的"。但如果阿克斯是正确的，英国再开始使用这个新系统就比较紧急，"因为没有什么能够阻挡科学的发展"；如果马可尼是正确的，其他国家像法国、德国和美国很可能已经率先开始使用这个新技术。马可尼补充道，他将为了他的新主张在公众面前赌
50 上自己的声誉。

会议延期了，大家一致认为马可尼会拿出试验结果向阿克斯和布朗证明自己是对的。几天后工党政府便提交了首份财政预算。据消息灵通的《泰晤士报》称，虽然这项日程在新闻报道中值得提及，但英国无线电问题仍处于搁置状态；马可尼公司为政府的技术顾问做了某些实验，因此一项决议被推迟推出。同时，马可尼开始放出波束系统成功的消息；到 6 月，报道称他已经把信号从宝窦发
51 送到了布宜诺斯艾利斯。与此同时，政府也得到机密报告称这个系统成功了。

7 月 24 日，政府宣布决定采纳唐纳德委员会关于政府所有权的建议，并接受马可尼公司"短波指令站——也就是所谓波束电站"的提议，以实现英国、自治领及印度之间的通信联系。7 月 28 日，政府和马可尼公司签订了协议——也
52 就是随后广为人知的"波束契约"，主题是建设波束系统无线电站。1924 年 8 月 1 日，下议院正式批准了该协议，其条款也在全世界公开传播。协议主张，公司作为邮政署的承包商，应建造波束电站以与相应的加拿大电台联系，有条款提出扩大协议范围，向南非、印度及澳大利亚提供类似的通信方式。这个合同使建造成本增加了 15%（约 4.5 万至 5 万英镑），许可税则占了总收入的 6.25%，
53 "那时马可尼的任一专利对这些电台的运作都至关重要"。公司在半年之内必然可以实现与加拿大的通讯连接。

从财务上看，这对资金长期紧张的马可尼公司来说实实在在是一笔意外之财。1924 年 8 月 15 日，马可尼主持了 MWTC 年度股东大会，他的预测很"乐观"，他说由于新协议的签订，公司的前景是"从未有过的光明"。自从 1910 年第一次提出帝国链这个想法，公司的主要目标就是"在全球范围内提供无线电报服务"，如今这一目标已步入正轨。由于运作成本及资金要求不高，新协议"只是无线电通信伟大事业的开始"，也是开启与邮政署友好关系新时代的开始。艾萨克斯算是用庆祝的名义提出建议，要公司支付 10％的股息。

54

这届短暂存在的工党政府于 1924 年 10 月 9 日结束了执政。"波束契约"的签署也已经没有多少人记得。虽然因为它带来的尝试性的福利措施及争议性的"社会主义"论调环境，协议被蒙上了一层阴影，但其意义仍然重大。两年内，帝国波束系统开始运作时，英国无线通信也可以说是"日不落式"的。

第 28 章　无线电广播

马可尼可不认为广播有什么好大惊小怪的，对他来说，广播只是无线电的另一种应用形式，而不是新技术。无线电广播是通信方式，而不是为了提供单向娱乐——这基本上就是马可尼对广播的看法。就他的实用角度想法来说，（广播的）第一个客户是政府，这对他们来说意味着包括军用的很多通信方式都有了可能；第二个客户（基础设施用）是商业性质的——重型设备的供应商和运营商，他们能让这项技术发挥作用；最终用户是为商业用途或个人信息传递服务支付很少费用的个人和公司。提供内容的想法没有实现，内容将由用户提供。因此，马可尼直接跨越了 20 世纪的广播模式；他在 19 世纪的想法最终在 21 世纪成了通信的主导模式——虽然必须要声明他并没预见到要创造消费基础让消费者都需要私人通信装置，形成商业潜力，更别说广告业等复杂的衍生产业了。他对媒介带来的利益也同样怀疑，认为"也不是一直具有启发意义"。

但是广播出现之后，马可尼不仅开始接受和使用，还把它整合到自己的全球通信计划之中。直到 1924 年，提到"无线电话"（他仍然这样称呼）的流行和快速发展，他在文章中说："如果能得到合理使用，广播将为国家之间更深层的互相理解及友好关系、家庭生活的巩固及个人的幸福做出实质性的贡献。"然而，他对如何实现合理使用并没说明。20 世纪 20 年代在一次演讲中，他无意间说到了即将推出的无线电广播的功能性目的："历史上第一次有人直接面对上百万的支持者作演讲，没有什么能够阻挡同时吸引 5 000 万人的东西。"

1905 至 1910 年间，美国连续波传输的发展使广播——马可尼的合伙人 R. N. 维维安将其定义为"远距离语音和音乐复制"——在技术上有了可能，尤其是这项技术还是由马可尼的劲敌雷金纳德·费森登和德·弗雷斯特推动发明的。它在美国广播"爱好者"中迅速走红。然而，在第一个 10 年里，广播很大程度上并未引起美国人的重视，而且直到 1919 年或 1920 年它的商业潜力才被认可。随后马可尼本人表示自己从未从广播的商业方面，或者如他所说"娱乐方面"获取任何个人利益。

尽管无线电广播是无线电技术的一个分支，但更具讽刺意味的是，电话在其发展初期的影响力比电报还要大。世界上第一个广播系统——Telefon Hirmondo 是西奥多和弗兰奇·普斯卡什 1893 年在布达佩斯发明的，它通过电话线向订阅者提供节目内容，因此被视为"电话报纸"。正如大家所知，在大约 20 年后的意大利，这个方法被路易基·拉涅利的 Radio Araldo 公司重新发展利用。电话和电报的不同之处在于电报一直被视为基本信息点对点的通信，而电话是作为双向对话工具及某种程度上的娱乐工具。因此从概念上而言，电话更像是现代网络。

暂置个人通信不论，电话和电报作为大众传播工具的全部潜能都必须在无线语音传输系统被开发之后才能实现。这次发展的关键点是连续波的发明——从与马可尼火花相反的角度看，或者称之为"减幅"波——大约从 1905 年开始首次使用，致力于促进无线电技术薄弱部分的发展，如精准调谐等。任何人都可以接收到自己发射或"播送"的无线信号——就像在农业社会长久以来都被视为劣势的播种技术一样；然而，现在的无线电技术已经是一种资产了（并且即将成为一种新兴产业的理论基础）。能承载人类和其他形式声音的连续波最初是被视为无线电的附加作用，但很快人们意识到这个附加部分才是最重要的。这才有了现在的无线电话。

有 3 个人对音频广播的技术性发展至关重要——他们都以某种方式与马可尼有关。1904 年 11 月，马可尼的科学顾问约翰·安布罗斯·弗莱明取得了他称之为"热电子管"的专利权（在美国很快就以真空管的名字为大家所知）。这个看起来像是电灯泡的管子，是在弗莱明向英国爱迪生公司咨询之前花了数十年的努力发明的。在封闭的玻璃管中，两个电极通过炭丝相连，因此真空管可以调整（弗莱明的说法）无线通信中发射器与接收器之间产生的电气振荡。不出所料，弗莱明把这个发明第一个就告诉了马可尼。1904 年 11 月初，他在伦敦大学学院的实验室写道，"它可能会大有用处。"几周后，在 11 月 16 日，弗莱明和马可尼公司申请了真空管共有专利。根据弗莱明合同中的规定，该专利属于马可尼公司。从某种意义上说，真空管对于无线广播就如同微芯片之于计算

机——是使实际应用成为可能的关键技术。弗莱明的电子管被认为是之后各种
10　改良真空管的"干细胞"原型。

　　其中最重要的是德·弗雷斯特在1906年所进行的改良。他在弗莱明管的阴
阳两极之间增加了一个网格状元件；因此，被他称为"三极真空管"的弗雷斯特
真空管便成了后来众所周知的相对于弗莱明"二极管"命名的"三极管"。德·弗
雷斯特"三极真空管"用于在接收端扩大无线音频信号，并被很多学者认为是无
11　线电广播发展史上最重要的创新。德·弗雷斯特有资本自称为"无线电之父"，
但正如前文所述，他并没有利用自己的发明赚取更多资本，他没有企业家天赋。

　　真正把无线电广播付诸实践的先驱是发明家雷金纳德·费森登，他在1906
年圣诞夜前夕完成了第一次无线电广播，在这之后，便又回到了实验研究上。
德·弗雷斯特意识到广播是一种新媒介，一旦这项技术得到了完善，就将成为
12　一个重要的产业。然而，德·弗雷斯特和费森登之间法律纠纷不断，双方提出
的各种交易也导致他们的专利最终被美国大公司（如美国电话电报公司AT&T
和美国无线电公司RCA）持有。

　　1912年8月，美国通过了《1912年广播法》，它规定任何想要经营无线电系
统的人都要先向商务部申请许可证。随后，美国获得许可证的业余无线电爱好
者及业余电台数量从1913年的322个剧增至1916年的1万多个；单是1915和
1916两年就有将近8 500个业余电台获得了许可证。至1917年，数量已经达到
了13 581个，并且据估计还有多达15万的无证接收器。颁布《1912年广播法》是
为了控制无线电通信领域的无管制进入，但业余爱好者无视约束仍然操控着空
13　中电波。

　　由于最初莫尔斯电码受限于早期无线电技术，直至1914年业余爱好者都是
使用自己的装置播送声音和音乐。随着业余爱好者数量的快速增长，无线电俱
乐部在美国发展迅猛，有人便开始寻找颇具创意的方法以利用现有资源。以加
利福尼亚州的圣荷西市为例，查尔斯·戴维·"博士"·赫罗尔德搭上圣塔菲铁
14　路公司的市内有轨电车线路系统从他所在的工程学校播送新闻和音乐广播。
1915年，马可尼公司（美国）的宣传杂志《无线时代》促成了全美无线电爱好者协
15　会的成立；同年，雨果·根斯巴克组织成立了美国无线电联盟。同样是在1915
年，具有丰富经商经验的海勒姆·帕西·马克沁决定在美国创立全国业余爱好

者无线电系统，这在当时是颠覆性的观念，如今我们可以称马克沁的想法为另类媒介和通信网络。1916 年华盛顿诞辰日，马克沁用继电器发送了一条非常具有杰斐逊特色的消息，同时这被认为是美国第一个全国性广播，这条消息说："民主制度要求自我管理及自我教育的人要武装自己并遵纪守法，这样才可以保护自己。"美国威斯康辛大学发起了一个更具可持续性的另类流，即从 1917 年开始的实验性广播，这些实验成就足以使其名为 WHA 的电台如今被大家称为"美国最古老的广播电台"。

李·德·弗雷斯特是第一个参与实践的人，他推动了无线电广播更快地将常规"节目"送到千家万户。1910 年，德·弗雷斯特直接从纽约大都市剧院播送了恩里科·卡鲁索的演出；1915 年，弗雷斯特在他的布朗克斯工厂屋顶建造了一座 125 英尺的高塔，开始播送夜间音乐会；1916 年，他广播了耶鲁哈佛足球对抗赛；同年，他现场直播了 6 小时的总统竞选（但竞选结果被报错了。尽管竞选票数相差不多，但还是伍德罗·威尔逊获得了胜利，而不是查理斯·伊凡·休斯）。虽然费森登已经探索过这种艺术形式，但德·弗雷斯特是第一个研究怎样用无线电广播播送音乐、娱乐节目、体育赛事、新闻甚至广告的发明家。然而，德·弗雷斯特没能将这项新技术商业化。

与此同时，马可尼公司（美国）的大卫·沙诺夫也在密切跟踪事情的进展。大卫·沙诺夫 1891 年出生于白俄罗斯明斯克市，1900 年当他还是个说意第绪语的毛头小子时便随父母移居到了美国。1906 年，15 岁的沙诺夫到商业电报公司当了通信员，几个月后他成为马可尼公司的办公室勤杂工，并很快得到了马可尼的喜爱。据他的传记作者尤金·利昂斯说，沙诺夫成了马可尼的小跟班，跟在马可尼后面在前街的工厂转悠，还做一些提公文包、跑腿买糖果或鲜花之类的杂事。在此期间，沙诺夫学到了马可尼的科学观和进步思想，发明家爱幻想的创新冲动与难以言表的神秘在他身上并存。据利昂斯说，马可尼曾对沙诺夫说：我们只知道事情发生的方式，却不了解原因。慢慢地，两人之间产生了"非凡的友谊"，尽管这段关系一开始是"失衡的"——正如马可尼跟其他很多人的关系一样。他们在年龄上有 17 岁之差，并且其间隔着无法量化的社会阶层，但沙诺夫成了马可尼为数不多的挚友之一。

沙诺夫很会把握机会，同时也很勤勉，于是他一直跟着公司共同稳步发展。

16

17

18

19

20

21

他从接线员、无线电报务员(他在泰坦尼克海难发生时的职位),直到 1915 年做到了运输部经理助理。沙诺夫后来说自己在 1915 年给马可尼公司(美国)的副总裁兼总经理爱德华·朱利安·奈利写了个备忘录,提出了一个"让收音机像钢琴和留声机一样成为具有家庭实用性的工具,通过无线电系统把音乐带到千家万户中去"的计划。现在没有这个备忘录的实际记录,也没有奈利的回复,虽然早期的无线广播历史学家表明,奈利读了这个备忘录后觉得这个想法很有意思,但是他认为这只是一个有抱负、充满活力的年轻雇员的疯狂计划,随后便把它搁置一旁了。在 1920 年马可尼公司(美国)变身为 RCA 公司之后,无线电广播开始吸引了一些人的注意,沙诺夫重述了自己的建议,这次的对象是 RCA 公司的董事长欧文·杨,他预测"无线电音乐盒"以 75 美元的单价上市后将会卖到 100 万个。他的洞察力告诉他这件事有利可图,人们会买这种在家里就可以收听娱乐内容现场直播的小玩意。不论是在 1915 年还是 1920 年,不可否认的是沙诺夫勾勒出了商业广播行业的基础概念及逻辑结构。

　　1916 至 1917 年,大众刊物将技术熟练的广播业余爱好者当作了潜在的战争资源(他们收听西方沿海地区无线广播,所以可获得敌军海上船队的通信内容)。1917 年 4 月美国向德国宣战后,这些爱好者被命令关闭并取消无线电台。几周之内,单是纽约市的警察就关闭了 800 多个广播电台,而且这些爱好者再也不能回到战前状态了。1919 年 4 月美国海军取消了这项禁令,广播行业的企业基础设施得到了恢复。1920 年 5 月,据匹兹堡一家报纸报道,由于美国西屋公司一个工程师弗兰克·康拉德定期广播现场音乐会,霍恩的百货公司开始以 10 美元的价格向顾客提供能收听广播的设备(相当于今天的 150 美元)。美国西屋公司副总裁哈里·戴维斯看到了霍恩的广告,意识到如果这种全新的即时通信方式能得到有效宣传,无线电接收机的销售将会有"无限可能"。西屋公司鼓励并支持康拉德完善他的无线广播,并将播送内容拓展到其他领域。1920 年 11 月 2 日,刚获得执照的匹兹堡广播电台 KDKA 播送了美国总统大选结果。1921 年 7 月 2 日,RCA 公司和 KDKA 广播电台播送了乔治·卡彭铁尔和重量级冠军杰克·邓普西当天的拳击对抗赛;据说,这场拥有 9 万多粉丝的泽西城对抗赛的门票卖到了拳击史上最贵的一次,这也是美国第一次全国范围内的无线广播。

　　"无线电热潮"最初是在爱好者圈子内口口相传,到了 1922 年春天,美国的

"无线电热潮"已经稳固发展。精妙设计的接收设备时髦地反映出现代时尚品位和家居陈设潮流，因此成了非常理想的消费产品（试想一下 21 世纪初出现的苹果公司产品，你就能明白无线电设备在当时的意义）。相关数字记录是从 1922 年开始有的，当年这些无线电设备以 50 美元的单价在美国售出了 10 万台。1923 年，无线电设备的数量增长了 5 倍，价格降至原来的一半。如今，无线广播已经不再是业余爱好者的专属，而是变成了大众娱乐业的一部分。百货公司、新闻媒体及大型电子工业公司——不仅是美国西屋公司，还有美国通用电气公司、美国电话电报公司和美国无线电公司——开始建立无线电台，同时售卖接收设备。至 1941 年，美国一共卖出了 1 300 多万台无线电接收器。在美国无线广播发展的头 20 年，无线电设备的流通价值从 500 万美元增长至 4 亿 6 000 万美元①。

27

28

29

与此同时，英国的无线广播在第一次世界大战中期开始打基础。到了战争末期，其技术创新在军事条件下得到了完善，并转为民用，这时的美国出现了整合设备生产与节目制作的思想，虽然两者的所有制和控制模式非常不同。在美国，前马可尼公司（美国）、现在的 RCA 公司成为政府批准的公司，但严格地说还是私营商业公司；在英国，马可尼公司和英国邮政总局是两个无处不在的合作伙伴，双方最终将无线电广播发展为公共广播服务模式。在美国，无线广播最初是地域性的，后来发展为"网络化"；与美国不同，英国无线广播在马可尼的影响下从一开始便致力于在技术允许的条件下将其扩展到全国甚至全世界。

30

1919 年 3 月 19 日，马可尼公司在爱尔兰的巴利巴宁和加拿大新斯科舍省的路易斯堡建立了远程无线电话连接。几个月后，公司的一个低功率（6 千瓦）电台获得了执照，开始了其在英国切尔姆斯福德工厂的广播实验。1920 年 2 月 23 日到 3 月 6 日期间，该公司在 1 500 英里（约 2414 千米）之外接收到了从切尔姆斯福德发送的音乐广播。4 月，意大利记者从切尔姆斯福德发送无线电信息至意大利琴托切莱的马可尼电台；西班牙驻伦敦商会主席给西班牙国王发送了一条无

①设备的单位造价就像正弦曲线：从 1922 年的 50 美元平稳增长，最高时是在经济大崩盘的 1929 年，达到了 136 美元；之后便逐年下跌，直至 1932 年跌至最低，随后又再次攀升，1937 年达到了 56 美元，也是在这一年，马可尼离开人世。1941 年单位造价跌至 35 美元，这是自 1923 以来的最低造价（麦克劳林，1949，139）。

线电信息，之后又造访了马可尼在塞维利亚的游艇。1920 年 6 月，一个功率更强的(15 千瓦)发射机已经投入运行。1920 年 6 月 15 日，马可尼公司在英国播送了被认为是"首个预告发送的公众娱乐广播节目"(位于伦敦河岸街马可尼公司的纪念匾也有提及)——澳大利亚歌剧女高音内利·梅尔芭的独唱会，她的声音远

31 在伊朗北部的苏丹纳巴德都可以听得很清晰。

公司继续进行广播实验，但与美国不同，其研究新技术的目的尚不明确。马可尼本人仍然认为"广播电话"是无线电技术的另一种延伸，而不是一项具有新目标的新技术，对他来说，利用广播进行大众娱乐是很肤浅的(但是公司并不抵触任何可以增加接收设备销量的策略)。然而，马可尼还是意识到了声音作为辩论和说服媒介的力量。1920 年 12 月，正值美国西屋公司 KDKA 广播电台开始在美国进行常规广播之际，马可尼公司用无线电广播报道了国际联盟在日内瓦召开的第一次会议进程。彭翰勋爵(《每日电讯报》的所有者兼帝国报业联盟主席罗伯特·唐纳德的下一继任者)和亚历山大·格雷厄姆·贝尔从伦敦的马可尼公司向会议发送了无线语音消息，在切尔姆斯福德有人代替马可尼读了这条消息，当时马可尼还在罗马。公司认为这一事件预示着无线电和陆线永久连接，

32 并且电话通信将会遍及全世界①。

1921 年，马可尼公司全年都在继续做广播实验。终于，在 1922 年 2 月 14 日，第一个常规广播节目在英国播出了——每周从代号为 2MT 的一个新成立电

33 台转播半小时音乐会，该电台位于切姆斯福德市附近的一个叫瑞脱的小村庄。1922 年 5 月 11 日，伦敦无线电台 2LO 在马可尼大厦屋顶上开始投入使用，借由 KDKA 广播电台转播了乔治·卡彭铁尔与泰德·基德·刘易斯在奥林匹亚的拳击赛。2LO 电台从 1922 年 5 月 11 日运营至 11 月 15 日，那时它成为英国广播公司

34 (BBC)的第一个无线电台。5 天后，大都会威格士公司获准在曼彻斯特一家无线电台(2ZY)进行广播试验。然而，马可尼公司在无线电广播这个新兴产业还是

35 遥遥领先。

---

①实际上，从伦敦到日内瓦的信息是通过陆线和无线电传播的：从伦敦至切尔姆斯福德是通过邮政总局的电报线，从切尔姆斯福德至日内瓦附近的马可尼接收站是通过无线电，从该接收站至几英里外的国际联盟会议大厅是通过陆线。

1922 年 5 月 4 日，英国邮政大臣弗雷德里克·乔治·凯拉韦在下议院宣布，决定允许建立一定数量的广播电台。两周后的 5 月 18 日，凯拉韦私下和英国无线电制造行业的大公司在邮政总局召开了会议，期望能为无线电广播事业的发展制订计划。另外据报道，为了满足越来越多的人听广播的愿望，无线电广播将会被赋予"一个更加严肃的目标"。就是从这段时间开始，英国政府从无线电广播那里看到了策略性目标：不管在什么时候，政府都有能力用广播传送"对国家很重要的信息"。这并不妨碍私营领域的参与，在此阶段，邮政总局(掌握了对无线广播的管辖权以及负责电报技术的发展)开始与英国 6 个最重要的电气厂商(包括一些受控于美国的厂商)展开复杂的协商、谈判。那时，马可尼公司在其中处于主导地位，之后一个妥协方案达成了：马可尼公司的专利将不会进行行业垄断，而会用于全国广播事业发展。

对于尚处于萌芽期的英国广播行业，外资参与的现象几乎是同时出现的，而马可尼公司的总经理戈弗雷·艾萨克斯带头拥护只使用英国制造产品的限制性法规："无线电广播设备制造享受保护，免于外国产品竞争，制造商也不能建立广播电台。"1922 年 7 月 14 日，艾萨克斯对伦敦《每日新闻》发出警告说，"德国和美国的设备在等着像洪水决堤一般涌入英国"，并否认一些谣言说马可尼公司计划从匈牙利进口廉价设备。1922 年 7 月 18 日，凯拉韦在下议院略述了内阁批准计划的主要特点；同日，政府为了保护本国制造商，两年内禁止国外制造的无线设备出口到英国。

8 月，凯拉韦作出报告说尚没有建立无线广播电台的执照发出，如果这些主要无线电制造商联合起来成立公司提供广播服务的话，他也会理解。当时至少有一家伦敦报社误报道说如果这些公司联合的话，马可尼将任董事长。为了得到执照为全国广播提供便利，英国广播公司(BBC)最终在 1922 年 10 月 8 日成立了。公司由 6 家公司共同持股——马可尼公司、大都会威格士公司、无线通信公司、汤姆森休斯敦公司、英国通用电气公司以及西方电气公司，董事长是阿斯奎斯自由党内阁前邮政署署长盖因福德勋爵。

一个月后，劳埃德·乔治的国民自由党结束了其在英国的执政党地位，在1922 年 11 月 15 日的选举中名列第四位(英国广播公司成立后首次广播的第二天)。邮政大臣凯拉韦失去了这个职位，但在几天内又被任命为马可尼公司的董

事会成员，马可尼公司再次成了英国新闻的焦点。有报纸抛出一个问题："公共
41 服务将会成为竞争行业或供给产业管理者的训练场吗？"另一家报社则提出一个
新词"马可尼主义"，指"有伴随政治生命而生的倾向，也就是进入议会是商业成
42 功的捷径"。马可尼丑闻的后遗症对公众来说仍历历在目。

43   凯拉韦将作为"英国广播之父"被铭记，而安德鲁·伯纳尔·劳的新保守党
政府（内维尔·张伯伦是邮政大臣）带着成立英国广播公司的计划走到了前头。
随着国家开始参与企业竞争，在专利和非竞争电台合并的基础上，最终英国广
播公司的第一个形式是制造商联营企业。邮政总局再次开始担忧产生马可尼垄
断，因此在自身保护下带头建立了一个单独机构。国家垄断是唯一可能的选择，
否则马可尼垄断将会建立一个纯粹的商业系统，由此被授予独家权利向每个拥
有接收机的人收取 10 先令（2.5 美元）的使用许可费。

    英国广播公司的任务是建立运营"一项公用事业设施，通过无线电话和/或
无线电报向公众提供'广播'服务，包括新闻、资讯、音乐会、讲座、教育资料、
44 演讲、天气预报、戏剧等"。当这项"公共事业"于 1926 年 12 月 31 日转变成皇家
特许的公共广播公司——英国国家广播公司或简称英国广播公司（BBC）时，这种
范围宽广的公共服务才又得以继续下去。在当时的美国和英国，广播同唱片、
电影院、表演艺术、职业运动、出版业及新闻业一样，属于文化产业。从长远
的角度来说，娱乐与通信之间的界限是很模糊的。

                          ＊ ＊ ＊

    广播不知因何突然受到追捧。媒体注意到，大众对电台的迷恋或来源于早
先对无线电的痴迷；然而当时，无线电台是一个完整的产业，其用户数量非常
大，而不是说单个的个人，或者说并不完全是。像马可尼和特斯拉这样的先驱
经历了用户的兴趣骤增，据说，他们很多骇人的想法或者想法的暗示都得到了
寻求轰动效应的媒体的鼓吹和鼓励，但马可尼努力保持理智。《纽约时代杂志》
曾挑衅地用标题"马可尼展望未来"形容马可尼的"梦想"，但他说，"我只生活、
45 工作在当下"。

    广播成为一项有活力的热门技术的同时也引起了统治阶层的注意。在战后
的世界秩序中，无线电广播像一个新的强有力的武器，不仅在思想和宣传方面，
在军事和外交上也有潜能。这些潜能最初展现的一个方面是在 1919 年 2 月 2 日，

美国国务院的沃尔特·罗杰斯写给威尔逊总统的备忘录中（参见第 25 章）。值得一提的是，罗杰斯强调广播有"可以把信息传播到天涯海角"的"无限可能"，因此也有"传播情报的机会"，认为所有国家都应该将各自的无线电设备收归国有，并合作建立"真正世界范围内的广播服务"。随着"政府民主形式的持续扩大和世界各地之间愈加紧密的联系"，罗杰斯写道，世界和平的最终基础"是一种普遍共识及理解……因此，用新闻的方式传播情报至关重要"。 46

十四点和平原则直接从美国通过无线电传输传播到整个欧洲之后，威尔逊便意识到了广播的重要性。他的首席广播顾问威廉·布拉德上将曾告诉广播历史学家格里森·阿切尔自己看到过巴尔干地区的学生在学习十四点和平原则，"就像学习基督教的教义问答一样诚恳——是在新泽西的新不伦瑞克地区，埃里克安德森交流发电机使它成为可能。它能无视所有审查机构，鼓励各地的人们深信战争应该结束了"。 47

罗杰斯（华盛顿《先驱报》的前任主编、美国战时宣传机构公共信息委员会的官员兼凡尔赛会议通信技术顾问）是美国国务院主张建立全球范围广播的为数不多者之一，另外还有欧内斯特·鲍尔和布雷肯里奇·朗（20 世纪 30 年代的驻意大利大使），两人都是美国第三任助理国务卿。他们对全球范围广播政策的研究方法成了"信息自由流通"原则的核心，后来也成为美国在通信上对外政策的核心。罗杰斯和同僚们认为，通信将成为新兴全球体系的决定性因素，并会发挥多个重要作用：新全球秩序的信息化基础设施；重要商品市场的基础；多边机构对话的基础；战后民主化浪潮发展的引导者；帝国行政及现代化的工具。另外，他们了解并提出了通信障碍的综合观点，而通信已使得媒体有了 50 多年的历史——障碍就是垄断、高费用、隐形补贴及媒体带出的宣传目的。（罗杰斯也被认为是国际新闻自由的发起人。） 50

因为没有将广播看作一个独立的活动领域，美国国务院开始担心主要参与企业会建立全球无线企业联合：此时他们关注的目标是垄断，而不是像英国一样的外资所有权。RCA 不断增长的实力由此成为一个关键因素。该公司对全球化有不同的观点，他们不想要开放市场、多边体制、自由媒体和民主，而是一种私营企业可以组织联合企业并像 19 世纪的有线电报产业那样管理市场的全球化。罗杰斯提出并由威尔逊开始实施的想法是一个需要法规及国家监管的稳定 51

48

49

市场，但是，全球监管框架对像 RCA 公司（更多是因为它在世纪之交曾隶属于马可尼公司）这样新的通信巨头来说是无法忍受的。现在这已经成了一个全球性问题。

矛盾的是，在英国出现了一个完全不同的模式，这个模式最初并没有引起社会或政治上的关注。自 1904 年开始，无线电报以及之后的广播都需要执照，而所谓的"业余"广播界限现象并不存在。马可尼密切关注美国的发展，但他把兴趣都放在了远程无线电话方向的无线语音传播，对"广播"不甚在意，那时他的研究主要集中在短波的发展上。1919 年，公司意识到娱乐广播预示着潜在重要的设备新市场。

至 1922 年，在美国及英国有数百万的人在"收听广播"，并且这个数字还在增长，其他地区的人数也在增长。在美国，这一新现象在文化及经济上的重要性由赫伯特·胡佛推动。胡佛曾任沃伦·哈定内阁及后来卡尔文·柯立芝内阁的商务部长，还是战后重建的英雄。商业上则由 RCA 公司进行大力推进。公众对接收设备的需求似乎是无法满足的——这可是空前绝后的（直到 21 世纪初的苹果产品才改变了这个现象）。美国在 1922 年共卖出了 6 000 万美元的接收设备；第二年卖到了 1 亿 3 600 万美元；1924 年，数字继续增长，达到了 3 亿 5 800 万美元。在英国，马可尼公司预测了需求量，首先设立了一个部门，接着在 1923 年，公司建立了一个子公司来设计生产"马可尼电话"接收设备；公司估计当时共有 30 万至 40 万接收设备被使用（马可尼电话公司于 1929 年卖给了 RCA 公司，包括商标及每台无线电接收机上"G. Marconi"商标的使用权）。

在英美两国出现的两种矛盾对立的模式记录着广播下个世纪的历史——包括最初的广播以及后来的电视。在美国，商业广播成了娱乐产业的一部分，其潜在的教育性也被社会改革者所称赞。有些人希望广播能对政治有所裨益，使政治家们更加负责，拉近他们与平民大众的距离，甚至希望改善政治赋权问题。广播作为全新的集体性实体，其文化统一作用逐渐形成：也就是电台听众。听众数量庞大，他们是无形的，也是不可知的。广播作为社会进步与现代化的象征同时成了广播公司的企业目标、广大无线设备用户的梦想与渴望。有了国会的支持，美国海军、商务部及国务院希望将广播用于更深层次国家利益的愿望经由美国商业广播实现了。但在英国，一个与之相反又有力的想法出现了："公共服务广播"，不仅指政府保护下的广播信息的发送与接收，还有信息、教育及娱乐使命。两者的区别是广播是否立足于非商业性质。

1923 年 4 月，在英国广播公司成立仅仅 4 个月后，英国政府成立了委员会，赛克斯少将任委员会主席，委员会的责任是"对广播从各个方面进行仔细思索"。委员会成员还有马可尼公司前工程师兼大不列颠无线电学会主席艾萨克斯、议员亨利·诺曼男爵以及英国广播公司总经理约翰·瑞思。在 4 个月后的 1923 年 8 月 23 日，广播委员会作了一场报告。委员会在极短时间内做出了大量研究，结论就是"公众舆论及国家生活的潜在力量应由国家控制，且如此重要的国家服务绝不能成为不受限的商业垄断"。报告中还做出重要声明，认为"波段"作为有限的稀有资源属于公有财产，因此，其使用要根据公共利益来指定。

英国广播公司的执照到 1926 年 12 月 31 日到期了，而在同年年初，咨询委员会成立了，克劳福德伯爵任主席。咨询委员会使赛克斯委员会提出的逻辑思维方式更加深入。"广播已非常普遍，影响了这么多人，各种潜在的可能性都意义深远，"克劳福德写道，"为英国广播公司设立的组织不再符合国家要求或责任……出于现在开始的更广泛的考量，我们不得不说，无论是出于直接或间接利益，任何组成贸易线的公司或实体都是不适当的。"

总而言之，虽然广播仍然是非商业性质的，但它由商业公司财团实现这个事实是不妥的。美国的"不受限传输和接收"体系对英国来说是不合适的，因为由单个机构控制的垄断被视为其最佳组织结构。在考虑了多个选择之后，克劳福德委员会建议广播应有"公营公司作为国家利益的信托公司，其地位及责任应与公共服务的信托公司相一致"。因此，建议把英国广播公司从私营企业重设为受英国皇家特许权限制的公营公司。政府接受了建议，英国广播公司（BBC）于 1927 年 1 月 1 日重新组建。公司的总经理约翰·瑞思随之被委任为总裁。虽然英国的无线电制造商依然受益于显著增长的设备需求，但他们不再对广播负直接责任。当时英国广播已有 200 多万听众。此举规范了 BBC 的职权范围，使 BBC 不仅具有新的合法地位，还有瑞思领导下的公共服务宗旨。

* * *

在世界其他大部分地区出现的无线广播体系介于英美两种模式之间。广播在很多地方更多是政府性质的，或模仿英国广播公司的公共服务模式，但最发达的国家体系还是在美国，在那里商业模式日益盛行。但即使在美国，私人持有商业广播的监管仍有一个通用模式；事实上，该模式很快就占据了几乎全部资本主义世界及其殖民地：它要求私人电台需要获得执照才能使用通过国际协议分配给广播的无线电频率，而这些频率又是由各个国家管理的。不久，无线电频率就成了稀有的公共资源，由国家机构出于公众或国家利益进行管制。所以，国家间的无线电频率分配也成了颇具争议的国际问题，其中最激烈的摩擦之一发生在美国与加拿大之间，而不管是以前还是现在，这两个国家都是马可尼想要开拓的无线电新市场。

自 1901 年与马可尼建立紧密联系开始，加拿大便是一个具有指导意义的范例。1918 年秋天，加拿大马可尼公司开始在其位于蒙特利尔市圣亨利区威廉街上的工厂做广播实验，但这对英国和美国来说算不上是"项目"。加拿大的许可证制度和英国的相似，于是在 1919 年 12 月，马可尼的实验无线电台（XWA）被授权做语音及音频实验，随后公司声称当时电台就是从颁发执照那天开始"广播"的，没有幕后暗箱操作。根据公司内部文件，加拿大马可尼公司就是从那一年开始播送"实验性节目"——播放唱片及天气预报。实验无线电台（XWA）确实是加拿大第一个以连续波技术做实验的电站（实验时间：1919~1920 年），但正如我们所知，在那之前美国早已进行了这项实验。另外，电台早期的新闻公告仍是通过莫尔斯电码传输的，并且当时在加拿大除了一小部分业余爱好者能接收理解马可尼信号外，几乎没有其他广播听众。1922 年，该电台有了第一个专用广播播音室，这个播音室位于蒙特利尔菲尔普斯广场加拿大水泥公司大厦。当然，它与 1920 年 11 月建成的匹兹堡 KDKA 广播电台没有可比性，加拿大马可尼公司直到 1925 年才在年度报告中提到了它。尽管如此，马可尼公司前新闻编辑、英国广播公司第一位节目总监、国际广播联盟秘书长亚瑟·伯罗斯认为加拿大是世界上首个拥有常规不间断广播服务的国家。

随着美国无线电公司（RCA）的大卫·沙诺夫的不断推动，加拿大的商用广播迅速进入美国。沙诺夫曾与一名技术天才，同时也是加拿大马可尼公司之前的员工雅克·纳西斯·卡蒂埃一起工作，这位技术天才后来俗称"马可尼公司的杰克"。根据魁北克省的广播历史学家皮埃尔·佩奇的观点，他认为，卡蒂埃与沙诺夫共同合作推动了广播这一概念的发展，并且领导费城和纽约于 1920 年和

1921 年开始设立广播站点。在蒙特利尔，当地日报《新闻报》宣布，北美地区首个播送法语节目的广播站于 1922 年 5 月 3 日在蒙特利尔成立。这家广播站的主管就是雅克·纳西斯·卡蒂埃。蒙特利尔的《先驱报》报道了卡蒂埃对于广播的观点："广播在此处停留。和其他的奢侈品不同，广播已经变成了一种必需品，一种家居用品的永久固定装置。"蒙特利尔在 9 月 27 日开始播送广播节目。1922 69 年，加拿大海洋渔业部给 60 多家广播公司颁发了许可证。 70

　　1926 年，随着美国商用网络广播以及英国的公共广播的出现，加拿大广播业务的发展到了关键阶段。对于商用广播和公共广播，加拿大在政治、社会和文化等方面均展现出亲和力。1928 年，一个皇家调查委员会受命对未来加拿大的广播机构提出新构想。有 3 个委员会委员参观了位于纽约的美国无线电公司（RCA）所属的国家广播公司（NBC），当得知该公司的广播网络计划准备将范围扩散至整个加拿大时，他们感到很震惊。委员们还参观了伦敦的英国广播公司（BBC），并亲口从约翰·瑞思那里了解到一个新概念，即让广播变成公共服务。他们在加拿大各处召开听证会、广纳群众意见，最终于 1929 年作了题为"加拿大听众想要的加拿大广播"的报告，而实现这一目的的最佳方式便是国有化广播组织并为公众服务。当政府开始跟进该目标的时候，又一个 3 年过去了，接着在国家游说组织——加拿大广播联盟的斡旋下，政府才认识到自己得在"加国广播和美国广播"之间做出选择。1932 年，政府创建了加拿大无线电广播委员会，4 年后变更为加拿大广播公司（CBC）。与英国不同的是，CBC 从未成为垄断性机构，即使当时通过立法就可以实现，CBC 还是保持了混合所有制，并吸取英国和美国模式之所长。这一制度延续至今。 71

第 29 章　合并

波束契约使马可尼重获"有远见的技术创新者"的地位。他的固执坚持已广为人知，但自 1897 年无线电这一最伟大发明问世后，马可尼在 1924 年再创辉煌，成为两度重构世界交流方式的天才之一。此后两年内，波束系统成为无限延期停滞的帝国无线通信链的基础，及全球远距离无线传输的原型。从英国到加拿大、再到澳大利亚、印度及南非，这一发明成为英联邦帝国崛起的支柱之一。英国再一次成为联结全球的聚合点，"心系"意大利的马可尼也再次成为焦点，他的公司在其后数十年内进入了最繁荣的发展时期。

马可尼的同事理查德·维维安发现，帝国无线通信链久久悬而未决，其实对英国和马可尼来说反而是件好事。他在 1933 年写道：无论是政府还是马可尼公司，若所建通信链站点采用了长波技术，其成本将远高于短波技术，性能却远落后于短波技术。建立帝国无线通信链项目一再延迟，却在研究和商业领域节省了成本，不能不说是意料之外。马可尼与英国邮政部门所签的合同不仅奠定了自己在大英帝国通信中的中心地位，也造就了公司的长远发展。这不仅影响了帝国通信链上的所有国家，还建立了与美国、南美洲国家，远东地区通信的站点，并扩建了始于 1907 年的越洋通信网，将克利夫登和格雷斯湾联接起来。

波束系统的成功轰动一时，马可尼在公众眼中的地位也达到了前所未有的高度。在无线通信的复杂历史上，谁曾在什么时候用何种方式做了什么已经无关紧要。那时的马可尼已被置于技术创新的群英殿，与贝尔和爱迪生等大科学家同列，并在余生受人敬仰。一方是基于他的发明建立的巨头公司，另一方是试图控制这些强大公司力量的政府，双方在 20 世纪二三十年代商业、政治、国内及国际领域上的角力持续不休，但马可尼的个人地位已无可撼动。25 年前他首次提出了世界无线通信网络体系的构想，并在后来为其奠定了技术、政治及商业基础。短波的研发是他人生最后的巅峰时刻。

波束系统的问世还打破了此前 20 年间市场由电报公司和无线通信分割的沉闷局面。短波让无线通信不可逆转地越来越快速、便宜，甚至如电报一样迅捷。短波还是广播电台国际化的基础，从那时起短波信息可在世界范围内传输。作为现代电信的前身，马可尼波束通信系统促使世界所有国家在企业私有还是公有之间做出选择，并纷纷独立或合伙进行发送系统的建设和运行。当时世界有四大巨头公司分割全球利益，马可尼公司无疑就是其中之一。

分割无线通信市场的国际巨头在 1921 年成立联合联盟，并依照包括美国海军在内几个部门的批准行事。该联盟由美国无线电公司、马可尼无线电报公司、法国无线电报总公司和德国的德律风根公司组成（德国战后在世界通信业的快速崛起令人瞩目）。1921 年 10 月 14 日所签协议约定成立新的实体，其中 4 家公司为平等的伙伴关系；4 家公司在各自所在区域内均有使用其余公司专利的专用权，并在需要时"互开绿灯"。这一具有高度适用性的协议超越了政治和商业对手的性质，跳出了 20 世纪 20 年代帝国斗争的泥潭，展示了商业和外交国际化的优势，可以称得上是第一个全球广播界的卡特尔（企业联合）。其首字母略缩式为 AEFG，是成员国地理政治地位大小的反映：他们分别是美国、英国、法国和德国。

每个成员国需指定两人组成董事会，还有第 9 个人为名义上的仲裁员，对不公平的实施计划有一票否决权。该联盟的首任董事总经理是 E. J. 纳利，他后来又担任过马可尼美国公司和美国无线电公司的总经理。美国人对这份协议尤其满意。得益于马可尼美国业务的开展，美国无线电公司（RCA）在成立短短两年内便迅速发展壮大，不仅实力上远超其他合作方，甚至还可利用与仲裁方的亲密关系掌握控制权。正如 1923 年一名英国议会反对派议员所称，卡特尔是"不断受垄断侵蚀的世界无线电联盟……其中的竞争亦被消火"。马可尼公司是关键环节，是唯一与其他 3 个公司维持紧密联系的成员公司。

在英国，马可尼公司不得不应对各种指控，人们指责它"不是全心全意为英国服务"，马可尼公司对这一指控提出激烈反对。"这种指责是荒谬的。"科洛内尔·辛普森在 1924 年 4 月与马可尼的历史性会面期间这样告诉内阁委员会。英国公司已经与法国、德国、美国市场的竞争对手达成了协定，"在协定的约束下，他们互通有无，交换各自领域的发明创造"。有人认为这种行为无法称作

"互信"，而且当时马可尼公司并无外国公司控股。马可尼公司在众多外国公司中持股甚多且代表董事会。"但这些公司在马可尼公司中无任何股份，在管理中也没有代表地位。"

世界变得越来越小，马可尼的技术功不可没。而公司联盟让科技需求变得迫切且成为可能。辛普森有一张明确的爱国牌可以打，他曾参与创建负责情报通信的 MI8 军事情报部门，功勋卓著。马可尼的身份定位则没那么明确。在英国他是"外国人"，在意大利他是"英国人"，在美国他又非"美国人"，他是第一个真正的国际型企业家。他只专注于发展自己的系统，为此乐意跟任何支持他的政府打交道。

1924 年 11 月 13 日，在掌舵马可尼无线电报公司（MWTC）及其联营公司 15 年后，戈弗雷·艾萨克斯因健康状况不佳，遵照医嘱从公司董事总经理和董事会副主席的位子上退休，接替他的是弗雷德里克·乔治·凯拉维。这位新董事曾任邮政总局局长，在加入马可尼董事会前曾斡旋各方集团利益并促成了英国广播公司（BBC）成立。公司的发展蒸蒸日上，一道阴影却不期而至。1925 年 4 月 17 日，病魔夺走了艾萨克斯的生命。《泰晤士报》发表了长篇讣告①，文章这样写道："可以毫不夸张地说，艾萨克斯在公司经营上的功劳，跟马可尼在技术上的功劳是等量级的。"每次紧要关头他总是力挽狂澜，极力提升公司商业利益。而且他对马可尼的核心理念坚信不疑，即创新是公司的灵魂，若能将创新转化为股东收益则更佳。虽然有人认为他扩张公司的速度过快范围过广，但马可尼再也不会遇到这样目标一致的亲密战友了。马可尼一面与凯拉维保持着密切又具建设性的关系，一面不动声色地从公司业务及其维系大英帝国内外政治的使命中抽身而出。

艾萨克斯的离去意味着马可尼不仅失去了其企业帝国的支柱，还失去了沟通英国的主要桥梁。公司仍然是马可尼收入的主要来源并支撑着他的"流动实验室"——他唯一可以称作家的地方，但从那时起他开始倾向于在意大利生根成长。在那之前，伦敦有艾萨克斯，罗马有索拉里，他可以在两座城市之间扬帆

①艾萨克斯留下的遗产估值 20 万英镑，约合今天的 1 500 万美元（LT，1925 年 6 月 23 日）。

往返，而如今马可尼企业帝国的伦敦站陷入无序混乱状态。像以往一样，他打算花大部分时间漂流在海上完善他的发明，于是不得不更多倚仗索拉里，也不可避免地开始依靠墨索里尼。

1926 年 6 月 13 日，在博洛尼亚庆祝自己首次发明突破的第十三周年纪念会上，马可尼发表了一篇广为流传的演讲，公开赞颂墨索里尼及其法西斯统治。在讲述了自己的生平及表达了对赫兹、麦克斯韦及"我们伟大的波伦亚物理学家奥古斯都·里奇"的赞扬后，他还描述了自己努力换来的最新成功的波束系统。基于偶然的语言巧合，马可尼所说的波束在意大利语中为"法西斯"。"没错！"马可尼宣布，"叫波束系统（法西斯制度）……我一直以自己是首个无线电报波束（法西斯党）发明者而自豪。"马可尼极少在自己的演讲中用反讽或玩文字游戏，而此番言论说明他彻底倒向了法西斯统治。 10

* * *

波束系统大获成功，改写了英国与其领地的高频率交流的所有契约。英国 11
领地都想要发展自己的通信能力，这无疑正中马可尼下怀。新通信站于 1925 年
开工建设，18 个月后在帝国链上的加拿大开通了第一条通信线。1926 年 10 月，
德拉蒙德维尔站和靠近蒙特利尔的 Yamachiche 站建立，英国邮政总局负责完成
英国站建设。随后印度、南非和澳大利亚也开始了站点建设。马可尼在加拿大 12
波束系统开通仪式上的讲话广为流传，墨索里尼也发来贺电。作为回应，马可
尼于 1926 年 11 月 13 日前往罗马。11 月 17 日，墨索里尼第一次出现在意大利的
参议院，并对马可尼及其最新发明给予高度赞赏。马可尼则表示"深受感动"。
11 月 21 日，马可尼一身法西斯装束，在罗马作了另一场重要的关于短波通信的
演讲。随后便返回伦敦。 13

在他 1926 年 6 月于博洛尼亚发表的"法西斯"演讲中，马可尼提到了广播的
几种不同用途，包括"在发生违背媒体维稳的公众事件时"安抚群众情绪。他举
了最近英国大罢工的例子。

1926 年 5 月 3 日，英国贸易联合会（TUC）号召发起了一次大罢工，百万工
人以此抗议工资削减和工作环境恶化。是年早些时候，政府组建了一个由赫伯
特·塞缪尔爵士领导的皇家调查委员会。塞缪尔爵士是前邮政大臣，并与马可
尼签订建设最初帝国通信链的合同，此次他奉命调查矿业存在的问题。3 月，塞

缪尔做出报告，随后矿主宣布没能与联合会达成一致，开始削减工资，并于 5 月 1 日辞退矿工，最终引发了大罢工。工党想努力达成协议，但《每日邮报》拒绝发布新闻承认大罢工是场推翻政府统治的革命事件，谈判随即破裂。保守党首相斯坦利·鲍德温宣称罢工正走在"通往专制和毁灭"的道路上。大罢工涉及以下几个关键领域的工人：铁路交通工人、印刷工、码头工人、炼铁厂及炼钢厂的工人，共计 170 万人走上街头。5 月 7 日，TUC 与塞缪尔会面并就解决分歧提出了一系列建议，矿工工会拒绝接受建议。但到 5 月 12 日，TUC 声称："一个可以解决矿工问题的、令人满意的基础正在形成"，继而未通过任何协议结束罢工。不出意料，《英国公报》称这是"屈服"和"无条件撤退"。

在此次罢工中，英国政府、政策和情报部门对工会和公众上演了一场巧妙的猫捉老鼠的游戏。牛津马可尼档案馆的一封绝密信揭示，马可尼公司对监测并向警方举报非官方无线发射端发挥了主要作用（档案中还发现一份公司通信员的组织机构图，用于在大罢工期间提供官方所需服务）。1926 年 5 月 16 日，大罢工结束 3 天后，有人给公司地空部门高层写信："可喜的是，定向侦测设备在定位伦敦无证发射端所在的具体位置时表现很出色""它可以在实时传输时让传输站瘫痪。"

这封信来自克里登的一个私人住址，住户为一个名叫哈罗德·C. 肯沃斯的情报通信专家，他也是一个间谍型人物，且可能同时在马可尼公司和伦敦警察厅（苏格兰场）任职。（根据《英国情报历史词典》，1923 年伦敦警察厅曾在格罗夫公园建了一个秘密通信站，肯沃斯是总负责人。该站主要拦截从代表第三国际的英国共产党在温布尔顿的无证发射端发出的广播信号。）肯沃斯的信中还写道："迫在眉睫的情况是，不得遗漏任何经定向侦测设备定位站点发出的信息。"该拦截设备由一个名叫怀特的公司员工制造且后来被"剥夺"了发明权，该员工很可能是乔治·莫里斯·怀特，即第一次世界大战中英国通信情报部门的奠基人之一，后来成为公司研发部门的总负责人。"最为关键的是一则由伦敦警察厅的助理处长温德汉姆·蔡尔兹爵士接收到的消息，该消息来自英国国王，信中感谢无线电员工高效执行所安排任务，且'陛下'对他们做出的努力表示高度关注。可以看出这份信件在整个罢工中发挥着至关重要的作用。"

尽管如此，马可尼公司和英国情报部门的联系还未被完全揭露出来。第一次世界大战早期,公司员工如 H.J. 朗德和艾德里安·辛普森为双方关系做出了贡献,且这一关系在战后得到了巩固和发展。肯沃斯的格罗夫公园拦截站在冷战早期仍发挥余热。此外,在 1920 年,英国情报局(SIS)还将巴恩斯大街的马可尼工厂用作控制中心,以接收并传输海外信息。但马可尼公司与英国情报局最重要的合作[代号为"萨梯(Satyr)"的行动]发生在 1952 年。他们在位于莫斯科的美国大使埃夫里尔·哈里曼的居所安装窃听器,然后接收并解密由此处发出的机密情报。破解情报的人是马可尼公司的无线电技术员彼得·怀特,他于 1955 年由英国情报局招募,并在 1987 年因写了一本回忆录而声名鹊起,书中描述了自己的反间谍生涯。怀特的父亲乔治·莫里斯·怀特正是发明马可尼定向侦察系统、被苏格兰用于对付 1926 年大罢工的人。根据回忆录所写,彼得·怀特于 1946 年加入马可尼公司并开始为英国情报部门效力。

1926 年 5 月 3 日至 17 日,马可尼正忙于自己的地中海研究之旅,但 5 月 20 日他还是及时抵达了英国并主持了当天的董事会,会上被告知需要他们在大罢工期间给伦敦警察厅提供"特殊服务"。凯拉韦收到一封蔡尔兹寄来的信,"对他们在危急时刻给己方部门提供的服务表示感激,并声称警察厅因此将装备他们公司最新的设备"。这封信可谓铁证如山。由此可见,马可尼给维稳方提供的服务价值连城,但反过来也从中获利颇丰。这也正是马可尼最擅长的经营方式——服务权力机构,从中还可以赚取利润。

1926 年英国大罢工对马可尼公司来说是一个重要事件,使公司有机会对其最新技术在政治监督及警务工作(就这一点而言,这是 21 世纪美国信息公司协作向国家安全局提供元数据的先驱)、方向定位(或者是他们所称的全球定位系统)方面进行应用测试。多年来,在对马可尼、马可尼公司以及广播媒介本身的赞颂中一定会提到广播在政府观点引导公众舆论方面起到的转折性作用。马可尼公司为伦敦警察局和英国情报处所做的上述秘密贡献至今不为人知。

＊ ＊ ＊

自 1910 年将公司的日常管理交给戈弗雷·艾萨克斯以来,马可尼便占据了公司总工程师及技术顾问的职位,年薪是 2 500 英镑(约相当于今天的 20 万美元,董事总经理年薪的一半)。在这些职位上,他"掌管了公司所有的技术人员",有聘用、解雇、发放薪水及按需在电台之间进行人事调动的权力。同时他继续担任着主席一职。最重要的是，他可以自行制定自己的日程，只要他认为有必要就可以随时参与任何活动，与任何人在公司外预约见面。除了薪水，马24 可尼还有研究经费、埃莱特拉号快艇开支补贴及一个私人秘书。

后来，马可尼把自己与公司这些年的故事加以改写。1934 年，因为税务上的问题需要证明马可尼不是英国居民，就其被罢免职位一事，他表示："战后我与祖国的联系比以前紧密了很多。我开始在意大利担任各种官职，后来我对法西斯政权有了兴趣，也参与了政治工作，我对此就跟对我的科学工作一样专注。25 在我的印象中，意大利政府给我科学工作的鼓励比英国更多。"据他自己记录，1909 至 1917 年间的公司董事会议他出席的不到一半，并且之后他出席的也越来26 越少。他还宣布放弃 1915 年之前在英国的居住权（这不太真实，因为他在伊戈尔赫斯特的家一直保留到了 1918 年，虽然他很少住在那儿），并且他从 1923 年开始就不再拥有或租赁任何英国房产，之后他便很少去英国，即便去了也是待不27 久就离开，去也是"纯粹为了社交或外交事务"。

马可尼的个人记录显示，他在 1905 至 1921 年间定期向公司贷款，并向他在英国及意大利的家族成员购买、出售、借出和转让股份；他经常从自己名下把股份转让给那些被公司提名任命的人，这样当他卖出股份时，其他股东不至于对公司丧失信心。单是 1908 和 1909 年两年，"仅仅为了帮助"公司，他就以每股 10 先令（面值的一半）的价格出售或抵押了 2.9 万多股份。曾经有段时间他所持的股份只剩 48%。在 1907 至 1910 年这 3 年中，他从公司买了 34 525 英镑的股份，并借给公司 48 200 英镑，两者总数超过 8.2 万英镑（相当于今天的 650 万美元）——这已经远远超出他刚开始持有的原始股，马可尼认为此举"拯救了公司"，但他"遭受了巨大损失"。马可尼同公司的关系至少可以说是很神秘的；除了这些金融交易，马可尼的记录中显示，他曾在 1914 年及 1926 年至少 2 次要求28 辞去董事职务。

截至 1922 年 1 月，马可尼作为马可尼公司的技术顾问一年内共赚了 4 500 29 英镑，另外还有每年 3 000 英镑的业务费用。除此之外，他的私人秘书也是公司聘请的（1923 年 4 月在马可尼无线电报公司的组织机构中，马可尼直接对董事会30 负责，但已经没有具体职位了）。根据马可尼档案中的记录，此时他名下几乎已经没有股份了（903 支优先股，没有普通股）；但是，巴克莱银行以他的名义拥有

1.5 万支普通股，另外还有 1 万多支优先股由马可尼的妻弟查理·怀特管理（据推测是在 1905 年马可尼与比阿特丽斯的婚后夫妻财产处理协议中托管出去的）。 31

波束系统创建了工业范式转移，这对马可尼个人及其公司在英国的发展有深远又矛盾的影响。到 20 世纪 20 年代中期，马可尼的个人职位已经转变。从艾萨克斯到凯拉韦的转变标志着公司作为现代企业的微妙重组。艾萨克斯是富有创新精神的董事总经理，而凯拉韦是偏向保守的行政经理；马可尼首先做的一件事是建立委员会，整顿公司的财务行为及会计程序，巩固其遍及 20 个国家的 60 家公司的大量经营活动。用一个经验丰富的长期观察者的话说，"马可尼无线电为金融行业服务的时代已经到来，而不是目前所服务的其他方面"。但马可尼 32 对此不太感兴趣。1927 年 7 月，董事会进行重组，从金融界吸收了新成员，马可尼辞去了主席职务，接替他的是一位白手起家的著名企业家安德鲁·韦尔（即英弗福思勋爵），他是船主及商人同名公司的创办者，1917 年当上了英国陆军部管理军火的部长，然后成了负责处理战争剩余财产委员会的主席。马可尼从来 33 就不在乎董事会的职责和尔虞我诈，所以被解放出来的马可尼可以自由地全身心投入到公司的技术发展上去了（包括参与意大利的活动）。 34

1927 年 7 月 26 日，在马可尼辞去主席一职及英弗福思勋爵接着就任的董事会上，马可尼通知董事会自己应 RCA 公司邀请即将出席在华盛顿市召开的（第四届）国际无线电报会议，董事会则认为马可尼和凯拉韦一起代表公司出席更合适。国际无线电报会议前两届分别于 1903 及 1906 年在柏林召开，第三届于 35 1912 年在伦敦召开，本届会议明确了国际法规应尽快解决电波越来越拥堵的问题，特别是随着短波的出现而数量剧增的电台。在广播以及后来的短波出现后，人们的生活环境发生了巨大的变化，新的通信思考方式是很有必要的。华盛顿会议将制订具体的规定，主要是为了把波谱划分为不同的部分分配给具体的用户。会议的主要目的是建立国际规则以规范无线电波频谱的使用。 36

除了技术管制的需要外，1927 年的世界政治环境也令很多重要法则开始发挥作用。国际联盟经过了几年的研究后指出，无线电技术的国际性质意味着"国际线路的广播组织，其体制须从国家广播事业的发展中脱离出来"，国家主权的认同决定了他们各自所掌握的波谱的使用。第四届国际无线电会议本应于 1917 37 年在美国召开，但这个计划被第一次世界大战打乱了。战争结束后，同盟国成立了委员会负责接下来的 1912 年伦敦会议，但这项工作不断被持续发展的技术创新打断。1927 年华盛顿国际会议是在欧洲以外召开的最大的政府间会议，来自 8 个国家的将近 300 个代表及 40 多个通信公司的代表参加了这次会议。

会议于 1927 年 10 月 4 日开始，美国总统卡尔文·柯立芝致辞（这天，美国人收听了 1927 年世界职业棒球大赛中纽约洋基队击败匹兹堡海盗队的那场比赛；之前不久，洋基队队长贝比·鲁斯在常规赛中创下了 60 支全垒打的记录，最后洋基队在其带领下以 4 分的优势击败了海盗队，这个消息令收听现场直播的听众兴奋不已，而这次直播是通过两个国内网络实现的——美国国家广播公司及美国哥伦比亚广播公司）。柯立芝对代表们说道，自将近 30 年前信息可以通过广播传播以来，"通信已经成了文明的重要支柱之一"，因其成本低，广播有希望"到达地球的黑暗角落"。"如此重要的远距离通信工具有造福人类的巨大力量，自然需要国家及国际的规范和控制，"柯立芝说道，"我们国家的很多领域声称他们有权掌握自己的独立发展……但在国内和国外都存在各自发展完善的无线广播却存在于相互妥协和协作中……各位的主要目标是把这个伟大行业培养为无私的公共服务。"柯立芝的努力得到了商务部长兼东道主国家代表的会议主席赫伯特·胡佛的回应。胡佛回顾说在 1912 年上一届会议召开时，无线电广播只是海上船只之间的通信手段，现在有必要空中管制，"避免混乱"。无线频道必须有序组织管理。会议的主要任务就是决定不同频率等级的使用权分配。

无线电介于控制和自由之间的困境在美国引起了注意，在其他地方像加拿大也有类似的情况，《渥太华公民报》发表社论称"无线广播是更危险的对抗，比如私利之间的竞争等"，在经济欠发达的殖民地和远东，无线商业出现了垄断。这篇社论的作者写道，"令人怀疑的是无线广播的控制权是否掌握在私营企业的手中"，标志着当时全球通信已在通讯管理的国际协商中引起了分歧。

10 月 6 日马可尼抵达纽约时会议已经开始了（他在意大利的职责使他一直忙到了 9 月底）。他接受了英国《世界晚报》的采访，肯定了报纸报刊的永久性特质。他表示无线广播永远都无法取代报纸，人们可能通过广播收听新闻，但他们总是能在报纸中发现更多信息。报纸的明显优势在于可记录，他说，"你无法把电台播音粘贴到剪贴簿里，报纸则能把新闻白纸黑字地记录下来。"

1927 年 10 月 15 日，在 RCA 公司为会议代表们在纽约广场大饭店准备的宴会上，马可尼作为主讲人做了言简意赅的发言。他回想起自己刚开始从事无线电事业的时候，没有法律法规，没有任何关于无线电波的限制，但很快"管控及规范"的使用就势在必行了。"空间里挤满了波长，但所有人就只有这一个空间，所以为了防止国家间的混乱我们必须达成共识。"他继续补充说道，我们对控制传播机构及电波特性仍然知之甚少，在我们所掌握的有限知识的基础上来决定国际立法和规则是很危险的。他表示人们必须拥有选择的自由，并且鼓励代表们从科学和商业角度允许进行最大可能范围的研究和实验。简而言之，即使认识到有必要对无线广播进行规范，马可尼也主张反对监管。几乎就像后知后觉一样，他补充说无线广播肯定会是维护和平的武器。 41

两天后，马可尼为美国电气工程师协会和美国无线电工程师学会作了更有价值的演讲，追溯了无线广播的历史，但他着重介绍了自己 1922 年以来的最新 42
实验情况（波束系统、多路传输系统等）。"但是我认为要想让电波最大程度地发挥作用，我们还有很长的路要走，我们正在慢慢学会使用电波和空间。因此，人类已经获得了一种新力量、一种无止境的新武器以及无障碍利用空间的新方法，这种力量注定会使我们通过满足人类最基本的需求——相互交流——以实现世界的和平稳定。"马可尼未提及自己的公司、大家的游说努力、国际法规和宣传活动。他这次演讲的重点是无线电广播理想和对此做出的承诺。

10 月底马可尼返回英国，会议继续召开，7 天后 80 个政府签署了一份最终公约，此项重大决策带来的影响是深远的。相比把波谱分给不同的国家（这势必会带来权力的攫取、国家间的竞争以及不公平的情况），公约决定把所有频道分组，各组有其特殊用途，各国根据实际情况或具体的服务自由选择使用。但还有唯一一个未解决的大问题——邻国之间频率的分配问题：如果同一频率不止一个国家要用，势必会造成互相干扰，这就需要区域性公约来解决。胡佛认为 43
这次会议的成果是形成了"避免束缚和维护秩序之间的安全地带"。事实的确如此——美国统治下的国际通信和平从跨境远程通信率到网际网络域名都形成了体系，至今这些体系还有其独特意义。稍作修改后，1927 年国际无线电条例至今仍在发挥作用。 44

1927 年 11 月 1 日，马可尼抵达伦敦并出席了董事会议，那年剩下的时间他都是在病床上度过的。从美国回来的路上他的胸部剧烈疼痛，医生告诉他是心脏病发作了。结果他错过了使其公司命运发生剧变的一系列会议。圣诞节期间，马可尼仍然在病痛中，凯拉韦和英弗福思与东方电报公司的约翰·丹尼森·潘德勋爵碰了面，马可尼公司和这家有线通信公司进行企业合并的想法诞生了。

截至 1927 年，有线通信国际业务的一半都被无线短波抢走了，有线电报公司声称他们可能要被迫进行清算。对英国政府来说，有线通信公司是比马可尼更可靠的盟友；即使是正在走下坡路而苦苦挣扎的有线电报行业也给英国带来了"一场全国甚至是整个帝国的平衡危机"。有线通信公司产生企业并购的想法已经有一段时间了，而这对马可尼来说好像没什么好处。然而，马可尼公司的新领导层已经彻底摈弃了公司以前的做事方式；从股东的角度看，合并其实还是有很多潜在的好处的：公司的财务状况仍然不容乐观；无线电事业的发展不能只依赖政府的支持；政界对此依然有反对的声音；鉴于东方电报公司深厚的财力，两个企业间长期斗争的结果也变得不可预知，令人担忧。

如果是在以前，这样的冒险是难以想象的。自 1897 年以来，马可尼公司最重要的目标就是成为一个独立实体；这个共同的目标——使研究和技术发展拥有独立的工具（也是马可尼的个人目标）——结合了公司重要人员的个人目标，虽然这些个人目标都不尽相同；对亨利·詹姆森·戴维斯、卡斯伯特·霍尔和艾萨克斯他们来说，就是要经营一家有充分自主权的公司；对公司财务系统的主要人员来说，就是要尽可能多地创造赚取巨额利润的机会。公司过去是只把企业并购当成笑话听，从未认真考虑过此事；公司的主要人员，包括马可尼都已经做好准备，哪怕倾尽自己的力量也绝不放弃公司的自主权。但现在不一样了，接管公司领导层的是比以前任何时候都慎重务实的一个群体；公司的核心行政职位中有两个是前内阁部长，这是公司首次由政界内部人士领导，而不是像霍尔和艾萨克斯这样的企业开拓者。马可尼已经不再全身心地投入到公司的发展中，而把更多的时间和精力花费在意大利事务上；事实上他已经对公司这些事失去兴趣了。

东方电报公司和马可尼公司在进行秘密协商的同时，还通过新闻媒体到处游说，希望政府能对通信行业进行合理化改革，自治领也在积极推动此事。1928 年 1 月，英国政府召开了帝国无线电及有线电报会议，审视当前由于无线电台波束通信而出现的情况。1928 年 4 月 14 日，会议还在进行中，东方电报公司总裁丹尼森·潘德和马可尼无线电报公司（MWTC）总裁英弗福思勋爵宣布达成了临时协议，合并大英帝国所有的国际通信业务后成立一个全新的公司（一些老无线电技术人员不屑地说这个方案是基于会计师们制订的计划）。"国家领军企业"的概念——实力足够与国外公司竞争的行业领头人——在美国已经盛行很久了，在法国和英国也开始兴盛起来。

7 月大会递交了报告。1928 年 8 月 2 日，下议院讨论并通过了大会的建议，支持以新公司的形式收购马可尼无线电报公司（MWTC）和东方电报公司以及几个联合电报公司的资本。合并后的资本总额估值 5 370 万英镑，这在当时是一个庞大的数目——这在今天已经超过 40 亿美元——但是如今的信息产业合并资金也不比这个数字少。之后，英国成立了帝国国际通信有限公司（IIC）收购两方的"通信资产"——这次收购的有趣之处在于收购对象不包含马可尼愈发重要的生产部门。帝国国际通信有限公司（IIC）的组成形式保证了英国在全球通信行业仍处于领先地位，该公司由英国大东电报公司（C&W）控股持有。

从体制方面说，无线电技术从属于有线电报。这次并购彻底改变了马可尼公司的性质，帝国国际通信有限公司（IIC）实际掌握了远距离无线通信（由 IIC 和邮政总局共同控制——公私合营的另一案例），马可尼公司在研究和生产上则受到了限制。自此以后，马可尼与自己发明的应用系统几乎无关了。虽然事实是大部分任务仍然是马可尼的波束系统（该系统已经属于 IIC 了）完成的，但他的发明所起的作用相比以前已经小了很多。双方签订的这份协议否定了马可尼从1897 年以来为公司所付出的多年努力，有线和无线之间的竞争也该停止了。在新公司中，马可尼只能算是个小股东——用他的合作伙伴 H. M. 道瑟特的话来说就是"以有线电报利益为主的组织中的一个小合伙人"，而马可尼在新公司也几乎无事可做了。

但就个人而言，这次收购对马可尼来说实在是一笔意外之财。1928 年 8 月 1日，凯拉韦给新公司的董事会主席丹尼森·潘德写了一封信，信中说，"要想跟上世界电报和电话通信的发展趋势，马可尼对我们公司来说仍然是至关重要的。"马可尼跟公司的合同到期时间是 1931 年 12 月 31 日，"但公司并没有接受他提出的期限，他们要么就直接拒绝要么就一直不批准。公司在马可尼合同到期之时将会失去最好的人才，合同一旦到期他就会加入别的竞争组织。"丹尼森·
53 潘德立即回复道，"您所提议之事我们深表赞同，但是他的薪水太高了。"后来，马可尼的合同重被改写，作为技术顾问，年薪涨到了 2 万英镑（相当于今天的150 万美元），研究补贴也增至 5 000 英镑。他还被任命为英国大东电报集团(C&W)下属所有公司的首席技术顾问；表面上看这是个闲差事，对他的期望好像也很低，但这对新公司的公众形象至关重要，尤其是对马可尼无线电报公司
54 (MWTC)的股东们。但公司选择坚持履行合同，以防止马可尼因疾病或太固执导致长期无法履行其职责，以至于出现意外事件，因为马可尼的心脏情况确实
55 令公司担忧。根据新协议，英国大东电报集团(C&W)还获得了马可尼于 1897 年指派给自己公司并于 1922 年确认的所有专利权及收益。

公司合并后马可尼公司董事会得以重组。尽管公司规模缩小，但董事会人
56 数扩大至 23 人，而且这些人中只有一个据马可尼说在该领域拥有技术专长。马可尼现在不仅担任马可尼公司的技术顾问，也是整个 C&W(有线和无线)集团的技术顾问。1929 年 6 月 26 日，他又担任了 MWTC 总裁这一新的，基本上是仪式性的职位；英弗福思和凯拉韦分别继任董事长和董事总经理一职。受英国的业务所迫，马可尼如今不得不又一次面临同样命运，就像他 10 年前曾经在美国将其资产进行迅速清盘时所做的那样，他又一次为自己的成功付出了代价。

C&W(有线和无线)合并标志着马可尼在英国的公司发生了大的转变，但是这一转变早已为他周围的人所察觉。他还提到了参加英国社交季的一些亮点，例如考斯的皇家夏季帆船赛(他可以在他的游艇上生活和娱乐)，但是即使是相对漫不经心的观察者现在也注意到了一些变化。据埃莱特拉号的一位访问者，路易斯·蒙巴顿爵士说："我的印象是……他与所有的事态发展失去密切联系，
57 尽管这一切都是在他的庇护下进行。"公开来说，马可尼的光环效应一如以往的
58 强大，他的意见仍然受到热烈的欢迎，但在 1928 年之后，随着两家公司正式合并，他开始从公司的项目和利益中脱离出来。

尽管如此，马可尼迫于无奈也只能接受公司合并这一发展趋势。在某种意义上说，对他而言公司合并使事情变得容易。他对有线行业兴趣乏陈这一点是

众所周知的，因此对他的时间和精力的具体要求变少，对他在英国坐镇的需求也减少，也不再指望他会在财务上支持公司了。相反，颇为讽刺的是，他现在首次成为高薪的企业高管。

第 30 章　主导者

　　随着有线电报和无线电业务的合并，马可尼的新企业形象让他首次开始认真思考重回意大利定居的问题。这是一个值得期待的机遇，因为他的个人生活（一个无法真正称之为"私人"的生活，因为他所走的每一步都备受瞩目）在过去10年历经风雨。自第一次世界大战结束以来，他从未真正停止奔波。尽管他对公司业务划分了如指掌，但心脏病的发作是一个明确的迹象：生活的现实也在拼命追赶他。

　　为了理顺生活，重回正轨，1919年，在迫使家人陪他度过多年颠沛流离（如果算是上层阶级）的生活后，马可尼终于下定决心在罗马的彼得罗莱蒙迪大街购买了一栋房子，毗邻波各塞花园，比阿特丽斯对此欣喜若狂。她在回忆录中写道："当时的波各塞花园比起现在更加私密，园林也美丽僻静。""我在罗马天堂终于有了自己的家。"然而，他们保留这所马可尼唯一拥有的房子仅仅两年时间。比阿特丽斯做了一切尝试劝他留下这房子，但没有用。"卖房对我来说是一个巨大的打击，对我们的婚姻也带来了灾难性的重创，因为它破坏了我们安稳的家园。"比阿特丽斯写道，"他背后一股强大的影响力迫使他走上了这一步。"

　　这一"影响"指的是马可尼25岁的情妇保拉·桑菲莉斯·维贾诺，那不勒斯的公主以及马可尼最复杂的婚外情对象之一。这段关系比马可尼平常的调情更为危险，保拉与贵族侯爵路易吉·美第奇·瓦斯赛罗，一位新兴的民族主义议会议员结了婚。（同马可尼一样在向女演员弗朗西斯卡·贝尔蒂尼求婚时宣告失败。）美第奇家族也是埃莱特拉号快艇的常客，同时这里也是马可尼和保拉在众目睽睽之下幽会的场所。比阿特丽斯对马可尼的这种"消遣"通常都是容忍的，只要在名义上还说得过去或至少不那么明目张胆，但对于时尚又尖刻的保拉，她的内心深处变得特别阴暗，将保拉视作一个令人厌恶的对手。马可尼似乎对妻子、情妇以及情妇的丈夫都出现在游艇这件事不以为然，但可以理解的是，比阿特丽斯对这种局面并不感兴趣。

3

1920 年夏天，在将位于彼得罗莱蒙迪的房子"悲剧性"地出售给荷兰领事馆之后，"我们的流浪生活再次开始……我们实际上开始了分居生活。"比阿特丽斯写道。对于马可尼来说，这是一种解脱。"现在我又重获自由了（无拘无束，就像一个花花公子）"，他高兴地对索拉里说道，并补充说他在卖房子时意外获得了 150 万里拉的收益（相当于他 23 年前收到的专利费）。比阿特丽斯拒绝了马可尼在附近的美第奇地产购置一套公寓的提议，随后她搬到了俄罗斯酒店，马可尼则和保拉一起住在格兰德大酒店。比阿特丽斯后来发现，"马可尼将大量的钱花费在她身上"。比阿特丽斯"绞尽脑汁使马可尼至少确保这个家庭在名义上的完整"，但这实际上意味着马可尼婚姻生活的终结。几个星期后，比阿特丽斯带着孩子们搬到了佛罗伦萨，在那里他们仅靠一笔微薄的救济金度过了悲惨的 3年。马可尼对保拉的深爱至少维持到了 1923 年（他在同年的日记中还 5 次提到她），也是在这一年保拉与古典钢琴演员亚瑟·鲁宾斯坦坠入了爱河，保拉唯一的孩子也是同他所生。保拉与美第奇的婚姻最终被罗马教廷宣告无效，而她继续过着鲁宾斯坦的传记作家哈维·萨克斯所称的"没有重心的生活"。

因为他们的婚姻不断走下坡路，比阿特丽斯对马可尼的心态也有了更好的把握，"他希望自己在这个特定的时期是相当自由、无拘无束的，即使是婚姻生活中最简单的紧急情况也不要打扰到他对自由的向往。我们当时分开没有什么理由，他像空气一样自由，我从未当众吵闹过，也没有试图限制过他的自由。我没有提任何反对意见，并已打定主意不去过问他追求绝对自由这一怪异的生活方式，我只乞求他能顾及一下世俗的眼光，能看在他日益成长的孩子们的份上维持一个完整的家，但这样做根本无济于事。在马可尼与虚荣善变的保拉之间，还有其他人的介入。他会带着昂贵的礼物不定期露面，魅力四射，通常在最后他会对这样的冒险约会大肆渲染，询问比阿特丽斯的意见；比阿特丽斯觉得她所扮演的角色"与其说是妻子，倒不如说是母亲"。

1922 年 2 月 8 日，马可尼在萨沃伊酒店的病床上给比阿特丽斯写信，这封信无论是语气还是内容都带有他们所处的那个时代感情生活的典型印记——礼貌又不失功利化，他主要是在提一些和解条件："最亲爱的比阿特丽斯，我现在可以声明的是，我现在所能做的是将你的财产置于比过去更令人满意且更为稳定的基础上，我认为我所提出的这些都是慷慨和公正的，并且绝对是我基于自己目前的财产比例所做出的最大努力。"他提出每年分给她一笔高达 4 400 英镑的资金，这笔钱几乎相当于当时他的全年工资收入，以支付她自己和孩子的房租、车费和日常开支。"我想这个安排应该能够让你和孩子们过上更好的生活……当然，如果发生意外状况或生意亏损，我可能会迫于无奈削减这一数额，但同时我也向你保证，如果事情进展顺利，若有必要，我甚至可以增加这一数额……我希望你会对此感到满意，因为我已做了最大的努力。"

这是一项颇为周全的安排。比阿特丽斯回信说她十分满意，马可尼又紧接着写道："这样的安排将会带来很多压力，但我想我可以做到这一点，并且认为我竭尽全力为你和孩子们做这些事情是理所应当的。（我）希望这样做会让你感到更快乐、更独立，让你能备下一些不时之需，确保现在和以后的生活无虞。"

但是，在罗马安顿好比阿特丽斯之后，考虑到他与意大利自由政府之间面临的问题，马可尼现在急于离开罗马。矛盾的是，就在马可尼的疏离感达到顶峰时，比阿特丽斯却变得顽固、难缠。1922 年 6 月马可尼访美期间他们共度了一段时间，正如我们之前所看到的那样，但是他们的感情已到了不可挽回的地步。然而他们一直纠缠不清，比阿特丽斯想要一个稳定的家庭，但若没有马可尼的同意和经济支持，这一想法根本无从实现。1922 年 8 月 17 日，马可尼写信给比阿特丽斯："刚刚给你发电报，我同意在罗马买一所房子，但是将来我不大可能在罗马逗留很长时间，如你所知我对意大利的生意已不再过问，但如果我们待在罗马，拥有一所带家具的房子似乎是明智的，如果你喜欢罗马的那所房子，那就买吧。"

自墨索里尼 10 月底上台后，马可尼对意大利政府的信心倍增。马可尼因银行贴现腐败案被免职，两天后也就是 1922 年 12 月 13 日，他和比阿特丽斯向罗马的公证人提交了一份文件，宣称他因工作原因长期疏于经营两人的感情生活，他们同意分开生活，孩子们大部分时间都会和母亲一起度过，马可尼需要负担她和孩子们的日常开支，两人分开后不再过问彼此的生活。这项协议主要是针对比阿特丽斯所担忧的两件事情：马可尼将永远不会把孩子从她那里夺走；她现在可以同她的新情人利沃里奥·马瑞诺里自由约会了。利沃里奥是蒙塔科罗纳的一名侯爵，有一段时间一直在关注她，她现在打算回报这份感情。

接下来的几个月里，马可尼一直忙于他在英国的各项活动，各项研究以及他与新上任的墨索里尼政府之间的谈判，并通过远程通信继续管理比阿特丽斯的房产和财务。在 1923 年 2 月 28 日的信中他说：

"最亲爱的比阿特丽斯，刚刚收到你从伦敦寄来的信函，来信没有标明日期或地址，但我仍激动万分。你被告知的一切都是完全错误的，因为我从来没有告诉过保拉，我也没有任何你所说的抓住你犯错把柄的企图！"

"我唯一一次同保拉谈到你，是她告诉我她听说你当时在佩鲁贾，或在佩鲁贾待过一段时间，还听说有个人与你做伴。正如我预期的那样，'我不是在意这个'（'我们之间不要在意这个事情'）。……我们都饱受流言蜚语和陈腐气氛的困扰和中伤，讽刺的是，意大利刚刚发生的一切使人人都躁动不安……"

"我在罗马与你交谈时告知你的有关我的一切事情都是真实可信的，我目前没有同任何超出正常友谊之外的女性调情，但或许你心里有更好的答案。"

马可尼在信末署名道，"亲爱的，古列尔莫"。

几天后，比阿特丽斯的律师让马可尼做一项决定。她想离婚，但马可尼对离婚始终持谨慎态度。"这个决定非常重要，我们必须非常仔细地考虑。"马可尼在 1923 年 3 月 6 日给她写信时这样说。他试图令比阿特丽斯转移在这件事情上的注意力，"我想在这里（伦敦）弄清楚的是在阜姆商议好并获意大利法院批准的离婚在英国是否具有同等效力。"马可尼在 3 月 18 日的第二封来信中写道。"这一点很重要，因为如果你认为自己已获自由并且再婚的话，如果你来英国，你可能会因为犯重婚罪而被捕。"身处意大利比较奇怪且波折的一点是，阜姆公民如今可以进行民事离婚（非经宗教仪式认定离婚）了，而意大利国民也急于采纳这一新政策。马可尼对离婚显然持矛盾的态度，他于 3 月 29 日再次写信说："如果我们深思熟虑后做的离婚决定仅在意大利等少数几个国家有效的话，我相信你一定会明白眼下这个情形有多严重，同时又有多荒谬，尤其是从你的角度来看（因为比阿特丽斯是两人中想再婚的那个）。在生活中做这样的选择至关重要，不到万不得已不要轻易走这一步。"

13

14

比阿特丽斯一直给他施压令他十分苦恼。1923 年 4 月 11 日的信中他写道：
"我看了你的来信，我认为你根本就不懂我，除了表现出一副在我看来是受害者
的样子。"马可尼谴责比阿特丽斯，建议她的律师多研读下英国法律。"如果我们
在意大利协议离婚，但这一协议在其他国家无效，我们将成为世人的笑柄！除
此之外，你得承认提的一切要求我都做到了。"6 月 6 日："我还是很茫然，我不
明白你信中一再提到的大麻烦和危险究竟是什么，除非是你受某人影响而导致
的异常心理造成的。"马可尼不断地暗示，但言辞毫不含糊地直指马瑞诺里。

这样的通信状态僵持了好几个月，其间比阿特丽斯搬到了马瑞诺里的祖籍
地，位于翁布里亚的斯波莱托市。马可尼想去探望她和孩子，但又不情愿到斯
波莱托："斯波莱托乃至意大利的社交圈如此之小，我若去拜访她会给她带来困
扰。"尽管他在罗马的业务极其繁忙（他刚刚拒绝墨索里尼出任意大利电台总裁的
邀请），他还是见了自己的律师，律师告诉他，他们当然可以选择在阜姆离婚，
并得到意大利法院的认可，不过，这样做的后果就是他几乎不可能再重新获得
意大利国籍。"我现在正试图从政府那儿讨个说法，看看他们能做点什么（关于
马可尼如果因为离婚而成为阜姆居民后该如何恢复意大利国籍），但你知道这样
做非常困难，因为你知道我近来和墨索里尼的关系并不融洽。"

一向精明狡诈的墨索里尼向马可尼担保说保留他的意大利国籍没有问题，
但马可尼可能要为此付出代价。前文已提到，1920 年 11 月 12 日意大利和新南
斯拉夫王国缔结的《拉帕洛条约》暂时解决了阜姆的归属问题。巴黎和会后签署
的众多协议导致欧洲的政治地理状况更加纷繁复杂，但《拉帕洛条约》至少在某
种程度上认可了意大利的战后索赔条款，确立了阜姆自由港的地位，阜姆的地
位受到美国、法国和北爱尔兰联合王国的认可，结束了邓南遮的占领和控制，
并为意大利人创造了一个可以寻求民事离婚的避风港。对意大利人而言，（想实
现民事离婚）唯一要做的就是成为阜姆公民。

1923 年 12 月 18 日，马可尼和比阿特丽斯在阜姆提交了一份声明，声称他
们正寻求通过协商一致而商定离婚条款，马可尼同意支付比阿特丽丝 300 万意
大利里拉（当时约为 15 万美元，大概相当于他在 1919 年购买游艇所支付的价
钱），分两期支付。迫于工作原因，马可尼不得不经常出差，四处走动，因此他
无法监督孩子们的教育和成长，经协商同意孩子们交由比阿特丽斯抚养。马可

尼同意每月分期支付 1 600 英镑(约 8 000 美元)用于孩子们的抚养费、学费、辅导费(直到每个孩子成年或达到法定结婚年龄),并支付律师费。(这些费用远低于他之前承诺要支付给比阿特丽斯的数额。) 18

马可尼夫妇不得不加快离婚行动,因为墨索里尼决心为意大利收回阜姆,并正在与南斯拉夫方面就此达成新的协议,并于 1924 年 1 月 27 日签署《罗马条约》。同一天,马可尼从伦敦抵达的里雅斯特,1 月 29 日,在索拉里及其律师的陪同下,马可尼凭借"临时公民身份"抵达阜姆,并在短短几个小时内签订了离婚协议。随后他又取道里雅斯特返回伦敦。离婚法令是在 2 月 12 日签发 19 的——赶在 2 月 22 日《罗马条约》获批之前阜姆作为自由港的最后一次签发行为,随后该市被意大利吞并。

马可尼保留其意大利公民身份没有任何问题,然而随着阜姆被意大利吞并,这个问题反而失去了意义。短短不到 3 周的时间,1924 年 3 月 3 日比阿特丽斯与利沃里奥·马瑞诺里结婚,并成为蒙塔科罗纳的一名侯爵夫人,她立即将此事告知了马可尼。身处伦敦的马可尼销毁了他在 1917 年与比阿特丽斯的所有往来信件,然后在 3 月 19 日写信回复她,语气咄咄逼人,"请原谅我未能及时回复,不过说实话,我有点不确定该如何在信封上称呼你,因为我不知道你的新名号是否已在意大利广为人知……我衷心希望你再婚这一决定有益于(只要在这个世界上是有益的)你永久的幸福……"马可尼似乎很难接受离婚给日常生活带 20 来的一系列影响。

与此同时,比阿特丽斯将其个人资金投注在位于那不勒斯的波西利波海角的一座马瑞诺里的私人海滨别墅中,并迫使马可尼尽早汇出离婚安置费的第二笔费用。马可尼对此十分不悦,并在 6 月 14 日的来信中写道:"上次来信中你又提到了钱的问题,对此我十分焦虑。"公司经营状况欠佳,马可尼不得不低价出售股票用以支付她第一笔离婚安置费 200 万里拉,"如果我立即支付其余几百万的费用,我将变得身无分文,即使变卖游艇也留不下任何东西给孩子们。"但到年底时,马可尼很高兴地告诉她,他希望"根据相关诉讼程序所规定的情况,支付第三笔 100 万里拉"。马可尼依然接受不了离婚这个事实。 21

虽然离婚了(于比阿特丽斯而言,她又有了一个新的丈夫),但马可尼和比阿特丽斯两人之间继续维持一种共同依赖的关系,即使离婚前的最后几年他们两人关系不甚和睦。如果非要说什么的话，离婚后两人之间的关系变得更加友善。离婚后比阿特丽斯发现"他从来没有像现在这样好，这般体贴和善良，我们似乎比以往任何时候都更亲近"。马可尼之后仍坚持写信给比阿特丽斯，甚至还提议到斯波莱托拜访她和她的新丈夫。"我们劝他说拜访就不必了，但他认为这是最自然不过的事情。"比阿特丽斯回忆道。不过，比阿特丽斯后来确实一直关心着马可尼。1925年1月，马可尼独自一人在伦敦卧床养病期间，比阿特丽斯曾主动提出来照顾他，马可尼十分感动并写信告诉她没有必要这样做。比阿特丽斯在回忆录中写道："他看起来比以前更快活，更自由，但也比以往任何时候都更寂寞。"没过多久，他成为新晋单身汉这一事实使他再次成为头条新闻。

* * *

50岁时，马可尼正式沦为一名单身汉。尽管他仍备受女性关注，但他并不是一个天生的幸福者，总是从一段感情中轻易抽身，远离他当下的所有生活，且为成为一名艺术家不懈努力。索拉里后来写道，在1924年12月的一个多雨的夜晚，他与马可尼在萨伏伊静静地用餐，马可尼看到房间对面有一个年轻貌美的阿根廷女演员就走到她跟前。马可尼后来从未提及过这位女演员，但是数月之后在巴黎相遇时，索拉里意识到这位女演员和马可尼在那次短暂谋面之后应该见过几次。正如他经常做的那样，马可尼为这位女演员的电影生涯提供了许多帮助。

随后，因马可尼总是轻易就受到一些年轻女性的奉承和干扰，他发现自己陷入了令人无所适从的情感困惑中。1925年4月8日，《每日快报》报道说马可尼将与来自西康沃尔郡的18岁女孩伊丽莎白·贝蒂·佩因特订婚。事实上，正如马可尼后来在其日记中所说，那天正好是佩因特18岁生日的第二天。报道指出，马可尼是佩因特父母的老朋友，他在贝蒂14岁时就认识她了。"订婚这种事情，现在谁也说不准。"贝蒂母亲是这样说的。

佩因特家族是一个来自圣伯里安的古老家族，位于前往彭赞斯以西5英里（约8.05千米）的一个村庄。他们的祖籍波斯肯纳坐落在悬崖高处，来自康沃尔郡的猫头鹰、白嘴鸭和马匹，及许多各色有趣的人类都群居在此处。小说家玛丽·卫斯理在波斯肯纳生活过一段时间，据她回忆，贝蒂的父亲坎布恩·佩因特上校是著名的剑客，是这片土地的庄园主，圣伯里安的许多孩子都深受他的

影响。卫斯理还把他描述为"一个怪人、热情好客和异常宽容的父亲"。卫斯理 24
的传记作家帕特里克·马纳姆写道:"贝蒂从小就被灌输要找一位富有的丈夫的
理念……(她)长相虽不出众,但身型修长,有一双大大的黑眼睛,浓密的黑头
发和一个在外出猎狐时不小心磕破的大鼻子。"这是典型的马可尼中意的女孩的
模样,跟马可尼母亲年轻时如出一辙,马可尼的多任女朋友以及他的两任妻子
都与年轻时候的安妮·詹姆森出奇地相像。"她还拥有无穷无尽的性感魅力,使
她对男人极具吸引力。"马纳姆继续写道。卫斯理《智慧生活》中的一个小角色乔
伊斯似乎就是以贝蒂·佩因特为原型塑造的:她是"'一个极不检点的女孩',游
走于多个男人之间为他们的生活增姿添彩,或者换句话说,同'形形色色'的男
人滥交四处留情"。 25

　　马可尼是在多次去往宝窦旅行并长期停留时结识佩因特一家的。近来,他
常常将埃莱特拉号停靠在康沃尔郡西南部的法尔茅斯。1925 年 3 月 30 日,从西
西里岛和戛纳长途航行返回英格兰的途中,马可尼写信给他的朋友法尔茅斯夫
人,询问她能否在复活节过后照看戴格娜(马可尼的女儿)一周左右,"鉴于工作
原因,我无法时刻将她带在身边。"马可尼同贝蒂待在一起时并不想让其女儿陪 26
同出行,因为她们年龄太过接近。1925 年 4 月 13 日星期一复活节那天,英国
《标准晚报》拍到了马可尼和佩因特一起出游的照片,标题为"马可尼浪漫的复活
节之旅"。马可尼的分身工作做得极好,他写信给凯拉韦称他前段时间生了点小
病,但如今正在前往宝窦的途中,咨询富兰克林一些他们目前正在进行的光束
研究事宜。凯拉韦直截了当回信称:"你究竟是生病了还是忙着谈情说爱呢?" 27
(马可尼 1925 年 4 月 16 日离开了彭赞斯)佩因特上校愤怒地否认了订婚这一传言
(根据玛丽·卫斯理的说法,佩因特上校当时十分愤怒,在波斯肯纳猎狐期间他
痛斥了那帮无所事事造谣生事的记者),然而没过多久订婚这一消息就在罗马传
开了。马可尼对此十分恼怒,写信给他在意大利的律师,咨询律师他是否应该
对这些记者采取一些制裁行动。 28

　　但令人惊讶的是,马可尼在与贝蒂·佩因特交往期间还与其他女人保持着
来往。1925 年 6 月初,当他还在伦敦的时候,马可尼收到了一封署名为"塔夫" 29
的情人的来信,笔迹稚嫩如孩童,她和家人朋友一起住在普尔郊区的布兰克森
公园,信中她写道:"我最亲爱的,"一开始就这样称呼道,"我比这世上任何一

个人都更爱你，我也会永远永远这样爱你，我只知道我们在一起会很开心，我也很想念你，我渴望你能回到我身边，等我们结婚时你就解脱了。"马可尼在1925年12月至1926年9月期间至少给"塔夫"写了3封信。他在日记中使用的符号风格也表明，"塔夫"和贝蒂·佩因特并不是同一个人。

　　我们现在知道，马可尼很容易迷恋上那些在他看来甚为有趣的女孩，这些年轻女孩通常都魅力四射，光彩照人。事实上，马可尼在其1925年的日记里记满了女人的名字和生日，其中有些名字很容易就能识别，有些则十分隐晦——容易识别的是他的两个贝蒂(贝蒂·佩因特和他的干女儿贝蒂·克洛弗)，但日记里还出现了米里亚姆、安、凯瑟琳和一个反复出现的洛伊斯(这个名字的出现可追溯到1923年，洛伊斯22岁的时候，她突然代替保拉成为马可尼的最爱，或至少是马可尼日记中出现频率最高的名字)。其中一个更具诱惑性的名字是"Cri Cri"——据考证可能是克里斯蒂娜·卡萨蒂，马可尼近期还为其250英镑的伦敦装饰商账户做过担保。① 克里斯蒂娜·卡萨蒂是一位拥有紫罗兰色眼睛的24岁美女，其母亲是路易莎·卡萨蒂，钟情于收集富有异国特色的动物，将活蛇作为其首饰，居住在威尼斯市大运河旁的帕拉佐酒店(后来该酒店因成为佩姬·古根海姆之家而广为人知)。克里斯蒂娜·卡萨蒂还主持过俄罗斯芭蕾舞团，公开称自己是双性恋，是马可尼的灵魂伙伴邓南遮的长期恋人。马可尼在1921年3月、1923年12月和1925年3月(在他遇到随后与之结婚的克里斯蒂娜之前)的日记中都曾提到"克里斯蒂娜"，且在1925年10月25日至1926年7月23日期间曾10次提及"Cri Cri"。

　　马可尼追求贝蒂·佩因特一事以及他面对后期媒体报道的反应突出显示了他在处理这些感情问题时经常遭受的痛苦——至少是自相矛盾的痛苦。有些人可能想知道他这样做的真实动机，这给他造成了一种压迫，使他觉得有必要向比阿特丽斯澄清此事，在1925年8月的信中他写道："如果你已经听说我和贝蒂·佩因特订婚的事，不要惊讶或沮丧。我很喜欢她，其程度甚至超出我自己

---

　　①马可尼虽对其家人十分小气，但在其兴趣爱好方面因慷慨大方而为人所知，甚至到了奢侈浪费的地步。1923年短短两个月，他购买卡地亚珠宝就花费接近1 000英镑——大约相当于今天的货币7.5万美元(OX 22/179)。

先前的想象，她对我也是如此。很长一段时间里我一直在这件事上同自己作斗争，但是似乎并没有用。当然，有人会说那是因为贝蒂太年轻了，但是你也知道感觉骗不了人，她是家中唯一的孩子，家境也十分优越。于我而言，现在稳定下来当然没什么问题，即使是现在和她结婚，或者做任何类似的事情也未尝不可，毕竟你也知道我一个人多么孤独。"一个月前，他曾写信给戴格娜："附言：传言是假的，报道宣称我与贝蒂·佩因特交往一事并不属实，等我们见面时，我会告知你更多详情。" 33

据比阿特丽斯所说，马可尼总是向她征求一些浪漫的建议，但这有点过分了。10 月初，马可尼到佛罗伦萨探望她时，向她打听人们对他的新恋情作何评价。比阿特丽斯反问他说："你为何跑来问我这个如此微妙的问题。"马可尼回答她说，因为我知道你是唯一一个会告诉我真相的人。比阿特丽斯听后十分震惊。 34
她收到信后颇为沮丧，用一反常态的尖锐语气回信道：

> 上封信里你才提到你将开始一段新的感情，也许还会组建一个新家庭，如今你说你已经打定主意这样做，我很惊讶。我想祝你们一切幸福，但是这个消息让我十分难过，因为我们在一起的这些年，你总觉得家人在阻止和压迫你，所以你总是那么渴望自由，渴望把精力集中于你的工作而不受束缚，为什么你现在突然感觉无比孤独，想要一个家了——你这是在渴望新的束缚！就是这样的关系使得我们的家庭分崩离析，婚姻破裂，我实在不明白你为何还要这样选择。 35

其实比阿特丽斯不需要担心——至少不需要担心贝蒂。马可尼收到比阿特丽斯的回信后十分痛苦。比阿特丽斯比任何人都了解马可尼，而且她的意见也 36
是马可尼唯一信任和在意的。马可尼此时也迫切地想安定下来，他的日记显示他处于一种狂热的状态，有段日子他同 5 个女性分别保持通信联系，其中就包括比阿特丽斯。例如在 1926 年 3 月 18 日，他记录道："比阿特丽斯-塔夫-洛伊斯-克里斯蒂娜-克里斯蒂娜·卡萨蒂。"这里的"克里斯蒂娜"是一个新人。马可尼在 1925 年 3 月遇见了玛丽亚·克里斯蒂娜·贝齐-斯卡利，没过多久就是她的 25 岁生日。马可尼在 1925 年 4 月 5 日给比阿特丽斯的一封信中首次提到她时也是一带而过，信中提到她是近期埃莱特拉号访客名单中的一员。显然，她给人 37
留下了深刻印象。即使他要前往彭赞斯与贝蒂·佩恩特幽会，他也仍旧在 1925

年4月1日的日记中用红色加粗的笔迹强调："克里斯蒂娜25岁生日。"与他以往的恋人相比，她的年纪稍长，这是很不同寻常的。当这次恋情曝光后，报纸仍旧将她的年纪报道得更加年轻，媒体的想当然很多时候需要几十年的时间才能纠正过来。

戴格娜·马可尼将克里斯蒂娜描述成"一位安静又严肃的女孩……与当时马可尼结交的同性恋和成熟女性完全不同"。他必须小心谨慎，"她不是一个出现在公开场合无人监护的女孩。"为了接近她，他与她的父母成了朋友，邀请他们参观游艇，当他们都在维亚雷焦时，他会前往贝齐-斯卡利一家经常光顾的名为萨瓦的小餐馆去找寻他们。"父亲就像是一个热恋中的男孩一样，希望一直能够看到她，他的浪漫恋情根植于她的不可接近……克里斯蒂娜不谙世故，很少远离罗马出去旅行——对于她来说，父亲就像身着闪耀盔甲的骑士。"马可尼询问戴格娜的看法，她经过深思熟虑表示了认同，希望像克里斯蒂娜这么好的女孩比"那些他慰藉自己的露水姻缘"更能让他快乐。克里斯蒂娜除了拥有美貌之外，"非常美好……新鲜、水灵"，这对于马可尼来说是个新的类型，"对于他频繁经历的世俗世界完全无知，甚至比他的第一任妻子还要懵懂无知。"马可尼太想和克里斯蒂娜结婚了，而挡在他们之间的唯一障碍就是他离过婚这一事实。

贝齐-斯卡利一家是传统的罗马家庭，部分是"黑色贵族"(nobilta nera)①，部分是罗马贵族，他们在1870年后仍效忠教皇，不承认新意大利共和国，在教皇行政机构中占据了大部分的关键职位。这个团体的成员包括奥尔西尼、科隆纳、鲁斯波利、泰得斯齐、古列尔米、帕切利、莱普里……，你听到的所有名字直到今天仍处于罗马社会的最上层。克里斯蒂娜的母系家族萨凯蒂是一个古老的佛罗伦萨家庭，是这个团体中最具影响力的，同时也是被称为 Marchesi di baldacchino(顶层的侯爵)的四大家族之一，享有特权在教皇近前服务。黑色贵族的影响力基础在于梵蒂冈，克里斯蒂娜的家庭在两方皆有代表。贝齐-斯卡利家族不接受非宗教仪式婚姻，更不要说离婚了。

克里斯蒂娜的父母基本上和马可尼是同代人，尽管他们的祖先坚定地站在

①直到1968年，该术语仍仅指祭司的礼服的颜色，从而将这个集团与选择了忠于萨伏依王室的"白色贵族"区分开来。

混乱的一边。这场混乱导致教皇短暂权力的瓦解，及 1870 年意大利共和国的建立，而那时马可尼家族成功地避免明确立场，保持中立。克里斯蒂娜的母亲安娜·萨凯蒂比她未来的女婿年轻 5 岁；她出生于 1879 年，是厄尔巴诺·萨凯蒂侯爵（和 17 世纪著名的红衣主教同名）和普林塞斯·比阿特丽斯·奥尔西尼（其家族把持着古典罗马中心古老的马塞洛剧院）的女儿。萨凯蒂家族组成了教皇巴贝里尼王子后裔的分支，是古罗马最强大最具传奇色彩的家族之一。克里斯蒂娜的父亲出生于 1869 年，是弗朗西斯贝齐-斯卡利伯爵，教皇神圣卫队的一名准将（曾是骑士团，之后是主要免费节日志愿者团体）。贝齐-斯卡利曾是秘密效忠者组织的一员，是服侍教皇庇护十一世并伴随其左右的核心成员。1911 年，他与年轻的欧亨尼奥·帕切利阁下一起成为乔治五世加冕典礼的教皇代表团成员之一，后者则是未来的教皇庇护十二世。其他方面，作为教皇家族的在俗人员，他被免除了意大利共和国对普通人规定的世俗活动，例如陪审团义务。 39

贝齐-斯卡利夫妇和 4 个孩子住在孔多蒂街 11 号一座 17 世纪晚期巴洛克式的豪华宫殿里，距西班牙阶梯仅一箭之遥，穿过街道就到了罗马最著名的喷泉景点之一安蒂科·格雷科咖啡馆，克里斯蒂娜的母亲会在下午光顾那里。贝齐-斯卡利的府邸于 1597 年至 1708 年间分阶段建成，包括一个面向 3 条街道的方形街区。在 19 世纪晚期，这里是一个举行名为"Il Casino degli Inglesi"的著名文学沙龙的场所——这个名字在英语中不太好听，因为意大利语中"Casino"一词还有一个常见意思是"妓院"。宫殿般的府邸是 20 世纪 20 年代初由贝齐-斯卡利家族收购的。今天它的主入口位于罗马最时尚的一个购物街区，穿过宝格丽和安洁蕾蒂店面之间的秘密门廊。 40

马可尼和克里斯蒂娜的恋情起初进展缓慢。克里斯蒂娜对他们的第一次见面是这样描述的："我被介绍给马可尼，他感兴趣地看着我，给了我一个特别迷人的笑容……我很快被他的人格魅力以及他优雅的英国气质所吸引。"很快他们再一次在罗马见面，这次见面是在她的朋友玛丽亚·克里斯蒂娜·德拉戈的家中，玛丽亚的母亲习惯于下午在她位于夸特罗冯塔纳大街的住所开派对，马可尼在罗马时经常参加。"他身上有一种神秘的吸引力，吸引着人们靠近，还有一种绝妙的幽默感。"克里斯蒂娜写道。 41

马可尼仍旧在试图理清他复杂的感情生活。1925 年 10 月 24 日，他在日记中写道"斯克里托·克里斯蒂娜 e Cri Cri"——可能是为了分清她们。一周后日记上记载的是"克里斯蒂娜 B"，以此区分她和另外一个，记录一直持续到 1925 年年末。但是 1926 年 1 月 1 日，恋情重获新生。"新年和 C 一起度过。"他在新年当天写道。之后，一周最少提到一次克里斯蒂娜·贝齐-斯卡利，1926 年全年提到的次数超过 50 次。很遗憾我们无法获知马可尼 1926 年写给克里斯蒂娜的信件，因为同一年他写给比阿特丽斯的信是他写过的最有趣的东西。① 他一旦下定决心要和克里斯蒂娜结婚，就使用了他贯用的接近目标的手段，并不遗余力。1926 年 6 月 27 日，他从伦敦给她写信："亲爱的克里斯蒂娜……正如你所知，我决定（只要我完全的自由）向你询问一些非常严肃非常重要的事情，是一个男人能够问的，一个女人一生中能回答的最伟大、最重要、最严肃的问题。"让他自己"完全自由"说起来比做起来容易得多。马可尼和比阿特丽斯当时正努力达成民事离婚，这点英国和意大利都会认可，但毫无进展；但是天主教会不允许离婚者在教堂结婚，而克里斯蒂娜·贝齐-斯卡利只能在天主教堂结婚。

不知为何马可尼与比阿特丽斯离婚的原始文件在他们最小的女儿焦亚手里；这里有份有趣的文件，似乎是从公开发表的文章里拷贝过来的，有 3 页，用铅笔手写在学校的笔记本上，写的是："在教会法中，有许多走后门的人，这点和许多其他法律一样。要想走后门，就得有钥匙，而这把钥匙之所以在身居高位的人手里，是因为他们一直与教皇保持良好关系，或是出于某种互惠的考虑，或是给他们送一大笔钱。对于富人和统治家族的成员来说，一个天主教婚姻的永续性规则并不是永远有效的。"这段文字，就像是一个宗教人士等同于马基雅维利王子，描述的正是马可尼着手要做的。他开始整理文件并计划说服梵蒂冈神圣罗马教廷宣告他的婚姻无效（这里用的词并不是宣告无效；目的是让教庭宣布他们之间并未有婚姻存在）。

———————————

①马可尼写给克里斯蒂娜的信在他们女儿普林塞斯·埃莱特拉·马可尼·吉奥瓦尼利手中，她从未让任何人看过这些信。埃莱特拉在写她母亲的那本书（《M. C. 马可尼》1999 年，26 页）中收录了一封 1926 年的信。克里斯蒂娜写道，她手中有 200 多封马可尼写的信，大部分是在他们订婚之前以及订婚期间在伦敦写的。埃莱特拉公开了其中 33 封信的摘录（一封写于 1926 年，24 封写于 1927 年，8 封写于 1934～1937 年；《M. C. 马可尼》1999，26～43）。

1926 年 5 月 30 日，马可尼与威斯敏斯特大主教、英国最高级别天主教神父弗朗西斯·卡迪纳尔·伯恩在伦敦相遇。即使以天主教教会的标准来衡量，伯恩也是一个保守主义者，反对任何现代的事务，包括饮酒、宗教对话、泛基督教主义、节育，特别是离婚。这将是非常艰难的一场自我推销；马可尼能努力套近乎的唯一一点就是伯恩和他一样都是一名都柏林商人的教子。马可尼和比阿特丽斯在罗马讨论了这件事；从他的计划中她得不到任何好处。（这项计划将使他们的孩子成为教会眼中的私生子。）但是，正如她告诉自己的那样，她愿意让他幸福。他们还必须解决其他问题，那些可能证实他们婚姻本质的亲友和家庭成员。罗马的见面之后马可尼列出了一个清单："我认为去拜访的见证者可能包括卢修斯（奥布赖恩，目前的英吉坤男爵），（比阿特丽斯的叔叔）查理·怀特，莱斯特夫人（比阿特丽斯的姐妹）巴尼和克雷尔……"他让她给每个人写信表示他将去拜访他们，解释发生了什么。他请她来协助自己的计划，以保持全面和绝对的控制权。 46 47

马可尼很自信他的计划会有用，尽管他还没向克里斯蒂娜求婚，这在他 6 月 27 日写给她的信中说得很清楚。因为 7 月 7 日在大主教住所，罗马天主教教会委员会要召开听证会，所以他继续搜集证人。他同时开始对比阿特丽斯进行训练以应对教会询问，这场询问会在斯波莱托进行。"对于你来说最重要的事就是讲述我们结婚之前……我们都同意如果我们的婚姻并不愉快，我们将有可能利用离婚结束不幸，我们的婚姻不会成为罗马天主教会所理解的那种牢不可破的婚姻。"这是他写给比阿特丽斯的最长、最详细、最富激情的一些信。他考虑到了所有事情，涉及方方面面，让她按照他所相信的能达成目标的方式去做。离婚、再婚，她自己也有问题。比阿特丽斯同意这么做了。他对她的最后指示是："不要把这封信给任何人看（原文此处特别强调）。" 48

在大主教住所举行听证会的第二天，马可尼再一次给比阿特丽斯写了信。有人询问他对于英格兰婚姻誓词中"直到死亡将我们分开"这句话是怎么想的。"我说我认为这句话尽管是英国教会宗教仪式中固定的部分，但并不是说在所有情况下都具有约束力，即使教会本身也是如此，因为英国教会是根据英国的法律创建的，英国法律认可，承认离婚，因此教会一些情况下也赞同离婚，了解这一点之后，我认为妻子遵守的承诺比字面上的约束更具有力度。"这种听起来 49

非常现代，非常合法的论述（和亨利八世的观点一样）只有一个缺点：它没有触及天主教教会戒律，天主教会必须相信他们实际上没有结婚。这个案件后来改变了教会对婚姻的定义。

宗教法庭听取了奥布赖恩家族等几人的证词，证实比阿特丽斯的母亲一直对婚姻持怀疑态度；马可尼和他的前姻亲们关系非常好，尽管从这件事中他们得不到任何好处，他们仍旧心甘情愿地帮忙。多诺·奥布赖恩告诉马可尼他准备这样写，"如果我们在一个不允许离婚的教堂或者国家结婚，他们的母亲就不会同意这场婚事，而离婚的可能性一直在他们的脑海中徘徊。"如果是这样的话，这到底是什么样的婚姻呢？是否真的存在真爱、希望或天长地久的想法？没有提及下一次婚姻前马可尼为比阿特丽斯所做的任何实质性的解决方式，都没提到他的意愿，这导致所有的问题都留给了比阿特丽斯和她的孩子。尽管如此，马可尼还是在比阿特丽斯接受传唤时再次提醒她"不要尝试证实我所说的一切
50 （原文此处特别强调）"。

威斯敏斯特听证会的文件被送到了斯波莱托，不过一切平息了下来。8月10日马可尼写信给比阿特丽斯表示有人告诉他，她随时可能受到传唤；心神不宁中，他再一次想起了她："请记住所有我写给你的与此事有关的信息，特别是鉴于我们的婚姻并不快乐，我们对离婚表示理解，赞同离婚。"他是个乐观主义者。"从我所能听到的情况来看，到目前为止，这件事对我们很有利，他们现在只需要你的证词，然后做出有利的决定。"但是既然这件案子已经交给意大利当局就难免会有延误；文件需要翻译，比阿特丽斯会受到召见。最后，9月中旬，
51 她接受了传唤并提供了证词。

1926年11月10日，马可尼再一次给比阿特丽斯写了信。他似乎很放松而且乐观。他的工作进展出色，他做出了"许多新的发明"，与公司的关系也稍有缓解。他还有一些消息："我非常开心地告诉你，我收到叙尔蒙阁下的来信，威斯敏斯特大教堂法庭已经同意，就罗马天主教会而言，从宗教的角度来说，我们的婚姻无效。"这个决定仍旧需要梵蒂冈的承认，这可能再需要2至3个月的时间。"在此期间，你不能在教堂结婚。"他写道——并不是说她有任何结婚的意愿；这就是典型的马可尼，把自己的欲望投射到她的身上。但是这已经赢得了
52 一大半的胜利。"所有这些也占用了我很多时间。"尽管轻松乐观，马可尼仍旧敏

锐地意识到，最大的障碍仍在前面。他以惯用的方式面对这个问题，走高层路线。他要求觐见教皇。

在梵蒂冈秘密档案馆收藏的可以供公众阅读的马可尼婚姻案件档案中，从梵蒂冈的角度来看显示出案件的官僚主义和政治维度。1926 年 11 月 9 日，马可尼要求觐见庇护十二世的信件被一名匿名的梵蒂冈公职人员提交给教皇的管家卡米略·卡恰·多米尼奥尼阁下。1926 年 11 月 23 日，梵蒂冈的行政主管，国务秘书彼得罗·加斯帕里电报致伦敦的伯恩主教："请告诉我马可尼是否介绍了他的婚姻案件，法庭是否判决婚姻无效。"（根据之后马可尼告知比阿特丽斯的信息，加斯帕里策划了整件事，暗示他觐见教皇。） ⁵³⁵⁴

1926 年 11 月 24 日，星期三晚上 6 时，马可尼见到了教皇。不知怎么回事，新闻界得到了风声。马可尼在他的日记中写道："晚上 6 时觐见教皇——（Pubblicity［sic］. Regrettable 原文如此。）"两天后他写信给比阿特丽斯："正如你从信中看到的，周三晚上，我受到了教皇的接见。他非常有魅力而且胸襟开阔。"看起来很不可思议（毕竟，见面的目的是什么），他补充道："当然，我从来没有提起过我们的事情……没告诉过任何人。"这个案子现在在梵蒂冈手里。马可尼告诉比阿特丽斯她将很快接到传唤，"费拉塔律师会根据他们的章程发给你。"但是，他说，费拉塔的指示是比阿特丽斯应该回复称其不会出庭但是"相信法庭的公正"。但是，"如果是法院的法官发出邀请或者传唤，那么你就必须出席。我希望我的表达足够清楚。"这是可以理解的，但什么都没说清楚，他又在附言中加了一句："请不要对任何人提及费拉塔律师不希望你收到他的传唤书后出现。" ⁵⁵

现在又有了新的问题。11 月 24 日，马可尼觐见教皇的同一天，萨克拉·罗塔宣布第九代马尔伯勒公爵查尔斯·斯宾塞-丘吉尔和美国铁路女继承人康斯萝·范德比尔特之间同样高调的婚姻无效。这其中有一些特点与马可尼案件是相似的，特别是两个案件中申请者的阶级出身，但是存在反常之处：在马尔伯勒的案子中，据称他的妻子是被她的母亲逼迫嫁给马尔伯勒公爵的，她一直和他的丈夫在一起只是因为她没有意识到这场婚姻是无效的。马尔伯勒夫妇于 1906 年分居，1920 年离婚，至此时双方都已经再婚；现在他们都希望他们的新婚姻能得到天主教会的认可。两个案件之间最惊人的相似之处是，每一个案件中都有一对证人挺身而出，确认这对夫妇已经同意，如果婚姻不顺利，就应该

56　取消婚姻。

　　马尔伯勒案引起一片哗然。20 世纪 20 年代的新民主主义精神认为天主教似乎支持两套价值观，一套是为富人制定的，另一套是为所有人制定的，这种做法受到了嘲讽。"对于那些不是罗马天主教会成员的人来说这是老生常谈，它设法克服了婚姻永续性这条教义，"伦敦的观察家写道，"然而，马尔伯勒公爵与第一任妻子之间的无效婚姻在非罗马天主教教徒中引起了比以往无效婚姻更多的
57　惊讶和困惑。"马可尼并没看到这一点。"我不明白对于马尔伯勒的案子有什么可大惊小怪的，"他写信给比阿特丽斯道，"这一决定只涉及罗马天主教教会，别无
58　其他，也并不影响他们的孩子。"他有点虚伪；如果他的第一次婚姻被宣布无效，在罗马教堂眼中他的孩子就都是私生子。

　　比阿特丽斯仍旧没受到罗塔的召见，而她的新丈夫利沃里奥·马瑞诺里则因马可尼（理所当然地）骚扰他的妻子这一行为而越加愤怒。比阿特丽斯给丈夫看了一封信，信中马可尼明确表示，如果他们的第一次婚姻没有被宣布无效，
59　"他会对孩子们进行报复"（根据马瑞诺里的说法，这是他的原话）。马瑞诺里认为自己不能再在这些威胁中保持沉默了，他写信给马可尼称他不会说服比阿特丽斯以非法和不人道的手段提供证据。"你是一个有权势的男人，可能对于你来说很容易就能做出不公正的事。但是不要忘记你和我一样都是人，都会受伤。"两天后马瑞诺里接到一个电话，称马可尼参议员想和他谈谈；第二天他们在罗马大酒店见了面。马可尼责备马瑞诺里写出这种咄咄逼人的信，马瑞诺里建议马可尼考虑一下他自己写的信的严重性，并微笑道："上帝保佑我别把信弄丢了，最后这封信会落在记者手里。"谈话的尾声，马瑞诺里把马可尼的信还给了他，暗示他想到了如果信丢失了世界会怎么说，马可尼把马瑞诺里的信还给他的时候说他想说希望自己从来没收到过这封信，也没读过。① 这场巴洛克式交流中唯一缺少的是决斗的挑战。但是马可尼对于结果很满意，之后他写信给比阿
60　特丽斯："今天我和马瑞诺里进行了愉快的交谈。"

　　马可尼向罗塔证明从最开始他就严重怀疑婚姻是否幸福，因为他认为比阿

---

　　①这解释了马可尼写给比阿特丽斯的那封让人不快的信为什么没和其他的信件一起存放在 FP 档案室里；如果信件在马可尼手里，那早就已经不见了。

特丽斯并没有很喜欢他。当他向她表达自己的疑虑时，她承认她不太清楚自己的感情。比阿特丽斯说马可尼一直让她相信，他接受了圣公会仪式，教义接受离婚的可能性。她说这是与她的家人达成的协议，她的兄弟姐妹知道这一点。他们都证明这不是一个含糊而是确切的协议。法庭还听取了几份证词，包括马可尼的姻亲多诺·奥布莱恩，莫伊拉·哈维·巴瑟斯特（她自己也离婚了），及唯一的一位作为证人的非家庭成员路易吉·索拉里。他们都重复了同样的宣誓证词。多诺证实了他们有一个口头协议，大致意思就是这对夫妻同意如果他们过得不开心，他们就可以离婚。莫伊拉表示她的姐妹爱着马可尼，但是马可尼更爱她。他被她迷住了，她却没有。她重申了官方说法：这对夫妻同意可以离婚，教会批准他们离婚，他们的母亲如果知道这是不可挽回的，那就绝对不会同意这场婚姻。

61

　　1927 年 4 月 11 日，3 名成员组成的罗塔团队宣布决定，接受了婚姻无效的证据。根据天主教的宗教法庭，古列尔莫·马可尼和比阿特丽斯·奥布莱恩之间并未有过婚姻。判决于 1927 年 4 月 30 日公开宣布，对于这个案件罗塔的档案仍旧是机密，但这份决定的官方摘要可以通过网络获得——这是当代通信世界中隐私和透明度之间相互矛盾的绝佳例子，而这在一定程度上是由马可尼促成的。公开的摘要是用拉丁文表述的，不过奇怪的是，证人的逐字证明摘录却是用法语和意大利语写成的，包括一些几乎肯定用英语写成的。解除婚姻关系的过程表现出马可尼的意志坚定、狡猾、冷酷，当然他达到了目的。对于很多人来说，这反映了教会的恶劣之处。直到今天，马可尼的案件仍被援引作为教会偏爱特权阶级的先例。①

62

63

　　从决定宣布的那天起直到今天，罗马还有人认为马可尼真的是花钱解除了自己的婚姻。虽然没有具体的证据能证明这件事，但罗马国家档案馆有文件说了这件事中马可尼罪过有多大。1927 年，墨索里尼的政治警察开启了一份关于马可尼的档案，文件显示，他们在马可尼的余生甚至更久的时间里都在详细记录他的一切，直至政权结束。文件中第一条的日期是 1927 年 5 月 6 日，记录了

---

　　①严格来说，马可尼的婚姻被威斯敏斯特罗马天主教大主教管区法院以非正当意图为由废除，而罗马圣罗塔法庭维持了原判。

梵蒂冈对马可尼订婚的反对。"上面说，实际上，一个'黑暗的'家庭比娶一个寡妇要好……马可尼收买了罗塔，但这并没有解决这位大发明家的婚姻问题……这真是一个很不好的先例……但是有钱能使鬼推磨，梵蒂冈见到钱就会神魂颠倒。"警方报告接着写道，教会是否会批准马可尼离婚，为他再次举行婚礼，及教皇会否接受这对新夫妻，都有待观察。

* * *

意大利公共安全警察部队（PS）成立于 19 世纪 80 年代，并负责镇压颠覆活动——实际上是镇压处在意大利社会冲突中心的无政府主义者和团结组织，当"布尔什维克主义"被列入颠覆威胁的名单时，颠覆活动在第一次世界大战结束之后便达到了顶峰。墨索里尼在 1922 年上台后不久组建了一个非法秘密警察部队，他称之为 Ceka（借用列宁的名字）。Ceka 独立于警察部门单独行事，官方公开的机构名单中并不存在此部队，但是随着法西斯政权的扩大，两个部队的界限逐渐模糊，而反法西斯主义者成为国家的敌人。极权主义意味着不能容忍任何形式的异议，无论是多么微小的异议。警察活动已经不仅是单纯的遏制颠覆分子，还扩大到了"利益相关"的每个人和每件事。

至 1926 年 11 月，意大利法西斯主义已经彻底转变为极权主义。标志性事件是 1926 年和 1927 年分别建立的两个新的并行结构：PS 中的一个新的部门，Polizia Politica（或"政治警察"，俗称"Polpol"），及警戒和镇压反法西斯主义组织（OVRA），这是一个继 Ceka 之后更加成熟的组织。OVRA 的作用是实施具体行动，旨在通过渗透和报告意大利人生活的各个方面来预测和防止反法西斯活动。Polpol 为 PS 的情报部门；其主要任务是通过收集关于知名人士（包括党员）的所有有用信息，特别是疑似不忠诚的人员，以反对和镇压政治上的越轨行为。阿图罗·博奇尼是个有能力且不喜欢涉政的官员，他不仅领导着正规的公安警察，OVRA 和 Polpol 也在他的指挥下。他于 1940 年去世，在 1927 年至 1940 年间，博奇尼是政权中最有权力的人物之一。

OVRA 专注于控制和防止政治异见，而 Polpol 成为墨索里尼的工具，他沉迷于掌握每一个在任何方面可能对政权有用或有害的人。墨索里尼和博奇尼每天早上会面，审查最新的线人报告。不久之后，博奇尼存留的档案成了墨索里尼权力的根本来源。意大利法西斯主义历史学家之一及权威著作《政权的间谍》

（*Le spie del regime*）的作者马西里·卡纳利已经发现了 Polpol 815 个"直属"特工，他们各自都有自己的代码；其中一些特工是短期的，一些是长期的，还有一些服务了整个政权当政阶段。根据卡纳利的估计，更多的"次级特工"在这些主要特工的指导下工作，可能多达 5 000 人。据最终统计，Polpol 为大约 10 万意大利国民建立了档案。

1927 年，在 Polpol 实施行动的几个月后，马可尼的档案便受到了调查。他并没有被"跟踪"，更多的是监督他的活动。关于马可尼的 100 多份报告，从一个句子的长度到几页纸的长度，及从报纸文章到政治分析的重要报告，都同其他报告一并被放到梵蒂冈议会进行高级别的讨论。警方档案中还有马可尼最后一次意愿书的副本以及若干追溯报告，在马可尼旅行期间特工分配给他的保镖的费用记录，及他发明了"死亡射线"或自杀的疯狂传闻。

曾有 30 多名特工提了关于马可尼的情报，其中包括墨索里尼政权最传奇的超级谍报员、博奇尼的情妇比切·普佩奇，他们手下有一大批次级特工，并将罗马的一间公寓作为安全屋和爱巢，专门用于她和情报人员密会。在跟踪马可尼的人中，最重要的特工是维吉尼奥·特罗雅尼·涅法，马可尼档案中最长和最重要的报告就是他写的，不少于 8 份。特罗雅尼是该政权最得力和最可靠的间谍之一，是一位记者，也是加布里埃尔·邓南遮的表亲。他于 1919 年被招募到 PS，1927 年到 1944 年活跃在 Polpol，在罗马经营着一家假的商业机构，秘密进行谍报工作。特罗雅尼的情报网络侧重于两个主题：反法西斯异议人士和与政权有政治关系的人士。马可尼显然是第二类。特罗雅尼在招募得力的次级特工方面很有天赋，他在梵蒂冈特工分支部门很重要，已经是最高级别。

马可尼在警方的档案是他人生的后 10 年生活信息的最重要来源之一，特别是他与梵蒂冈的关系，也说明了他不受政权限制的程度。（有趣的是，马可尼的同事路易吉·索拉里的文件里包含了一个从 1936 年开始的单独项目，里面称调查对象行事严谨，精通无线电技术，并且完全忠诚于法西斯主义。）一些最详细的报告包含了马可尼的思想、活动以及人们对他的看法的独家信息和见解；但这些在其他地方根本就看不到。

为了和克里斯蒂娜结婚，马可尼不仅将以前的婚姻取消了，他还正式宣称忠于天主教的信仰，并在贝齐-斯卡利宫举行的仪式上做了确认（他在出生时已经受了天主教徒的洗礼，即使他是在新教环境中长大的）。克里斯蒂娜精神上的导师是欧根尼奥·帕切利，很快他就成了主教和未来的教皇庇护十二世，后来在柏林成了教廷大使；另一个家族朋友是当前梵蒂冈的国务卿卡迪尔·派特罗·加斯帕里。马可尼明智地做了两个人的盟友。

离婚一得到批准并宣布了再婚的消息后，马可尼便写信给在柏林的帕切利，问他是否会来罗马祝福。当信件到达时帕切利并不在，搁置了几天他才看到信。帕切利回来后，写信给加斯帕里说他很想去，但显然，自己是否可以离开柏林要由上级决定。如果这是对德国问题交换意见的好时机，那么他很乐意去，但是"我不想只是为了参加婚礼去罗马，尽管是著名的马可尼的婚礼"。帕切利问加斯帕里要如何回信，加斯帕里建议他回复说自己有紧急事务处理去不了罗马。很幸运，当时梵蒂冈方面正在和墨索里尼进行高度秘密敏感的谈判，旨在使教会和意大利国家之间的关系正常化。梵蒂冈了解到，墨索里尼将是马可尼婚礼的见证人。鉴于他们正在进行的政治谈判的细节，这不是帕切利前去祝福的好时机。但事实上，墨索里尼也拒绝了参加婚礼的邀请。他也说自己太忙了，大概是同样的理由。尽管马可尼的传记作家和业余历史爱好者都持续不断地宣传着马可尼的都市传奇，但墨索里尼既不是马可尼第二次婚礼的见证人，也不是伴郎。① 虽然他的确曾经发过电报以示祝贺。

1927 年 6 月 12 日，马可尼和克里斯蒂娜在罗马首次以非宗教仪式完婚。马可尼来自伦敦的兄弟阿方索是唯一一名参加婚礼和之后的接待会的直系亲属。接着，6 月 15 日，他们在安杰利圣母教堂举办宗教仪式，这儿距离马可尼最喜爱的罗马世俗场所格兰德酒店只有几码远。克里斯蒂娜在回忆录中自豪地写道，她戴着由马可尼本人设计的钻石头饰，还有他母亲留下来的古老的爱尔兰花边面纱。婚礼前一天"非常匆忙"，但是马可尼百忙之中还是给他孩子的母亲写了一封信。

离婚远非分开那么简单，没有什么比父母各自的新婚姻可以使父母与孩子的关系更复杂了。马可尼与他的孩子的关系本就纠缠不清，现在他们之间的问

_____

①关于这个错误的记录，笔者见过最早的资料是在马可尼去世后第二天《纽约时报》发布的讣告。

题更加棘手了。马可尼长期而且经常不在孩子身边，即使在孩子身边时也总是忽略他们的感受，马可尼处理自己孩子的事情就像处理其他事务一样，在他们生活中忽然出现或忽然消失，远距离指挥孩子们的生活，尽可能地委托他人履行父职，并始终处在工作繁忙的状态。从他给比阿特丽斯的信中就可以看出他们是怎么管理自己孩子的。父母之间的斗争以不同的方式给孩子们造成了伤害。马可尼和比阿特丽斯真正分开是在 1920 年，当时孩子们一个 12 岁，一个 10 岁，还有一个 4 岁。他给比阿特丽斯的信中经常提到孩子们在学校的事情、健康问题、财务安排（前文已述）以及安排他们和自己一起乘游艇的事情。

由于马可尼和比阿特丽斯分开生活（他大多在伦敦，而她在意大利），孩子们只能两头跑。其中一个主要的问题是朱利奥的上学问题。马可尼想要他的儿子进入利沃诺海军学院，从事他当年违背父愿而未能从事的职业。马可尼在 1922 年 10 月写信给比阿特丽斯说，虽然入学考试很严格，但是 12 岁的朱利奥还有几年的时间做准备。朱利奥的学校生活在接下来的几年里并不轻松，而他一直取悦父亲的行为也让他付出了代价。一开始他试图说服自己遵从父亲的计划，但在他 14 岁后不久，朱利奥声明他对海军生活不感兴趣。马可尼一个月后在信中说："对我来说，这确实让我很吃惊，我非常失望，因为我一直认为他很爱大海。"海军可以提供稳定的就业，海军学院的教育也比大学好。"如果我知道他不想去海军学院，我更愿意把他送到学校。"后来，朱利奥改变了主意，最终决定去海军学院。马可尼并不坦诚地否认他与这个决定有关："在我向他强调了两门课程的利弊之后，他自己做的这个决定，我没有施加任何压力。"不过，朱利奥没有通过考试，马可尼说是"体制腐烂"；他现在也不知道该对 15 岁的儿子提供什么建议。然而，他迅速恢复了状态。朱利奥会重新申请，"我也会写信给一些可能会帮助他的部长或将军……"朱利奥的学业仍然摇摆不定。马可尼把他安置在利沃诺，在那里继续为海军考试做准备，但他直到 17 岁时仍然不确定是否要考海军。马可尼继续试图引导他，当然是以父亲的意愿为理由。朱利奥总归是个敏感的年轻人，在他对自己的要求和父亲对他的期望的矛盾阴影下，他生活得很不轻松。在家庭信件和对话中，他经常被称为"可怜的朱利奥"。他很快就经历了精神和情感上的折磨。他还是不喜欢海军这个职业，但他自己也没有设定其他明确的事业目标。就这样，父亲和儿子经常发生冲突，常常需要家

76

77

78　庭成员的劝解。

几个月后，朱利奥不得不在病床上度过。马可尼担心两件事：朱利奥是否能够继续他的海军事业，及诊所的费用。他叫比阿特丽斯的姐姐克莱尔帮助找到较便宜的护理，并补充说："至于付款，我当然要负责，但由于我现在也很困难，我强烈要求比阿特丽斯至少应该分担部分费用。"朱利奥也不得不忍受父母关系不好

79　而在此事上马可尼迁怒于他。朱利奥的姨妈，也就是比阿特丽斯的妹妹里拉，描述她曾经发现朱利奥寄宿在伦敦堤岸上的由爱尔兰房东经营的公寓里，这使得他更容易维持生计，但"父亲没意识到，这影响了这个男孩的健康和士气。与其他孩子一样，朱利奥开始追求奢侈品，以令人咋舌和不必要的方式消耗财物，

80　他总是根据他自己过去几年的生活水平来设定自己的需求"。

马可尼对最大的孩子戴格娜的担心似乎也成了另一种命令式的干涉。"我觉得她学习得太多了，对于像她这样年龄的女孩来说，这并不能带给她足够的快乐。她似乎总是忧心忡忡……真是太害羞了……"他给比阿特丽斯的信中写道，在一所好的英语学校一年左右的学习再加上多参加户外活动对她大有裨益，会给她的生活带来很多机会。1925 年 9 月，马可尼似乎对成为一个有用的单身爸爸很认真（虽然很短暂）；他在萨沃伊的房间写信给比阿特丽斯："对于孩子的未来，我很乐意由我自己照顾。"刚开始他建议在伦敦找一个合适的房子，"这跟我是不是再婚没有关系"。有自己房子的想法并没有持续很长时间。一个月后，虽然他坚持戴格娜来到伦敦（做牙齿固定），但他写道："我不知道自己应该怎么做。你有什么亲戚可以让她住在伦敦的吗？我愿意为孩子做任何可能的事情，

81　即使花费很大的代价。"也就是说，当有这样的额外费用时，他会减少给子女的抚养费。

马可尼和戴格娜一直保持着频繁的通信，她是他唯一一个定期联系的孩子。他同情她在学校的遭遇（"我曾经讨厌考试，但我现在有很多讲座和演讲"，和考

82　试一样令人讨厌）。她经常与朱利奥一起在游艇上度过假期，勇敢地承受着晕船的痛苦。作为最年长的孩子，她经常被叫去帮助比阿特丽斯克服困境；当她 15 岁的时候，父亲有时写信给她，好像已经把她当成了成年人。1927 年 3 月 1 日，她收到父亲的来信，得知了他要与克里斯蒂娜·贝齐-斯卡利结婚的事。"看到她，你就会知道她有多可爱，你会感受到我有多开心，因为我也很确定她会很

喜欢你。"

　　戴格娜有机会在巴黎和伦敦学习，如果有什么问题的话，那她的羞怯性格就是令人担忧的根源。这种情况很快就改变了，因为她要面对如何量入为出的问题。1929 年 8 月 22 日，马可尼写道，当她 21 岁的时候，他的责任将会结束，他每个月都会继续给她 50 英镑。"这些钱当然取决于我的财务状况。"跟以前一样精确算计，他要求她付给比阿特丽斯 11 天的零花钱，因为她将在 9 月 11 日满 21 岁。在孩子们关心的问题上，他总是想着钱，这与他父亲多年前的想法如出一辙。戴格娜回信说："我最亲爱的爸爸……我非常感谢您给予我的一切，谢谢您。您知道我母亲总是有困难，但我希望能安排一下，只要我和她在一起，我可以把我那部分生活费分给她。如果我发现我不能与她取得一致意见，我可能会从我母亲那里搬走，最重要的是，我不想以任何方式危害到任何人。"戴格娜夹在父母之间感到不
舒服。她在母亲的新家不受欢迎，在继母那里也不被需要。她的父亲，那个当
她心碎时会给予安慰的人，仍然是她的知己，但是，在 1930 年她同父异母的妹
妹埃莱特拉出生之后，她开始很少见到父亲，并且要面临金钱问题。

　　马可尼和比阿特丽斯分开时，最小的孩子焦亚还是一个小女孩。1926 年她 10 岁的时候，马可尼想送她一匹小马，但他仍然无法避免因为费用问题和比阿特丽斯针锋相对："我还在努力存钱为焦亚买匹小马，但这根本不容易，太昂贵了……小马和送货费用约为 150 英镑，这对我来说是很多钱。"小马是其他诸多问题中的一个。即使正在忙于请教皇解除婚姻关系和与克里斯蒂娜的订婚，马可尼仍在谈论要在伦敦有一间公寓或一个小房子，"对我和两个孩子来说足够了"。但他想得太杂，担忧得又太无头绪。朱利奥在里窝那，但仍然居无定所。比阿特丽斯想送焦亚去游艇跟她父亲一起生活。马可尼很快有了租房子的想法。"我现在的工作快要忙死了，没有片刻空闲时间……我现在只顾得上不管一切地拼命工作……就像我跟你说的，公司的生意状况不好，我只有坚持下去才能再次步入正轨。"1926 年 12 月，他告诉比阿特丽斯事情很糟糕，调查委员会正在调查公司的账户。比阿特丽斯仍然坚持和刚满 18 岁的戴格娜去伦敦；马可尼说他会付路费，"虽然我负担不起"。

　　过不了几个月这些问题都变得毫无意义了。马可尼再婚后，他的生活重心放在了罗马。

第五部　顺从者

第 31 章　政权的奴仆

　　钱贝拉拱门大街(Via dell'Arco della Ciambella)是罗马一条长达 100 码(约 91.44 米)的街道，沿着台伯河的方向，距离万神殿 500 米之遥①。我们现在所说的"拱"是一个庞大复杂的浴池残迹，这个浴池是公元前 1 世纪屋大维皇帝的副官阿格里帕将军修建的，目的是让士兵们在交战间隙放松休息(阿格里帕最重要的胜利是在爱奥尼亚海的"亚克兴角战役"中，在他的指挥下，屋大维的舰队打败了安东尼和克娄巴特拉的联合部队)。Ciambella(或称为"橡皮圈"，或称为"甜甜圈")是指环状的长长的浴池，据说是罗马最古老的一种。

　　这条"现代"(即中世纪的文艺复兴时期)街道是在 16 世纪设计的，围绕着阿格里帕浴池的遗迹而建。今天，这条街上到处是旅客公寓、别致的酒店、老式

---

　　①我在为这本书调研时，于 2014 年 5 月和 6 月在钱贝拉拱门大街附近居住。

的流行酒吧和餐厅以及当地特色服务，如美容院、洗衣店和鞋铺，有一家小服装店的老板是俄罗斯移民，他的丝绸制品都是仿古设计的，每件价格为 800 欧元。一些摩托车乱七八糟地停在高处卵石路上，这只是城市的一个小角落，正如歌德在 1786 年写的那样，一个时代紧接着另一个，甚至是最普通的游客似乎都能"经历一次伟大的命运裁决"。

从威尼斯广场走 10 分钟可以看到罗马区块规划的一个更大的标志性建筑。它是这个城市最繁忙的地区之一，也是游客们必知的罗马最知名、被诋毁最严重的纪念碑遗址之一：20 世纪初维托里奥·埃曼努埃莱·迪·萨伏伊建造了颓废的现代主义"婚礼蛋糕"这个碍眼的建筑，以此来纪念他的祖父维托里奥·埃曼努埃莱二世，他是意大利统一后的第一个君主。在广场的另一边是罗马最完美的威尼斯宫殿和其文艺复兴时期的瑰宝之一——一个 15 世纪的威尼斯宫殿。墨索里尼最有启发性的决定之一就是在 1929 年将他的总部设在这里；宫殿设有一个阳台，正好可以摆下一个扬声器以便他向人们作演讲。这个宫殿呈正方形，大小刚好能容纳下 5 万多人，他可以用最短的时间把这 5 万多他认为忠诚的人动员起来。这儿的唯一问题是交通。1934 年，马可尼曾试图让墨索里尼为一个项目提供更多的科学研究经费时，墨索里尼回答说，他只欢迎可以减轻威尼斯广场交通压力的研究。

墨索里尼计划恢复和延续罗马帝国的荣耀，同时，他负责保护这座城市的考古遗产，也主持建造了 20 世纪最震撼的建筑怪物。相比做建筑师，墨索里尼是一名更好的考古学家。他下令让图拉真市场及其附近的罗马广场重见天日，并建造了欧洲最宽的街道连接威尼斯广场和罗马斗兽场。但为了做到这一点，他不得不摧毁数十个文艺复兴时期和巴洛克罗马传统教堂和房屋。今天意大利首都的大部分行政职能区都位于该市南部地区的 EUR 区，让人觉得与当代拉斯维加斯的宏伟有些相似。该地区被指定主办 1942 年世界博览会，但后来这届博览会并未举办；其中的一个枢纽是古列尔莫·马可尼广场，这个环形广场的中心是以面板覆盖的 150 英尺(约 45.72 米)高的仿埃及方尖碑，面板上描绘了发明家生活中的神秘场景。(1937 年马可尼去世后由墨索里尼授意建造，1960 年仅完成了主体结构，恰好在罗马奥运会期间。)EUR 的主要建筑中有一个是国家中央档案馆，其中包含墨索里尼的个人文件和法西斯政治警察的可查看档案。

当然，罗马城区的层次化特征也延伸至政治领域。在以奥古斯都大帝崛起而结束的意大利共和国与近期颇具讽刺意味的西尔维奥·贝卢斯科尼执政的共和国之间，罗马见证了多少帝国级人物的浮沉。其中最后一个是墨索里尼，其政治风格可以说混合借鉴了加布里埃尔·邓南遮、拿破仑·波拿巴以及约瑟夫·斯大林的风格。20世纪20年代，墨索里尼逐渐消灭了所有有影响力的反对派，努力保持冷静以维持政治家的姿态和对控制世界的迷恋。他对"布尔什维克主义"和工会躁动表现出的强硬立场，对共产主义哲学家和政治家安东尼奥·葛兰西的监禁，及对意大利工人运动的打压，使他渐渐成了世界大国的领导人。

在1924年全国选举中获得议会多数票后，墨索里尼获得国王、国家保守派和商业精英的支持，他随后重组了意大利政治、行政和公共机构，一切服务于极权主义专政，取消了以前的职位，并将所有权力集中在政府行政部门的手中，集中在自己的领导下。到1926年，墨索里尼称自己是首领二世（国家元首）①，主要报纸的编辑由法西斯主义分子控制，散发敌对文件的人员受到迫害或被逼转为秘密工作；最终只有政党内部人员才被允许做记者工作。1926年12月，法西斯徽章（一捆木棒，意大利语"fascio"，法西斯同音词）成为意大利国家的官方象征。罗马三月被重新定义为法西斯革命的创始时期。1922年，墨索里尼上台，这一年成了法西斯元年，这体现在官方文件、公共建筑物甚至私人信件上（包括马可尼的大部分信件）的日期上。

墨索里尼也开始建立个人崇拜主义。他经常穿着黑色衬衫和骑兵靴即法西斯民兵制服亮相，并让他的生活方式成为领导者们个人习惯的榜样。当他第一次当政时，他住在格兰德酒店（也是马可尼最喜欢的），晚上偷偷私会玛格丽塔·萨尔法季，这使他的安保人员颇为头痛，而那时他的妻子和孩子都在意大利北部。墨索里尼也许只是性欲旺盛，有产者那种奢侈诱惑的生活对他诱惑不大。他很快就搬到了一个昏暗的公寓，萨尔法季为他找了吃苦耐劳的管家照顾他；人们称她为 la ruffiana（老鸨），因为她工作的重要部分就是安排墨索里尼的诸多幽会。墨索里尼收集小提琴，偶尔会玩一下放松放松；在那些日子里，他唯一信任的人是他的兄弟阿纳尔多，现任《意大利人民报》的编辑和萨尔法季分

---

①他也常常被称为政府首脑——首领二世（Capo del Governo）。

别是他的首席政治顾问和他最爱的情人。罗马的外交界认为墨索里尼具有激发人兴趣的神秘感。

在掌握政府机制后，墨索里尼远离那些曾对自己掌权起关键作用的平民百姓，与企业家以及工业家联盟（最初是秘密的），但最重要的是与天主教会建立了新的联盟。他擅长对法西斯暴徒的恶行恶状伴装不知情，比如 1923 年 11 月在罗马市中心劫掠前总理弗朗切斯科·塞维里奥·尼蒂的家，并对牧师被迫在街上被黑人绑架和酗酒的报道表示不满。因为越来越受尊重并从新的激进措施中获利，跟随他的政府活动而来的是对欧洲和美洲的民主国家的迷恋，但这是更黑暗的政治运动，墨索里尼及其政党成为一种范本。在德国，纳粹阿道夫·希特勒模仿了意大利法西斯主义的方法和象征标志，从制服、伸直手臂式的致敬到试图用"啤酒馆政变"（1923 年 11 月 8 日）复制罗马游行。纳粹把希特勒视为"德国的墨索里尼"；因为墨索里尼开始自称为领袖（Il Duce），而希特勒自称是元首（der Führer）。

* * *

马可尼此时已经是意大利商界和金融界的重要人物，也是世界上最杰出和最受欢迎的意大利人之一，当时人们认为马可尼在意大利文化、科学和知识重塑方面发挥了至关重要的作用，与法西斯主义气质契合。在他生命的最后 10 年，马可尼成为对墨索里尼影响最大的人物之一。直到现在马可尼仍能对意大利政治争端置身事外，包括法西斯主义和反法西斯主义知识分子之间的斗争，这是他的能力之一。

1925 年 4 月 21 日，在"法西斯主义哲学家"乔瓦尼·詹蒂莱的倡导下，发表了"法西斯知识分子宣言"。詹蒂莱在意大利学术界中是领军人物，直到最近，成为墨索里尼的公共教育部长。詹蒂莱的"宣言"——以及他后来为墨索里尼撰写的题为《法西斯主义的教义》的文章——成为法西斯主义意识形态和极权主义国家的基础。宣言是 1925 年 3 月 19 日在博洛尼亚举行的法西斯文化会议之后起草的，第一次正式定义了法西斯主义文化精神内涵。会议由詹蒂莱主持，出席的知识分子约有 400 名；其中 250 人签署了宣言，包括菲利波·托马西·马里内蒂、加布里埃尔·安南尼奥和剧作家路易吉·皮兰德洛。宣言于 4 月 21 日在国家《新闻报》上发表。

10 天后，即 1925 年 5 月 1 日，意大利著名的自由主义哲学家贝奈戴托·克罗齐发表了《反法西斯知识分子宣言》。克罗齐是出身名门望族家庭的知识分子，意大利法西斯主义哲学家乔瓦尼·秦梯利和意大利共产党领袖安东尼奥·葛兰西都曾受到他的影响。作为意大利著名文艺批评家，克罗齐参与了第一次世界大战。他曾任罗马焦利蒂政府最后一任公共教育部长（讽刺的是，墨索里尼窃取国家政权之后，克罗齐被从教育部长的职位上罢免，接任此职务的正是乔瓦尼·秦梯利）。1922 年，克罗齐支持墨索里尼政府执政，并且在克罗齐的部分建议下，秦梯利实施了大规模的教育改革。然而，像许多其他早期支持者（但不是马可尼）一样，由于墨索里尼的独裁统治，克罗齐对墨索里尼政府的支持开始动摇。有两个发布日期形成了有趣的具有象征意义的对位对比：4 月 21 日是罗马成立纪念日，5 月 1 日是国际劳动节。马可尼并未在两个宣言上签字。

墨索里尼的早期倡议之一是建立国家研究委员会，这一想法首先由数学家维托·沃尔泰拉在第一次世界大战结束后不久率先提出。沃尔泰拉是意大利最杰出的学者之一，出身卑微，生于安科纳的一个贫穷的犹太家庭，后来成为罗马大学数学物理教授，曾任意大利王国参议员以及皇家科学院林琴科学院（Accademia dei Lincei）成员。他是国际上最著名的意大利科学家之一，在意大利的大战争中服完兵役后，于 1916 年担任林琴科学院副院长，1923 年担任院长。

1919 年，沃尔泰拉建议成立国家研究委员会，但当时在焦利蒂政府没有人支持他。后来，这一建议被墨索里尼采纳，但是，成立国家研究委员会（CNR）的决议是在 1923 年 11 月 18 日颁布的，旨在协调意大利"研究所有关于科学及其实际应用问题"的相关事宜。墨索里尼迅速任命沃尔泰拉为第一任委员会会长，并将总部设在科西尼宫（Palazzo Corsini）。沃尔泰拉从来都不是法西斯主义者，自墨索里尼执政后，他一直对变幻莫测的政治形势担忧不已。但如同许多意大利精英知识分子一样，他准备与法西斯政府合作，以实现最后的胜利。同时，他也公开地批评墨索里尼的一些政策，例如，与其他知识分子公开反对秦梯利在教育领域实施的一些新政策。然而，在 1924 年意大利共产党领袖马泰奥蒂被谋杀后，沃尔泰拉积极参与反法西斯主义运动，并于 1925 年签署了《反法西斯知识分子宣言》。这使他成为"墨索里尼的确凿无疑的敌人"，因此沃尔泰拉国家研究委员会会长任期结束时并未续任。1927 年 3 月 31 日国际研究委员会被勒令

"改组"，1927 年 9 月 1 日新会长古列尔莫·马可尼上任。

　　尽管马可尼很出名，但他对意大利学术界来说完全是个陌生人。沃尔泰拉曾试图让他参与委员会的国际活动，但马可尼总是无暇顾及。担任会长则是另外一回事了，因为他当时正试图将自己和自己的商业利益与意大利通信中新出现的"混合体系"结合起来（"混合"是指公共/私有混合，无线电广播/无线电信应用混合；即今天所谓的聚合）。鉴于即将到来的有线和无线技术合并，他正在逐渐疏远与英国马可尼公司的关系；他不久前才娶了玛丽亚·克里斯蒂娜，并重新融入意大利上流社会；他在埃莱特拉号上完整的、尖端的研究计划；在他事业的鼎盛时期，他的健康每况愈下。一些历史评论和大多数马可尼传记认为他作为意大利法西斯科学政策的先锋人物，很大程度上是仪式性的，但是，他在这一领域中的重要性不容低估。这不仅是他在世的最后 10 年的主要活动之一，还标志着他试图影响意大利和全世界的科学和技术发展进程。对马可尼而言，国家研究委员会会长不是一个尊称或者闲职，而是一个重要的平台，能够实现他的抱负，是一个将他和政权紧密联系的桥梁。对墨索里尼来说，这显然是一个为改善他的国际形象做的战略性宣传；他认为此举将符合他的政治利益，事实上，在马可尼的领导下，根据意大利历史学家吉奥瓦尼·帕奥里尼和拉菲拉·西米勒的描述，国家研究委员会成了"法西斯国家的服务机构"。但是，马可尼的选择也使工业政策受益良多。马可尼在使用专利和知识产权方面的国际经验是政府致力于发展科学、技术和工业之间的协同作用的独特资产。

　　马可尼被任命为国家研究委员会会长之际，墨索里尼开始筹谋一项有关公众人物政治行为的政策。对政权的忠诚和支持是最重要的，这种支持可能包括活跃于政坛，口头支持和安静的默许。马可尼无需发表公开声明或公告，他愿意在法西斯主义确立的项目中合作就已足够。将马可尼的人生轨迹和同时代的沃尔泰拉相提并论更值得我们关注。沃尔泰拉在继任国家研究委员会会长无望后，重返学术界，1931 年，1 200 名公职人员拒绝签署政府要求的效忠法西斯主义的宣言，其中有 12 名意大利大学教授，他就是其中之一。所有人都被撤职，基本上被禁止参与公共活动。法西斯政府还撤消了沃尔泰拉在国际学术组织的职位。此后，他继续住在罗马担任参议员，直至反种族法律颁布两年后，即1940 年逝世。在被大学解雇几年后，沃尔泰拉在一张明信片上写下了那句著名的，被人视为适合当法西斯墓志铭的名言："帝国会灭亡，但欧几里德定理将永葆青春。"马可尼本也可以和沃尔泰拉选择同样的道路，但他没有。他的能力足够与墨索里尼抗衡。尽管国家研究委员会会长一职可以让他有机会拓展自己的生意、从事感兴趣的研究，但他不是只能接受这一任命。他还天真地认为，他的能力足以使墨索里尼支持他成立一个独立的研究委员会，而非仅仅是一个政治工具或喉舌。

马可尼做出了选择并欣然接受了。在被任命为国家研究委员会会长几天后，他在科莫湖的一次重大活动中担任名誉主席，以纪念意大利物理学家伏特逝世100周年。此次国际物理会议由墨索里尼亲自批准，算是一次世界顶尖物理学家的峰会，14个国家的60位物理学领域顶尖人物与会，包括玻尔、罗伯特·密立根、沃尔夫冈·泡利、马克斯·普朗克、欧内斯特·卢瑟福和在这次会议上首次公开提出"不确定性原则"的沃纳·海森伯，及冉冉升起的意大利物理界明星埃米利奥·塞格雷和恩里科·费米，这些参会者都曾经是或者是未来的诺贝尔奖得主。此次会议对墨索里尼树立自己的公信力至关重要，对马可尼来说甚至更为重要，因为这次会议将他放在理论物理中的另一个范式转移的中心，使他在国际科学界眼中变得合法化，并且对他的商业发展也大有裨益；同时，马可尼现在是墨索里尼政权的主要科学人物，公众对他满怀希望，如果他将私人情感带入工作角色中，公众将会看到。

20

国际物理学会议开始前，马可尼在佩鲁贾外国人大学发表了一次关于光束通信技术发展状况的演讲，演讲的题目是《法西斯式无线电通信》(Le radiocomu-nicazioni a fascio)。不到一年前，他也曾开过同样的文字游戏玩笑。但这一次（尽管这次演讲不是会议的一部分）他用冷静的语调来谈论，符合参与在科莫湖举办的这次会议的与会者身份。1927年9月19日，会议地点转移到罗马的坎皮多利奥(Campidoglio)，他在此发表了会议闭幕演讲。他这一次演讲的重点是历史（他明白，在科学家云集的会议上，回顾历史比高谈阔论当前科学发展更恰当）。马可尼回顾了伏特和他同时代伟大的科学家和哲学家，讲到了伏特与拿破仑的会面，特意提到"两个性格相似却又完全不同的人之间很快就建立了特殊的友谊"。拿破仑把世界想象成一个通过物理力量控制的领域……由此很欣赏伏特对电这种神秘力量的控制。这与墨索里尼如何看待马可尼有相似之处，也许他

21

们之间的关系太受瞩目，不容忽视。马可尼提到，伏特因发明电池而闻名于世，伏特在60岁时想要退休，被拿破仑以"真正的勇士应该死在战场上"回绝了。马可尼从53岁起才开始为墨索里尼服务。① 22

马可尼的演讲结束之后，墨索里尼在托洛尼亚的官邸别墅接见了与会者。 23次日，即1927年9月20日，马可尼主持了复兴国家研究委员会的首次会议，宣布委员会将成为"对国家未来至关重要的机构"。随后，他与克里斯蒂娜一起出 24发前往美国，出席在华盛顿举行的第四届国际无线电会议，并在纽约发表重要讲话。本来这次旅行是要去度蜜月，但大部分时间他都在忙于公务。在返程的船上，马可尼心脏病发作，1927年余下的时间里，他一直没有露面。

1928年1月1日，马可尼出任国家研究委员会会长一职在墨索里尼的新年致辞中占据了重要位置，这一消息被定性为经济倡议。墨索里尼公开致函马可尼，定义和概述了国家研究委员会的范围，声明了科学研究的重要性，同时明确地将这一机构归属在自己的权威领导下。国家研究委员会的作用将是"协调和规范科学研究"，并使意大利科学、技术和工业取得显著进步。委员会也意味着要发挥政治把关的作用：除非得到墨索里尼本人根据委员会的推荐的正式授权，任何官方的科学代表团都不得出国，科学大会均不可以在意大利举行，任何意大利学者均不能在国际会议发表意见。 25

这一指令使马可尼处于一个强有力但不明确的地位，他提出建议，墨索里尼可以选择是否采纳。墨索里尼在马可尼身上施加的压力可以避免他提出太多"错误"的建议。有时，马可尼的措辞可能在墨索里尼的重大决定中起到举足轻重的作用。在墨索里尼的宏图霸业中，马可尼注定要成为一个工具，在法西斯极权社会的宏观建设上，用来汇集和引导科学、文化和知识分子的支持。显然， 26墨索里尼的要求与任何独立研究，甚至以政策为目标的研究理念都背道而驰。在技术和科学问题上，国家研究委员会担任了法西斯政府常设协商机构的角色；换言之，对委员会进行重建，及任命马可尼为委员会会长这一至关重要的决策目的是在政治上发挥作用。马可尼仍然把墨索里尼释放的这一信息作为政府支 27持科学研究的保证，但墨索里尼显然更热衷于效忠政权。马可尼和墨索里尼在

_____

①伏特直至74岁才退休。

研究协调和监督方面意见不一（或"纪律"方面，正如委员会授权令中所言）。委员会长期缺乏资金，不仅阻碍了墨索里尼政权所提出的科学政策的实现，也很快成为委员会新任会长和政府首脑之间紧张关系的根源。[在沃尔泰拉担任国家研究委员会会长时，委员会的预算每年约为17.5万里拉（约合12万美元）；当马可尼接手时，年预算显著增长，约增至57.5万里拉（约合40万美元）]，但对需求来说，依然是杯水车薪。]

马可尼认真对待了自己的任务，主张在传统学术环境之外建立和支持科研实验室——他凭直觉将自己的经验作为实践模式。他回顾了自己在非大学实验室曾做过以及会继续做的"一些有实用结果的研究"。几年后，马可尼与一位有权势的教育部长朱塞佩·博塔伊意见不合，后者认为做研究只能在大学内，但墨索里尼本人似乎同意，只要科学明确是为国家服务的，就应该心无旁骛发展科学，而不应只考虑教学问题。和之前以及以后的众多政治投资者一样，他未能理解研究与发展之间的关系以及不受约束的政府支持的必要性。

不管马可尼多么天真地认为自己可以利用墨索里尼推进理性、进步的科研计划，他现在至少名义上是意大利科学研究的主要守门人。马可尼基本上仍然支持墨索里尼的大政方针——将公司式国家作为进步和发展的杠杆——他强化了不断上升的人格崇拜和近乎神秘的法西斯主义本身的概念。对科学研究在意大利内部发展中的作用以及在世界舞台上的地位，马可尼有明确的看法，并宣称对领袖墨索里尼和法西斯主义的忠诚只是达到目的的手段。马可尼敏锐地意识到，国家研究委员会的成功将取决于他能筹集到的政府资金的数目，虽然他没有意识到这将几乎完全取决于他与墨索里尼的个人关系（他的商业经验本可以提醒他目前意大利的格局和运作模式）。他告诉委员会的理事们，如果政府提供必要的帮助，他就会全身心投入到委员会的发展中。然而，理事会成立后，马可尼就投身于"其他科学冒险"，没有参加1927年和1928年之间的任何其他会议。与此同时，委员会甚至不得不为了最基本的设施而奋斗，1928年，委员会甚至没有常设办公室；1928年4月13日与马可尼会面后，墨索里尼写信给接任了乔瓦尼·焦利蒂的教育部长彼得罗·费德勒，告诉他必须为委员会找个办公室，他强调："现在，委员会的地址是一个邮政信箱！"

马可尼频繁缺席委员会的日常活动使得其他觊觎这个职位的人有机可乘。3

月 24 日，国家研究委员会副会长阿玛迪奥·贾尼尼秘密致函意大利外交部，援引墨索里尼的指示，提议免除沃尔泰拉在国际委员会的意大利代表资格，原因是他对政府"缺乏依附"，成员资格"有问题"。① （这封信含糊不清地签署着"会长和副会长贾尼尼"的名字，实际上马可尼是当时的委员会会长。）

　　在委员会内部正在酝酿一个更邪恶的计划。在同一时期的一份时间不详的手写文件中，委员会秘书长乔瓦尼·马格里尼写了一篇关于著名生物学家保罗·恩里克斯的文章："他是个犹太人，具有这个种族的所有品质和缺点。他从来不说他有什么想法。他是国际科学界最著名的犹太共济会成员之一。"马格里尼妄称，他的言论是在意大利和外界加强法西斯文化所面临的问题的证据。他指出，虽然马可尼代替沃尔泰拉（他也是犹太人）担任国家研究委员会会长，但沃尔泰拉仍然是执行委员会成员，在这一职位上继续从事反法西斯主义活动。马格里尼指出："为了政权的未来，应该留意犹太共济会的活动。"

　　从 1924 年委员会第一次会议上被选为秘书长，至 1935 年突然意外离世，马格里尼一直是沃尔泰拉和马可尼任职之间的主要纽带。他还是外交部官僚机构的内部人士、墨索里尼的忠实崇拜者，同时是国家研究委员会和墨索里尼办公室之间的主要联络人。贾尼尼和沃尔泰拉是一小撮官场万金油中的两位，他们实质上在沃尔泰拉和马可尼的管理之下控制国家研究委员会。以上引述的文字并不突兀，在另一份文件中，马格里尼给沃尔泰拉贴上了"与爱因斯坦同是国际共济会的领军人物"的标签。

　　马可尼似乎没有注意到这些高级官员的想法；即使他是知情的，他也肯定假装毫不知情。这要么是他对政权发展方式一厢情愿的想法，要么是他出于某种被认为或想象的更大利益或自己的利益而刻意忽略的恶劣因素。贾尼尼和马格里尼是最早的法西斯主义者，毫不动摇地忠于领袖墨索里尼。从某种意义上说，他们是检验马可尼的可靠的对照物，墨索里尼知道，在任何时候马可尼都可能背离他的计划。他们也有一个关于种族和种族问题的意识形态整治计划，

34

35

36

37

---

　　①贾尼尼是 1924 年 1 月 12 日国家研究委员会首次会议代表，在此次会议上，沃尔泰拉被选为会长，乔瓦尼被选为秘书长。1924 年至 1944 年，贾尼尼连续担任委员会副会长。

远远领先于墨索里尼自己的计划。

1929 年 2 月 2 日，改组后的国家研究委员会在罗马的坎皮多利奥举行了隆重的成立仪式，墨索里尼和马可尼都在仪式上发言。墨索里尼在这一场合更加庄重地把委员会的使命——为国家服务的科学研究的重兴——交给"意大利科学的骄傲和光荣"马可尼会长。马可尼开始发言时，首先感谢了墨索里尼和法西斯政府把科学研究放在首要位置。英国媒体报道了他的演讲，称他非常重视"目前研究的颓废以及意大利研究人员匮乏"这一情况。现代科学研究需要足够的组织支持和多种途径；研究人员应该铭记他们"以科学为生""为科学而生"；协同合作和纪律很有必要（墨索里尼所言）；在意大利开始的科学发现或研究应该使意大利走向成熟并且不断发展，这一点至关重要。这是对马可尼早年经历的默认暗示。

在墨索里尼执政的意大利，马可尼设法为自己谋得了独特的一席之地，同时也与梵蒂冈建立了特殊的关系。尽管就理论而言，自 1870 年以来，梵蒂冈仍与意大利处于战时状态。法西斯主义者在 1922 年掌权，这为意大利梵蒂冈关系正常化提供了一个前所未有的机会，并且这个过程几乎是在法西斯执政后立即开始的。1923 年 1 月 19 日，梵蒂冈国务卿枢机主教彼得罗·加斯帕里和墨索里尼秘密会见。此次会议需要保密是因为罗马教廷不承认意大利政府的合法性，所以其主要官员几乎都不知道梵蒂冈和意大利政府首脑的这次会晤。让他的许多支持者出乎意料的是，不信教的墨索里尼宣称打算恢复教会在意大利的影响力和声望，并且加斯帕里的任务已经得到他的上级庇护十一世的批准，即评估墨索里尼是否有诚意，是否可以信任，及在教会的支持下他能否成功。这确实是一个相当大的挑战，因为墨索里尼最初极力反对教会活动。但恢复教会和国家之间的和谐是墨索里尼巩固极权主义议程的一部分——毕竟，没有比一群天主教信徒更好的臣民了。不久前，墨索里尼在梵蒂冈就有"上帝派来的使者"的名声。（先前，墨西里尼在梵蒂冈曾公开反对离婚，尽管他私下咨询了马可尼如何解决这个问题，但后来他妥协了。马可尼为自己的建议付出了高昂的代价。）

1923 年 9 月，梵蒂冈发表了一份内部简报文件——"墨索里尼政府与天主教徒合作计划"——报告称，墨索里尼正在寻找一个新的支持基础来取代他纪律混乱的法西斯核心。该文件表示，天主教徒最有可能成为这个新的基础，因为他

们习惯于服从自上而下的规则。墨索里尼的法西斯革命即将成为"牧师——法西斯主义革命",而新的合作关系已经开始了。 42

表面上看,墨索里尼和教皇阿基莱·拉蒂几乎不可能成为合作伙伴。他们唯一的共同之处就是他们在同一年成为掌权者,他们决心解决梵蒂冈与意大利之间无休止的冲突,这一冲突毒害了意大利和梵蒂冈之间的关系。拉蒂出生于1857 年,是意大利北部工业区一家丝绸工厂主管的儿子,他从小就立志成为一名牧师。1914 年,拉蒂任梵蒂冈图书馆管理员。1918 年教宗本笃十五世在苏联入侵波兰时,担任圣座驻波兰大使,1921 年成为米兰大主教以及枢机主教。1922 年 2 月,即本笃意外死亡几个月后,他以 14 票当选教皇,让人诧异不已。 43
65 岁时,他还是一个默默无闻的图书管理员,正如历史学家大卫·克特策所言,他是一位"意外当选的教皇"、最年轻的枢机主教团成员、一个妥协的候选人。从 1922 年天主教会的角度而言,拉蒂是一个不错的人选。作为一位顽固的传统主义者,他力图恢复教会在中世纪的权威。这一平台的关键政纲核心是意大利社会的重新基督教化。

拉蒂既爱读书也爱运动,是一位看起来像博学的知识分子的登山者。在出身和性格上,墨索里尼和他截然不同。克特策在普利策奖获奖书《教皇和墨索里尼》中写道,"拉蒂的英雄是圣徒和教皇,而墨索里尼的英雄是蛊惑人心者和革命者。"拉蒂每天早晨 6 时起床,而墨索里尼喜欢晚睡,每天中午左右才是他一天的开始。拉蒂是第一位用汽车代替教皇马车的教皇,但是除非绝对必要,他拒绝接电话或者与客人拍照。据克特策记载,拉蒂每天都要花 1 小时在梵蒂冈花园散步,"手交叉放在背后,头戴一顶黑色的浅顶软呢帽"。 44

拉蒂决定支持墨索里尼,这让教会同僚们颇感意外。事实上,这两位在各自的领域绝对掌权的领导人有许多共同点:对议会民主缺乏同情,对言论自由或社交不感兴趣,内心排斥共产主义——教宗认为这恰是文明的最大威胁。他们都认为现有的政治制度不可能帮助意大利摆脱困境。(马可尼也同意这一观点。)在教皇的明确指示下,像耶稣会刊物《天主教文明》(*La Civilta Cattolica*)这种曾经批评法西斯主义的教会喉舌,现在也转变成法西斯政府的啦啦队员。同时,墨索里尼成为自意大利统一后在议会发言上首位提到上帝的政府首脑。 45

上任后不久,墨索里尼开始恢复教会在意大利统一之前所享有的特权,将十字架放在每间教室和法庭，批评亵渎天主教宗教者会获罪。作为回报，梵蒂冈口头上支持其批准的政府措施，对未批准的措施保持沉默。法西斯将暴力视为一种治理方法，教会的默许有助于使墨索里尼的政权合法化，并鼓励其他人忽视法西斯主义的这一基本特征。在教会内部，还有阴险的反犹倾向，法西斯政党的右翼以及前文刚刚谈及的官僚机构的分支都有这种势头。1922年10月，墨索里尼上任，《天主教文明》刊登了题为"世界革命和犹太人"的诽谤文章，其中概述了犹太人在布尔什维克俄罗斯的强大影响力。这份刊物后来继续谴责了"犹太共济会社会主义"。因循守旧的庇护十一世反对与启蒙运动有关的任何事情。他赞同禁止天主教徒参与宗教间对话的普遍世界观。意大利人口中的犹太人不到1％，这些人对庇护十一世正在努力做的事情没有太大的威胁，实际上，庇护十一世喜欢他遇到的几位犹太人（例如，米兰的犹太教教徒拉比，他曾经帮助庇护十一世翻译晦涩难懂的希伯来语经文）。但是在1919年至1921年的波兰苏维埃战争期间，当时作为驻华沙教皇公使的庇护十一世注意到布尔什维克的领导层中犹太人比例过大，当他回到罗马时，依然这样认为。所以，教会在公开谴责犹太主义时，也谴责这些犹太人为了统治世界而传播混乱并且引发革命。墨索里尼不太关心种族和宗教问题，他认为全球犹太共济会阴谋论的想法是一派胡言。但他的这一想法似乎对教会中少数一部分人来说是有意义的，所以对他来说也变得重要起来。

　　1926年8月，教皇选择了在俗教徒，律师弗朗西斯科·帕切利〔未来国务卿，后来的庇护十二世教宗尤金尼奥·帕切利(Eugenio Pacelli)的哥哥〕代表他与墨索里尼谈判。弗朗西斯科·帕切利和尤金尼奥·帕切利以及马可尼的岳父都是"黑色贵族"。这次谈判非常详尽，但进程缓慢，持续了几年。1929年2月7日，意大利国务卿加斯帕里告诉驻梵蒂冈大使，一项历史性协议将达成。第二天，墨索里尼通过电报向所有意大利驻外大使宣布了这一消息。这份协议被称为《拉特兰协定》(Lateran Accords)，两天后，帕切利和墨索里尼商议了协议的最后细节。协议宣布天主教为意大利的国教，梵蒂冈是一个主权国家。罗马教廷和意大利的关系将由一项协约管理。1870年，梵蒂冈被罗马教廷国家吞并，梵蒂冈曾提出赔偿要求。该协定为此向梵蒂冈提供了财政补偿（约合10亿美元）。1929年2月11日，加斯帕里和墨索里尼各自代表双方国家元首，教宗庇护十一世和国王维多利奥·埃玛努埃莱三世（Vittorio Emanuele Ⅲ）签署了这个协定，从而结束了梵蒂冈和奎里纳尔宫之间 60 年的敌对状态。这份协议是在拉特兰宫，古罗马主教——教皇的圣座所在地签署的。但自 1870 年以来，没有教皇到访过这里。这份历史性协议签署几个月后，即 1929 年 12 月 20 日，庇护十一世首次穿过罗马来到拉特兰圣约翰大教堂(St. John Lateran)参加弥撒。这是他在 1922 年当选教皇后，第一次离开梵蒂冈，也是 1870 年以来第一位到访罗马的教皇。

这次著名的和解是墨索里尼的一次胜利。墨索里尼成了享誉世界的伟大的政治家，正是因为他，这份协议才能成功签署。马可尼立刻就向教皇表示了恭贺。梵蒂冈秘密档案馆中有一张马可尼手写的小卡片，上面写着对加斯帕里的恭祝之词，庆祝这重要的时刻。马可尼当然有资格向双方祝贺，但似乎墨索里尼并未收到他的祝贺(也可能有，但档案馆里没有保存)。教皇似乎才是马可尼的真正朋友，墨索里尼性情多变，喜欢随心所欲，因此和世界上最新的主权国家的元首教皇做朋友有超风险规避。

埃兹拉·庞德曾在 The Cantos 中用讽刺手法说，马可尼与教宗庇护十一世的关系像旗帜一样无处不飘扬。庞德像许多现代派的艺术家一样，曾对马可尼着迷不已，在他眼里，马可尼身披光环，拥有巨星的地位。众所周知，庞德也是法西斯主义的忠实粉丝。庞德在长诗 38 章中，描述了以下奇怪的场景："马可尼双膝跪地/如同吉米·沃克做祈祷/他虔诚而尊敬地表达好奇心/恰似追逐的那些/空气中弥漫着电火花的气息。庞德的编辑艾拉·B.纳达尔称，诗人将无线通信想象成"一种构思异教神的方法，有适合于现代知识分子的频谱……也许，马可尼的无线电波可以激发那些拥有足够敏感触角的人，让他们感到一种神圣的兴奋"。

1929 年 6 月 7 日，意大利议会批准《拉特兰协定》。4 天后，马可尼到访梵蒂冈与教皇私下会面。这不是他第一次拜访教皇，但这次会面后，他特意参观了梵蒂冈花园，以寻找合适的无线电发射机设位点。教皇一行人对他的谦逊以及行事周全印象深刻。6 月 14 日，马可尼收到了弗朗西斯科·帕切利寄来的信，告知他庇护十一世已审查并批准他的计划，同意"在梵蒂冈安装一个无线电报设备和无线电报台"。这封信要求马可尼负责建设该无线电报台。来信表示"将根

据你的要求，按时支付这项工作所需的款项"——显而易见，这个无线电报台并
55 不是马可尼送出的"礼物"，而是收费的。

第一次世界大战结束时，红衣主教加斯帕里首次向马可尼提出了在梵蒂冈
修建无线电台的想法。马可尼的第一任妻子比阿特丽斯称，1917年和1918年，
马可尼住在罗马的贾尼科洛山。一天，加斯帕里来到这里喝茶，请马可尼展示
自己的实验。比阿特丽斯回忆，"当时，马可尼非常渴望在梵蒂冈建一个无线电
56 台。但这一想法在当时并不成熟，几年后，他的想法才日臻完善。"马可尼与梵
蒂冈方面一直保持着联系。1925年1月，加斯帕里将马可尼公司里一个最先进
的名为"马可尼电话"的接收机介绍给了教皇，通过这个接收机可以接收来自欧
洲各地的无线电广播。公司新闻发布会上工作人员奉承地宣布，"据了解，这个
57 接收机已被放在梵蒂冈最好的客厅之一，将在外交招待会时使用"。第二年，正
如我们所知，在马可尼疯狂地试图让自己的第一次婚姻被宣告无效时，他请求
与教皇私下会面并且受到了接见。第二次结婚后，马可尼和梵蒂冈的关系已经
很好。

庇护十一世和他的顾问都深知，根据《拉特兰协定》，教廷新获得的自由可
能是短暂的。毕竟自1870年，意大利彼得芒王朝国王维多利奥·埃玛努埃莱二
世的军队控制教皇国导致庇护九世逃离奎里纳尔宫，把自己锁在梵蒂冈以来，
历任教皇都是名义上的囚犯。新飞地之间的紧张局势会加剧，而这个新飞地比
一个中型城市街区或者墨索里尼的法西斯政府大不了多少。甚至在条约墨迹未
干之前，教皇的核心圈子就在寻找新支持，这样，无论他们与意大利的关系如
何变换都能获得支持。从某种意义上说，在梵蒂冈修建无线电台的概念和任务
就如同梵蒂冈国本身一样久远。

无线电合约落实以后不久，教皇决定是时候替换彼得罗·加斯帕里（Pietro
Gasparri）了。自1914年以来，这位温文尔雅的两届连任教皇国务卿，勤勤恳
恳，兢兢业业。但现在他已经77岁了，是时候退休了。1929年7月，教皇告知
加斯帕里他的任期已到，并于12月正式对外宣布驻德国罗马教廷大使尤金尼
奥·帕切利将成为新任国务卿。帕切利先被任命为红衣主教，并在1930年2月
11日，即《拉特兰协定》签订一周年后出任国务卿。无独有偶，帕切利和马可尼
58 私交甚好，两人在马可尼和克里斯蒂娜订婚时就已结识。帕切利和马可尼的新

婚妻子一样，与梵蒂冈有着深厚的联系。帕切利的祖父曾在庇护九世的教皇政府任职，1848 年，他与教皇一起流亡，后来回国后和别人一起创立了梵蒂冈日报《罗马观察家报》(*L'Osservatore Romano*)。帕切利的父亲以及他的哥哥弗朗西斯都是梵蒂冈赫赫有名的律师。枢机主教博纳文图拉·塞拉蒂称，帕切利是"法西斯主义的奴仆和奴隶"，因此成为加斯帕里的接班人。墨索里尼的圈子对任命帕切利十分满意。① 59

帕切利欣然接受了无线电项目，并很快成了这个想法的主要拥护者之一，他认为，教廷应该研究如何使用新媒体即无线电广播为教会做宣传。教皇对现代通信手段持怀疑态度，帕切利本人与他不同，并不反对使用新技术。无线电 60 的使用消除了地理和政治边界的影响，随着无线电的普及，教会将不再需要担心地理和政治边界会阻碍信息传播。梵蒂冈是目前世界上最新成立的、最小的国家，在梵蒂冈设立无线电报站对该国的领导人而言意义非凡。梵蒂冈的精神"臣民"超过 3 亿人，分布在世界各地。无线电的使用将意味着教皇不再"屈从"于世俗的权力，同时，无线电台也是一个宣扬教会利益的全球平台。因此，新任国务卿积极支持庇护十一世的提议——建立世界上第一个跨国广播系统，因为这项工作是由他亲密的朋友马可尼完成的。 61

马可尼意识到这个项目将让他在世界范围内声名鹊起，同时对巩固他在意大利的地位也大有裨益，便欣然接受了这项工作。建立无线电台与马可尼加强沟通的国际视野不谋而合，堪称绝妙。这将巩固他与主要权力中心天主教教会的联盟，提高他在教会的新地位，及他和克里斯蒂娜结婚后在世俗的意大利圈子的新地位；此外，接受这份工作也是马可尼对梵蒂冈人民的一种回报，感谢他们同意马可尼的第一次婚姻无效。同时，马可尼对墨索里尼和法西斯政权的依附需求日益增长，接受这份工作可以为他提供额外的砝码，平衡他与墨索里尼的关系。不久后，伦敦马可尼无线电报公司开始接受订单。几个月后，一位 62 意大利警方的线人称，工作范围的扩大正使梵蒂冈发生"天翻地覆"的变化。马

---

①教皇性格变化无常，帕切利在性情上与他正好相反。两人各执己见，这在以后会影响巨大：虽然他们都认为让德国对教会保持效忠很重要，但帕切利对保守的德国天主教会也产生了强烈的个人观点和主观情感。

可尼功不可没。梵蒂冈无线电台是根据马可尼制定的参数，在切姆斯福德的马可尼工厂中生产的。

修建工作进程迅速，过程顺利。无线电台的设计遵循了高速发射机的英国皇家光束站的主要特点。马可尼在梵蒂冈花园亲自监督短波安装。站点包括了4个发射塔，7个广播发射机，如此巧妙的安排其实是为了不影响花园秀丽的风景。此外，这里还有一栋独立的建筑，里面有一个宽敞的发射室，一个接收室，一个机房，一个综合仓库和一个综合办公室。

1930年8月23日，马可尼从罗马奇维塔韦基亚海港镇写信给伦敦，为在建的无线广播电台订购了30台接收机。当时，他正在海港与克里斯蒂娜和他们5周岁的女儿埃莱特拉一起避暑（埃莱特拉出生于7月20日，她的洗礼正是帕切利在奇维塔韦基亚海港完成的），他在信里补充说，这对公司而言是一个好机会，有助于设计最新的短波接收机。由于马可尼与意大利政府达成了一些协议，这份订单似乎给公司造成了一些合同问题，但马可尼通知公司的代理总经理H. A. 怀特说："毫无疑问，你知道梵蒂冈不是意大利的一部分，因此在我看来，我们与联营公司和其他有关意大利的安排不包括梵蒂冈。"伦敦公司显然不同意这一观点，因此这份订单迟迟不能完成。最终，一批专门设计的接收器被送到梵蒂冈——比预计时间晚了一年，但避免了让公司陷入声望受损的窘境。对马可尼来说，这一事件是他与公司总部关系逐渐疏远的导火索。

教皇认定，耶稣会是管理新广播电台的最佳选择，他任命教皇科学院院长、神父朱塞佩·吉安弗朗切斯基担任无线电台的首任主管。帕切利请媒体一起见证马可尼和教皇验收竣工的最先进的无线电台，指出这是在马可尼的直接监督下完成的。1931年2月12日，教皇开始用梵蒂冈电台播放国际广播。首次全球广播服务就此面世。

这次播送的是有史以来范围最广泛、制作最精心的广播——马可尼在简短的介绍性发言中指出——在世界各地都能同时听到教皇的声音。世界新闻界广泛报道这一大事件；如果要选出最轰动的新闻标题，那奖项可能会花落《多伦多环球邮报》，它称这是"开天辟地"。《纽约时报》称之为"最伟大的无线电连接……毫无疑问，这是有史以来规模最庞大的一次广播系统的组装"。全球有逾250个电台（仅在美国就有约150个）接收到了这次广播，7个无定向短波发射机同时发送信号，并被译成 7 种语言。从墨尔本到马尼拉，再到马德里，不计其数的听众听到罗马天主教会的首脑宣布"作为首位使用马可尼这个让人叹为观止的发明的教皇，我感到无上光荣"。对那些也许从来没有听过广播，更不用说听过教皇的声音的人来说，这绝对是个奇迹。同样，不计其数的听众也听到了马可尼的声音——听众特意等着这一刻的到来——马可尼称"全能的上帝把大自然的神秘力量放在人类的手中"，使他能够发明这一独特的工具。《纽约时报》的通信员通过无线电报道描述了这一场景："伴随着梵蒂冈的银色号角声，下午 4 时 30分，教皇乘汽车抵达无线电站，随后跟着的是他的随从。教皇身着白色衣服，肩披红色披风。"电站外，一排瑞士卫兵和教皇的随从站在一起，马可尼、帕切利、加斯帕里和其他梵蒂冈高级官员热烈欢迎教皇。克里斯蒂娜和马可尼的助理索拉里也在场。在等待教皇到来的时候，马可尼坐立不安，对目标为纽约、墨尔本和魁北克等地的发射仪器进行了最后一分钟的测试，并与纽约进行了双向的短波对话（这是首次在白天进行这种冒险的测试）。索拉里对现场情境进行了简短的广播传送。《纽约时报》通信员报道称教皇的讲话持续了 14 分钟，"比预期时间要长很多"。

讲话结束后教皇乘车到了附近的教皇科学院，马可尼在这里成为科学院成员之一。广播继续报道：马可尼再次发言，他感谢教皇给予他的殊荣。教皇回应说，不应该感谢他，而应感谢马可尼以及上帝，因为他们让"无线电设备这样神奇的仪器服务于人类……人是渺小的，因此马可尼也是渺小的，但他确实是一个伟大的人"。随后，教皇授予马可尼庇护九世十字大勋章。日落时分，仪式结束。

梵蒂冈使用电波传播天主教信仰的漫长历史由此拉开序幕。这是现代阐释"宣传"一词的关键起点，这个词最初适用于传播教会的教条。随着广播的兴起，"宣传"这个词现在带有一种阴谋的含义，意味着可以为了政治目标，使用通信媒体来达到欺骗和操纵人民思想的目的。受到梵蒂冈无线电宣传模式的启发，极权主义独裁者——不仅是墨索里尼，不久之后，希特勒——以及富兰克林·罗斯福和温斯顿·丘吉尔等领导人也都很快用无线电来激励、哄骗、动员或恐吓人民。知名的国际短波广播公司，如英国广播公司（BBC），美国之音（VOA），法国国家电台（Radio France），德国之声电台（Deutsche Welle）和莫斯科广播电台（Radio Moscow）也紧随其后。

在短期内，梵蒂冈电台的成立加强了马可尼对墨索里尼和他的政权的立场——尽管惹恼了他们。1931年3月5日，墨索里尼政治警察的主要特工之一威里吉诺·特罗亚尼·蒂奈法称，马可尼突然决定离开罗马，"没有等他本该参加的一个重要的政治性会议"（在原话中强调了此言），据说在离开之前，马可尼与教皇秘密会谈长达1小时，并且教皇要求他不许泄露谈话内容。特罗亚尼神秘兮兮地汇报："可以看到，绳子缠在一起了。"尽管有《拉特兰协定》，但教会与意政权之间的关系仍然脆弱，帕切利和马可尼合作，为梵蒂冈信息宣传创造条件，让墨索里尼很恼火。此时，梵蒂冈的政治局势正处于最混乱不堪的时候，在梵蒂冈广播电台播送广播后几个月内，两份教皇通谕使得教廷和法西斯主义关系进一步恶化。

1931年5月15日，庇护十一世教宗在梵蒂冈电台广播发表了长达1小时的《40年通谕》(Quadragesimo Anno)，呼吁重建现有的社会和经济秩序，阐述了自由资本主义、共产主义、极权主义，及重建道德伦理带来的危险。这是20世纪30年代最重要的政治干预措施之一，赞成政府、工业和劳工组成的三党社团主义（我们今天称之为多方利益相关者主义），受意大利法西斯主义青睐，并且很快被西班牙和葡萄牙的原始法西斯政权效仿。但它用一种可能招致像罗斯福这样的自由派政治家的赞扬口吻表达了自己的观点，后者曾引用它来描述过度经济权力的弊端。在许多方面，这一通谕相当细致地反映了马可尼自己的社会政治立场。

教会努力增加其在意大利的社会影响力，针对那些反其道而行之的人，庇护十一世悄悄地准备第二份通谕《我们没有必要》(Non Abbiamo Bisogno)。由于担心墨索里尼会试图阻止通谕在意大利传播，梵蒂冈方面让主教（后来成为波士顿的红衣主教）弗朗西斯·J.斯派曼偷偷将副本运到法国，于1931年6月在法国公开发表。（1931年6月29日，这份通谕最先在国外面世，后来在梵蒂冈报纸《罗马观察报》上刊登。）通谕谴责了墨索里尼政权最近对教会的传教活动的攻击，并呼吁人们注意法西斯政权利用无线电传播反天主教的信息。

随着欧洲的政治局势日益紧张，宗教和世俗问题之间的界限变得更加模糊。1933年7月20日，梵蒂冈与纳粹德国签署协议（此次谈判的人为国务卿帕切利）。1935年，教会（如果不是梵蒂冈本身）宣布墨索里尼入侵埃塞俄比亚是一次

"圣战"。根据 1936 年的一篇文章，梵蒂冈广播电台在整个事件中扮演了重要的角色，它敲击着被过去主宰的一个奇怪的现代音符"。"。与梵蒂冈一样，这个电台在第二次世界大战期间保持中立立场，但随着梵蒂冈的位置变得更加模棱两可，工作人员最终介入了秘密活动。有人辩解道，梵蒂冈电台是第一个诚实且勇敢地报道战争和大屠杀的广播电台，例如，1940 年波兰贫民区的犹太人和波兰囚犯被囚禁。后来在冷战时期，短波电台成为了西方世界的重要宣传工具。

《拉特兰协定》的支持以及克特策所说的与教皇"奇特的伙伴关系"使墨索里尼开始认真巩固他的独裁统治。1929 年 3 月 24 日，墨索里尼大法西斯议事会通过选举改革决议，并在此背景下举行了全民选举。候选人只有一组，选民可以投票"是"或"否"。投票人 98.4％投了肯定票。这次选举是为奉承墨索里尼，完成了他的个人崇拜野心，他被普遍看作是一个神圣的偶像（几个敢于表达自己的想法的愤世嫉俗的人称意大利现在有两个永无过失的领导人）。

墨索里尼也有意创造一个新的法西斯贵族，并且这个政策的受益者包括马可尼，1929 年 6 月 17 日马可尼被国王维多利奥·埃玛努埃莱三世封为侯爵。这是一个世袭制的头衔，家族的男性可以继承，因此马可尼的儿子朱利奥将来可以继承。当时，克里斯蒂娜已经成了马可尼夫人。这个消息引起了全世界关注，毋庸置疑，马可尼对此感到非常开心。但他很恼火的是他的朋友加布里埃尔·邓南遮被授予更高的荣誉，被封为蒙特诺佛王子（Prince of Montenuovo）。作为意大利的代表，马可尼、墨索里尼和邓南遮在国际舞台上仍然是平起平坐的。

这次选举在罗马的坎皮多利奥区举行，选举结束几周后，即 1929 年 2 月，国家研究委员会在这里宣布了首要处理事项。马可尼会见了墨索里尼并且与他的办公室保持了密切的联系。后来，马可尼从伦敦致函墨索里尼（1929 年的大部分时间，他在伦敦度过，但信写在意大利参议院的信笺上），以"阁下"开始。马可尼刚刚获悉，政府将不会把国家研究委员会的预期供资从 57.5 万里拉增加到 150 万里拉。这与墨索里尼在坎皮多利奥发言所说的截然不同，马可尼在信里提醒墨索里尼。"在我看来，我以为政府意识到了科学研究对于国家生活的根本重要性。"他写道。目前，国家研究委员会资金缺乏，面临瘫痪。"我坦率地告诉您，这是在意大利和国外的科技世界创造幻灭，同时也会让政权的敌对者拍手称快。"信函结尾，马可尼迫切请求增加国家研究委员会资金。

马可尼说话干脆利落，不卑不亢，也没有拐弯抹角，同时非常小心地使用政治语言来表达他的请求。在这方面，他表现得像这段时期典型的意大利知识分子那样，使用法西斯主义的语言，以达成他的目的。事实上，马可尼是少数几个可以清楚地对墨索里尼说明自己想法的人之一，墨索里尼对他的坦率表示赞赏，尽管他很少受马可尼的影响。在接下来的几个月里，马可尼继续进行积极的研究游说，甚至在法西斯报刊上也有报道。

1930 年 5 月 27 日，国家研究委员与马可尼在奇维塔韦基亚的"埃莱特拉"号游艇上开会，马可尼展示了他最新的可以抵达伦敦的无线传输方法之后，新闻报道骄傲地强调了在浮动实验室中发生的"奇迹"。报道仍描述了马可尼的"魔法特质"，新闻还有些夸张地回顾说墨索里尼本人经常去游艇上参观。这对马可尼来说是极好的宣传。

1930 年 9 月，墨索里尼提拔马可尼担任第二个主要为法西斯政权服务的职位，让他担任意大利皇家科学院院长。墨索里尼成立皇家科学院旨在代替意大利林琴学院，这是一个赫赫有名却不愿配合他，甚至敌对墨索里尼政权的机构。1926 年，墨索里尼决定效仿一个多世纪前拿破仑·波拿巴在法国的做法，成立一个全国性的学院，以显示意大利的科学与文化在意大利和世界的作用。皇家科学院将总部设在罗马特拉斯提弗列的法尔内西纳别墅内（Villa Farnesina in Trastevere），直接从科西尼宫横跨狭窄的隆迦拉路，林琴学院则位于科西尼宫内。1926 年 1 月，政府宣布成立皇家科学院，但直到 1929 年 10 月 28 日学院才正式成立，当时，墨索里尼任命托马索·蒂托尼为第一任院长。蒂托尼曾经是一位自由主义政治家，现在是法西斯主义的支持者①。

皇家科学院共有 60 位成员，其中政府提名 30 人，科学院再在政府领导下任命 30 位成员，最终决定权在墨索里尼手里。像其他墨索里尼管理的研究委员会一样，皇家科学院的成立也具有战略目的。没有公开表明对法西斯主义支持的人也可以申请成为皇家科学院成员，但他们必须宣誓效忠政权。几乎没有人拒

①皇家科学院的光芒渐渐超过了林琴学院，最终在 1939 年 6 月 8 日，林琴学院被皇家科学院合并。第二次世界大战后，皇家科学院衰亡，林琴学院恢复原貌。（Cagiano de Azevedo，Gerardi 2005）

绝加入邀请。最初的 30 名成员包括未来主义巨星菲利波·托马索·马里内蒂，剧作家路易吉·皮兰德娄和年轻的物理学家恩里科·费米。马可尼不是第一批被提名的皇家科学院成员（此规则是为了防止某些官员，包括参议员的权力聚集），但在 1930 年 9 月 19 日，墨索里尼任命他为科学院院长。目前为止马可尼兢兢业业，尽职尽责。1930 年之前，马可尼担任国家研究委员会会长已成为发展法西斯文化观点的主要手段之一，尽管私下不满，但马可尼暗中支持墨索里尼对学术自由日益严格的限制。

担任皇家科学院院长使马可尼自然而然地成为大法西斯议事会的成员。大法西斯议事会比内阁权力更大，使马可尼更深入地融入墨索里尼的圈子。大法西斯议事会成立于 1923 年，事实上是法西斯主义主要的政治机构；该机构的构成人员是固定的，包括政府公职人员，大主教等，议事会负责党候选人公职选举、党的领导人提名、重大政策批准和一切法令和法律、国际条约批准和所有外交相关事宜。议事会的会议由墨索里尼根据自己的判断召集召开。议事会理论上有权建议国王撤换首相。[1943 年 7 月 24 日，经迪诺·格兰迪（Dino Grandi）提议，大议事会投票以 19 票支持，8 票反对，一票弃权的结果推翻了墨索里尼。]

因此，担任皇家科学院院长比担任国家研究委员会会长更具有政治性，至少在名义上，后者意味着要在促进研究方面发挥客观作用。在这一周内，墨索里尼写信给他的财政部长安吉洛·莫斯科尼，提及马可尼的财务危机，并告诉莫斯科尼他愿意给国家研究委员会 57 万里拉的拨款，但"一分都不能"来源于他为意外开支保留的非法基金。他指出，马可尼现在也是皇家科学院的院长，国家研究委员会是否能继续运作有待观察，如果不能，它就会被皇家科学院兼并。

马可尼不可能看到或甚至知道这封信，或知道墨索里尼的这一想法。墨索里尼显然更倾向于支持名声显赫但运营成本更低的皇家科学院，而不是一个独立的研究委员会。这个研究委员会运营成本高昂，还具备政治风险，对墨索里尼来说，马可尼身居其中主要是形式上的职位可能已经足够了，而不是在两个职位上为了成本昂贵的项目游说。1930 年 11 月 29 日，马可尼正式就任皇家科学院院长，就任仪式盛大而隆重。与此同时，马可尼提交了国家研究委员会的年度报告，墨索里尼写了一份挽歌似的致词承认国家研究委员会工作的重要性——"尽管它仅可以动用极其微薄的财力"——他还认为，国家研究委员会应与皇家科学院建立密切合作关系。在接下来的几年里，墨索里尼经常会提到把两者融合起来的想法；但从来没有实现过，尽管在马可尼的领导下，这两个机构往往就像是一个机构一样发挥作用，或者至少像是连体婴儿一样密不可分。马可尼不仅在皇家科学院和国家研究委员会的活动之间建立了几乎不存在的界限，他还用这两个机构来达到自己的目的或推广自己中意的项目。

当然，马可尼在国际社会继续保持着很好的形象，他的全球知名度是他自己和墨索里尼政权最强大的资产之一。1930年6月，他通过伦敦的无线电台参加了在柏林举行的第二次世界动力会议（WPC），马可尼几乎总是避免前往德国。1930年6月18日，马可尼、托马斯·爱迪生，美国无线电公司的欧文·扬、英国前邮政署长德贝勋爵（Lord Derby）和其他3名国际人士在此次会议上通过国际无线电台交谈。6年前，无独有偶，皇家艺术学会的一次讲座刚好是与1924年伦敦第一次世界动力会议一起举办，马可尼为世界动力大会树立了基调，认为它的使命是缔造和平，并认为它是"技术国际联盟"。马可尼在1924年的会议上说，无线电将带来"世界思想和观点的联合"。现在，他更深入地谈论此话题，在呼吁国际合作尽快落实的发言中，他称"无线电"是我们拥有或控制的最大力量……它是人类思维的力量，爱和思想的力量……是应该永远用于促进和巩固各国之间的善意和合作的力量，我坚信，这一力量注定要通过使各国人民之间达成越来越完美的谅解来防止战争带来的恐惧。

1931年9月，墨索里尼要求马可尼代表意大利政府出席纪念迈克尔·法拉第在英格兰首次实验100周年庆典。出席庆典活动是马可尼的最爱，在庆典会上他可以向众人介绍自己无线电实验的最新成果。马可尼发电报给警察局长博奇尼，通知他自己将前往伦敦，完成官方任务，并询问他的保镖农西奥特工是否像往常一样将与他一同前往。答复是肯定的。1931年9月19日晚10时，马可尼在BBC电台发言，他将广播描述为点到点无线电话的"健壮的后代"。9月21日，他在《泰晤士报》（在第2章引述）特别栏目和弗莱明、凯尔文以及其他几位联名发表了一篇文章。和往常一样，他把自己的工作同这两件事联系在一起。在返回罗马时，他立即向墨索里尼汇报，并且附上报道他的新闻剪报，并抱怨这一事件完全被伦敦唯一的意大利语报纸，法西斯刊物《意大利诺斯特拉》忽视。

马可尼在法西斯主义的意大利扮演了形形色色的角色，这些角色用他与所谓的"帕尼斯派瑞纳街的天才们"（Via Panisperna Boys）的关系来描述再合适不过了。"帕尼斯派瑞纳街的天才们"是一个由几位年轻的核物理学家组成的研究小组，领头人是罗马大学物理系教授恩里科·费米。帕尼斯派瑞纳街是一条景色宜人的狭窄街道，有一点偏僻但仍位于罗马的市中心，和图拉真市场（Trajan Market）毗邻，街道不远处有许多小型商场、景点和餐厅。在街道的最尽头，有一个安静的花园，园子里有一棵遮荫的杏树和一个金鱼池塘，罗马大学物理研究所就坐落在这里。这个研究所在 20 世纪 20 年代由墨索里尼的国民经济部长奥索·马瑞奥·科比诺（Orso Mario Corbino）管理。科比诺原本也是一位物理学家，对电力的商业应用很感兴趣（除了这些职位，他还是意大利通用电气和米兰爱迪生公司的董事会成员），后来，科比诺放弃了物理研究，开始自己科学管理者和政治家的职业生涯。科比诺曾任前自由党教育部长，他坚信科学研究和创新是经济发展的中流砥柱，他也是墨索里尼经济政策的早期支持者。有趣的是，他不是法西斯党员，这说明他的威望很高，也显示出他和马可尼的对位关系。马可尼和科比诺成了亲密的联盟战友，他们在新的集权国家的框架下，齐心协力促进科学政策的实施。他们团结合作，共同促进科研和创新在经济政策中发挥关键作用，并且说服墨索里尼为年轻的研究人员提供更多的支持。

1926 年，科比诺在这个研究所创办了理论物理学委员会，并重新聘请费米来担任主席。在科比诺的积极支持下，费米很快建立了世界上最先进的理论物理研究中心之一，并组建了一个天才团队，队员包括未来诺贝尔奖获得者埃米利奥·塞格雷、弗兰克·拉塞蒂和布鲁诺·庞蒂科夫。这个团队即所谓的"帕尼斯派瑞纳街的天才们"，直到今天，意大利人仍然铭记着这个团队的科学家。费米是 1929 年新成立的皇家科学院的原始成员之一，正如人们对他的期望，他立即成为法西斯党员；随后，他被任命为科学院秘书，并担任该职直至 1936 年 8 月。在科比诺和马可尼的支持下，费米成为意大利科学、工业和研究机构的核心成员之一。他还担任了国家研究委员物理协会的主席、几家私营部门公司的研究顾问、意大利国家广播电台 EIAR 的董事会成员以及帕尼斯派瑞纳研究小组的负责人。

1931 年，在马可尼就任皇家科学院院长后不久，学院负责与由意大利爱迪生公司最近创立和资助的亚历山德罗·伏特基金会一起组织一次年度会议。爱迪生受到墨索里尼政权的青睐，在意大利电气行业几乎处于垄断地位，科比诺也是爱迪生公司董事会的成员。科比诺、马可尼和费米共同决定在 1927 科莫湖会议（前文已提到）的成功基础上更上一层楼，组织第一次关于核物理学专题的伏特会议。费米是主要的组织者和会议秘书，科比诺是主席，马可尼作为名誉主席代表此次会议的公众形象。对于费米来说，这次会议是一个机会，可以把世界上最杰出的物理学家吸引到罗马，而马可尼的作用是让墨索里尼相信，这样一个世界大事件符合他对皇家科学院的看法，即科学院是一个为国家服务的智囊团。费米一直试图限制马可尼公司发展，但在外交方面，这样的组织能满足政权的政治要求。费米和马可尼对彼此都有用处，但毫无疑问马可尼是权力结构的代表人物。

1931 年 10 月 11 日至 18 日，国际核物理大会在罗马召开，马可尼任大会主席。至少有 7 名诺贝尔得主，包括居里夫人出席了此次会议，墨索里尼在开幕式上也露面了。这次会议与这一时期的许多学术会议一样，在政治上是普世的。与会者包括后来为曼哈顿项目做出重要贡献的丹麦人玻尔，和即将领导德国纳粹核能项目的海森伯。此外，这次会议还有马可尼早期在英国结识的两个重要人物：詹姆斯·弗莱明和奥利弗·洛奇，会议之前，马可尼亲自向他们发出了热情的邀请。本次会议成果丰硕，并产生了巨大的国际反响。世人所看到的是马可尼和费米对核物理的积极贡献，而不是官僚的幕后运作和墨索里尼对科学政策的压抑约束。[①]

马可尼和费米之间的关系成为马可尼对法西斯主义信条和经验科学的合并设想的原型。除了做基础研究，费米还是一名研究管理员，在皇家科学院、国家研究委员会以及其他相关机构中任多重职位。同时，马可尼尽力代表国家最

---

①马可尼在后来的几次伏特大会上继续发挥作用，大会时而讨论科学问题时而关注人文科学。1932 年 11 月召开的第二次会议关注的是欧洲问题，1933 年的第三次会议讨论的是免疫学。1934 年，马可尼和路易吉·皮兰德娄担任大会的联合主席，共同讨论了世界各国的戏剧演变。邓南遮的戏剧《佐里奥的女儿》上演，威廉·巴特勒·叶芝、沃尔特·德罗佩斯、莫里斯·梅特林克和马里内蒂这样的名人也出席了大会。马可尼以个人名义邀请乔治·萧伯纳，但萧伯纳是否接受邀请没有记录可查。保罗·克洛代尔和让·科克托因太忙不能出席，但是科克托发来了一篇文章（GM to G. B. Shaw，1934 年 5 月 14 日，LIN 14/154；LT，1935 年 1 月 14 日；安德雷奥利 2004，39）。

高政策目标。事后看来，马可尼的做法无异于一场灾难。尽管多次公开承诺，但墨索里尼并没有在科学领域投入更多的资源，马可尼却对科学研究的"协调和纪律"的法西斯思想进行了一次并未令人信服的讨论，但没有任何迹象能说明这究竟意味着什么。马可尼坚信，国家会为公共事业付出，他自己的经验倾向于支持国家、私营企业和个人创造性行动之间的合作；但他自身存在顽固的保守主义，并且现有的权力结构让他备感舒适，这一切让他没有看清法西斯主义的极权主义性质。他对政权种种行为的默许将会带来严重的后果。

第 32 章　科学与法西斯主义

光束系统、有线和无线合并的成功推行，并在意大利获得政府任命之后，马可尼大大减少了个人研究活动，但在 20 世纪 30 年代初，他发现了一个新的兴趣点：非常短的波或微波。他在这一领域的大部分工作是在埃莱特拉号上，或者在热那亚附近的圣马尔盖里塔利古雷地区的意大利公司进行。围绕在马可尼身上的各种光环导致媒体对他的猜测源源不断，猜想他到底在做什么，特别是当欧洲的政治形势变得更加危急的时候。墨索里尼的警察线人不断地向他报告（大多是从报纸抄袭而来或基于荒唐的谣言），而墨索里尼本人从不错过任何一个可以一探究竟的机会。

20 世纪 30 年代中期，英国马可尼公司声称每年投入 10 万英镑进行研究，其中大部分花在马可尼在埃莱特拉号上的"浮动实验室"以及他很少去的马可尼大厦里的实验室。1929 年初，马可尼个人雇用的研究人员从伦敦搬到意大利，加入他的研究团队。虽然他仍然是公司的首席技术顾问（以及合并后的有线和无线集团所有旗下公司的技术顾问），但从那时起，意大利成为了马可尼的主要研究基地。在微波的研究上，马可尼比项目操作者的灵感更多。他再次展示了他的直觉，他的独立性格，及他在战略目标方面的才华，还有他对同事的科学能力和母公司支持的依赖。马可尼在 1933 年致道瑟特（当时他是公司在伦敦的研究经理）的信中特意阐述了一个关于旋转定向天线在奇维塔韦基亚新建的意大利政府无线电站使用计划的问题："该站的研究工作完全在我的指导下，"他写道（在信中特意强调），"但其建设和工作的费用将由意大利政府承担。"对工作相关的一切事宜，他仍然都有所参与，并且希望能够掌控大局。

马可尼的大部分个人工作都是和两个主要助手加斯顿·马修、杰拉德·艾斯泰德一起完成的，并且他经常与老助手，如在英格兰公司研究部门的道瑟特和安德鲁·格瑞一起合作。马修是一名比利时电气工程师，在此期间成了马可尼最亲近的研究助理，虽然在第一次世界大战期间，他被调到伦敦在英国作战部的研究实验室工作。他曾为英国陆军设计无线装置，发明了飞机之间通信的无线电话机。马修的成就引起了马可尼公司的注意，第一次世界大战结束后，他得到了马可尼的重用。不久后，马修成为马可尼的私人员工，1921年他成为马可尼的研究助理，并在他1922年访问美国期间与他一起旅行，在那里马修发表了一份关于美国广播艺术现状的报告，这份报告很有价值。到了1925年，他 6 公开讲授无线电的历史，并就这项技术的起源和发展以及它的应用进行了全面的马可尼式的陈述。1927年，马可尼在他自己的演讲和出版物中肯定了马修的 7 工作，把他与像查尔斯·富兰克林、理查德·维维安这样的早期关键合作者相提并论。 8

马可尼与马修的关系是马可尼与亲密的合作者关系的缩影。1926年，公司派马修到加拿大，协助魁北克省德拉蒙德维尔和牙马驰彻新建的最先进的无线电站进行首次跨大西洋短波连接之前的最终测试。蒙特利尔报纸《新闻报》描述马修是"马可尼的得意门生……他的弟子"。报纸报道说马修谈及马可尼的口吻像是"一个儿子在说自己的父亲"，并且评论称马可尼激发了他周围的人的积极性和热情。报道没有使用"崇拜"或"魅力"这样的字眼，而是用事实阐明两人的关系究竟是什么样子。 9

当马修在加拿大时，他和马可尼就北极光和"太阳黑子"对接收信号的清晰度的影响交换了意见。随着光束服务的发展，信号"减弱"的问题持续存在。似 10 乎马修准备独自解决这个问题。1928年1月10日，他写信给马可尼，称无线电话专用远程渠道不会有利可图，因此他研发了一个"多路复用"的系统，在这一系统中，电报和电话可以在同一电路上同时运行，电报服务的成本已由系统组建成本承担，所以电话系统的利润将是净利润。这正是著名的"马可尼马修多路复用系统"，这一系统率先在皇家光束服务中投入使用。1929年，马可尼的无线电公司已经可以利用这个系统从伦敦经由加拿大将电报发往澳大利亚。据称，接收到的信号与本地无线电广播信号一样清晰。 11

1929年，马修在意大利时决定长期追随马可尼。他仍然往来于伦敦和罗马，偶尔给马可尼带一些让他欣慰的小物品，这些物品在两次世界大战之间的意大利是买不到的，包括：肝浸膏、洗发水、镁氧牙膏等。更重要的是，他几乎一 12

直参与马可尼所有的研究活动，帮助撰写演讲稿(如马可尼于 1932 年 12 月在伦

13 敦皇家学会发表的演讲，并且在马可尼四处往来的时候陪伴在其左右。马修有一个得力的年轻助手杰拉德·艾斯泰德。艾斯泰德相比马可尼那些老助手年轻了一代，是一名无线电发烧友。他于 1923 年 4 月加入马可尼公司，在位于切姆斯福德的工厂从事生产工作。1926 年 7 月，艾斯泰德被调职到马可尼在伦敦的研究实验室，并在马修的手下参与开发短波多路复用系统的工作。1929 年，他跟随马修前往意大利；在这个看重并拘泥于形式的国家，他被授予了"工程师"

14 的头衔。

1931 年，微波研究取得巨大进展，传播路程从圣马尔克利达莱镇到 10 英里(约 16.1 千米)之外的塞斯特里莱万泰镇，后来又达到 20 英里(约 32.19 千米)之外的莱万托镇。1908 年，据马可尼与意大利政府的协议，在热那亚市的马可尼系统设备(本质上是一个工厂)开始启用，它是意大利同类工厂最先进的。截至1927 年，热内亚市工厂的员工人数达到 400 人，产品生产线走向多元化。大部分的工作是英国公司负责完成的。然而，在 20 世纪 30 年代，热那亚工厂和罗马成了马可尼设在意大利的商业运作技术操作基地。1932 年 1 月 15 日，马修在提交的一份报告中谈到了马可尼正在进行的一个新的"准光"系统，目的是与 IT&T公司预期推出的无线电话服务竞争，这种无线电话服务利用 18 厘米波长，可以跨越英吉利海峡。旧的竞争火焰依然存在，但一切都表明，他在意大利的研究条件会更好，在意大利更容易获得政府的许可和测试设施，这些优势让马可尼

15 可以从他的立场声称自己是意大利国家研究委员会的领军人物。

在梵蒂冈广播电台成立两年之后，马可尼安装了微波技术的首批应用之一，即梵蒂冈与 15 英里(约 24.14 千米)外冈道夫城堡镇教皇避暑别墅之间的微波电

16 话连接。1933 年 2 月 11 日，教皇为这一通信连接举办了落成典礼。这是世界上第一台可操作的微波双向电话和电报服务机。这在政治上也是一个颇受争议的话题；其主要目的之一是让教皇从他的避暑别墅与梵蒂冈保持直接的联系，而不必使用意大利国家服务机构来通信。一位消息灵通的 Polpol 间谍艾瑞戈·波兹汇报了梵蒂冈官僚内部对马可尼以及他的公司的不满之情。据称，梵蒂冈这个新无线电站运营成本高昂，马可尼公司从中赚取了丰厚利润。有人说，马可尼是教皇亲密的朋友和门生，教皇一直在保护他。一桩丑闻正在酝酿中。马可

尼的婚姻成为波兹浓墨重彩描述的话题。波兹说，神学专家们认为马可尼的第一次婚姻是有效的，教皇本人下令取消婚约不成立，而马可尼实际上与他的第二任妻子在姘居的状态下生活。教皇对这些传言十分恼火，这也是他保护马可尼比保护其他人都要上心的原因之一。 17

公司继续在马可尼的实验上花费巨资，但在 1933 年 5 月 23 日，公司董事长英弗福思勋爵在马可尼无线电报公司第三十五次年会上称，尽管世界经济危机仍然存在，但公司利润处于上升期。他说，在马可尼的指导下，自 1897 年以来，公司的"无与伦比的研究机构"一直是无线电报发展的先锋。马可尼在微波实际应用的工作上预示了另一个全球通信领域的另一个范式转变，就像马可尼之前领导的那样。马可尼最终证明微波可用于长距离无线电和电报，距离比任何预期或可能想象的都要长——像他以前用短波操作一样，最初他使用的远程无线亦是如此。虽然英弗福思勋爵没有说太多，但他的话里暗示着另一场马可尼革命即将爆发。 18

8 月，马可尼为学院的一次特别会议中断了神圣不可侵犯的罗马假期，在会议上，他透露了微波实验的最新结果。在前一天，他亲自通知了他的英国公司总部，以便在伦敦和罗马同时宣布这一消息，让自己在全球的活动同步进行。 19
马可尼读了一篇题为《关于长距离微波传播》的论文，报告了在埃莱特拉号 150 英里(约 241.4 千米)以外的圣马尔盖里塔利雷古地区发射站接收微波传输的情况。他对这些最新结果的评价一点也不谦虚。他从撒丁岛写给马可尼无线电报公司的新总经理 H. A. 怀特的信称，"我的测试确实非常有趣，因为影响整个无线电广播理论和实践的新奇、特殊的事实正是从我的这些试验中出现的。"1933年 4 月，凯拉韦去世后，怀特接任了他的位置。负责马可尼的警务特工似乎同 20
意马可尼的说法，尽管他们对此进行了更认真的解释。其中一个被指派监视马可尼的特工报告，马可尼关于微波的最新秘密研究是"一个军事性质的伟大发现前奏，确实意义非凡"，墨索里尼的兴趣由此被激起，他在自己的个人档案里保存了一份马可尼给皇家科学院的报告。 21

关于马可尼研究"秘密"的报道时不时出现在 Polpol 的报告以及英国和意大利的媒体中。从 Polpol 的角度来看，法国和英国的联系无疑使它更有趣。1930年 3 月 27 日，一位 Polpol 间谍从热那亚报告了马可尼正在进行"好战性质"的秘密研究，及马可尼的最新发明可能具有军事目的。法国总领事已经去过埃莱特拉号，并且他对马可尼的实验"最感兴趣"。据说，马可尼的埃莱特拉快艇上也有英国工程师（大概是杰拉德·艾斯泰德）。墨索里尼本人突然也对这个快艇很感兴趣。1930 年 6 月 7 日，游艇停泊在菲乌米奇诺时，墨索里尼热情接待了他，怀孕 8 个月的克里斯蒂娜也在场。似乎当时在游艇上并没有太多的研究正在进行，但这并没有阻止马可尼后来借这次与墨索里尼会面的机会获取政治和社会资本。马可尼和墨索里尼在埃莱特拉号上合影，随后他把合影拷贝后送给了同事们。在接下来的几个月，Polpol 继续报道马可尼的秘密研究。1930 年 11 月 10 日，Polpol 特工称马可尼用无线电的能量"碳化了"一组绵羊。

公众也开始推测马可尼的研究是否有军事目的。据称，1931 年 4 月，马可尼被派到伦敦执行一项"秘密"任务。这项任务保密程度非常高，英国的小报也无从报道。《每日先驱报》大肆宣扬："短波可能会把每个人都带到地球尽头。"《每日简报》上刊登了一张马可尼走在街道上的照片，所配文字为"昨日在伦敦街头拍到邪恶巫师马可尼的照片，他参与了微波秘密实验"。正如我们所见，此时的马可尼将全部精力投入到微波研究中。1934 年 7 月 10 日，特工报告说马可尼取得了"轰动性的发现成果"，可以从远处固定军事设备，这时，马可尼引起了墨索里尼的全面关注。

1935 年 5 月，全世界的报纸都开始报道马可尼的事迹，称他发明了"一种新型的无与伦比的武器"。据称，墨索里尼自己也曾参加过一些让内燃机停止运转的实验。甚至更有谣言称，马可尼可以让飞机完全停止飞行，让军队停止前进，并创造了一种"死亡射线"。马可尼给媒体等方面写信，否认了媒体对自己发明的不实报道，但这仅仅终止了谣言，Polpol 的报告仍在继续。1935 年 8 月 13 日，一名特工从米兰获悉，墨索里尼去斯帕斯亚视察新发明，却震惊得知研究尚未取得任何结果。几天后，另一名特工从罗马报道称，墨索里尼目睹了关闭马达和"散布死亡"的电波。月底，马可尼新发表了有关"死亡射线"的报告。马可尼拒绝透露最新实验结果的任何消息，这一如既往地使他的事迹更加传奇。英国报纸《新闻纪事》报道，马可尼透漏自己正在测试可以阻止飞机飞行的无线短波。在获得专利之前，马可尼拒绝透漏其他任何消息，除非这项工作"进展良好"。据报道，马可尼还向墨索里尼和意大利国王透露了他的一些实验结果。

8月28日，一档经戏剧化改编的美国广播新闻节目《时间的行进》播放了一段剪辑，讲述了墨索里尼和身在圣马格里塔小镇的马可尼之间虚构的对话，墨索里尼被描绘成一个渴望战争的暴君。对话中，当墨索里尼得知马可尼创造了可以中断发动机运转的无线电波时，他问马可尼："这是否意味着所有机动战争机器将是百无一用的，步兵和骑兵将再次成为军队的全部力量？"马可尼回答说："我相信，这种射线在医疗方面的作用将是不可估量的。"该节目暗示，马可尼的动机可能不纯，因为他说，他想实地测试自己的发明在实际战争情况下的作用。33当意大利正在计划入侵埃塞俄比亚时，这项计划出现了，也成为美国对墨索里尼的真正设计以及马可尼研究的矛盾作用日益觉醒的信号。

那些稀奇古怪的谣言——以及马可尼对此的否认——从未停止。1936年6 34月，当报道称马可尼在光天化日之下为墨索里尼展示了一项新发现时，谣言四起。这些谣言故事中有一些事实根据。似乎有一天，负责梵蒂冈和冈道夫城堡镇之间的微波连接的操作员"碰巧听到了一个奇怪的噪声，类似于一个人在泥泞地面上用力踩踏的声音"，马可尼的秘书乌伯特·迪·马科后来写道。经过调查 35发现奇怪的噪声是由一个园丁推着一辆手推车穿过微波的光束时造成的。当马可尼知道这一消息时，他立即意识到这一发现的军事意义——这最终成为雷达的雏形——并尽职尽责地写信通知墨索里尼。墨索里尼对此事表现出极大的兴趣，表示希望在自己面前，在指定的地方出现声音，即罗马奥斯提亚路的一个独立的路段重复实验，在那里可以证明，穿过微波光束的汽车可以创造一种独特的信号。马可尼发表公报称，墨索里尼参加了马可尼的一些"具有军事意义"的实验，但他没有进一步透漏细节。36

然而，在国际宣传方面，马可尼是墨索里尼的左膀右臂。1932年，墨索里尼向他征求意见。墨索里尼希望利用无线电让意大利之外的人加深对法西斯政权的理解。马可尼向他保证，就技术而言，这是可以实现的。意大利现有的设备可以让伦敦、巴黎和莫斯科都听见意大利发出的无线电广播。墨索里尼对政治失败造成的尴尬局面感到焦虑，他认真思考了这个项目，最后同意开启对外国的广播。根据马可尼的建议，一位名叫丽莎·塞尔吉奥（Lisa Sergio）的年轻记者被聘请做英语广播节目。马可尼也经常在现场指导，特别是针对美国的无线 37电广播。与其他具有国际声望的人物，如恩里科·费米和庞德一起，马可尼出现在一档短波谈话节目 *The American Hour*《美洲时刻》中，这一节目由塞尔吉奥主持，是法西斯政权媒体和宣传部的产物。

马可尼几乎不需要什么激励就能主动为法西斯主义唱赞歌。1932 年 8 月 1 日，他给墨索里尼发了一封便函，称他正在考虑在 10 月法西斯政权的 10 周年即将到来之际，号召所有意大利人为科学研究作贡献。墨索里尼办公室接受了这一建议，并进行了实质性的调整，与马可尼一起制作了一个国际性的、多语种的广播，面向"世界的学者、科学家和艺术家"发表。作为意大利国家研究委员会会长，马可尼本打算将重点放在科学研究上，但最终演变成了皇家科学院院长提出的对法西斯主义的赞颂。在法西斯政权 10 周年纪念活动中，有一系列重要的事件颂扬新法西斯主义知识分子的作用，马可尼的贡献是阐述政权对于这一角色的官方观点的关键。正如历史学家梅布尔·贝瑞金恰如其分地指出的，在法西斯政权的领导下，除了国家，知识分子没有出于个人意愿的生活，工作也是如此。马可尼在公众面前的表现当然和这种仪式不谋而合。由于他的非正统教育背景和具体的实际成就，马可尼是墨索里尼的"新意大利法西斯文化英雄"的理想象征。

马可尼的讲话定于周六，即 1932 年 10 月 15 日，恰好是墨索里尼在威尼斯广场对大规模集会人群发表讲话的前一晚。演讲稿修改了很多次，在林琴学院的档案中就有马可尼的好几份草稿，其中的一些还有马可尼手写的记号。其中一份草稿是由墨索里尼亲自编辑的，在纸张边缘，有他增加或修改的痕迹，还有写着"很好"的审阅笔记。显而易见，原始版本演讲稿是意大利语，英文版本是马可尼自己翻译的，目的是使它更符合"英国精神"——并不是马可尼对他想借此表达什么了然于心，而是他如何合情合理地告诉墨索里尼他想在演讲稿上做一些改动。英文版本的演讲稿内容全凭马可尼自己作主——例如，他在描述墨索里尼时，用的词语从"一位天才"变换到"一位伟人"，再变换到"一位真正的伟人"。

法西斯分子迫切想知道这份演讲稿的内容，众所周知，墨索里尼参与了演讲稿的撰写。意大利国家广播电台在格林尼治标准时间下午 6 时 15 分用意大利语、英语、法语和德语播出了 30 分钟的广播，将演讲内容传播至欧洲和美洲。演讲内容部分是旅游指南，部分是颂歌。马可尼邀请"全世界的科学家参观罗马这座永恒之城。得益于法西斯统治和努力，罗马再次重现奥古斯都时代的威严和辉煌"。这里指的是墨索里尼在市中心的考古发掘。走遍整个意大利，游客将会看到"法西斯主义在文明和进步的道路上所创立的许多其他里程碑……你一定会欣赏到焕然一新的精神面貌，这种精神是由一个真正的伟人带来的，是一种全新理念的力量，这种精神在整个意大利都得到了成功的激发"。简而言之，这份演讲绝不是号召科学研究。这次演讲是整个法西斯政权 10 周年庆典的高潮部分，甚至令第二天墨索里尼在威尼斯广场集会民众前的讲话黯然失色（由于下雨，墨索里尼的发言被缩短了）。马可尼的演讲言简意赅，法西斯的主流对马可尼的演讲很满意，尤其是全世界都将听到这次演讲，让法西斯主义支持者大喜过望。米兰的一位 Polpol 特工指出，邀请全世界的科学家访问意大利，见证取得的进展将有助于"消除某些外国媒体的诽谤"。

马可尼仍然希望自己不只是能为墨索里尼招来更多的访客。1932 年 10 月 9 日法西斯政权 10 周年纪念日广播播出的前几天，他在意大利科学进步协会发表了一篇重要演讲。两周后，他发表了一篇题为《科学与法西斯》的演讲，这份演讲内容更长、更犀利，带有政治家的口吻，意在纠正他所见的在国外流传的不符合事实的传言，即法西斯主义对科学和文化几乎没有同情心。他说，无论是作为学说还是作为一个政府体系，法西斯主义都不反对科学和文化。为了证实他的言论，他提到了他领导的两个伟大机构的作用——意大利皇家科学院代表了国家文化中心和知识分子运动，意大利国家研究委员会则体现了科学研究的重要作用。他在演讲中清晰地借用了自己的人生故事。他说如果某个人总能奇思妙想不断，也只有在设备精良的实验室耐心研究，这些想法才可以变成现实。法西斯政府和意大利的科学家们亲如一家，和谐相处，墨索里尼也认为科学家的工作对意大利的发展和进步有着不可或缺的作用。

有了马可尼的游说努力作铺垫，这篇文章看起来更像是一厢情愿的想法，或者是对预言的自我实现。马可尼尽力使这次演讲具备战略性意义。1932 年初，他监督了国家研究委员会的另一次改革。现在，马可尼希望建立一个一心一意做科研的机构，但是，墨索里尼仍然将他看作邓南遮的"魔法英雄"，而非一位严肃的政治人物。马可尼全年都在为墨索里尼提供详细的研究政策备忘录，这些连续的大量的信息在 1932 年 11 月 19 日被汇集，当天，国家研究委员会召开了一次重要的会议。这次会议准备时间很长，墨索里尼本人也到会聆听马可尼在会上描述科学和技术在为国家服务方面的作用和成就。对意大利媒体来说，国家研究委员会由墨索里尼直接领导，由世界最伟大的科学家担任委员会会长，这是法西斯主义力量的象征。马可尼的身份也吸引了其他国家的注意。《纽约时报》报道，"如果我们对马可尼的看法是正确的，墨索里尼就将他的权力赋予了这位罕见的科学天才，使得意大利的科学机构组成了一个有机的整体。显而易见，国家研究委员会发起研究，然后将问题指派给恰当的科研机构，并且从整体上实施管控。"在美国、德国和英国，科学技术由国家管控早已屡见不鲜；但组织形式有所不同。马可尼正为墨索里尼模式带来可信度，但他没有为此道歉。

尽管马可尼很忙，但他仍然与著名的法西斯知识分子保持联系，例如乔瓦尼·秦梯利，他现在是意大利科学、文学和艺术百科全书的负责人，1929 年和 1936 年之间，这套巨著连续出版了三十六卷（这套《特莱卡尼》百科全书得名于创始者参议员乔瓦尼·特莱卡尼，今天，这部百科全书仍然是一套重要出版物）。1933 年，马可尼被任命为《意大利百科全书》编委会主席。任职期间，马可尼与秦梯利密切合作，他们之间频繁来往的大量信件证实了这一点。然而，他们之间的关系似乎主要是行政关系，而不是政治的，当然也不是思想上的。

任职期间，马可尼也和记者路易吉·弗雷迪成了朋友（弗雷迪后来担任墨索里尼电影宣传部的主管，也是意大利国家电影总局"罗马电影城"的创始人）。弗雷迪比马可尼年轻 20 岁，是未来主义运动的成员，也曾是阜姆市邓南遮军队的一员；他和马可尼可能在 1920 年 9 月马可尼访问叛军首府过程中相遇，那次访问十分轰动。几周后，弗雷迪在意大利的里雅斯特市一份报纸上发表了一篇关于马可尼的文章，措辞热情洋溢，对此，马可尼给他写了一封友好的感谢信（在信中，马可尼亲切地称呼弗雷迪"吉吉"）。马可尼在 20 世纪 20 年代和弗雷迪一直保持联系，若工作日程允许，他们会在伦敦或者埃莱特拉号上见面，后来，弗雷迪担任法西斯国家政党外交部首任副部长，马可尼也是其中一员。1934 年，墨索里尼要求弗雷迪担任新成立的电影总局局长，该电影总局隶属于墨索里尼的新闻和宣传部门。电影总局的第一个主要活动是在 1935 年 9 月举办国际政治电影活动。弗雷迪致函马可尼，这封长信概要说明了这一活动，包括一系列的电影放映、会议和一本关于政治电影的用途和功能的出版物等。问卷被送往意大利、德国、法国、英国、美国的著名人物以及路易吉·皮兰德娄、乔瓦尼·秦梯利和马可尼这样的意大利知识分子的手中。受访人主要都是政客，他们都对欧洲政治格局十分感兴趣，包括意大利人加莱亚佐·齐亚诺（墨索里尼的女婿，负责政府宣传）和阿希尔·斯塔拉斯（首任法西斯党书记）；纳粹领导人约瑟夫·戈培尔、赫尔曼·戈林和鲁道夫·赫斯，苏联外交部长马克西姆·马克西莫维奇·李维诺夫等。名单上只有一名非法西斯知识分子，即乔治·萧伯纳。马可尼余生一直和弗雷迪保持联系；在他生前最后写的几封信中，就有一封是写给弗雷迪的，感谢他寄给自己一本新书。

因为此时马可尼的公众形象是建立在对法西斯主义辉煌的空洞赞美上的，所以对外界观察者来说，他参与政权的深度和复杂性并不是显而易见的，甚至对那些工作职责就是监督这些事的人来说也是如此。墨索里尼——用乔治·斯坦纳的话说，"他在昏睡的日子里，靠着卧室八卦新闻消磨时间，这些八卦是由不知疲倦的、下作的国内谍报机构为他收集的"——显然，他想知道马可尼正在做什么。在马可尼的一份警方档案里，就有这样一个例证。这份档案的落款是1932年11月18日，恰好是前文提到的意大利国家研究委员会开会的前一天。特工在这份档案中说，马可尼日渐衰老，他的演讲稿是由别人代他撰写的，他的实验都是由众多助手完成的，特别是那位英国工程师（艾斯泰德）。档案里还称，马可尼就如从前的一位伟大的艺术家拉斐尔，他要做的事就是动动嘴批准别人的工作，他的发明都是为他提供巨额资金的机构（即英国马可尼公司）的功劳。

这份档案里没有太多的卧室八卦，但是警方报告说明了当时墨索里尼政权对马可尼的看法。在1933年9月的一则报告中，特工弗吉尼亚·特里亚尼（Virginio Troiani）说马可尼是这个时期的杰出政治学家，因为他与梵蒂冈的关系而受梵蒂冈保护，并为他提供了最现代化的工作室，那里十分安全并且环境宜人，他可以在那里秘密工作，不受法律约束，远离别人的不满。警方的报告往往是毫无根据的，与绝不可靠的谣言混杂在一起形成的。有时这些报告的来源可能只是一些随意的信息，比如剧院大厅里无聊的对话。1934年2月11日，一个小间谍报告说，谣传为了有更多的自由时间从事自己的研究，马可尼打算辞去皇家科学院院长的职位；这绝对是无稽之谈。结合其他情况判断，警方的报告显

54

55

56

57

然是从当天的报纸上抄袭的；因此，在 1934 年 7 月 23 日，米兰的一名特工称，他听说不久后马可尼将尝试一项新发明，即试图让一艘无人驾驶的船只在黑暗中进入港口。在这份报告上，有人在上面潦草地写着："这在新闻上早就有了！这个情报员是一名白痴。"

警方的档案偶尔会记录新闻机构所不了解的真实而神秘的事件。1934 年 5 月 15 日，梵蒂冈国务卿红衣主教帕切利会见了马可尼的第一任妻子比阿特丽斯·奥布莱恩。会面持续了一个小时，据报道，这次会面中，帕切利知道了一些无法通过官方渠道了解的政治事件。还有人说，他们可能还谈论到了比阿特丽斯与马可尼离婚的事宜。但事实上，这几乎不可能，因为 7 年前，他们的婚姻关系就已经解除，现在不可能再有任何问题。有可能的是，因为政府对马可尼的财政支持日益减少，比阿特丽斯正在游说政府帮助马可尼。也有可能是梵蒂冈试图影响马可尼对他前妻和孩子（现在已经长大）的抚养和遗嘱安排。

事实上，警方的报告往往是在人们已知的公开真相上添油加醋。1934 年 12 月 2 日，当马可尼因为过度操劳和心脏问题在伦敦一家诊所接受治疗时，米兰的一名特工立即向警方报告说，马可尼已经完全疯了。几个月后，就有新闻报道称马可尼已经因为"家庭原因"自杀了；随后，一名知晓真相的特工报告称这绝对是谣言。

* * *

1933 年 9 月，马可尼应邀参加了芝加哥世界博览会，博览会的主题是"一个世纪的进步"。马可尼告诉女儿戴格娜，"我去参加这次会议让墨索里尼焦虑不已"，但是似乎重要的是他和克里斯蒂娜此行的费用有人为他们支付。他告诉女儿，他预计一个月后到达美国，并且在 10 月中旬订一张回国的船票。但始料未及的是，这次出行成了一次 3 个月的环游世界之旅，他不仅去了美国，还到了中国和日本。此次出行给墨索里尼和法西斯主义带来的宣传价值是无与伦比的；对于马可尼行程中涉及的许多人来说，这是他们首次将法西斯主义与一张真实存在的人类面孔联系在一起。在美国，人们像《麦克卢尔》杂志创始人塞缪尔·麦克卢尔（Samuel McClure）一样对新意识形态进步者有一种迷恋和希望，有人将意大利法西斯主义描述为"自美国成立以来政府的一大进步和第一个新理想"。马可尼夫妇在美国非常受人欢迎，吸粉无数，有力地推动了法西斯主义的宣传。

此次出行还增加了马可尼的政治资本。马可尼现在是政治领导人之间的信使，可以传递机密信息。

马可尼在美国无线电报公司的朋友负责组织芝加哥世界博览会，并且支付了马可尼此次出行第一站的费用。马可尼这次到访美国政治意义非凡，美国无线电报公司和芝加哥世界博览会的官员对此非常重视，他们对那些关于马可尼的谣言也非常敏感，因此，他们要求特勤局派一个人去参加会议，并且还有警察全程保护马可尼。1933 年 9 月 21 日，马可尼、克里斯蒂娜、女仆尤金妮亚、马可尼的私人秘书乌伯特·迪马科和他的保镖农西奥·莱蒂耶里乘坐当时世界上最豪华的邮轮康特迪萨沃亚号从热那亚起航。这艘邮轮宏伟壮观，正是马可尼喜欢的类型，克里斯蒂娜称，"邮轮上的大型聚会厅舒适无比"。9 月 28 日，马可尼一行人抵达纽约，美国无线电报公司的乔治·H. 克拉克接待了他们。克拉克和马可尼以前就认识。他发现此刻马可尼"面部表情平静，似乎还愁云密布"，但一个月后，马可尼离开旧金山时，马可尼的表情已经"由阴转晴，面含微笑"。

随后，克拉克每小时为这次行程进行一次报道。当船靠岸时，克拉克写道，"汽笛开始鸣响；聚集的人群的欢呼雀跃和汽车喇叭声交相辉映，纽约的消防车整齐排列，对着哈德逊河河面的天空喷洒水柱，九曲回龙。街道万人空巷，夹道欢迎马可尼一行人的到来。随后，马可尼一行人挤过不计其数的人群，前往丽思卡尔顿酒店。"这让人回想起马可尼初来纽约的盛况。9 月 29 日，美国无线电报公司在丽思卡尔顿酒店设宴招待马可尼。这是一个友好的、非正式的宴请。宴席中的马可尼轻松愉悦，有说有笑。傍晚时分，宴会结束。正如克拉克所言，"在自己不熟悉的地方时，马可尼总是沉默寡言，但这次，他完全放下戒备，发自内心的高兴"。马可尼还会见了《纽约时报》的电台编辑奥林·邓拉普。邓拉普刚刚写完关于马可尼的题为《他的生活和他的无线电》的书稿，马可尼同意从芝加哥回来后对文章内容进行核实，并提供一些他希望在书中看到的其他材料。

第二天，即 9 月 30 日，马可尼乘火车离开纽约前往芝加哥，他们走的路线是宾夕法尼亚铁路线，火车的包厢里放着 30 多个大小旅行箱。他们于次日清晨，即 10 月 1 日，周日抵达芝加哥。根据克拉克报道，当火车抵达车站时，等在那里的人群沸腾了，"他们欣喜若狂，掌声雷动，'热烈欢迎马可尼'的欢呼持

63
64
65
66

67

68

69

续了10分钟"。随后，马可尼一行人前往德雷克酒店下榻，酒店特地安排了两位讲意大利语的工作人员负责接电话。马可尼出席了集会，然后和意大利裔美国协会等一众宾客共进午餐。此时美国还处于禁酒期（12月才废止），因此午宴平淡无味。此时正是大萧条顶峰期，他们下午余下的时间都是在米斯巴号游艇上度过的。这艘游艇属于尤金·麦克唐纳，他是天顶广播公司的创始人，也是芝加哥较富裕的人。这是完美的一天，克拉克记得那天密歇根湖上微风拂面，聚会上吃的是"典型的美国人的食物"——烤豆、热狗、玉米面包、鸡肉和马铃薯沙拉。晚上在德雷克酒店的宴会上，马可尼谈到了科学研究在缓解全球经济危机方面的作用（这和他刚刚在游艇中度过的一天形成了恰当的对比）。不论是物理学还有社会科学，都应该一起发力，"更好地利用置于人类手中的力量"。根据克拉克记录，马可尼表示，科学研究的结果应该更公平地被使用，创造更多的利益，并且让更多的人收益。他说，"这是我的信仰。我坚信人类会携手并进，共创辉煌，美好的未来即将到来。"马可尼真是大错特错。

10月2日星期一是芝加哥世界博览会的"马可尼日"。他的公司精心组织制作了无线电波演示，用意大利的月光照亮了博览会的整个展览，然后，适时地发布新闻稿："皎洁的月光聚集在伽利略生前的最后居住地，意大利托斯卡纳地区的阿切特里天文台，然后被非常敏感的光-电单元格转换成电脉冲，从意大利传播到芝加哥，在这里，电脉冲操作仪器点亮了博览会上的灯。"

马可尼当天的首个个人活动是与美国军团的一次会面。根据克拉克记录，马可尼出现的时候面色苍白，神情严肃，穿着正式的礼服，"看上去更像是一名杰出的政治家而非发明家"。当日，出席博览会的还有另外一名身份尊贵的人物：美国总统富兰克林·罗斯福（7个月前，他刚刚就任）。之前，富兰克林就决定"飞往芝加哥"，到访美国军团驻地；罗斯福和夫人前一天下午5时就从纽约海德公园的家里启程，并于上午11时抵达芝加哥。中午他们到达博览会会场。当马可尼在吃午饭的时候，罗斯福的助手过来告诉他，总统很开心有机会见到他。罗斯福和夫人以及博览会负责人鲁弗斯·道斯原在博览会的行政大楼与客人们一起用餐，马可尼是在饭后甜点端上桌时赶到宴会现场的。道斯原让出了罗斯福总统旁边的座位。罗斯福和马可尼聊天聊了20分钟，拍下了一张著名的照片。① 罗斯福总统提醒马可尼，1917年在马可尼访问美国期间，他们曾在一次招待会上见过。那次访问是意大利要在美国完成一项战时使命，当时罗斯福是海军助理部长，并且负责无线通信工作。但马可尼已经不记得那次招待会（当他回到自己的工作人员身边时，他问一个同事，"我是在哪里见过那个人的""我已经不记得和他见面的场景了"）。罗斯福邀请马可尼下星期在白宫吃午餐。当天下午4：00，罗斯福坐上火车启程回纽约。

也许有人认为罗斯福是专程来会见马可尼的。会见马可尼确实是罗斯福的首要事件之一；他在芝加哥一共停留了4小时。当时，罗斯福对意大利国内政治有浓厚的兴趣。在1933年5月7日的一次"炉边谈话"广播中，罗斯福概述了一份新政计划。一周后，他给墨索里尼写了一封信陈述这份计划。墨索里尼承认了自己的政策和罗斯福新政的密切联系，正如《纽约时报》在6月的报道中引述的一句话："您针对产业的协调计划和我们的合作计划一脉相承。"更重要的是，希特勒的威胁不断增强，罗斯福希望墨索里尼能为此提供强有力的制约。（他对英国和法国有能力制约希特勒不抱多少乐观的希望。）此外，罗斯福利用每一个机会接触充当墨索里尼耳目的著名意大利人（几个月后，就轮到马可尼到白宫喝茶了）。

美国对法西斯和马可尼痴迷不已。当马可尼一行人乘车离开博览会时，人头攒动，车道拥挤，车辆行驶艰难。正如克拉克的又一次报道，"人们欢呼雀跃，'马可尼万岁'的喊声不绝于耳，人群齐刷刷向法西斯致敬，马可尼频频微笑、回礼。"克拉克观察到马可尼被游行的人群感动了。克拉克以为这次盛况空前的迎接弥补了马可尼之前访问时感到的不悦和失望——这次访问是一次愉悦之旅。似乎马可尼正在反思美国对法西斯主义的奉承，及自己和美国的联系。

在芝加哥停留3天后，马可尼一行人途经尼亚加拉瀑布回到了纽约。随后，马可尼一行人去了华盛顿，在那里他们住在五月花酒店。1933年10月11日，白宫举办正式午宴招待马可尼及15位来宾。午宴持续了整整一个小时。下午

---

① 2008年，有人在美国拍卖网站易趣（eBay）上出售罗斯福会见马可尼的新闻专线照片的原版打印老片。新闻中称马可尼为"意大利政治家和无线电发明者"。

2:00，罗斯福在椭圆形办公室审阅回复邮件；下午 2:45，他在办公室里和国务
卿艾奇逊开会。罗斯福和马可尼之间的会谈没有正式的记录，而罗斯福会议记
录的实质内容被记录下来的很少。马可尼后来报告称，总统有一个关于无线电
的很好的提议，并表示很难想象没有无线电，世界会是如何。然而，马可尼显
然是在华盛顿收集和分享外交情报。当晚晚些时候，在意大利大使馆的一次正
式晚宴上，他"在一个僻静的角落与英国大使（罗纳德·林赛爵士）进行了一次激
情飞扬的谈话"。

罗斯福夫人埃莉诺·罗斯福也对马可尼印象深刻。当天是她 49 岁生日。后
来她告诉记者："我碰巧和马可尼参议员谈了我刚读的一本书，是一本提供革命
性建议的书。马可尼立即询问：'我在哪里可以买到这本书？'"我认为这恰恰显
示了马可尼是一个有着强烈求知欲和年轻头脑的人。与第一夫人谈到同一本书
的美国人对此持怀疑态度。正是像马可尼这样的人，她说，"能真正为解决未来
问题做出贡献。"（后来，罗斯福夫人给马可尼寄了不知什么名字的书，对此，马可
尼从旧金山发电报给罗斯福夫人，感谢赠书以及白宫的招待。）马可尼夫妇准
备几天之后返回意大利，但是罗斯福建议他们在美国旅行一圈，并提供给他们
一列火车方便出行。克里斯蒂娜在回忆录中写道：她一直担心和自己 3 岁的女
儿埃莱特拉分别的时间延长，直到罗斯福夫人说服她延长旅行时间。

马可尼和他的陪同人员在美国环游了 7 天，从美国无线电报公司的客人变
为了总统罗斯福的客人。马可尼喜欢西部风光：明亮的色彩、久违的寂静、迷
人的夕阳和无限的空间。"我觉得，在那些时刻，面对自然的美丽，新想法在他
脑海中层出不穷。"克里斯蒂娜写道。在洛杉矶，他们的火车遇到了另一大群人，
其中包括许多意大利移民。随后，马可尼夫妇参观了好莱坞电影片场，并在雷
电华电影公司与玛丽·毕克馥和约翰·巴里摩尔共进午餐。随后，玛丽·毕克
馥邀请马可尼到她位于比佛利山庄的 Pickfair 品茶。当时，毕克馥和丈夫道格拉
斯·费尔班克斯一起住在 Pickfair 豪宅。对马可尼来说，这并不是他第一次和毕
克馥一起喝茶。早在 1926 年 4 月道格拉斯·费尔班克斯去罗马的时候，马可尼
就和毕克馥一起喝过茶。随后，马可尼还见了住在 Pickfair 旁边的查尔斯·卓别
林和其妻子宝莲·高黛。马可尼和卓别林交谈了很久，并且卓别林还即兴表演
了小流浪汉走路。

毫无疑问，西海岸最有魅力的城市非旧金山莫属。马可尼夫妇乘坐的来自洛杉矶的火车在奥克兰停了下来，他们乘船前往旧金山，旧金山湾船只的鸣笛声和汽笛声预示着他们的到来。旧金山意大利裔美国市长安吉洛·罗西带领官方接待委员会欢迎马可尼的到来，接待人员还包括市政府和商界领袖的代表。乐队演奏了美国国歌《星条旗永不落》和墨索里尼执政时期的法西斯赞歌《青年赞》。马可尼神情肃穆，身穿黑衣，拄着拐杖，衣领上别着一个法西斯标志的扣子。据当地一份报纸报道，"经过等待他们的车辆时，马可尼频频鞠躬，并伸出手臂，以法西斯式敬礼回应成千上万的人。"但是观察者注意到，他的脸上几乎没有笑容，此刻他在思索什么？马可尼会想，比起那些聚集的人群，他更了解对法西斯的支持究竟意味着什么。在任何情况下，他觉得都不得不回应记者关于欧洲局势问题："墨索里尼和希特勒不会使用武力。他们大不相同。" 89

马可尼在旧金山时又收到了日本外务省的临时邀请，随后，1933 年 11 月 2日，他们航行到了日本。克里斯蒂娜这次旅行的回忆录读起来就像一部旅行纪录片。在海上航行近一周后，他们抵达了夏威夷。根据克里斯蒂娜记录，"1933 90年，这里仍非常原始，很少被开发……白人数目也不多。"在船上，檀香山丽思卡尔顿酒店的经理拜访了马可尼夫妇，之前在伦敦萨沃伊酒店马可尼夫妇就曾受到他的照顾。当他们抵达横滨时，他们迅速被汽车送往东京，在皇宫"立即"受到裕仁天皇的接见。马可尼夫妇在弗兰克·劳埃德·赖特设计的杰作帝国酒店住了几天后，在日本旅行了几天（途中经过富士山、京都、大阪、神户等地方），他们沿途学到了不少东西，比如人工珍珠养殖创始人教他们如何养殖珍珠。

1933 年 11 月 13 日，《伦敦旗帜晚报》报道称，马可尼正在从日本前往印度的路途中，打算将行程拓展到喜马拉雅山。但事实上，他仍然还在享受日本风景的旅途中，天皇赐予他一枚通常只赐给皇室成员的旭日勋章。11 月底，马可 91尼乘船前往韩国，随后穿过韩国来到中国——此时，日本几乎侵略了整个中国。最后，他们到达了天津，然后是北京。克里斯蒂娜称，他们在北京遇到的欧洲人只是传教士和外交官。著名的梵蒂冈公使馆以及北京天主教大学都位于北京。从当时所拍到的照片可以看到，马可尼面露疲惫，神情庄严，身穿一件从英国大使那里借来的厚大衣，拄着拐杖。围观的观众有千余人，有学生、无线电业余爱好者以及中国的科学领袖。"他高兴地说中国和意大利教会之间的分歧得到妥善解决，在教皇统治下的梵蒂冈和在墨索里尼先生带领下的意大利政府团结一致。"

梵蒂冈人对马可尼的来访非常感兴趣。教皇代表伊尔德布兰多·安东尼乌蒂(Ildebrando Antoniutti)主教向国务卿帕切利报告称，马可尼在北京期间，他曾多次陪同出席活动。随后，马可尼访问了教廷代表团，并检查了他们从梵蒂冈无线电台接收每周广播的设备；安东尼乌蒂自豪地报告说尽管马可尼收到许多邀请，但是马可尼在北京访问期间，只去过天主教大学这唯一一家教育机构，他补充说，马可尼对传教工作有着浓厚的兴趣。马可尼没有无视世俗的关注；他还与意大利驻华大使举行了会谈，商讨在意大利和中国之间建立直接无线电联系的事宜。此时，马可尼游兴正浓。他们在上海游玩了6天，住在维克多·沙逊爵士的华懋饭店。此外，在南京，时任国民党总统蒋介石接见了马可尼夫妇。随后，他们从上海乘船返回意大利。此次回程耗时25天，途经香港、马六甲海峡、新加坡、锡兰以及孟买。在新加坡，马可尼夫妇在莱佛士酒店下榻，并在新加坡大学发表演讲，驻锡兰的意大利总领事是加里波第的侄子。1934年1月4日，在几乎环游了整个世界后，马可尼一行人抵达意大利布林迪西港口。马可尼回国后立即给墨索里尼发电报，呈上问候，并且希望早日见到墨索里尼，向他讲述旅途中的见闻。

* * *

马可尼的生活再一次与墨索里尼政权同气连枝。国家研究委员会年度全会依旧是墨索里尼和马可尼宣传科学作用的正规场合。1934年3月8日，国家研究委员会年度全会在威尼斯宫墨索里尼的管辖区召开。马可尼首先发言，详细阐述了理事会活动的每一个方面。他回顾了科学研究对经济和国防做出的重要贡献，及国家研究委员会的起源：起源于战后设想，但现在委员会正在适应和平时期的需要。墨索里尼接着发言，他说，马可尼的演讲十分精彩。但他采取了不同的策略。军事专业的学生想知道战争是科学还是艺术；备战是一门科学，战争的开展是一门艺术。因此，必须将科学研究视为一场战斗，并且国家研究委员会必须像总参谋一样发挥作用。墨索里尼使用军事隐喻强有力地表达了他认为的科研的作用，同时也是他的思想演变的不祥信号。几个月后，即1934年

6月，他将和希特勒在威尼斯进行第一次会谈。对马可尼来说，这次会谈的影响是多方面的，不仅对他主管的组织，对他自己正在进行的研究工作也都有影响，而更严重的是对他对科学的作用的看法影响巨大。

1934年10月11日，马可尼在那不勒斯市的意大利科学进步协会发表重要讲话。这是一次简短的演讲，但也是他在科学、技术、进步和经济之间的关系98中所作的政治性党派色彩最少的演讲之一，同时马可尼还提到了意大利政府、科学界和外部世界。针对世界经济萧条已经持续3年的情况，他强调意大利急需广泛组建科研机构。马可尼称："我们正处于人类历史的转折点""机械和技术不断进步，更重要的是通信和运输手段不断更新，推翻了原有的经济传统的基础。"这种动荡的典型标志之一就是大规模的失业，"曾经人们认为失业现象可以自然度过，现在不能再这么认为了，并且需要从源头解决失业问题。"目前，许多国家推崇的国民经济主义其实只是一种虚无缥缈的幻想，会使失业现象越来越严重。不幸的是，意大利也和其他国家一样——尽管一些人不愿意但迫于无奈——不得不走这条布满了陷阱的路。

与此同时，由于国家研究委员会秘书长乔瓦尼·马格诺尼的热情投入，委员会正深入参与另一种法西斯国家建设。1935年1月，国家研究委员会为罗马大学人种学教授卡罗·马格诺尼的项目提供支持。马格诺尼提议建立一个"种族文献中心"，在种族研究领域进行"道德和社会性质"研究。马格诺尼的项目直到1938年才得到批准，1933年和1935年，在国家研究委员会的主持下完成了关键的基础性工作。根据在罗马中央国家档案馆的文件，1934年2月，国家研究委员会决定支持马格诺尼的项目——此时正值马可尼担任国家研究委员会会长的顶峰时期。1935年1月29日，委员会会长给国民教育部的一封信证实了国家研究委员会对马格诺尼项目研究的支持，因为这个项目确定"所建议的工作范围实际上具有严肃的科学特质"。唯一的问题是，这封信显然不是由马可尼亲笔写的，因为心脏病再次发作，此时他正在伦敦的一家医院疗养康复。这封信上"秘书长乔瓦尼·马格诺尼"的签名被抹去，取而代之的是手写的"第二会长"。此99时，马可尼正在伦敦医院病床上从事其他工作。他是否支持马格诺尼正在推行的项目不得而知。100

第33章 "您的每个愿望都是我的命令"

关于意大利法西斯何时开始推行种族纯洁性的政策，各方莫衷一是。主流历史学家称，墨索里尼对这一问题一直漠不关心，直至 1936 年他和希特勒结成联盟，让他渐渐适应了纳粹式的法规。修正主义学派称反犹太主义更深地植根于法西斯主义的 DNA 中，这也证实了一些我们刚刚看到的记录，及马可尼在 1930 年的一些活动。2002 年，修正主义学者安娜丽莎·克普瑞斯特在一本报道意大利国内外新闻的学术期刊上发表了一篇文章，引起了短暂的争论。2002 年 3 月 19 日，《卫报》刊登了一则报道，标题为"马可尼禁止犹太人进入墨索里尼研究机构"，副标题更加充满敌意："无线电发明者协助意大利反犹运动"。这篇文章基于克普瑞斯特的研究写成。这位独立的意大利学者在皇家科学院的档案中搜寻，发现了马可尼在 1932 年国家研究委员会人员提名的商谈笔记，当时这次商谈持续了很长时间。克普瑞斯特注意到，马可尼曾在皇家科学院待定名单上将犹太候选人标记为"E"(Ebreo 希伯来)，并且没有进一步的评论。这是一个确凿的证据，她用这个证据建了一个看似可信和令人信服的论据，导致了《卫报》的报道，并重新开启了曾在 20 世纪 30 年代在意大利蓄势待发的关于建立反犹太主义的辩论。

克普瑞斯特感兴趣的并不是马可尼本身，而是在 1930 年至 1937 年马可尼担任皇家科学院院长期间，将犹太人排除在科学院成员之外。一小部分学者已经发现了证据证明在 20 世纪 30 年代的意大利已经有意构建反法西斯主义的机构联盟，克普瑞斯特只是其中的一位学者。此外，正如权威历史学家所言，墨索里尼 1938 年的种族法律不是一夕之间的畸变（这一时期意大利已故历史学家伦佐·德·费利切的著作《意大利法西斯统治下的犹太人》可以证实这一观点）。马可尼对犹太人的态度本是一个让人不安的故事，但权威历史学家的观点将这个故事大事化小，在这个版本中，意大利人并不和其他一些欧洲人一样，从本质上反犹太，并且，意大利复兴运动之后，犹太人完全融入了意大利生活的各个方面。严格地说20世纪30年代末，墨索里尼是为了迎合希特勒，导致了愤世嫉俗的种族法律的诞生。

修正主义的说法则更加心怀恶意。他们称反犹太的做法在很早之前就已经浸入意大利生活的方方面面，并且，种族法律出台是一个顺理成章的过程，这一过程早在10年前甚至更早就已经开始。意大利的犹太人对此观点不一，经常会在自己的历史故事中搜寻答案；有一些人会称，在1938年之前，他们的家人就已感觉受到了歧视，有些人在欧洲其他地方也有过诸如此类的形形色色的受歧视的经历：申请租赁公寓无缘无故被拒绝，职位晋升时遇到不明不白的障碍，高分却无法申请大学，婚配时莫名其妙地被对方家人反对……   3

1932年1月，皇家科学院开始提名新的候选人，旨在10月即法西斯政权10周年庆祝活动之际更新科学院成员名单。（提名程序要求皇家科学院每年向墨索里尼推荐至多10名新成员，以供考虑。）1932年3月和4月，德国作家埃米尔·   4
路德维希①对墨索里尼进行了一系列访谈，墨索里尼在访谈中对埃米尔说："意大利不存在反犹太。"墨索里尼强调，意大利的犹太人受到同胞们的赞赏，他们为意大利英勇奋战，在意大利的大学、军队和银行中担任要职。然而，路德维希反驳说，据说您已经把犹太人排除在皇家科学院之外。"绝对没有，"墨索里尼回答，"我们只是没有找到合适的人。目前，我们最著名的科学家之一，历史学家阿莱桑德罗·德拉·塞塔（Alessandro Della Seta）就是候选人之一。"德拉·塞   5
塔的确是意大利最杰出的学者之一。德拉·塞塔是一位专攻伊特鲁里亚和古罗马遗迹的考古学家和艺术历史家，在罗马大学的伊特鲁里亚研究所和意大利考古机构中担任主席。德拉·塞塔不仅是犹太人，也是一位直言不讳的法西斯主义的支持者。他在1928年自己出版的一本书的序言中提到，战后意大利政治备   6
受屈辱，在法西斯主义的统治下，民族精神获得新生。这一比喻贯穿了此时整   7

①希特勒把一些德国人变成了犹太人，埃米尔·路德维希就是其中一个有趣的例子。他出生在一个犹太家庭，但以一个非犹太人的方式长大。"许多人因为希特勒成了犹太人，"他曾经说，"自从1922年瓦尔特·拉特瑙被谋杀后，我就成了一个犹太人，从那一天起，我强调我是一个犹太人。"1932年路德维希成为瑞士公民，1936年8月13日移居美国芝加哥。

个意大利知识分子的思想；正如我们所看到的，它体现了马可尼自己对法西斯意识形态的坚持。皇家科学院档案室并没有维持太久——这是墨索里尼建立的，但是在他执政时期内就消失了——档案室位于罗马老城一角的里特拉斯提弗列区科西尼宫一层楼上的几个杂乱的房间，法尔内西纳别墅即皇家科学院的总部（马可尼的院长办公室就位于这里）就在路对面。多亏了克普瑞斯特参考文献详尽的文章，我很快就找到了相关的资料。马可尼手写的犹太人批注"E"的确就在这些资料里。然而，它们就像一个大杂烩，有些是打印版的，看上去很正式，有些是写在小纸片上，笔迹潦草，委员会的会议冗长且烦琐，这些文字正是会议讨论的记录。有些资料有时间记载，有些日期不明，资料的顺序也杂乱无章（可能是年复一年由不同的人经手造成的）。提名名单上有许多名字，其中有 3 个犹太人的名字重复出现了 3 次（阿莱桑德罗·德拉·塞塔、赛撒尔·维梵德和乔治奥·德尔维齐奥），并不是每一次出现他们的名字都有一个"E"在旁边；至少有一次，"E"看上去是后来才加上去的。但最重要的一点是：马可尼在名单上的名字旁边做了各种各样的记号，不仅是犹太人记号"E"，还包括候选人职业、地址、"X"符号、问号、下划线、看上去讳莫如深的符号、偶尔分心的涂鸦以及此类评论：可能与邓南遮合不来等原因造成的（邓南遮此时也处于候选人行列）。我们可以做出什么样的道德判断来确定一些人是犹太人呢？有些是因为"来自佛罗伦萨"，有些则可能因为与其他成员产生摩擦。

鉴于所有标有字母 E 的名字都属于犹太的候选人，我们可以确定当时马可尼正在确认犹太人——正如他用同样奇怪的标准确定候选人一样，但结果如何呢？如果一个人要把魔鬼的主张放在极端的立场上，就可以认为马可尼青睐于这些候选人，并提醒自己在投票时间到来时给他们帮助。他是为了自己的某种目的而确定的候选人，还是为墨索里尼服务（但不可能是墨索里尼需要马可尼告诉他，阿莱桑德罗·德拉·塞塔是犹太人），克普瑞斯特的研究强有力地说明原因是后者。1932 年 3 月 18 日，皇家科学院的一名成员，数学家弗朗西斯科·赛韦里给他的一位犹太朋友生理学家卡罗伏写信称"科学院院长（马可尼）告知，将继续把参议员和犹太人排除在科学院之外"。

皇家科学院选举的第一环节是在学科内部举行的。1932 年 3 月 8 日，在历史和哲学学科的一次会议上，韦万特和戴尔·韦库奇奥以微弱的票数败选，而德拉·塞塔票数很高，稳稳胜选（本环节共有 32 名候选人，最终选出 14 人进入下一选拔环节）。当这些名字被提交至皇家科学院进行全员选举时，只留下了其中 9 名。每学科的 3 个空缺席位有 3 名候选人，按票数多少排列。德拉·塞塔在第三环节中得票最高，秘密投票之后，仍然高居榜首，27 票中他获得 25 票。

因此，尽管德拉·塞塔在马可尼标记的犹太人名单里，但他仍然被皇家科学院提名。根据皇家科学院创建的章程，最后的决定权属于政府首脑——墨索里尼。皇家科学院将提名名单呈交给科学院理事会。1932 年 3 月 16 日，理事会批准名单。在墨索里尼统治下的罗马没有任何秘密，名单上的字几乎立刻广为人知。3 月 18 日，墨索里尼会见马可尼和科学院总理阿图罗·马尔皮卡迪。虽然没有此次会议的具体会议记录，但 3 月 22 日，皇家科学院公布了科学院新成员的名单，德拉·塞塔不在其中——并且他曾被提名的席位为空。几天以后，当埃米尔·路德维希质疑墨索里尼关于犹太人被排除在皇家科学院之外的传言时，墨索里尼义愤填膺地回复称对他的指控是无稽之谈；毕竟，德拉·塞塔名列候选人当中。

11

要明确马可尼的作用，我们需要推测他在和墨索里尼与马尔皮卡迪的秘密会议上谈论的内容。鉴于这次会谈的时间恰好在通过提名名单和墨索里尼做最终决定之间，那么我们可以安全地假定在此次会议上，他们商谈了德拉·塞塔的候选资格。马可尼是否基于自己那份著名的名单，告诉墨索里尼德拉·塞塔是犹太人呢？正如档案里记录的，这几乎没有必要。墨索里尼征求意见了吗？马可尼的背景表明他会建议墨索里尼查看投票结果；他没有从根本上反犹太，为了他所掌管的皇家科学院的机构完整性，他这样做无可厚非。在他发出明确的指令后，墨索里尼是否斥责马可尼失去了对学院的控制权？即使是这样，墨索里尼也不太可能责怪马可尼；墨索里尼需要马可尼比马可尼需要墨索里尼更多一些，并且马可尼是为数不多的能对墨索里尼畅所欲言的人之一，即使他的建议很少被采纳。因此，在这次秘密会谈中关键角色是马尔皮卡迪。

马尔皮卡迪作为皇家科学院的总理以及科学院的负责人，是意大利法西斯党最有影响力的成员之一。他的战争记录和政治轨迹都类似于马可尼，但他比马可尼更早支持法西斯主义，并且他是法西斯主义的铁杆支持者。早在 1918 年，马尔皮卡迪就为墨索里尼创办法西斯报纸《意大利人民》（*Il Popolo d'Italia*）做出重要贡献，并且曾加入邓南遮阜姆军队，在 1930 年和 1931 年为法西斯政党服务，1932 至 1934 年担任法西斯党副书记一职。马尔皮卡迪还是一位著名的诗人和小说家，曾有人私下说，他工作的重要职责之一就是监视马可尼，并督查皇家科学院是否偏离法西斯党的政策。

　　如果现在是意大利法西斯种族政策的发展初期，拒绝提名皇家科学院的第一个犹太成员就是一个好的开端，并且马可尼的犹太人标记"E"是一个秘不示人事件中罕见的实际证据。墨索里尼对犹太人群体毫不在意（如果有，那他在意的则是个别犹太人，包括先前他的数位犹太女友和他的长期情妇玛格丽塔·萨尔法季）。马可尼赞赏他和犹太人发展的广泛的商业关系，特别是在英国和美国。但是无论公开与否，马尔皮卡迪在墨索里尼最亲密的同僚里是强烈倡导种族排斥政策的人之一，作为一个官员，他总是把法西斯党的利益凌驾于任何道德或伦理思考之上。毫无疑问，他所主张的建议和德拉·塞塔的提名息息相关。

　　现在的问题是马可尼究竟是哪种立场？正如克普瑞斯特所言，即使马可尼不是反犹太政策的始作俑者，即使马尔皮卡迪反对犹太人进入皇家科学院，马可尼也会同意，并且在马可尼与法西斯主义的关系中，默许似乎是他常见的立场。克普瑞斯特对马可尼的道德立场并不特别感兴趣，而是对他客观上促成的政策感兴趣。但是我们对马可尼的道德立场十分感兴趣。马可尼从来不反对公开，只在必要时陈述他的意见；同时，他又总是小心翼翼，从不引起政治纠纷。他总是思前想后，权衡利弊。马可尼最后做了什么，他在某一特定情况做出的选择是一条强有力的线索，可以判断他其实是谁，他想做什么，他信奉什么。在这件事上，他选择了继续支持墨索里尼政权。现在，他别无退路。

　　考虑到他的人脉关系都是著名的非教派人士，马可尼在法西斯统治下的体制中反犹太的道德立场问题更严重。除了他与犹太商人广为人知的密切关系，马可尼在博洛尼亚市的家庭律师尤金尼奥·亚奇亚不仅是犹太人，还是知名的反法西斯主义者。亚奇亚 1869 年出生在的里雅斯特市，当时奥地利已经占领的里雅斯特，并且宣称要吞并意大利，亚奇亚不得不离开的里雅斯特。然后，他搬到了博洛尼亚，在那里，他成为马可尼的律师里奥尼达·卡普里的合伙人，并且娶了卡普里的妹妹。1902 年，亚奇亚被选为博洛尼亚市议会的左翼激进分子，他赞成意大利在第一次世界大战中的干预行为，但他在很早就坚决反对法西斯主义，在 20 世纪 30 年代，墨索里尼的警察经常来找他。他是马可尼的《1917 遗嘱》中的遗嘱执行人之一，在马可尼临终之际，他一直致力于维护马可尼在博洛尼亚的其他利益。

皇家科学院的犹太成员资格问题可能在 1932 年 3 月 18 日的会议上得到了解决，但这一问题仍然存在。无论如何，未明言的政策很快就会显现出来。1933 年，作家和艺术评论家乌戈·奥杰蒂（1925 年《法西斯知识分子宣言》的签署者）再次提名德拉·塞塔，奥杰蒂赞扬了德拉·塞塔的爱国主义精神，并回忆说，墨索里尼本人在与埃米尔·路德维希的访谈中曾提到过他。在导致秘密投票的讨论中，道德哲学家弗朗西斯科·奥雷斯塔诺称，德拉·塞塔的候选资格涉及一个只有墨索里尼才能决定的问题，并提议给德拉·塞塔第二次机会，让墨索里尼有更多的思考空间。但德拉·塞塔在候选人中名列前茅（44 票有 28 票选他）。1933 年 4 月 13 日，选举结果直接转交给墨索里尼，并附有马可尼的一封信。这一次，墨索里尼让获得投票数第二名的候选人宗教历史学家拉斐尔·贝塔佐尼填补了科学院的空缺位置。马可尼什么也没说。有趣的是，科学院的第三位候选人是另一名犹太人，法学教授赛撒尔·维梵德（也是法西斯党员）。毋庸置疑，德拉·塞塔的候选资格没有被考虑。

皇家科学院成员的提名过程也反映了这一时期意大利知识分子的地位。正如我们所见，1931 年法西斯政权迫使学术界宣誓忠诚；少数人，包括少数犹太大学教授如维托·沃尔泰拉拒绝宣誓则承担了职业生涯受挫的后果。大部分人为其事业着想都宣誓效忠法西斯主义，没有什么坚定的信仰。1932 年和 1933 年对德拉·塞塔的投票清楚地表明，无论政权对犹太学者加入皇家科学院真正采取什么政策，成员都没有把忠于法西斯主义和种族排斥联系在一起——尽管种族排斥本身似乎没有给任何人带来麻烦，但妇女被明确禁止加入皇家科学院，反法西斯主义者则绝对没资格。看投票结果不能说皇家科学院本身反犹太；如果说有什么是科学院成员可以出人意料地大胆做的事情，那就是提名德拉·塞塔给墨索里尼造成了一种尴尬的政治局面。

法西斯政权的立场非常强硬。至于马可尼，虽然 1933 年他没有在名单上标记犹太人"E"，但他不可能已经忘记了他曾监管政策的影响——不到 3 个月前，即 1933 年 1 月 30 日，希特勒已经宣誓担任德国总理，增强了意大利国家法西斯党右翼的信心。（马尔皮卡迪后来自豪地宣称他是第一个代表墨索里尼恭贺希特勒的意大利人。）马可尼再次对此保持沉默，一心一意只忙于自己的事情。在向墨索里尼提交 1933 年 4 月皇家科学院的建议书后几天，马可尼和克里斯蒂娜在罗马的坎皮多利奥与成立一年的英国法西斯联盟的创始人奥斯瓦尔德·莫斯利以及莫斯利的妻子戴安娜·米特福德合影留念。在墨索里尼指示法西斯党的外国分支不得参与其所在国的内部政治后，伦敦的意大利法西斯部分（其名誉主席是马可尼）有点困惑该如何与莫斯利的组织相处，但这似乎并没有对马可尼造成影响。① 马可尼在这个时候也对黑森州的菲利普王子很友好，他是早期（1930 年）纳粹党的成员，希特勒经常让他给墨索里尼传递信息。

　　1934 年，德拉·塞塔、戴尔·韦库奇奥和维梵德再次名列皇家科学院候选人名单。这一次，马可尼同样没有必要在名单上标记犹太人"E"——虽然在 1934 年另一个犹太候选人数学家图里奥·列维-奇维塔出现了。在马可尼的名单上，有几位标记了问号，但是没有"E"，列维-奇维塔就是其中之一——国家研究委员会的马格诺尼曾经形容奇维塔是"一个信念坚定的共产主义者、一个疯子"，还是一个犹太人。他的确是一个坚定的反法西斯主义者。然而这一次，甚至没有一个犹太候选人被提名。

＊　＊　＊

　　在法西斯统治时期，马可尼几乎没有表现出积极投身于政权的决定性项目及其意识形态的迹象。唯一例外的是，他毫不含糊地支持的一项法西斯政策——一项影响巨大的政策——埃塞俄比亚的殖民化。② 20 世纪 30 年代初，正如我们所看到的，民主政体仍然对意大利的法西斯主义持欣赏支持的态度，认为这是一种强有力的解毒剂，既能提高经济自由主义的生产效率，又能解决现代国家无力同时容纳资本主义和共产主义的问题。1935 年，意大利入侵并吞并埃塞俄比亚之后，情况截然不同了。

　　1869 年 11 月苏伊士运河通航后不久，意大利开始了在东非的殖民过程（马

---

①莫斯利和米特福德在战争期间都被拘押了。

②此处使用这个国家的现代名字埃塞俄比亚，除了从当代文件直接引述外，该国主要（但不总是）被称为阿比西尼亚。

可尼也参与其中），当时，热那亚造船者、意大利爱国者拉斐尔·拉布提诺在红 21
海南部的入口处阿萨布湾购置了一片 36 英里（约 58 千米）长、6 英里（约 9.7 千米）宽的一个狭长地带，这一地带位于今天的厄立特里亚。1882 年，拉布提诺将他的财产贡献给了年轻的意大利（今天，热那亚载重广场上有一尊铜像纪念他）。随后受到英国的鼓励，意大利逐渐对该地区产生了兴趣。1885 年 2 月 5 日意大利远征军队在马萨瓦站稳脚跟，随后意大利与埃塞俄比亚国皇帝约翰尼斯四世建立了关系，此时，英国、埃及和苏丹军队已经相继入侵埃塞俄比亚。在武装冲突爆发后的一系列对峙之后，1889 年意大利和埃塞俄比亚的新皇帝孟尼利克二世签署了一项条约。条约规定，埃塞俄比亚将北部领土割让给意大利，成为意大利的厄立特里亚，意大利停止对埃塞俄比亚的进攻。意大利宣布该条约使其成为整个埃塞俄比亚的保护国，但孟尼利克称，在条约的阿姆哈拉版本中没有提及这一问题。 22

1891 年，意大利和英国签署了两项协议确定各自的势力范围。意大利"得到"了埃塞俄比亚，而苏丹被认为是英国的一部分。意大利和埃塞俄比亚之间的进一步争端接踵而至，直到 1896 年 3 月 1 日，孟尼利克二世亲自率军在埃塞俄比亚北部的阿杜瓦战胜意军，第一次意大利埃塞俄比亚战争至此结束。这次失败——欧洲殖民力量第一次败给非洲国家——对意大利民族自尊产生了破坏性影响（也给 21 岁的马可尼留下了深刻的印象，当时，他刚抵达伦敦得知这个消息）。1896 年 3 月 10 日，意大利总理弗朗西斯科·克里斯皮政府垮台。对马可 23
尼这一代和社会阶级的年轻人来说，意大利在阿杜瓦战役的羞辱性失败对意大利民族主义——最终的法西斯主义——的崛起产生了深远的激进影响。

阿杜瓦战役之后，意大利被迫承认埃塞俄比亚独立。1928 年 8 月，意大利王国和埃塞俄比亚帝国签署了一项"友谊"条约，合约规定在阿萨布为埃塞俄比亚提供进入海洋的通道，合作建设现代化公路，及通过国际联盟解决进一步争端。墨索里尼和埃塞俄比亚摄政王塔发里（1930 年称帝后名为海尔·塞拉西一世）也有自己的谋划。1930 年，意大利在埃塞俄比亚小镇瓦尔驻扎了一个警戒军队，在意属索马里兰和埃塞俄比亚之间划定了一条模糊不清的边界线。经过接二连三的对抗，埃塞俄比亚在 1935 年 1 月 3 日呼吁国际联盟进行仲裁，但是联盟没有进行干预。几天后，墨索里尼与法国外长皮埃尔·拉瓦尔会谈之后签署了《意法条约》，有了这份条约，意大利认为自己可以随心所欲地对待埃塞俄比亚。法国和英国释放出外交信号，希望意大利最终能成为反抗希特勒的盟友，受此鼓舞，墨索里尼决定入侵埃塞俄比亚。

法西斯政权日益变得民族主义，埃塞俄比亚成为法西斯政权和其批评者之间的分界线。意大利内部几乎没有反对派；然而，埃塞俄比亚成为国际社会对墨索里尼政权态度的转折点。那些创建了国际联盟的主导政权从先前饶有兴趣地观望，到如今对有可能成为希特勒扩张主义盟友的法西斯意大利感到恐惧。20 世纪 30 年代初，美国在外交事务中一般是反对殖民主义的，但法国和英国的态度更为复杂，从意大利的角度来看也更虚伪。为什么这些国家拥有海外殖民地而意大利没有？意大利自称是埃塞俄比亚人民的救星，可以将他们从压迫部落的领导和被奴役中解救出来，与此同时，非洲战争为新兴的种族霸权理论提供了前车之鉴。

墨索里尼是意大利的爱国者、民族主义者，现在又是法西斯，他一直没有忘记阿杜瓦战役，当然要立志复仇。意大利人感到深深的耻辱，他们第一次在战争后宣称对殖民地的所有权，他们对意大利殖民地的期望过高，有着希望拥有更大权力的狂热的伪善感觉（毕竟，他们以自己为榜样），这给墨索里尼的法西斯军团再次踏上埃塞俄比亚土地提供了说辞。马可尼在林琴学院的档案资料中包含一个 1935 年在罗马出版的英文小册子，其中详细说明了意大利主张殖民地权利的理由："意大利太晚获得统一和独立，因此不能在海外争夺领土。最好的选择是尽早在她想出应对办法之前对领土进行控制。"

1935 年夏，墨索里尼很显然要带着意大利走向战争。马可尼明确地表示支持。7 月 18 日，墨索里尼写信给当时在伦敦的马可尼，让他去巴西，因为代表政府的新的无线电台要开始运营了。7 月 27 日，马可尼在伦敦写信回复道："你所想的，我必完成。"他接受墨索里尼的要求，也建议他们彼此见个面，这样他就可以在南美洲展示他的"意大利和法西斯宣传"的想法，并表示他希望在回国后"为非洲的运动贡献自己的力量"。（墨索里尼的办公室寄回了一份样板文件，称他们收到了马可尼想向东非提供志愿服务的请求，并将其传送到了军事指挥部，这反而显示了对于马可尼的请求他们无法做出决定。）

8 月 28 日，马可尼告诉路透社记者称："我应该去。如果意大利和阿比西尼

亚(埃塞俄比亚的旧称)开战，我应当听从领袖的指挥。"尽管他强调说他被征召 26
入伍的新闻报道为时过早，但据报道，他是"自愿入伍"，并要求墨索里尼把他
派到东非任何一个他可以尽一份力的地方。在后来的几年里，这成为马可尼支 27
持法西斯主义的标志。1945年，马可尼的私人秘书、亲密的合作伙伴和密友乌
伯特·迪·马科写道，"马可尼在罗马媒体的声明上第一次得知他'自愿入伍'"，
由此很快就在国外传播开来。这里提到的信件当然毫无疑问地显示了马可尼"自
愿入伍"，马可尼在林琴学院的档案中(其死后由迪·马科保管)包含的马可尼和
法西斯党总书记斯特拉斯往来电报中，斯特拉斯代表法西斯党感谢马可尼请求
领袖墨索里尼将他派到东非去，马可尼却回答说这是"荒谬"的，但他的抗议最
多就是事后改善马可尼形象的一个很好的例子。 28

　　马可尼的巴西之行引起了监视他的警察的注意。"许多人都对马可尼的巴西
之行表示怀疑，"Polpol 的特工阿尔弗雷得·博纳提，这位阿图罗·博奇尼组织的
反间谍特工中任职时间最长的一位说，"很多人都在问：为什么是他去，甚至还
说他能给国家带来什么好处？"但他们不需要再做什么了，因为墨索里尼对此次 29
出行有最好的内部消息来源：阿图罗·马尔皮卡迪是随行人员。克里斯蒂娜的
哥哥安东尼奥·贝奇-斯卡利写了一份这次旅行的日志。当时有很多关于政治的 30
讨论。当9月12日法西斯党离开热那亚时，日内瓦正在讨论意大利和埃塞俄比
亚的冲突(意大利在9月4日向国际联盟提交了申诉书)。意大利立场坚定，墨索
里尼的立场从他的激进口号中就可以看出来，"Noi tireremo diritto(我们将直接
射击)。"但来自日内瓦的消息令人沮丧。英国一如预期地坚守自己的立场，但曾
经是意大利朋友的法国的皮埃尔·拉瓦尔现在似乎准备放弃他对意大利的支持。
当船经过直布罗陀海峡前往地中海时，马可尼观察了丹吉尔郁郁葱葱的植被，
给墨索里尼发了一份电报，鼓励他继续坚持下去。他现在完全接受了墨索里尼
为意大利的荣誉和伟大而做出的努力，不管他之前对法西斯主义产生了什么样
的矛盾心理，现在都已不复存在。 31

　　马可尼乘坐的奥古斯托号于9月24日抵达里约热内卢。在户外的大雨中，
马可尼面对围堵的记者作了一次即兴演讲，获得了热烈的掌声，然后欢迎宴会
转移到奢华的艺术广场科帕卡巴纳皇宫酒店。接下来几天，马可尼获得了各种
荣誉。9月26日，他参观了巴西参议院，并参加了艺术与科学学院的会议。主

流新闻媒体的文章都很看好马可尼，同时里约的共产主义和意大利的海外媒体则谴责"法西斯"马可尼。埃塞俄比亚的冲突占据了新闻版面。世界各地的反法西斯力量似乎在联合起来，甚至原来的友邦为了跟随英国及其盟友也选择放弃支持意大利。贝奇-斯卡利在游记中写道，马可尼一行人因为这些新闻报道而沮丧。

马可尼在南美洲作了电台演讲后，访问团前往圣保罗，在那里法西斯支持者们在警察的保护和当局的批准下举行了游行活动。10月1日在一场盛大的戏剧活动中，马可尼和人群一样穿着法西斯式黑衬衫，再次作了演讲，演讲内容通过广播在巴西广泛传播。当马可尼站在阳台上，向没能进入剧院的人群致敬时，天空下起了雨，克里斯蒂娜和她的哥哥很担心马可尼的健康。果然，第二天他就得了咽炎，不得不取消余下的活动。1935年10月5日，马可尼访问团从里约出发。就法西斯政权而言，此次巴西之行非常成功。

两天之前，也就是10月3日，意大利袭击埃塞俄比亚。10月9日，国际联盟意大利代表团团长阿洛伊西男爵在日内瓦的联合大会上发言："首先，我就不提西方人欠意大利什么"。埃塞俄比亚是"一个无法律约束和具有仇外心理的国家"，其内部混乱状态对东非和平产生了不断的威胁。埃塞俄比亚没有履行国际联盟的要求，即每个成员国都应有能够在其领土范围内行使权力的政府。他还说，这个国家不是文明国家。埃塞俄比亚拥有自己的殖民地，主要通过暴行和压迫进行统治，其本国人民也遭受奴役和灭绝。意大利认为他们正在埃塞俄比亚诠释国际联盟的真正精神。它是"一个要求正义的伟大的无产阶级国家"。

1935年10月17日从巴西回来后，马可尼开始着手准备两次重要的面向全美国的无线电广播。他用他与美国广播公司（RCA）总经理大卫·沙诺夫的关系确保广播最大限度的覆盖面。10月31日，他对美国无线电听众进行了15分钟的演讲，他说此次演讲跟之前的主题（无线）不同，这次他要讲他的国家和号称"埃塞俄比亚帝国"之间的冲突。他说："当法国和英国压榨他们自己的殖民地利益时，没人管过。"但当意大利试图保护自己免受东非殖民地袭击的危险，并呼吁使其现行条约生效时，意大利被标记为"侵略国家"。他说："意大利正努力实现法国，英国和埃塞俄比亚多年来一直共同向她做出的但却是徒劳的承诺，即农商业开发，工业发展和重组，总的来说即使一个拥有广袤领土的文明国家首

—534—

先要确保的也是自己人民的利益。"

两周后，马可尼再次向美国广播听众作演讲，这次是在由非常著名的卡内基国际和平基金会提供的讲台上演讲。卡内基曾邀请意大利政府委派一名高级官员参加 1935 年 11 月 11 日的国际停战日广播。墨索里尼让马可尼去，因为他有着全球声誉且精通英语。虽然马可尼通常自己写发言稿，但外交部对此次演讲特别重视，准备了一个演讲大纲发送给迪·马科，大纲于 11 月 4 日被转交给马可尼。马可尼告诉墨索里尼办公室人员，他将在广播当天早晨将演讲稿提交给他们，"希望有机会做出最后的更改"。马可尼的档案包括若干手写草稿以及马可尼手写演讲稿打印版的修订稿；外交部可能已拟定好话题，并对稿件进行了审查，但稿件言语的流畅和民族主义的夸张感绝对是马可尼的风格。

马可尼在演讲的一开始就称，他一直主张"无国界的无线电广播即使不是世界和平最伟大的工具，也是最伟大的工具之一（他强调）"。意大利是国际联盟的创始者。然而，战后和平条约却将世界变成了"专为自己享受最丰富的战利品人的乐园"。在远东地区，当日本侵略中国时国际联盟袖手旁观，只是虚张声势，什么也没做，现在却开始进行"反意大利的神圣战争"，其实仅仅是因为"殖民地争端"。国际联盟的行为"被所有意大利人看作是非常不公正的行为，我们太了解全体人民遭受的不公正是如何成为世界和平的不祥预兆！没有公正，和平如何长久"。

尽管有这些强烈的呼吁，国际联盟还是于 1935 年 11 月 18 日谴责意大利的侵略行为并对其进行经济制裁。在罗马为学院新季度主持开幕仪式的马可尼成为第一批谴责制裁的国际人物之一，他承诺学院会致力于"意大利在非洲扩张目标的实现"，呼吁国家抵制由国际联盟针对意大利进行的"不人道的战争"的行为。意大利正为捍卫自己的殖民地权益，并试图将文明带入"落后且被压迫的部落群"而受到惩罚，学院对"神圣的国家事业的最终胜利"有信心。意大利媒体报道说，马可尼的演讲表达了所有意大利人的感受。那天晚些时候，他难得露面一次并在墨索里尼召集的法西斯议会的深夜会议上发表了讲话，汇报了军事和政治情况。

马可尼本应该下个星期访问英国，并已经接受了英国广播公司（BBC）的邀请，为纪念他 1901 年实现跨大西洋的无线电通信录制一个简短的广播节目。现在他要求用 10 分钟的时间来解释意大利在埃塞俄比亚危机的观点。当然，这不是他首次以外交手段干预意大利和英国的关系。1918 年 7 月，作为在伦敦举行的同盟国议会商业会议意大利代表团团长，他非常具有说服力地指出，正是"一致和团结这个纽带"将英国和意大利两个国家连接在一起。1918 年，他在上议院的晚宴讲话中说过，"自远古时期，英格兰与意大利就没有任何冲突或导致冲突的原因"。然而现在，冲突出现了。在发出制裁的第二天，英国广播公司经理约翰·里斯写信给马可尼，礼貌却又强硬地坚决拒绝了他对广播时长的要求，理由是英国广播公司"希望保护其站在客观立场的声誉"，只允许英国政府官员和国际联盟的官员就意大利-埃塞俄比亚争端发表讲话。马可尼告诉媒体："这次广播节目的讲话不含有敌意，也不会掺杂个人怨恨。我只是想把我相信的事实告诉观众。我想这可能被称为宣传，但我想发表一个友好的讲话，把意大利的观点摆出来。我想指出，任何一个一流的国家都不会毫不反抗地接受制裁。"

公众和媒体对 BBC 的拒绝决定的反应褒贬不一。马可尼的第一本英语传记于 1935 年 11 月 12 日在伦敦出版，作者多丽丝·科利尔被多家报社请求对此做出评论。她告诉马可尼，《伦敦旗帜晚报》并没有在此次争论中靠边站；《先驱者》是反意大利报纸，一直要求对意大利做出制裁；《每日邮报》和《星期日电讯报》都是亲意大利报纸，因此没有人相信他们说出的是事实。"我认为大多数人和我一样对意大利人民遭受的制裁感到遗憾，但无法认可墨索里尼的侵略态度。"在 1935 年 11 月 24 日的《周末画报》中，休·艾迪森写道："最终，机会来临，在文明国家之间，为了和平与善意，无线电广播应该要做一些事情。马尔凯塞想帮忙，那就应该让他帮忙。"《早报》的一篇社论谴责称，"无线广播的创始人"却"无法利用自己的发明"，而马可尼的努力本可以深化英国与意大利之间的友谊。

伦敦对 BBC 拒绝行为的批评也被罗马和梵蒂冈注意到了，在那里负责外事关系的办公室正在汇编关于意大利-埃塞俄比亚冲突的大量新闻剪报。与此同时，在米兰，一名在反情报侦察机构工作的情报员菲利波·泰格里阿瓦其报告称，马可尼的伦敦之行肩负重大使命，"鉴于马可尼参议员与英国政界的深厚友谊，一些圈子认为让英国对意大利-非洲的冲突做出让步还是有希望的，并希望英国站在我方立场迅速给出解决方案"。

马可尼和里斯在 1935 年 11 月 29 日一起吃了午饭，里斯随后立即写信给他确认他们之间的谈话内容，即"下周如果你想要进行广播，任何内容（除了那一件事）我们都很乐意接受"。他同时友好地附言道："我非常喜欢今天的午餐。"马可尼特意呼应里斯的语调回信说："感谢您提供这样的机会，我在意的广播内容就是那一件事（他强调）。"同时还附带上他的午餐谢语："感谢与您一起度过的欢乐午餐时光。"里斯后来在他 1949 年的回忆录《逆风前行》(Into the Wind)中写道："马可尼让我非常尴尬。他在 11 月写信说他要来英格兰，并且非常乐意就意大利对制裁的看法发表简短的广播讲话。我带他去吃午饭，彼此间聊得很愉快。他还说他很期待有人告诉他除了他想广播的内容外，其他内容可以随意说。非常正确。我问是不是墨索里尼让他这样做的，他没有否认。" 49

　　这一切都比公众的看法要友善一些：无论他们的观点如何，里斯和马可尼分别表达了英国和意大利对埃塞俄比亚和制裁的态度，而且他们都崇拜墨索里尼。里斯回忆录的编辑查尔斯·斯图尔特写道，里斯公认是英国广播公司公共服务和独立新闻工作的精神创始人，他没有及时地认识到法西斯主义乃至纳粹主义的危险，"尽管纳粹很邪恶，他还是欣赏纳粹的成就。直到 1939 年 3 月布拉格被占领时，他唯一的评论还是：'希特勒继续他的辉煌和高效率'。"马可尼肯定没有他中毒那么深。斯图尔特写道，1935 年 11 月马可尼在英格兰时，里斯告诉马可尼："我一直非常钦佩墨索里尼，一直以来把他誉为实现高度民主目标的杰出榜样，虽然不是民主制度，但这是唯一可能的路径。"如果像里斯这样值得尊重的保守派人士（更别提其他人，比如温斯顿·丘吉尔）可以在最后阶段表达对法西斯的敬仰之情而没有污点，那以后就肯定会有人说，为什么马可尼不行呢？ 50 51

　　让墨索里尼指导马可尼关于埃塞俄比亚的宣传问题可能很没有必要。在意大利法西斯主义的所有政策中，其殖民政策，特别是埃塞俄比亚的殖民政策是马可尼最热烈支持的一个。持反对立场，或他过去经常给予墨索里尼许多政策温和的默许，使他成为进步的、世界性的国际主义者。埃塞俄比亚使种族问题被摆在意大利法西斯议程上，将"纯种"意大利人和其他人之间的分类法摆到台面上。从 1870 年开始，无论他们如何努力融入到意大利的社会、政治和文化生活中，这个分类法都很快会蔓延到在意大利的犹太人身上。作为一个局外人， 52

马可尼可以理解在欧洲的犹太人的境况。他在埃塞俄比亚问题上的立场让人回想起他对世界的看法是多么深刻，他试图通过沟通改善的其实是"白人的负担"，
53　这在他职业生涯早期就已经被证明了。

对马可尼来说，埃塞俄比亚也是个人的转折点。他因为努力向英国"解释"意大利的目标而遭到拒绝，因此受到了伤害和羞辱。多丽丝·科利尔于 1937 年1 月写信给他，反意大利的情绪已经波及她写的《马可尼传记》，这本书将不会再
54　有美版面市。同时，马可尼对埃塞俄比亚的干预标志着他在意大利的地位和声望达到顶峰。随着意大利开始准备更大的战争，他作为桥梁连接世界其他地区和意大利的重要性，及他目前的研究可能带来的军事价值，引起了人们的高度关注。尽管马可尼的政治主张是异端的，但是他在英格兰仍然很受欢迎。在他
55　出发的前几天，他收到白金汉宫的邀请去参加议会的开幕式。他对将英国广播
56　公司对他的拒绝与大范围的反英情绪联系起来的做法持谨慎态度。尽管 BBC 对他的拒绝刺痛（或者激励了）他，他还是受到英国政界大批人士，尤其是右翼人
57　士的青睐。他收到 1900 俱乐部等团体的邀请，就埃塞俄比亚危机发表演讲。
58　1900 俱乐部是一个由保守派上议院议员组成的"私人的但极具影响力"的协会。然而，此次访问后他再未去过英国，也再未离开过意大利。

马可尼、克里斯蒂娜和迪·马科于 1935 年 12 月 6 日乘坐火车前往巴黎。法国总理皮埃尔·拉瓦尔和英国外交部长塞缪尔·霍尔周末在巴黎开会，制定解决埃塞俄比亚危机的措施。官方外交行为没有让拉瓦尔改变对墨索里尼的同情心，而且他在与霍尔会晤前几天和意大利新任法国代表维托里奥·切鲁蒂①保持着密切联系。在伦敦，迪诺·格兰迪大使（和马可尼一样）也是一位经验丰富有魅力的亲英派，与外交部办公室保持着密切联系。但是，1935 年 12 月 10 日对意措施提案的细节（属于机密）被公布，受到了英国和法国有影响力的新闻媒体的抨击。该提案指出按照墨索里尼可以接受的条件来瓜分埃塞俄比亚，但根据伦敦《泰晤士报》的报道，埃塞俄比亚将只剩下一条"骆驼走廊"，作为通往大海
59　的通道。

与此同时，拉瓦尔要求与马可尼会面。来自巴黎的间谍吉多·瓦里亚尼向

---

①切鲁蒂是前意大利驻德国纳粹的大使。

Polpol 报告：据说马可尼已经使英国潜艇的电气系统瘫痪，总理斯坦利·鲍德温半夜打电话给拉瓦尔，就这个问题和他谈论了 1 个小时。瓦里亚尼报告说，拉瓦尔邀请马可尼观看一部法国海军题材的电影，而且整个政府和外交使团都将出席此次活动。马可尼显然只有在可以得到一个可以悄悄进入和离开的座位时才会接受邀请。作为在意大利驻巴黎大使馆工作的间谍网络中的高级特工，瓦里亚尼补充说，他正在整理这些不寻常的报道，以证明马可尼的一系列奇怪行为。但是，似乎马可尼和拉瓦尔有更重要的事情要讨论。

  马可尼一如既往地有多个工作要做：从自己在丽兹酒店的房间给澳大利亚发送广播，同时会见了拉瓦尔，并通知墨索里尼的办公室说他将于 12 月 17 日返回罗马，并希望在第二天与领袖见面。但是，在旅程的最后一站，在巴黎开往罗马的快车上，刚刚离开热那亚后，他患上了严重的心绞痛。比萨警察局通过加密电报立即通知了墨索里尼的办公室说马可尼患病了，但是正在两名医生的陪同下继续他的旅程。当迪·马科第二天打电话取消和马可尼的会面时，墨索里尼已经知道所有情况；他的特工无处不在，甚至在他制造的按时运行的火车上。

  国际联盟将于 12 月 18 日在日内瓦就埃塞俄比亚问题举行会晤，拉瓦尔要求意大利代表雷纳托·博瓦·斯科帕重申其在巴黎向大使切鲁蒂和马可尼所做的保证。不管这些保证是什么，但给人的印象都是：马可尼是在伦敦、巴黎和罗马之间游说的中间人。法西斯主义议事会也于 12 月 18 日举行会议。尽管因为马可尼患有心脏病不可能出席会议，但是有消息说马可尼出席了该会议。

  马可尼的心脏病是危及生命的，据医生朱塞佩·帕奇的详细医学报告显示：下午 1 时左右马可尼发病时，他正好和马可尼在同一列车上，也刚好在餐车上而且坐在邻近的桌子上，帕奇成功地通过药物救治了马可尼。当他们到达罗马时，马可尼邀请他一起到家里，并和自己的私人医生西塞尔·弗鲁哥尼商谈。马可尼很快就脱离了危险，但医生说他需要休息，最重要的是放慢工作节奏，在今后的生活中，他也必须时刻谨慎，比以往要更小心。如此一来反而给马可尼造成了额外的压力。马可尼的健康状况以及政府的保密决心显然在这个微妙时期成为被高度关注的问题。迪·马科后来写道，马可尼"烹制"了其本人参加法西斯会议的相关报道，以"避免在公众心目中出现疑问，即列车上发生的事件很严重吗?"这没有得到证据证实。马可尼的关注点转向了政府；他的官方文件档案经常出现关于他的健康状况及其疾病性质的矛盾报告；这也证明了政府对其正在进行的研究的潜在军事用途具有浓厚兴趣并十分关切，而这样的关切在去年达到了新的高度。

除了承受健康及政治承诺带来的后果，1935 年马可尼还必须处理他与公司之间日益恶化的关系。他的私人研究员的地位变化就是一个表现方面。5 月，马可尼的助理加斯顿·马修收到了伦敦公司的终止聘用通知。公司主席英弗福思告诉马可尼，问题的关键是费用：1934 年马修和杰拉德·艾斯泰德在意大利的工作花费是 9 000 英镑。一直信任保护员工的马可尼回复说，马修作为他的私人助理已经 15 年了，如果他被解职就会发现自己"处境特殊"，这显然暗示了会令马修这个在法西斯意大利的外国人处于不利地位。马修给英弗福思发了一封信，证明了他对公司进步的贡献。然而，马可尼并不能说服公司将马修留在意大利。6 月，马修被提名为波兰子公司的董事总经理及驻华沙公司总经理。马可尼建议

68

马修接受这份工作，而且马修也照做了。

几个月后公司要求艾斯泰德返回英国，这加剧了马可尼与公司的紧张关系。这一次，对于一个留在意大利的英国公民来说不仅存在经济上的压力，也存在潜在风险。马可尼在 1935 年 8 月 15 日写信给总经理 H. A. 怀特："你对于一个普通的外国人，特别是在我的命令下在意大利工作的外国工程师存在很大的误解，他就像你所说的那样是一个可怜的岛民，或者是一个阿比西尼亚人，这一点是毋庸置疑的。"马可尼与墨索里尼的个人关系足以确保在他的指导下工作的

任何人的安全。

马可尼发现难以找到独立的途径方法。在他看来，他的工作应该令所有各方都感兴趣，他正在努力保持最大限度的控制，使各方之间相互对抗：英国、公司和意大利。他看到其最新工作的主要受益方是军事领域，但似乎并没有看到英国和意大利很快就会处于军事对立面。他正在"进化完善……一个全新的无线通信系统，特别是在战争时期可能非常有用"，他这样告诉公司董事会，随后写信给怀特。意大利战争办公室非常渴望在其主持下进行研发，并为此目的给他提供了大量的资金支持，这些资金支持"我至今没有接受，因为我相信还能够

像以前那样通过公司成就事业"。他回忆说，在大战期间，他一直能同意大利政

府和公司之间和谐共处。当然，这是他向伦敦寻求继续支持的方法，但他没有认识到现在的情况已经不同了。

怀特多少有点恼火地回答说，因为从他的角度来看，这个问题的根本在于马可尼与公司之间的关系。1934 年，马可尼与公司重新谈判协议时，给伦敦留下的印象是他打算逐渐退出研究，以便投入更多的时间到意大利公务上。这位公司首席运营官写信给该公司的创始人说："除了提升公司的名誉，协议中没有规定任何义务、要做任何事情。"马可尼没有放弃。他去见墨索里尼，并提到公司对于他在意大利的英国助手待遇的担忧。墨索里尼"嘲笑了这个想法，并确认我的人肯定可以得到最大的关照和保护"，马可尼告诉怀特，直接警告他不要对自己所做的事情太得意。

71

马可尼在同一天写了这封信，英国媒体报道说，他提出要加入在东非的意大利军队（正如前文所述）。怀特写信给他说："我们都非常高兴收到你的信，说你自愿去前线服务。"马可尼所有的事业都处在活跃发展状态，彼此之间相互混合"不断演变"，就像他的研究一样：他的角色是研究委员会主席，他的个人研究，他对员工父母般的关心，他在意大利的政治地位，他与母公司的关系，他在英国社会和政治领域的地位，他在媒体上的知名度……但是，在伦敦公司将马修和艾斯泰德调离意大利之后，马可尼就遭到了遗弃，没有技术或经济支持。他的微波研究很快结束了。随着专属工作人员的离开，马可尼更没有理由与伦敦公司保持联系。他们的通信表明，负责公司的新高管惹恼了马可尼，虽然他的光环仍然可以给公司带来宝贵的宣传价值和品牌价值。尽管如此，他也意识到无论自己是否喜欢与领导人打交道，自己的未来其实都在意大利。马可尼已经把自己的研究私人化，并且向墨索里尼持续汇报自己最新研究潜在的军事重要性。现在双方这种联系更显重要，即使他在意大利以外的公开声明中也强调了和平研究的好处。

72

在华沙的流亡生涯中，马修仍然是马可尼和意大利法西斯主义的忠实支持者，他毫不含糊地把两者相互联系。在第二次世界大战后马修最终选择在德国生活，直到 20 世纪 60 年代依然保持活跃的状态。在他去世后，他的家人将他的文件，包括他与马可尼的大部分信件留给了柏林的德国技术博物馆，现在已经成为德国收音机和电视机公司德律风根历史档案的一部分。艾斯泰德回到了英国，1935 年 11 月在切尔姆斯福德定居。他继续为伦敦公司工作，直到 1969 年退休。他相信自己被召回英国的原因是墨索里尼指示马可尼用意大利人替代他这个外国助理。

1936 年 1 月身体稍稍恢复的马可尼开始了反对国际联盟的行动。1 月 19 日，在学院的一次演讲中马可尼回忆说，尽管英国言论自由，但他自己曾被拒绝在英国广播电台发言，以便"诚实地解释意大利的初衷"。由于公司对他的日益疏远和对他在意大利关于埃塞俄比亚问题上所采取行动的激烈反应，马可尼与英国的关系现在显得极为令人震惊。1936 年 4 月 21 日，《每日镜报》报道说，他不会再对伦敦进行例行春季访问。"显然他还没有忘记英国广播公司拒绝让他在广播中说明意大利人的观点。"

与此同时，墨索里尼以新的活力和决心继续在埃塞俄比亚的战争。在霍尔-拉瓦尔提案失败之后，墨索里尼使用化学武器、谋杀犯人，并对埃塞俄比亚人实施"恐怖的灭绝政策"，使这场战争升级成为灭绝种族的反人类犯罪。1936 年 5 月 2 日，海勒·塞拉西携带埃塞俄比亚的黄金逃到了英国；据说墨索里尼默许他的逃跑行动。3 天后，意大利将军彼得罗·巴多格里奥进入亚的斯亚贝巴；5 月 9 日，他的部队控制了该国，5 月 15 日墨索里尼宣布吞并埃塞俄比亚，并成立了意大利"帝国"。在威尼斯广场上的一场大型集会上，被国外称为"罗马黄金之音"的马可尼的门生，记者丽莎·塞尔吉奥用流利的英语向国际听众进行广播："意大利人民感到自豪的是，每当一个重要历史时刻来临，领袖都立即通过这种奇妙的方式召唤他们，这是由意大利人马可尼发明的，他现在在议会，正在领袖身边。"稍后，墨索里尼将宣布把埃塞俄比亚纳入意大利主权之下，并尊意大利国王为皇帝。

马可尼在意大利参议院被任命为特别委员会的报告员，其使命是将墨索里尼宣布的命令转变成法律。1936 年 5 月 16 日，他发表了热情的讲话，伴随着掌声，宣布意大利开创了一个新的光荣时代，那个开始于复兴运动的时代已经结束，意大利现在将承担更大的任务和责任。他回顾了法西斯政府 14 年的历史，夸张地描述了墨索里尼的"巨大"成就。在"他的绝对天才"指导下，领袖的革命事业正在创造一个以爱国主义、权利和劳动为基础的现代国家典范。反对意大利在非洲的"文明行动"是"历史上最无情和最不道德的联盟行为"，也是对欧洲和平事业的威胁。"感谢您，我们的领袖，意大利人已向全世界展示了它的实力，它是伟大的，它的勇气是无限的。"几天后，即5月21日，马可尼无线电信公司由英弗福思主席主持召开了第38次伦敦年度大会；这是自1897年以来，会议全程中首次只字未提马可尼。

墨索里尼吞并埃塞俄比亚暴露了国际联盟的无能，并加剧了国际关系的危机。1936年6月30日，海勒·塞拉西先生谴责了世界联盟的不作为，他宣布："今天是我们，明天就是你。"美国驻意大利大使布雷肯里奇·朗提出辞职，意大利驻美大使奥古斯托·罗索被从华盛顿召回(美国不是联盟成员)。7月，面对既成事实，国际联盟取消了制裁，日本和德国则承认意大利帝国。正如英国、法国和美国担心的一样，意大利已与希特勒进一步密切联系，形成了一个新兴的国际法西斯主义"轴心国"，这在未来几个月之内就会变成铁定的事实。

马可尼的国外影响力继续对墨索里尼的外交政策起着至关重要的作用。英国的冷漠态度令马可尼变得气馁，他将注意力转向美国摇摆不定的公众舆论。1936年6月14日，他再次从博洛尼亚向美国广播，而且此次广播又一次得到了大卫·沙诺夫的支持。他启用了一个新的广播电台，开始(他几乎总是这样做)回想起自己早期的实验史。"现在无线电不仅对于娱乐和教育来说非常重要，在更为敏感的政治宣传领域也尤为重要。"短波广播湮没了时间的障碍；它没有边界；可以促进人与人之间的理解，推动和平。在最近发生的埃塞俄比亚冲突中，他说："无线电被广泛使用或是被滥用，向世界四大角落传播最神奇和最荒谬的故事。"然而，在意大利和"野蛮的非洲部落及奴隶贸易商"的斗争中，和平与正义普遍存在。意大利"明确地表明所有进步和文明道路都是由伟大的思想家领袖提出来的"。克里斯蒂娜也被拽入宣传活动。1936年6月15日，她向美国发出广播，特别针对美国妇女发表讲话，目的在于表明法西斯主义为解放意大利姐妹所做的努力，宣布意大利的500万工作妇女是"绝对的同工同酬"。

尽管意美两国关系破裂，但是在这个广播播出后的1个月，即1936年7月，马可尼收到国家教育无线电咨询委员会的邀请，参加了在美国举办的教育广播大会。意大利驻美大使罗索建议外交部提请墨索里尼对于此次邀请的关注，并留意马可尼应该赴美的政治利益："古列尔莫·马可尼的名字和影响力在这个国家不同阶层中广为人知，他独自出席即使以个人和非官方的身份出现也会对美国民意产生有利影响。"马可尼由于病情严重无法进行长途旅途，但是 1936 年 10 月 12 日，他再次向美国发送了广播。那一天是哥伦布发现美洲纪念日，从来没有人会错过一个具有象征意义的机会，他从热那亚——哥伦布的出生地广播说起。这次他用了一种美国观众以前从没听过的口吻广播。"权利之力胜过力之权利。在意大利伟大的领导人贝尼托·墨索里尼的指导下，东非一个遥远、落后和极具侵略性的角落社会最终对文明权力敞开了怀抱，不再因为不了解和无知而一直对我们抱有怨恨。"马可尼与墨索里尼和他的法西斯政权联手了。在不到两周的时间里，1936 年 10 月 25 日，墨索里尼和希特勒签署了协议打造罗马-柏林轴线；墨索里尼于 11 月 1 日在米兰大教堂的讲话中宣布了这次联盟。

作为一个著名的商界、知识界、科学界和政界人物，马可尼不断面临各种支持社会改革的请求。而在 20 世纪 30 年代，随着欧洲犹太人的社会状况不断恶化，终于在 1935 年和 1936 年引起人们广泛关注。1935 年 7 月，马可尼收到一封来自耶路撒冷犹太复国主义组织，以色列（巴勒斯坦）基金会（犹太机构的一个财政部门）的来信，请求他为机构 15 周年纪念说一段简短的话以示支持。信中称呼马可尼为犹太国家的好朋友（也许是记得 1917 年他在美国犹太人报上发表的对犹太复国主义的支持性评论）。这个基金会提醒马可尼受迫害的犹太人群众的唯一希望是在巴勒斯坦寻求庇护。乌伯特·迪·马科代表马可尼回答说："马可尼先生很高兴接受阁下的邀请，但因为工作占据了他的每一分钟，所以他让我转达最美好的祝愿，祝福你们的事业取得成功。"这是马可尼典型的处事方式——虽然他暗示支持这个事业，但不会使这种支持具体化（尽管接受邀请并不比写拒绝信花更多的时间）。除了前车之鉴和要遵循的内容之外，没有什么可以做的。无论马可尼能否真正想起犹太复国主义或移民到巴勒斯坦，他在 1935 年都不会公开声明支持任何组织向犹太难民提供庇护。随着德国犹太人的情况变得更令人绝望，有人继续要求马可尼支持拯救犹太人的活动。众所周知，他吝啬爱财，但又慷慨地利用个人名声来帮助有困难的人。

1936 年 1 月 26 日，马可尼收到一封来自好友诺贝尔奖获得者约瑟夫·约翰·汤姆森的信。信中，汤姆森替海因里希·赫兹的女儿请求马可尼给予帮助。根据纽伦堡法案，赫兹的女儿拥有一部分犹太血统（赫兹父亲一族于 1834 年转信路德教教义，赫兹自认为是路德会教徒）。动物心理学家玛蒂尔德·赫兹已逃离德国，现藏身于英格兰，她一边在剑桥大学动物心理学的动物实验室无偿工作，一边希望能找到工作赚钱。如今她靠每天10先令的补贴度日，但到6月份就会一文不名。汤姆森希望募集900英镑，他估计这笔钱够赫兹生活三四年，让她可以自力更生。英国皇家学会已同意出资150英镑，汤姆森自己会出资100英镑，但他对请求5～6个无线电公司分别出资100英镑"毫无信心"。

88

马可尼花了近1个月的时间来回信，并解释持续的流感让他卧病在床，几乎无法活动。他在信中说，"我现在就向你保证，对你支持赫兹小姐的请求我十分赞同，我会立刻写信给马可尼公司，说明你的提议并全力支持你。"马可尼当天也写了封信给公司董事长英弗福思阁下，直接将赫兹描述成"纳粹种族偏见的受难者"，并请求英弗福思阁下在公司董事会上提出汤姆森的建议。马可尼随信装入汤姆森信件的副本，并写上"自己十分赞同约瑟夫·约翰·汤姆森的观点"。

89

又一个月过去了，在董事会1936年4月6日驳回了马可尼的请求后，马可尼立即写信给汤姆森，"我很抱歉，虽然我极力建议董事会采纳你的提议，但是他们仍然不同意；根据目前的业务情况，董事会觉得似乎没有理由给予赫兹帮助。我目前仍不能前去英格兰，由于我拥有的公司股份太少以至于就此问题无法施压；我除了表达深深的遗憾之情，别无他法。制裁导致国际交流困难，形势分外严峻，若不是这样，我很乐意以个人名义出资。"

90

马可尼本可以个人名义出资，即使数额很小。与许多其他情况一样，动机杂糅在一起发挥作用。马可尼花了时间认真考虑汤姆森的请求；不过他在1936年1月和2月确实是病了，但并没有严重到停止一切工作的地步。马可尼的档案中，这段时间马可尼或他的秘书给记者写了至少3封回信。马可尼真诚向英弗福思阁下提出请求。董事会的反应可能点燃了马可尼的怒火，他给汤姆森的信表明他觉得被英国公司疏远了。100英镑（相当于现在的8 000美元）的个人资助是一个很大的数字，即便是对马可尼来说。但如果他确实觉得赫兹的事值得支持，还能不挺身而出吗？对汤姆森的请求，马可尼名义上的积极回应经常被意大利学者引用为马可尼在1936年与法西斯政策保持距离的证据，尽管实质上，他未能出资起了相反的效果。上述例子清楚地说明马可尼两方都未得罪；根据情况他可以说自己支持赫兹也可说自己不支持赫兹。就对犹太人的态度问题来看，这无疑是更严重的人格问题。玛蒂尔德·赫兹最终和母亲及妹妹在英格兰定居；她被认为是第一位有影响力的女性生物学家，也是比较心理学领域的先驱，尽管她早期主要在德国工作。她再未能继续她的职业生涯，1975 年于贫困中离世。

另一个例子突出了马可尼对法西斯主义下反犹太主义的兴起的复杂态度。1936 年 3 月，马可尼收到了住在柏林的阿瑟·科恩的求助信。科恩既是物理学家也是数学家，他发明了可以传送图片的图片电报(科恩的发明在今天被认为是传真机的前身)。作为犹太人后裔的科恩被柏林理工学院解除教授职位，因为根据纳粹种族法他被认为"虽然信奉新教，但不是纯雅利安人"，这表明他的父母或祖父母中至少有一位是犹太人，所以，科恩被视为犹太人。纳粹不关心宗教，对他们来说重要的是血统。科恩认为马可尼了解自己在传真电报学方面的工作，传真电报学经常出现在通俗报刊和技术新闻中——科恩在 1923 年已经成功地在罗马和巴港缅因州之间传送了一张教皇的肖像，并受到许多媒体的关注。科恩解释说，他没有办法养活自己和家人，并恳求马可尼给予帮助："我想你的一句话就足以让我在英格兰的马可尼公司谋得一份职务。我相信凭借在数学、物理和电工技术方面的知识，我可以在许多方面大显身手。我可以证明我会说英语、法语、意大利语，几乎所有的欧洲语言我都可以说一点。若您能尽快施以援手，我将感激不尽。"

马可尼经常回复熟人的信件，甚至回复提出各种请求的陌生人的信件；档案里有很多他以自己的名义提供帮助的例子，特别是当他无需付出金钱代价就可以做到时。过去，马可尼公司接收陷入困境的难民科学家并从中受益。但这一次，马可尼让迪·马科礼貌地回答科恩，感谢科恩热情的自荐(!)，并表示"鉴于现有的限制"，他不认为英国马可尼公司能采纳自己的建议雇他。迪·马科建议科恩直接与公司联系，并向他提供了公司在伦敦的地址。1936 年的马可尼怎么能对德国犹太科学家的困境如此麻木不仁呢？也许他只是不喜欢科恩。令人高兴的是，科恩能够与家人一起搬到美国，在新泽西州霍博肯市的斯蒂文森理工学院教授物理和数学。科恩于 1945 年逝于泽西市。

马可尼对赫兹和科恩的态度与他对其他科学家的态度形成了鲜明对比，例如尼尔斯·玻尔。马可尼和玻尔大约同时在哥本哈根理论物理研究所接待遭受纳粹主义迫害的难民，并帮助许多人在世界各地的机构谋得职位。玻尔因为母亲是犹太人所以也是半个犹太人，因此，可能对德国难民的困境更加敏感，但他与马可尼形成了有趣的对比。当然，爱因斯坦则是另一个。

所有这一切可能只是漠不关心，但之后马可尼与汉斯·弗兰克相遇的故事则与之不同。曾担任希特勒私人律师的汉斯·弗兰克当时是纳粹政府的首席法官以及无职责的部长，波兰被占领后，他成为总督。他是一名重要战犯；1946年，因反人类罪被判死刑，并在纽伦堡被处以绞刑（弗兰克是唯一在纽伦堡被判罪的高级纳粹军官，他试图通过忏悔以免除绞刑）。弗兰克也是德国法学院院长，他于 1936 年 4 月初前往罗马，名义上是参加一系列的讲座和会议。这次访问是自 1934 年以来德国部长首次访问意大利首都，对希特勒和墨索里尼来说都至关重要，说意大利语的汉斯·弗兰克在两位独裁者关系的建立中谨慎地扮演着重要角色。1936 年初，墨索里尼决定意大利和德国形成"命运共同体"，罗马-柏林轴线已经开始形成。1936 年 3 月 7 日，希特勒军队占领了莱茵兰，违反了《凡尔赛条约》，而墨索里尼当时正在埃塞俄比亚积极推动殖民战争。

1936 年 4 月 1 日，墨索里尼的政治警察长阿图罗·博奇尼和纳粹党卫军首领海因里希·希姆莱签署了一项秘密协议，涉及对抗"布尔什维克主义"等反对势力的合作与协商（据说，希姆莱根据博奇尼的 OVRA 组织塑造了纳粹组织盖世太保）。1936 年 4 月 2 日，弗兰克作为希特勒的私人使者到达罗马与墨索里尼见面。阿图罗·马尔皮卡迪在机场迎接了以法西斯文化国家研究所所长的身份开展正式访问的弗兰克。① 4 月 3 日，弗兰克在威尼斯宫的无名烈士墓送上致敬花圈，与墨索里尼进行简短会谈，并在研究所发表讲话证明德国种族法和绝育政策的正当性。该讲话被全球媒体广泛报道。

唯一批评弗兰克讲话的罗马报纸是梵蒂冈的官方机构《罗马观察报》。报道引用了弗兰克的话——"我们不认为犹太人是德国人，因为他们在血统和种族上与我们没有丝毫联系。他们幸福地生活在他们人民的怀抱和他们自己的文明。对我们德国人来说，他们无关紧要。"文章后又补充说："在这段令人愤慨的介绍中，弗兰克试图解释反犹太主义的原因，谈到纳粹主义的'不理解'，捍卫针对

①成立于 1926 年的研究所旨在将党与文化领域联系起来。该研究所由哲学家乔瓦尼·秦梯利领导。

国际'谎言'而采取的纳粹反犹太措施。"报道表示，弗兰克试图证明的信条在文明世界是站不住脚的，并补充说，纳粹诸如绝育之类的种族选择做法令全人类厌恶。《纽约时报》报道："与此同时，意大利科学院在教皇亲密的朋友，古列尔莫·马可尼议员的主持下接待了德国部长。马可尼议员在演讲中称赞了德国。"

100

事实上，1936年4月4日星期六，弗兰克在位于法尔内西纳庄园的皇家学院总部受到了马可尼和其他官员的热烈欢迎，包括马尔皮卡迪、司法部长阿里戈·

101

索勒米以及乔瓦尼·秦梯利。马可尼代表学院表达亲切的官方问候，之后，马可尼陪同弗兰克和其他政要参观法尔内西纳庄园并授予这位纳粹部长苦艾酒荣

102

誉勋章。

学院历史档案室里有关弗兰克来访的文件记录着这样一个发人深省的幕后故事。1936年3月21日，罗马外交部部长写信通知马可尼，弗兰克受法西斯文化国家研究所邀请就法律相关的话题发表演讲，并暗示希望学院能够以礼相待这位德国部长。马可尼当时身患流感，卧床不起，并且无迹象表明他真的收到过这封来信。这封信上一个手写的注释记录表明马尔皮卡迪电话回复了德国外交部。1936年3月28日马尔皮卡迪写信通知马可尼，弗兰克将在4月4日的下个例会日，由意大利司法部长索勒米和德国大使乌尔里希·冯·哈塞尔一起陪同访问学院。马可尼随后用短笺询问索勒米和冯·哈塞尔是否确定来访。

会见于4月4日如期举行。马可尼向弗兰克致意的全文被公之于众，意大利、德国和美国的媒体纷纷在新闻报道中引用。这篇致辞可能是马尔皮卡迪起草的，现在收录在档案室里。这篇文章除了表达一般性的诚挚问候外，最重要的是证实弗兰克的访问意在强调希特勒领导的德国与墨索里尼领导的意大利之间需要建立更加密切的联系。他不必说这些，当然也不必以这样的方式说。在学院公布的一份新闻稿中总结了马可尼的问候致意和弗兰克的回应，强调了马可尼对意大利与德国法律间联系的见解和希望与纳粹有更密切联系。弗兰克在回国途中给马可尼写了一封亲切的感谢信并且邀请他访问德国，马可尼礼貌地

103

对此表示感谢。

马可尼又一次公开默许称赞一项政策，人们宁愿希望他私下里与梵蒂冈媒体一样对此感到反感。这立刻引起了国外媒体的注意。一家匹斯堡的报纸《犹太准则》将以罗马为电头的简讯作为新闻标题，"马可尼夸赞对纽伦堡法案的解

读",并做出如下报道:"这是令人非常沉痛的,世界闻名的科学家古列尔莫·马可尼、意大利内阁 6 名成员和许多其他参加了汉斯·弗兰克所作一系列演讲的政府高官,都赞扬纳粹官方引用纳粹反犹太人的《纽伦堡法案》。"(这是简讯的全部内容。)

当汉斯·弗兰克 1936 年 4 月访问罗马时,世界还没有完全消化纽伦堡法案带来的冲击,这个演讲很可能只是舆论风向测试,想试探意大利-德国的最亲密欧洲同盟和世界上其他国家将如何反应。意大利的官方回应充满热情,马可尼的默许在其中扮演很重要的角色。然而马可尼的公开表态和他对汉斯·弗兰克所展示出的礼貌更多是出于外交礼节,此时的外交礼节却成为一种不幸的责任。这不仅仅是出于维持安全状况考虑。马可尼为一位最不愿因纳粹攻击行为而道歉的发言人提供了一个威名远扬的平台。无论是私底下还是在公共场合,都没有任何迹象表明马可尼有任何不适应或反感的表现。他利用那些场合号召与纳粹政权取得更加紧密的联系。这即使不是发自内心的支持,肯定也不仅仅只是一个被动的举动。

无论是出于什么样的目的,都很快就被遗忘。马可尼去世几十年后他的那些行为:阻挠意大利犹太院士,冷漠地处理德国犹太科学家在移民中遇到的麻烦……才被公之于世,并且在 1936 年 4 月他于罗马夸赞纳粹部长汉斯·弗兰克发表的关于种族的理论,和他取悦弗兰克的行为之前也从未被提及。马可尼去世一年多以后《犹太准则》发布一则讣闻夸赞他爱好和平,想知道墨索里尼曾对他的尊重是否互相的,"为了将宇宙中的远距离缩短、让地球变得更近,马可尼在电信方面做出了很大的努力。"这样的一个人,竟然喜欢让一个顽固的独裁者将距离再次拉远,这是难以想象的。马可尼一生之贡献将继续成为后世赖以生存的果实。他获得的荣誉与他即将惠及的未来文明相比微不足道。另一位犹太裔美国出版商则更进一步表明:"马可尼极其尊重犹太人。"这也许是事实,马可尼厌恶,甚至憎恨反犹太主义,但无论是出于有意或无意,他都对反犹的后果无动于衷。而当反犹主义在意大利出现时,他自然不会在这个问题上冒险,准备付出任何代价。

非常不幸,马可尼在这方面属于非同寻常的典型。汉娜·阿伦特在 1936 年写道,20 世纪 30 年代以前意大利"对反犹太教几乎是免疫的"。但是在部分上层官僚中、在梵蒂冈一些鲜为人知的角落里、在法西斯政权中都潜藏着一股暗流。当20世纪30年代这股暗流涌到最前端时，意大利老百姓以及一些像古列尔莫·马可尼这样的权贵不会发表见解。马可尼迫切希望被接受的这种意愿，被理解成为一种深深的、绝对的、几乎宗教化的政治倾向——无论他的科学观点是多么激进、多么强硬，个人生活是多么不循规蹈矩，在商业上多么冒险，他都总是站在政治权力、政治命令与政治权威的一边。他不仅仅是一位普通的顺从者，他还有非凡的魅力，吸引着比他更不自信的人，他能轻松跨越自己世界的传统边界。在意大利，尽管马可尼的言论有些夸大其词和华而不实，但是其声音有缓和平定的作用。在英国，马可尼代表着理性。在美国，他宣扬冷静和理解。然而，在1936年马可尼却呼吁与纳粹德国建立更加密切的联系。

第 34 章　操控他的遗产

随着 1937 年的到来，一篇名为《信仰是人类通往无限可能的桥梁》的奇怪文章出现在美国《自由》杂志上。这篇文章是基于马可尼几年间采访的集锦，综合了他对科学、政治和他在正式发言中几乎从未涉及的话题——信仰的看法。马可尼被视为一位虔诚的基督教徒，文中引用了他的陈述："科学不过是黑暗森林中一盏小提灯，凭着这光人们痛苦地摸索着靠近上帝的路。"

这篇文章的作者是德裔美国作家乔治·西尔维斯特·维里克，凭借早期为纳粹摇旗呐喊赢得了一些名声。1929 年维里克为写一篇文章首次采访马可尼。在这篇文章中他将墨索里尼描述为"尼采哲学的超人"。维里克在 20 世纪 30 年代去过几次德国，表面上是去看望其体弱多病的母亲，后来渐渐地迷恋上了他在德国的所见所闻，与马可尼通过书信分享其所见所闻。正如马可尼经常所做的，他会在维里克的草稿发表之前帮助修订。如今维里克写信给马可尼，重申代马可尼写自传的提议。马可尼回复道："我最近真的已经有不少自传了，一想到要再写一个，我就发抖，浑身不舒服。"

事实上是因为马可尼正沉迷于掌控自己的遗产。多年来他一直被那些想为自己著书立传的作家打扰，且一波比一波强劲。他将自己越来越少的精力投入到劝阻这些找上门来的传记作家上，而传记开始书写时又就一些细节与他们争吵不休、修改错误、督促他们将一些内容删除。马可尼做出的典型回应当属这个：当一位爱荷华州的作家就如何才能更好地接近马可尼给在罗马的美国大使布瑞克瑞奇·朗写信询问时，"什么都不需要做"，在将这封信递给他的秘书乌伯特·迪·马科表达歉意之前，马可尼在一份大使官员的来信上潦草地写了以上几个字。

两本关于马可尼的书已经上市发行，但都是不加批判的称颂传记。马可尼的终身合作伙伴路易吉·索拉里出版了一部风格轻松愉快的意大利语传记，描述马可尼在1928年的早期光荣岁月，带着对马可尼的祝福。这本书是对那个时代意大利民族主义的颂歌，以法西斯主义的偶像化传记风格撰写、包装着马可尼的故事，全文以英雄主义般的模式展开。索拉里如今投入极大耐心想要写出一部完整的马可尼传记。他在1933年提交给马可尼一些材料，但是两年后他仍然没有收到任何回复。多丽丝·科利尔在1935年出版的"经授权"传记有点复杂。因为科利尔希望自传可以包含一些马可尼第一次婚姻的故事和他家庭生活的趣事，所以马可尼曾经尝试阻止科利尔出版这本书，随后他们进行了长时间的通信。科利尔巧妙地取得了克里斯蒂娜的信任使其愿意与他合作，并且最后马可尼在允许他审查手稿的情况下勉强同意授权此项目。他没有时间修订校样稿，却一直对一些不准确的小细节、语气、一些细微处的差别发牢骚。他应该感到高兴，因为整本书都是对马可尼事业关键时期的赞扬，书中对从媒体档案中搜集的信息没有额外的补充。

另一个可能为马可尼写传记的人是他的前私人秘书——利昂·苏萨，他根据在1919年与英国公司签订的合同已代写了一本400页的《马可尼自传》。苏萨曾经是一个枪手；他将手稿卖了750英镑，将所有的权利转交给了英国公司。英国公司在1928年与柯提斯·布朗签了一份合同，但是当手稿完成后马可尼由于一些不为人知的原因，说服主管戈弗雷·艾萨克斯不出版这本书。1930年，柯提斯·布朗与路易吉·索拉里签了另一份关于《马可尼传记》的合同。苏萨现在作为美国无线电公司的一位代理商居住在巴黎，仍然与出版商保持联系，同时也与马可尼保持联系希望能够出版一本《马可尼传记》。苏萨于1935年在巴黎见到马可尼，当他试着表达想要重新写这本传记时，马可尼说道："但是索拉里已经写了。"苏萨立刻写信给索拉里和迪·马科，提出一个永远都不可能实现的合作建议。

苏萨向马可尼询问奥林·E. 邓拉普，《纽约时报》电台编辑正在进行的一个写作项目。作为一位经验丰富的记者和最早致力于电台采访的报道者，邓拉普大约于1930年就开始着手准备这个项目。马可尼于1933年访美期间遇见邓拉普后，就知晓他在准备这个项目。依照马可尼的建议，邓拉普找到美国无线电公司（RCA）主席大卫·沙诺夫，让其为这部传记写一份序言。沙诺夫回复说"如果你能请马可尼先生亲自读一读你的文稿，并认同你所写的"，他愿意写序言。无论这只是单纯的建议，还是露骨的贿赂，邓拉普都把此事放在了心上，而这变成了这位作者的噩梦，这本书的出版被延迟了近 4 年。1934 年 2 月，邓拉普给马可尼寄去书稿，但是马可尼过了一年也没有归还。1935 年 3 月，邓拉普再次写信给马可尼，通知他说书稿又重写了。又 3 个月过去了，还是没有回音。后来，马可尼提议在伦敦见面。沙诺夫正要去英国见马可尼，邓拉普请求他能不能试着"让（他）把心思放在这件事上"。 9

同时，在纽约，美国无线电公司的乔治·克拉克（曾经安排马可尼于 1933 年访问美国）也希望为马可尼写传记，甚至牛津大学出版社也表达了出版兴趣。克拉克很精明，写信给巴黎的苏萨，因为他那里有大量相关的文件素材。但他会借到吗？克拉克更清楚马可尼正在做什么，但是马可尼通知他说"类似的请求一直都有，我到现在还没同意任何一个"。克拉克另辟蹊径，写信给苏萨提议一起写，让邓拉普写的那本即将出版的书黯然失色："我敢说我和你收集的资料包含更多关于广播和其发明者的真相，其他人比不了的。"克拉克还试图寻求迪·马科的帮助，说他比任何人都崇拜马可尼。迪·马科坦白地回复说："现在就像来了场瘟疫，就是现在，至少也是出书瘟疫的前兆。" 10

与此同时，邓拉普仍在固执地等待，很有耐心，但马可尼从未给他任何承诺。直到不能再等了，他决定直接出版。1936 年 5 月，他起草了一篇简短的序言并发给马可尼，询问是否可以请马可尼签名，并通知说书就要出版了。1936 年 11 月 22 日，马可尼终于给邓拉普发来电报："希望你的书还没出版，因为我发现很多错误陈述。如果已经出版了，我不得不反对……如果还有时间，我会给你发电报进行更正声明，这非常有必要。"邓拉普立即回复，按照马可尼的要求停止出版，等待更正内容。 11

马可尼一点也不想看到这本书出版。1936 年 11 月 29 日，他给邓拉普写了一封长信："我知道你现在正焦急等待印刷这本书。请允许我表达我同样焦急地希望一切暂缓……我们都把这本书做到最好吧……现在问题很严重，我们都不能在匆忙中解决，让时间来解决吧。"马可尼请沙诺夫帮助自己阻止这本书的出版。除了书中的错误，里面还有"很多不相干的信息……而这些是我非常不愿意透漏的"。他请沙诺夫劝邓拉普"放弃这个想法"，但是没有用。邓拉普急于取悦马可尼，愿意等他的更正内容，但是书现在已经在出版商手里了，停不下来了。 12

1937 年 1 月，马可尼将更正内容发给邓拉普，并同意在前言上签字，前提是邓拉普愿意将这些更正内容放到书里。邓拉普做了修改。1937 年 4 月，书终于出版了，带着马可尼的序言(但是沙诺夫没有作序)。马可尼列了长长的一个更正清单，都与林琴档案管理的通信档案有关。在马可尼的坚持下，邓拉普删除了所有关于马可尼前未婚妻约瑟芬·霍尔曼的信息，删减了那些对其第一段婚姻的论述，只是简单提及确有其事，并不幸福，以离婚为结局。尽管马可尼反对，邓拉普还是保留了 3 页关于马可尼丑闻的内容，但是删除了有关"财务困

13　境"的篇章，因为这使马可尼成为"不受欢迎的人"，并且是件错事。

　　马可尼对邓拉普的态度相较于对克拉克的鼓励形成鲜明对比。1937 年 1 月——当时马可尼仍在争取让邓拉普修改书稿内容——克拉克把他的传记的"五分之一"寄给了他，并附上一个满是奉承之词的短信。马可尼回复克拉克说："祝贺你已经快要完成这个耗费精力的工作。"他对书稿只提了很少的几处修改建议，大部分是关于"历史学家根深蒂固的讹传"，例如他是奥古斯托·基吉的学

14　生，或者是那些对他的父亲在其早期研究生涯中制造的麻烦、阻碍的猜测。马可尼面对记者和准传记作家(包括邓拉普)提出的这些"讹传"一般都是很反感的，会针锋相对，但是他几乎对克拉克充满热情。也许他信任克拉克，但更有可能的是，他感觉克拉克永远也不会写完书稿。克拉克版本的传记剩下的 4/5 从未见光，而邓拉普版本的马可尼传记成为其后 25 年关于马可尼生平的权威资料来源。

＊　＊　＊

　　马可尼已经反复考虑自己的遗产有一段时间了，可以确定的是从 1934 年到访英国后就开始了。他曾充满忧伤地与苏格兰的圣安德鲁大学校长交谈过此事，

15　因为当时他被该校学生选为名誉校长："我给这世界带来的是好处，还是威胁？"

　　表面上看，马可尼的生活过得平稳舒适。每天，司机开着学院的配车带着他穿过台伯河，到法内西纳庄园的办公室，要知道法内西纳庄园是罗马最精致高雅的文艺复兴时期的宫殿式建筑，歌德 1787 年曾说"这里有我见过的最美的

16　装饰"。这里有拉斐尔和贝鲁奇的壁画，16 世纪为锡耶纳银行家奥古斯托·基吉建造，后被出售给红衣主教法尔内德，成为皇家艺术学院的总部，因此也成为马可尼的办公场所。建筑入口左侧一间宏伟堂皇的屋子是他的办公室，他坐在

一张 16 世纪的书桌后的高背扶手椅中，口述信件内容给迪·马科。他的小女儿埃莱特拉有时会在父亲埋头处理成堆的文件时在房间角落里玩耍。 17

但他还是焦躁不安。尽管 1935 年在从巴黎返回的火车上遭遇几乎致命的心脏病发后没再离开意大利，马可尼现在还是希望能再次去英国。1937 年初，意大利驻伦敦大使迪诺·格兰迪邀请他和克里斯蒂娜出席计划在 5 月 12 日举行的乔治六世的加冕礼。来自外交部的回复没什么有用的信息，很不幸，威斯敏斯特大教堂没有足够的空间，所以外国显要人物的妻子不在受邀请之列。马可尼对受邀参加乔治五世的加冕礼是抗拒的，现在连他的继任者也要邀请自己。格兰迪和外交部长安东尼·艾登（埃塞俄比亚霍尔-拉瓦尔事件失败后接替塞缪尔·霍尔）以及副部长罗伯特讨论了这个问题。但马可尼不再是以前的马可尼了。格兰迪不能忍受向马可尼回复这样令人不满的消息，他让外交部长加莱阿佐·齐亚诺去说。 18

马可尼仍然打算去英国，尽管他的行程目的越发模糊不清。4 月初，他给住在福克斯顿的表亲海伦·伯恩写信："我们现在很好，即使不是为了加冕礼也要再去伦敦，至少不会过太久。"大概是在同一时期，迪·马科写信给英国公司总部某高级职员："时常计划去伦敦，但是总是延迟：还能去得成吗？我真心希望能。"英国公司已经为马可尼安排好他从前的那间办公室，但是重新布置过，也重新安置了他的那些文件。在他们看来，他一定不会再回来了。一年时间慢慢 19 过去了，不会再有什么行程了。当格兰迪邀请马可尼来伦敦参加一个小型外事活动时，他回复说自己不会去英国了，尽管他仍希望在加冕礼之后尽快去那里。当马可尼电话公司提出在马可尼的酒店套房里安装一台当时最高级的实验性电视机时，迪·马科不得不回复说："他会很高兴看到你做的这些，但是，就他抵达伦敦一事的不确定性看，请你最好在接到他的进一步通知前不要再实施这个计划了。"其他信件表明直到 7 月 16 日他仍在关注是否有可能去伦敦。

马可尼不断收到邀请，来自进步派和反对派人士的以各种理由的邀请——最后有一个邀请是来自玛丽·蒙台梭利的，发给他一份即将在哥本哈根召开的国际蒙台梭利协会代表大会的日程，大会主题是"教育为了和平"。马可

20

尼仍是协会的荣誉会员。尽管蒙台梭利1934年与法西斯政权绝交①,他还被邀请出席计划在于1937年9月在巴黎召开的纪念海因里希·赫兹逝世50周年国际大会并演讲。像玛格丽特·谢里丹这样的老朋友仍与他有联系。3月,谢里丹在米兰写信过来,想与他见面,但是没有迹象表明他答应了。7月,利昂·苏萨从巴黎来信说他打算去意大利,希望他们能见一面。

马可尼现在几乎拒绝每一次的邀请,但在1937年2月,他在大卫·沙诺夫的鼓励下,同意就"现代通信的重要性"进行一次广播节目。该节目于1937年3月11日播出,是《芝加哥论坛报》筹划的无线电论坛的一部分。马可尼访问芝加哥4年之后,在1/7秒(即光速;在1933年10月,需要借助继电器,耗时超过3分钟)内向全世界发送信号成为可能。

马可尼表示,无线电通信的"科学与艺术"已进入到只要配备必要的仪器,表达的思想就可以被任何人,任何地方以迅雷不及掩耳之势传播和接收的阶段。"然而,广播尽管如此重要……但在我看来,它并不是现代通信中最重要的部分,因为它是'单向'通信。"

马可尼一直修改讲话内容到最后一刻,这很符合他的风格。林琴档案馆留存的5个版本的讲话稿中有一个是马可尼使用的最终稿,该稿有以下补充:"在我看来,无论通信者身在何处都能通过无线电交换通信的可能性非常重要……事实上,目前只有通过无线电,我们才能越过大洋、打破空间阻隔,用自己的声音彼此交谈。对我的工作和努力的最高褒奖都在这个直白的声明中一览无遗。"补充得恰到好处。他之后总结道:"我们之间尽管出现了摩擦、嫉妒、对抗……以及不时爆发的血腥战争,但是和平与博爱的理想在我们心中依然有增无减:我们都渴望基于彼此更好的理解获得更加美好的生活。无线电提供给我们适合的工具,让世界人民凝聚一处,让他们的声音被听到,让他们的需求

---

①蒙台梭利也是一名激进的知识分子,面对法西斯主义,她选择了与马可尼截然不同的道路。起初,蒙台梭利非常欣赏墨索里尼,认为他是一名可以改善意大利教育制度的改革者。蒙台梭利于20世纪20年代开始在罗马贫民窟中组建学校。墨索里尼对待蒙台梭利与马可尼一样,试图利用蒙台梭利的国际声誉并任命她为学校督学。然而,他们后来因墨索里尼坚持认为学生们上课时须穿着法西斯制服而发生冲突,并于1934年分道扬镳(克莱默,1976)。

和愿望得到体现。"当然，他在这里表达的是一个还未实现的理想。无线电无法阻止即将爆发的世界冲突或声援身处冲突中的人们。恰恰相反，双方政治精英在即将到来的冲突计划中都可以有效地利用无线电。

法西斯主义的黑暗面也继续影响着马可尼最后的几个月，因为墨索里尼的殖民政策及其盟友希特勒的影响开始公开化。1936 年 5 月 15 日帝国发表宣言（正如前文所述，马可尼热烈赞扬该宣言），意大利人突然发现自己和数百万非洲人都成为帝国国民。在吞并埃塞俄比亚之前，意大利的非高加索人很少，并且自由的种族传统盛行；在另一种情况下，这本可以是多种族社会的种子，但在墨索里尼的帝国，明确的种族主义政策成为当时的秩序。禁止大都市的意大利人和被殖民者产生联系，这一颇具种族隔离风格的措施，以种族为基础，几乎立即制度化。一条分界线正横在"纯粹的"意大利人和其他人之间。当意大利开始采用汉斯·弗兰克一年前在罗马发表的倡导种族政策的模式时，原教旨主义的反犹太主义也打破之前的边界限制，渗透到意大利的主流中去。1937 年 4 月，一位重要的法西斯知识分子保罗·奥拉诺发表了一篇论文《意大利的 Gliebrei》《意大利的犹太人》），将普遍的反犹太刻板观念与意大利新出现的种族纯粹理论联系起来。殖民地种族主义和反犹太主义开始渗入整个国家政策中：黑人和犹太人比不上意大利人。

马可尼本不可能错过这些发展变化。他对种族的态度是他全面且不加批判地支持欧洲殖民主义和 20 世纪帝国主义的必然结果。马可尼在其一生中与非高加索人产生个人关系不太可能，这对他身处的时代和社会阶层来说非常典型。但马可尼也永远是一个局外人——他讨厌这样的自己，但那就是他——他是意大利的"盎格鲁-撒克逊"人，他是大英帝国的"外国人"，他是受过洗礼的天主教徒，但成长为新教徒，然后 53 岁时再次变成天主教徒——这些构成了他的"世界性"。马可尼与许多犹太商业伙伴在这方面有很多共同之处，但是当他的犹太伙伴们受到种族攻击时，他选择沉默。他一生的朋友玛格丽塔·萨法蒂曾经看到墙上的文字，并且她早在 1928 年就受过洗礼（几年后她的两个孩子也受洗了）。马可尼同父异母的兄弟路易吉的儿子彼得罗于 1938 年 8 月娶了犹太人葛莉赛达·法诺；在种族法公布几个月后，他们移民到亚的斯亚贝巴。

由于墨索里尼坚持意大利与德国结盟，马可尼发现自己处在日益尴尬的境地。1936 年 9 月 5 日，皇家学院校长阿图罗·马尔皮卡迪写信给马可尼："亲爱的主席，我想告诉您，希特勒亲自邀请我以德国政府客人的身份参加纽伦堡的纳粹大会。墨索里尼已经欣然同意我为时 7 天的旅程。我将于 9 月 15 日回到罗马。"马可尼在圣马尔盖里塔利古雷的埃莱特拉号上迅速回信："祝贺你获得此荣誉；不过我很好奇这次邀请是以皇家学院校长的名义还是以国家法西斯党领袖的名义发出。我很期待你 15 日带回的消息；祝你一路顺风。"

这次交流非常有趣：马尔皮卡迪告诉在学院名义上是他的领导的马可尼，墨索里尼已经同意他参加纽伦堡的纳粹大会；马可尼除了接受别无他法，但他想知道马尔皮卡迪使用何种方式获得邀请——希特勒正把手伸向学院还是党？如果是学院，为什么不直接向自己提出邀请？有人表示马可尼作为学院院长收到邀请并要求马尔皮卡迪完成这次行程，是因为他自己不想见到希特勒。通信记录并无证据支撑该观点；马可尼甚至可能会因为未收到邀请有点生气。但是如果马可尼收到邀请，他会怎么做呢？

马尔皮卡迪立即回信："希特勒的邀请是由冯·里宾特洛甫转交给我的，他们将我当作政治人物而不是党首（我也不再是党首）；当然，他们是因为希特勒上台后，我前往德国转达墨索里尼的第一个心愿而记得我。"（马尔皮卡迪于 1933 年参加过前一届纽伦堡会议。）马可尼的直觉正确：希特勒正在寻求与意大利法西斯主义者更密切的关系，意大利法西斯主义者也是如此。马尔皮卡迪是达成这一目标的关键人物。他"作为政治人物"前往纽伦堡是意大利法西斯政党和纳粹的共同期盼。马可尼花了几天的时间来消化这件事，之后他言不由衷地回复："亲爱的马尔皮卡迪，非常感谢您告诉我，我真的很高兴希特勒先生能如此欣赏您的演说家品质。"

马尔皮卡迪从纽伦堡回来时，提交了一份详细的报告。原件提交给墨索里尼，副本则提交给马可尼。报告充斥着谄媚和谨慎的官腔。希特勒在当权的 3 年中取得了"巨大进步"。希特勒更加值得信赖，对人们来说几乎是神一样的存在，人们盲目听命于他，把他的话当作"神谕"。马尔皮卡迪小心地挑选重点：关键性进展包括希特勒坚持认为德国科学不再依赖于"永恒且臭名昭著的希伯来人"。希特勒会被认真对待。即便如此，马尔皮卡迪还是厌烦纳粹对意大利的漠不关心和愚昧无知，特别是纳粹不承认意大利法西斯主义对纳粹主义所具有的先驱作用；尽管意大利在非洲的作战胜利意味着法西斯主义获得国际性成功，但纳粹对此只字未提。马尔皮卡迪的报告表达的意思并不乐观，纳粹可能发难，会扼住盟友的脖子。

除了马可尼对邀请马尔皮卡迪的原因说的俏皮话外，文件中未出现任何表明马可尼对纳粹的看法或感受的直接的评论（正如我们所看到的那样，他在亲纳粹活动公开露面纯属官方活动）。然而，后来的评论家总是关注马可尼批评意大利与德国的联盟的言论。例如，克里斯蒂娜写道：“古列尔莫反对纳粹主义。他担心墨索里尼和希特勒达成共识，并认为这可能会造成严重后果。”据克里斯蒂娜称，马可尼担心发生战争，并请求在威尼斯宫与墨索里尼会面。“墨索里尼立即在地图资料室接见马可尼。双方对话非常直接。古列尔莫勇敢地警告墨索里尼不要与希特勒结盟。”不过，墨索里尼对马可尼的建议并不感兴趣。“你之所以这样说，是因为你的母亲是英国人。”克里斯蒂娜在文章中引用了墨索里尼对马可尼说的这句话。但马可尼在公开场合从未提及德意联盟。 29

＊　＊　＊

1936 年 9 月，马可尼监督了意大利国家研究委员会的另一次重组工作。厌倦了与教育部无休止的争论，马可尼提议委员会直接附属于墨索里尼办事处。起始于 1932 年 5 月 26 日的《委员会基本章程》现在声明意大利国家研究委员会是“国家最高技术委员会，并由政府首脑直接指挥（重点补充）”。尽管最后关头马可尼越来越怀疑墨索里尼，但他仍然倾向于直接处理权力巅峰的问题。墨索里尼在最后岁月仍同样优待马可尼；尽管他们有过争吵，墨索里尼在 1937 年 2 月 23 日仍再度任命马可尼为意大利国家研究委员会负责人。 30

现在的意大利国家研究委员会与早期相比只是徒有其表，与马可尼理想中的委员会相距甚远。尽管马可尼本人继续介入相关问题，并且像恩里科·费米这样的合作者仍会提出被置之不理的研究建议，但是 1936 年 7 月至 1937 年 6 月期间，理事会整整 11 个月未开会。其他官方机构也开始注意到研究和创新领域的惰性，并将其表达出来。1937 年 2 月 19 日，法西斯工业家联合会写信给墨索里尼，并将信件副本交给马可尼，他们呼吁减少官僚作风，更多地支持纯粹研究。3 月 1 日，马可尼在大法西斯议会上就科技实现经济“自给自足”的作用进行发言（与阿希尔·斯塔斯、保罗·陶内·迪·莱费尔和迪诺·格兰迪等党内掌权 31

者一起），当时意大利正在进行军事准备。3 月 23 日，墨索里尼的参谋长不得不提醒墨索里尼，他已经承诺马可尼召开会议有一段时间了。

政权缺乏支持，最终会限制才智的发挥，这严重妨碍马可尼珍视的物理学家们。1938 年 6 月，恩里科·费米要求为其团队研究慢中子（核反应堆的基础）拨款，但获得的资金不到一半。几个月后，37 岁的恩里科·费米荣获诺贝尔奖（马可尼 35 岁时获得该奖）。很难说费米对墨索里尼能忠心多久，但另一个与科学研究无关的事件解决了该问题。因为费米的妻子劳拉是犹太人，所以 1938 年 11 月通过的《意大利种族法》让他们无法留在意大利。费米前往斯德哥尔摩接受诺贝尔奖后，并没有和妻子回意大利，而是前往美国，在那里，不少于 5 所大学愿意立即提供费米研究主管的职务。美国政府更慷慨地支持费米的研究，当然费米的研究是曼哈顿计划和原子弹项目的重要部分。

意大利国家研究委员会最终更像是一个研究部门，而不是研究的催化剂。马可尼设法在生命的最后几个月保证委员会独立于法西斯政权。可惜马可尼去世后，委员会落入了军队和政治家手中。埃塞尔比亚的英雄马歇尔·佩特罗·巴多格里奥在马可尼去世之后继任埃塞尔比亚总统之位（1943 年推翻墨索里尼之后的政府首脑）。委员会主要会议室更名为马可尼礼堂。今天，在礼堂的旁边有一个用于纪念维托·沃尔泰拉的稍小点的房间。

＊ ＊ ＊

40 年后，在人们眼中，马可尼所做的一切都会成为创举，他改变了游戏规则，他将一直致力于"革命性"事业。1937 年，马可尼的确在考虑通过无线电波传输电能、星际交流、从海洋中提取黄金、雷达以及广播通信的可能性等。他也敏锐地意识到自己的发明很容易因为其作用遭到剽窃，特别是在战争背景下。报纸一直在谈论马可尼的"死亡射线"，但是当时马可尼为墨索里尼设计这样的设备的想法非常有趣，并且正如我们所看到的，马可尼支持意大利的殖民战争，他害怕意大利和英国之间爆发战争，而且也敏感地发现正是墨索里尼与希特勒的宿命般的结盟导致英意大战的想法。

1937 年 5 月，马可尼最后一次接受记者兼宣传专家丽莎·塞尔吉奥的采访。全世界都报道了这次采访，包括美国的赫斯特集团、英国的《每日快报》、意大利的法西斯《意大利人民》报。塞尔吉奥在报道中说，马可尼告诉她，自己确实发现并测试了死亡射线，然后放弃了它。马可尼还告诉她放弃死亡射线是因为实际问题，而不是道德问题，但无论如何，他都不会再寻找无线电新的军事应用。这可能是马可尼向威尼斯宫发出的警告。马可尼当然不是第一次借助媒体发出消息，但是与丽莎·塞尔吉奥的关系是他此生最后一年在罗马留给人们的另一个谜题。丽莎·塞尔吉奥 1905 年出生于佛罗伦萨，是阿戈斯蒂诺·塞尔吉奥和玛格丽特·菲茨杰拉德的女儿；阿戈斯蒂诺·塞尔吉奥男爵拥有土地，是马可尼的老相识；美国人玛格丽特·菲茨杰拉德则是巴尔的摩的名门望族。丽 35
莎·塞尔吉操着一口完美流利的英语，1929 年搬到罗马之前是佛罗伦萨的《意大利邮报》英文版的记者。当墨索里尼在 1932 年向马可尼征求关于设立国际宣传广播的建议，并问他是否认识令人信服的英语广播员时，马可尼推荐了塞尔吉奥，因为塞尔吉奥为他所做的编辑和翻译工作给他留下了深刻的印象。 36

塞尔吉奥与墨索里尼相见，并在几天后接到邀请她去意大利外交部见一见新闻部部长加塔诺·波弗里利（之后成为墨索里尼政权最后的大众文化部长）的电话。波弗里利在解释了他们在外语新闻广播中的想法之后告诉塞尔吉奥，马可尼已经推荐了她，并问她是否是一名狂热的法西斯主义者。"狂热的法西斯主义者？"她答道，"每个人都是。"塞尔吉奥后来写道最初她拒绝了这个提议，但当 37
她向马可尼征求意见时，他敦促她接受这份工作。她说，无法抗拒"奉承，墨索里尼（和）马可尼"，她最终接受了这份工作。意大利大众文化部的文件记载的这 38
个故事稍有不同。塞尔吉奥自 1930 年抵达罗马不久申请做自由撰稿人时就为法西斯政权所知。1933 年 7 月，波弗里利聘请她做翻译和英文电台新闻广播，并 39
且她被直接派到外交部墨索里尼个人新闻办公室。1933 年 12 月 2 日，这项任命通过署有"齐亚诺"签名的便条确认（墨索里尼的女婿加莱阿佐·齐亚诺当时是政府新闻和宣传部的主管）。该文件无法进一步证明故事真相，但法西斯政治警察 40
局也存有塞尔吉奥的档案，档案最早录入日期为 1933 年 8 月 30 日，特工在这份文件中表示他被告知塞尔吉奥是"我们组织的成员"。她还被 OVRA 招募了吗？ 41

塞尔吉奥傲气地宣称自己是欧洲第一位女性电台播音员，事实上，她连意大利的第一位女性电台播音员都不是（该荣誉属于 1924 年 10 月意大利广播电台首播的主持人玛丽亚·路易莎·邦孔帕尼）。尽管如此，塞尔吉奥仍成为 1932 年 42
至 1937 年间意大利国际短波电台英语节目的固定播音员（她在节目中称自己为

"英语演讲者"）。她受到欧洲和美国新闻界关注，伦敦《每日电讯报》评论道，"她的口音和语调非常完美，只有在说地名时才会怀疑她不是英国人。"1936 年 10 月 28 日，简纳特·法兰尼在《纽约客》的"巴黎信件"中表示，塞尔吉奥的"传播法西斯观点的高超手段……是对传统宣传方式的创新"。塞尔吉奥还是墨索里尼的英语翻译，并自称在翻译臭名昭著的 1936 年 11 月 1 日演讲时就已创译出"轴心国"这个术语。在演讲中，墨索里尼宣布意大利与德国共进退。

起初，塞尔吉奥可以轻而易举地描述墨索里尼鼓舞士气的言论。例如，当"狂热的法西斯份子"必须如此做时，她可将埃塞俄比亚人描述成"一群在进步或繁荣方面都漠不关心的黑色野蛮部落"。但她后来写道，配合掩盖意大利在非洲野蛮行为的宣传活动使她对墨索里尼和法西斯主义失望。她开始忽略演讲稿中的"一两句话"，并在其广播中使用"婉转迂回的手法表述"。1937 年初，墨索里尼发现塞尔吉奥篡改他的演讲后，她就身陷困境；她说自己被勒令辞职。后来她写道，自己拒绝辞职，齐亚诺与她进行对质——根据美国联邦调查局的报告，外交部部长齐亚诺是塞尔吉奥的情人——齐亚诺直接怒斥塞尔吉奥："如果现在在墨索里尼的地盘，我很早之前就把你枪决了。"塞尔吉奥说，当时自己反驳道："最终被枪决的是你，而不是我。"几乎可以肯定这是不足为信的传言。只一件事它说得太对反倒令人难以置信——齐亚诺确实于 1944 年 1 月在维罗那被法西斯行刑队射杀。

此后，塞尔吉奥写道，"我的电话一直不通，我也收不到邮件，我的房门外有人日夜看守，无论我去哪里，都会被尾随。"她获悉自己会即刻被捕，然后被驱逐到指定的监狱岛服苦役。在近 3 个月没有工作后，她被派去采访马可尼。《纽约先驱报》驻罗马总编辑约翰·惠特克建议她向马可尼求助。塞尔吉奥的确这么做了，并且正如她后来所说，马可尼为她提供了美国护照和签证、一张到纽约的头等舱轮船票、现金 500 美元，及一封给大卫·沙诺夫的介绍信。这对于一位刚刚暴露为政权之敌的人来说，已经算是很好的待遇了。1937 年 6 月 27 日，塞尔吉奥以马可尼的名字从那不勒斯起航。"马可尼这个名字具有魔力，"她后来写道，"没有人找麻烦，一切安排都让我很舒心。"到了纽约，沙诺夫依照马可尼的推荐，雇用塞尔吉奥为电台广播员，由此开启了她在美国的长久成功的职业生涯。1989 年，《纽约时报》在她的讣闻中称她为"一名身材苗条，热情似火的有迷人女低音的广播员，具有'罗马黄金之声'的美誉"，并美化了她逃离意大利的故事，描述了塞尔吉奥被马可尼"偷运上船"等塞尔吉奥本人从未声称过的事情。

49

有人想知道为什么马可尼会帮助丽莎·塞尔吉奥逃脱。或许马可尼是在帮法西斯政权摆脱一个棘手的对手。然而，罗马法西斯党与德国纳粹党不可相提并论，那些朋友身居高位的滋事者不可能凭空消失。又或许是马可尼相信塞尔吉奥的确身处险境。马可尼确实把自己视为掮客；凭借他举足轻重的地位和强大的影响力足以拿到出境证件。而今马可尼肯伸出援手，是因为他像丽莎·塞尔吉奥这样的"狂热的法西斯分子"一样，对该政权注定的腐败、制造灾难的路线感到越来越反感？还是仅仅是他又一次帮了一个他喜欢的有魅力的年轻女子而已？

一些细微但具有启发意义的迹象显示，塞尔吉奥在罗马最后的时光并不像她说的那样不受欢迎。1937年5月，她对马可尼的采访由法西斯喉舌《意大利人民报》安排，这表明法西斯政权似乎没有要专门隔离她的意思。塞尔吉奥的老朋友作家尼科洛·图奇声称，纵使塞尔吉奥不是彻底的反法西斯主义者，她和意大利法西斯们之间还是存在政治分歧而多年来被屡屡提及。"1937年，塞尔吉奥成为不彻底的反法西斯主义者。离开意大利时，她内心困惑"，图奇在1990年的一次采访中透露。不安全感（出于政治方面抑或是情感方面的困扰所致）以及她 50 对法西斯主义的矛盾心理导致越发严重的心神不宁，"她在意大利的未来必然黯淡无光"，美国学者斯特西·斯波尔丁写道。斯特西·斯波尔丁的博士论文就是以丽莎·塞尔吉奥为主题的。 51

也许正是因为马可尼在塞尔吉奥身上看到了自己的影子，两人都是如此矛盾和忧郁，马可尼才钟爱于她（她肯定比亚瑟·科恩更容易获得马可尼的帮助）。马可尼和塞尔吉奥之间不太可能有爱情，他们保持了一定的礼节，不管怎么样，那些日子已经远去了。但塞尔吉奥完全符合马可尼所欣赏的女性形象：年轻、 52 迷人、聪明、有趣、多才多艺、教养良好。马可尼也擅长虚构和重塑他的过去，甚至是他的现在，以供公众了解。因此，我们不知道，也可能永远不会知道这些问题的答案。但也有一些事实存在。塞尔吉奥在罗马的公寓里留存着两位著名同胞的签名照片：加莱阿佐·齐亚诺和古列尔莫·马可尼。她把马可尼的照片随身带到美国，并一生保留，这张照片上题有意大利语："致丽莎·塞尔吉奥，钦佩她在意大利的宣传工作成就。古列尔莫·马可尼于1936年6月20日罗马寄语。"①

　　最后一位与马可尼会晤的外国政治人物是英国工党议员乔治·兰斯伯里，他于1937年7月初在罗马见过马可尼。兰斯伯里是一位有原则的和平主义者，他批评欧洲重整军备，主张废除大英帝国制度，认为和平与国际经济合作密不可分；他在1935年与党决裂，并放弃了他对意大利实施经济制裁的领导权。结果，他的行为被视为服软于法西斯主义，是十分幼稚的政治行为。兰斯伯里于1936年前往美国与罗斯福会晤，提议召开世界和平会议。1937年，他周游欧洲，试图说服包括希特勒和墨索里尼在内的欧洲领导人认可他的主张。他后来写道，与马可尼的谈话最鼓舞人心。马可尼不像普通政治家那样……他是法西斯主义者，并接受了这种形式的政府，因为他认为这种形式最适合意大利。同样，他对英国怀有深厚的感情。他在宣言中一再强调，在这些天里，一触即发的战争对于所有人来说，都是一个可怕的错误。兰斯伯里想起了马可尼悲伤的模样，写道："我认为马可尼是一个相信命运的人，他似乎不敢想象意大利和英国之间的战争。"

53

　　兰斯伯里的来访是谜团的另一个标志，笼罩了马可尼的最后几个月——这对于兰斯伯里而言可能也是一个谜团。虽然马可尼会针对谈话对象调整发言立场，但他面对兰斯伯里直抒胸臆很能说明，他真的从对墨索里尼的盲目支持转向了对世界事务的更高层次的关切。马可尼在反思科学是促进和平的工具而非促发战争的手段时，就已预见了第二次世界大战期间原子科学家的矛盾作用，更不用说今天的计算机技术专家，国家安全专家和无人机开发人员了。

　　然而，墨索里尼从未停止过对马可尼的"死亡射线"的信任和期待。在他生命最后的日子里，还在为无法找到这个难以捉摸的武器所困扰。1945年3月，当所有同盟国逼近他的时候，在他的最后一次采访中，他"以遗憾的心情提到了

---

　　①乔治城大学图书馆(14/41)保存的丽莎·塞尔吉奥的文献中留有马可尼题字的照片，照片中的他坐在华丽的办公桌旁，穿着呆板，一只玻璃眼茫然地盯着别处，另一只好眼睛看着相机，诚然一副不苟言笑的样子。

马可尼发明的却守口如瓶的'死亡射线'"。 54

＊ ＊ ＊

马可尼还在忧心钱的事。由于他在英国的收入将越来越没有保障，加上伦敦也不再支持他的研究，他放出消息正考虑出售自己喜爱的游艇。他觉得这游艇值100万里拉，但是他收到的最高私人报价是65万里拉（当时游艇在英国投保 55 2.1万英镑，相当于200万里拉多一点）。之后，他开始与意大利政府谈判最终 56 出售价格，并在7月初要求埃莱特拉号的船长吉拉莫拉·斯塔尼亚罗清点游艇物资清单。这个游艇销售出去的可能性很大，因此，斯塔尼亚罗决定不再补充游艇的煤炭供应。1937年7月13日，迪·马科告诉斯塔尼亚罗政府官员有望前来（马可尼从未考虑过出售另一项重要资产，格里芙尼庄园，差不多等价于那艘 57 游艇。虽然格里芙尼庄园对他来说没有实际用途，但它毕竟是他父亲的遗产）。

马可尼与他年纪较大孩子的关系，特别是财产问题，仍然是他的心病。在过去的几年中，他们越来越疏远，因为他越发依赖克里斯蒂娜安排自己的生活，也因为与比阿特丽斯和马瑞诺里持续的钱财纠葛。他觉得他们串通一气，为的是从他这里拿到尽可能多的钱，而在他看来，他的首要责任是保障他的新家庭的未来。一直以来，他虽未曾陪伴在现已长大的孩子左右，但他仍旧爱他们；而现在，他收回了这份爱。他最小的孩子焦亚尤其感受到了这一点。焦亚仍然 58 和母亲一起生活，并从比阿特丽斯这边看到了已离异父母之间的戏剧化关系演变。在马可尼第一次婚姻的3个孩子中，她也是在成长过程中与父亲接触最少的孩子。他永远不会陪她成长。焦亚的儿子迈克尔·布拉加认为，直至焦亚走到生命的尽头，也不会得到马可尼的父爱。 59

马可尼在设法帮助丽莎·塞尔吉奥搬到纽约的同时，也在请求沙诺夫帮助安排他儿子朱利奥的未来。朱利奥从1931年到1933年在意大利海军服役两年后，于1934年1月1日加入国际马可尼公司。但到1934年底，他回家休养。从 60 1934年到1937年，他在马可尼公司尝试了各种各样的工作，但仍无法完全投入到工作中去。1937年1月12日，马可尼写信给沙诺夫，询问他可否考虑聘用朱利奥到（美国）全国广播公司工作。马可尼积极筹划儿子的职业发展路线：在皇 61 家海军学院学习后，马可尼写道，朱利奥在1933年离开了海军，"因为他认为自己不适合在海上生活"。然后，他在伦敦的马可尼公司工作到1936年，当时"出于政治原因，他们不希望在英格兰雇用意大利国民。他现在在罗马的意大利马可尼公司工作"。我知道，在美国雇用外国国籍的人会有难度，但我认为你做得到。沙诺夫回复说，他很乐意雇用朱利奥，而且会照顾他。他还告诉马可尼如何办签证以及如果必要的话，朱利奥该如何应对（美国）国务院等事宜，还说到时他会在港口等朱利奥。马可尼嘱托沙诺夫帮朱利奥找到合适的住处，但不必对他太好："我希望他能认识到，必须依靠自己的收入，纯粹的工作和坚定的目标来改善自己的处境。"朱利奥于 1937 年 4 月 7 日从罗马出发，到纽约后，得到了沙诺夫周全的照料。就像朱利奥在简历中介绍的，他人生的第一次辉煌是成为"非营利性节目的制作总监以及在后来的试用期阶段成为电视节目部主任助理"。马可尼的最后一封家书是他于 1937 年 5 月 17 日写给他儿子的，信件是用意大利语所写，情感真挚，满是父亲给予儿子的慈爱的忠告。

马可尼仍在为戴格娜的财务问题费神。马可尼于 1937 年 3 月 11 日写给戴格娜的最后一封信中，提到戴格娜不久前在英国动的一次手术。"你要求我帮你处理医生和疗养院的账单。我会寄支票……你可以考虑一下使用你的津贴支付其他小额账单。"马可尼对待自己的孩子还是那么斤斤计较。马可尼多年来与他第一次婚姻组成的家庭在经济问题上纠缠不休。1934 年 1 月 31 日，比阿特丽斯写信给墨索里尼办公室，请求见面详谈，讨论"自己的孩子和议员古列尔莫·马可尼的棘手问题"，由此，他们的问题牵扯到政治。在墨索里尼的档案中记载，有人在比阿特丽斯的信上写道："敏感话题（argomento delicato）"。

虽然没有迹象表明他们是否见面，但是墨索里尼的文件中夹有一张纸，其日期为 1934 年 4 月 7 日，"GM"为签名首字母，并附有"1934 年 4 月 29 日，墨索里尼阅"的标记。该文件准确列出了马可尼为抚养自己和比阿特丽斯的 3 个孩子承诺的费用详情，并标明他在 1905 年婚姻授产协议签订时建立的为使双方受益的英国信托以及离婚协议书。尚未知晓文件来源，可能是由比阿特丽斯、政治警察或其他人提供的。正如我们所看到的，在 1934 年 5 月 15 日，比阿特丽斯会见了梵蒂冈国务卿枢机主教帕切利，双方讨论的大概还是比阿特丽斯和马可尼的经济纠纷。大约在同一时间，马可尼的律师起草了辩护状，辩解说马可尼的财政状况并不理想，所以马可尼对比阿特丽斯和孩子们已经很慷慨了，但是比阿特丽斯和孩子们忘恩负义，刻薄无知，甚至威胁马可尼。该辩护状的副本也可在墨索里尼文件中找到（这些文件中没有注明的是，马可尼当时正在与英国公司谈判一项新协议，根据该协议，他将一次性获得 40 000 英镑以代替未来的薪酬）。

墨索里尼的办公室无此信息的后续记录。但是在 1934 年 11 月，戴格娜·马可尼重提旧事，写信给墨索里尼的办公室，详细列出母亲比阿特丽斯的财务状况，并且请求见面谈。"我不打算与父亲为敌，我只是想寻求帮助，现在情况真的很糟糕。"她写道。对于戴格娜的要求，大家相互推诿；她的要求被淹没在"她坚持和你商量"和"你来接见她"这样的搪塞之中。1934 年 11 月 13 日，加莱阿佐·齐亚诺接见了戴格娜。戴格娜显然仍在寻求父亲马可尼的帮助。马可尼于 1934 年 12 月 23 日躺在伦敦医院的病床上写信给她："知道你财务困难，我很难过，但是除了为你拒绝我资助家庭开销而感到遗憾以外，我别无他法。"

比阿特丽斯的问题源自她现任丈夫马瑞诺里极度困难的经济状况。比阿特丽斯将离婚获得的 300 万里拉给了马瑞诺里，以保住他在波西利波的别墅；如今，马瑞诺里因与国家农业信贷机构之间复杂的法律诉讼，致使他在蒙特科罗纳区的土地被没收，马瑞诺里正在请求墨索里尼进行干预（他是当地法西斯党支部的政治秘书）。1931 年，马瑞诺里把他和比阿特丽斯的财产用作银行贷款的抵押品，当时他的债务已增加到 1 600 万里拉。马可尼努力确保自己兑现对子女的经济保证，但马瑞诺里和比阿特丽斯的财务困境纠缠其中；1935 年 5 月 10 日，马瑞诺里给墨索里尼的办公室写了短笺，抱怨马可尼告诉最小的女儿焦亚自己的经济状况越来越好，要求马可尼澄清此事，以免这种虚假的信息破坏他的请愿。1935 年 9 月 1 日，戴格娜干劲十足，像她的父亲一样有胆识，再次恳求墨索里尼的参谋长出面干预。尽管在法西斯政权下，这种请愿是成功的唯一途径，但她收到的回复是，非常遗憾，墨索里尼办公室不能干涉司法事务。

与此同时，戴格娜与她的父亲之间也存在财务问题。林琴档案馆存有一份厚厚的档案，其中包含有关戴格娜在 1934 年和 1935 年的 33 份不规范财务文件：未付账单的信件，来自银行和零售商（例如哈罗兹百货商店和塞尔福里奇百货公司）的透支账户，写给马可尼的求助信件和电报。1935 年 5 月 28 日，伦敦威斯敏斯特银行的经理写信告诉马可尼戴格娜曾来找过他，他认为戴格娜的情况非常不乐观；戴格娜已经完全透支了下个月的津贴。她正面临传讯，银行为了挽

68

69

70

71

72

73

救马可尼的名誉，不让其出现在法庭上，已经清算了这笔金额，数目不大，相当于 8.6 英镑左右（略多于 40 美元）。马可尼自己的账户信誉良好，他感谢银行的善举，但坚持拒绝为女儿的债务承担任何责任。这些文件或多或少能体现出焦亚和朱利奥的消费习惯与此类似。

马可尼怒不可遏，于 1935 年 6 月 7 日写了封较长的恳求信给孩子们的舅舅，比阿特丽斯的弟弟多诺·奥布莱恩，他是其婚姻财产授予受托人之一。"亲爱的多诺，你肯定知道我的女儿戴格娜和焦亚花钱大手大脚不计后果，并且我可能会说她们在过去几年里浪费了不少钱，尽管我一再劝勉和警告她们花费多出津贴一分，我都不会给，并且就凭我的收入，给她们的津贴算是充裕的……①我不可能允许她们继续这样大手大脚，并且正因为如此，在咨询我的律师后，请你帮助我解决这个问题。"马可尼附上了一张 600 英镑的支票，并要求奥布莱恩和他的外甥们商量，定夺哪一笔债务最为迫切需要偿还。写这封信的第二天，马可尼将他 4 月份完成的新的亲笔遗书寄给了他的律师。

经济压力使马可尼与孩子们本就紧张的关系更加恶化。戴格娜几乎两年没见过父亲马可尼，后来她于 1936 年在罗马度过的一段时光里和父亲重新联系。她发现父亲像变了一个人，备受疾病折磨，对于过去可以刺激到他的商战漠不关心，对黑暗的政治局势变得越来越悲观。戴格娜于 1937 年冬天回到罗马。虽然不清楚父亲的病情，但看到父亲如此苍老，她很不安。令她开心的是，"糟糕的关系不复存在，我们之间回到了相亲相爱的旧时，我寻回了曾经绝望地失去的善意。误会消除了，我们愿意一起忘记曾经的误会。"当他们交谈时，"他一次又一次地想到伦敦，一开始我对此表示怀疑，但之后我开始确信他真的打算离开罗马，去伦敦，再次享受独立工作的时光。他制定计划时，思路清晰且简洁，重点是他要在伦敦找一处房子，并且让朱利奥和我与他一起生活。"但他的新家庭怎么办呢？"只有一件事他没有道明——埃莱特拉和克里斯蒂娜在这种环境如

①他在此处详细说明了钱款数额，正如在墨索里尼文件中日期为 1934 年 4 月 7 日的列表所示：戴格娜，每年津贴 600 英镑，加上从 1934 年 3 月 1 日起支付的总额为 728 英镑的票据；朱利奥，工资 500 英镑，每年津贴 400 英镑，加上从 1934 年 3 月 1 日起支付的主要用于医疗费的 196 英镑；焦亚，津贴加上 36 英镑的账单，除津贴外，消费账单总额达 960 英镑。

何自处。"

马可尼的确是被困住了。一方面，他对英格兰只有苦涩的回忆和绝望；另一方面，他对在意大利发生的事情越来越失望。他的家庭生活既是他唯一的安慰，也是他最大的束缚。马可尼曾拒绝了妻子常伴左右的生活，而选择自由游荡的生活。他的一些老朋友又带着怀疑的目光看待这段新的关系。马可尼的前嫂子莉拉是最了解他的人之一，她在罗马的英国使馆招待会上描述了自己偶然遇见马可尼和克里斯蒂娜时的情景，"克里斯蒂娜装扮精心，在给自己扇凉，马可尼拄着拐杖在她身后蹒跚而行，神色安详，心满意足。"马可尼在 63 岁的时候与自己的姻亲同住。他喜欢自己的姻亲，特别是比他小 5 岁的岳母，一位活泼的社交名媛。但是，当他必须放弃游艇时不得不直面未来。在未来，他唯一的个人空间可能只是公寓隔间的小书房。马可尼的外孙，戴格娜的儿子弗朗西斯科·帕瑞斯对此有个贴切的词形容：马可尼"隐居"了。这是马可尼的选择。"马可尼一生都在战斗，所以当他终于可以坐下来，享受他人的各种称赞时，他这样做了。"没有人比克里斯蒂娜更欣赏马可尼。她告诉芝加哥报社的记者："我知道我丈夫是一个非凡的男人，所以我总是静静地听着，从不用愚蠢的问题打搅他。"

80

虽然马可尼确实希望在他去世前的几个月访问英格兰，但是正如我们所看到的那样，除了戴格娜的印象，没有迹象表明他正在考虑离开他的新家庭。相反，他的家庭状况造成了新的困境。他非常喜爱自己的小女儿埃莱特拉。克里斯蒂娜对罗马的爱根深蒂固，她没有理由移居国外。马可尼却可以轻易地离开罗马，因为罗马于他而言是一种负担而不是舒适的家。埃莱特拉·马可尼表示，由于意大利局势变得不乐观，她的父亲正在考虑把她和母亲都带走——不是去英格兰，也不是美国，而是去南非、加拿大或澳大利亚。

戴格娜认为马可尼正在考虑回到英格兰，该想法和马可尼最后一个工作，即与英国马可尼公司达成的新协议相矛盾。牛津档案馆存有一份对马可尼 1934 年合同进行更新的文件草案，根据该草案，他在余生中都将作为"英国马可尼公司的研究主管，并且当其他公司提出要求时，也将担任该公司的研究主管"。根据这份文件，马可尼要求解除其公司职责，"以便把更多的时间投入意大利政府任命的重要职务中，投入关系到意大利自身利益的科学研究中"。英国公司准备在 1937 年 8 月 1 日解除马可尼在公司的职责，并按照现有合同继续每年支付他 5 000 英镑。根据同时协商的另一份平行协议中的条款，马可尼将辞去马可尼公司的所有职务，意大利子公司的董事长职务除外，他将获得每年 800 英镑的津贴。于 1937 年 7 月 16 日发布的这份文件的最终稿从伦敦寄出，送往索拉里在罗马的家中，但这并非意味着文件的及时送达是为了让马可尼履行文件上的要求。

* * *

马可尼现在在英格兰也很少有引人注目的私人关系。1936 年 4 月 25 日，马可尼 62 岁生日时，他的哥哥阿方索因心脏衰竭在伦敦去世。自从安妮·马可尼于 1920 年去世，77 岁的阿方索已经在酒店住了 16 年。近年来，他和马可尼虽只是互相寄圣诞贺卡，但他们的关系很亲密，让人想起马可尼深厚的家庭关系。戴格娜和朱利奥当时在伦敦，斯普兰迪德酒店的经理打电话告诉他们阿方索生病了，但当他们赶到酒店时，阿方索已经离世。因为有些"礼数"戴格娜并不完全明白，所以他们的堂兄亨利·詹姆森·戴维斯也很快赶到了酒店，以一贯的机智担负起责任，"像之前父亲和祖母首次抵达英国时一样表达出自己深厚的善意"。阿方索在讣告中被描述为"天才小提琴手，卓越的艺术家，及古代弦乐器和图画的收藏家和鉴赏家"①。他葬于海格特公墓，即 1920 年戴维斯为安妮准备的墓地旁边。马可尼的病太严重，经不起舟车劳顿，所以未能出席葬礼。

几个月后，亨利·詹姆森·戴维斯于 1936 年的圣诞节在萨里郡的家中去世，享年 82 岁。英国铣削贸易机构米勒致敬戴维斯，将他描述为"政党贵族，(他)通常神情高傲冷漠……(也)是一位非常礼貌且友善的竞争对手……在最艰苦的条件下，他也一直表现出绅士风度"。与他"亲爱的表弟"古列尔莫一样，马可尼和他这位最早的合作者在过去 25 年里几乎没有见过面。

继 1935 年 12 月巴黎火车上的意外之后，马可尼已经是借日子在活命了。死亡一步一步向他逼近。心脏病发作变得更加频繁，他甚至开玩笑说这是他的日常。如果必须为马可尼缺席提供可公开的借口，就会说他消化系统失常。1937 年 5 月，他遭受了最严重的心脏病发作。第二天早上，当迪·马科到他家时发

---

①一件阿方索·马可尼收藏的弦乐器于 1914 年 10 月在伦敦苏富比拍卖行以超过 67 万英镑的价格卖出。

现马可尼"躺在床上，但表现得很开朗，并开始着手日常工作"。马可尼向马科展示自己睡衣袖子上的一些血迹，并笑着说："看看昨天晚上嗜血医生对我做了什么。如果继续这样，最近的某天，我可能真的会死去。"

87

迪·马科将此刻的马可尼描述成一个严肃的人，坚守死板、僵硬的惯例，上午7时起床，8时吃早餐，早餐内容永远都是两个煮鸡蛋、一杯茶、几片面包和黄油。早餐后，读报、处理信件；11时左右来到办公室，中午1时准时去吃午餐。他吃得很简单，近乎节制，他休息几分钟后继续工作，直到下午5时，然后喝点茶、吃点饼干，稍事休息后，开始签阅当天的信件。他晚上8时准时坐下来吃晚餐，像午餐一样简单，晚餐后不久就上床就寝。马可尼不喜欢出门或散步，因此很少能在罗马街头遇见他。他骨子里透露出孤独、忧郁、沉闷的气质，88和从前女人们心中的他判若两人——这与比阿特丽斯在回忆录中描述的那个抑郁的马可尼相符。

马可尼在6月和7月初患有严重的春季流感，但他仍每天都去办公室。他想89要在那个夏天去旅行，可是他的医生坚持说他只能在罗马周边出游。迫于家人的压力，马可尼只好同意假期待在维亚雷焦的阿斯特酒店，并再次推迟计划已久的伦敦之旅。埃莱特拉和她的外祖母在7月初去了海边，但马可尼和克里斯蒂娜仍然留在罗马；马可尼与伦敦公司卷入了另一场金融纠纷，他希望在度假之前将这个问题解决。此外，他还有一些其他重要的事情要处理。1937年7月9012日，墨索里尼收到了马可尼私人秘书发来的便笺，告知他马可尼表示如果可以的话，请求下周一会晤。虽然会晤目的不明确，但会晤时间定在了1937年791月19日星期一下午6时。

马可尼还请求与教皇会晤，并于7月17日（星期六）在冈道夫堡获得接见。马可尼和教皇的谈话内容从未被透露过。许多专家（以及墨索里尼的特工警察）后来猜测，谈话内容可能是马可尼就如何避免自己的"死亡射线"最终落到墨索里尼的手中寻求建议，但没有证据证实这一假设。戴格娜相信马可尼的动机是出于对自己的考虑："他即将迎来新的生活……尽管他热爱自己的国家，但是他已经决定独自生活，并移居英格兰，在那里办公。在这样的关头，他应该会求助于一个具有高尚的心灵洞察力的人，这个人曾多次表示自己理解他，是他的朋友。"但是，也没有证据显示这就是会晤目的。会晤目的很可能与商业或政治92

有关，马可尼经常与教皇讨论这些话题——特别是在与墨索里尼会晤的前夕。

那几天，克里斯蒂娜总是陪伴马可尼左右，但现在，"她看到马可尼的状态不错，并且相信在温暖的季节，心脏病再次发作的可能性不大"，于是，她于7月19日动身去维亚雷焦，以便在29日庆祝埃莱特拉的7岁生日。马可尼将于21日前往维亚雷焦，与她们相聚。他于19日星期一中午在火车站为克里斯蒂娜送行，然后像往常一样，前往法尔内西纳的办公室，和学院的高级官员会面。迪·马科说："我注意到他的外表和举止都很正常。"

7月19日与马可尼在法尔内西纳的办公室会面的人中有阿图罗·马尔皮卡迪。马尔皮卡迪回忆说，马可尼"苍白，疲倦，吸着散发出干鼠尾草香味的无害香烟"（由他的医生调和而成，以减少烟草的摄入）。他们讨论了下一届伏特会议的主题——非洲，马可尼表示，他很期待今天的午餐。然后他说："你知道我前天在冈道夫堡见过教皇吗？我们进行了非常亲切的交谈。教皇十分幽默，且外形条件我们也没法和他比。我请他祝福我的小埃莱特拉，明天就是她的生日……我还请他给我一个特别的祝福，我想也许我很快就会需要了。"马可尼好像想突出自己的讽刺意味，补充道："如果你在度假，答应我，你会回来参加我的葬礼。"说完这句话，马可尼抓起帽子和从不离身的象牙头手杖离开了。

马可尼于下午1点离开法尔内西纳，像往常一样，迪·马科和他一起坐在车上。迪·马科说，"马可尼全程沉默"。之后，马可尼去了意大利公司的办公室，因为他想在那里和索拉里谈谈（索拉里在1940年出版的传记中提到了这次会面）。罗马当时烈日炎炎，马可尼看起来苍白疲倦。索拉里告诉马可尼："罗马这么热，继续待在这对身体损害太大了。"马可尼悲伤地看着索拉里，脸上挂着忧郁的笑容，回答道，"你说得对，但是我还有好多问题需要解决。"他们简要讨论了马可尼目前正在进行的微波研究，然后马可尼去吃午饭了，不过他说稍后会再来找索拉里。

下午5时，迪·马科带着需要马可尼签字的文件如期而至。当时，马可尼的岳父正打算派人去请医生。迪·马科被要求打电话给威尼斯宫，取消马可尼与墨索里尼的会晤，他照做了（索拉里写道，迪·马科下午5时打电话给他，说需要取消会晤）。大约1小时后，阿纳尔多·波齐医生到了。迪·马科又待了一会儿，"坦白说，想到马可尼的病情就快好转，我就安心了。"波齐医生证实了迪·马科的乐观想法；马可尼的状况并不像 5 月份时那么糟糕。尽管如此，波齐还是将现在的情况告诉了主任医生西塞尔·弗鲁哥尼，西塞尔是马可尼的主治医生，当时他并不在城里。听到马可尼与波齐平静地聊天，还开着玩笑，坐在隔壁房间的迪·马科放下心，回到了奥尔本山庄的家中。不料马可尼病情突然恶化；大约晚上 9 时，弗鲁哥尼医生被人从火车站接走，匆忙赶往康多提大道。 97

那时，连弗鲁哥尼也无能为力。"父亲躺在很温暖的房子里，窗户开着却几乎没有一丝风，"戴格娜写道，"整点时，山上天主圣三一教堂里的青铜钟在一片燥热和沉寂中响起。"后来，弗鲁哥尼向戴格娜讲述了他与马可尼的最后谈话。 98 "他斜倚着，看起来很苍白，举起前臂后发现动脉中的血液不再流动，于是他低声问我，'怎么回事？弗鲁哥尼，为什么我的心脏停止了跳动，而我还活着？'我回答说：'不要问这些问题，这只是姿势所致，因为你的前臂被抬起来了。'他带着一丝苦笑道：'不，我亲爱的医生，静脉是这样的，但动脉……'之后他略蹙着眉头说，'但我不在乎。'他渐渐放松前额，又说了一遍'我一点也不在乎。'" 99 1937 年 7 月 20 日凌晨 3 时 45 分，古列尔莫·马可尼辞世。

第 35 章　他的遗产

墨索里尼早上 7 时抵达康多提大道，由其副部长贾科莫·美第奇·德·瓦斯凯罗和阿图罗·马尔皮卡迪陪同。学院接管了葬礼事宜，费用由国家承担。马可尼的遗体放置在法尔内西纳庄园中绘有《伽拉忒亚》壁画的房间里，穹顶是拉斐尔的壁画作品。接下来的 24 小时中，有 5 万多罗马人排成长队庄严地哀悼，其中一位匿名者是比阿特丽斯，她告诉他们的女儿戴格娜："葬礼简约朴素，没有鲜花，没有蜡烛，只有不分国籍，不分阶层的连绵不断的哀悼人流……在场的人纷纷表示，他们在罗马从未见过这样的场面。"

国葬定于 1937 年 7 月 21 日星期三下午 6 时举行，地点在共和国广场的天使圣玛丽亚教堂，靠近特米尼车站，马可尼和克里斯蒂娜曾于 1927 年在那里举行婚礼。这个大教堂是罗马最宏伟的教堂，根据米开朗基罗的设计方案于 16 世纪建于戴克里先浴场（也就是说，这里最初并无宗教意味）的古建筑群内。这里经常用于举行国葬，早在 1565 年，美第奇教皇庇护四世的葬礼就曾在这里举行。这里的一个科学工具一定得到过马可尼的赞赏：地面上放置着一个 150 英尺（约45.72 米）的日晷，由教皇克莱门特十一世于 1702 年设立，它可以指示春分，因此，有助于确定复活节的确切日期。旁边还有一块古老的大理石，上面嵌有黄道十二宫图案；每天中午，阳光透过屋顶洒进来，照射的位置会有所变化。据说这个教堂拥有世界上唯一的可以追踪北极星的子午线。

大约下午 4 时半，马可尼的遗体被放置到一口昂贵的橡木棺材中，上面刻有精美的桂冠和狮子头，并用黄铜装饰。棺材上覆盖着金色流苏的黄色布帘，放置在马拉灵车上，上面有 4 个花圈：前 3 个分别由国王、墨索里尼和法西斯政府所赠，最后一个最大，上面装饰着红丝带和纳粹党徽，由阿道夫·希特勒所赠。① 6 分钟前，在阳光明媚的蓝天下，由 6 匹马拉着的灵车离开法尔内西纳，随行的还有 36 名步兵、25 辆四轮马车以及 9 辆载满花圈的军用卡车。《纽约时报》用"意大利史上最壮观的景象"来描述近 1 英里长的送行队伍，街上有 50 多万人为马可尼送行。

《纽约时报》记者描述了葬礼现场："送丧队伍由骑兵带头，跟随其后的是意大利各军事部门的代表组成的军队，接着是两长排手持点燃的蜡烛的修士，灵车两侧则是 36 名身着中世纪华丽服装的罗马市政人员。"墨索里尼在民族街加入送葬队伍，最后一站便是共和国广场，那里聚集了大量人群。当队伍到达教堂前的广场时，"灵车看上去像是在黑衫党队伍中央，两侧是法西斯仪仗队……每只手臂都保持在视点半径的距离内行着罗马军礼——法西斯旗帜和马可尼故乡博洛尼亚旗帜飘扬在送行队伍前面。"之后，法西斯葬礼仪式开始。党总书记斯塔拉斯高呼："古列尔莫·马可尼同志!"然后，墨索里尼领导集合的法西斯党员们应声道："在"!

罗马时间下午 6 时整，意大利、英国、美国和加拿大的电报和广播电台纷纷保持沉默，此外，全世界有线和无线网络所属的 31 家电波和无线电广播公司，及中国、日本、近东和欧洲的公司也都静默，以示对马可尼的哀悼。酝酿之中的国际冲突在各方政府的命令下，让人觉得世界仿佛短暂地回到了 42 年前，回到古列尔莫·马可尼还未出现，还未对世界造成无法挽回的永恒改变之前。

英美媒体以夸张的笔调报道了马可尼的离世。英国曼彻斯特《卫报》认为，马可尼受到了一个没有隔阂、全人类人联合的美好世界愿景的鼓舞；《约克郡邮报》称他是一个像爱迪生和爱因斯坦一样的世界主义者；《观察报》写道："没有人会比马可尼为世界所做的改变更显著。"《纽约时报》称他为"世界公民""大魔术师"和"电波的统治者……一位伟大的绅士以及发明家"。在爱尔兰，他被誉为

①希特勒也于 1937 年 7 月 20 日从贝希特斯加登发电报给墨索里尼，以示哀悼(Hitler to BM，telegram，July 20，1937，ACS，SPD CO GMF，197.598/1)；"希特勒对墨索里尼和马可尼遗孀表示慰问。"《纽约时报》1937 年 7 月 21 日报道。

"现代魔术师"和"伟大的马可尼……永远的最伟大的人"。在《爱尔兰时报》里，
"他的名字，家喻户晓"。

正如马可尼一生中经常发生的那样，有关他的新闻报道的标准由伦敦《泰晤士报》设定。一篇标题直接为《马可尼》的主题社论表示，马可尼是"我们这个时代极其重要的人物，可以把这个时代称为马可尼时代。"没有人像他那样改变世界；他将"勤奋的研究与直觉力"相结合，完成了别人认为不可能完成的事情。《泰晤士报》还在讣告专栏中强调了马可尼与墨索里尼的"友谊"。"墨索里尼失去了一个忠诚于他的崇拜者，一个值得信赖的朋友，法西斯党最坚定的支持者。"马可尼在其他意大利精英对墨索里尼政府或反对或冷淡的情况下加入了法西斯党，墨索里尼因此很感激马可尼，授予他诸多荣誉。他们珍惜彼此的友谊，这份情谊随着日益密切的联系而更深厚。

英国一家地方报纸《东方日报》(诺威奇)提供了一些很有价值的反思，它指出马可尼对于墨索里尼"非常真诚的尊重"为意大利法西斯主义和德国国家社会主义之间的差异提供了交流渠道。报道还说，希特勒通过政策镇压的方式给德国人的生活造成了困扰，而墨索里尼恢复了国家的文化生活。为了证明此论点的合理性，该报就马可尼和爱因斯坦的态度进行了对比。与爱因斯坦不同的是，马可尼"愿意成为祖国的骄傲和热爱祖国的儿子，而并不渴望成为一名国际主义者"。但该报道忽略了一个明显的事实，作为犹太人的爱因斯坦，"无疑是希特勒孤立的主要对象"，墨索里尼却可以利用马可尼作为他所作所为的挡箭牌。马可尼既是世界主义者，又是爱国的意大利民族主义者，这也是给他晚年带来动荡的悲剧来源。

墨索里尼对国际新闻如何报道马可尼的离世很感兴趣。罗马外交部的宣传部档案室里留存着一个文件，里面贴满了由意大利公使馆寄来的新闻剪报。在一个贴着"德国打印"标签的特别的红色文件夹中，存有用意大利语写的关于德语新闻报道的总结，专为墨索里尼准备。德国第一家报道马可尼去世消息的媒体，德国报纸《柏林交流报》，简短严肃地称马可尼是"法西斯主义的第一批追随者，是墨索里尼的一名忠诚的战士"。他的离世不仅是其祖国的损失，对于全世界及全科学领域来说也是如此。马可尼的离去意味着"我们时代的一位代表性人物"消失了。此外，《柏林日报》回顾说，马可尼从未声称自己是无国别的"世界

公民"，而始终表示自己是一位意大利爱国者。

马可尼的离世让人们开始传颂他经久不衰的传说。《纽约时报》对美联社的讣告加以渲染，在描写马可尼第二次婚姻的最后加了一句："在结婚仪式上，他的伴郎是墨索里尼。"这绝对是虚假信息，但这么多年来一直广为流传。美联社也讲述了一个奇妙的故事，说马可尼"预感"到了自己的死亡，于是他要求在 7 月 19 日之前与教皇会面，"因为 20 日我就要离开这个世界了"。而事情的真相只是马可尼计划在 7 月 20 日离开罗马，前往意大利海边与家人见面。

梵蒂冈也对马可尼的各种传说非常感兴趣，其官方日报《罗马观察报》的所有报道中最令人难以置信的是马可尼"作为一个基督徒而死亡"。报道说，大约午夜时分，当地的教区牧师佩奥利诺·拉帕被请到康多提大道，他看到马可尼的病情并不严重就离开了。几个小时后，照顾马可尼的教会护士问他是否要接受最后的仪式，他应允了。于是，拉帕被请回，主持了最后的仪式。凌晨 3 时 45 分左右，在拉帕诵读耶和华的祷告声中，马可尼平静地离世。这篇报道纯属无稽之谈。

万幸的是，教会总是秘密记录事情的真相，我们才有机会得知真实情况。马可尼去世后的几周，拉帕和照顾马可尼到最后时刻的护士阿格内塞·本戈亚修女被传召回罗马教区，要求如实报告他们目睹的一切。他们的叙述不同于报纸的报道，并且在一个关键细节上彼此一致：当拉帕在凌晨 3 时 45 分第二次赶到康多提大道时，马可尼已经离世，并没有接受最后的圣礼。

本戈亚证实，她于晚上 8 时左右到达并发现马可尼病情好转。不过大约在午夜，她注意到他的肺部有积液，呼吸困难。本戈亚说："我认为我有义务通知马可尼的岳父，让他打电话请一位牧师过来。"牧师来之前，我试图为议员马可尼接受圣礼做准备。马可尼先生微笑着回答说："我认为这没有必要。"在我的坚持下，他清楚地答道："护士小姐，没有我的邀请，没有人可以进来。"她了解马可尼的性格，说道："我试图用别的方式影响他的决定。"不久之后，她说，马可尼要求她背诵祷文，并虔诚地亲吻了十字架。这时，牧师来了，得知马可尼还未准备好，就回到了教区，但保证只要接到电话就立即过来。马可尼身边仍只有本戈亚相伴，医生阿纳尔多·波齐则在邻近的房间守着。马可尼头脑清醒且十分健谈，时常重复祷告，直到凌晨 3 时左右，被注射吗啡后开始自言自语。

"我借机再次请求准备最后的仪式，但他仍表示想再等等。"护士作证说道。不久，马可尼就一阵阵咳嗽，并引起呕吐，医生对其进行了治疗。大约凌晨3时30分，他的病情似乎有所改善，医生们也回到自己的房间休息。"看到我还站着，马可尼先生请我坐下。突然他说：'我感到恶心。'波齐医生听到他的话，立刻进了房间。马可尼不停地对波齐医生说自己难受，说话间，他突然头痛，失去了意识。"本戈亚立即让一名侍者打电话给拉帕，并且还派出马可尼的贴身男仆去请他。"牧师十分钟之后来了……不幸的是马可尼先生已经过世。"她说。拉帕作证说，自己一接到电话就立刻赶了过来，可惜已经太晚了。马可尼从头至尾并不急于接受天主教教会的最后仪式，或者至少他不担心自己会没有接受最后的仪式就离开人世。他以自己的方式祷告，并不在乎有没有牧师在场。在弥留之际，马可尼仍不透露自己的计划。

经核证的两份宣誓书的副本都保存在梵蒂冈秘密档案室国务卿帕切利的档案中，虽然仅少数人对此表示哀悼，但是它有力证明了《罗马观察报》的文章的虚伪性。关于马可尼对自己信仰的既定惯例的独特做法，并没有记录说明教会有何反应，但是在世俗世界中，另一份由威里吉诺·特罗亚尼或他手下的特工于1937年9月7日提交给马可尼警察档案的报告中记录，梵蒂冈对"有关参议员马可尼逝世的虚假报道"议论纷纷，这篇虚假报道表示马可尼得到了宗教上的安慰。真相正好相反，因为马可尼参议员还没来得及接受圣礼就离世了。警察局特工在文章最后做出定论："报纸上的就是真相！"

＊＊＊

马可尼去世后，他的投资者们立即以各种方式索要他的遗产。路易吉·索拉里在马可尼去世后发挥着举足轻重的作用；作为马可尼意大利事务与英国公司——握有马可尼这一品牌筹码——之间的重要桥梁，他成为公司和法西斯政权控制马可尼遗产的关键人物。7月22日，路易吉·索拉里以代码形式拍电报给伦敦："昨天晚上，政府为马可尼举行葬礼，意大利政府、外交官员、参议院、所有科学协会以及所有罗马人都参加了。明天，遗体将被运送到博洛尼亚，我会代表贵公司前往那里。我一回来，罗马方面就会请政府首脑亲自向马可尼家人及贵公司表示慰问。"他建议英国公司向罗马慈善机构捐赠马可尼一年的薪水（我们将会看到这与马可尼本人所设想的相去甚远），"表达对马可尼离世的敬意"。

7月23日，索拉里在博洛尼亚广播电台看到一则来自古列尔莫·马可尼的遗言，据称，马可尼一直计划发出该消息，以宣告电台的成立。听到墨索里尼声称"我们国家的稳固将继续通过工作、通过和平、必要时通过武力不断强化"，这激起了广播电台的情感效力，对意大利人，特别对散居海外的意大利人产生了影响。这段献辞希望这个电台能向"全球传播意大利法西斯主义者的新胜利以及在精神和物质上的征服的消息"。这则消息暗示的好战腔调掩盖了马可尼在他生命的最后几个月私下所说过的一切，他谴责武力对话，特别是与无线电台有关的武力对话。

马可尼去世后，政治警察异常忙碌，并且葬礼之后便开始出现各种新闻报道。诸如马可尼近期研究的神秘性之类的旧话题被提及，谣言四起，说马可尼的死亡并不是心脏病发作的结果，而是与著名的"死亡射线"有关。总共有近30条新闻报道，最有趣的和更关键的消息均来自在梵蒂冈境内工作的特工，或来自能接近法西斯政党内部圣地的特工。特罗亚尼的下级特工翁贝托·珀南（又名"珀勃特"）于7月22日报告说，"有人认为授予死者的荣誉需再斟酌。"法西斯政权提出反对和批评是有原因的。

1937年7月23日，马可尼的遗嘱公布后，人们惊讶地发现，除了家人外，马可尼没有对外界留下只言片语，尤其是对教会或政党。马可尼于1935年亲笔书写完长达两页的遗嘱（在Polpol文件中留存有精确的打印版）。"珀勃特"在7月30日提交的一份长长的报告中指出，传闻马可尼的遗产价值5亿里拉（相当于那时的500万英镑或2 500万美元，今天的4亿美元），但他一分也没有留给宗教组织或政治组织，人们一直对此感到震惊。观察员感到惊讶的是，马可尼一生与法西斯政权和梵蒂冈关系如此密切，却什么也没有留给他们。新闻界也困惑不解，并猜想马可尼是否在某个地方留下了某种"道德遗嘱"。令人失望的是，马可尼甚至没有给任何科学基金会留下任何东西，以纪念自己或支持自己最喜欢的研究。据说，梵蒂冈的内部流传着一种说法，若马可尼真的是一位狂热的法西斯分子，那么他会给法西斯政党或慈善事业留下点什么。

日期为1935年4月27日的遗嘱说，马可尼最小的女儿埃莱特拉成为他的"主继承人"，而第一次婚姻中的3名大孩子仅按照意大利法律获得自己的遗产。戴格娜、朱利奥和焦亚将分别获得父亲遗产的1/8，剩下的遗产由埃莱特拉继承，而埃莱特拉的母亲一生都享有用益权。马可尼对这一分配给出的理由是，自己身前已经资助了3名大孩子100多万里拉，这还不包括他在1905年与比阿特丽斯结婚时所订立的婚后夫妻财产处理协议中规定的财产。

马可尼遗产的多少成为人们疯狂猜测的对象。他的遗产包括格里芙尼庄园、游艇、各种货币、股票等。新闻一再报道马可尼的遗产价值5亿里拉，虽然这个数目非常夸张。1937年9月，在马可尼去世两个月后，大卫·沙诺夫拜访了住在罗马的克里斯蒂娜，并代表她发布新闻稿，表示马可尼的资产价值当时仅达到15万美元（相当于如今的市值240万美元），他打趣道发明家是让他人发家致富的。资产真实价值处于这两者之间——马可尼曾声称在英房地产资产税后价值略高于4.8万英镑或者3.6万英镑（18万美元）。事实上马可尼遗留下来的流动资金相对较少。根据当时所备资产负债表所示，马可尼位于意大利的房产资产——不包括格里芙尼庄园——总价值刚刚略高于1 200万里拉（6万美元），其中游艇占据资产一大半（66.5万里拉或3.3万美元），现金占不到20万里拉（1万美元）。格里芙尼庄园与周围房产预估约值100万里拉（5万美元）。

公众普遍认为马可尼在公司中占据较大股份，有权根据专利收取授权使用费，这是做出巨额遗产推测的一个原因。马可尼实际拥有的股份相对不太多，而且作为公司董事长和技术顾问，无论他获取多少收入，都将随着他的去世而终止，并且他收取不到授权使用费。马可尼依靠工资维持日常花销，而在前文曾提到，在他生命的最后几周甚至面临售卖他钟爱的游艇的窘境。在伦敦公司总部的一个保险箱中装着马可尼的一些文件，克里斯蒂娜手握保险箱的唯一钥匙，但是戴格娜与她的兄弟姐妹们坚持要求当保险箱打开时他们或者他们的代表应该在场。除此之外，公司秘书告诉资产律师马可尼在一间地下储存室存有"各种旅行皮箱、箱子和文件柜"，里面装着公司和个人文件。公司管理人员预估如若对这些文件内容仔细调查将至少需要花费1个月的时间。

伦敦公司于1938年11月完成初步清查，包括约20个货箱，"货箱中装有旧期刊，除此之外别无他物"。这些期刊已经毫无价值并遭到过毁坏。另有20个箱子，里面支票簿存根、打字机写的信等杂乱无章地摆放着。一些小盒子里装着五花八门的私人文件，包括马可尼写给比阿特丽斯的信件以及他们离婚的一些文件。还有3本圣经（一本属于安妮·马可尼，一本是安妮曾经赠送给马可尼的，还有一本曾经属于阿方索）以及显然是马可尼 1902 年在爱德华七世加冕典礼上用过的"一套宫廷礼服、一顶帽子和一把剑"。除了《圣经》与宫廷式套装外，这算是一份粗略的马可尼档案内容清单。这些物品最终都移交到牛津大学博德利图书馆①。马可尼两派受益人之间的联系越来越多，但是在对如何处理财产做出决定之前，意大利与英国爆发战争，马可尼在英财产被当作敌方财产冻结。

* * *

其他国家有各自关心考虑的事情，但在意大利，马可尼的存在一直都是服务于法西斯政权的，这给公众的生活和他身边的至亲都留下了长久挥之不去的阴影。1937 年 12 月 9 日，即意大利退出国际联盟的 4 天前，墨索里尼在参议院发表演讲纪念马可尼。他回忆道，马可尼去世前不久还一直在做"一项具有军事性质"的实验。这些实验在意大利"开辟出一条新道路，并且意大利在这条道路上将继续前进"，墨索里尼含蓄地讲道。马可尼未完成的工作将再次启动，以这种"最法西斯的方式"纪念他。在几天以后的 12 月 18 日，马可尼的生日被定为法定节假日。在几个星期以后的 1938 年 1 月，马可尼遗孀将丈夫的法西斯制服交给墨索里尼，墨索里尼宣称意大利将展出这件制服。

种种表象之下对马可尼真实身份的推测持续发酵。公众恭维与对私下马可尼忠诚度的怀疑之间的差距反映了他去世前几年在自己的处世关系中滋养的矛盾心理。这个问题仍然属于政治警察的关切内容，1938 年和 1939 年有关传言四起。根据来自瑞士圣莫里茨一名不明身份的特工报告，马可尼在去世前不久留给教皇一个装有"死亡射线"发明的保险箱，以免它落入墨索里尼的手中。梵蒂冈在这个问题上完全保持沉默。另一份报告声称，马可尼留给他女儿一个秘密包裹，该包裹只有在战争期间或在他离世 10 年后才能交给墨索里尼。最耸人听闻的报道出自博洛尼亚的一名代理人，该报道质疑马可尼死亡的官方原因。"每个人都认为马可尼因心脏病发作死亡，"代理人写道，"但事实并非如此；他是自己的知识的牺牲品！他把这些知识带进了棺材。"

———————————

①三角帽和剑现藏于牛津大学科学史博物馆，2011 年参加了名为"反常：意料之外的物品与不规律行为"展览。据传，《圣经》返还给了马可尼家族。

马可尼的家人仍向墨索里尼寻求支持，墨索里尼也一直对他们的事感兴趣。马可尼去世两周之后，克里斯蒂娜便请求与墨索里尼见面。几天之后朱利奥·马可尼写信感谢墨索里尼在父亲去世后所表现出来的善意。同年9月，比阿特丽斯写信给政府，询问他们是否会购买她位于普斯里普的别墅。她的丈夫马瑞诺里也询问政府是否会收购他名下的具有历史意义的蒙特科罗纳的冬宫。关于马可尼继承者的财政问题一直排在墨索里尼的日程上，同时他的高级官员们也一直在关注着这个问题，尽管这些高官也存在诸多担忧。1937年12月20日，加莱阿佐·齐亚诺在他的日记中写道："马可尼的女儿戴格娜前来为她自己和其兄弟寻求帮助。继母的敌意迫使他们陷入贫穷。一没钱，二没有好的境遇。虽然他或许一直都是一位伟大的天才，但我认识的只是年事已高的老人①。"

马可尼第一任妻子家的财政状况仍令人堪忧。1939年4月戴格娜写信给墨索里尼，再次曝光继母与孩子们糟糕的关系状况，及他们的父亲在第二次结婚后，是如何逐渐疏远他们，并且现在他们处在一个十分尴尬的境地。然而戴格娜写道，如果克里斯蒂娜同意，她和兄弟姐妹们希望将格里芙尼庄园作为礼物赠予国家。戴格娜将信的草稿寄给了墨索里尼的女儿埃达，埃达层层向上传递这封信，直至传到墨索里尼手中，墨索里尼将这封信返回给新古列尔莫·马可尼基金会主席路易吉·费德佐尔，同时也是皇家艺术学院的负责人和参议院院长。1939年7月21日克里斯蒂娜向墨索里尼写信表示，她同意将庄园捐赠给国家。也是在同一天媒体报道了这个消息②。

焦亚·马可尼的财政问题也被摆在墨索里尼面前。1939年12月齐亚诺告之墨索里尼，现年23岁的焦亚受大众文化部雇用；她工作勤勉认真负责，并且能够独立生存。然而，她还有约5万里拉无法偿还的旧债务。齐亚诺认为有一个

①齐亚诺对马可尼缺少尊重，这在1937年7月30日"珀勃特"特工的报告中有显著体现：齐亚诺在马可尼葬礼上下午去了海滩，并且去教堂时穿的是一套军用制服，而包括他的岳父墨索里尼在内的所有人都是正装出席。"这是一个被广泛注意到的细节而且正如我们指出的，并没有通过反面评论来强调。"［特工40（"Puberto"），报告，1937年7月30日，ACS，PP，b.60/A］

②格里芙尼庄园使马可尼与当今世界保持着联系。作为礼物捐赠给基金会后，庄园周围的土地仍然是马可尼名下的财产，现如今由埃莱特拉·马可尼租给附近农民。

情况可以帮助到她。墨索里尼还清了焦亚的债务。不仅如此，墨索里尼还决定为比阿特丽斯和马可尼的 3 个成年子女成立官方国家抚恤金。也许他已厌倦每次当他们有需求时就找上门来，但是对这种诉求也无计可施。1941 年 6 月 25 日，戴格娜请求并获批准与墨索里尼面谈，随后她写信感谢他为支持她做出的"慷慨的决定"。1941 年 10 月 25 日焦亚在给墨索里尼的信中说"我认为您像父亲一样"，恳求更多薪俸（每年她会有 3.6 万里拉补贴，但她觉得不应该少于当时已经结婚并且收到 6 万里拉的戴格娜）。墨索里尼同时会见了克里斯蒂娜，告之她养老金事宜。尽管顶着战争的压力，他也拥有足以养活马可尼后代的时间和金钱。

提供给马可尼 3 位成年子女的终身年金获得了意大利参议院的批准，并于 1941 年 11 月宣布。公告并没有提到年金的数量，但是在墨索里尼档案收据中可以看到，从墨索里尼可自由支配的行政基金里付给玛利亚·克里斯蒂娜·马可尼 30 万里拉。此事立刻引起了 Polpol 的注意，同时威里吉诺·特罗亚尼团队的特工评论道："颁发国家抚恤金给已故百万富翁马可尼的孩子令知识界震惊。"该消息引起梵蒂冈内部热议，他们因被马可尼怠慢，没有在他遗嘱中出现而痛心。

同时，墨索里尼妥善安置了马可尼的遗体。1939 年，格里芙尼庄园被赠予意大利政府不久后，在意大利修建马可尼陵墓的计划便被公布。陵墓于 1940 年 4 月开工，1941 年 7 月完成，由官方建筑师马塞洛·皮亚琴蒂尼设计，其以"极简新古典主义"风格著称，是罗马最具特色的法西斯主义建筑师；他设计了诸多行政建筑，如罗马大学，连接罗马中心和梵蒂冈城的宽阔的协和大道，在意大利殖民地利比亚也有许多设计项目。1941 年 10 月 6 日，在墨索里尼和一众身着制服的法西斯主义者以及来访的纳粹官员的见证下，马可尼的遗体被葬于陵墓中。令人惊奇的是，这位逐渐为人所遗忘的法西斯主义者的庄严的纪念碑至今仍完好无损地矗立于蓬切西奥乡间，傲然独立而又平静安宁。

埃莱特拉号游艇的命运几乎是反映意大利战时和战后状况的寓言。起初有消息说这艘游艇将会被出售，之后又说不是出售，而是赠予意大利政府，并在 1939 年的纽约世界博览会展出。经过一段时间的混乱之后，墨索里尼为意大利政府买下了游艇，他拒绝了美国 100 万美元的报价。1943 年，法西斯政权垮台之后，德国人得到了这艘游艇，并将其改装为军舰。马可尼的科学设备存放在的里雅斯特。1944年，在达尔马提亚海岸的海军行动中，游艇因同盟军鱼雷的攻击沉于浅水中。战后不久，意大利政府申请将马可尼的研究设备归还给意大利国家研究委员会；1946年底，意大利政府收回了游艇。同盟国当局竟欣然同意这一举措，并密切关注了这个在当时相对次要的问题。但是，这艘游艇被卷入的里雅斯特战后谈判当中；最终，它归南斯拉夫所有。1961年，在海底捞起的游艇被交还给意大利。之后，它停泊在的里雅斯特附近的穆贾湾。直到1977年，游艇破损，零件被分散存放在不同机构中，例如龙骨，现存放于格里芙尼庄园的马可尼基金会。2015年6月，一家意大利业余无线电俱乐部在存有游艇遗迹的蓬切西奥组织了一场名为"埃莱特拉回归"的活动，并在那里向新泽西州的一些美国同行广播播送了活动实况。人们似乎在不遗余力地留存埃莱特拉号游艇的记忆。

* * *

1937年7月20日，马可尼去世当天，意大利语美国报纸《进步者》报道，墨索里尼声称犹太人与其他任何意大利公民没有什么不同。该声明广泛传播于美国新闻界，并在犹太会堂和犹太裔美国人集会中流传开来。1938年2月底，意大利仍没有官方的反犹太政策，墨索里尼宣称："法西斯政府永远不会对犹太人采取政治、经济或道德制裁。"

1938年7月14日，马可尼去世近1年，种族主义科学家在意大利右翼日报《Il Giornale d'Italia》中发表宣言，"现在到了意大利人坦白宣称自己是种族主义者的时候了。"该宣言由意大利最有名望的科学家签署。一个月后，意大利的杂志《意大利生活》（La Vita Italiana）上出现一篇文章，声称在马可尼直至离世仍主管的意大利国家研究委员会的工作人员里有"太多犹太人"；理事会和墨索里尼办公室之间的一系列记录提供了关于解散或保留那些被视为"可替代"或"不可替代"的人的精确的数字和争论内容。1938年10月6日和7日，大法西斯议会通过了墨西里尼的种族歧视计划。马可尼如果还在就会被迫表态（只有议员切萨雷·玛利亚·戴尔·韦库奇奥缺席投票；另3名成员，伊塔洛·巴尔博，埃米利奥·德·博诺和路易吉·费德佐尼提出反对）。1938年11月17日（德国的水晶之夜过后一周），依照皇家法令，意大利关于种族的《法西斯方案》被纳入法律中，随后便采取了具体的立法行动。少许终身参议员，及像马可尼这样的自由

— 584 —

党的延期议员(不忌惮反对政权)拒绝同意。马可尼与墨索里尼关系密切,并且他的朋友并非自由派,但他应该不愿看到事态如此发展。种族问题只是冰山一角,在他生命的最后时光里,可能会觉得自己就像在泰坦尼克号上一样。

推测马可尼会做什么毫无意义,但他所承受的压力是巨大的,也受到了极深的影响。从这点上讲,去世对于马可尼来说算是一种解脱。在他离世后不久,关于他的记忆在法西斯主义者中甚至在纳粹神话中占有重要的象征性地位。法西斯档案室中存放的一张照片证明了这一点,在这张照片上希特勒赠的花圈被放在墨索里尼所赠花圈的旁边。希特勒 1938 年 5 月乘火车访问意大利时,在前往罗马途中经过博洛尼亚;在这里,在马可尼的出生地,"一个由 12 架天线组成的富有寓意的无线电台架设在月台附近,"《伦敦时报》报道说,"希特勒进入车站时,受到 200 个鸣笛的火车头的欢迎。"

事实证明,马可尼在他生命的尽头对世界局势的矛盾心理是他重获良好声誉的起点。到了 20 世纪 60 年代,在意大利不时地会有像安德烈莫·兰迪尼这样的前工作伙伴为马可尼的声誉洗白。兰迪尼曾在 20 世纪 30 年代在埃莱特拉号游艇上工作。他声称,1935 年 10 月,当墨索里尼考虑封锁苏伊士运河以对抗英国舰队时,马可尼认为,对英国发动战争是愚蠢的,并表明自己将在参议院公然提出反对。墨索里尼经过一段时间的犹豫后说:"你必定比我更了解英国,我接受你的建议,不会先发起进攻。"如果 1940 年马可尼还活着,事情肯定会有所不同,兰迪尼在 1963 年写道:"谁还能比马可尼做得更好?他为意大利指引了一条开明的道路,使意大利免去了战争之苦。国王以及墨索里尼对他尊重有加……此外,他还具有难得的天赋,在他的一生中多次显露非凡的直觉力和洞察力。"马可尼去世 25 年后,像兰迪尼这样的前工作伙伴出于自我利益使马可尼的声誉不断提升。

今天,在意大利,恢复马可尼声誉的工作正在顺利进行。2009 年,在马可尼获得诺贝尔奖百年纪念庆典上,意大利国家委员会主席皮尔·乌戈·卡佐拉里表示,如今看来,马可尼是"成功的,他辉煌的成就不再会蒙受污点"。然而,像墨索里尼这样的法西斯主义政权就是由像马可尼这样有号召力的信仰者来拥护的,他们的热情激发了广大普通追随者的希望和信心。

* * *

除在意大利以外的地方，马可尼与法西斯主义的微妙关系甚至在他去世前就已成为禁忌话题。贾科和科利尔 1935 年的传记中没有提到这一点，邓拉普则谈及这个问题，他指出马可尼是"意大利法西斯主义者的成员，但并非党员（这种说法当然不正确）"："他从来不属于任何一个政党，但当看到法西斯主义拯救意大利时，他说：'我确信自己赞同法西斯主义。法西斯主义是拯救意大利不可或缺的统治方式。'"这些就是邓拉普在他 1937 年 4 月出版的书中所写的，距离马可尼去世没几个月。1944 年 6 月，正值罗马秋季，美国总统富兰克林·德拉诺·罗斯福发表总统广播时纪念了 4 位"意大利伟大的子民——伽利略、马可尼、米开朗基罗以及但丁"。除马可尼以外，他们都是 17 世纪或更早年代的人，而且，并没有线索表明马可尼是法西斯政权的有力支持者，如今人们更愿意看到该政权败落。几个月后，一位美国记者写道："马可尼于第二次世界大战爆发前两年去世，因此，探讨他与法西斯主义的关系没有什么意义。"

20 世纪 60 年代，英国的马可尼公司为掩盖马可尼的负面影响付出了巨大的努力。1961 年，名为莱斯利·里德的作家联系到该公司，询问马可尼与意大利法西斯政党的关系。里德受 Faber and Faber 出版公司所托为青少年读者撰写马可尼的生活，所以，他对这部分故事感兴趣。公司针对该问题，询问了 3 名了解马可尼的老员工，让他们发表看法。1961 年 3 月 21 日，一位发言人回信给里德："我必须说明，你对马可尼与意大利法西斯政权关系的关注对我们造成了困扰。"该公司咨询的 3 个人都深信"马可尼仅仅是一名普通的法西斯主义者"。

MWTC 秘书长 L. J. 金确认了马可尼是党员这一显而易见的事实，但尚不能称他是"狂热的支持者"；L. J. 金还表示，"在意大利，那些具有名望和地位的人不得不加入法西斯党，以保持其社会地位和获得公众的认可。我个人认为，马可尼加入党的目的也不过如此，尽管我知道他允许法西斯党以他的名字开展一些重要活动。"公司工程师 E. A. 佩尼，于 20 世纪 20 年代担任过马可尼在埃拉特拉号上的私人助理，写了一封更为用心的致歉信：马可尼"对政治不感兴趣，同样，他从来不参加教会活动，对宗教事务也是了无兴趣……马可尼佩戴法西斯党徽，并在意大利广播网发表政治言论，在我看来，他这么做是迫于当时的紧张局势，因为他似乎一向很厌倦政治"。马可尼的前助理杰拉尔德·艾斯泰德，曾在意大利协助马可尼工作到 1935 年，他与里德见过面后，知晓这个作家正在做对马可尼不利的事情。艾斯泰德写信给公司的宣传经理说，如果里德继续那么做，马可尼的声誉就会遭到极大的损害。"我必须承认，里德所表达的主要观点惊到了我，他说马可尼不仅仅是一名普通的法西斯主义者，更是可憎的法西斯分子。马可尼是法西斯主义者，这一点不可否认，但我确信，他像当时意大利其他80%的知名人士一样，只是迫于政治原因而不得不作表面文章。"艾斯泰德还回忆说："马可尼曾在许多场合嘲讽法西斯主义者是'多嘴而又装腔作势的人'。" 67

公司领导们渐渐了解了马可尼的另一面，但是他们宁愿自己从未知晓。里德于1961年3月23日以马可尼为题材写了一篇文章，文章中附有的《泰晤士报》讣告(上文已引用)表示，墨索里尼失去了自己最忠诚的崇拜者，法西斯政党失去了最坚定的支持者。里德意味深长地说道，"从给编辑的信中以及文章中提到的马可尼至亲的口中，我找不到任何对马可尼的法西斯性质表示异议的字眼。我还想说的是，迄今为止，我所接触到的认识马可尼的人中，已经有人正面回答'你认为马可尼有过何种政治倾向?'这个问题，并立即答道，'他是一名法西斯分子'。"公司的结论是"铁证如山"。毕竟，马可尼的政治倾向在《泰晤士报》上 68 一直有据可考。人们不得不假定，若在马可尼反驳"这些态度坚决的声明"时，有一些不为人知的事情发生，那么这些事情在那时就已经尘埃落定了。"面对这个问题以及莱斯利·里德其他'有据可考的指控'，我认为，如果我是陪审团中的一员，并且在这个问题上保持绝对的公正，那么我可能会倾向于里德的说法。"该公司公关部高级职员在内部备忘录中如是写道。 69

里德对马可尼与墨索里尼和法西斯主义的关系的叙述公正但立场鲜明，他支持有关马可尼顶多"为法西斯提供便利"的言论。这是继马可尼离世25年之后，首次使用英语公开表明马可尼所扮演的角色。"总之，有关马可尼与令人厌恶的法西斯主义运动之间的长期关系最善意也是最有可能的解释并不是如他的老同事们现在所认为的那般，也不是马可尼受到个人物质利益的驱动，而是马可尼误认为如此做符合国家利益。鉴于法西斯主义的反对者中大多数贫困卑微但具有英雄主义情怀，所以虽然这个解释不尽如人意，但总比没有强。墨索里尼的一些最忠诚的支持者，尤其是那些身处意大利以外国家的甚至更少。" 70

研究马可尼公司的历史学家和公司的公关人员不得不努力忽视马可尼最后

几年的所作所为。不过，有人认为，如果不是马可尼那段并不存在的经历已经成为公司传说中不可或缺的一部分，那么马可尼和法西斯主义之间的联系仅仅是偶然发生的。W. J. 贝克在其 1970 年出版的半官方的《马可尼公司历史》中非
71　常刻薄地写道："没有证据表明马可尼对法西斯主义做出的贡献微不足道。"《马可尼公司历史》是公认的研究马可尼公司事务可靠优质的资料。贝克曾作为"技术编辑(研究员)"受雇于该公司，并获权参阅所有公司文件以利于他写作此书。马可尼的亲密伙伴 H. M. 道瑟特曾细致地描写道："公正地讲，他的思想……不
72　足以形成成熟的政治判断。"道瑟特未面世的有关公司历史的文章是贝克所著书的框架。

第36章　他唯一关心的是无线电

2012 年 9 月 14 日，我正在罗马的林琴图书馆由拉斐尔创作的壁画下为这本书收集资料，有一个长相酷似演员杰弗里·拉什的男子向我走来。"打扰一下，请问你是哪里人？我知道你在写一本有关马可尼的书。我也是，我们能交流几分钟吗……"他是《意大利晚邮报》的退休记者里卡多·齐博格，是已故贾恩卡洛·马西尼的朋友和同事，他上一本关于马可尼的意大利语传记于 1976 年面世。齐博格告诉我，他正在写一本有关马可尼一生传奇的书："我还没有想好这本书的内容，但一定是介于虚实之间。"他如是说道。

齐博格的这本书于 2013 年 11 月面世。这本书读起来引人入胜，讲述了马可尼一生的传奇，其中有许多方面鲜为人知。这本书引起了意大利媒体的浓厚兴趣；作为意大利的第一本关于马可尼一生传奇的书，它直率地描述了马可尼与法西斯主义之间的关系，重新点燃了人们对马可尼遗产的热烈讨论。当齐博格和我于 2014 年 5 月在罗马再次相遇时，他问了我一个十分尖锐的问题："你认为马可尼是意大利人还是英国人？"我毫不含糊地回答："意大利人。"他摇摇头说，"我认为他是英国人。"马可尼的他者性是他的关键特征。无论他做了什么，他都仍然只是一个局外人。

正如我书中所写，我觉得自己似乎陷入了马可尼的他者性、他对权力的钟情以及最终成为特殊的权力形式——法西斯主义这三者的联系网中。这也是我对马可尼感兴趣的原因，它令马可尼所取得的具有历史意义的重要成就都黯然失色了。尽管如此，马可尼的成就仍是科技创新的标杆。我还想知道，马可尼的成就究竟是超越了还是包括其政治立场和存在主义观点，抑或成为其政治立场和存在主义观点不可或缺的一部分。

马可尼非常重要，因为他是构想将无线频谱投入实际应用的第一人，并成功地开发出了一个全球性的通信系统，达到全球覆盖、包罗万象的效果。他之所以能成功是因为各种因素的相互作用——最重要的是时机的成熟，不过，他的专一和决心是促使他完成自我使命的性格基础；在那个时代，许多人和马可尼拥有相同的阶级、性别、种族和殖民特权，但只有少数人像马可尼一样涉猎无线频谱。马可尼需要达到自己在青春期时立下的目标；成年时，他觉察到，要想获得影响力，必须拥有独立的经济基础，也得向政治权力看齐。墨守成规且不加批判地效忠政治权力成为他做出选择的重要依据。

与此同时，马可尼是一位不折不扣的独立科学家。1938 年，在离开意大利的几个月前，恩里科·费米受邀为《马可尼传记》的《纪念特刊》作序。马可尼证明了理论和实验相互补充、共同进步。费米写道，"一方面，在只有理论概念的指导下，即便经验有限也可取得重大成就……另一方面，过度相信理论概念会导致马可尼无法继续实验，无法在无线电通信技术领域掀起一场注定的革命浪潮。"换句话说，马可尼的优势是，既定理论不会成为他的负担，束缚他的思想和行动。

正如费米和我们所看到的，马可尼不会受世俗认知的束缚，也不会受体制障碍的羁绊。1943 年 6 月，美国最高法院终于就美国马可尼无线电报公司于 1916 年对美国政府的专利侵权诉讼进行裁决。该公司声称，美国政府侵犯了马可尼公司的 1904"调谐"专利权。当马可尼公司于 1919 年向新的美国无线电公司出售包括专利在内的美国资产时，保留了自己这桩悬而未决的违权诉讼。这是马可尼在美国最后的商业利益。起诉书中说，美国政府使用马可尼公司的专利而未支付使用费。但美国政府辩称此专利不是原创，因此无效。（有点讽刺的是，虽然案件仍悬而未决，但是美国国会投票决议，在华盛顿为马可尼竖立纪念碑，承认他是无线电报的发明者。罗斯福总统于 1938 年 4 月 13 日批准了该决议。）

1943 年最高法院以 5 比 3 做出裁决，由首席大法官哈兰·F. 斯通（一名法官未参与表决）书面陈述："马可尼因其原创性发明专利被誉为成功实现无线电传输方面的第一人……对此无异议，但是之后他声称的在无线电领域对专利的每一次改进，并不能使他再拥有新的专利权。"虽然此裁决结束了马可尼公司对美国政府的诉讼，但是法官菲力克斯·弗兰克富尔特持有异议。弗兰克富尔特在法庭上的发言掷地有声：

不可回避的事实是，马可尼在他最基础的专利中偶然发现当时无线通信研究的问题，而这个问题是当时那些最强脑们都没有想到的。1943年，人们发现马可尼的行为并未真正推动科学进步，因为他们自认已经知晓会有进步，所以马可尼的研究成果已被认为是后见之明。无线对我们来说难以察觉……因此，想象自己回到了当年，马可尼给世界带来了、对我们来说是我们宇宙秩序的一部分的无线电，几乎不可能……除了马可尼以外，事实上，没有人能做出正确推断，造福人类。

6

弗兰克富尔特一语中的：无论之后改进过的专利有效性如何，马可尼都是改变了世界的那个人。美国1943年的裁决已成为怀疑马可尼的人士的有力武器，但法官弗兰克富尔特的反对意见符合大众观点，即马可尼做了别人本可以做或别人可以做但未做的事情。该裁决未考虑美国在1943年与意大利之间的战争，也未考虑美国政府不愿就与已逝的"意大利科学家"的发明长达40多年的纠纷而支付一家英国公司（马可尼案由下级法院裁决可以说明这一点）。这强调了持续的政治共鸣以及马可尼的神秘面纱。

* * *

在公司通过错综复杂的兼并、分裂和成立独立新公司不断改变时，马可尼的名字仍然是一笔公认的宝贵财富。马可尼无线电报公司于1946年由英国电气公司接管，并于1963年更名为马可尼公司。1968年，英国电气与英国通用电气公司合并后，该公司更名为通用电气马可尼公司，1998年重组为马可尼电气系统有限公司。那时还是一家以经营通信设备为主的多元化企业。1999年公司的许多部门被分离出来与英国航空公司合并（变成英国航空航天系统公司，随之也第一次结束了百年来独特的身份），英国通用电气公司收购了这个品牌并且将其改名为马可尼通信公司。2003年，一个新的实体——马可尼通信公司创立，2006年将马可尼的大部分资产包括品牌名在内，以12亿英镑的价格售予爱立信。爱立信是瑞典电子跨国公司，拥有约37 000多项专利，标榜自己为全球移动通信领导者。

7

8

在这些变迁中，公司的档案——记录马可尼1896年到1927年在英期间事业的大多数个人文件——几近丢失。1997年1月，克里斯蒂拍卖行主持了一场史无前例的拍卖会，拍卖的是"无线通信先驱马可尼公司的档案，这些档案意义非凡且鲜为人知"。拍卖会安排在 1997 年 4 月 24 日和 25 日，这天正好是马可尼的生日同时也是公司的百年年庆。这场即将到来的拍卖会在英国引起了轰动，人们认为马可尼的这些档案应该被作为国家资产保存起来。马可尼的女儿埃莱特拉在罗马，表示自己"十分震惊与难过"，希望这些档案仍由英国保存。英国媒体历史学家洛德·阿萨·布里格斯写信给《泰晤士报》，表示任有价值的档案四处散落是"十分不负责任的"行为。公司方面回应称出售这些档案理由充分，因为档案存放在切姆斯福德附近的大巴多，那里"鲜为人知，很少有人去"。但是，面临如此尴尬的境地和公关危机，拍卖被迫停止。公司与伦敦科学博物馆达成
9
协议，将这些收藏品捐赠给"国家"。2004 年，马可尼通信公司将这些档案赠予牛津大学，同时还赠送了一批具有历史意义的设备，这些设备现在收藏于牛津
10
科学史博物馆。

在学者与狂热粉丝中，围绕马可尼的争议仍然很多。马可尼是自学成才还是受过正规教育？他是灵光一现又或是久积而成？何时做出转折性发现并且这些对他造成了什么样的影响？如果过了这么久还能回答这些问题就好了，但最近的调研的确让我们有了更清楚的认识，即使仍没能获得完整的答案。更有趣的是，一个多世纪过后这样的问题竟仍然是谜。

那么马可尼究竟发明了什么？一桩奇闻轶事可能会帮助你了解。传说在修建位于佛罗伦萨的圣母百花大教堂即米兰大教堂的圆顶时，采用了招标选拔的方式。当收到文艺复兴早期一些著名设计师的提案后，项目筹备委员会随即宣布任何可以令鸡蛋直立起来之人即可赢得这场比赛。其他人纷纷失败后，建筑师菲利波·布鲁内列斯基轻轻地将鸡蛋打破、立起了鸡蛋。竞争对手表示不服，称他们也可以打破鸡蛋，布鲁内列斯基反驳道，若他们知晓他的计划，那么他
11
们也将可以建造圆顶，但是他们并不知晓。布鲁内列斯基通过了测试①。马可尼早期赞助人，英国邮政总局的威廉姆·泼里斯爵士过去常常提到布鲁内列斯基故事的另一个版本，布鲁内列斯基变成了克里斯托弗·哥伦布。"哥伦布未发明鸡蛋，但是他向世人展示了如何立起鸡蛋。"泼里斯说道，指明马可尼一直致力

① 据说布鲁内列斯基在 1421 年获得了世界上第一个专利［M. 弗兰坎，《早期专利发明史》纽科门协会交易，26(1947—1949)：48］。

于研究以前已经存在的事物，但是他使这些习以为常的事物发挥出了想象不到的魔力。若在现代社会，这个故事则是 2010 年好莱坞电影《社交网络》中的场景， 电影中马克·扎克伯格冷冷地望向会议桌对面的竞争对手沃斯兄弟，说道："要是你们是脸书（Facebook）的发明者"——停顿了一下——"你们早就发明了脸书（Facebook）。"当然，这则故事主要是想告之我们，第一个吃螃蟹的人往往是不易的。

无论谁做出与无线电发明相关的任何事情，毫无疑问马可尼都是第一个吃螃蟹的人。因此，与随无线通信技术——或与 1910 年左右熟知于大众的无线电而来的广播、远程通信、移动通信、WiFi、社交媒体甚至今天的云计算联系最密切的名字都是马可尼。马可尼晚年的时候常常喜欢这样说，谁是第一个发现远程无线电报技术的并不重要；重要的是他是第一个发现其使用价值的人，是第一个将能量连接起来关注其用途的人，是第一个系统地加以利用的人，是第一个将偌大的商业力量与强有力的政治力量结合起来并利用它的人，也是第一个用它改变世界的人。从这个角度来谈，他更像是爱迪生或者富兰克林，而不是伽利略或者爱因斯坦。马可尼无疑是信息时代开拓阶段的领军人物，也最让人捉摸不透、最富争议性。在过了一段时间之后，是谁做了什么就不再那么重要了；谈论从无线电报到无线广播到雷达再到手机、全球定位系统（GPS）和因特网（Internet）的现代通信技术历史，不仔细关注马可尼以及他的事业是不可能的。也许是因为马可尼太彬彬有礼了，但是他大可对任何一个贬低他的人说：如果你能发明无线电技术，那么你早就这样做了。

马可尼"发明"了无线电，相应地他也必须研究使用无线电的条件。马可尼自身的性格特征再一次在其成功的基础上发挥了重要作用。马可尼亲密的合作伙伴查尔斯·S. 富兰克林写道："你不能将他称为科学家，但是也许正是因为他不是科学家，通常科学家的灵感受到很多情况所困，所以他有一些可以为之一搏的灵感。马可尼的科学知识是薄弱的，工程知识的底子也不深厚，但是他就是拥有很多灵感和常识。他可能已经开创了定向通信系统，但是他对此一无所知。"查尔斯·S. 富兰克林的研究曾经使得 20 世纪 20 年代的"马可尼定向通信系统"问世。从某些程度上来说，马可尼是一位艺术大师，他创造了具有迷惑性的科学之眼。技术史学家洪性旭（Sungook Hong）回忆道："马可尼的发明、改进与完善都装入了一个小盒子中，当时人们称之为马可尼'秘密之盒'或'黑盒子'。""马可尼于1897年打开这个'盒子'，公开第一项专利时，其简洁性令人震惊，人们对它非常感兴趣。方法似乎是如此的简洁与显而易见，以至于许多人都开始思考为什么其他人想不出来。"马可尼是第一位极客，他的粉丝是第一批黑客；他于1897年创立的公司机构也是互联网公司的原型。

　　在写这本书之前，我们走访了一系列故事中的主人公，他们或与马可尼一起经历过一些相似的情景，或能够提供一些可作比较的资料。他们的相似性至今依然存在。2010年8月，一位来自布鲁克林名叫卢克·盖斯布勒的电影摄影师在其7岁的儿子马克斯的帮助下，将一部苹果手机和一个高清摄像机放入一个快餐外卖盒中，并且使用气象气球将其推送至100万英尺以外的空中去。他们用摄像机记录下了这段旅程，同时使用GPS追踪这部手机，当气球爆炸后，设备和这部苹果手机由降落伞带回到地面，降落在距离发射点30英里(约48.3千米)、靠近纽约纽堡的一个地方。盖斯布勒希望通过这次事件达到什么样的目的并不明确——除了度过了一段愉快的时光外——但是一星期之后，据《经济学人》报道，美国国家航空航天局(NASA)几百年以来一直都在做着基本上一样的事情。技术进步似乎是一个无止境的领域，一直引领着个人思考，同时也指导着企业、军事、国家机构。

　　能够促使马可尼一直关注的，是他付诸实践的法律结构与公司结构(他在伦敦与其他地方的朋友只提供了小的帮助)。他在商业上也同样如此，他是一个外行，出其不意地会想出一些点子。马可尼实际上倾向于与政府合作而不是与市场合作，但是他选择使用最喜欢的资本主义手段，私人公司的形式。马可尼公司是数字经济的先驱，开创了资本家与国家协商决策的先河，可以说已经证明了资本主义比殖民主义和帝国主义更强健；跨国公司从来没有像今天这般强大，但是跨国公司的强大基础在于其能够与政府结成同盟。2012年，谷歌首席执行官(CEO)与法国总统坐在一起协商给法国报纸出版商授权费时，就简单说明了这一点①；一个世纪以前，马可尼与世界上最强大的政府做过类似的交易。交易双方都以各自方式各取所需。如今，信息服务供应商本着监督的目的，向政府供应大数据的这个角色使我们想起了马可尼在20世纪20年代与伦敦警察厅和英国安全部门进行的合作。但是在不到10年之后，当时的大国为了阻止马可尼在使用新发现的无线电频谱时实现全球垄断，决定制定一套国际规章管理制度。以前或者自此之后都从来没有人如马可尼一般曾经在通信领域有过如此大的影响力。

万事皆要付出代价。只有最亲近的人才知道，马可尼显然是患了周期性抑郁症。他经常会长时间卧床休息，不去工作，其中原因不得而知。他的妻子比阿特丽斯表示，他经常会长时间处于没有知觉的状态，神情恍惚。她的妹妹里拉写道，马可尼在公司陷入财务危机时，曾两度告诉妻子比阿特丽斯自己可能会自杀。这些病症都没能得到确诊，更别说治疗了。他可能是无情的。他曾两三次与卡斯伯特·霍尔和詹姆斯·戴维斯这样的亲密商业伙伴发生重大冲突，并最终击垮对方。他对待雷金纳德·费森登和李·德·弗雷斯特等专利竞争对手也是如此。在公开的科学主张和媒体评论中，他可能是残酷的。然而，对待下属，特别是技术人员，他通常又会秉持礼貌、尊重和支持的态度，因此赢得了他们的绝对忠诚。倘若助理们能很快适应每天24小时、每周7天这样的工作量的话，他们会发现马可尼是一个很好的领导。他确实在督促他们努力，但远不及他逼迫自己的程度。

马可尼的偏执个性在他生活的各个方面表现得淋漓尽致。他的女儿焦亚在1985年的一次演讲中，讲述了她与父亲少有的一次出游经历。当她父亲知道司机是 名业余无线电爱好者时，他们的出游似了才愉快地开始。"所以，我们去了镇上最贫穷的地方。上了楼梯后，我们到了司机的顶楼小屋，我记得父亲当时完全沉浸在自己的世界里，全然忘记了我……回顾父亲的岁月，他着实不容易……他对无线电事业狂热的追求让他忽略了生命中其他的事情。"与他最亲近

①法国政府成功地要求这家全球互联网巨头在其用户使用搜索引擎查阅法国报纸的网站时支付一点使用费（"Le ton monte entre la France et lafirme Google"，Le Devoir，2012年10月30日）。

的人都同意这一说法。彼得·威廉·佩吉特于 1901 年在纽芬兰担任马可尼和乔治·坎普的助理，他在马可尼去世的那天向《伦敦时报》表示："马可尼一生醉心于研究无线电。"

马可尼的成就被湮没于混乱的生活中，相比于人情世故，他更看重工作。他没有真正的男性朋友，只有合作伙伴。他渴望得到女性的关注和陪伴，并且时常会迷恋于非常年轻的女子。他渴望被爱。他追求那些具有挑战性的女性，但最终所娶的两位妻子都未曾想到会嫁给他。他的情人（如果是的话）总是令人振奋，喜欢冒险，具有野心，而且对政治感兴趣；而他期望妻子成为他的附属品，就像他母亲那样照顾他。他的情感发展中缺少某些东西，也许是他母亲无条件奉献的结果；他总在费力地寻找，但他永远都没有在伴侣身上找到。比阿特丽斯给不了他想要的，她可能比其他任何人都了解他，但她想要更多——他的第一个家庭是完全反常的。克里斯蒂娜有望扮演他所需的角色，他俩的关系也许是最称他心意的，但也只是因为那时他累了，想要安定下来，因此降低了对伴侣的期望值。

"我的父亲是属于两个世纪的人，"马可尼的女儿戴格娜写道，"从传统和个人修养方面看，他是 19 世纪的人，他那正规的礼仪、讲究的服装以及封闭自我的沉默是最好的证明。在智慧和气质方面，他又是 20 世纪的人……他用天赋促其发展，而且他很欣赏 20 世纪。"我认为非但如此，马可尼也属于 21 世纪。他的"天赋"，如果是的话，在于可以借助技术和私人网络建立联系，并可以利用现有知识的潜力。自从 1896 年在伦敦展示"魔术盒"而出现在新闻界之后，他就被神话的光环包围，他潜心研究，创造了最大的财富。在他声名大噪的时候，其知名度高到根本无需介绍；当他在 1904 年获得牛津大学荣誉学位时，他仅仅被称为"马可尼先生"，并没有赋予他其他资格。

马可尼的光环仍在闪耀。如今，我们认为他这样的人当属科技精英，但真正让他在当时那个时代引人注目的是，他认识到了全球通信的好处。早在麦克卢汉发明这个词组数十年前，马可尼就已在他自创的全球村中萌生了释放通信技术力量的乌托邦式的想法。他也许是相信、理解并传达通信力量的第一人。（麦克卢汉本人在 1969 年表示："《古登堡星系》（印刷物）正在被马可尼的星群所淹没。"）

与马可尼的光环相伴的，还有他辞藻华丽的言语。当他谈到无线电时，提出了可能性的论述。马可尼的言辞在现代主义的意识形态中占得一席之地，并成为这种意识形态的核心。在马可尼看来，无线电不仅仅是一种实践，它更是一种生活方式。马可尼坚持自己的想法，并通过一系列巧妙的干预方式表达着自己的想法，在1896年的《论坛报》的访问中、在泰坦尼克号的调查中、在1920年关于他描述移动电话的一篇文章中，及在1937年的最后一次广播中，他都在不停地重述自己的观点：通信对于受时间和空间阻隔的人们来说是有益的。

人们总是相信他们想要相信的。时至今日，马可尼之所以还能引人注目，是因为我们相信，我们所生活的世界正是他所想象的世界，一个能通过可移动的、即时的无线电进行交流的世界。但是正如我们所看到的，在马可尼生命走到尽头时，他不明白的是，他的技术对人类而言究竟是有益还是有害的。现代通信让人们摆脱束缚的真正程度和范围还有待进一步了解。因此，马可尼给沟通的悖论赋予了人格。他的矛盾也是我们的矛盾。一种推动和促进沟通、开放性以及人类潜力的技术如何成为统治、操纵和控制的工具？这就是马可尼的故事想要问的问题，也许也是解答的开始。

后　记

　　蒙特科罗纳公爵夫人比阿特丽斯·奥布莱恩·马可尼·马瑞诺里 1976 年在罗马去世，终年 95 岁。意大利报纸 *Il Tempo* 登载了一整页悼念她的报道。

　　戴格娜·马可尼于 1938 年与意大利驻伦敦大使馆的新闻官加布里埃尔·帕雷森结婚。他们的儿子弗朗西斯科出生于 1940 年。帕雷森一家在罗马度过了战争时期，随后像一个外交官家庭一样于世界各地居住，尤其是华盛顿特区和首尔，那时加布里埃尔·帕雷森是意大利驻韩国大使。戴格娜利用 10 年间的大部分时光研究和写作她的回忆录——《我的父亲马可尼》，这本书从很多方面堪称关于马可尼最有意思的书。她于 1998 年去世。

　　战争结束后，朱利奥·马可尼回到罗马，在意大利马可尼公司工作，直到 1971 年去世。他一生未婚。

　　焦亚·马可尼在意大利和美国的广播电台工作了好些年，并与乔治·阿特金森·布拉加结婚，他是一位美国糖业经纪人，对古巴感兴趣。他们育有两个孩子，阿莱格拉（生于 1958 年）和迈克尔（生于 1961 年）。1974 年是她父亲诞辰一百周年，她创立了马可尼国际奖学金基金会，即现在的马可尼协会。该协会把年度奖颁给"那些借助古列尔莫·马可尼遗产获得事业和影响力的人"。获奖者包括谷歌创始人谢尔盖·布林和拉里·佩奇、构想了万维网的蒂姆·伯纳斯·李爵士、互联网先锋文顿·瑟夫（谷歌首席互联网传播者）以及手机发明者马丁·库帕。焦亚于 1996 年去世。

玛丽亚·克里斯蒂娜·贝齐-斯卡利·马可尼是马可尼的遗孀，独自度过 57 年，直到 1994 年去世。80 多岁时，她仍在享受公司和其他马可尼利益集团给予的福利。她去世后，女儿埃莱特拉完成并出版了她的回忆录《我的挚爱马可尼》。

埃莱特拉·马可尼于 1966 年与卡洛·嘉瓦内利王子结婚，次年，他们的儿子古列尔莫出生。她一生致力于宣传她父亲的伟大事迹，并受邀参加世界各地的马可尼纪念活动。埃莱特拉住在罗马康多提大道的豪宅，这是她成长的地方。是她父亲去世的地方。这个昏暗的、充满悲切哀思的地方似乎自 1937 年以来就不曾改变，公寓里塞满了马可尼纪念品：半身像和照片、埃莱特拉号的模型、一瓶放在餐具柜上的詹姆森威士忌酒。家具古老；精致的慕拉诺枝形玻璃吊灯，白底上漫布着蔓越橘粉作为点缀，是室内唯一的具有生趣的物品。埃莱特拉拉下百叶窗解释说，她必须继续小心地保管父亲最后的信件，也远离那些好奇的目光。

致　谢

　　这本书工程浩大，若没有国际友人、志愿者、专业人士和有自己事业家庭的热心人的支持和帮助，及和我一样热情投入的马可尼追随者们暂时抛开自己的事业尽一份心力，就不会有这本书。

　　我的代理人约翰·皮尔斯是每名作家都想合作的理想伙伴，他一直是我坚强的后盾，为我解答疑难，帮助我将梦幻般的想法转变成一本书，希望这本书可以让更多人领略到马可尼错综复杂的传奇经历。提姆·本特是牛津大学出版社的编辑，负责文稿策划组织，他目光敏锐，十分有耐心地尝试，从不退缩。若无这两位的不断鼓励，这本书将难以如此快地面世。此外，牛津大学出版社的艾莉莎·奥康奈尔负责寻找插图材料和争取必要的许可授权，同时高效且游刃有余地执行大量的幕后编辑任务。理查德·约翰逊在整个创作过程中指导手稿，琳达·普鲁森如脑外科医生般谨慎且精确地对手稿进行编辑加工。

　　一些学术机构尽其所能地给予帮助，认真严谨地提供支持研究、反思、写作的框架。加拿大社会科学与人文研究委员会提供了一笔资助，使我能够进行深入研究。感谢他们，我一定会珍惜我所得到的帮助。麦吉尔大学为我提供了安全和可靠的环境支持以及来自文学院和比弗布鲁克基金、Media@Mc Gill 基金的额外资助，至关重要的是，还提供休假以便让我开始并完成这个项目。纽约大学的传媒、文化、传播系以及伦敦政治经济学院的媒介与传播系是我在休假时喜欢的避风港。除了在麦吉尔大学和伦敦政治经济学院的非正式会谈中尝试使用一些材料外，我也受益于欧洲传播学会以及国际媒介与传播研究协会的演示平台和协会同事之间的讨论。

还有一群人，他们比任何人都更能够推动这本书完成，使其发挥出全部潜力，他们就是图书馆管理员和档案工作者，我要向他们致以最诚挚的祝福。牛津大学博德莱安图书馆的高级档案管理员迈克尔·休斯允许我查阅马可尼档案。休斯的档案目录十分详尽，辅以他的导航提示，因此在 2010 年和 2012 年之间，即使他去度假我也能完成资料研究。科林·哈里斯和博德莱安特别收藏阅览室的工作人员，尤其是丽贝卡·沃尔和朱莉娅·瓦格纳，使我的写作过程有了一段令人愉快且富有成效的经历。在我钻研成堆的马可尼文件那段时间，博德莱安特别收藏阅览室中未透露姓名的作者和学者陪伴着我，让钻研过程变得丰富多彩。最棒的是，博德莱安图书馆允许免费在本书中使用源自马可尼档案的图片。谢谢你，博德莱安图书馆！

协商使用意大利档案馆的保管库和走廊需要耐心、人脉和幽默，我非常幸运地在这方面获得了专家指导。卡洛塔·达罗在罗马的初步研究具有突破性，她发现并向我介绍有助于我接触意大利的马可尼档案的重要人士，这些档案丰富多样。意大利林琴学院的亚历山德罗·罗曼诺洛为我打开了多扇方便之门（不仅是档案馆，还包括一些知名度不高的特拉斯提弗列小酒馆），他是我坚定的朋友和同伴。在意大利法西斯主义历史方面首屈一指的专家毛罗·卡纳利引领我穿越浩瀚的意大利中央档案馆，向我介绍法西斯政治警察令人震惊的档案。据我所知，至今还没有任何马可尼研究人员阅览过这些档案。意大利马可尼研究学者中的权威吉奥瓦尼·帕奥里尼分享了他关于马可尼遗产保管人的广泛认知和有力见解。亚历山德罗·维萨尼使我能顺利进入梵蒂冈机密档案馆（若不是摩托车事故的牵绊，他还能够给予我其他帮助）。马戈里塔·马尔泰利（意大利中央档案馆）、丽塔·扎内蒂（意大利皇家学院）、帕拉·卡吉诺·阿泽维多（灵伽意大利林琴学院），及斯特凡尼亚·鲁格里（外交历史档案馆）在罗马各自的机构都是高效率的档案协理员，给予我诸多帮助。

除了牛津和意大利档案馆之外，还有许多其他图书馆和档案馆为本书的研究提供资料。感谢简·哈里森，为我打开伦敦皇家学会之门；感谢华盛顿史密森尼博物院的温迪·沙伊和凯·彼得森；感谢乔治城大学图书馆的利马特·马塔诺和尼古拉斯·B. 希茨；感谢加利福尼亚州圣马力诺亨廷顿图书馆的丹·刘易斯和凯瑟琳·赫雷；感谢纽约州海德帕的富兰克林·德拉诺·罗斯福总统图书馆暨博物馆的威廉·拜尔；感谢卡普顿大学比顿档案馆的安妮·梅内尔和玛丽亚·胡德克；感谢新斯科舍省巴德克亚历山大格雷厄姆贝尔博物馆的乔治琳·白求恩；感谢提康德罗加历史协会、纽芬兰省圣约翰如梦斯省档案馆、华盛顿国会图书馆、海格特公墓，及渥太华加拿大图书馆和档案馆的工作人员。萨拉·班曼代表我前往南非国家档案馆，克里斯蒂安·赫尔佐克代表我前往在柏林的德国科技博物馆。麦吉尔大学的图书馆管理员珍妮弗·加兰、弗朗西斯科·乌里以及朗尼·韦瑟仔细研究了来自世界各地的数十个晦涩的原始资料，我得力的研究助理兼博士生罗尔·萨拉蒙一直密切关注这一切。

围绕马可尼进行研究的专业人士们无人比古列尔莫·马可尼基金会的芭芭拉·瓦罗蒂更了解这个领域。芭芭拉成为我关于日期、细节、来源、资源和事实核查等问题的移动字典。马可尼的外孙弗朗西斯科·帕雷森和迈克尔·布拉加慷慨地为我打开家族档案，并花费几个小时饶有兴趣地坦率回答我的探究性问题，理清事实真相。里卡多·齐博格从其研究中分享给我宝贵的文件和见解，安纳利萨·卡普里斯托也是如此。安纳利萨·卡普里斯托的研究撼动了墨索里尼种族政策起源的某些学术定论。克劳迪亚·帕多瓦尼和埃琳娜·帕文执行了一些基本任务，这些任务需要一个意大利支票账户和邮政地址。

在爱尔兰的克利夫登，讨人喜欢的马可尼爱好者谢恩·乔伊斯和我一起围绕着位于 Derrigimlagh 沼泽地的马可尼电台遗址散步，谢恩·乔伊斯随后回答了几个关于马可尼与爱尔兰之间关系的细节性问题。谢恩拥有大量关于马可尼和爱尔兰的信息，我很高兴地表示，他重建克利夫登实地项目不再只是设想，并且会增加爱尔兰旅游部的收入。在爱尔兰的其他地方，因克鲁克黑文的戴迪·诺塔奇酒吧经理佩德罗以及德莫兰德城堡骑乘专家肖恩·基尔肯尼等人的缘故，研究负担有所减轻。格兰娅·韦尔为我查询了德莫兰德的访客留言簿；恩尼斯科西图书馆的贾拉斯·格林提供了一些有关马可尼爱尔兰前尘往事的线索，多萝西·戴维斯、肯·海明威、克里斯汀·詹姆森、罗伯特·萨默维尔、伍德沃德、玛丽安·杨以及都柏林爱尔兰教会的图书馆管理员也给予我同样的帮助。

当我需要休息寓所时，肖恩·卡特里奥娜·法伦和艾琳·凯西在贝亚拉半岛帮助了我。

在快速得到各种问题的答案方面，我十分感激露丝·特朗·托马塞利、多纳尔·麦克拉肯、玛丽亚·瑞肯蒂安斯卡亚、伦纳德·博瑞、加思·布尔默、亚历山大·鲁夫斯、迈克尔·费雪、理查德·柯林斯、阿尔班·韦伯、杰弗里·拉克、格雷斯·韦斯科特，及合作者苏珊·道格拉斯、琳达·拉姆斯登、丹尼斯·贾德、基思·杰弗里和乔纳森·斯特恩。能与查理·福兰和其 2013 年 4 月负责的魁北克作者协会传记的研讨会参与者交流我心存感激。除了上述芭芭拉·瓦洛蒂、毛罗·卡纳利和谢恩·乔伊斯的工作外，部分手稿还得到意大利电信历史学家加布里埃莱·巴尔比、普利策奖获得者大卫·凯特尔，及纪录片制作人艾伦·门德尔松的耐心审阅和点评。《我的堂兄》作者莉莲·阿瑟诺阅读了全部初稿，并提出宝贵建议。

了解马可尼的人大部分已经离世，并且即便是幼时就知道马可尼，或者和马可尼家人联系的人也大多离世。当然，这些人中最重要的是马可尼的女儿，埃莱特拉·马可尼·嘉瓦内利王后，马可尼去世时，她只有 7 岁。我和埃莱特拉一共见过 6 次面，其中 3 次在她家（也是马可尼生前最后的住所）。与我分享家庭轶事的其他人包括马可尼的外孙弗朗西斯科·帕雷森、迈克尔和古列尔莫·马可尼·嘉瓦内利；约翰·詹姆森·戴维斯，马可尼爱尔兰表哥及商业伙伴亨利·詹姆森·戴维斯的孙子；马可尼的第一位未婚妻约瑟芬·霍尔曼的孙子以及他的妻子贝蒂·史密斯；马可尼第二位未婚妻伊内兹·米霍兰德的丈夫的表弟约翰·特珀·马林；道格·坎宁安，他的父亲在格雷斯湾买下了马可尼站房；路易吉·索拉里大使，他是马可尼合伙人兼马可尼最早的传记作家的孙子。

最后，在书稿准备的这几年，许多亲爱的亲友给予了我精神上的支持、睿智的建议和欢乐。他们发挥的作用各不相同，但此刻，我全都记忆犹新，特别是在一开始时就陪伴着我的艾琳·阿尔科诺以及见证一切完工的露西·罗德里格。

出版说明

本书是根据加拿大麦吉尔大学马克·拉伯伊教授的著作 *Marconi The Man Who Networked the Word*（牛津大学出版社 2016 年版）翻译而成。这是目前国内难得一见的关于著名电气工程师、发明家古列尔莫·马可尼的综合传记。书中采用了大量的（有些是最近才有的）档案资料，以鲜明的当代语境重新讲述了古列尔莫·马可尼的故事。

本书的传主不仅是第一位进行全球通信的人，他还是第一个对通信进行全球化思考的人，可以说，我们现在正生活在一百年前他预想的世界中，即一个能通过可移动的、即时的无线电进行交流的世界。马可尼不仅拥有无线电的许多发明专利、在世界各国设立公司推广普及无线电的应用，还获得了 1909 年的诺贝尔物理学奖，马可尼可谓现代通信领域第一位真正意义上的世界级名人。

本书作者以公允的立场，忠实呈现出一个无线电奇才时而英勇、时而卑鄙、时而睿智无比、时而难以理解的复杂性格，揭示了他与意大利法西斯政府的复杂关系，以及与天主教派、英国政府、美国电信行业、德国科学界、欧洲殖民主义、国际新闻媒体等的密切联系。阅读本书有助于我们理解政治、资本、科技创新和社会进步的相互作用，引导我们思考和预测未来全球网络媒体的发展方向。当然，身处那个时代的马可尼与当时的法西斯政权的勾联与瓜葛应当予以谴责和为人不齿，相信读者能正确评价马可尼的一生，并能辨别真理与谬误的分野。

湖南科学技术出版社

2022 年 1 月

扫描二维码，进入第一推动的奇妙领地

回复"马可尼传"，获取本书资料来源及每章注释